Direito Administrativo

Decifrado

O GEN | Grupo Editorial Nacional – maior plataforma editorial brasileira no segmento científico, técnico e profissional – publica conteúdos nas áreas de concursos, ciências jurídicas, humanas, exatas, da saúde e sociais aplicadas, além de prover serviços direcionados à educação continuada.

As editoras que integram o GEN, das mais respeitadas no mercado editorial, construíram catálogos inigualáveis, com obras decisivas para a formação acadêmica e o aperfeiçoamento de várias gerações de profissionais e estudantes, tendo se tornado sinônimo de qualidade e seriedade.

A missão do GEN e dos núcleos de conteúdo que o compõem é prover a melhor informação científica e distribuí-la de maneira flexível e conveniente, a preços justos, gerando benefícios e servindo a autores, docentes, livreiros, funcionários, colaboradores e acionistas.

Nosso comportamento ético incondicional e nossa responsabilidade social e ambiental são reforçados pela natureza educacional de nossa atividade e dão sustentabilidade ao crescimento contínuo e à rentabilidade do grupo.

Dalmo **Azevedo**

Direito Administrativo

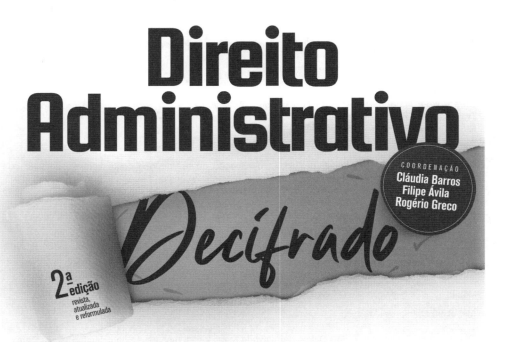

Decifrado

2ª edição
revista, atualizada e reformulada

COORDENAÇÃO
Cláudia Barros
Filipe Ávila
Rogério Greco

■ O autor deste livro e a editora empenharam seus melhores esforços para assegurar que as informações e os procedimentos apresentados no texto estejam em acordo com os padrões aceitos à época da publicação, e todos os dados foram atualizados pelo autor até a data de fechamento do livro. Entretanto, tendo em conta a evolução das ciências, as atualizações legislativas, as mudanças regulamentares governamentais e o constante fluxo de novas informações sobre os temas que constam do livro, recomendamos enfaticamente que os leitores consultem sempre outras fontes fidedignas, de modo a se certificarem de que as informações contidas no texto estão corretas e de que não houve alterações nas recomendações ou na legislação regulamentadora.

■ Fechamento desta edição: 05.12.2022

■ O autor e a editora se empenharam para citar adequadamente e dar o devido crédito a todos os detentores de direitos autorais de qualquer material utilizado neste livro, dispondo-se a possíveis acertos posteriores caso, inadvertida e involuntariamente, a identificação de algum deles tenha sido omitida.

■ **Atendimento ao cliente:** (11) 5080-0751 | faleconosco@grupogen.com.br

■ Direitos exclusivos para a língua portuguesa
Copyright © 2023 by
Editora Forense Ltda.
Uma editora integrante do GEN | Grupo Editorial Nacional
Travessa do Ouvidor, 11 – Térreo e 6º andar
Rio de Janeiro – RJ – 20040-040
www.grupogen.com.br

■ Reservados todos os direitos. É proibida a duplicação ou reprodução deste volume, no todo ou em parte, em quaisquer formas ou por quaisquer meios (eletrônico, mecânico, gravação, fotocópia, distribuição pela Internet ou outros), sem permissão, por escrito, da Editora Forense Ltda.

■ Esta obra passou a ser publicada pela Editora Método | Grupo GEN a partir da 2ª edição.

■ Capa: Bruno Sales Zorzetto

■ **CIP – BRASIL. CATALOGAÇÃO NA PUBLICAÇÃO.**
SINDICATO NACIONAL DOS EDITORES DE LIVROS, RJ.

M454d

Meirelles, Dalmo de Azevedo

Direito administrativo decifrado / Dalmo de Azevedo Meirelles; apresentação da coleção Cláudia Barros Portocarrero, Filipe Ávila, Rogério Greco. – [2. ed.]. – Rio de Janeiro: Método, 2023
592 p.; 23 cm.   (Decifrado)

Inclui bibliografia
"Material suplementar na plataforma"
ISBN 978-65-5964-639-5

Direito administrativo – Brasil. I. Portocarrero, Cláudia Barros. II. Ávila, Filipe. III. Greco, Rogério. IV. Título. V. Série.

23-81943   CDU: 342.9(81)

Meri Gleice Rodrigues de Souza – Bibliotecária – CRB-7/6439

Sobre os Coordenadores

CLÁUDIA BARROS PORTOCARRERO

Promotora de Justiça. Mestre em Direito Público. Professora de Direito Penal e Legislação Especial na Escola da Magistratura dos Estados do Rio de Janeiro e Espírito Santo, na Escola de Direito da Associação e na Fundação Escola do Ministério Público do Rio de Janeiro. Professora de Direito Penal Econômico da Fundação Getulio Vargas. Professora em cursos preparatórios. Autora de livros e palestrante.

@claudiabarrosprof

FILIPE ÁVILA

Formado em Direito pela Universidade Estadual de Mato Grosso do Sul. Foi aprovado no concurso de Agente de Polícia PC/DF (2013), tendo atuado por aproximadamente quatro anos na área de investigação criminal de diversas delegacias especializadas no Distrito Federal (Coordenação de Homicídios-CH; Coordenação de Repressão aos Crimes Contra o Consumidor, a Propriedade Imaterial e a Fraudes-CORF; Delegacia de Proteção à Criança e ao Adolescente-DPCA; Delegacia Especial de Atendimento à Mulher-DEAM). Posteriormente, pediu exoneração do cargo e, atualmente, é professor exclusivo do AlfaCon nas disciplinas de Direito Penal e Legislação Criminal, com foco em concursos públicos. Na mesma empresa, coordenou a criação de curso voltado para a carreira de Delegado de Polícia.

@filipeavilaprof

ROGÉRIO GRECO

Procurador de Justiça do Ministério Público do Estado de Minas Gerais. Pós-doutor pela Università degli Studi di Messina, Itália. Doutor pela Universidade de Burgos, Espanha. Mestre em Ciências Penais pela Universidade Federal de Minas Gerais. Especialista em Teoria do Delito pela Universidade de Salamanca, Espanha. Formado pela National Defense University, Washington, Estados Unidos, em Combate às Organizações Criminosas Transnacionais e Redes Ilícitas nas Américas. Professor de Direito Penal e palestrante em congressos e universidades no País e no exterior. Autor de diversas obras jurídicas. Embaixador de Cristo.

Apresentação da Coleção

A *Coleção Decifrado* da Editora Método foi concebida visando, especialmente, ao público que se prepara para provas de concursos jurídicos (os mais variados), embora atenda perfeitamente às necessidades dos estudantes da graduação, os quais em breve testarão o conhecimento adquirido nas salas de aula – seja no Exame da Ordem, seja em concursos variados.

Nessa toada, destacamos que o grande diferencial da coleção consiste na metodologia do "objetivo e completo".

Objetivo, àqueles que têm pressa e necessitam de um material que foque no que realmente importa, sem rodeios ou discussões puramente acadêmicas que não reflitam na prática dos certames.

Completo, porque não foge a nenhuma discussão/posicionamento doutrinário ou jurisprudencial que já tenha sido objeto dos mais exigentes certames. Para tanto, embora os autores não se furtem à exposição de seu posicionamento quanto a temas controversos, empenham-se em destacar a posição que, por ser majoritária, deverá ser adotada em prova.

Na formulação de cada obra, os autores seguiram o padrão elaborado pelos coordenadores a partir de minudente análise das questões extraídas dos principais concursos jurídicos (Magistratura, Ministério Público, Delegado, Procuradoria, Defensoria etc.), indicando tópicos obrigatórios, sem lhes tirar a liberdade de acrescentar outros que entendessem necessários. Foram meses de trabalho árduo, durante os quais sempre se destacou que o **foco da coleção é a entrega de um conteúdo apto a viabilizar a aprovação do candidato em todas as fases das mais exigentes provas e concursos do país**.

Para tanto, ao longo do texto, e possibilitando uma melhor fluidez e compreensão dos temas, a coleção conta com fartos e atualizados julgados ("Jurisprudência destacada") e questões comentadas e gabaritadas ("Decifrando a prova").

Como grande diferencial, contamos ainda com o **Ambiente Digital Coleção Decifrado**, pelo qual é possível ter uma maior interação com os autores e é dado acesso aos diferentes conteúdos de todos os títulos que compõem a coleção, como informativos dos Tribunais Superiores, atualizações legislativas, *webinars*, mapas mentais, artigos, questões de provas etc.

Convictos de que o objetivo pretendido foi alcançado com sucesso, colocamos nosso trabalho à disposição dos leitores, futuros aprovados, que terão em suas mãos obras completas e, ao mesmo tempo, diretas, essenciais a todos aqueles que prezam pela otimização de tempo na preparação.

Cláudia Barros Portocarrero, Filipe Ávila e Rogério Greco

Agradecimentos

Agradeço a direção de Deus em minha vida, todas as decisões que Ele me permitiu tomar me trouxeram até aqui, até esse momento. À minha mãe, Ana Elizabeth, se não fosse por toda sua força e amor, eu não estaria vivendo um momento tão valioso em minha vida; meu irmão, Erick, meu maior exemplo de comprometimento e dedicação; minha avó, Heloísa, e meu falecido avô, João Dalmo, por acreditarem em minha decisão profissional.

Agradeço à Minha esposa, Anna, por toda a paciência e parceria, e meus sogros, Jackson e Sandra, que me receberam como um filho em sua família. Aos melhores amigos da minha vida, Fábio Arruda, André Santiago, Francisco e Ricardo, pessoas que me ensinaram a ser uma pessoa honesta, decente e um professor do mais alto nível possível. Ao Professor Vinicius Rodrigues, quem me abriu as portas no AlfaCon, e ao Professor Filipe Ávila, que acreditou em meu potencial ao me incluir na equipe mais seleta de professores da casa. Aos coordenadores dessa coleção, Filipe Ávila, Cláudia Barros e Rogério Greco, por me darem a honra de assinar esta obra. E agradeço, por fim, a todos da editora que participaram da produção desse material.

Sumário

1 Noções preliminares do Direito Administrativo **1**

1.1 Introdução ao Direito Administrativo 1

1.2 Conceito 2

    1.2.1 Estado 2

    1.2.2 Governo 2

    1.2.3 Administração Pública 3

1.3 Tarefas precípuas da Administração Pública 4

1.4 Objeto do Direito Administrativo 5

1.5 Fontes do Direito Administrativo 6

2 Regime jurídico administrativo e princípios **9**

2.1 Disposições gerais 9

2.2 Supraprincípios do Direito Administrativo 9

    2.2.1 Supremacia do interesse público 11

    2.2.2 Indisponibilidade do interesse público 15

2.3 Princípios explícitos e implícitos 15

    2.3.1 Princípios constitucionais explícitos 16

        2.3.1.1 Princípio da legalidade 16

        2.3.1.2 Princípio da impessoalidade 18

        2.3.1.3 Princípio da moralidade 20

        2.3.1.4 Princípio da publicidade 22

        2.3.1.5 Princípio da eficiência 24

XII   Direito Administrativo Decifrado

	2.3.2	Princípios constitucionais implícitos	25
	2.3.2.1	Princípio da razoabilidade	25
	2.3.2.2	Princípio da proporcionalidade	26
	2.3.2.3	Princípio da segurança jurídica	27
	2.3.2.4	Princípio do contraditório e da ampla defesa ..	28
	2.3.2.5	Princípio do duplo grau de julgamento	30
	2.3.2.6	Princípio da autotutela	30
	2.3.2.7	Princípio da precaução	31

3   Da organização da Administração Pública **33**

3.1	Organização da Administração Pública	33
3.2	Técnicas administrativas	35
3.3	Órgãos públicos	37
	3.3.1 Capacidade processual	38
	3.3.2 Classificação dos órgãos públicos	39
3.4	Administração Pública direta	40
3.5	Administração Pública indireta	42
	3.5.1 Autarquia	42
	3.5.2 Espécies de Autarquias	44
	3.5.3 Fundação Pública	50
	3.5.4 Empresas estatais	52
	3.5.5 Agência executiva	55

4   Entidades do terceiro setor **57**

4.1	Entidades paraestatais	57
	4.1.1 Serviços sociais autônomos	57
4.2	Terceiro setor	58
	4.2.1 Organizações sociais	58
	4.2.2 Organizações da Sociedade Civil de Interesse Público	59
	4.2.3 Organizações da Sociedade Civil	59

5   Poderes administrativos **61**

5.1	Uso e abuso de poder	61
5.2	Poderes administrativos	63

6   Atos administrativos **73**

6.1	Conceito e características	73
6.2	Classificação	75

6.3	Elementos/requisitos		78
6.4	Atributos		81
6.5	Extinção		82
6.6	Convalidação		84

7 Serviços públicos 87

7.1	Conceito		87
7.2	Classificação		87
7.3	Princípios		89
7.4	Remuneração		95
7.5	Formas de execução do serviço		98
	7.5.1	Delegação legal × delegação negocial	99
	7.5.2	Concessão de serviço público	101
	7.5.3	Concessão de serviço público precedida de obra	103
	7.5.4	Responsabilidade do concessionário	104
	7.5.5	Concessão especial de serviço público	105
	7.5.6	Permissão de serviço público	106
	7.5.7	Autorização de serviço público	107
	7.5.8	Desestatização e privatização	107
	7.5.9	Gestão associada	108
	7.5.10	Regime de convênios administrativos	110
	7.5.11	Programa de Parcerias de Investimentos (PPI)	110
7.6	Extinção da delegação negocial		111

8 Responsabilidade civil do Estado 115

8.1	Definição		115
8.2	Contexto histórico		116
8.3	Elementos essenciais		118
8.4	Pressupostos de configuração		120
8.5	Responsabilidade por conduta omissiva e teoria do risco criado (suscitado)		123
8.6	Teoria do risco integral		127
8.7	Responsabilidades específicas		129
8.8	Prazos		131
	8.8.1	Ação de indenização	131
	8.8.2	Ação regressiva	132

9 Improbidade administrativa – Lei nº 8.429/1992 133

9.1	Introdução		133

9.2	Abrangência da lei		134
9.3	Espécies de atos de improbidade administrativos		138
9.4	Procedimento administrativo e judicial		145
9.5	Sanções e prescrição		152
9.6	Irretroatividade da Lei de Improbidade Administrativa		157

10 Nova Lei de Licitações – Lei nº 14.133/2021 161

10.1	Introdução		161
10.2	Âmbito de aplicação da lei		163
10.3	Princípios		165
	10.3.1	Julgamento objetivo	166
	10.3.2	Vinculação ao edital	166
	10.3.3	Motivação	166
	10.3.4	Segregação de funções	166
	10.3.5	Economicidade	167
	10.3.6	Celeridade	167
	10.3.7	Transparência	167
	10.3.8	Competitividade	167
	10.3.9	Eficiência	167
	10.3.10	Planejamento	167
	10.3.11	Desenvolvimento nacional sustentável	168
	10.3.12	Publicidade	168
10.4	Pressupostos e objetivos do procedimento licitatório		168
10.5	Isonomia e igualdade		170
10.6	Agentes da licitação		172
	10.6.1	Requisitos	172
	10.6.2	Agente de contratação	173
	10.6.3	Comissão de contratação	174
	10.6.4	Critério de julgamento, desclassificação e desempate	175
	10.6.5	Menor preço	175
	10.6.6	Maior desconto	175
	10.6.7	Melhor técnica ou conteúdo artístico	176
	10.6.8	Técnica e preço	177
	10.6.9	Maior lance	178
	10.6.10	Maior retorno econômico	178
	10.6.11	Desclassificação de propostas	180
	10.6.12	Desempate das propostas	181

10.7	Fases do procedimento licitatório		185
	10.7.1	Fase preparatória	185
	10.7.2	Fase de habilitação	194
	10.7.3	Fase recursal	199
	10.7.4	Encerramento da licitação	202
10.8	Modalidades da licitação		203
	10.8.1	Pregão	203
	10.8.2	Concorrência	205
	10.8.3	Concurso	206
	10.8.4	Leilão	207
	10.8.5	Diálogo competitivo	208
10.9	Procedimentos auxiliares		210
	10.9.1	Credenciamento	211
	10.9.2	Sistema de registro de preços	212
	10.9.3	Pré-qualificação	216
	10.9.4	Procedimento de Manifestação de Interesse (PMI)	217
	10.9.5	Registro cadastral	218
10.10	Contratação direta		220
	10.10.1	Licitação dispensada	221
	10.10.2	Licitação dispensável	222
	10.10.3	Inexigibilidade de licitação	232
10.11	Contratos administrativos		237
	10.11.1	Disciplina legal	239
	10.11.2	Espécies dos contratos administrativos	240
	10.11.3	Características dos contratos administrativos	241
	10.11.4	Formalização dos contratos	243
	10.11.5	Forma do contrato	243
	10.11.6	Duração do contrato	246
	10.11.7	Alteração unilateral	250
	10.11.8	Equilíbrio econômico-financeiro	252
	10.11.9	Extinção do contrato	256
	10.11.10	Convênios administrativos	259
	10.11.11	Consórcios públicos	263
	10.11.12	Contratos administrativos das empresas estatais	266
		10.11.12.1 Garantia contratual	266
		10.11.12.2 Duração do contrato	267
		10.11.12.3 Alteração do contrato	267

| | | 10.11.12.4 | Contratação de obra | 269 |

10.11.12.4 Contratação de obra 269

10.12 Infração administrativa na Lei de Licitações 271

11 Agentes públicos 275

11.1 Conceito 275

11.2 Classificação dos agentes públicos 276

    11.2.1 Agentes políticos 276

    11.2.2 Particulares em colaboração 277

    11.2.3 Agentes administrativos 278

    11.2.4 Agentes militares 286

11.3 Cargo, emprego e função pública 286

11.4 Concurso público 288

    11.4.1 Exigência de concurso público 288

    11.4.2 Edital do concurso público 293

11.5 Acumulação de cargos 311

11.6 Remuneração 317

    11.6.1 Garantia do salário mínimo 320

    11.6.2 Irredutibilidade remuneratória 321

    11.6.3 Direito de correção e indenização 324

    11.6.4 Teto remuneratório 325

    11.6.5 Vinculação e equiparação 327

    11.6.6 Desconto remuneratório 328

11.7 Estágio probatório, estabilidade e vitaliciedade 329

11.8 Greve e sindicalização 336

11.9 Provimento, vacância, remoção e redistribuição 340

    11.9.1 Provimento originário 340

    11.9.2 Provimento derivado (secundário) 342

        11.9.2.1 Provimento derivado vertical 342

        11.9.2.2 Provimento derivado horizontal 343

        11.9.2.3 Provimento derivado por reingresso 345

    11.9.3 Vacância 349

    11.9.4 Remoção 351

    11.9.5 Redistribuição 353

11.10 Regime de previdência 354

    11.10.1 RGPS, RPPS e regime complementar 355

    11.10.2 Aplicação dos regimes previdenciários 356

    11.10.3 Contributividade e solidariedade 357

11.10.4		A Reforma da Previdência de 2019	359
	11.10.4.1	Desconstitucionalização	360
	11.10.4.2	Forma de cálculo dos proventos	360
	11.10.4.3	Critérios especiais	361
	11.10.4.4	Regime previdenciário para detentores de mandato eletivo	364
	11.10.4.5	Implementação obrigatória do regime complementar	364
	11.10.4.6	Abono de permanência	365
11.10.5		Demais benefícios da seguridade do servidor	366
	11.10.5.1	Benefícios do segurado	366
	11.10.5.2	Benefícios dos dependentes	370
11.10.6		Formas de aposentadoria	373
	11.10.6.1	Aposentadoria por incapacidade permanente	373
	11.10.6.2	Aposentadoria compulsória	374
	11.10.6.3	Aposentadoria voluntária	375
11.11		Regime disciplinar	376
11.11.1		Considerações gerais	376
11.11.2		Infrações, sanções e prescrições administrativas	379
	11.11.2.1	Advertência	382
	11.11.2.2	Suspensão	383
	11.11.2.3	Demissão	386
	11.11.2.4	Cassação de aposentadoria e disponibilidade	388
	11.11.2.5	Destituição de cargo em comissão e de função de confiança	388
11.12		Processo administrativo disciplinar	389
11.12.1		Sindicância	390
11.12.2		Processo Administrativo Disciplinar	391
11.12.3		Processo sumário	395

12 Bens públicos 397

12.1	Domínio público e bens públicos	397
12.2	Classificação dos bens públicos	400
12.3	Garantias dos bens públicos	404
12.3.1	Impenhorabilidade	404
12.3.2	Não onerabilidade	405

XVIII Direito Administrativo Decifrado

	12.3.3	Imprescritibilidade	405
	12.3.4	Inalienabilidade relativa (alienabilidade condicionada)..	407
12.4	Formas de aquisição		409
12.5	Utilização do bem público pelo particular		413
	12.5.1	Autorização de uso de bem público	417
	12.5.2	Permissão de uso de bem público	419
	12.5.3	Concessão de uso de bem público	419
	12.5.4	Concessão de direito real de uso de bem público	421
	12.5.5	Concessão de uso especial para fins de moradia	423
	12.5.6	Cessão de uso	424
12.6	Bens públicos em espécie		425

13 Intervenção do Estado na propriedade privada ... 429

13.1	Perfil do Estado moderno e o direito de propriedade		429
13.2	Função social e constituição federal		431
13.3	Modalidades de intervenção		433
13.4	Desapropriação		433
	13.4.1	Pressupostos da desapropriação	435
	13.4.2	Desapropriação comum	436
	13.4.3	Desapropriação especial urbana	438
	13.4.4	Desapropriação especial rural	439
	13.4.5	Desapropriação confisco	441
13.5	Procedimento de desapropriação		443
	13.5.1	Competência para desapropriação	443
		13.5.1.1 Competência legislativa	443
		13.5.1.2 Competência declaratória	444
		13.5.1.3 Competência executória	445
	13.5.2	Fases da desapropriação	445
		13.5.2.1 Fase declaratória	446
		13.5.2.2 Efeitos da declaração	447
	13.5.3	Fase executória	449
		13.5.3.1 Desapropriação pela via administrativa	449
		13.5.3.2 Desapropriação pela via judicial	450
		13.5.3.2.1 Imissão provisória na posse	452
	13.5.4	Efeitos da sentença judicial	456
		13.5.4.1 Correção monetária	457
		13.5.4.2 Juros compensatórios	458

Sumário **XIX**

	13.5.4.3	Juros de mora	459
	13.5.4.4	Honorários advocatícios	462
13.5.5	Ação de desapropriação especial urbana		463
13.5.6	Ação de desapropriação especial rural		466
13.5.7	Ação de desapropriação confisco		468
13.5.8	Situações específicas de desapropriação		469
	13.5.8.1	Direito de extensão	469
	13.5.8.2	Desapropriação por zona	471
	13.5.8.3	Tredestinação e retrocessão	473
	13.5.8.4	Desapropriação privada (judicial)	475
	13.5.8.5	Desapropriação indireta (apossamento administrativo)	476
13.6	Intervenção restritiva		478
	13.6.1	Limitação administrativa	478
	13.6.2	Servidão administrativa	481
	13.6.3	Requisição administrativa	483
	13.6.4	Ocupação temporária	486
	13.6.5	Tombamento	487

14 Intervenção do Estado no domínio econômico 493

14.1	Introdução		493
14.2	Ordem econômica		494
	14.2.1	Fundamentos da ordem econômica	495
	14.2.2	Princípios gerais da ordem econômica	496
	14.2.3	Formas de atuação do Estado	497
		14.2.3.1 Estado regulador	497
		14.2.3.2 Estado executor	506
14.3	Monopólio estatal		509

15 Controle da Administração Pública 513

15.1	Introdução		513
15.2	Classificação do controle		515
15.3	Controle administrativo		518
	15.3.1	Meios de controle	519
	15.3.2	Provocação da Administração Pública	520
	15.3.3	Classificação do recurso administrativo	524
	15.3.4	Arbitragem e mediação	525
15.4	Controle legislativo		527
	15.4.1	Controle político	527

XX Direito Administrativo Decifrado

	15.4.2	Controle financeiro	529
	15.4.3	Tribunal de Contas	531
15.5	Controle judicial		535
	15.5.1	Ações judiciais	539
		15.5.1.1 *Habeas corpus*	539
		15.5.1.2 *Habeas data*	541
		15.5.1.3 Mandado de segurança	543
		15.5.1.4 Mandado de injunção	545
		15.5.1.5 Ação popular	546
		15.5.1.6 Ação civil pública	547

16 Lei nº 9.784/1999 – Processo administrativo federal ... 549

16.1	Introdução		549
16.2	Princípios do processo administrativo		551
	16.2.1	Princípio do impulso oficial	551
	16.2.2	Instrumentalidade das formas	552
	16.2.3	Formalismo necessário	552
	16.2.4	Devido processo legal	553
	16.2.5	Contraditório e ampla defesa	554
	16.2.6	Verdade real	556
	16.2.7	Gratuidade	557
	16.2.8	Motivação	557
	16.2.9	Segurança jurídica	558
16.3	Suspeição e impedimento		559
16.4	Atos processuais		560
	16.4.1	Forma, tempo e lugar dos atos	560
	16.4.2	Comunicação dos atos	561
16.5	Características específicas do processo administrativo		562

Referências ... **571**

Noções preliminares do Direito Administrativo

1.1 Introdução ao Direito Administrativo

Existe uma grande divergência doutrinária na definição do conceito de Direito Administrativo. Observando as principais doutrinas brasileiras, podemos perceber que a conceituação do Direito Administrativo está diretamente relacionada com o elemento que cada autor considera mais importante, tendo como destaque:

- Ramo do Direito Público que regulamenta a **função administrativa**, sob a ótica de Celso Antônio Bandeira de Mello.
- Conjunto harmônico de princípios que disciplinam a atuação de todos os entes, agentes e atividades diretamente relacionados aos **fins determinados pelo Estado**, na definição de Hely Lopes Meirelles.
- Normas e princípios de regência das **relações jurídicas** entre o Estado e a coletividade na perseguição ao interesse público, no conceito de José dos Santos Carvalho Filho.
- Estado em atuação no campo jurídico **não contencioso**, nas palavras de Maria Sylvia Zanella di Pietro.

Podemos estabelecer que o **Direito Administrativo é um ramo do Direito Público** que estuda princípios e normas reguladoras do exercício da função administrativa e das relações jurídicas resultantes dela, tendo como finalidade a intensa busca pelo interesse público.

 **Decifrando a prova**

(2014 – Acafe – PC/SC – Delegado – Adaptada) Direito Administrativo é o conjunto dos princípios jurídicos de direito público que tratam da Administração Pública, suas entidades, órgãos e agentes públicos.

> ( ) Certo ( ) Errado
>
> **Gabarito comentado:** a afirmativa apresentada na questão aponta exatamente para o conceito mais amplo e aceito em concursos: a ideia de o Direito Administrativo ser um ramo do direito público de regulação das atividades gerais de interesse público. Portanto, a assertiva está certa.

1.2   Conceito

1.2.1   Estado

É uma instituição dotada de personalidade jurídica própria de Direito Público, com organização política, administrativa e social e submetida às normas de uma lei máxima, no nosso caso: a Constituição Federal. O conceito de Estado se identifica na devida formação de três elementos essenciais, sendo eles: povo, território e governo soberano. **Povo** é o conjunto de indivíduos representando o componente humano; **território** é o espaço físico ocupado pelo Estado; **governo soberano** é o elemento diretivo do Estado. Apesar de ostentar a qualificação de Pessoa Jurídica de Direito Público, o Estado atua tanto no Direito Público quanto no Direito Privado, pelo fato de ser o responsável pela organização e pelo controle social, exercendo, assim, a sua soberania.

Com a evolução da noção de Estado, passou-se a adotar a figura do **Estado de Direito** centrada no entendimento de que a Administração Pública se submeterá ao direito vigente, assim como qualquer outra pessoa detentora de direitos da sociedade. Tem-se como parâmetro de observação a prevalência das normas abstratas e gerais sobre a vontade do governante, ou seja: ao mesmo tempo que o Estado cria o direito, deve sujeitar-se a ele.

A noção de **Estado de Direito** se estabelece com a doutrina alemã do século XIX, tendo como elementos essenciais de sua identificação:

- ◆ **Tripartição de poderes:** organizada por Montesquieu e adotada pelo Brasil em nosso atual modelo constitucional, representa a noção de **poderes estruturados e organizados de forma independente e harmônica entre si**, não se confundindo com os Poderes da Administração, que serão estudados em capítulo mais adiante.
- ◆ **Universalidade de jurisdição:** determina que todas as atividades da Administração Pública poderão sofrer **controle absoluto de validade** por meio de instrumentos legalmente instituídos para essa finalidade.
- ◆ **Generalização da legalidade:** determinação que a observância ao **princípio da legalidade** deve ser efetivada por todos os agentes da sociedade, sejam estes representantes do Estado ou não. A lei forma o objeto maior de validade das ações dentro da organização social em nosso país.

1.2.2   Governo

A concepção clássica considerava o governo a união dos três poderes, sendo consequentemente confundido com a definição de Estado. Atualmente, tal concepção foi afastada, aplicando-se o **sentido subjetivo** para sua definição.

Capítulo 1 ◆ Noções preliminares do Direito Administrativo **3**

É um elemento formador do Estado, não podendo se confundir com o próprio Estado. Governo é a atividade diretiva do Estado, responsável pela condução dos altos interesses estatais e pelo poder político, tendo sua composição definida, prioritariamente, por meio de eleições. Por esse conceito, podemos identificar ao longo do tempo a noção de: "Governo Collor", "Governo FHC", "Governo Lula", "Governo Dilma", "Governo Bolsonaro".

I.2.3 Administração Pública

É o conjunto de órgãos e agentes estatais no exercício da função administrativa, seja na execução da função típica do Poder Executivo, seja na função atípica do Poder Judiciário ou do Poder Legislativo. Por esse fato, não se pode confundir Administração Pública com Poder Executivo.

> ### 🧩 Decifrando a prova
>
> **(2016 – MPE/SC – Promotor de Justiça)** Sinônimo de função de governo para a doutrina brasileira, a função administrativa consiste primordialmente na defesa dos interesses públicos, atendendo às necessidades da população, inclusive mediante intervenção na economia.
>
> ( ) Certo ( ) Errado
>
> **Gabarito comentado:** observe que no início do enunciado é feita uma observação não adotada em nosso entendimento administrativo: função de governo e função administrativa não são termos sinônimos. **Função de governo** se refere ao conjunto de competências não relacionadas com a atividade administrativa, sendo uma composição de responsabilidades políticas. Já **função administrativa** se refere ao dever do Estado e seus representantes de atuar na forma da lei em busca de interesse definido. Portanto, a assertiva está errada.

Igualmente, não se deve confundir **Administração Pública** (iniciais maiúsculas) com **administração pública** (iniciais minúsculas), uma vez que **administração pública** é uma expressão que designa a atividade de defesa concreta do interesse público. Sob essa ótica, podemos afirmar que concessionários e permissionários exercem a administração pública, mas não se confundem como integrantes da Administração Pública.

A expressão "Administração Pública" poderá ser empregada em diversos sentidos, conforme veremos a seguir:

- ◆ **Administração Pública em sentido subjetivo, orgânico ou formal:** Conjunto de agentes, órgãos e entidades públicas que exercem função administrativa, independentemente do poder a que pertencem.
- ◆ **Administração Pública em sentido objetivo, material ou funcional:** Atividade estatal consistente em defender de forma concreta o interesse público. Não se confunde com a função política de Estado, pois a administração possui competência executiva e poder somente em sua área de atribuições.

4 Direito Administrativo Decifrado

Decifrando a prova

(2018 – Vunesp – PC/SP – Delegado – Adaptada) O conceito de Administração Pública possui vários sentidos, sendo correto afirmar que, sob o sentido formal, a Administração Pública deve ser entendida como o conjunto de funções administrativas exercidas pelo Estado.
( ) Certo ( ) Errado
Gabarito comentado: sentido formal se refere à organização formal, isto é, órgãos de composições. Ao tratar de funções e atividades, estamos falando do sentido material. Portanto, a assertiva está errada.

I.3 Tarefas precípuas da Administração Pública

A doutrina clássica aponta três tarefas precípuas da Administração Pública. Seguindo uma cronologia histórica de atribuição de tarefas ao Poder Público, temos:

- **Poder de polícia (função ordenadora):** missão fundamental atribuída à Administração durante o século XIX. Consiste na limitação e no condicionamento, pelo Estado, de liberdades e propriedades privadas em favor do atendimento ao interesse público, definido atualmente no art. 78 do Código Tributário Nacional.

  Lei nº 5.172/1966

  Art. 78. Considera-se poder de polícia atividade da administração pública que, limitando ou disciplinando direito, interesse ou liberdade, regula a prática de ato ou abstenção de fato, em razão de interesse público concernente à segurança, à higiene, à ordem, aos costumes, à disciplina da produção e do mercado, ao exercício de atividades econômicas dependentes de concessão ou autorização do Poder Público, à tranquilidade pública ou ao respeito à propriedade e aos direitos individuais ou coletivos.

- **Serviços públicos (função prestacional):** na primeira metade do século XX, principalmente após a Primeira Guerra (1914-1918), as constituições sociais passaram a atribuir ao Estado funções positivas de prestação de serviços públicos, complementando as funções negativas já exercidas por meio do poder de polícia.

- **Atividades de fomento (função regulatória):** a partir da metade do século XX, a Administração Pública passou também a exercer atividades de incentivo a setores sociais específicos, a fim de estimular a ordem social e econômica e, consequentemente, o crescimento do país.

A doutrina moderna tem apontado uma quarta tarefa precípua do Estado, a **atividade de intervenção (função de controle)**, espalhada em todas as funções do Estado, sendo dever dos Poderes Legislativo e Judiciário a realização do controle das ações interventivas. Tal atividade de intervenção é subdividida nas categorias:

- **Intervenção na propriedade privada:** Ações estatais de limitação da propriedade privada, visando ao cumprimento do princípio da "função social da propriedade".

Capítulo 1 • Noções preliminares do Direito Administrativo

CF/1988

Art. 5º (...)

XXIII – A propriedade atenderá a sua função social; (...)

- ◆ **Intervenção no domínio econômico:** Atividades de disciplina, normatização e fiscalização dos agentes econômicos.

CF/1988

Art. 173. Ressalvados os casos previstos nesta Constituição, a exploração direta de atividade econômica pelo Estado só será permitida quando necessária aos imperativos da segurança nacional ou a relevante interesse coletivo, conforme definidos em lei.

- ◆ **Intervenção no domínio social:** Atividade do Estado voltada ao apoio para os economicamente hipossuficientes.

Decifrando a prova

(2014 – FMP Concursos – TJ/MT – Juiz – Adaptada) Em face da formação histórica do Direito Administrativo e do modelo de Estado vigente, é correto afirmar que o regime jurídico juspublicista, no todo ou em parte, somente pode ser aplicado às pessoas jurídicas de direito público.

( ) Certo ( ) Errado

Gabarito comentado: o Direito Administrativo não se resume apenas a tutelar e regular as relações e ações de pessoas jurídicas de direito público, mas todas as pessoas, jurídicas ou físicas, que venham a ter relação com o Estado. Portanto, a assertiva está errada.

1.4 Objeto do Direito Administrativo

O conceito de Direito Administrativo normalmente é extraído da análise do seu objeto como instrumento do Direito. Por essa razão, ao longo dos anos, foram desenvolvidos diversos conceitos baseados no que se considerava o objeto fundamental do Direito Administrativo à época.

Antigamente, era comum dizer que o objeto do Direito Administrativo era o estudo do ato administrativo. Visão limitada, pois era muito fácil identificar que atos do Poder Executivo não se restringiam a atos de Direito Administrativo, mas também de diversas outras áreas do Direito. Além disso, o Direito Administrativo se encontrava sendo exercido em todos os outros Poderes, e até mesmo por particulares.

Por influência do Direito Administrativo francês (Escola de Bordeaux), passou-se a observar o objeto de estudo do Direito Administrativo sendo o serviço público. Mais uma vez, deparamo-nos com um conceito limitado, pois não só o exercício do serviço público configura a função administrativa. Poder de polícia, atividade de fomento, intervenção do Estado são outras ações naturais da função administrativa.

Prevalecendo no Brasil atualmente, observamos como objeto do Direito Administrativo a Administração Pública, sua estrutura, seus serviços, seus agentes de composição. Com isso podemos identificar:

- **Objeto imediato:** princípios e normas que regulam a função administrativa.
- **Objeto mediato:** disciplina das atividades, agentes, pessoas e órgãos da Administração Pública.

Fica claro que o objeto de estudo do Direito Administrativo é dinâmico e evolui em consonância com a atividade administrativa e o desenvolvimento do Estado.

Decifrando a prova

(2014 – FCC – MPE/PE – Promotor de Justiça – Adaptada) Em sua formação, o Direito Administrativo brasileiro recebeu a influência da experiência doutrinária, legislativa e jurisprudencial de vários países, destacando-se especialmente a França, considerada como berço da disciplina. No rol de contribuições do Direito Administrativo francês à prática atual do Direito Administrativo no Brasil, não é correto incluir o sistema de contencioso administrativo.

( ) Certo ( ) Errado

Gabarito comentado: o sistema adotado no Brasil deriva do Direito inglês, conhecido como **sistema de jurisdição una**, admitindo que todos os litígios, inclusive administrativos, sejam decididos pelo Poder Judiciário. Não adotamos o conceito francês do contencioso administrativo, em que a própria Administração Pública exerce poder de julgamento sobre a legalidade de seus atos, afastando a possibilidade de intervenção por via judicial. Portanto, a assertiva está certa.

1.5   Fontes do Direito Administrativo

A princípio, devemos entender que são consideradas fontes do Direito Administrativo determinados comportamentos que ensejam a criação de uma norma imperativa. Importante esse destaque pois, no Brasil, o Direito Administrativo não se encontra codificado, ou seja, os textos administrativos não se encontram reunidos em um só corpo legal, como ocorre com outros ramos como no Direito Penal e no Direito Civil. As normas administrativas estão espalhadas tanto no texto constitucional quanto em leis ordinárias, complementares, medidas provisórias, decretos e outros diplomas normativos.

No Direito, fontes são **fatos jurídicos de onde emanam normas**. Tais fontes podem ser:

- **Primárias, maiores ou diretas:** nascedouro principal e imediato das normas.
- **Secundárias, menores ou indiretas:** constituem instrumentos acessórios de origem de normas, derivam de fontes primárias.

Capítulo 1 ◆ Noções preliminares do Direito Administrativo **7**

Como fonte primária do Direito Administrativo, encontramos somente a **lei. Doutrinas, jurisprudências, costumes, princípios gerais** e **tratados internacionais,** por se submeterem à lei, são consideradas fontes secundárias.

> ### ⚙ Decifrando a prova
>
> **(2014 – Vunesp – PC/SP – Delegado – Adaptada)** O conceito de Direito Administrativo é peculiar e sintetiza-se no conjunto harmônico de princípios jurídicos que regem os órgãos, os agentes e as atividades públicas tendentes a realizar concreta, direta e imediatamente os fins desejados pelo Estado. A par disso, é fonte primária do Direito Administrativo a lei, em sentido amplo.
>
> ( ) Certo ( ) Errado
>
> **Gabarito comentado:** somente a lei é considerada fonte primária do Direito Administrativa. Todas as outras fontes aceitas no Direito brasileiro terão função secundária em nossa disciplina. Portanto, a assertiva está certa.

Vamos realizar uma análise mais aprofundada de cada fonte:

Lei: É o único instrumento habilitado a criar diretamente deveres e proibições, obrigações de fazer ou de não fazer, inovando no ordenamento jurídico, sob a ótica constitucional definida no art. 5º, II, da CF/1988: "Ninguém será obrigado a fazer ou deixar de fazer alguma coisa senão em virtude de lei".

Tal rigidez decorre do **princípio da legalidade** nesse ramo jurídico. O vocábulo "lei" deve ser interpretado da forma mais ampla possível, abrangendo todas as espécies normativas, incluindo a Constituição Federal (e suas emendas constitucionais) e todas as normas ali dispostas que tratem especificamente da matéria de Direito Administrativo, além dos demais atos normativos primários (constituições estaduais, leis orgânicas, ordinárias, complementares, ou delegadas, decretos-leis, medidas provisórias, decretos legislativos, regulamentos e resoluções).

- ◆ **Doutrina:** resulta de estudos e análises feitos pelos juristas e estudiosos do Direito Administrativo, formando um arcabouço teórico que, apesar de não criar diretamente a norma, esclarece o sentido e o alcance das regras jurídicas – determinando como os operadores do direito devem compreender as determinações legais – e influencia na elaboração de novas normas. Em momentos de identificação de normas com conteúdo complexo e de difícil entendimento, a doutrina apresentada pelos renomados estudiosos impacta tanto quanto a própria criação de uma norma.

- ◆ **Jurisprudência:** resultado de decisões reiteradas apresentadas por diversos órgãos judiciais sobre a mesma matéria. Ao identificar essa semelhança de interpretação entre órgãos distintos, pode-se depreender uma orientação acerca de determinada matéria. Não tem a força de uma norma, mas possui enorme influência sobre a maneira como determinadas regras passam a ser entendidas e aplicadas. Importante destacar aqui o surgimento das súmulas vinculantes, resultado da Emenda

Constitucional nº 45/2004, expedidas pelo Supremo Tribunal Federal. Tal súmula vinculante deriva da jurisprudência, porém é de **cumprimento obrigatório pela Administração Pública**, revestindo-se de força cogente para agentes, órgãos e entidades administrativas.

CF/1988

Art. 103-A. O Supremo Tribunal Federal poderá, de ofício ou por provocação, mediante decisão de dois terços dos seus membros, após reiteradas decisões sobre matéria constitucional, aprovar súmula que, a partir de sua publicação na imprensa oficial, terá efeito vinculante em relação aos demais órgãos do Poder Judiciário e à administração pública direta e indireta, nas esferas federal, estadual e municipal, bem como proceder à sua revisão ou cancelamento, na forma estabelecida em lei.

- **Costumes:** práticas reiteradas da autoridade administrativa capaz de estabelecer padrões obrigatórios de comportamento. Considerados costumes administrativos, criam no administrador o hábito de esperar por determinado modo de agir, podendo causar uma insegurança geral em caso de mudança repentina da forma de ação. Vale destacar que costumes administrativos não têm força jurídica de lei, portanto só se deve considerar prática vigente e exigível aquela que não contrarie nenhuma regra ou princípio estabelecido na legislação.

Além das fontes tratadas anteriormente, alguns doutrinadores adicionam a esse rol:

- **Princípios gerais do direito:** normas não escritas que não sejam específicas do Direito Administrativo, mas que servem como base para ele, configurando-se vetores genéricos de ordenamento do Estado.
- **Tratados internacionais:** independentemente do rito de tramitação, ao serem incorporados ao ordenamento jurídico, passam a ser considerados fontes do Direito Administrativo.

2 Regime jurídico administrativo e princípios

2.1 Disposições gerais

Por força de o Direito Administrativo não ser um ramo do Direito codificado, as funções sistematizadora e unificadora de leis cabem aos princípios. Em outros ramos, tais funções são desempenhadas pelos códigos. **Princípios** são regras gerais que a doutrina define como determinantes dos valores fundamentais **de um sistema**. São o alicerce do sistema irradiando sobre diferentes normas, servindo de critério para a devida compreensão delas.

Os princípios do Direito Administrativo exercem duas funções principais:

- ◆ **Função hermenêutica:** em situação de dúvida pelo operador do Direito sobre o real significado de determinada norma, o princípio deve ser utilizado como ferramenta de esclarecimento sobre o conteúdo do dispositivo em análise.
- ◆ **Função integrativa:** o princípio é capaz de suprir lacunas, funcionando como ferramenta de preenchimento das normas vazias em caso de ausência do regramento expresso sobre matéria específica.

2.2 Supraprincípios do Direito Administrativo

São os princípios gerais dos quais se depreendem todos os outros princípios e normas do Direito Administrativo. São eles: **supremacia do interesse público sobre o privado e indisponibilidade do interesse público**. Esses princípios são reflexos da permanente dualidade no exercício da função administrativa: oposição entre os poderes da Administração Pública e os direitos dos administrados.

Importante destacar que, por força do regime jurídico-administrativo resultante do reconhecimento dos supraprincípios citados, conseguimos destacar sua aplicabilidade dentro do ordenamento administrativo de acordo com a pessoa jurídica de ação. Explico melhor: no caso de a pessoa jurídica em atuação pelo Estado ser de Direito Público, o regime jurídico

Direito Administrativo Decifrado

será aplicado em sua totalidade, ou seja, garantiremos a tais pessoas o exercício pleno das **prerrogativas** decorrentes da supremacia do interesse público e as **restrições** decorrentes da indisponibilidade do interesse público. No caso de a pessoa jurídica em atuação ser de Direito Privado, devemos entender que não haverá gozo de **prerrogativas**, mas incidirá a regra de **restrição** da indisponibilidade do interesse público.

Essa separação entre pessoas jurídicas de Direito Público e Privado será estudada de forma mais aprofundada em capítulo específico.

Outro destaque importante que precisamos fazer nesse momento para devida caracterização dos "personagens" e suas prerrogativas é o conceito de **Fazenda Pública**. Esse termo costuma ser utilizado no Direito para apontar o **Estado em Juízo**, ou seja, **as pessoas jurídicas governamentais ou entidades despersonalizadas dotadas de capacidade processual** quando figuram no polo ativo ou passivo de uma ação judicial. Em decorrência da **supremacia do interesse público sobre o privado**, a legislação processual vigente reconhece algumas "condições especiais" concedidas à Fazenda Pública, conforme se extrai da Lei nº 9.494/1997:

> **Lei nº 9.494/1997**
>
> **Art. 1º-A.** Estão dispensadas de depósito prévio, para interposição de recurso, as pessoas jurídicas de direito público federais, estaduais, distritais e municipais.
>
> (...)
>
> **Art. 1º-D.** Não serão devidos honorários advocatícios pela Fazenda Pública nas execuções não embargadas.
>
> (...)
>
> **Art. 2º-A.** A sentença civil prolatada em ação de caráter coletivo proposta por entidade associativa, na defesa dos interesses e direitos dos seus associados, abrangerá apenas os substituídos que tenham, na data da propositura da ação, domicílio no âmbito da competência territorial do órgão prolator.
>
> Parágrafo único. Nas ações coletivas propostas contra a União, os Estados, o Distrito Federal, os Municípios e suas autarquias e fundações, a petição inicial deverá obrigatoriamente estar instruída com a ata da assembleia da entidade associativa que a autorizou, acompanhada da relação nominal dos seus associados e indicação dos respectivos endereços.

Para evitar uma sobreposição de interesses como consequência do abuso das prerrogativas retratadas pela lei, fez-se essencial restringir ao máximo o alcance da locução **Fazenda Pública**, hoje sendo entendida como as **pessoas jurídicas de Direito Público interno (Administração Direta ou Indireta), os órgãos públicos especiais (Ministério Público, Defensoria Pública, Tribunais de Contas etc.).** Observe que as **empresas estatais**, por se tratar de entidades com personalidade jurídica de direito **privado**, não se integram ao conceito de **Fazenda Pública**.

Contudo, no caso da ECT (Empresa de Correios e Telégrafos – Correios), haverá aplicação das prerrogativas do Estado como se PJ (pessoa jurídica) de Direito Público fosse, por força de entendimento exarado por tribunais superiores e do Decreto-lei nº 509/1969:

Capítulo 2 ♦ Regime jurídico administrativo e princípios   11

 Jurisprudência destacada

8. O STF firmou o entendimento, a partir do julgamento do RE 220.907/RO (j. 12.06.2001, *DJ* 31.08.2001), no sentido de que a ECT é empresa pública, prestadora de serviço público sob regime de monopólio, que integra o conceito de Fazenda Pública.

9. O art. 12 do Decreto-lei nº 509/1969 atribui à ECT os privilégios concedidos à Fazenda Pública no concernente, entre outros, a foro, prazos e custas processuais, não fazendo qualquer referência à prerrogativa de intimação pessoal (STJ, 3ª Turma, REsp nº 1.574.008/SE, Rel. Min. Nancy Andrighi, p. 15.03.2019).

Decreto-lei nº 509/1969
Art. 12. A ECT gozará de isenção de direitos de importação de materiais e equipamentos destinados aos seus serviços, dos privilégios concedidos à Fazenda Pública, quer em relação à imunidade tributária, direta ou indireta, impenhorabilidade de seus bens, rendas e serviços, quer no concernente a foro, prazos e custas processuais.

 Decifrando a prova

(2017 – Fapems – PC/MS – Delegado – Adaptada) As "pedras de toque" do regime jurídico-administrativo são a supremacia do interesse público sobre o interesse privado e a impessoalidade do interesse público.
( ) Certo ( ) Errado
Gabarito comentado: expressão cunhada por Celso Antônio Bandeira de Mello, "pedras de toque" são os princípios basilares da arquitetura administrativa nacional, sendo eles a **supremacia do interesse público** e a **indisponibilidade do interesse público**. Portanto, a assertiva está errada.

2.2.1 Supremacia do interesse público

Princípio implícito que determina como mais importantes os interesses da **coletividade** perante os interesses individuais, razão pela qual a Administração Pública recebe da lei **poderes especiais não extensíveis aos particulares**, criando, assim, uma **desigualdade jurídica** entre a Administração e os administrados.

Vale destacarmos, nesse momento, as principais prerrogativas gozadas pelo Estado para garantia da manutenção da supremacia do interesse público. Tais prerrogativas são garantidas a todos os entes de Direito Público do Estado. Logo não se aplicam aos entes de Direito Privado, mesmo que estes façam parte da organização administrativa.

- **Privilégios Processuais:** apesar de o tratamento igualitário em uma ocorrência processual ser a regra quase absoluta, não podemos negar que a Fazenda Pública, considerando suas atividades, merece um tratamento diferenciado no andamento dos processos em que suas entidades façam parte.

    CPC/2015

    Art. 183. A União, os Estados, o Distrito Federal, os Municípios e suas respectivas autarquias e fundações de direito público gozarão de prazo em dobro para todas as suas manifestações processuais, cuja contagem terá início a partir da intimação pessoal.

> **Importante**
>
> Por força do previsto nos arts. 9º e 13 da Lei nº 10.259/2001, não se aplicam no âmbito dos Juizados Especiais Federais o prazo processual diferenciado e o reexame necessário em favor da Fazenda Pública.

Tais privilégios processuais não ferem em nada o princípio da igualdade, como restou bem claro em importante julgado do TRF da 3ª Região.

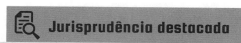

> Afasta-se a matéria preliminar de contrarrazões. Verifica-se que o prazo do recurso de apelação da autarquia, em dobro, nos termos do art. 188 do CPC não fere o princípio da isonomia, porquanto se baseia na envergadura maior do interesse público em relação ao interesse particular (TRF-3 – AC 246.888, Rel. Juiz Alexandre Sormani, 11.09.2007).

Por oportuno apontar que o artigo do CPC (Código de Processo Civil) apontado na decisão difere do atual, pois na data de julgamento, estava em vigência o antigo CPC/1973.

- **Remessa necessária, reexame necessário ou duplo grau de jurisdição obrigatório:** Decisões contrárias à Fazenda Pública só produzirão efeitos depois de analisadas pelo Tribunal.

    CPC/2015

    Art. 496. Está sujeita ao duplo grau de jurisdição, não produzindo efeito senão depois de confirmada pelo tribunal, a sentença: (...)

Veja que a aplicação do **reexame necessário** não ocorrerá sempre, visto que o CPC determinou que somente as condenações que ultrapassarem os valores citados no artigo sofrerão efetivamente tal diferenciação. Na mesma direção, não se aplicará esse instituto quando estivermos diante de uma sentença fundada em súmula do Supremo Tribunal Federal ou do Superior Tribunal de Justiça, acórdão proferido pelo Supremo Tribunal Federal ou pelo

Superior Tribunal de Justiça em julgamento de casos repetitivos e entendimento firmado em incidente de resolução de demandas repetitivas ou de assunção de competência.

CPC/2015

Art. 496. (...)

§ 3º Não se aplica o disposto neste artigo quando a condenação ou o proveito econômico obtido na causa for de valor certo e líquido inferior a:

I – 1.000 (mil) salários mínimos para a União e as respectivas autarquias e fundações de direito público;

II – 500 (quinhentos) salários mínimos para os Estados, o Distrito Federal, as respectivas autarquias e fundações de direito público e os Municípios que constituam capitais dos Estados;

III – 100 (cem) salários mínimos para todos os demais Municípios e respectivas autarquias e fundações de direito público.

§ 4º Também não se aplica o disposto neste artigo quando a sentença estiver fundada em:

I – súmula de tribunal superior;

II – acórdão proferido pelo Supremo Tribunal Federal ou pelo Superior Tribunal de Justiça em julgamento de recursos repetitivos;

III – entendimento firmado em incidente de resolução de demandas repetitivas ou de assunção de competência;

IV – entendimento coincidente com orientação vinculante firmada no âmbito administrativo do próprio ente público, consolidada em manifestação, parecer ou súmula administrativa.

- ♦ **Dispensa de depósito prévio:** a exigência do depósito prévio de 5% (cinco por cento) do valor da causa para propositura da ação rescisória não se estenderá à Fazenda Pública. Também não se aplica à Fazenda Pública a exigência de depósito prévio para interposição de recursos.

CPC/2015

Art. 968. A petição inicial será elaborada com observância dos requisitos essenciais do art. 319, devendo o autor: (...)

II – depositar a importância de cinco por cento sobre o valor da causa, que se converterá em multa caso a ação seja, por unanimidade de votos, declarada inadmissível ou improcedente.

§ 1º Não se aplica o disposto no inciso II à União, aos Estados, ao Distrito Federal, aos Municípios, às suas respectivas autarquias e fundações de direito público, ao Ministério Público, à Defensoria Pública e aos que tenham obtido o benefício de gratuidade da justiça.

Lei nº 9.494/1997

Art. 1º-A. Estão dispensadas de depósito prévio, para interposição de recurso, as pessoas jurídicas de direito público federais, estaduais, distritais e municipais.

Apesar de o texto legal determinar a extensão plena da dispensa do depósito às autarquias e fundações públicas de direito público, o entendimento moderno é de que, por força da Súmula nº 175 do STJ, somente o INSS receberá esse benefício.

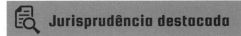

Súmula nº 175 do STJ. Descabe o depósito prévio nas ações rescisórias propostas pelo INSS.

- **Dispensa de adiantamento de custas processuais:** despesas dos atos processuais resultantes de requerimento do Ministério Público, Defensoria Pública ou Fazenda Pública serão **pagas ao final pelo vencido**. Assim, não se exige do Estado pagamento antecipado das custas. Essa prerrogativa não se estenderá ao pagamento dos honorários periciais, conforme Súmula nº 232 do STJ.

CPC/2015

Art. 91. As despesas dos atos processuais praticados a requerimento da Fazenda Pública, do Ministério Público ou da Defensoria Pública serão pagas ao final pelo vencido.

§ 1º As perícias requeridas pela Fazenda Pública, pelo Ministério Público ou pela Defensoria Pública poderão ser realizadas por entidade pública ou, havendo previsão orçamentária, ter os valores adiantados por aquele que requerer a prova.

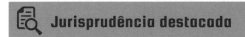

Súmula nº 232 do STJ. A Fazenda Pública, quando parte no processo, fica sujeita à exigência do depósito prévio dos honorários do perito.

- **Imunidade tributária recíproca:** a Constituição Federal veda instituição de impostos sobre patrimônio, renda ou serviço entre os entes federados, sendo tal prerrogativa estendida às autarquias. Apesar da nomenclatura, importa ressaltar que tal imunidade abrange apenas os **impostos**, não se valendo nas demais espécies tributárias.

CF/1988

Art. 150. Sem prejuízo de outras garantias asseguradas ao contribuinte, é vedado à União, aos Estados, ao Distrito Federal e aos Municípios: (...)

VI – instituir impostos sobre:

a) patrimônio, renda ou serviços, uns dos outros; (...)

§ 2º A vedação do inciso VI, *a*, é extensiva às autarquias e às fundações instituídas e mantidas pelo Poder Público, no que se refere ao patrimônio, à renda e aos serviços, vinculados a suas finalidades essenciais ou às delas decorrentes.

Capítulo 2 ◆ Regime jurídico administrativo e princípios **15**

- **Bens autárquicos**: considerados bens públicos, com todas as suas prerrogativas (inalienabilidade, impenhorabilidade, impossibilidade de oneração e imprescritíveis).
- **Execução fiscal**: os créditos detidos pela Fazenda Pública serão cobrados por meio de uma execução fiscal, na forma da Lei nº 6.830/1980, sendo o CPC aplicado apenas de forma subsidiária. Isso garante uma tramitação mais célere da cobrança e um recebimento mais rápido dos pagamentos.
- **Regime de precatório**: débitos judiciais deverão ser pagos por meio de uma fila de precatórios, respeitando-se a ordem cronológica de registro.

CF/1988

Art. 100. Os pagamentos devidos pelas Fazendas Públicas Federal, Estaduais, Distrital e Municipais, em virtude de sentença judiciária, far-se-ão exclusivamente na ordem cronológica de apresentação dos precatórios e à conta dos créditos respectivos, proibida a designação de casos ou de pessoas nas dotações orçamentárias e nos créditos adicionais abertos para este fim.

🧩 Decifrando a prova

(2019 – Instituto Acesso – PC/ES – Delegado – Adaptada) O princípio da supremacia do interesse público não desconsidera os interesses particulares/individuais, não obstante informa ao agente administrativo que o interesse público prevalece sobre interesses privados.

( ) Certo ( ) Errado

Gabarito comentado: o interesse público não pode ser considerado **absoluto** na atuação do Estado, pois, assim, toda vontade ou desejo individual seria afastado por suposta atuação de interesse coletivo. Portanto, a assertiva está certa.

2.2.2 Indisponibilidade do interesse público

Determina-se que os agentes públicos **não são titulares** dos direitos por eles defendidos. Assim, os agentes devem atuar **exatamente na forma da lei,** e não segundo a sua própria vontade. Portanto, não se admite **renúncia ou transação** aos poderes legalmente constituídos a eles. Como exemplos: **licitação, realização de concurso público, prestação de contas** e **outros**.

Vale destacar que o princípio da indisponibilidade do interesse público tem sofrido certa relativização pelo legislador, como nos casos da **possibilidade dos representantes da Fazenda Pública de conciliar e transacionar nos ritos dos Juizados Especiais Federais** e **utilização de mecanismos privados de resolução de conflitos, inclusive arbitragem, nos contratos de concessão de serviços públicos e Parcerias Público-Privadas.**

2.3 Princípios explícitos e implícitos

A CF/1988 (Constituição Federal de 1988) dedicou um capítulo à Administração Pública e deixou expresso, em artigo próprio (art. 37) princípios a serem observados por todas

16 Direito Administrativo Decifrado

as pessoas administrativas que compõem e atuam na Administração Pública nacional. Tais princípios são tratados como diretrizes fundamentais da Administração, assim, devem ser observados em toda ação administrativa para que tal ação seja considerada válida, legítima. Por convenção, ficaram conhecidos como **princípios explícitos ou princípios expressos**.

Outros princípios, de importância semelhante, reconhecidos e aplicados no ordenamento administrativo brasileiro também funcionarão como regras procedimentais. A esses princípios se convencionou chamar **princípios implícitos ou princípios reconhecidos**.

🧩 Decifrando a prova

(2019 – Instituto Acesso – PC/ES – Delegado – Adaptada) Legalidade, publicidade, impessoalidade, moralidade e eficiência são classificadas, pela doutrina, como princípios expressos da administração pública, por possuírem previsão normativa inserta no texto da Constituição da República Federativa do Brasil de 1988 com aplicação direta ao campo do direito administrativo.

( ) Certo ( ) Errado

Gabarito comentado: todos os princípios relevantes são de aplicação plena em nosso ordenamento administrativo. A forma de diferenciação entre tais princípios por **explícitos ou implícitos** se dá pela exata observação de sua previsão em texto constitucional ou não. Portanto, a assertiva está certa.

2.3.1 Princípios constitucionais explícitos

Trataremos a partir de agora dos princípios que são elencados de forma expressa na Constituição Federal, em seu art. 37, considerados essenciais de toda a atuação administrativa.

2.3.1.1 Princípio da legalidade

Parte da doutrina tem dividido o entendimento do princípio da legalidade em dois sentidos: **primazia da legalidade** e **reserva legal**.

- ◆ **Princípio da primazia da legalidade**: pelo fato de o ato administrativo estar em posição hierárquica inferior à lei, é essencial que tal ato esteja em plena conformidade com o dispositivo legal para manutenção de sua validade. Conhecido com **legalidade em sentido negativo**, esse princípio estipula que **o ato administrativo não poderá contrariar a lei**.

- ◆ **Princípio da reserva legal**: configura a **legalidade em sentido positivo**, ao determinar que **o ato administrativo só poderá ser praticado mediante uma autorização legislativa**. Ou seja, não basta apenas não contrariar a lei, mas também deve ser produzido conforme estabelecido na lei. Observe que o ato administrativo por si só não poderá definir direitos e obrigações a particulares, servindo apenas como uma forma de **instrumentalização** da vontade da lei no caso em concreto.

Na forma da Lei nº 9.784/1999, legalidade é a **atuação do agente público em conformidade com a lei e o Direito**. Esse dispositivo aponta que adotamos em nosso ordenamento jurídico o que a doutrina internacional tem chamado de **princípio da juridicidade**. Agentes públicos devem não só respeitar a lei, mas também os **atos normativos existentes na ordem jurídica**. Esse princípio amplia consideravelmente o conceito de legalidade clássica.

Apesar de estar bem claro que a exigência de lei autorizando e formalizando a atuação administrativa é o caráter marcador do princípio da legalidade, o texto constitucional mitiga esse princípio ao admitir algumas condições de atuação à margem da determinação legal. São elas:

- **Medida provisória:** regulamentada no art. 62 da Constituição Federal, é expedida pelo Presidente da República em casos de relevância e urgência e possui força de lei **(reconhecida como lei em sentido material e não formal)**. Após sua expedição, é imediatamente enviada ao Congresso Nacional para que, sendo aceita, seja convertida em lei definitiva.

  CF/1988

  Art. 62. Em caso de relevância e urgência, o Presidente da República poderá adotar medidas provisórias, com força de lei, devendo submetê-las de imediato ao Congresso Nacional.

- **Estado de defesa:** instrumento de defesa do Estado definido no art. 136 da CF/1988, permite que o Presidente da República (após devidamente ouvidos o **Conselho da República e o Conselho de Defesa Nacional**) decrete medidas para preservação ou pronto restabelecimento da ordem pública ou da paz em localidades específicas e restritas, ameaçadas por grave e iminente instabilidade institucional ou calamidades de grandes proporções.

  CF/1988

  Art. 136. O Presidente da República pode, ouvidos o Conselho da República e o Conselho de Defesa Nacional, decretar estado de defesa para preservar ou prontamente restabelecer, em locais restritos e determinados, a ordem pública ou a paz social ameaçadas por grave e iminente instabilidade institucional ou atingidas por calamidades de grandes proporções na natureza.

- **Estado de sítio:** instrumento também utilizado para imposição de medidas da manutenção da ordem e preservação do Estado em situações mais graves, permitindo ações restritivas mais amplas.

  CF/1988

  Art. 137. O Presidente da República pode, ouvidos o Conselho da República e o Conselho de Defesa Nacional, solicitar ao Congresso Nacional autorização para decretar o estado de sítio nos casos de:

  I – comoção grave de repercussão nacional ou ocorrência de fatos que comprovem a ineficácia de medida tomada durante o estado de defesa;

  II – declaração de estado de guerra ou resposta a agressão armada estrangeira.

2.3.1.2 Princípio da impessoalidade

O princípio da impessoalidade determina que o administrador deverá dispensar ao administrado tratamento sempre igualitário, independentemente de qualquer condição específica, visto o atendimento ao interesse público ser o ponto essencial de suas ações. Tal princípio deve ser aplicado em união aos princípios da isonomia, que afirma ser função do administrador dar tratamento igual aos que se encontrem em situação jurídica idêntica e dar tratamento desigual aos que não se qualificam nessa posição, e da finalidade, determinando que as ações do administrador devem sempre focar no interesse público. Assim, é correto afirmar que impessoalidade significa imparcialidade e isonomia.

A função da Administração Pública é a execução da lei, independentemente de quem sejam os beneficiados ou prejudicados pelos atos produzidos. Até mesmo os interesses do Estado devem ser descartados na avaliação da ação a ser tomada, podendo ser satisfeitos apenas nos casos previstos na lei. Aqui identificamos a aplicação do princípio da isonomia.

> **CF/1988**
>
> **Art. 5º** Todos são iguais perante a lei, sem distinção de qualquer natureza, garantindo-se aos brasileiros e aos estrangeiros residentes no País a inviolabilidade do direito à vida, à liberdade, à igualdade, à segurança e à propriedade, nos termos seguintes:
>
> I – homens e mulheres são iguais em direitos e obrigações, nos termos desta Constituição; (...)

O princípio da finalidade se destaca pelo fato de determinar que a ação do agente público sempre deverá se pautar no fim estabelecido na lei, indicado expressa ou virtualmente na norma, de forma impessoal. Com essa característica, pretende-se alcançar os objetivos da Administração Pública sem que se possa imprimir aos atos conotação baseada em preferência pessoal ou sentimento de perseguição.

Um outro aspecto interessante a ser estudado é que o princípio da impessoalidade deve ser entendido como uma **atuação do agente público sempre imputada ao Estado**, ou seja, as realizações nunca devem ser atribuídas à pessoa física do agente público, mas sim à pessoa jurídica a qual o agente público está vinculado.

> **Lei nº 9.784/1999**
>
> **Art. 2º** (...)
>
> Parágrafo único. Nos processos administrativos serão observados, entre outros, os critérios de: (...)
>
> III – objetividade no atendimento do interesse público, vedada a promoção pessoal de agentes ou autoridades; (...)
>
> **CF/1988**
>
> **Art. 37.** (...)
>
> § 1º A publicidade dos atos, programas, obras, serviços e campanhas dos órgãos públicos deverá ter caráter educativo, informativo ou de orientação social, dela não podendo constar nomes, símbolos ou imagens que caracterizem promoção pessoal de autoridades ou servidores públicos.

Capítulo 2 • Regime jurídico administrativo e princípios   19

Jurisprudência destacada

O art. 37, *caput*, e seu § 1º, da CF/1988, impedem que haja qualquer tipo de identificação entre a publicidade e os titulares dos cargos alcançando os partidos políticos a que pertençam. Com base nesse entendimento, a Turma negou provimento a recurso extraordinário interposto pelo Município de Porto Alegre contra acórdão do tribunal de justiça local que o condenara a abster-se da inclusão de determinado slogan na publicidade de seus atos, programas, obras, serviços e campanhas. Considerou-se que a referida regra constitucional objetiva assegurar a impessoalidade da divulgação dos atos governamentais, que devem voltar-se exclusivamente para o interesse social, sendo incompatível com a menção de nomes, símbolos ou imagens, aí incluídos slogans que caracterizem a promoção pessoal ou de servidores públicos. Asseverou-se que a possibilidade de vinculação do conteúdo da divulgação com o partido político a que pertença o titular do cargo público ofende o princípio da impessoalidade e desnatura o caráter educativo, informativo ou de orientação que constam do comando imposto na Constituição (STF, 1ª Turma, RE nº 191.668/RS, Rel. Min. Menezes Direito, j. 15.04.2008).

Observe que tal princípio prega a **não discriminação** das condutas dos agentes, para, assim, autorizar a ação administrativa que vise sempre ao interesse coletivo. Não se poderá utilizar da lei para beneficiar ou causar prejuízos a um indivíduo ou grupo específico de indivíduos. Assim, segundo o doutrinador Celso Antônio Bandeira de Mello: "Administração deve tratar a todos sem favoritismos, nem perseguições, simpatias ou animosidades políticas ou ideológicas".

Vale destacar que, para alguns doutrinadores, o princípio da impessoalidade deve ser tratado como **sinônimo do princípio da finalidade**, visto que, por sua própria definição, a atuação do administrador público deve se pautar na **finalidade pública**, afastando seus próprios interesses ou interesses de terceiros.

A doutrina mais moderna vem interpretando de forma inovadora esse princípio, estabelecendo que seu estudo deve ser feito também pela **ótica do agente**, ou seja, quando o agente age, não é ele que está em destaque, mas sim o **órgão que ele representa** dentro do Estado. Esse pensamento encontra uma base muito forte na chamada **teoria da imputação volitiva (ou teoria do órgão)**, assunto que será tratado em momento oportuno nesta obra.

O Supremo Tribunal Federal consagrou o entendimento da necessidade da aplicação do chamado **princípio da intranscendência**, fator que implica certa "restrição" à aplicação do princípio da impessoalidade. De fato, tal princípio **inibe a aplicação de sanções baseadas em ações de gestores anteriores**. Assim, ainda seria possível buscar a responsabilização do gestor anterior quanto às irregularidades cometidas sem que se afete o poder de governabilidade do atual gestor.

Jurisprudência destacada

O princípio da intranscendência subjetiva impede que sanções e restrições superem a dimensão estritamente pessoal do infrator e atinjam pessoas que não tenham sido as causadoras do ato ilícito. Assim, o princípio da intranscendência subjetiva das sanções proíbe a aplicação de sanções às administrações atuais por atos de gestão praticados por administrações anteriores. A inscrição do Estado de Pernambuco no CAUC ocorreu em razão do descumprimento de convênio celebrado por gestão anterior, ou seja, na época de outro Governador. Ademais, ficou demonstrado que os novos gestores estavam tomando as providências necessárias para sanar as irregularidades verificadas. Logo deve-se aplicar, no caso concreto, o princípio da intranscendência subjetiva das sanções, impedindo que a Administração atual seja punida com a restrição na celebração de novos convênios ou recebimento de repasses federais (STF, 1ª Turma, AC nº 2.614/PE, AC nº 781/PI e AC nº 2.946/PI, Rel. Min. Luiz Fux, j. 23.06.2015).

 Decifrando a prova

(2019 – Consulplan – TJ/MG – Notário – Adaptada) Aos atos da Administração se confere publicidade, nos moldes do que prescreve o *caput* do art. 37 da Constituição Federal, sendo este proceder abrangente a todo ato que tenha efeito externo, e, por força de tal princípio, o sigilo somente se aplicará a questões de segurança nacional.
( ) Certo ( ) Errado
Gabarito comentado: a publicidade dos atos é um elemento importante de garantia da adequação dos atos do Poder Público ao interesse público. Porém não há que se falar em publicidade total e absoluta de atos, visto que algumas situações legalmente apontadas visam proteger direitos gerais, como a segurança nacional, e específicos, como a privacidade. Portanto, a assertiva está errada.

2.3.1.3 Princípio da moralidade

O ato do Administrador Público deve ser **legal** e **moral**. Os preceitos éticos devem estar em suas condutas, sendo importante que o agente público não seja só um conhecedor da lei, mas também dos princípios éticos que regem a atividade administrativa.

Não faltam instrumentos de combate ao ato imoral e corrupto em nosso ordenamento jurídico, sendo a Lei da Improbidade Administrativa (Lei nº 8.429/1992) a principal, ao lado de ações como **ação popular** e **ação civil pública**.

Interessante observar que a **moralidade administrativa** configura um "conceito jurídico indeterminado", ou seja, a falta de termos ou normas que definam o que seria exatamente **moralidade administrativa** faz com que tal princípio deva ser interpretado com observância de outras normas. Por isso, o STF tem entendido que a violação ao princípio da moralidade administrativa enseja diretamente uma violação ao **princípio da legalidade**, sendo esse mais amplo e abrangente.

Nas palavras de Maria Sylvia Zanella di Pietro (2008, p. 110),

> embora não se identifique com a legalidade (porque a lei pode ser imoral e a moral pode ultrapassar o âmbito da lei), a imoralidade administrativa produz efeitos jurídicos,

Capítulo 2 ◆ Regime jurídico administrativo e princípios **21**

porque acarreta a invalidade do ato, que pode ser decretada pela própria Administração ou pelo Poder Judiciário. A apreciação judicial da imoralidade ficou consagrada pelo dispositivo concernente à ação popular.

Jurisprudência destacada

Súmula nº 13 do STF. A nomeação de cônjuge, companheiro ou parente em linha reta, colateral ou por afinidade, até o terceiro grau, inclusive, da autoridade nomeante ou de servidor da mesma pessoa jurídica investido em cargo de direção, chefia ou assessoramento, para o exercício de cargo em comissão ou de confiança ou, ainda, de função gratificada na administração pública direta e indireta em qualquer dos Poderes da União, dos Estados, do Distrito Federal e dos Municípios, compreendido o ajuste mediante designações recíprocas, viola a Constituição Federal.

Assim, tendo em conta a expressiva densidade axiológica e a elevada carga normativa que encerram os princípios contidos no *caput* do art. 37 da CF/1988, concluiu-se que a proibição do nepotismo independe de norma secundária que obste formalmente essa conduta. Ressaltou-se, ademais, que admitir que apenas ao Legislativo ou ao Executivo fosse dado exaurir, mediante ato formal, todo o conteúdo dos princípios constitucionais em questão implicaria mitigar os efeitos dos postulados da supremacia, unidade e harmonização da Carta Magna, subvertendo-se a hierarquia entre esta e a ordem jurídica em geral (STF, Tribunal Pleno, RE nº 579.951/RN, Rel. Min. Ricardo Lewandowski, j. 20.08.2008).

A jurisprudência do STF preconiza que, ressalvada situação de fraude à lei, a nomeação de parentes para cargos públicos de natureza política não desrespeita o conteúdo normativo do enunciado da Súmula Vinculante nº 13 (STF, 2ª Turma, RE nº 825.682 AgR, Rel. Min. Teori Zavascki, j. 10.02.2015).

Nossa doutrina costuma tratar tal obrigação de atuação em conformidade com preceitos éticos **como moralidade jurídica**, não se confundindo com a moralidade **social**, exatamente por se tratar de uma atuação diretamente com a coisa pública. Moralidade social procura estabelecer distinção entre certo e errado, bem e mal. Moralidade jurídica estabelece o "bom gestor" por atuar em conformidade com o interesse coletivo.

Decifrando a prova

(2018 – Vunesp – PC/SP – Delegado – Adaptada) Os princípios administrativos podem ser utilizados para fins de controle de constitucionalidade dos atos administrativos pelo Poder Judiciário, sendo o que se observa na nomeação de cônjuge da autoridade nomeante para o exercício de cargo em comissão ou de confiança na Administração Pública do Estado, que viola a Constituição Federal.

( ) Certo ( ) Errado

Gabarito comentado: exceto em caso de cargos políticos, a nomeação de cônjuge da autoridade nomeante para cargo em comissão ou de confiança caracteriza **nepotismo**, violando o princípio da impessoalidade. Portanto, a assertiva está certa.

22 Direito Administrativo Decifrado

Finalmente, cumpre destacar que os estudos mais modernos da moralidade administrativa têm tratado de uma distinção importante com relação à boa-fé do agente em suas ações.

Por um lado, encontramos a **boa-fé objetiva (conduta)**, identificada por meio da investigação do comportamento do agente público, descartando a avalição de sua intenção.

Por outro lado, temos a **boa-fé subjetiva (convicção)**, marcada pela análise da intenção do agente público na produção de seu ato, sendo, assim, possível apurar o conhecimento ou desconhecimento da ilicitude de suas ações.

Para o Direito Administrativo brasileiro, o estudo dos atos do agente deverá sempre ser pautado pela avaliação da conduta desse profissional, desprezando-se o conhecimento ou não da ilicitude de suas ações (convicção). Assim, fica justificada a aplicação de penalidades sobre os agentes públicos que tenham cometido infrações administrativas ao violar padrões de lealdade e honestidade, não importando fatores subjetivos ou razões de caráter psicológicas que levaram o agente público a agir de determinada forma.

2.3.1.4 Princípio da publicidade

Esse princípio também se divide em duas situações:

- ◆ 1ª: o ato deve ser publicado em *Diário Oficial* para ter seus efeitos. Entendido como **publicação**, tal procedimento é essencial para que o ato tenha eficácia, uma vez que sua validade é identificada por ter sido tal ato produzido com respeito ao legalmente estabelecido. Além disso, podemos identificar um segundo efeito, que seria a determinação do momento de **contagem de prazos**, uma vez que é da publicização do ato que terá início.

- ◆ 2ª: o ato publicado deve se tornar público. Tal premissa proíbe a criação de atos secretos pelo Poder Público, sendo indispensável uma atuação transparente pela Administração Pública. Considera-se a principal finalidade do princípio da publicidade, visto que atividades praticadas na execução da atividade administrativa devem ser de conhecimento público. Note que essa publicidade produzirá dois efeitos imediatos, sendo o primeiro a **divulgação oficial** e o segundo, **conhecimento e fiscalização da atuação dos agentes**. O dispositivo legal que regulamenta a acessibilidade de dados e informações no Brasil é a Lei nº 12.527/2011, a **Lei do Acesso à Informação**.

Lei nº 12.527/2011

Art. 5º É dever do Estado garantir o direito de acesso à informação, que será franqueada, mediante procedimentos objetivos e ágeis, de forma transparente, clara e em linguagem de fácil compreensão.

Procurando estabelecer um procedimento regular de acesso à informação por qualquer interessado e evitar que tal acesso seja infundadamente negado pelo administrador público, a lei determinou que, por qualquer meio legítimo, poderá o interessado requerer informações aos órgãos e entidades públicas para que receba, imediatamente ou justificadamente, em um prazo máximo de 20 dias, tal informação solicitada.

Por não se tratar de um princípio absoluto, a publicidade dos atos poderá ser relativizada de acordo com algumas circunstâncias especificadas em lei.

Lei nº 12.527/2011

Art. 23. São consideradas imprescindíveis à segurança da sociedade ou do Estado e, portanto, passíveis de classificação as informações cuja divulgação ou acesso irrestrito possam:

I – pôr em risco a defesa e a soberania nacionais ou a integridade do território nacional;

II – prejudicar ou pôr em risco a condução de negociações ou as relações internacionais do País, ou as que tenham sido fornecidas em caráter sigiloso por outros Estados e organismos internacionais;

III – pôr em risco a vida, a segurança ou a saúde da população;

IV – oferecer elevado risco à estabilidade financeira, econômica ou monetária do País;

V – prejudicar ou causar risco a planos ou operações estratégicos das Forças Armadas;

VI – prejudicar ou causar risco a projetos de pesquisa e desenvolvimento científico ou tecnológico, assim como a sistemas, bens, instalações ou áreas de interesse estratégico nacional;

VII – pôr em risco a segurança de instituições ou de altas autoridades nacionais ou estrangeiras e seus familiares; ou

VIII – comprometer atividades de inteligência, bem como de investigação ou fiscalização em andamento, relacionadas com a prevenção ou repressão de infrações.

Obviamente, a condição de sigilo imposta a uma informação que se enquadre nas situações descritas no artigo apresentado não terá caráter de perpetuidade, visto que a legislação estabelece prazo máximo de "classificação" da informação como sigilosa de acordo o grau de importância de seu conteúdo.

Lei nº 12.527/2011

Art. 24. A informação em poder dos órgãos e entidades públicas, observado o seu teor e em razão de sua imprescindibilidade à segurança da sociedade ou do Estado, poderá ser classificada como ultrassecreta, secreta ou reservada.

§ 1º Os prazos máximos de restrição de acesso à informação, conforme a classificação prevista no *caput*, vigoram a partir da data de sua produção e são os seguintes:

I – ultrassecreta: 25 (vinte e cinco) anos;

II – secreta: 15 (quinze) anos; e

III – reservada: 5 (cinco) anos.

§ 2º As informações que puderem colocar em risco a segurança do Presidente e Vice-Presidente da República e respectivos cônjuges e filhos(as) serão classificadas como reservadas e ficarão sob sigilo até o término do mandato em exercício ou do último mandato, em caso de reeleição.

§ 3º Alternativamente aos prazos previstos no § 1º, poderá ser estabelecida como termo final de restrição de acesso a ocorrência de determinado evento, desde que este ocorra antes do transcurso do prazo máximo de classificação.

Direito Administrativo Decifrado

§ 4º Transcorrido o prazo de classificação ou consumado o evento que defina o seu termo final, a informação tornar-se-á, automaticamente, de acesso público.

§ 5º Para a classificação da informação em determinado grau de sigilo, deverá ser observado o interesse público da informação e utilizado o critério menos restritivo possível, considerados:

I – a gravidade do risco ou dano à segurança da sociedade e do Estado; e

II – o prazo máximo de restrição de acesso ou o evento que defina seu termo final.

Para fins de concurso público, é importante conhecermos as definições dadas pelo legislador a alguns nomes importantes de nossa lei. Veja:

Lei nº 12.527/2011

Art. 4º Para os efeitos desta Lei, considera-se:

I – informação: dados, processados ou não, que podem ser utilizados para produção e transmissão de conhecimento, contidos em qualquer meio, suporte ou formato;

II – documento: unidade de registro de informações, qualquer que seja o suporte ou formato;

III – informação sigilosa: aquela submetida temporariamente à restrição de acesso público em razão de sua imprescindibilidade para a segurança da sociedade e do Estado;

IV – informação pessoal: aquela relacionada à pessoa natural identificada ou identificável;

V – tratamento da informação: conjunto de ações referentes à produção, recepção, classificação, utilização, acesso, reprodução, transporte, transmissão, distribuição, arquivamento, armazenamento, eliminação, avaliação, destinação ou controle da informação;

VI – disponibilidade: qualidade da informação que pode ser conhecida e utilizada por indivíduos, equipamentos ou sistemas autorizados;

VII – autenticidade: qualidade da informação que tenha sido produzida, expedida, recebida ou modificada por determinado indivíduo, equipamento ou sistema;

VIII – integridade: qualidade da informação não modificada, inclusive quanto à origem, trânsito e destino;

IX – primariedade: qualidade da informação coletada na fonte, com o máximo de detalhamento possível, sem modificações.

2.3.1.5 Princípio da eficiência

Inserido na CF/1988 pela Emenda nº 19/1998, esse princípio foi um dos pilares essenciais da nossa reforma administrativa.

A reforma ficou marcada por alterar o sistema vigente na administração, passando do antigo **Estado burocrático** para o atual **Estado gerencial**, que se configura por ser mais direcionado para o resultado do que para a formalidade das ações em si. O princípio da eficiência determina que a Administração Pública deve agir de maneira eficiente para atingir o seu objetivo. Economicidade, rapidez, produtividade... Porém vale destacar que a eficiência

Capítulo 2 ◆ Regime jurídico administrativo e princípios **25**

não poderá ser utilizada como motivo para descumprimento da lei. Atingir a eficiência ainda depende, e sempre dependerá, do respeito ao princípio da legalidade.

Para os servidores públicos, esse princípio também trouxe alguns efeitos importantes. O servidor deve ter seu desempenho avaliado constantemente, podendo ser exonerado no caso de identificação de falta de desempenho.

> ### 🧩 Decifrando a prova
>
> **(2020 – MPE/CE – Promotor de Justiça – Adaptada)** O direito de petição aos poderes públicos, assegurado pela Constituição Federal de 1988, impõe à administração o dever de apresentar tempestiva resposta. A demora excessiva e injustificada da administração para cumprir essa obrigação é omissão violadora do princípio da eficiência. Segundo o STJ, por colocar em xeque a legítima confiança que o cidadão comum deposita na atuação da administração pública, tal mora atenta também contra o princípio da moralidade.
> ( ) Certo ( ) Errado
> **Gabarito comentado:** quando o Estado age de forma desidiosa com relação aos interesses da coletividade não haverá apenas afronta ao princípio da eficiência, mas também devemos destacar que se criará uma situação de desconfiança com a relação estatal, o que resultará em atentado contra a moralidade administrativa. Portanto, a assertiva está certa.

Vale destacar que **eficiência, eficácia e efetividade** são conceitos que não podem ser confundidos:

- ◆ **Eficiência** aponta para o "como fazer".
- ◆ **Eficácia** se refere aos "meios e instrumentos adotados para a execução da atividade".
- ◆ **Efetividade** se entende pelo "resultado da ação".

2.3.2 Princípios constitucionais implícitos

São princípios que, apesar de não estarem expressamente previstos na Constituição Federal como princípios aplicáveis à Administração Pública, são reconhecidos pelo ordenamento jurídico como delineadores da atuação administrativa.

2.3.2.1 Princípio da razoabilidade

A atuação do administrador deve ser razoável em decorrência da situação de fato.

O modelo adotado pelo Estado de Direito não nos permite reconhecer total liberdade de aplicação das prerrogativas públicas pelos agentes. Na realidade, devemos sempre lembrar que a conduta resultante da vontade da Administração Pública deverá sempre se pautar em uma ação **moderada e racional**. Isso significa que o agente público não deve apenas "perseguir cegamente" a finalidade pública definida na lei, mas analisar de legitimamente quais **meios serão adequadamente adotados** para que tal fim seja alcançado, e a chamada

legalidade implícita. Ex.: Um edital de concurso público que exige um grau de escolaridade superior quando o cargo a ser disputado não necessitar de tal grau de qualificação.

Para Celso Antônio Bandeira de Mello (2014, p. 112), é possível a revisão judicial de atos discricionários ilegítimos por descumprimento da razoabilidade. Em sua defesa:

> O fato de não se poder saber qual seria a decisão ideal, cuja apreciação compete à esfera administrativa, não significa, entretanto, que não se possa reconhecer quando uma dada providência, seguramente, sobre não ser a melhor, não é sequer comportada na lei em face de uma dada hipótese.

2.3.2.2 PRINCÍPIO DA PROPORCIONALIDADE

A resposta do Administrador deve ser proporcional ao ocorrido. Subdivide-se em Adequação e Necessidade. Constitui a proibição de "exageros" na atividade administrativa.

Lei nº 9.784/1999

Art. 2º (...)

VI – adequação entre meios e fins, vedada a imposição de obrigações, restrições e sanções em medida superior àquelas estritamente necessárias ao atendimento do interesse público; (...)

Por reger especificamente a ação **sancionatória** da Administração Pública, a proporcionalidade regulará especificamente os poderes **de polícia e disciplinar**, institutos que serão estudados mais adiante. Segundo a doutrina, há duas formas de violação da proporcionalidade:

Intensidade: Será desproporcional toda ação que se apresentar incompatível com o grau de lesividade do caso concreto. Ex.: determinação de fechamento de um estabelecimento comercial por encontrar um único produto no estoque fora de validade.

Extensão: A violação se apresenta não no conteúdo do ato, mas na extensão territorial ou pessoal que ele atinge. Ex.: Prefeitura determina o fechamento de todos os restaurantes da cidade por um estabelecimento não ter respeitado as normas de vigilância sanitária mínimas.

Em clássico julgamento no âmbito do STF (RE nº 466.343), ficou fixada a tese de que, para confirmar a devida aplicação do princípio da razoabilidade quando se tratar de restrição a direitos fundamentais, deve-se avaliar o conteúdo do ato sob o enfoque de três subprincípios:

♦ **Adequação ou idoneidade:** avalia se o **meio** escolhido é o mais indicado para atingir o **fim** proposto.

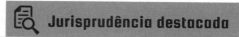

Jurisprudência destacada

É inconstitucional a lei que atenta contra a liberdade consagrada na Constituição Federal, regulamentando e consequentemente restringindo exercício de profissão que não pressupõe "condições de capacidade" (STF, Tribunal Pleno, RP nº 930 DF, Rel. Min. Cordeiro Guerra, j. 05.05.1976).

Capítulo 2 ♦ Regime jurídico administrativo e princípios   **27**

- **Necessidade ou exigibilidade:** inexistência de outro meio menos gravoso para resolução do conflito em análise. Ex.: aplicação da contribuição de melhoria em vez da determinação da desapropriação por zona pelo Estado.
- **Proporcionalidade** stricto sensu: ponderação entre a intensidade da aplicação do meio adotado em face dos fundamentos jurídicos que se utiliza como fundamentação.

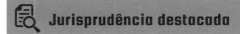

Lei nº 10.248/1993, do Estado do Paraná, que obriga os estabelecimentos que comercializam gás liquefeito de petróleo (GLP) a pesarem, à vista do consumidor, os botijões ou cilindros entregues ou recebidos para substituição, com abatimento proporcional do preço do produto ante a eventual verificação de diferença a menor entre o conteúdo e a quantidade líquida especificada no recipiente. 3. Inconstitucionalidade formal, por ofensa à competência privativa da União para legislar sobre o tema (CF/1988, arts. 22, IV, 238). 4. Violação ao princípio da proporcionalidade e razoabilidade das leis restritas de direitos (STF, Tribunal Pleno, ADI nº 855/PR; Rel. Min. Octavio Gallotti, j. 06.03.2008).

Decifrando a prova

(2016 – UFMT – DPE/MT – Defensor Público – Adaptada) Segundo o princípio da razoabilidade, a Administração, ao atuar no exercício de discrição, deve adotar à medida que, em cada situação, seja mais prudente e sensata nos limites admitidos pela lei.
( ) Certo ( ) Errado
Gabarito comentado: razoabilidade se resume na qualidade de avaliar a medida escolhida para solucionar a situação em enfrentamento. Estando tal medida de acordo com a necessidade e sendo eficiente para resolver a questão, teremos um ato que não só é legal, mas razoável. Portanto, a assertiva está certa.

2.3.2.3 Princípio da segurança jurídica

Impede que nova norma legal ou administrativa ou novo entendimento prejudique um direito adquirido.

A intenção princípio é a preservação das situações pretéritas em caso de modificações supervenientes das normas jurídicas.

Lei nº 9.784/1999

Art. 2º (...)

XIII – interpretação da norma administrativa da forma que melhor garanta o atendimento do fim público a que se dirige, vedada aplicação retroativa de nova interpretação.

28 Direito Administrativo Decifrado

Claro que, para devida aplicação desse princípio, deve-se observar a boa-fé daqueles que se valeram das condições anteriores para acessar determinado direito, uma vez que não se pretende aqui beneficiar particulares que atuem de forma diversa da correta. Trata-se do **princípio da proteção à confiança.**

> **Lei nº 9.784/1999**
>
> **Art. 54.** O direito da Administração de anular os atos administrativos de que decorram efeitos favoráveis para os destinatários decai em cinco anos, contados da data em que foram praticados, salvo comprovada má-fé.
>
> § 1º No caso de efeitos patrimoniais contínuos, o prazo de decadência contar-se-á da percepção do primeiro pagamento.

Observe que o resultado do princípio não é a proibição de se dar uma **nova interpretação** às normas jurídicas, mas sim a **retroatividade** dessa nova interpretação nos casos de situação consolidadas e embasadas na boa-fé. A doutrina nomeou essa condição de **estabilização de efeitos.**

🧩 Decifrando a prova

(2019 – Cespe/Cebraspe – TJ/DFT – Notário – Adaptada) No âmbito da atuação pública, faz-se necessário que a administração pública mantenha os atos administrativos, ainda que estes sejam qualificados como antijurídicos, quando verificada a expectativa legítima, por parte do administrado, de estabilização dos efeitos decorrentes da conduta administrativa. A interrupção dessa expectativa violará o princípio da confiança.

( ) Certo ( ) Errado

Gabarito comentado: conforme ensina Maria Sylvia Zanella Di Pietro, "princípio da proteção à confiança leva em conta a boa-fé do cidadão, que acredita e espera que os atos praticados pelo Poder Público sejam lícitos e, nessa qualidade, serão mantidos e respeitados pela própria Administração e por terceiros". Portanto, a assertiva está certa.

2.3.2.4 *Princípio do contraditório e da ampla defesa*

Esse princípio garante ao ofendido o direito de utilizar-se de todas as formas para atingir a sua defesa.

Expressos no art. 5º, LV, da CF/1988, como garantia fundamental, confere ao particular direito de acompanhar e tomar conhecimento de tudo o que acontece em processo judicial ou administrativo de seu interesse, além de direito de manifestação na relação processual, determinação de produção de provas e provocação da tramitação do processo. Decorre do **princípio do devido processo legal**, que determina ser essencial que o procedimento processual, seja ele administrativo ou judicial, tenha uma série de atos alinhados para garantir que a decisão proferida se baseie em pleno conhecimento do caso, sem afastamento de nenhuma informação lícita que poderia ou deveria ter sido produzida no curso do processo.

O **direito ao contraditório** configura a máxima garantia de devido procedimento ao interessado, visto que não há possibilidade de decisão sem que as partes tomem pleno conhecimento do processo. Pretende-se preservar a **igualdade na relação processual**, dando ao interessado o mesmo poder de convencimento oferecido a qualquer outra pessoa parte do processo. Assim, torna-se possível a produção de provas e garante-se a plena consideração de tais provas na decisão.

Já sobre o instituto da **ampla defesa**, a doutrina processual costuma definir como indispensável para a concepção da democracia, uma vez que estabelece a forma de proteção dos direitos dos particulares. Assim, considera-se inerente à ampla defesa o direito à **defesa prévia, a garantia da defesa técnica e o direito ao duplo grau de julgamento**. Vamos avaliar cada elemento com base no interesse do Direito Administrativo:

- **Defesa prévia:** é essencial que o particular possa se manifestar antes de a decisão administrativa ser proferida. Assim, todas as ações que movimentam o processo devem ser de conhecimento do particular para que ele possa formular sua estratégia de defesa. Na esfera administrativa existe uma exceção importante: em situações emergenciais, para preservação do interesse público, a Administração Pública poderá aplicar a decisão antes da manifestação de defesa do particular. É o chamado: **contraditório diferido**. Ex.: Veículo estacionado na frente da saída da ambulância de um hospital. Como fica claro o prejuízo que resultará aguardar todo o procedimento administrativo para que se tome uma ação, o Poder Público poderá determinar o recolhimento do veículo e garantirá a defesa do particular em momento **posterior** ao ato.

- **Defesa técnica:** a constituição de um advogado pelo particular para devida ação dentro de um processo administrativo é essencial para se preservar o direito de forma correta. Esse entendimento prevaleceu como **indispensável** durante anos no ordenamento jurídico brasileiro, com base na Súmula nº 343 do STJ. Apesar dessa súmula, a Lei nº 8.112/1990 e outros dispositivos específicos sempre determinaram que a definição de um advogado em sede de processo administrativo seria uma **faculdade** do particular. A súmula citada perdeu a sua validade após a edição da **Súmula Vinculante nº 5**, que confirmou o caráter discricionário na utilização de advogado pelo particular quando em se tratando de processo administrativo. Tal entendimento também está consagrado na legislação processual administrativa.

Lei nº 9.784/1999

Art. 3º O administrado tem os seguintes direitos perante a Administração, sem prejuízo de outros que lhe sejam assegurados: (...)

IV – fazer-se assistir, facultativamente, por advogado, salvo quando obrigatória a representação, por força de lei.

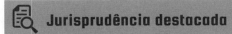

Súmula Vinculante nº 5. A falta de defesa técnica por advogado no processo administrativo disciplinar não ofende a Constituição.

2.3.2.5 Princípio do duplo grau de julgamento

Refere-se ao direito de propositura de recurso administrativo com o objetivo de garantir a possibilidade de reanálise dos atos praticados na Administração Pública, mediante provocação, para evitar decisões ilícitas ou irregulares. Como a lei exige a apresentação de motivação para atos decisórios, torna-se eficaz a possibilidade de revisão do ato dentro da própria esfera administrativa, sem necessidade de provocação do Judiciário.

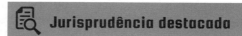

Jurisprudência destacada

Súmula Vinculante nº 21. É inconstitucional a exigência de depósito ou arrolamento prévios de dinheiro ou bens para admissibilidade de recurso administrativo.

Súmula nº 373 do STJ. É ilegítima a exigência de depósito prévio para admissibilidade de recurso administrativo.

2.3.2.6 Princípio da autotutela

Como resultado de suas inúmeras atribuições, é comum encontrarmos no histórico da Administração Pública erros em seus atos e ações. Por força desse princípio, a própria Administração tem o poder de rever tais situações na tentativa de restaurar sua regularidade de ofício, sem necessidade de provocação.

Autotutela consagra o **controle interno** exercido pela Administração Pública sobre seus próprios atos. Por ser função típica, não há necessidade de se valer do Judiciário para que atos ilícitos sejam anulados ou atos inconvenientes sejam revogados. Trata-se de um poder-dever do Estado, e não de uma faculdade de ação quando se trata de anulação. Como revogação é uma consequência da avaliação do **mérito** do ato, aqui, a Administração Pública terá a discricionariedade de agir. Em importante decisão, o STF consagrou a necessidade de manutenção e garantia do **contraditório e da ampla defesa prévios** em âmbito de processo administrativo instaurado com a finalidade de controlar seus atos, por entender que tal decisão impactaria no campo de interesses individuais (RMS 31.661).

Lei nº 9.784/1999

Art. 53. A Administração deve anular seus próprios atos, quando eivados de vício de legalidade, e pode revogá-los por motivo de conveniência ou oportunidade, respeitados os direitos adquiridos.

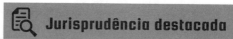

Jurisprudência destacada

Súmula nº 346 do STF. A Administração Pública pode declarar a nulidade dos seus próprios atos.

Súmula nº 473 do STF. A Administração pode anular seus próprios atos, quando eivados de vícios que os tornam ilegais, porque deles não se originam direitos; ou revogá-los, por motivo de conveniência ou oportunidade, respeitados os direitos adquiridos, e ressalvada, em todos os casos, a apreciação judicial.

Capítulo 2 ◆ Regime jurídico administrativo e princípios **31**

O Supremo Tribunal Federal assentou premissa calcada nas cláusulas pétreas constitucionais do contraditório e do devido processo legal, que a anulação dos atos administrativos cuja formalização haja repercutido no âmbito dos interesses individuais deve ser precedida de ampla defesa. Em consequência não é absoluto o poder do administrador, conforme insinua a Súmula nº 473 do STF (STJ, 1ª Turma, REsp nº 402.638/DF, Rel. Min. Luiz Fux, j. 03.04.2003).

> ### 🧩 Decifrando a prova
>
> **(2014 – Vunesp – TJ/SP – Juiz – Adaptada)** No que diz respeito ao princípio da razoabilidade, é correto afirmar que demanda que o administrador escolha sempre a maneira mais correta de atender ao interesse público, descabendo a utilização de critérios subjetivos e pessoais.
> ( ) Certo ( ) Errado
> **Gabarito comentado: razoabilidade** considera a adequação e a necessidade da conduta do agente em relação ao caso com critérios objetivos. **Proporcionalidade** traduz proporção entre meios e finalidade almejada. Portanto, a assertiva está certa.

2.3.2.7 Princípio da precaução

Um dos mais novos princípios a serem considerados pela doutrina moderna de Direito Administrativo resulta do desenvolvimento do entendimento de que toda catástrofe deverá ser evitada antes de sua ocorrência, e não o contrário. Ou seja, desperta na Administração Pública uma atuação mais proativa, mais analítica sobre suas ações, como forma de preservar o interesse público em face de ações que possam produzir maior impacto na natureza.

Original do Direito Ambiental, reza que a Administração deverá sempre considerar a adoção de imediato de medidas preventivas ao atuar de modo a criar um risco de dano grave e degradação ambiental, mesmo que não exista certeza científica absoluta do risco avaliado.

A Declaração do Rio sobre o meio ambiente e o desenvolvimento é uma proposição das Nações Unidas (ONU) para promover o desenvolvimento sustentável. Foi aprovada na Conferência das Nações Unidas sobre o Meio Ambiente e o Desenvolvimento (CNUMAD), realizada no Rio de Janeiro de 3 a 14 de junho de 1992. Dela, podemos extrair o princípio da precaução.

Princípio 15 da Declaração do Rio/1992

De modo a proteger o meio ambiente, o princípio da precaução deve ser amplamente observado pelos Estados, de acordo com as suas capacidades. Quando houver ameaça de danos sérios ou irreversíveis, a ausência de absoluta certeza científica não deve ser utilizada como razão para postergar medidas eficazes e economicamente viáveis para prevenir a degradação ambiental.

A doutrina ambiental específica, inclusive, determina que na dúvida com relação à possibilidade de ocorrência de dano, "a solução deve ser favorável ao ambiente e não ao lucro imediato".

Trazendo o ensinamento para o Direito Administrativo, o entendimento pacificado é de que, se determinada ação acarreta risco para a coletividade, a Administração deverá agir de modo a precaver-se da concretização do eventual dano. Não podemos ignorar que determinado dano, por sua gravidade ou extensão, poderá se apresentar de forma irreparável ou, no mínimo, de difícil reparação. Para isso, adotamos a **inversão do ônus da prova** ao particular que pretenda executar determinados projetos, sendo de sua inteira obrigação a apresentação de estudos efetivos que comprovem que tais projetos não trazem riscos à coletividade, cabendo à Administração confirmar se tais estudos são suficientes para afastar o risco da execução do projeto.

3 Da organização da Administração Pública

3.1 Organização da Administração Pública

Conforme extraímos do estudo introdutório de nossa Constituição Federal, uma das características marcantes do nosso Estado é a **forma federativa**. Nesse tipo de formação, encontramos uma reunião de entidades dotadas de **autonomia** que seguirão a direção de um ente detentor da **soberania**. Tal autonomia reconhece nos entes formadores da federação um traço importante de competências, e, por isso, é essencial que o candidato entenda exatamente como se formará essa estrutura e como será distribuída a competência entre os entes. No Direito Administrativo, esse ponto é essencial para que se torne mais fácil o entendimento das ações do Estado e seus agentes.

É importante ter cuidado com a posição de cada ente quanto ao seu poder: quem possui **soberania** é a República Federativa do Brasil, e não a União, detentora de **autonomia**.

🧩 Decifrando a prova

(2014 – Cespe/Cebraspe – TC/DF – Analista de Administração) A autonomia dos estados-membros caracteriza-se pela sua capacidade de auto-organização, autolegislação, autogoverno e autoadministração, ao passo que a soberania da União se manifesta em todos esses elementos e, ainda, no que concerne à personalidade internacional.

( ) Certo ( ) Errado

Gabarito comentado: a questão afirma que a União é detentora de **soberania**, e não de **autonomia**. Essa é uma questão clássica que costuma induzir o candidato ao erro. Portanto, a assertiva está errada.

A federação possui diversas características marcantes, sendo três delas essenciais para nossa instrução:

- ♦ **Descentralização política:** sintetiza a divisão interna do poder e da autonomia entre os entes formadores e a divisão de competências prevista na lei maior.

3 4   Direito Administrativo Decifrado

- **Poder de autoconstituição (auto-organização):** capacidade de se organizar internamente da maneira que for mais conveniente, desde que compatível com suas limitações de poder.
- **Participação direta:** a vontade dos entes federados impacta diretamente na formação da vontade nacional.

Tratar de **autonomia** dos entes federados significa estabelecer que, dentro de suas limitações territoriais, o ente poderá definir sua forma para melhor atender o interesse coletivo. Já nas suas limitações legais, prevê o poder de exercício de competências específicas previstas na lei. Dotados de independência, não existe uma hierarquia entre tais entes, visto que suas competências e áreas de ação são devidamente delimitadas pela Constituição Federal. Dessa autonomia, decorrem os poderes de:

- **Autogoverno:** autonomia para eleição de seus próprios governantes.
- **Autoadministração:** definida pela repartição de competências tributárias e administrativas entre os entes.
- **Autolegislação:** produção de suas próprias normas e leis.

Decifrando a prova

(2010 – Cespe/Cebraspe – MPU – Analista/Processual) As capacidades de auto-organização, autogoverno, autoadministração e autolegislação reconhecidas aos estados federados exemplificam a autonomia que lhes é conferida pela Carta Constitucional.

( ) Certo ( ) Errado

Gabarito comentado: como resultado da autonomia dos entes federados, identificamos a possibilidade de auto-organização, autogoverno, autoadministração e autolegislação dentro dos limites estabelecidos na Constituição Federal. Portanto, a assertiva está certa.

A Teoria Geral do Estado define ser o Estado capaz de titularizar direitos e deveres, uma vez que detém uma **personalidade jurídica própria**. A estrutura definida pela forma federativa do nosso Estado é caracterizada pelo reconhecimento da coexistência de **múltiplas personalidades jurídicas estatais**. Por isso, há pessoas jurídicas integrantes da República Federativa do Brasil em paralelo com diversas entidades descentralizadas que compõem a Administração Pública Indireta.

Estudar a organização da Administração Pública significa entender a estrutura interna da Administração Pública, os órgãos e as pessoas jurídicas que a compõem. No âmbito federal, o assunto está regulado pelo **Decreto-lei nº 200/1967**:

Decreto-lei nº 200/1967

Art. 4º A Administração Federal compreende:

I – A Administração Direta, que se constitui dos serviços integrados na estrutura administrativa da Presidência da República e dos Ministérios.

Capítulo 3 ◆ Da organização da Administração Pública **35**

II – A Administração Indireta, que compreende as seguintes categorias de entidades, dotadas de personalidade jurídica própria:

a) Autarquias;

b) Empresas Públicas;

c) Sociedades de Economia Mista;

d) fundações públicas.

Parágrafo único. As entidades compreendidas na Administração Indireta vinculam-se ao Ministério em cuja área de competência estiver enquadrada sua principal atividade.

Observamos também que na Constituição Federal há previsão das entidades que compõem a organização administrativa:

CF/1988

Art. 18. A organização político-administrativa da República Federativa do Brasil compreende a União, os Estados, o Distrito Federal e os Municípios, todos autônomos, nos termos desta Constituição. (...)

Art. 37. (...)

XIX – somente por lei específica poderá ser criada autarquia e autorizada a instituição de empresa pública, de sociedade de economia mista e de fundação, cabendo à lei complementar, neste último caso, definir as áreas de sua atuação; (...)

Na organização político-administrativa adotada no Brasil, a Constituição instituiu três poderes políticos essenciais: Executivo, Legislativo e Judiciário. Sempre bom lembrar que, apesar de não ser objeto de estudo aprofundado do Direito Administrativo, tais poderes possuem funções **típicas e atípicas**, distribuídas entre **legislar, fiscalizar, julgar e administrar** os interesses públicos, de acordo com as normas previstas na Constituição Federal e nas leis. Na organização nacional, o Município se destaca por possuir uma composição de **bipartição de poderes**, sendo previstos apenas a ele os poderes **executivo e legislativo**.

CF/1988

Art. 2º São Poderes da União, independentes e harmônicos entre si, o Legislativo, o Executivo e o Judiciário.

Vista como uma função residual pela doutrina moderna, a **função administrativa** é a mais ampla de todas, uma vez que agrupa em suas ações as funções de **administrar e fiscalizar**, e parcela da função de **legislar** (por meio de atos normativos, que serão estudados em momento oportuno). Uma vez que é a função reconhecida como essencial para que o Estado possa gerir todo o interesse estatal e da coletividade, tal função é exercida por todos os poderes da União, dos Estados, dos Municípios e do Distrito Federal, espalhada em todos os seus órgãos que não se relacionam com as funções de julgar ou legislar.

3.2 Técnicas administrativas

A organização administrativa resulta de uma união de regras e normas que definem a competência, as relações hierárquicas, o controle de órgãos e pessoas e outras situações decorrentes da atividade administrativa.

36 Direito Administrativo Decifrado

A Constituição Federal estabeleceu que obras, atividades administrativas e serviços públicos devem ser realizados pela Administração Pública Direta. Porém, nem sempre os entes têm interesse ou reúnem condições para atender a essas ordens. Por isso, entes políticos podem instituir um ente de Administração Indireta para atender a essas condições.

Apesar de serem criadas por entes da Administração Direta, entes de **Administração Indireta** possuem **autonomia**, não estando hierarquicamente relacionados com os entes políticos.

Decifrando a prova

(2019 – MPE/GO – Promotor de Justiça – Adaptada) As entidades integrantes da Administração Indireta sujeitam-se ao controle finalístico da pessoa política, por meio do órgão da Administração Direta a que estejam vinculadas, em razão do poder hierárquico da pessoa política que as criou.

( ) Certo ( ) Errado

Gabarito comentado: entre os entes da Administração Pública Direta e da Administração Pública Indireta não há relação de hierarquia ou subordinação, mas sim uma relação de vinculação. Portanto, a assertiva está errada.

São técnicas administrativas utilizadas pela Administração Pública, seja ela direta ou indireta. Vamos a elas:

- ◆ **Descentralização:** consiste na transferência da prestação de serviço para a Administração Indireta ou para particular. Pode ocorrer por outorga legal (descentralização por serviço), quando se transfere também a titularidade e a execução do serviço, ou por delegação por colaboração (descentralização por delegação) – permissionários, autorizatários ou concessionários – por meio de licitação, quando se transfere apenas a execução do serviço.

Decifrando a prova

(2018 – Cespe/Cebraspe – PC/SE – Delegado) A centralização consiste na execução de tarefas administrativas pelo próprio Estado, por meio de órgãos internos e integrantes da Administração Pública Direta.

( ) Certo ( ) Errado

Gabarito comentado: uma vez que a descentralização configura o surgimento de entes que podem vir a compor, inclusive, a administração indireta, a atuação dentro dos próprios entes da administração direta é considerada uma atuação **centralizada**. Portanto, a assertiva está certa.

- ◆ **Desconcentração:** técnicas administrativas de divisão de órgãos, é a distribuição do serviço dentro da mesma pessoa jurídica. Traduz uma atividade centralizada. A doutrina aponta algumas espécies de desconcentração, com base no critério de repartição utilizando:

Capítulo 3 ◆ Da organização da Administração Pública **37**

- ◆ **Desconcentração territorial ou geográfica:** competências são repartidas a partir da determinação da região onde cada órgão pode atuar. Os órgãos públicos terão a mesma atribuição material do outro, variando, assim, somente o âmbito de atuação de cada um. Ex.: Delegacias de Polícia.
- ◆ **Desconcentração material ou temática:** distribuição de competência baseada na especialização de cada órgão. Ex.: Secretarias de Estado.
- ◆ **Desconcentração hierárquica ou funcional:** utiliza como critério a relação de subordinação entre os órgãos. Ex.: Tribunais de Justiça e juízes de primeira instância.

🧩 Decifrando a prova

(2019 – FCC – TJ/AL – Juiz – Adaptada) Considerando as medidas de organização da Administração Pública necessárias para o desempenho de suas atividades, operadas a partir dos mecanismos de desconcentração e de descentralização, nos limites estabelecidos pela Constituição Federal, tem-se que a desconcentração e a descentralização pressupõem a criação de novos entes, com personalidade jurídica própria, no primeiro caso para execução direta e, no segundo, para execução indireta de atividades públicas.

( ) Certo ( ) Errado

Gabarito comentado: a descentralização administrativa atribui a função administrativa a outra pessoa, o que demandará o surgimento de uma **nova pessoa jurídica**. Já no caso da desconcentração, estamos falando de uma **distribuição interna** de competências, ou seja, dentro da mesma pessoa jurídica. Portanto, a assertiva está errada.

3.3 Órgãos públicos

A **teoria do órgão** é responsável por explicar e classificar os órgãos públicos na Administração Pública do Brasil. Órgãos públicos são **entes despersonalizados**, ligados a um ente superior, que funcionam apenas como membros desconcentrados da entidade principal.

> **Lei nº 9.784/1999**
>
> **Art. 1º** (...)
>
> § 2º Para os fins desta Lei, consideram-se:
>
> I – órgão – a unidade de atuação integrante da estrutura da Administração direta e da estrutura da Administração indireta; (...)

As principais características dos órgãos públicos são:

- ◆ Não têm personalidade jurídica.
- ◆ Não têm patrimônio próprio.
- ◆ Não têm vontade própria.
- ◆ Agentes atuam em imputação.

A doutrina brasileira consagra a aplicação da **teoria da institucionalização**. Essa doutrina define que, apesar de não deterem personalidade jurídica própria, determinados órgãos públicos, em razão de sua história existencial, podem ser considerados entidades próprias, por exemplo, o Exército. Não por força de lei, mas por consequência de um costume (fonte do Direito Administrativo).

Apesar de toda essa "desconexão" com a personalização tradicional, vale destacar que os órgãos públicos devem ter CNPJ próprio, diretamente ligado ao CNPJ da pessoa jurídica que integra.

Instrução Normativa RFB nº 1.863/2018

Art. 4º São também obrigados a se inscrever no CNPJ:

I – órgãos públicos de qualquer dos poderes da União, dos estados, do Distrito Federal e dos municípios, desde que se constituam em unidades gestoras de orçamento; (...)

3.3.1 Capacidade processual

Não obstante, não têm, em nenhuma situação, personalidade jurídica, própria, determinados órgãos públicos gozam de **capacidade processual ativa**. Isso significa que têm **capacidade postulatória** para agir judicialmente em nome próprio. Veja:

Lei nº 7.347/1985

Art. 5º Têm legitimidade para propor a ação principal e a ação cautelar:

I – o Ministério Público;

II – a Defensoria Pública.

Observa-se a mesma condição ao analisar a Câmara Municipal.

Jurisprudência destacada

Súmula nº 525 do STJ. A Câmara de Vereadores não possui personalidade jurídica, apenas personalidade judiciária, somente podendo demandar em juízo para defender os seus direitos institucionais.

Decifrando a prova

(2014 – MPE/MA – Promotor – Adaptada) A Câmara Municipal pode ingressar em Juízo para defesa de suas prerrogativas e competências.
( ) Certo ( ) Errado
Gabarito comentado: tanto a câmara municipal quanto a assembleia legislativa têm natureza jurídica de órgão público. Sendo assim, não possuem personalidade jurídica própria, mas poderão demandar em juízo, por possuírem a chamada personalidade judiciária. Portanto, a assertiva está certa.

Capítulo 3 • Da organização da Administração Pública **39**

3.3.2 Classificação dos órgãos públicos

Órgãos públicos são classificados em:

* **Quanto à hierarquia ou posição estatal**
    * ◇ **Independentes:** detêm competência estabelecida na própria Constituição Federal, representam o mais alto escalão da Administração, são agentes inseridos por meio de eleição ou nomeação e não se subordinam a nenhuma outra entidade. Ex.: Presidência da República, STF, STJ, Senado Federal, Câmara dos Deputados.
    * ◇ **Autônomos:** compostos por agentes políticos nomeados (em cargos de livre nomeação e exoneração), são órgãos da cúpula administrativa, possuem autonomia financeira, técnica e administrativa. Ex.: Ministérios, Secretarias, Advocacia-Geral da União.
    * ◇ **Superiores:** detêm comando de assuntos de sua alçada, porém subordinados a uma chefia mais alta, por não contarem com autonomia financeira ou administrativa. Ex.: departamentos, gabinetes.
    * ◇ **Subalternos:** órgãos comandados pelo governo, de mera execução. Não têm poder de decisão. Ex.: Delegacias ligadas a departamentos, escola, hospitais.

* **Quanto à atuação funcional**
    * ◇ **Singular:** é um órgão de único titular; aquele que atua pela manifestação de vontade de um único agente que é o seu chefe e representante. Nesses casos, a manifestação desse agente se confunde com a manifestação de vontade do órgão. Ex.: Presidência da República.
    * ◇ **Colegiado:** esses órgãos atuam e decidem pela manifestação da vontade de seus membros, funcionando por um colegiado de agentes, em observância ao seu estatuto ou regimento interno. Ex.: Assembleia Legislativa.

* **Quanto à estrutura**
    * ◇ **Órgãos Simples:** estes são também chamados de órgãos unitários e detêm uma estrutura formada por única unidade orgânica, um só centro de competência. Com efeito, não existem outros órgãos agregados à sua estrutura para garantir uma maior desconcentração das suas atividades. Importante ressaltar que não é relevante saber a quantidade de agentes públicos que integram seus quadros, mas sim a inexistência de outros órgãos compondo sua estrutura organizacional. Ex.: Presidência da República, Assembleia Legislativa (Estado).
    * ◇ **Órgãos Compostos:** reúnem outros órgãos ligados à sua estrutura, ensejando uma desconcentração e divisão de atividades. Ex.: Congresso Nacional – é formado pelo Senado Federal e pela Câmara dos Deputados.

* **Quanto às funções**
    * ◇ **Ativos:** são os órgãos que atuam diretamente no exercício da função administrativa, manifestando vontade e praticando atos essenciais ao cumprimento dos

Direito Administrativo Decifrado

fins dessa pessoa jurídica. Assim, têm funções de prestação de serviços públicos, execução de obras ou exercício do poder de polícia estatal, seja por meio de direção de atividades, seja por meio da execução direta dessas atividades. Ex.: Polícia Rodoviária Federal, Secretaria de Saúde (Estado).

◇ **Consultivos:** são aqueles órgãos que atuam na emissão de pareceres jurídicos, assumindo a função de aconselhamento da atuação dos demais órgãos estatais. Praticam atos que dão suporte e auxílio técnico ou jurídico, por meio de atos opinativos, sejam de legalidade ou de mérito, não agindo diretamente na prática de atos de execução. Ex.: Ministério Público.

◇ **Controle:** são órgãos que atuam na atividade de controle dos demais órgãos e agentes públicos, seja esse controle exercido internamente, no âmbito de um mesmo Poder do Estado, ou externamente, quando se manifesta entre poderes estatais diversos. Ex.: Tribunal de Contas da União, Controladoria Geral da União.

♦ **Quanto ao âmbito de atuação**

◇ **Central:** são aqueles que possuem atribuição em todo o território nacional, estadual, municipal. Enfim, têm competência em toda a área da pessoa jurídica que integram. Ex.: Ministérios e Secretaria de Segurança Pública.

◇ **Local:** têm competência para atuação apenas em determinado ponto do território daquela pessoa jurídica a qual compõem. Ex.: Delegacia do Bairro de Santo Antônio – competência na região daquele bairro.

🧩 Decifrando a prova

(2013 – Cespe/Cebraspe – Polícia Federal – Delegado) Os ministérios e as secretarias de Estado são considerados, quanto à estrutura, órgãos públicos compostos.
( ) Certo ( ) Errado
Gabarito comentado: quanto à estrutura os órgãos públicos poderão ser classificados como simples e compostos, sendo órgãos simples aqueles que têm um único centro de competência, sem uma estruturação em órgãos de auxílio. No caso dos ministérios e secretarias, temos uma estrutura composta por diversos órgãos, logo, serão classificados como compostos. Portanto, a assertiva está certa.

3.4 Administração Pública direta

Na forma do Código Civil, entidades federativas são **pessoas jurídicas de direito público interno**. Destaco aqui a **União**, por possuir uma **natureza jurídica dúplice**, visto ser uma **pessoa jurídica de direito público interno e pessoa jurídica de direito público internacional**.

Capítulo 3 ◆ Da organização da Administração Pública **41**

CC/2002

Art. 41. São pessoas jurídicas de direito público interno:

I – a União;

II – os Estados, o Distrito Federal e os Territórios;

III – os Municípios;

IV – as autarquias, inclusive as associações públicas;

V – as demais entidades de caráter público criadas por lei.

Parágrafo único. Salvo disposição em contrário, as pessoas jurídicas de direito público, a que se tenha dado estrutura de direito privado, regem-se, no que couber, quanto ao seu funcionamento, pelas normas deste Código.

Assim, não podemos confundir **entidades federativas** com **entidades públicas da administração indireta** (o que será tratado no próximo tópico de estudo).

Administração Pública Direta é o conjunto de órgãos que integram a pessoa federativa com determinada competência, constituída por serviços que integram a Presidência da República e seus ministérios e, por simetria, governos estaduais, municipais e distritais. Por isso, a prestação direta é realizada pelos próprios entes políticos da administração, prestação esta designada **centralizada**. São, portanto, entidades da Administração Pública Direta: a União, os Estados, o Distrito Federal e os Municípios. São suas principais características:

◆   Autonomia administrativa.

◆   Autonomia política.

◆   Autonomia financeira.

◆   Capacidade legislativa.

◆   Pessoas Jurídicas de Direito Público.

São elementos formais necessários à constituição da federação. Por deterem autonomia, cada entidade possui a sua própria estrutura administrativa e orgânica.

Por terem **Personalidade Jurídica de Direito Público** ostentam todas as prerrogativas inerentes à Administração e sofrem todas as restrições decorrentes da indisponibilidade do interesse público.

🧩 Decifrando a prova

(2015 – Cespe/Cebraspe – TJ/DFT – Juiz – Adaptada) A administração direta compreende os entes federativos e as fundações instituídas com personalidade jurídica de direito público.

( ) Certo ( ) Errado

Gabarito comentado: a Administração Pública Direta é composta apenas pelos entes federativos, quais sejam: **União, Estados, Distrito Federal e Municípios**. Portanto, a assertiva está errada.

42 Direito Administrativo Decifrado

3.5 Administração Pública indireta

Resultante da necessidade de especialização dos serviços, a Administração Pública Indireta é composta por entes que recebem a transferência da responsabilidade do exercício das atividades pertinentes ao Estado. Tal ação é conhecida como **descentralização ou descentralização administrativa**.

Importante destacar as características comuns a todas as entidades criadas pela Administração Pública Direta:

- ◆ Todas **têm personalidade jurídica**: não se confundem com os entes de criação.
- ◆ Detêm **patrimônio próprio** e **capacidade de autoadministração**.
- ◆ A **criação ou autorização de criação do ente público** depende de **lei específica** (Lei Ordinária).

    CF/1988

    Art. 37. (...)

    XIX – somente por lei específica poderá ser criada autarquia e autorizada a instituição de empresa pública, de sociedade de economia mista e de fundação, cabendo à lei complementar, neste último caso, definir as áreas de sua atuação.

- ◆ **Finalidade Pública:** No ato de sua criação, o ente recebe da lei a determinação de realização de uma atividade específica, logo não possui liberdade de atuação. Observe que é possível a auferição de lucro como resultado da atividade, não podendo essa condição ser primária.
- ◆ **Sujeição ao Controle pela Administração Direta:** Controle conhecido como **controle finalístico, vinculação, tutela administrativa ou supervisão ministerial**, pois não é ilimitado e se restringe ao controle de legalidade do exercício da atividade.

3.5.1 Autarquia

Criada por lei, possui personalidade jurídica de direito público, sendo constituída com o único fim de desenvolver uma atividade típica de Estado, gozando de autonomia relativa, uma vez que sua liberdade de ação estará delimitada pela lei específica que a criou. Tal liberdade garante à autarquia não se encontrar em uma posição de subordinação às entidades federativas, mas sofrer o controle finalístico pelo ente responsável por sua criação.

Seu patrimônio é próprio, podendo ser resultado de uma transferência do ente de criação ou da execução de suas atividades institucionais, visto que têm a prerrogativa de cobrança de taxas ou demais tributos no exercício do poder de polícia ou na prestação de suas atividades finais.

Destaca-se por ser a **única entidade da administração pública indireta a gozar de forma plena das prerrogativas aplicáveis à Fazenda Pública**, equiparando seu regime ao aplicado às entidades federativas. Além disso, apesar de toda sua "independência" de atuação, a autarquia **não poderá exercer atividades de caráter econômico, ou seja, não poderá ter finalidade lucrativa**. Atuam na única e exclusiva busca do interesse coletivo, sem nenhum interesse econômico ou financeiro.

Decreto-lei nº 200/1967

Art. 5º Para os fins desta lei, considera-se:

I – Autarquia – o serviço autônomo, criado por lei, com personalidade jurídica, patrimônio e receita próprios, para executar atividades típicas da Administração Pública, que requeiram, para seu melhor funcionamento, gestão administrativa e financeira descentralizada; (...)

Com relação ao regime jurídico de pessoal, os concursados nomeados para cargos em uma autarquia são chamados **servidores públicos**, regidos por um Estatuto. O texto constitucional original determinava a aplicação do chamado **regime jurídico único**, determinando que o regime de pessoal das entidades da Administração Direta, autárquica e fundacional fosse sempre o regime estatutário. Com a reforma administrativa adotada com a edição da Emenda Constitucional nº 19/1998, o art. 39 da CF/1988 passou a permitir a aplicação de regime misto nos quadros das entidades citadas. Assim, poderíamos encontrar servidores regidos pela CLT também nos quadros da autarquia. Com a propositura da ADI nº 2.135, o STF, em medida cautelar, suspendeu essa "inovação" e ordenou o retorno da validade da instituição do **regime jurídico único**.

 Jurisprudência destacada

A matéria votada em destaque na Câmara dos Deputados no DVS nº 9 não foi aprovada em primeiro turno, pois obteve apenas 298 votos e não os 308 necessários. Manteve-se, assim, o então vigente *caput* do art. 39, que tratava do regime jurídico único, incompatível com a figura do emprego público (STF, Tribunal Pleno, ADI nº 2.135 MC/DF, Rel. Min. Néri da Silveira, j. 02.08.2007).

Após a determinação da relação jurídica de trabalho quanto aos servidores públicos das autarquias, surgiu importante questionamento com relação à competência para julgamento das controvérsias decorrentes dessa relação de trabalho. Entendimento do STF afastou a aplicação do art. 114, I, da CF/1988 às relações estatutárias, definindo ser competente à **justiça comum**, e não a justiça do trabalho responsável por essas ações.

 Jurisprudência destacada

O disposto no art. 114, I, da Constituição da República, não abrange as causas instauradas entre o Poder Público e servidor que lhe seja vinculado por relação jurídico-estatutária (STF, Tribunal Pleno, ADI nº 3.395 MC/DF, Rel. Min. Cezar Peluso, j. 10.11.2006).

Conforme já citado, as autarquias se submeterão ao controle exercido pelo seu ente de criação. Acrescento aqui a informação de que as autarquias **também se submeterão ao controle do Tribunal de Contas**.

Direito Administrativo Decifrado

CF/1988

Art. 71. O controle externo, a cargo do Congresso Nacional, será exercido com o auxílio do Tribunal de Contas da União, ao qual compete: (...)

II – julgar as contas dos administradores e demais responsáveis por dinheiros, bens e valores públicos da administração direta e indireta, incluídas as fundações e sociedades instituídas e mantidas pelo Poder Público federal, e as contas daqueles que derem causa a perda, extravio ou outra irregularidade de que resulte prejuízo ao erário público; (...)

Por fim, cabe salientar que se aplicam às autarquias os **prazos prescricionais de 5 anos** para ação de cobrança de dívidas passivas e ação de reparação civil.

Decreto nº 20.910/1932

Art. 1º As dívidas passivas da União, dos Estados e dos Municípios, bem assim todo e qualquer direito ou ação contra a Fazenda federal, estadual ou municipal, seja qual for a sua natureza, prescrevem em cinco anos contados da data do ato ou fato do qual se originarem.

Lei nº 9.494/1997

Art. 1º-C. Prescreverá em cinco anos o direito de obter indenização dos danos causados por agentes de pessoas jurídicas de direito público e de pessoas jurídicas de direito privado prestadoras de serviços públicos.

As características essenciais a serem conhecidas para devida identificação de uma autarquia são:

- Pessoa Jurídica de Direito Público.
- Criada e extinta por lei específica.
- Exerce atividades típicas de Estado.
- Dotada de autonomia gerencial, orçamentária e patrimonial.
- Bens Públicos.
- Regime de vinculação estatutário.

3.5.2 Espécies de Autarquias

Existem algumas espécies de Autarquia importantes para conhecermos:

- **Autarquias profissionais:** Responsáveis pelo serviço de fiscalização do exercício de profissões regulamentadas.

A Lei nº 9.649/1998 determinou que a fiscalização das atividades profissionais regulamentadas deve ser exercida em caráter privado, por meio de delegação do Poder Público, após autorização legislativa. Assim "surgiram" os **conselhos profissionais,** entidades dotadas de personalidade jurídica de direito privado que **não possuem qualquer vínculo hierárquico ou funcional com a Administração Pública**.

Lei nº 9.649/1998

Art. 58. Os serviços de fiscalização de profissões regulamentadas serão exercidos em caráter privado, por delegação do Poder Público, mediante autorização legislativa.

Por se tratar do exercício do poder de polícia, a regra anteriormente destacada sofreu diversas críticas doutrinárias, visto que a lei estava permitindo a delegação plena do poder de polícia ao particular. O exercício de tal poder é uma função **típica do Estado**, logo não devendo ser delegada ao particular. Além disso, a doutrina apontava para uma violação grave ao direito de liberdade profissional estampado na Constituição Federal:

CF/1988

Art. 5º (...)

XIII – é livre o exercício de qualquer trabalho, ofício ou profissão, atendidas as qualificações profissionais que a lei estabelecer; (...)

Toda essa questão resultou na propositura da ADI nº 1.717-6, que enfrentava o dispositivo da lei já citado. Para resolver a situação, o Supremo Tribunal Federal decidiu por declarar que os **conselhos profissionais eram entidades com natureza jurídica de autarquia**, ao exercer poder de polícia indelegável a particulares quando estabelecem restrições ao exercício da liberdade profissional.

 Jurisprudência destacada

Com efeito, não parece possível, a um primeiro exame, em face do ordenamento constitucional, mediante a interpretação conjugada dos arts. 5º, XIII, 22, XVI, 21, XXIV, 70, parágrafo único, 149 e 175 da CF, a delegação a uma entidade privada, de atividade típica de Estado, que abrange até poder de polícia, de tributar e de punir, no que tange ao exercício de atividades profissionais (STF, Tribunal Pleno, ADI nº 1.717-6 MC/DF, Rel. Min. Sydney Sanches, j. 22.09.1999).

Assim, as entidades profissionais passaram a gozar da natureza jurídica de autarquia e de todas as prerrogativas, sofrendo todas as restrições do direito público e podendo inclusive deslocar a competência de seus julgamentos para a Justiça Federal, na forma do art. 109, I, da CF/1988.

 Jurisprudência destacada

Súmula nº 66 do STJ. Compete à justiça federal processar e julgar execução fiscal promovida por conselho de fiscalização profissional.

Os pagamentos devidos, em razão de pronunciamento judicial, pelos Conselhos de Fiscalização não se submetem ao regime de precatórios (STF, Tribunal Pleno, RE nº 938.837/SP, Rel. Min. Edson Fachin, j. 19.04.2017).

Apesar do reconhecimento de que os conselhos profissionais gozam das prerrogativas da Fazenda Pública, esse julgado com repercussão geral afastou a aplicação da regra de fila de precatório para tais entidades.

Com relação às anuidades cobradas pelos conselhos profissionais, doutrina e jurisprudência já consolidaram o entendimento de ser uma questão de **parafiscalidade**, sendo concedido ao conselho profissional elementos específicos da capacidade tributária ativa, sendo a possibilidade de arrecadar, fiscalizar e administrar os valores. Logo a anuidade é um tributo federal.

Sobre regime de pessoal, temos uma discussão fervorosa e atual para comentar. Antes de falar sobre isso, cabe destacar que, por exercerem atividade tipicamente pública, os conselhos profissionais devem contratar seu pessoal mediante concurso público, na forma do art. 37, II, da CF/1988. Para deixar claro o atual posicionamento dos tribunais superiores quanto ao regime aplicável, apresenta-se aqui uma "escalada" temporal dos fatos.

- ◆ **Art. 58, § 3º, da Lei nº 9.649/1998** – Determina a aplicação do regime celetista aos seus empregados.
- ◆ **ADI nº 1.717-6 MC/DF** – Declarado inconstitucional o art. 58 da Lei nº 9.649/1998, todos os seus dispositivos relacionados também se tornam inconstitucionais. Com isso, passou a ser adotada a legislação estatutária federal como regra de regime.
- ◆ **Novembro de 2019** – O STJ publica um documento apresentando 12 teses aplicáveis aos conselhos profissionais. Entre elas, válido destacar: "Com a suspensão da redação dada pela Emenda Constitucional nº 19/1998 ao *caput* do art. 39 da CF/1988, no julgamento da Medida Cautelar em Ação Direta de Inconstitucionalidade nº 2.135/DF, o regime jurídico dos conselhos profissionais deve ser, obrigatoriamente, o estatutário".
- ◆ **Julgamento no STF 2020 (ADC nº 36, ADI nº 5.367 e ADPF nº 367)** – Julgamento suspenso com a interpretação de que a contratação pela legislação trabalhista privada (CLT) é constitucional, trazendo uma possibilidade de retorno de validade do disposto no art. 58, § 3º, da Lei nº 9.649/1998.

Com tudo, aplicaremos o entendimento de que a contratação dos funcionários dos conselhos profissionais mediante concurso público resultará em um **vínculo estatutário** com o Estado.

Importante

A OAB, por possuir uma característica única de **serviço público independente**, não é considerada um conselho profissional. Entendimento do STF.

- ◆ **Autarquias em regime especial:** apresentam regime legal diferenciado, são detentoras de liberdades maiores em relação às outras autarquias. Podemos dividir as autarquias em regime especial em:
- ◆ **Autarquia cultural:** são as universidades públicas. Suas características marcantes se referem à **autonomia diretiva e autonomia pedagógica**.

Capítulo 3 • Da organização da Administração Pública **47**

Autonomia diretiva, pois as universidades públicas possuem um procedimento próprio de seleção de seu dirigente máximo (reitor). De fato, tal dirigente sempre será escolhido por um procedimento interno, sendo indicado pelos próprios membros da entidade (corpo docente e corpo discente). No caso das autarquias comuns, o procedimento de escolha de dirigentes seguirá o modelo de indicação de cargos políticos: **nomeação pelo chefe do executivo com aprovação da casa legislativa**.

Além do procedimento de escolha diferenciado, também se oferece nas autarquias culturais maior proteção ao cargo do reitor, visto que este cumprirá um **mandato certo**, na forma da lei da instituição. Assim, não poderá sofrer *exoneração ad nutum*, ou seja, não será exonerado livremente pelo agente que o indicou.

Autonomia pedagógica aponta para o fato de, na forma da Constituição Federal, a universidade pública ter liberdade para determinar a pedagogia que será aplicada na execução da atividade educacional.

> **CF/1988**
>
> **Art. 207.** As universidades gozam de autonomia didático-científica, administrativa e de gestão financeira e patrimonial, e obedecerão ao princípio de indissociabilidade entre ensino, pesquisa e extensão.

- **Agência reguladora:** consequência do processo de abertura e evolução econômica do Brasil, as agências reguladoras representam as entidades com poder de controle das pessoas privadas incumbidas da prestação do serviço público e possibilidade de intervenção no domínio econômico como forma de evitar abusos praticados por pessoas privadas.

O surgimento das agências reguladoras no Brasil tem ligação direta com todo o processo de reformulação do Estado, marcado principalmente pelas privatizações, iniciado em meados dos anos 1990. A intenção era garantir a manutenção do interesse público ao transferir determinadas atividades antes praticadas apenas pelo Estado aos particulares. Claro que, se nada fosse feito, a partir do momento em que determinada atividade fosse entregue na mão do particular, o interesse coletivo seria completamente afastado para que a finalidade lucrativa do particular prevalecesse. Assim, o Estado teria uma **instituição pública agindo como intermediador** entre o interesse público e a vontade lucrativa do particular.

A partir de 1995, diversas emendas constitucionais foram editadas para permitir a introdução do novo modelo de Estado:

- **Emenda Constitucional nº 5/1995:** decretou o fim da exclusividade do Estado nos serviços locais de gás canalizado.
- **Emenda Constitucional nº 6/1995:** extinguiu tratamento diferenciado dado às empresas brasileiras de capital nacional.
- **Emenda Constitucional nº 8/1995:** fim da exclusividade estatal na exploração dos serviços de telecomunicações.
- **Emenda Constitucional nº 9/1995:** quebra do monopólio estatal nas atividades de pesquisa, lavra, refino, importação, exportação e transporte de petróleo, gás e hidrocarbonetos.

Nos textos adicionados à Constituição Federal pelas Emendas Constitucionais nº 8 e nº 9, passa-se a utilizar o termo: **órgão regulador**, introduzindo efetivamente as agências reguladoras brasileiras.

A Lei nº 9.491/1997 instituiu o Plano Nacional de Desestatização (PND), tendo como objetivo a **redução do déficit público** transferindo para a iniciativa privada atividades exercidas apenas pelo Estado, o que gerava grande despesa. Adotamos então o procedimento efetivo de **privatização**, modelo marcado pela alienação de direitos do Estado aos entes particulares interessados. Como a nova redação de alguns dispositivos exigia a atuação de **órgãos reguladores** após privatização, surgiram as **agências reguladoras**, detendo típica função de controle. Com a criação inicial de entidades como Aneel, Anatel e ANP, começamos a observar a atividade de entidades públicas direcionada exclusivamente ao controle da prestação de serviços públicos e exploração das atividades econômicas, por meio das atividades de **fiscalização, normatização e regulação**.

O regime diferenciado identificado nas agências reguladoras comporta **autonomia diretiva e poder normativo**.

A autonomia diretiva nos casos das agências reguladoras se dará pelas garantias oferecidas ao dirigente máximo. No primeiro momento, confunde-se com a escolha feita nas autarquias comuns, pois nas agências reguladoras também haverá escolha pelo chefe do executivo com aprovação do legislativo. Porém, aqui os dirigentes gozarão de um **mandato certo**, estipulado na lei específica, não podendo sofrer exoneração *ad nutum*.

De acordo com a Lei nº 9.986/2000, que regula as agências reguladoras no âmbito federal (outros entes federados poderão adotar legislação própria), o mandato certo significa perda do cargo apenas em casos específicos.

Lei nº 9.986/2000

Art. 9º O membro do Conselho Diretor ou da Diretoria Colegiada somente perderá o mandato:

I – em caso de renúncia;

II – em caso de condenação judicial transitada em julgado ou de condenação em processo administrativo disciplinar;

III – por infringência de quaisquer das vedações previstas no art. 8º-B desta Lei.

Além disso, os dirigentes, ao final do mandato, deverão se submeter a um tempo de **quarentena** – período em que o ex-dirigente ficará impedido de exercer atividade na iniciativa privada dentro do setor ao qual estava vinculado. Durante esse período de quarentena (6 meses) é assegurada a manutenção da remuneração como forma de compensação ao impedimento.

Lei nº 9.986/2000

Art. 8º Os membros do Conselho Diretor ou da Diretoria Colegiada ficam impedidos de exercer atividade ou de prestar qualquer serviço no setor regulado pela respectiva agência, por período de 6 (seis) meses, contados da exoneração ou do término de seu mandato, assegurada a remuneração compensatória.

Capítulo 3 ◆ Da organização da Administração Pública **49**

Poder normativo exercido pelas agências reguladoras permite **regular e normatizar** as atividades de interesse social, para garantir a adequação do serviço prestado ao interesse coletivo. Observe que não estamos tratando aqui de um **poder legislativo**, mas sim de um poder de **regulamentação de atividade na forma de lei anterior.**

Esse poder normativo concedido às agências reguladoras tem abrangência limitada: somente os particulares prestadores de serviços públicos deverão se submeter às normas editadas pelas agências, nunca o usuário do serviço deverá se preocupar com isso. Ex.: Pode uma resolução da Anatel proibir cobranças específicas de serviços de comunicação pelo prestador de serviço. Já a Anac não poderia exigir dos usuários do transporte a utilização de um documento específico criado pela agência para identificação no momento do embarque.

Nossa doutrina tem dividido as agências reguladoras em algumas espécies: **agências que regulam a prestação do serviço** (ANA, Anac), **agências que fiscalizam atividade de fomento** (Ancine), **agências que controlam a exploração de atividade econômica** (ANP) **e agências que regulam serviços de utilidade pública** (ANS, Anvisa).

Com relação ao regime de pessoal, também identificamos aqui uma situação peculiar. Editada em 2000, a Lei nº 9.986 estabelecia em seu **art. 1º** a submissão dos seus contratados ao regime trabalhista privado, ou seja, CLT, sendo assim reconhecidos como empregados públicos. Isso ocorreu porque a lei foi editada durante a vigência da regra de possibilidade de adoção de regime misto, conforme estudado anteriormente. Por decisão cautelar na ADI nº 2.310, essa norma foi afastada e ficou estabelecido o regime jurídico único. Posteriormente, com a edição da Lei nº 10.871/2004, que trata da criação e organização dos cargos efetivos das agências reguladoras, uma solução foi oferecida com o reconhecimento da condição de **servidores estatutários** aos nomeados para cargos nessas entidades.

◆ **Autarquias associativas (multifederadas ou interfederativa):** Consiste na associação pública de direito público.

A Lei nº 11.107/2005 estabelece as normas gerais de instituição dos **consórcios públicos**, possibilitando sua criação como **pessoa jurídica de direito público ou de direito privado.**

Antes de seguirmos a análise dessa entidade, vale trazer aqui a definição de consórcio público. **Consórcio público é uma pessoa jurídica criada por lei com a finalidade de executar a gestão associada de serviços públicos**, podendo ser constituída pelos entes da Administração Pública Direta. Essa entidade, inclusive, está prevista na própria Constituição Federal.

> **CF/1988**
>
> **Art. 241.** A União, os Estados, o Distrito Federal e os Municípios disciplinarão por meio de lei os consórcios públicos e os convênios de cooperação entre os entes federados, autorizando a gestão associada de serviços públicos, bem como a transferência total ou parcial de encargos, serviços, pessoal e bens essenciais à continuidade dos serviços transferidos.
>
> **Lei nº 11.107/2005**
>
> **Art. 6º** O consórcio público adquirirá personalidade jurídica:
>
> I – de direito público, no caso de constituir associação pública, mediante a vigência das leis de ratificação do protocolo de intenções;
>
> II – de direito privado, mediante o atendimento dos requisitos da legislação civil.

50 Direito Administrativo Decifrado

O **consórcio público de direito privado** será constituído na forma do Código Civil, para isso exigindo que requisitos específicos de direito privado sejam respeitados. Apesar de essa constituição seguir a expressa previsão legal privada, reconhecemos ser uma instituição submetida a regramento híbrido, visto que se aplica a regra de direito privado que não tenha sido derrogada pela norma de direito público.

CC/2002

Art. 45. Começa a existência legal das pessoas jurídicas de direito privado com a inscrição do ato constitutivo no respectivo registro, precedida, quando necessário, de autorização ou aprovação do Poder Executivo, averbando-se no registro todas as alterações por que passar o ato constitutivo.

Lei nº 11.107/2005

Art. 6º (...)

§ 2º O consórcio público, com personalidade jurídica de direito público ou privado, observará as normas de direito público no que concerne à realização de licitação, à celebração de contratos, à prestação de contas e à admissão de pessoal, que será regido pela Consolidação das Leis do Trabalho (CLT), aprovada pelo Decreto-lei nº 5.452, de 1º de maio de 1943.

O **consórcio público de direito público** recebeu a denominação **associação pública**, sendo criada por lei e integrando a administração indireta dos entes de formação. Por isso é chamada **autarquia multifederada ou interfederativa**. Ex.: um consórcio público de direito público formada pelos municípios A, B e C para gestão associada de serviço de saúde resultará no surgimento de uma associação pública que existirá como entidade da administração indireta de cada município consorciado.

Decifrando a prova

(2017 – FCC – PC/AP – Delegado – Adaptada) Uma autarquia municipal criada para prestação de serviços de abastecimento de água integra a estrutura da Administração pública indireta municipal e portanto não se submete a todas as normas que regem a administração pública direta, sendo permitida a flexibilização do regime publicista para fins de viabilizar a aplicação do princípio da eficiência.

( ) Certo ( ) Errado

Gabarito comentado: toda autarquia é criada por lei e terá personalidade jurídica de direito público. Assim, as normas aplicadas serão as mesmas daquelas previstas para a administração direta. Portanto, a assertiva está errada.

3.5.3 Fundação Pública

Decreto-lei nº 200/1967

Art. 5º Para os fins desta lei, considera-se: (...)

Capítulo 3 ◆ Da organização da Administração Pública   **51**

IV – Fundação Pública – a entidade dotada de personalidade jurídica de direito privado, sem fins lucrativos, criada em virtude de autorização legislativa, para o desenvolvimento de atividades que não exijam execução por órgãos ou entidades de direito público, com autonomia administrativa, patrimônio próprio gerido pelos respectivos órgãos de direção, e funcionamento custeado por recursos da União e de outras fontes.

Para devido entendimento das Fundações Públicas devemos buscar no Direito Civil o conceito de **fundação**. Segundo o Código Civil:

CC/2002

Art. 62. Para criar uma fundação, o seu instituidor fará, por escritura pública ou testamento, dotação especial de bens livres, especificando o fim a que se destina, e declarando, se quiser, a maneira de administrá-la.

Portanto, para a constituição de uma Fundação Pública é necessário o destaque patrimonial **público**. Fundação Pública é uma Pessoa Jurídica de **Direito Privado criada por autorização legislativa** que presta **atividade não lucrativa e atípica** do Poder Público, mas de interesse coletivo, como educação, cultural, pesquisa e outros. Ex.: Funai, IBGE, Fiocruz.

Atualmente, temos encontrado diversas nomenclaturas para citar a fundação pública, sendo as mais comuns: **fundações instituídas pelo Poder Público, fundações instituídas e mantidas pelo Poder Público, fundações controladas pelo Poder Público, fundações sob controle estatal e fundações governamentais.**

A grande celeuma da doutrina administrativa se encontra na natureza jurídica da fundação pública. Apesar de ainda não existir uma posição pacificada entre os doutrinadores, temos o entendimento majoritário e dominante inclusive nos concursos públicos. Apresento aqui essa corrente principal.

Existem dois tipos de fundação pública no ordenamento brasileiro, sendo **Fundações Públicas de Direito Público** e **Fundações Públicas de Direito Privado**.

Fundações Públicas de Direito Público são denominadas verdadeiras autarquias e, por tal motivo, recebem a denominação de **fundações autárquicas** ou **autarquias fundacionais**. Por essa visão, devemos "esquecer" que estamos diante de uma fundação pública para podermos aplicar de forma completa o regramento estabelecido para a constituição e funcionamento das autarquias, incluindo prerrogativas da Fazenda Pública. Inclusive, o próprio Supremo Tribunal Federal já apontou seguir esse entendimento.

Fundações Públicas de Direito Privado são a fundação pública propriamente dita. Logo se no enunciado da sua questão está dizendo: "fundação pública", sem nenhuma informação complementar, não há por que se preocupar em aplicar as regras das autarquias.

Com relação ao regime jurídico, ficou claro na explicação anterior que, em se tratando de uma **fundação pública de direito público,** devemos aplicar o mesmo regime jurídico previsto para a autarquia. O que vale fazer aqui é observar em relação a **fundação pública de direito privado**, pois não é exatamente tão simples assim de se enxergar.

52 Direito Administrativo Decifrado

Decreto-lei nº 200/1967

Art. 5º (...)

§ 3º As entidades de que trata o inciso IV deste artigo adquirem personalidade jurídica com a inscrição da escritura pública de sua constituição no Registro Civil de Pessoas Jurídicas, não se lhes aplicando as demais disposições do Código Civil concernentes às fundações.

Observe que a lei estabeleceu um regime especial a elas, visto que determina a aquisição de personalidade jurídica nos moldes do direito privado, mas não prevê aplicação das demais regras. Assim, podemos entender que se trata de um regime híbrido, tendo o direito privado como regência para **constituição, registro e regime de pessoal** e o direito público nas outras situações.

Importante que, apesar dessa previsão de predominância das regras de direito público, não há aqui a concessão das prerrogativas da Fazenda Pública para tais entes, exceto com relação a imunidade tributária.

CF/1988

Art. 150. (...)

§ 2º A vedação do inciso VI, *a*, é extensiva às autarquias e às fundações instituídas e mantidas pelo Poder Público, no que se refere ao patrimônio, à renda e aos serviços, vinculados a suas finalidades essenciais ou às delas decorrentes.

Fica claro que o texto constitucional não faz distinção quanto ao "tipo" de fundação pública, dando contornos mais abrangentes ao dispositivo. Entendimento esse já pacificado na doutrina e na jurisprudência.

Já no que tange ao regime de pessoal é outra discussão que se encaminha para um entendimento, pois apesar da divergência ainda existente, a grande maioria da doutrina e a jurisprudência consolidada entendem ser aplicável o regime compatível com a personalidade jurídica. Ou seja, sendo a fundação pública de direito público, regime estatutário. Sendo de direito privado, regime celetista.

🧩 Decifrando a prova

(2018 – MPE/MS – Promotor – Adaptada) Somente as fundações autárquicas gozam da prerrogativa prevista no art. 496, I, do Código de Processo Civil, que trata do duplo grau de jurisdição obrigatório.

( ) Certo ( ) Errado

Gabarito comentado: apesar de o texto do CPC não especificar a qualidade de fundação, importante destacarmos que somente a fundação pública autárquica é uma Pessoa Jurídica de Direito Público, recebendo assim direito de gozo das prerrogativas inerentes à Fazenda Pública. Portanto, a assertiva está certa.

3.5.4 Empresas estatais

Empresas estatais são **pessoas jurídicas de direito privado, criadas por autorização legislativa para prestação de um serviço público ou exploração de uma atividade econômica**. No nosso ordenamento é observada a existência de duas empresas estatais: **sociedades de economia mista e empresas públicas**. Essas entidades detêm diversas características em comum, sendo:

* Personalidade jurídica de direito privado.
* Criação por meio de autorização legislativa.
* Presta serviço público ou explora atividade econômica.
* Regime de vinculação celetista.
* Remuneração dos empregados não se sujeita ao teto remuneratório, exceto se receberem recurso público para pagamento de despesas de pessoal ou de custeio em geral (art. 37, § 9º, da CF/1988).
* Sofre controle dos tribunais de contas e dos Poderes Legislativo e Judiciário.
* Vedação de acumulação de cargos.
* Obrigatoriedade de realização de concursos públicos.
* Dever de contratar mediante licitação (exceto no caso de empresa estatal em execução de atividade-fim).
* Nomeação de seus dirigentes não depende de aprovação pelo Poder Legislativo.

Decreto-lei nº 200/1967

Art. 5º Para os fins desta lei, considera-se: (...)

II – Emprêsa Pública – a entidade dotada de personalidade jurídica de direito privado, com patrimônio próprio e capital exclusivo da União, criado por lei para a exploração de atividade econômica que o Govêrno seja levado a exercer por fôrça de contingência ou de conveniência administrativa podendo revestir-se de qualquer das formas admitidas em direito.

III – Sociedade de Economia Mista – a entidade dotada de personalidade jurídica de direito privado, criada por lei para a exploração de atividade econômica, sob a forma de sociedade anônima, cujas ações com direito a voto pertençam em sua maioria à União ou a entidade da Administração Indireta.

 Jurisprudência destacada

Situação diversa, entretanto ocorre em relação à intervenção parlamentar no processo de provimento das cargas de direção das empresas públicas e das sociedades de economia mista da administração indireta dos estados, por serem pessoas jurídicas de direito privado, que nos termos do art. 173, § 1º, da Constituição Federal estão sujeitas ao regime jurídico próprio das empresas privadas, o que obsta a exigência de manifestação prévia do Poder Legislativo estadual (STF, Tribunal Pleno, ADI nº 2.225/SC, Rel. Min. Dias Toffoli, j. 21.08.2014).

Precisamos destacar aqui as principais distinções entre as empresas estatais, sendo:

- **Sociedade de economia mista:** seu capital deve ser de pelo menos 50% (cinquenta por cento) + 1 ação do Poder Público, devendo ter controle acionário. Só pode ser constituída na forma de Sociedade Anônima.
- **Empresa pública:** seu capital de constituição deve ser 100% (cem por cento) público. Pode ser constituída sob qualquer forma societária, inclusive sociedade anônima.

Decifrando a prova

(2018 – TRF/3ª Região – Juiz – Adaptada) Lei que autorize a criação de sociedade de economia mista controlada pela União pode conter cláusula genérica que permita àquela sociedade adquirir participação em outras empresas.

( ) Certo ( ) Errado

Gabarito comentado: apesar de a Constituição Federal determinar no inciso XX do art. 37 que a participação em empresas privadas pelas entidades da Administração Pública depende de autorização legislativa, o STF entende que tal autorização poderá constar diretamente na própria lei que deu origem à entidade estatal. Portanto, a assertiva está certa.

- **Foro de julgamento:** sociedades de economia mista terão seus julgamentos de competência da Justiça Estadual. Já empresas públicas poderão ser julgadas em âmbito Federal, no caso previsto no art. 109, I, da CF/1988.

Jurisprudência destacada

Súmula nº 517 do STF. As sociedades de economia mista só têm foro na Justiça Federal, quando a União intervém como assistente ou opoente.

Ambas podem ser constituídas nas formas dos arts. 173 e 175 da CF/1988. No caso de constituição pela formalidade do art.173, serão exploradoras de atividade econômica. No caso de constituição pela formalidade do art. 175, serão prestadoras de serviço público. De acordo com o objeto de sua constituição, teremos características específicas a adotar. Para facilitar a visualização, apresento aqui um quadro comparativo:

Exploração de atividades econômicas	Prestação de serviços públicos
Sem imunidade	Imunidade a impostos
Bens privados	Bens privados com características de públicos
Responsabilidade subjetiva	Responsabilidade objetiva
Obrigação de licitar, exceto atividades-fim	Obrigação de licitar

Capítulo 3 ◆ Da organização da Administração Pública **55**

Exemplos de sociedades de economia mista: BB, Petrobras, Furnas. Exemplos de empresas públicas: CEF, ECT, Infraero, Embrapa.

> ### Decifrando a prova
>
> **(2017 – FAPEMS – PC/MS – Delegado – Adaptada)** Conforme jurisprudência dos Tribunais Superiores, acerca da Administração Direta e Indireta e das entidades em colaboração com o Estado, é correto afirmar que não é aplicável o regime dos precatórios às sociedades de economia mista prestadoras de serviço público próprio do Estado, ainda que de natureza não concorrencial.
>
> ( ) Certo ( ) Errado
>
> **Gabarito comentado:** segundo entendimento do Supremo Tribunal Federal, as sociedades de economia mista prestadoras de serviço público de atuação própria do Estado e de natureza não concorrencial submetem-se ao regime de precatório. Portanto, a assertiva está errada.

3.5.5 Agência executiva

São autarquias e fundações públicas que recebem da administração pública direta a **qualificação de agência executiva** por se encontrarem em situação de **extrema ineficiência**. O objetivo da concessão desse **título/qualificação/*status*** é, mediante o firmamento de um **contrato de gestão, ampliar a autonomia** dos entes públicos por meio da **flexibilização de exigências legais** mediante fixação de **metas de desempenho**. Destacamos desde já que não se trata de uma **nova pessoa jurídica** sendo criada na administração pública. A entidade inicial se mantém, seja uma autarquia ou uma fundação pública, sendo apenas "vista" como uma agência executiva enquanto durar o contrato. Extinto o contrato de gestão, perde-se a qualificação.

CF/1988

Art. 37. (...)

§ 8º A autonomia gerencial, orçamentária e financeira dos órgãos e entidades da administração direta e indireta poderá ser ampliada mediante contrato, a ser firmado entre seus administradores e o Poder Público, que tenha por objeto a fixação de metas de desempenho para o órgão ou entidade, cabendo à lei dispor sobre:

I – o prazo de duração do contrato;

II – os controles e critérios de avaliação de desempenho, direitos, obrigações e responsabilidade dos dirigentes;

III – a remuneração do pessoal.

Lei nº 9.649/1998

Art. 51. O Poder Executivo poderá qualificar como Agência Executiva a autarquia ou fundação que tenha cumprido os seguintes requisitos:

I – ter um plano estratégico de reestruturação e de desenvolvimento institucional em andamento;

II– ter celebrado Contrato de Gestão com o respectivo Ministério supervisor.

56 Direito Administrativo Decifrado

> **Art. 52.** (...)
>
> § 1º Os Contratos de Gestão das Agências Executivas serão celebrados com periodicidade mínima de um ano e estabelecerão os objetivos, metas e respectivos indicadores de desempenho da entidade, bem como os recursos necessários e os critérios e instrumentos para a avaliação do seu cumprimento.

Observe que o texto constitucional inclui nas possibilidades de concessão do título de agência executiva os **órgãos públicos**. Essa previsão ocorre apenas no texto constitucional, não sendo repetida em nenhum outro instrumento de regulamentação da agência executiva. Por questões lógicas, essa previsão não é aceita no ordenamento administrativo nacional, visto que **órgão público não detém personalidade jurídica, logo não poderá vincular-se contratualmente a um ente público**.

Se você está achando estranho esse instituto, é porque você entendeu exatamente como ele funciona. O que estamos fazendo aqui é **promover maior liberdade e autonomia** para uma entidade que se encontra em posição de ineficiência, ou seja, concedemos benefícios a quem menos "entrega" para a sociedade.

Por mais esquisito que isso pareça, existe lógica, uma vez que não seria interessante para a Administração Pública ter de se desfazer de uma unidade pública de atuação e precisar buscar "alternativas" para resolver aquela lacuna, seja criando uma **nova entidade**, seja **entregando à iniciativa privada** tal setor.

Resumindo: a autarquia ou a fundação pública que se encontra em condição de ineficiência apresenta ao Poder Público um **plano de reestruturação**. Sendo aceito, o Poder Público firmará um **contrato de gestão** concedendo benefícios diferenciados para que a entidade qualificada como agência executiva consiga atingir as **metas projetadas no plano**. A Lei de Licitações e Contratos (Lei nº 14.133/2021) prevê uma situação de benefício concedido às agências executivas.

> **Lei nº 14.133/2021**
>
> **Art. 75.** É dispensável a licitação:
>
> I – para contratação que envolva valores inferiores a R$ 100.000,00 (cem mil reais), no caso de obras e serviços de engenharia ou de serviços de manutenção de veículos automotores;
>
> II – para contratação que envolva valores inferiores a R$ 50.000,00 (cinquenta mil reais), no caso de outros serviços e compras; (...)
>
> § 2º Os valores referidos nos incisos I e II do *caput* deste artigo serão duplicados para compras, obras e serviços contratados por consórcio público ou por autarquia ou fundação qualificadas como agências executivas na forma da lei.

🧩 Decifrando a prova

(2018 – Cespe/Cebraspe – TJ/CE – Juiz – Adaptada) Autarquias e fundações públicas podem receber, por meio de lei específica, a qualificação de agência executiva, para garantir o exercício de suas atividades com maior eficiência e operacionalidade.

( ) Certo ( ) Errado

Gabarito comentado: o instrumento correto que confere a uma autarquia ou a uma fundação pública o *status* temporário de agência executiva é o **contrato de gestão**, e não lei específica. Portanto, a assertiva está errada.

4 Entidades do terceiro setor

Apesar de a composição clássica da Administração Pública ser aquela que se subdivide em direta e indireta, existem outras pessoas jurídicas que, apesar de não integrarem o sistema da Administração Indireta, prestam serviços de explícito interesse público e utilidade pública, sujeitando-se ao controle do Poder Público. Tais entidades se submetem a alguns aspectos do direito público e são denominadas **entidades paraestatais ou do terceiro setor**.

Importante ressaltar que cada classificação possui uma característica marcante. Assim, **entidade paraestatal** se refere àquela entidade que atua **ao lado do Estado na execução de atividade de interesse público, fazendo jus ao recebimento de recursos públicos**. Por outro lado, devemos entender as **entidades do terceiro setor como aquelas que atuam em nome do interesse público sem finalidade lucrativa**. Além disso, entidades do terceiro setor não realizam nem atividades governamentais (primeiro setor) nem empresarias ou econômicas (segundo setor).

4.1 Entidades paraestatais

Apesar de toda controvérsia doutrinária, vamos direcionar nosso estudo para o entendimento prevalente em concursos, sendo este o que reconhece apenas um grupo de entidades como classificáveis dessa maneira. São eles os **serviços sociais autônomos**.

4.1.1 Serviços sociais autônomos

São Pessoas Jurídicas de Direito Privado criadas mediante **autorização legislativa**, compondo o denominado Sistema "S", nome dado pelo fato de as entidades derivarem de uma estrutura sindical. Ex.: Senai, Senac, Sesi, Sebrae.

Recentemente, temos visto entidades sendo criadas com a mesma projeção de atuação, mas sem a manutenção da tradição de nomes iniciados por S – caso da Apex-Brasil e da ABDI.

58 Direito Administrativo Decifrado

São características fundamentais das SSA:

- ◆ Pessoas jurídicas de direito privado.
- ◆ Criadas por autorização legislativa.
- ◆ Não tem fins lucrativos.
- ◆ Executam serviços de utilidade pública.
- ◆ Não podem exercer serviços públicos.
- ◆ Custeadas por contribuição compulsória (parafiscalidade tributária).
- ◆ Recursos arrecadados devem ser revertidos no atendimento das finalidades da entidade.
- ◆ Não realizam concurso público.
- ◆ Devem realizar licitação.

> ### 🧩 Decifrando a prova
>
> **(2015 – Funiversa – PC/DF – Delegado – Adaptada)** A CF/1988 assegura aos serviços sociais autônomos autonomia administrativa, não estando sujeitos ao controle do tribunal de contas.
> ( ) Certo ( ) Errado
> **Gabarito comentado:** por receberem recursos públicos para execução do serviço, as SSA estarão sempre sujeitas aos órgãos de controle. Portanto, a assertiva está errada.

4.2 Terceiro setor

Como visto, as entidades do terceiro setor executam atividades de interesse público sem fins lucrativos. Por isso, submetem-se a um regime **predominantemente** de Direito Privado, cabendo, em alguns casos específicos, a aplicação de normas de Direito Público.

Representam uma das formas mais comuns de atuação do Estado na tarefa de **fomento**, pois tem sua atividade incentivada pelo Poder Público, em razão do relevante alcance social.

No âmbito federal, podemos encontrar dois tipos de entidades do terceiro setor.

4.2.1 Organizações sociais

Criadas pela Lei nº 9.637/1998, as Organizações Sociais – OS tratam da **qualificação especial** outorgada a uma determinada entidade da iniciativa privada que, por não ter finalidade lucrativa, recebe vantagens específicas, como isenção fiscal, recebimento de recursos orçamentários, repasse de bens públicos, cessão temporária de servidores (ônus do poder concedente).

Lei nº 9.637/1998

Art. 1º O Poder Executivo poderá qualificar como organizações sociais pessoas jurídicas de direito privado, sem fins lucrativos, cujas atividades sejam dirigidas ao ensino, à pesquisa científica, ao desenvolvimento tecnológico, à proteção e preservação do meio ambiente, à cultura e à saúde, atendidos aos requisitos previstos nesta Lei.

A outorga da qualificação OS é uma ação **discricionária** do Estado, pois dependerá de **aprovação por Ministro ou titular de órgão superior ou regulador da área específica**. Logo, entende-se que, mesmo atendendo a todos os requisitos previstos na lei para receber tal qualificação, as entidades privadas possuem mera **expectativa** de direito à obtenção da autorização.

As organizações sociais estão relacionadas à execução de atividades que, antes do processo de privatização, eram exercidas apenas por entidades públicas. Com a abertura do acesso, passou a se configurar como uma possibilidade a execução das atividades por particulares por meio de uma **parceria** entre a Administração Pública e a entidade privada.

O instrumento de formalização da parceria é o **contrato de gestão**, que conterá as cláusulas prevendo atribuições, responsabilidades e obrigações de cada parte na parceria.

A desqualificação da entidade poderá ocorrer no caso do descumprimento de cláusulas de parceria, desde que seja realizado um procedimento administrativo prévio.

4.2.2 Organizações da Sociedade Civil de Interesse Público

Trata-se de Pessoas Jurídicas de Direito Privado sem fins lucrativos instituídas por iniciativa dos particulares com intuito de realizar serviços não exclusivos do Estado. Tal parceria se formaliza por intermédio de um **termo de parceria**, que determinará todas as normas de regência do trato entre as partes, sujeitando as Organizações da Sociedade Civil de Interesse Público (Oscip) ao ato fiscalizatório do Poder Público.

A concessão da qualificação de Oscip está prevista na Lei nº 9.790/1999 com regulamentação pelo Decreto nº 3.100/1999 e estas seguem uma sistemática muito semelhante à das OS. As Oscip podem receber recursos públicos mediante destinação orçamentária, **mas não podem receber cessão de servidores ou bens públicos**.

> **Lei nº 9.790/1999**
>
> **Art. 1º** Podem qualificar-se como Organizações da Sociedade Civil de Interesse Público as pessoas jurídicas de direito privado sem fins lucrativos que tenham sido constituídas e se encontrem em funcionamento regular há, no mínimo, 3 (três) anos, desde que os respectivos objetivos sociais e normas estatutárias atendam aos requisitos instituídos por esta Lei.

O termo de parceria não exige procedimento licitatório para ser firmado, assim como no caso das OS. Porém, diferentemente do que se viu no caso da OS, o termo de parceria é um ato **vinculado** do Poder Público, bastando ao interessado privado atender aos requisitos de concessão de qualificação previstos na lei.

4.2.3 Organizações da Sociedade Civil

Com a publicação da Lei nº 13.019/2014, alterada pela Lei nº 13.204/2015, surgiu a possibilidade de firmar novas parcerias entre público e privado sem fins lucrativos por meio de **termo de colaboração, termo de fomento ou acordo de cooperação**. Tais entidades recebem a designação de Organizações da Sociedade Civil (OSC), tendo o objetivo da parceria como definidor do instrumento formalizador da parceria.

60 Direito Administrativo Decifrado

- **Termo de colaboração:** o plano de trabalho a ser executado é proposto pela própria Administração Pública.
- **Termo de fomento:** caso em que o plano de trabalho é proposto pela entidade privada.
- **Acordo de cooperação:** parceria sem previsão de transferência de recursos públicos.

As OSC também não precisam realizar licitação, mas sim um **chamamento público**, procedimento seletivo simplificado com a intenção de garantir a impessoalidade do ente público na escolha da entidade privada.

Decifrando a prova

(2015 – FCC – TJ/PE – Juiz – Adaptada) Organizações da Sociedade Civil de Interesse Público é a qualificação jurídica dada à pessoa jurídica de direito privado, sem fins lucrativos, instituída por iniciativa de particulares, e que recebe delegação do Poder Público, mediante contrato de gestão, para desempenhar serviço público de natureza social.

( ) Certo ( ) Errado

Gabarito comentado: o conceito proposto na questão é de uma Organização Social e não de uma Organização da Sociedade Civil de Interesse Público. Perceba que se falou em **contrato de gestão** e não **termo de parceria**. Portanto, a assertiva está errada.

5 Poderes administrativos

5.1 Uso e abuso de poder

O poder administrativo representa uma prerrogativa de Direito Público outorgada ao Estado para ser exercido por meio de seus agentes. **Uso do poder**, portanto, é a utilização normal das competências que a lei confere ao agente público.

Entretanto, infelizmente nem sempre o poder administrativo é utilizado adequadamente pelos administradores. Uma vez que sua atuação é pautada em limites legalmente estabelecidos, a conduta abusiva não pode ser aceita pelo nosso ordenamento. Sempre que o agente atua fora dos objetivos expressos ou implícitos pela lei, teremos a manifestação do **abuso do poder**.

O abuso do poder pode ocorrer de duas maneiras:

- **Excesso de poder:** nesse caso, a conduta do agente está fora dos limites de sua competência.
- **Desvio de poder:** aqui, a conduta do agente está dentro dos seus limites de competência, porém tal conduta se afasta do interesse público.

Apesar de existir controvérsia, entendimento majoritário, adotado em concursos, inclusive, estabelece a necessidade de o agente possuir competência para que possa cometer abuso de poder, seja qual for a espécie de abuso.

Ao agir com abuso de poder, a conduta do agente passa a se submeter à revisão judicial ou administrativa. Além da autotutela administrativa e do controle judicial mediante instrumentos específicos, inclusive mandado de segurança, o abuso de poder poderá em alguns casos configurar um **ilícito penal**, na forma da Lei nº 13.869/2019 (Lei de Abuso de Autoridade).

62 Direito Administrativo Decifrado

Decifrando a prova

(2018 – Vunesp – PC/SP – Delegado – Adaptada) Suponha que o chefe de uma determinada Seção Administrativa, agindo dentro de sua competência legal, opte por nomear determinado servidor em função de confiança, sob a justificativa de que tal servidor possui as características pessoais ideais para o desempenho da função. Imagine, porém, que, após algumas semanas da nomeação, venha a público a informação de que a nomeação se deu com a principal finalidade de redistribuir a outro servidor o processo administrativo cuja responsabilidade incumbia à época da nomeação ao servidor contemplado com a função de confiança. A respeito dessa situação hipotética, é correto afirmar que se trata de caso de abuso de poder, o qual se verifica quando o agente público age de forma arbitrária, assumindo atribuições impróprias para as suas funções.

( ) Certo ( ) Errado

Gabarito comentado: o abuso de poder é um gênero que comporta duas espécies: excesso de poder (ou excesso de competência), que ocorre sempre que o agente público atua fora de suas atribuições legais e desvio de poder (ou desvio de finalidade), quando o agente público age com o interesse privado, descartando interesse público. No caso em estudo, houve uma atuação diversa da finalidade pública, logo, houve desvio de poder. Portanto, a assertiva está errada.

Existe uma controvérsia com relação à caracterização do desvio de poder.

A doutrina clássica entende configurar um **defeito de intenção ou vontade do agente**, ou seja, seria uma característica **subjetiva**. Para os defensores dessa corrente, a simples **intenção** do agente já poderia resultar na nulidade do ato.

A doutrina mais moderna, inclusive adotada por concursos públicos, entende ser o desvio de poder um **defeito de comportamento do agente**, ou seja, característica **objetiva**. Apesar de considerar que a **intenção é uma condição necessária, entende não ser suficiente para determinar a nulidade do ato**. A intenção deverá ser acrescida da **efetiva violação concreta do interesse público**.

Decifrando a prova

(2017 – Fundep – MPE/MG – Promotor – Adaptada) O desvio de poder é vício objetivo que se refere ao descompasso entre a finalidade a que o ato serviu e a finalidade legal que por meio dele poderia ser servida.

( ) Certo ( ) Errado

Gabarito comentado: a teoria objetiva consagra a identificação da **intenção e da violação concreta do interesse público** para que se possa decretar a nulidade do ato. Portanto, a assertiva está certa.

É essencial que façamos uma observação que costuma causar confusão no estudo do abuso de poder: não pode essa prática ser confundida com o **abuso de autoridade**. Tal prática é a figura do **abuso de poder no direito penal**, ou seja, uma conduta criminal. Diz-se que, na prática, o **abuso de autoridade é o abuso de poder na esfera penal**.

A Lei nº 13.869/2019 (nova lei de abuso de autoridade), que revogou a Lei nº 4.898/1965, delimita quem pode praticar e quais são as ações que se enquadram nessa modalidade de irregularidade.

Lei nº 13.869/2019

Art. 1º Esta Lei define os crimes de abuso de autoridade, cometidos por agente público, servidor ou não, que, no exercício de suas funções ou a pretexto de exercê-las, abuse do poder que lhe tenha sido atribuído.

§ 1º As condutas descritas nesta Lei constituem crime de abuso de autoridade quando praticadas pelo agente com a finalidade específica de prejudicar outrem ou beneficiar a si mesmo ou a terceiro, ou, ainda, por mero capricho ou satisfação pessoal. (...)

Art. 2º É sujeito ativo do crime de abuso de autoridade qualquer agente público, servidor ou não, da administração direta, indireta ou fundacional de qualquer dos Poderes da União, dos Estados, do Distrito Federal, dos Municípios e de Território, compreendendo, mas não se limitando a:

I – servidores públicos e militares ou pessoas a eles equiparadas;

II – membros do Poder Legislativo;

III – membros do Poder Executivo;

IV – membros do Poder Judiciário;

V – membros do Ministério Público;

VI – membros dos tribunais ou conselhos de contas.

Parágrafo único. Reputa-se agente público, para os efeitos desta Lei, todo aquele que exerce, ainda que transitoriamente ou sem remuneração, por eleição, nomeação, designação, contratação ou qualquer outra forma de investidura ou vínculo, mandato, cargo, emprego ou função em órgão ou entidade abrangidos pelo *caput* deste artigo.

Abuso de poder	Abuso de autoridade
Não possui tipificação	Condutas tipificadas na Lei nº 13.869/2019
Relaciona-se ao exercício da função administrativa	Cometido por qualquer autoridade pública
Ilícito administrativo	Ilícito penal

5.2 Poderes administrativos

Para que a Administração Pública consiga efetivamente atender ao interesse público, é essencial que sejam oferecidas prerrogativas e poderes para que se possa instrumentalizar essa condição. Essas prerrogativas trazem certas limitações, conforme estudamos em capítu-

64 Direito Administrativo Decifrado

lo anterior, configurando o chamado **poder-dever** da Administração Pública.

O exercício da atividade administrativa enseja a entrega aos agentes da Administração Pública de instrumentos para **facilitação da sua execução**. Por isso, dizemos que os poderes administrativos são **poderes instrumentais**. Não são poderes apenas existentes para demonstração da superioridade da Administração, mas sim poderes que devem ser utilizados como **instrumentos de atendimento do interesse coletivo**.

Importa não confundir **poderes do Estado e poderes da Administração Pública. Poderes do Estado** são poderes estruturais e não instrumentais, como é o caso dos Poderes da Administração Pública.

A legislação oferece para a Administração Pública competências (poderes-deveres).

São atribuições vinculadas a obrigações. São os chamados poderes relacionais.

* **Poder discricionário:** apesar de que toda ação do ente estatal deverá estar embasada em lei, é cedido ao agente certa parcela de liberdade (margem de escolha).

O poder discricionário é definido dentro da própria lei, que oferece ao agente a condição de aplicar ao caso concreto uma entre várias opções, dentro dos limites estipulados, como solução mais adequada. O agente exercerá o **juízo de conveniência e oportunidade** na busca pelo interesse público. É o denominado: **mérito administrativo**. Segundo José dos Santos Carvalho Filho, "Conveniência e oportunidade são elementos nucleares do poder discricionário". A **discricionariedade** concedida ao agente não se confunde com a **arbitrariedade** vedada ao agente, uma vez que, nesse último caso, a conduta se produzirá **fora dos parâmetros legais**. Ex.: Na alienação de bens imóveis adquiridos pela Administração Pública em decisão judicial ou dação em pagamento, a Lei nº 14.133/2021 permite ao agente competente optar pelas modalidades de licitação **concorrência ou leilão**. Caberá ao agente definir o instrumento mais oportuno e conveniente a se utilizar na alienação do bem. Observe que a lei não determina ser possível qualquer modalidade, ou seja, há discricionariedade **dentro dos limites** legais.

Em algumas situações, a lei não determinará expressamente quais as possibilidades de opção do agente. Nesse caso, a lei se vale de **conceitos jurídicos indeterminados**, a fim de dar margem de escolha ao administrador. Ex.: O agente policial tem o poder de dissolver reunião em caso de tumulto. A questão é: qual o significado exato de tumulto? O juízo de conveniência e oportunidade do agente será responsável por definir o termo.

* **Poder vinculado:** a Administração não tem opção, deve seguir a ordem na forma recebida.

O poder vinculado se apresenta nos casos em que a legislação aponta **todos os elementos essenciais para a produção de determinado ato**. Aqui, não haverá margem de escolha, mas sim **rígida vinculação com a lei**. A lei estabelecerá **única conduta a ser tomada**. Para Hely Lopes Meirelles (2015), "o poder vinculado ou regrado é aquele que estabelece único comportamento possível a ser tomado pelo administrador diante de casos concretos, sem nenhuma liberdade para juízo de conveniência e oportunidade". Ocorre uma avaliação **objetiva** da situação. Ex.: Atendidos os requisitos de lei quanto a documentação e formulários essenciais, a administração **deverá** conceder ao particular a licença para construir solicitada.

Capítulo 5 ◆ Poderes administrativos **65**

◆ **Poder hierárquico:** ocorre dentro da estrutura funcional da Administração Pública, é o escalonamento de cargos e funções dentro da mesma pessoa jurídica. É um poder **interno e permanente**.

Do poder hierárquico decorre o **poder de comando** de agentes superiores sobre os seus diretamente subordinados, que têm o **dever de obediência** quando as ordens se apresentarem **manifestamente legais**.

Também representa o **poder de fiscalização** dos superiores em relação às atividades desempenhadas pelos subordinados, garantindo a adequação das condutas com as normas e leis pertinentes e com as ordens oriundas da vontade superior. Desse poder decorre o direito de **revisão** concedido aos superiores relacionado aos atos praticados por agentes em nível hierárquico inferior.

Desse escalonamento hierárquico derivam duas ações muito importantes, previstas na Lei nº 9.784/1999:

◆ **Delegação:** é a transferência de competência entre órgãos ou titulares, mesmo que não hierarquicamente organizados, por razões de conveniência, **técnica, social, econômica, jurídica ou territorial**.

Lei nº 9.784/1999

Art. 12. Um órgão administrativo e seu titular poderão, se não houver impedimento legal, delegar parte da sua competência a outros órgãos ou titulares, ainda que estes não lhe sejam hierarquicamente subordinados, quando for conveniente, em razão de circunstâncias de índole técnica, social, econômica, jurídica ou territorial.

Quando a delegação ocorre dentro de uma organização hierárquica, temos a chamada: **delegação vertical**. Em se tratando de ação fora da estrutura normal, **delegação horizontal**. A delegação possui por características ser **temporária**, logo **revogável a qualquer momento** pela autoridade delegante. Apesar de a regra ser a delegação, a própria lei aponta algumas condições que serão **indelegáveis**, sendo:

Lei nº 9.784/1999

Art. 13. Não podem ser objeto de delegação:

I – a edição de atos de caráter normativo;

II – a decisão de recursos administrativos;

III – as matérias de competência exclusiva do órgão ou autoridade.

O ato de delegação deverá ser sempre **por escrito, com prazo determinado e, expressamente, destacar qual ou quais competências estão sendo delegadas**. Atos resultantes da delegação devem ser identificados como tal.

Lei nº 9.784/1999

Art. 14. O ato de delegação e sua revogação deverão ser publicados no meio oficial.

§ 1º O ato de delegação especificará as matérias e poderes transferidos, os limites da atuação do delegado, a duração e os objetivos da delegação e o recurso cabível, podendo conter ressalva de exercício da atribuição delegada.

§ 2º O ato de delegação é revogável a qualquer tempo pela autoridade delegante.

§ 3º As decisões adotadas por delegação devem mencionar explicitamente esta qualidade e considerar-se-ão editadas pelo delegado.

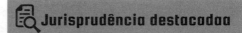

Súmula nº 510 do STF. Praticado o ato por autoridade, no exercício de competência delegada, contra ela cabe o mandado de segurança ou a medida judicial.

- **Avocação:** medida excepcional. Ocorre quando o superior chama para si a competência de um agente ou órgão **subordinado**.

    Lei nº 9.784/1999

    Art. 15. Será permitida, em caráter excepcional e por motivos relevantes devidamente justificados, a avocação temporária de competência atribuída a órgão hierarquicamente inferior.

    A avocação de competência é uma condição inversa em relação a delegação. Aqui, temos uma "retirada" de competência, e não transferência. Importante destacar que, nesse caso, só teremos a possibilidade de **avocação vertical**. No direito brasileiro, não existe a figura da **avocação horizontal**, que se daria entre pessoas fora da mesma linha hierárquica. Assim como a delegação, alguns elementos devem ser respeitados, por exemplo, **a forma escrita, a determinação de prazos e especificação da competência avocada**.

- **Poder disciplinar:** consiste na possibilidade de a Administração Pública apurar infrações e aplicar penalidades aos agentes públicos que cometam infrações funcionais. Ao apurar e confirmar a infração, observe que aplicação da penalidade é **vinculada**, já a penalidade a ser aplicada pode ser caracterizada como **discricionária**. A aplicação de penalidade aos agentes públicos dependerá da ocorrência de um **procedimento administrativo disciplinar com garantia do contraditório e ampla defesa**.

Decifrando a prova

(2018 – Cespe/Cebraspe – Polícia Federal – Delegado) A demissão de servidor público configura sanção aplicada em decorrência do poder de polícia administrativa, uma vez que se caracteriza como atividade de controle repressiva e concreta com fundamento na supremacia do interesse público.

( ) Certo ( ) Errado

Gabarito comentado: demissão de servidor público é um poder estatal derivado do poder disciplinar, e não do poder de polícia. O poder disciplinar tem por característica a **punição interna** de infrações cometidas por seus agentes. Portanto, a assertiva está errada.

Capítulo 5 ◆ Poderes administrativos **67**

◆ **Poder regulamentar:** poder indelegável e privativo das autoridades competentes com objetivo de dar fiel execução à lei.

Nem sempre a lei possibilitará a imediata execução das regras estipuladas. Nesses casos, a administração deverá proceder a edição das normas complementares indispensáveis à efetiva execução da lei. Originário na França, que reconheceu a complexidade das atividades de caráter técnico da administração, o fenômeno da **deslegalização** é a fundamentação para o exercício do poder regulamentar. Esse fenômeno permite a **delegação da competência para regular certas matérias por lei para outras fontes normativas**. O intuito é garantir que, em matérias de alta complexidade técnica, sua regulamentação seja produzida por especialistas e técnicos que poderão dispor da melhor forma sobre determinado assunto.

O poder regulamentar se enquadra em uma categoria mais ampla, denominada **poder normativo**, materializando-se por meio da edição de **regimentos, instruções, resoluções, deliberações e portarias**. Observe que, no caso de chefes do Poder Executivo, a reprodução do poder normativo se dará mediante edição de **decretos**. No caso da ação do chefe do Executivo, por força da introdução do inciso VI no art. 84 da CF/1988, chamamos essa atuação de **poder regulamentar**, uma espécie do gênero **poder normativo**. Observe:

> **CF/1988**
>
> **Art. 84.** Compete privativamente ao Presidente da República:
>
> IV – sancionar, promulgar e fazer publicar as leis, bem como expedir decretos e regulamentos para sua fiel execução; (...)

O **poder normativo** é caracterizado por ser uma atuação complementar, não podendo inovar no ordenamento jurídico como se uma lei fosse editada, como podemos depreender da leitura do inciso IV previamente reproduzido. Porém, com o advento do inciso VI, o chefe do Executivo passou a deter o poder da edição de **decretos autônomos**, dispositivos normativos que se caracterizam por substituir a lei ao serem editadas. Devidamente aceito pelo STF, o decreto autônomo no Brasil só é possível nos casos previstos no inciso VI do art. 84 estudado. Com isso, convencionou-se determinar que a ação do chefe do Executivo, que poderá inclusive inovar, seja chamada de **poder regulamentar** e a ação das outras autoridades competentes de **poder normativo**.

> **CF/1988**
>
> **Art. 84.** Compete privativamente ao Presidente da República: (...)
>
> VI – dispor, mediante decreto, sobre:
>
> *a)* organização e funcionamento da administração federal, quando não implicar aumento de despesa nem criação ou extinção de órgãos públicos;
>
> *b)* extinção de funções ou cargos públicos, quando vagos.

68 Direito Administrativo Decifrado

> ### 🧩 Decifrando a prova
>
> **(Promotor de Justiça – MPE-PE – FCC/2022 – Adaptada)** O poder regulamentar é uma prerrogativa concedida pela Constituição Federal exclusivamente ao chefe do Poder Executivo Federal, não se estendendo aos Governadores e aos Prefeitos.
> ( ) Certo ( ) Errado
> **Gabarito comentado:** apesar de a previsão legal do Poder Regulamentar estar destacada na Constituição Federal como poder do Presidente da República, pelo princípio da simetria entendemos que tal poder também é destinado aos chefes Estaduais, Municipais e Distrital. Portanto, a assertiva está errada.

No caso de a lei prever diretamente a necessidade de regulamentação por intermédio do Poder Executivo, a determinação de prazo para ação é imprescindível. Isso ocorre porque, sem a devida regulamentação, esse tipo de lei se tornará vazia, sem efetividade.

Enquanto não for editado o respectivo ato normativo, a lei não será exequível, por isso a necessidade de se determinar prazo, visto ser um poder-dever do Estado a edição do instrumento regulamentador. A ausência, nesse tipo de lei, de prazo para regulamentação, afigura uma **inconstitucionalidade**. No caso de o administrador público não respeitar o prazo estabelecido na lei, esta deverá se tornar exequível mesmo assim, garantido ao interessado o direito de uso de ações específicas para solução da situação. Um exemplo de ação seria o **mandado de injunção**.

+ **Poder de polícia**: representa uma **atividade estatal restritiva** dos interesses privados, pois limita liberdades e direitos individuais para devido atendimento do interesse público.

Decorre do princípio da supremacia do interesse público, podendo ser aplicado a **todos os particulares**, sem necessidade de existência de qualquer tipo de vínculo anterior. A intenção por trás desse sistema é garantir que o particular usufrua de seus direitos e suas garantias, itens legalmente instituídos **sem se afastar do interesse público**. Assim, na busca do atendimento adequado ao interesse coletivo, o Estado poderá determinar as condições de fruição dos direitos, liberdades e garantias mediante restrições e adequações.

Lei nº 5.172/1966

Art. 78. Considera-se poder de polícia atividade da administração pública que, limitando ou disciplinando direito, interesse ou liberdade, regula a prática de ato ou abstenção de fato, em razão de interesse público concernente à segurança, à higiene, à ordem, aos costumes, à disciplina da produção e do mercado, ao exercício de atividades econômicas dependentes de concessão ou autorização do Poder Público, à tranquilidade pública ou ao respeito à propriedade e aos direitos individuais ou coletivos.

Parágrafo único. Considera-se regular o exercício do poder de polícia quando desempenhado pelo órgão competente nos limites da lei aplicável, com observância do processo legal e, tratando-se de atividade que a lei tenha como discricionária, sem abuso ou desvio de poder.

Capítulo 5 ◆ Poderes administrativos **69**

Percebe que o conceito de **poder de polícia** está previsto no **Código Tributário Nacional?** Isso acontece porque o exercício desse poder poderá ensejar a cobrança de taxas.

A doutrina costuma apontar o poder de polícia no sentido amplo e no sentido estrito. **Sentido amplo** corresponde a toda e qualquer atuação restritiva do Estado, decorrente da ação de qualquer dos poderes. **Sentido estrito** se relaciona com as condutas restritivas provenientes **apenas** da Administração Pública. Para concursos públicos, o sentido amplo é o caminho a ser seguido.

Antes de começarmos a aprofundar nosso estudo, cabe aqui uma distinção essencial. **Poder de Polícia objeto do estudo do Direito Administrativo é exercido pela polícia administrativa, que não poderá nunca ser confundida com a polícia judiciária, atividade essa de prevenção e repressão à prática de ilícitos criminais, objeto de estudo do Direito Penal e do Direito Processual Penal.**

A polícia administrativa poderá atuar de forma **preventiva** (disposições genéricas e abstratas), **repressiva** (atos de adequação e obediência à lei ou regulamentos) **ou fiscalizadora** (prevenção de lesões eventuais).

São atributos do poder de polícia:

◆ **Discricionariedade:** considerada pela doutrina tradicional uma das características do poder de polícia, a discricionariedade permite ao agente público definir a melhor forma de atuação no exercício do poder de polícia. Importante observar que essa característica não é idêntica em todos os atos do poder de polícia, visto que em alguns casos poderá ser definida pela lei uma atuação vinculada do agente público. Ex.: Concessão de licença para construir, que deverá ser sempre concedida quando os requisitos legais forem preenchidos pelo particular.

◆ **Autoexecutoriedade:** é o poder da Administração Pública de decidir e executar sua decisão de forma direta, sem necessitar de autorização judicial. Decorre de lei ou urgência. Nas situações de aplicação do poder de polícia por condição emergencial, identificamos a ocorrência do contraditório diferido, estudado anteriormente. Ex.: o STJ reconheceu a validade da ação da Anatel que resultou na interdição de uma empresa que atuava na área de radiodifusão sonora ao constatar irregularidades.

◆ **Coercibilidade:** uso da força para garantir a execução de determinado elemento. A determinação pública deverá ser atendida independentemente da vontade do administrado.

Tradicionalmente o poder de polícia era visto como um **poder negativo**, visto que era utilizado para criar **obrigações de não fazer ou obrigações de tolerar.** Na modernidade, temos identificado o surgimento de leis estabelecendo uma atuação administrativa de exercício do **poder de polícia positivo**, ou seja, é possível que o Poder Público determine **obrigações de fazer** ao particular por meio do poder de polícia. Essa "novidade" fica muito clara em instrumentos como o **Estatuto da Cidade**, exigindo uma atuação positiva do particular para garantir o atendimento à função social da propriedade.

70 Direito Administrativo Decifrado

Lei nº 10.257/2001

Art. 5º Lei municipal específica para área incluída no plano diretor poderá determinar o parcelamento, a edificação ou a utilização compulsórios do solo urbano não edificado, subutilizado ou não utilizado, devendo fixar as condições e os prazos para implementação da referida obrigação.

Importante destacar que, em virtude do julgamento da ADI nº 1.171, o plenário do STF decidiu que o exercício do poder de polícia poderá ser delegado a particulares, desde que sejam delegados apenas os atos de mera execução, não comportando delegação de atos de império. Para melhor entendimento, precisamos observar os chamados **ciclos do poder de polícia:**

- ◆ **Ordem/norma:** decorre da imperatividade dos atos. Norma que estabelece condições e restrições para exercício de atividades específicas.
- ◆ **Consentimento:** autorização do Estado para que o particular exerça determinadas atividades ou utilize propriedades específicas.
- ◆ **Fiscalização:** acompanhamento do respeito às normas estabelecidas pelo particular autorizado.
- ◆ **Sanção/penalidade:** medida coercitiva aplicada aos particulares pelo Poder Público por descumprimento das regras.

📑 Jurisprudência destacada

É constitucional a atribuição às guardas municipais do exercício do poder de polícia de trânsito, inclusive para a imposição de sanções administrativas legalmente previstas (exemplo: multas de trânsito) (STF. Tribunal Pleno, RE nº 658.570/MG, Rel. Min. Marco Aurélio, j. 06.08.2015 (*Info* nº 793).

Poder de polícia não se confunde com segurança pública. O exercício do primeiro não é prerrogativa exclusiva das entidades policiais, a quem a Constituição outorgou, com exclusividade, no art. 144, apenas as funções de promoção da segurança pública (STF, Tribunal Pleno, RE nº 658.570, Rel. Min. Marco Aurélio, j. 06.08.2015, Acórdão Eletrônico Repercussão Geral – Mérito, *Dje-195*, 30.09.2015).

A competência para editar atos normativos visando à organização e à fiscalização das atividades reguladas insere-se no poder geral de polícia da Administração sanitária. Qualifica-se a competência normativa da Anvisa pela edição, no exercício da regulação setorial sanitária, de atos: (i) gerais e abstratos, (ii) de caráter técnico, (iii) necessários à implementação da política nacional de vigilância sanitária e (iv) subordinados à observância dos parâmetros fixados na ordem constitucional e na legislação setorial (STF, Tribunal Pleno, ADI nº 4.874, Rel. Min. Rosa Weber, j. 1º.02.2018, *DJe* 1º.02.2019).

Ex. 1: colocação de radares de fiscalização em vias de trânsito por particular com o devido encaminhamento das multas ao ente público. O particular poderá realizar a atividade fiscalizatória, mas nunca poderá sancionar o particular editando diretamente a multa.

Capítulo 5 ◆ Poderes administrativos 71

Ex. 2: em um procedimento de desapropriação instaurado pelo Poder Público poderá o particular receber a delegação de executar a demolição de um logradouro privado.

Por uma questão de segurança jurídica, não se admite na doutrina brasileira a aplicação das sanções decorrentes do poder de polícia a qualquer momento, sendo definido ao Poder Público prazo para ação.

Lei nº 9.873/1999

Art. 1º Prescreve em cinco anos a ação punitiva da Administração Pública Federal, direta e indireta, no exercício do poder de polícia, objetivando apurar infração à legislação em vigor, contados da data da prática do ato ou, no caso de infração permanente ou continuada, do dia em que tiver cessado.

Além do prazo de ação do Poder Público, a legislação também prevê aplicação da **prescrição intercorrente**, ou seja, prescrição da ação após o seu início diante da inércia da Administração Pública.

Lei nº 9.873/1999

Art. 1º (...)

§ 1º Incide a prescrição no procedimento administrativo paralisado por mais de três anos, pendente de julgamento ou despacho, cujos autos serão arquivados de ofício ou mediante requerimento da parte interessada, sem prejuízo da apuração da responsabilidade funcional decorrente da paralisação, se for o caso.

Destaco ainda que **notificação ou citação do indiciado ou acusado** acarretará a **interrupção** da contagem do prazo prescricional. A interrupção resultará no **reinício**, se necessário, da contagem do prazo prescricional.

⟪ Decifrando a prova

(2019 – Cespe/Cebraspe – TJ/BA – Juiz – Adaptada) O poder de polícia administrativo limita ou disciplina direito, interesse ou liberdade individual, regulando e fiscalizando atos civis ou penais.

( ) Certo ( ) Errado

Gabarito comentado: a polícia administrativa não tem força para atuação quando se refere a atos ilícitos de natureza penal, apenas de natureza civil. Atuação em norma penal é função do poder de polícia judiciária. Portanto, a assertiva está errada.

6 Atos administrativos

6.1 Conceito e características

Durante o Estado de Polícia, a vontade do soberano se concretizava sem qualquer instituto limitador ou fiscalizador. Assim, a simples intenção do soberano se tornava uma ação sem um procedimento determinado, sem um intermediário. Após a Revolução Francesa, no século XVIII, os governantes passaram a se submeter também à lei, que se expressava como uma vontade popular, condicionando o desempenho das atividades administrativas ao seu cumprimento.

Desse modo, a Administração Pública passou a precisar expedir atos administrativos para que fundamente qualquer atuação material. Assim, passamos a entender o **ato administrativo** como forma de atuação da Administração, no exercício da função administrativa, sob regime de direito público e materializando vontade unilateral do Estado.

Observe que nem todo ato produzido pela Administração Pública será um ato administrativo. Existem atos materiais do Estado que não apresentam uma manifestação de vontade, mas apenas envolve execução de algo. A doutrina majoritária, adotada pelos concursos públicos, considera que **atos da administração são atos jurídicos praticados pela Administração Pública que não se enquadram no conceito de atos administrativos**. São espécies de atos da administração:

- **Atos políticos ou de governo:** são praticados com ampla margem de discricionariedade e têm competência extraída diretamente da Constituição Federal.
- **Atos materiais:** é a prestação concreta de serviços.
- **Atos legislativos e jurisdicionais:** praticados excepcionalmente no exercício de função atípica.
- **Atos de gestão:** casos em que a Administração Pública ingressa na relação jurídica ocupando posição de igualdade perante o particular, submetendo-se ao regime de direito privado.

- ◆ **Contratos administrativos:** vinculações jurídicas bilaterais.
- ◆ Importante entender a diferença entre **ato administrativo** e **fato administrativo**:
- ◆ **Ato Administrativo:** manifestação de vontade da Administração Pública com o objetivo de implementar o interesse público.
- ◆ **Fato Administrativo:** eventos materiais que repercutem na esfera jurídico-administrativa. Não decorrem da manifestação da vontade, são ocorrências naturais que causam efeitos jurídicos.

Normalmente, o fato administrativo decorre de um ato administrativo, mas isso não é uma regra estabelecida que será identificada sempre.

Em virtude da incidência do regime de direito público sobre os atos administrativos, a Administração Pública gozará de algumas prerrogativas em sua atuação.

Quanto ao **silêncio administrativo**, devemos saber que, em regra, a inércia administrativa não tem importância para o Direito. O silêncio só produzirá efeitos no caso de uma determinada lei atribuir-lhe algum significado específico, ligando efeitos jurídicos à omissão da Administração. Logicamente, por não exteriorizar uma vontade, o silêncio administrativo será um **fato administrativo**, não um ato administrativo.

Com a publicação da Lei nº 13.874/2019, houve a inserção no Direito da figura do **Silêncio Administrativo Positivo ou Deferimento Tácito**, o qual garante a presunção de deferimento de certos pedidos em caso de inércia do Estado em sua apreciação.

> **Lei nº 13.874/2019**
>
> **Art. 3º** São direitos de toda pessoa, natural ou jurídica, essenciais para o desenvolvimento e o crescimento econômicos do País, observado o disposto no parágrafo único do art. 170 da Constituição Federal: (...)
>
> IX – ter a garantia de que, nas solicitações de atos públicos de liberação da atividade econômica que se sujeitam ao disposto nesta Lei, apresentados todos os elementos necessários à instrução do processo, o particular será cientificado expressa e imediatamente do prazo máximo estipulado para a análise de seu pedido e de que, transcorrido o prazo fixado, o silêncio da autoridade competente importará aprovação tácita para todos os efeitos, ressalvadas as hipóteses expressamente vedadas em lei; (...)

Com relação aos efeitos dos atos administrativos, podem ser **próprios ou impróprios**.

Efeitos próprios: São os efeitos principais do ato, sendo a vontade ou o conteúdo dele. Numa ação de desapropriação, o efeito próprio do ato será a decretação da perda do bem pelo particular.

Efeitos impróprios: São os efeitos atípicos, decorrentes da prática do ato. Tais efeitos podem ser subdivididos em:

- ◆ **Efeito reflexo:** o ato acaba atingindo uma relação jurídica estranha ao objeto inicial do ato, gerando consequências a terceiros não previstos na ação original. Ex.: Reintegração de um servidor público que resultará na recondução, se for o caso, do ocupante do cargo.

Capítulo 6 ◆ Atos administrativos **75**

◆ **Efeito prodrômico:** é o efeito preliminar, estabelecendo uma nova atuação administrativa a partir da produção do ato. Esse efeito tem como característica afastar a **inércia administrativa.** Ex.: Aposentadoria de um servidor público. Ao praticar o ato que dá início ao procedimento de aposentadoria, o órgão público cria um poder-dever de agir do Tribunal de Contas quanto à validade do ato iniciado.

6.2 Classificação

Apesar de podermos encontrar diversas classificações desenvolvidas por diversos autores, utilizaremos em nosso estudo aqueles que se configuram como padrão em concursos públicos.

◆ **Critério do grau de liberdade**
  ◇ **Vinculado:** a lei define todos os critérios de atuação de forma objetiva.
  ◇ **Discricionário:** a lei prevê um grau de liberdade na escolha da melhor forma de agir dentro dos limites estabelecidos.
◆ **Critério das prerrogativas**
  ◇ **Atos de império:** caracterizam-se pelo poder de coerção decorrente do poder de império, não existindo a necessidade do particular na formação do ato.
  ◇ **Atos de gestão:** o Estado atua no mesmo plano jurídico dos particulares, por estar gerindo a coisa pública.
◆ **Critério dos destinatários**
  ◇ **Geral:** também denominado normativo, o ato atinge uma coletividade indeterminada, enquadradas em uma situação jurídica descrita pelo ato. Por serem considerados **atos legislativos,** submetem-se, em alguns casos, ao controle concentrado de constitucionalidade.

    CF/1988
    Art. 102. Compete ao Supremo Tribunal Federal, precipuamente, a guarda da Constituição, cabendo-lhe:
    I – processar e julgar, originariamente:
    a) a ação direta de inconstitucionalidade de lei ou ato normativo federal ou estadual e a ação declaratória de constitucionalidade de lei ou ato normativo federal; (...)

  ◇ **Individual:** também denominado **ato concreto,** tem por objeto indivíduos específicos. Ao contrário dos atos normativos, podem ser impugnados diretamente pelos interessados, seja pela via administrativa, seja pela via judicial.
◆ **Critério da Intervenção da Vontade Administrativa**
  ◇ **Simples:** a perfeição do ato depende da manifestação de um único órgão ou agente administrativo.
  ◇ **Complexo:** depende da manifestação de dois órgãos independentes com vontades similares. Não há situação de hierarquia entre os órgãos participantes da formação do ato complexo, existindo, assim, autonomia em cada uma das manifestações.

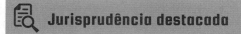

Súmula Vinculante nº 3. Nos processos perante o Tribunal de Contas da União asseguram-se o contraditório e a ampla defesa quando da decisão puder resultar anulação ou revogação de ato administrativo que beneficie o interessado, excetuada a apreciação da legalidade do ato de concessão inicial de aposentadoria, reforma e pensão.

- **Composto:** depende da manifestação de uma vontade principal e outra acessória, com vínculo de dependência. Aqui não se observa a autonomia. A vontade principal é autônoma, enquanto a acessória será meramente instrumental. Ex.: Ato administrativo que só produzirá efeitos após verificação de validade por outra autoridade, resultando em sua ratificação ou homologação.
- **Quanto ao conteúdo (espécies)**
  ◊ **Normativos:** expedem normas gerais dentro dos limites da lei – decorre do poder normativo.
  ◊ **Regulamento:** ato normativo privativo do chefe do Poder Executivo, decorrente do poder regulamentar.
  ◊ **Aviso:** produzido pelos órgãos auxiliares diretos do Poder Executivo, como secretarias estaduais ou municipais e ministérios. Normalmente utilizado para dar conhecimento à coletividade de assuntos ligados à atividade exercida dentro do órgão específico.
  ◊ **Instrução normativa:** expedidos por qualquer autoridade ou órgão público que tenha a competência de editar normas de regulamentação referentes às suas atividades.
  ◊ **Regimento:** ato necessário para definição de normas internas para regular funcionamento de órgãos colegiados.
  ◊ **Deliberação:** representação da vontade da maioria em órgãos colegiados.
  ◊ **Resolução:** utilizado pelos poderes legislativo e judiciário e pelas agências reguladoras, disciplina matéria de sua competência específica.
  ◊ **Ordinatórios:** praticados para ordenação interna da atividade pública – decorre do poder hierárquico.
  ◊ **Portaria:** estipula ordens e determinações internas, gerando, assim, direitos e obrigações a indivíduos determinados.
  ◊ **Circular:** assim como a portaria determina direitos e obrigações, porém de ordem uniforme a **todos** os servidores.
  ◊ **Ordem de serviço:** escalonamento de atividades a serem exercidas pelos diversos departamentos e setores da mesma pessoa jurídica. Distribui e ordena serviço interno.
  ◊ **Despacho:** decisões proferidas por autoridades públicas em situações específicas de sua responsabilidade funcional.

Capítulo 6 ◆ Atos administrativos **77**

◇ **Memorando:** ato de comunicação interna entre agentes do mesmo órgão.

◇ **Ofício:** ato de comunicação externa, permitindo à autoridade pública encaminhar informações, efetivar solicitações ou efetivar comunicação de atos com outras autoridades públicas ou particulares.

◇ **Enunciativos:** atestam fatos ou emitem opinião.

◇ **Atestado:** ato de confirmação de ocorrência de um fato específico após devida verificação pelo Poder Público. Comprova existência de determinada situação avaliada pelo órgão competente do Estado.

◇ **Certidão:** ato pelo qual o Poder Público certifica a existência de um fato anteriormente registrado no órgão.

◇ **Apostila ou averbação:** ato pelo qual o Poder Público acrescenta informações a um registro público existente.

◇ **Parecer:** ato pelo qual o Poder Público, por meio de órgãos consultivos, manifesta sua opinião sobre assunto de sua competência. Poderá ser facultativo ou obrigatório. Não possui natureza vinculante, ou seja, não obriga a autoridade à qual se dirige, sendo um meio apenas opinativo.

◇ **Punitivos:** aplicação de sanção ou penalidade. São exemplos: multa administrativa, interdição administrativa, destruição de coisas e afastamento temporário de cargo ou função pública.

◇ **Negociais:** concedem requerimentos do particular. São exemplos: licença, autorização e permissão.

◇ **Autorização:** ato discricionário e precário por meio do qual a Administração Pública autoriza que um particular utilize, de forma anormal e privativa, um bem público, ou que execute determinadas atividades materiais que dependam de fiscalização.

◇ **Permissão:** ato discricionário e precário que permite ao particular utilizar de forma anormal e privativa um bem público. Muito parecido com a autorização, tendo por diferença ser concedida ao particular mediante interesse público, visto que a autorização visa a atender interesse privado. Não se deve confundir com a permissão de serviços públicos, que será estudada em capítulo específico da matéria.

◇ **Licença:** ato de polícia por meio do qual o Estado permite ao particular realizar determinada atividade sujeita à fiscalização estatal. Ato vinculado, concedido sempre que os requisitos legais sejam preenchidos corretamente pelo interessado.

◇ **Admissão:** ato unilateral e vinculado que permite ao particular usufruir de determinado serviço público disponibilizado pelo Estado, como serviços de saúde ou educação.

◇ **Aprovação:** ato discricionário de controle de atividade administrativa com base na legalidade do ato anterior. A aprovação do ato é requisito de eficácia, podendo tal controle ser exercido de forma prévia ou posterior.

◇ **Homologação:** ato vinculado de controle posterior de ato produzido pela própria Administração Pública.

Direito Penal Decifrado – Parte Geral

> **Decifrando a prova**
>
> **(2019 – Instituto Consulplan – MPE/SC – Promotor)** A aposentadoria compulsória de membro do Ministério Público que completa 75 (setenta e cinco) anos de idade é um ato administrativo vinculado.
> ( ) Certo ( ) Errado
> **Gabarito comentado:** aposentadoria compulsória configura um instituto que, ao certo requisito ser atingido, deve ser produzido o ato pelo agente competente. Ou seja, não há avaliação de conveniência ou oportunidade, mas sim a obrigação de agir, o que marca um ato **vinculado**. Portanto, a assertiva está certa.

6.3 Elementos/requisitos

- ◆ **Competência:** poder conferido por Lei a um agente para o desempenho de suas atividades.

Sabemos que ao Estado é concedida uma enorme quantidade de funções, e a distribuição dessas funções entre os componentes da administração se dará por lei. Ao contrário do que se entende por **capacidade presumida** no direito privado, o direito público exige que uma lei seja a fonte concessiva do poder de realizar determinada atribuição.

No entanto, não somente por meio de lei ou previsão constitucional se dará a competência dentro da organização administrativa. No caso de distribuição de competência em relação a órgãos de menor hierarquia, poderá ocorrer mediante normas expressas de organização e a chamada **competência secundária**. A competência apresenta algumas características importantes:

- ◆ **Inderrogabilidade:** não poderá ocorrer transferência de competência resultante de simples acordo das partes ou assentimento do agente administrativo.
- ◆ **Improrrogabilidade:** um órgão não poderá receber uma nova competência senão por meio de alteração da lei anterior. Ou seja, a menos que a lei que regulamenta a distribuição de competências do órgão seja alterada, não poderá um agente incompetente "se tornar" competente repentinamente.
- ◆ **Irrenunciabilidade:** o administrador público não poderá "abrir mão" de sua competência, visto que sua atuação está pautada no atendimento do interesse público.
- ◆ **Obrigatoriedade:** o exercício da competência instruída por lei é um **dever do agente**.
- ◆ **Elegibilidade:** de regra, uma competência poderá ser delegada, conforme estudado em capítulo específico, resultado do poder hierárquico.
- ◆ **Finalidade:** todo ato administrativo tem como finalidade o **interesse público**. Ato administrativo que busca finalidade diversa da prevista em lei configura **desvio de finalidade**.
- ◆ **Forma:** é o modo de exteriorização e procedimento prévio exigido por lei na expedição do ato administrativo. A norma poderá estabelecer formas diversas de produ-

ção do ato, sendo a forma **escrita** a mais comum. Ex.: Resolução do Contran nº 160 que determina a utilização de sinais sonoros pelos agentes de trânsito como forma de produção de atos administrativos.

♦ **Motivo:** previsão legal que fundamenta a produção do ato, é a situação de fato e de direito.

Cabe fazermos aqui uma observação **extremamente importante** para sua prova. Não podemos entender que **motivo** seja sinônimo de **motivação** para nosso concurso. Todo ato depende de um motivo, mas nem todo ato requer a motivação explícita, somente aqueles previstos em lei.

Lei nº 9.784/1999

Art. 50. Os atos administrativos deverão ser motivados, com indicação dos fatos e dos fundamentos jurídicos, quando:

I – neguem, limitem ou afetem direitos ou interesses;

II – imponham ou agravem deveres, encargos ou sanções;

III – decidam processos administrativos de concurso ou seleção pública;

IV – dispensem ou declarem a inexigibilidade de processo licitatório;

V – decidam recursos administrativos;

VI – decorram de reexame de ofício;

VII – deixem de aplicar jurisprudência firmada sobre a questão ou discrepem de pareceres, laudos, propostas e relatórios oficiais;

VIII– importem anulação, revogação, suspensão ou convalidação de ato administrativo.

Assim, precisamos identificar em que condição exatamente se enquadra a **motivação.** Por não ser sinônimo de motivo, não pode ser considerada um elemento ou requisito do ato administrativo. Como a lei **determina que alguns atos** precisam da motivação para sua validade, fica claro que a **motivação é uma parte necessária do procedimento de formação do ato,** logo a motivação é parte da **forma** do ato administrativo. Portanto, se a lei exige motivação e o ato é produzido sem ela, estamos diante de um **vício de forma.** Se a lei não exige sua utilização, então o ato sem motivação não possui nenhum vício e deve ser considerado válido.

♦ Porém, devemos ficar atentos: caso a motivação esteja presente e ela seja **irregular, ilícita ou inválida,** haverá atendimento ao requisito **forma,** mas um vício no elemento **motivo,** visto que o motivo foi escolhido diante do fato que gerou a motivação. Ex.: um ato administrativo de revogação de autorização de uso de bem público é precário, logo não exige motivação pelo administrador. Na hipótese de, mesmo assim, o administrador decidir por apresentar a **motivação** de sua ação, o ato ficará vinculado à validade da motivação apresentada, sob pena de nulidade do ato por vício de **forma.**

♦ A situação descrita configura o que chamamos de **teoria dos motivos determinantes.** A apresentação de motivação para um ato, seja por obrigação imposta pela lei, seja por opção do administrador nos casos de motivação não exigida, fará com que a validade do ato **dependa da real existência da motivação apresentada.** Sendo essa motivação inválida, o ato deverá ser anulado pela Administração por conter vício de motivo, uma vez que o motivo resultou da motivação que foi apresentada. Ex.: Um agente público detentor de cargo em comissão é exonerado sob a justificativa de que o ente público precisava conter gastos. No dia seguinte, outra pessoa é nomeada para ocupar o cargo que vagou como resultado da exoneração. Óbvio que a motivação apresentada é inválida, uma vez que o corte de gasto não seria eficiente com a colocação de nova pessoa no cargo. O antigo agente público conseguirá anular o ato de exoneração utilizando-se da **teoria dos motivos determinantes**.

Para ficar claro, observe o quadro a seguir:

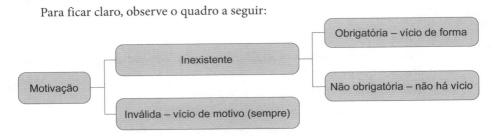

Pode ser utilizado um parecer anterior como base para anulação de um ato (**motivação aliunde**). Importante salientar que **motivação** é um instituto do ato que faz parte do elemento **forma**, e não do elemento **motivo**, apresentado aqui apenas para efeitos de comparação entre institutos, mas não se pode confundir.

Art. 50. Lei nº 9.784/1999 (...)

§ 1º A motivação deve ser explícita, clara e congruente, podendo consistir em declaração de concordância com fundamentos de anteriores pareceres, informações, decisões ou propostas, que, neste caso, serão parte integrante do ato.

- **Objeto:** pode se confundir com o conteúdo do ato. O objeto é a própria declaração constante no ato.

Decifrando a prova

(2019 – Instituto Acesso – PC/ES – Delegado) Com relação ao tema das nulidades dos atos administrativos, a doutrina majoritária no Brasil consolidou o entendimento decorrente da teoria dos motivos determinantes. A exoneração *ad nutum* não necessita de explicitação do motivo para sua validade; todavia, se o administrador, por faculdade, declarar o motivo, esse fato passará a ser determinante para a configuração lícita do ato administrativo exoneratório.
( ) Certo ( ) Errado

Gabarito comentado: a teoria dos motivos determinantes é aplicada sempre que um ato, exigindo ou não, apresente um motivo diferente do resultado real atingido. A motivação de um ato administrativo justifica a sua criação. Logo, apresentar uma motivação inválida ou inexistente, ensejaria em um vício no motivo do ato produzido. Portanto, a assertiva está certa.

Capítulo 6 ◆ Atos administrativos   **81**

6.4 Atributos

Atos administrativos, por decorrerem da supremacia do interesse público sobre o privado, contêm as chamadas: **propriedades jurídicas especiais**, principal fator de distinção entre tais atos e as outras categorias de atos jurídicos existentes. Essas **propriedades jurídicas** são conhecidas por **atributos**, e marcam o resultado da produção efetiva de um ato e tudo o que se deve "identificar" em um ato administrativo produzido.

◆ **Presunção de legitimidade:** os atos da Administração Pública parecem (teoria da aparência) válidos para o Direito, até que se consiga provar o contrário.

A presunção resulta da união de duas características específicas: **presunção de legalidade**, que nos faz acreditar que o ato administrativo foi produzido **na forma da lei** e **presunção de veracidade**, sendo o ato criado em virtude de uma **situação fática real**. Esse atributo é **universal**, ou seja, aplicável a **todos os atos administrativos e atos da Administração**.

Como destacado no início da explicação, essa **presunção de legitimidade é relativa** (*juris tantum*), podendo ser afastada a qualquer momento, caso seja possível provar a ilegitimidade do ato. Como o ato administrativo possui **fé pública** (decorre da presunção de veracidade), fica a cargo do **particular** provar a existência de vício que afetaria o ato. Assim, aplica-se a **inversão do ônus da prova**.

A inversão do ônus da prova só poderá ser utilizada quando o particular puder afastar a **presunção de veracidade**, visto que no ordenamento jurídico brasileiro só se poderá produzir provas sobre **fatos**. Dessa presunção decorrem dois efeitos importantes: **manutenção dos efeitos do ato até que seja decretada sua invalidade e não apreciação de ofício da nulidade do ato administrativo pelo Poder Judiciário.**

◆ **Imperatividade (poder extroverso):** determinação da Administração Pública utilizar-se da supremacia do interesse público sobre o privado para criar **unilateralmente** obrigações para si e para o particular, sem necessitar da anuência deste. Ao contrário da presunção de legitimidade, a imperatividade é um atributo existente apenas nos atos **normativos, punitivos e ordinatórios**.

◆ **Autoexecutoriedade:** o ato será praticado sem necessidade de permissão do Poder Judiciário, pois a Administração poderá realizar a **execução material** dos atos ou dispositivos legais de forma direta, utilizando-se, inclusive, de força física (se necessário) para afastar violação à ordem jurídica. Também não é um atributo existente nos casos dos atos **negociais** e **enunciativos**.

◆ **Exigibilidade:** consiste no atributo que permite que a Administração Pública imponha sanções ao particular que não esteja atuando de acordo com a normatização vigente. Tal aplicação de sanção não depende de ordem judicial, portanto, ocorrerá como um simples ato do agente público.

Apontada por alguns doutrinadores como atributo, outros não consideram sua existência. A maioria das bancas de concursos chama esse atributo de autoexecutoriedade, ou seja, une os dois conceitos (autoexecutoriedade e exigibilidade) apresentados aqui. Como as bancas de concursos não possuem um "padrão" de entendimento quanto a esse assunto, é importante ficar ligado no enunciado da questão e nas alternativas que forem apresentadas.

82 Direito Penal Decifrado – Parte Geral

◆ **Tipicidade:** segundo Maria Sylvia de Pietro (2008), todo ato administrativo precisa apresentar esse atributo. Significa que um ato deve ser típico, previsto em lei, para ser considerado lícito. **Derivado do princípio da legalidade, o ato deverá respeitar a finalidade específica definida na lei.**

Atributo válido para **todos os atos administrativos**, nas palavras da autora representa uma garantia para o administrado, pois impede que a Administração pratique atos dotados de imperatividade e executoriedade, vinculando unilateralmente o particular, sem que haja previsão legal; também fica afastada a possibilidade de ser praticado ato totalmente discricionário, pois a lei, ao prever o ato, já define os limites em que a discricionariedade poderá ser exercida (DI PIETRO, 2008, p. 201).

> ### 🧩 Decifrando a prova
>
> **(2019 – Instituto Acesso – PC/ES – Delegado)** Sobre os Atos Administrativos e a Presunção de Legitimidade, é correto afirmar que a Presunção de Legitimidade não se aplica aos atos do Poder Legislativo, devendo estes serem subsumidos à comissão especial antes de sua concretização, devido aos inúmeros episódios de corrupção.
> ( ) Certo ( ) Errado
> **Gabarito comentado:** os atributos dos atos administrativos são aplicados a todos os atos produzidos por agentes públicos independentemente da esfera ou do poder de atuação. Portanto, a assertiva está errada.

6.5 Extinção

Os casos de extinção ou desfazimento do ato administrativo revelam situações em que o ato produzido pelo Poder Público deixa de produzir efeitos e é retirado do mundo jurídico. Existem diversas formas de extinção/desfazimento do ato, sendo elas:

◆ **Extinção natural:** ocorre quando o ato já produziu os efeitos para o qual foi criado, seja pelo **cumprimento dos efeitos** (uma autorização para utilização de bem público em dia e horário específico que se extingue ao final da utilização do bem), pelo **advento termo final ou condição resolutiva** do ato (uma concessão de direito com prazo especificado ou que se efetivará por evento futuro) ou pelo **esgotamento do conteúdo jurídico** (licença para posse em cargo eletivo que se extinguirá com o final do mandato e retorno do servidor).

◆ **Renúncia:** forma de extinção dos atos ampliativos (concessivos de direitos) pois o particular ao qual o ato se beneficia decide por não receber o benefício.

◆ **Desaparecimento de pessoa ou coisa:** o objeto ou a pessoa destinatário do ato administrativo não existe mais.

◆ **Retirada:** chamada por alguns doutrinadores de **teoria das nulidades**, consiste na extinção de um ato administrativo por edição de um outro ato administrativo com o único objetivo de desfazê-lo. Faremos um estudo mais aprofundado de cada uma das formas de extinção mais comumente cobradas nos concursos.

 Jurisprudência destacada

Súmula nº 473 do STF. A Administração pode anular seus próprios atos, quando eivados de vícios que os tornam ilegais, porque deles não se originam direitos; ou revogá-los, por motivo de conveniência ou oportunidade, respeitados os direitos adquiridos, e ressalvada, em todos os casos, a apreciação judicial.

- **Anulação:** contra ato **ilegal** praticado pela Administração. Vício encontrado em um ato praticado vai gerar a efetiva anulação e deve ser manifestado pela própria Administração ou por atuação impulsionada do Poder Judiciário. Anulação de ato retroagirá (efeito *ex tunc*) ao momento de sua exteriorização.

   Lei nº 9.784/1999
   Art. 54. O direito da Administração de anular os atos administrativos de que decorram efeitos favoráveis para os destinatários decai em cinco anos, contados da data em que foram praticados, salvo comprovada má-fé.

- **Revogação:** contra ato **legal** praticado pela Administração. Por conveniência ou oportunidade, a Administração considera necessário revogar, retirar da existência, o ato anteriormente praticado.

Atenção

Revogação **não pode se dar** por força de decisão do Poder Judiciário, salvo quando o judiciário estiver revogando ato próprio resultante de sua função atípica administrativa. Revogação de ato não retroagirá (efeito *ex nunc*) ao momento da exteriorização do ato. Não há prazo para a prática da revogação.

Lei nº 9.784/1999
Art. 64. O órgão competente para decidir o recurso poderá confirmar, modificar, anular ou revogar, total ou parcialmente, a decisão recorrida, se a matéria for de sua competência.

- **Cassação:** ocorre quando o beneficiário do ato deixa de cumprir os requisitos essenciais para manutenção da validade do ato conferido anteriormente (**ilegalidade superveniente** por culpa do administrado). O ato se torna ilegal durante a execução. Em sua origem, era um ato legal.
- **Caducidade:** ato se torna ilegal durante a execução em virtude do surgimento de uma nova legislação. Mais uma hipótese de **ilegalidade superveniente,** mas dessa

84 Direito Penal Decifrado – Parte Geral

vez não resultante de culpa do administrado. Ex.: Plano diretor que passa a proibir construções de residências com mais de três andares em determinada região. Caso o particular que esteja em construção naquela área ainda não tenha construído até o terceiro andar, a parte da permissão que violaria nova lei será extinta. Caso já tenha construído não haverá ilegalidade, visto que no momento da construção a licença era legal.

- ◆ **Contraposição/derrubada:** prática de ato novo se contrapõe a um ato anterior extinguindo seus efeitos. Ex.: a exoneração de um detentor de cargo comissionado extinguirá automaticamente a nomeação feita por ato anterior.

Decifrando a prova

(2019 – MPE/PR – Promotor– Adaptada) Apenas podem ser revogados os atos administrativos praticados no exercício de competências discricionárias.
( ) Certo ( ) Errado
Gabarito comentado: por ser uma forma de extinção que deriva da percepção de perda de **conveniência e oportunidade** da manutenção do ato, somente se revogam atos discricionários. Portanto, a assertiva está certa.

6.6 Convalidação

Quando nos deparamos com um ato administrativo viciado, devemos classificar o tipo de vício encontrado, conforme estabelecido na Lei nº 9.784/1999. Assim, poderemos identificar se estamos diante de um caso de **nulidade relativa**, o que acarretará a possibilidade de correção do vício e consequente manutenção do ato. Tal vício pode ser:

- ◆ **Sanável:** o ato anulável pode ser corrigido. Ocorre em vícios de competência (exceto competência exclusiva) e forma (exceto forma obrigatória).
- ◆ **Insanável:** os atos são nulos de origem. Ocorre nos vícios de competência exclusiva, finalidade, forma obrigatória, motivo e objeto.

Para que a convalidação do ato administrativo ocorra, são necessários alguns elementos importantes: **exigência de convalidação pelo interesse público, vício sanável, ação conveniente ou oportuna para a administração e a convalidação do ato não poderá resultar em prejuízo a terceiros.**

Lei nº 9.784/1999

Art. 55. Em decisão na qual se evidencie não acarretarem lesão ao interesse público nem prejuízo a terceiros, os atos que apresentarem defeitos sanáveis poderão ser convalidados pela própria Administração.

Convalidação de ato administrativo pode ocorrer de duas formas também:

- **Tácita:** se a Administração não anular seus atos ilegais que decorram de efeitos favoráveis a seus destinatários no prazo decadencial de 5 anos, haverá a convalidação tácita, salvo comprovada má-fé.
- **Expressa:** ocorre quando a Administração, expressamente edita um ato, a fim de convalidar outro.

Para a doutrina, a convalidação poderá ocorrer através de três formas: **ratificação, reforma ou conversão**.

- **Ratificação ou confirmação:** ato sanatório realizado pela mesma pessoa que praticou o ato viciado ou por um superior hierárquico com competência apontada na lei. A ratificação ou confirmação supre a ilegalidade do ato anterior.

Ex.: ato administrativo produzido por autoridade incompetente é ratificado por uma autoridade competente.

- **Reforma:** um novo ato é praticado, suprimindo a parte inválida e mantendo a parte válida do ato anterior.

Ex.: ato anterior de concessão de férias e licença a um servidor é reformado por um ato para concessão apenas das férias, retirando a parte da licença.

- **Conversão:** muito parecida com a reforma, o novo ato manterá a parte válida do ato anterior mas a parte inválida é substituída por uma nova parte.

Ex.: ato administrativo que promovia João e Maria é convertido em um ato que mantém a promoção de João, mas substitui Maria por Ângela.

Apesar de dentro do Direito Administrativo não mais utilizarmos o termo **funcionário** (somente o Direito Penal, por causa do art. 327 do CP que continua utilizando essa definição), essa teoria observará os atos **realizados** pelo servidor ou empregado público na decorrência de sua atuação **irregular** na Administração.

Quando falamos de um vício insanável, **nulo**, determinamos que todos os atos realizados por este serão nulos também. Porém, caso seu ato seja direcionado a terceiro necessitado, em razão da teoria do funcionário de fato, da teoria da aparência e por força do não interesse em prejudicar terceiro, tal ato será considerado **legal**.

Vale destacar também a teoria quaternária de Celso Antônio Bandeira de Mello (2010, p. 467), que prevê a existência de quatro tipos de atos ilegais:

- **Atos inexistentes:** quando faltar algum elemento ou pressuposto indispensável para o cumprimento do ciclo de formação do ato.
- **Atos nulos:** os atos portadores de defeitos graves insuscetíveis de convalidação, tornando obrigatória a anulação.
- **Atos anuláveis:** aqueles possuidores de defeitos leves passíveis de convalidação.
- **Atos irregulares:** detentores de defeitos levíssimos e irrelevantes normalmente à forma, não prejudicando a validade do ato administrativo.

86 Direito Penal Decifrado – Parte Geral

Decifrando a prova

(2019 – Instituto Acesso – PC/ES – Delegado) A convalidação de decisão administrativa com defeitos sanáveis é um dever condicionado a não ocorrência de lesão ao interesse público e prejuízo a terceiros.

( ) Certo ( ) Errado

Gabarito comentado: devemos sempre lembrar que uma das condições de convalidação do ato administrativo é o **interesse da Administração Pública**. Sendo assim, a convalidação se configura em um ato **discricionário,** e não em um dever. Portanto, a assertiva está errada.

7 Serviços públicos

7.1 Conceito

Fundamentado pela Constituição Federal, em seu art. 175, faz parte da ordem econômica e financeira da federação.

CF/1988

Art. 175. Incumbe ao Poder Público, na forma da lei, diretamente ou sob regime de concessão ou permissão, sempre através de licitação, a prestação de serviços públicos.

Extrair da doutrina de forma clara o conceito de serviços públicos é, de fato, uma das maiores dificuldades atualmente. Por se tratar de um assunto marcado por profundas alterações, como consequência da evolução do tema relativo às funções do Estado, sua conceituação definitiva esbarra nos diversos sentidos que podemos identificar nos elementos que determinam o serviço público.

Como forma de apontar de maneira clara e sem enrolação o conceito que devemos seguir em concursos públicos, apresentaremos por meio da análise de alguns critérios definidores:

- **Material:** atividade de utilidade ou comodidade material, individual ou coletiva, essencial ou secundária.
- **Orgânico (subjetivo):** titularidade do Estado, prestação direta ou indireta.
- Quando prestado por Administração Pública Direta ou Indireta, a prestação é **direta**; quando por delegação, prestação **indireta**.
- **Formal:** regime jurídico de direito público.

7.2 Classificação

Visto tratarmos de um tema que possui diversos conceitos definidos por diversos estudiosos, não seria uma tarefa muito simples a sua classificação. Por isso, sofremos aqui a mesma complicação do conceito de serviços públicos, existindo na doutrina diversas classificações diferentes e divergentes. Mais uma vez, foco no interessante para o nosso concurso público:

- **Gerais (*uti universi*):** têm natureza indivisível, prestados a toda coletividade, indeterminando, assim, os usuários de sua prestação. Custeados pelo Estado, por meio de receitas advindas da arrecadação geral (impostos).
- **Individuais (*uti singuli*):** natureza divisível, prestados a um usuário determinável, custeados mediante cobrança de taxas ou tarifas proporcionais ao consumo individual do serviço.

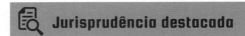

Súmula Vinculante nº 41. O serviço de iluminação pública não pode ser remunerado mediante taxa.

- **Próprios:** destinados a atender as necessidades da coletividade dada a sua natureza essencial, devendo o Estado executá-lo direta ou indiretamente.
    ◇ **Delegáveis:** prestados pelo Estado diretamente, por meio da centralização, ou por delegação (concessão, permissão ou autorização), per intermédio da descentralização.
    ◇ **Indelegáveis:** somente prestado por centralização ou por Pessoa Jurídica de Direito Público da Administração Indireta.
    ◇ **Delegação obrigatória:** apesar de exclusivos do Estado, sua delegação é obrigatória, a prestação não pode ser apenas do Estado diretamente. Ela deve oferecer sua delegação a interessados. Ex.: serviços de comunicação.
- **Impróprios:** serviços que o particular poderá, por conta própria, prestar em paralelo ao Estado, mediante fiscalização do Estado. Ex.: educação, saúde. São chamados serviços de utilidade pública.
- **Essenciais:** deve ser garantido pelo Estado, que não poderá exercê-lo com intuito de lucro.
- **Úteis:** prestações úteis ou convenientes à sociedade, apesar de não serem essenciais.
- **Administrativos:** referem-se às atividades internas da Administração Pública, que beneficiam indiretamente a sociedade.
- **Utilidade Pública:** serviços referentes à atividade administrativa com fruição direta pela sociedade.
- **Sociais:** diretamente relacionados aos direitos fundamentais sociais, não podendo ser delegados a particulares, mas livremente exercidos por eles.
- **Econômicos:** relacionados a atividades econômicas, podendo ser realizadas com o intuito de lucro. Delegável a particular.

Capítulo 7 ◆ Serviços públicos **89**

> ### 📑 Decifrando a prova
>
> **(2019 – Cespe/Cebraspe – TJ/BA – Juiz)** O fornecimento de água é um serviço de utilidade pública, *uti universi* e delegável.
> ( ) Certo ( ) Errado
> **Gabarito comentado:** fornecimento de água configura um **serviço público**, e não um serviço de utilidade pública. Além disso, sua classificação é de serviço público *uti singuli*, pois existe o controle individualizado da utilização do serviço para fins de cobrança. Portanto, a assertiva está errada.

7.3 Princípios

Por ser uma atividade administrativa regida pelo direito público, obviamente aplicamos aos serviços públicos todos os princípios gerais do Direito Administrativo. Todavia alguns princípios **próprios** dos serviços públicos são extraídos da Lei nº 8.987/1995, lei que regulamenta a concessão e a permissão de serviços públicos, e da Lei nº 13.460/2017, que trata dos direitos dos usuários dos serviços públicos.

Lei nº 8.987/1995

Art. 6º Toda concessão ou permissão pressupõe a prestação de serviço adequado ao pleno atendimento dos usuários, conforme estabelecido nesta Lei, nas normas pertinentes e no respectivo contrato.

§ 1º Serviço adequado é o que satisfaz as condições de regularidade, continuidade, eficiência, segurança, atualidade, generalidade, cortesia na sua prestação e modicidade das tarifas.

Lei nº 13.460/2017

Art. 4º Os serviços públicos e o atendimento do usuário serão realizados de forma adequada, observados os princípios da regularidade, continuidade, efetividade, segurança, atualidade, generalidade, transparência e cortesia.

◆ **Regularidade:** a prestação de serviço deve manter um padrão de qualidade eficiente para atender às necessidades da sociedade. O serviço não pode ser prestado de forma intermitente ou sem uma previsão de disponibilização que permita ao usuário usufruí-lo da melhor forma. Ex.: O prestador de serviço de transporte coletivo municipal de ônibus deve oferecer aos usuários horários de funcionamento previamente estabelecidos e respeitar tais horários para manter regularidade do serviço.

◆ **Segurança:** o usuário não pode ser exposto a risco na prestação do serviço. Ex.: Para realizar a manutenção de linha de transmissão de energia elétrica, o prestador de serviço deverá isolar a área para evitar qualquer risco aos transeuntes.

◆ **Atualidade (atualização ou adaptabilidade):** o Poder Público ou o delegatário devem sempre estar atualizados em suas tecnologias, técnicas e pessoal, para melhor atender os usuários. Claro que tal princípio será limitado pelos recursos e pelas possibilidades disponíveis, mas tais limitações não poderão servir como razão para a oferta de um serviço com material e qualidade precários e ultrapassados. Esse princípio está diretamente relacionado com a **eficiência** imposta ao Estado na execução de suas atividades.

Lei nº 8.987/1995

Art. 6º (...)

§ 2º A atualidade compreende a modernidade das técnicas, do equipamento e das instalações e a sua conservação, bem como a melhoria e expansão do serviço.

- **Generalidade (universalidade):** a prestação deve ser igual, independentemente de quem seja o usuário. Assim, não é possível que determinado serviço público seja destinado apenas a uma pessoa ou grupo específico.
- **Cortesia na prestação:** direito de o usuário ser tratado com educação e cortesia pelo prestador de serviço.
- **Modicidade das tarifas:** os valores cobrados pela prestação devem ser **os mais baixos possíveis**, para garantir acesso ao maior número de usuários. Para que a modicidade seja atingida, a legislação permite a determinação em favor do prestador de serviço, a fim de onstituir outras fontes de renda, ampliando assim suas fontes arrecadatórias, não ficando dependente apenas do pagamento pelo serviço prestado diretamente ao usuário.

Lei nº 8.987/1995

Art. 11. No atendimento às peculiaridades de cada serviço público, poderá o poder concedente prever, em favor da concessionária, no edital de licitação, a possibilidade de outras fontes provenientes de receitas alternativas, complementares, acessórias ou de projetos associados, com ou sem exclusividade, com vistas a favorecer a modicidade das tarifas, observado o disposto no art. 17 desta Lei.

- **Isonomia:** além do tratamento igual que deve ser dado a todos que se encontram em igualdade na prestação, abrange toda ação positiva do Estado para igualar também os que se encontram em situação desigual.

Lei nº 8.987/1995

Art. 7º-A. As concessionárias de serviços públicos, de direito público e privado, nos Estados e no Distrito Federal, são obrigadas a oferecer ao consumidor e ao usuário, dentro do mês de vencimento, o mínimo de seis datas opcionais para escolherem os dias de vencimento de seus débitos.

Súmula nº 407 do STJ. É legítima a cobrança da tarifa de água fixada de acordo com as categorias de usuários e as faixas de consumo.

- **Continuidade dos serviços públicos:** princípio mais importante e que mais possui detalhes a serem observados, vamos fazer um estudo bem aprofundado para conseguirmos abarcar todas as possibilidades de cobrança em prova.

Esse princípio estipula que o serviço público não poderá sofrer interrupções indevidas, visto que a prestação da atividade administrativa deve ser ininterrupta. Como muitas necessidades da sociedade são consideradas "inadiáveis", a prestação de serviços não comporta falhas ou interrupções. Ex.: podemos considerar inadiáveis serviços de saúde, transporte, fornecimento de água, iluminação pública, entre outros.

Lógico que imaginar uma prestação de serviço 100% (cem por cento) funcional e que nunca sofra paralisação beira o absurdo. Por isso, temos diversos entendimentos sobre situações específicas que podem resultar na **interrupção lícita** do serviço. Vamos começar a abordar cada um deles.

Lei nº 8.987/1995

Art. 6º (...)

§ 3º Não se caracteriza como descontinuidade do serviço a sua interrupção em situação de emergência ou após prévio aviso, quando:

I – motivada por razões de ordem técnica ou de segurança das instalações; e,

II – por inadimplemento do usuário, considerado o interesse da coletividade.

O texto da Lei nº 8.987/1995 já trata de algumas situações em que a paralisação do serviço se dará de forma lícita, pois algum evento previsto na lei ocorreu permitindo ao prestador a sua interrupção.

Na primeira situação, temos a **interrupção em situação de urgência**, casos em que eventos imprevisíveis alheios à vontade do prestador e dos usuários resultam em danos à estrutura física ou impedimentos reais que levam o serviço a necessitar de interrupção para manutenção. Ex.: uma chuva muito forte acaba derrubando postes de iluminação de determinada região. Para que possa ser feita a substituição dos postes e reativação do serviço de energia elétrica na região afetada, será necessário interromper o serviço até mesmo para aqueles que não foram atingidos diretamente pelo desastre.

Uma segunda situação encontrada é a chamada **interrupção por razões de ordem técnica ou de segurança das instalações**. Nesse caso, estamos diante de uma situação previsível, deliberada, em que o prestador de serviço realizará a interrupção com o simples objetivo de fazer uma manutenção essencial para preservação do serviço ou melhoria das condições de prestação. Conforme a lei define, é exigido nesse caso que seja feita prévia comunicação aos usuários, esclarecendo as razões da interrupção e o período de indisponibilidade do serviço. Ex.: interrupção do abastecimento de energia por algumas horas em um dia específico para que se possa instalar novos equipamentos e prevenir eventual rompimento por conta do equipamento antigo instalado.

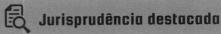

A divulgação da suspensão no fornecimento de serviço de energia elétrica por meio de emissoras de rádio, dias antes da interrupção, satisfaz a exigência de aviso prévio, prevista no art. 6º, § 3º, da Lei nº 8.987/1995 (STJ, 1ª Turma. REsp nº 1.270.339/SC, Rel. Min. Gurgel de Faria, j. 15.12.2016).

92 Direito Administrativo Decifrado

Por último, a lei prevê a interrupção da prestação de serviço no caso de **inadimplemento do usuário**. Essa é a condição mais complexa, visto que existem diversos entendimentos e diversas jurisprudência sobre o assunto. Apesar de alguns doutrinadores considerarem essa possibilidade ilícita, a doutrina majoritária concorda que tal condição de interrupção encontra respaldo na Constituição Federal. Diversos são os motivos:

- ◆ **Garantia de continuidade:** caso o serviço público seja mantido disponível ao usuário inadimplente, a falta de arrecadação dos recursos necessários para manutenção do serviço poderá resultar na paralisação dos serviços inclusive para aqueles que se encontram em adimplência.
- ◆ **Supremacia do interesse público sobre o privado:** o Estado agirá mediante interrupção do serviço como forma de garantir o respeito a todos os outros usuários que estão regulares com sua obrigação de pagamento da contraprestação da atividade.
- ◆ **Vedação ao enriquecimento ilícito:** caso seja garantida a manutenção do acesso ao serviço público sem arcar com os custos dela decorrente ocorrerá enriquecimento sem causa pelo particular.

> ### 🔍 Jurisprudência destacada
>
> Tem-se, assim, que a continuidade do serviço público assegurada pelo art. 22 do CDC não constitui princípio absoluto, mas garantia limitada pelas disposições da Lei nº 9.987/1995, que, em nome justamente da preservação da continuidade e da qualidade da prestação dos serviços ao conjunto dos usuários, permite, em hipóteses dentre as quais o inadimplemento, a suspensão no seu fornecimento (STJ, 1ª Turma, REsp nº 591.692/RJ, Rel. Min. Teori Zavascki, *DJ* 14.03.2005).

Aplica-se no caso do contrato firmado entre o prestador de serviço e o Estado o instituto da **exceção do contrato não cumprido**. Essa regra estabelece que qualquer parte do contrato poderá se eximir de manter o cumprimento da sua parte quando a outra parte está inadimplente com suas obrigações.

Com a edição da Lei nº 14.015/2020, uma importante alteração na Lei nº 13.460/2017 foi feita, prevendo expressamente a **necessidade de comunicação prévia ao usuário de eventual interrupção do serviço por inadimplência**. Além disso, a lei determina que o ato de comunicação deverá conter **o dia do desligamento, que só poderá ocorrer em horário comercial**. Esse dia não poderá cair numa sexta-feira, num final de semana, em véspera de feriado ou em feriados. Por fim, a lei passa a autorizar ao prestador de serviço realizar cobrança de **taxa de religação** do serviço, caso tenha procedido a correta comunicação do usuário sobre o corte do serviço.

Lei nº 13.460/2017

Art. 5º O usuário de serviço público tem direito à adequada prestação dos serviços, devendo os agentes públicos e prestadores de serviços públicos observar as seguintes diretrizes: (...)

XVI – comunicação prévia ao consumidor de que o serviço será desligado em virtude de inadimplemento, bem como do dia a partir do qual será realizado o desligamento, necessariamente durante horário comercial.

Parágrafo único. A taxa de religação de serviços não será devida se houver descumprimento da exigência de notificação prévia ao consumidor prevista no inciso XVI do *caput* deste artigo, o que ensejará a aplicação de multa à concessionária, conforme regulamentação.

Alguns dispositivos legais existentes em nosso ordenamento trazem como forma de garantia da manutenção da prestação de serviço a possibilidade da **ocupação temporária de bens** pelo Estado. Trata-se de uma ação possível de se realizar pelo Estado nos casos de necessidade de acautelar apurações administrativas de faltas contratuais cometidas pelo prestador de serviço. Essa previsão permite a ocupação temporária de **bens móveis, imóveis, pessoal e serviços vinculados ao objeto do contrato**.

Lei nº 14.133/2021

Art. 104. (...)

V – ocupar provisoriamente bens móveis e imóveis e utilizar pessoal e serviços vinculados ao objeto do contrato nas hipóteses de: (...)

Mesmo havendo certa discussão (ainda que pequena) quanto à constitucionalidade ou não da interrupção dos serviços públicos no caso de inadimplência, um ponto pacificado é que a **interrupção de serviço essencial** mesmo no caso de inadimplência é ilícita.

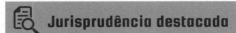

> Quando o devedor for ente público, não poderá ser realizado o corte de energia indiscriminadamente em nome da preservação do próprio interesse coletivo, sob pena de atingir a prestação de serviços públicos essenciais, tais como hospitais, centros de saúde, creches, escolas e iluminação pública (STJ, 2ª Turma, AgRg no Ag nº 1.329.795/CE, Rel. Min. Herman Benjamin, j. 19.10.2010).
>
> A legitimidade do corte no fornecimento do serviço de telefonia quando inadimplentes entes públicos, desde que a interrupção não atinja serviços públicos essenciais para a coletividade, tais como escolas, creches, delegacias e hospitais (STJ, 1ª Turma, EDcl no REsp nº 1.244.385/BA, Rel. Min. Benedito Gonçalves, j. 17.11.2015).

Além disso, prevalece o entendimento que somente inadimplemento de conta atual poderá ensejar a ação de interrupção do serviço, não cabendo essa ação com relação a débitos antigos.

Jurisprudência destacada

> O corte de serviços essenciais, tais como água e energia elétrica, pressupõe o inadimplemento de conta regular, sendo inviável, portanto, a suspensão do abastecimento em razão de débitos antigos (STJ, 2ª Turma, AgRg no Ag nº 1.320.867/RJ, Rel. Min. Regina Helena Costa, j. 08.06.2017, j. 16.11.2010).

Dois outros entendimentos importantes apontam para a condição da dívida a ser gerada pelo usuário, que só poderá ser cobrada dele, não importando se outra pessoa assumiu o bem posteriormente, e que a interrupção só poderá ser feita sobre o bem de onde se originou a dívida.

Ex. 1: João estava devendo 3 meses de pagamento do serviço de luz e vendeu sua casa para Pedro. Após a mudança, Pedro é surpreendido com uma cobrança dos meses de luz atrasadas. A cobrança é indevida, pois se deve levar em consideração o **usuário** que gerou a dívida.

Ex. 2: Márcio está devendo algumas contas de serviço de fornecimento de energia elétrica em seu apartamento no centro da cidade. Sabendo que o fornecimento seria interrompido, passou a morar em sua outra casa, localizada na praia. O prestador não poderá interromper o fornecimento de energia da nova casa como forma de "forçar" o pagamento da dívida do outro imóvel.

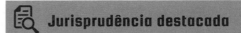

A obrigação de pagar por serviço de natureza essencial, tal como água e energia, não é *propter rem*, mas pessoal, isto é, do usuário que efetivamente se utiliza do serviço (STJ, 1ª Turma, AgRg no AREsp nº 45.073/MG, Rel. Min. Napoleão Nunes Maia Filho, j. 02.02.2017).

Por ser a interrupção no fornecimento de energia elétrica medida excepcional, o art. 6º, § 3º, II, da Lei nº 8.987/1995 deve ser interpretado restritivamente, de forma a permitir que o corte recaia apenas sobre o imóvel que originou o débito, e não sobre outros imóveis de propriedade do inadimplente (STJ, 1ª Turma, REsp nº 662.214/RS, Rel. Min. Teori Zavascki, j. 06.02.2007).

Em caso de interrupção do serviço por identificação de **fraude no medidor atribuída ao consumidor**, a jurisprudência permite que a cobrança se estenda para **até 90 dias anteriores** à data da execução do corte do fornecimento, que deverá ocorrer **até 90 dias após a identificação da fraude**. Caso seja do desejo do prestador de serviço a recuperação de uma dívida para mais de 90 dias, será necessária uma ação judicial específica.

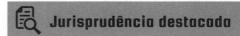

Informativo **nº 634 do STJ.** É possível o corte da energia elétrica por fraude no medidor, desde que cumpridos alguns requisitos.

Na hipótese de débito estrito de recuperação de consumo efetivo por fraude no aparelho medidor atribuída ao consumidor, desde que apurado em observância aos princípios do contraditório e da ampla defesa, é possível o corte administrativo do fornecimento do serviço de energia elétrica, mediante prévio aviso ao consumidor, pelo inadimplemento do consumo recuperado correspondente ao período de 90 (noventa) dias anterior à constatação da fraude, contanto que executado o corte em até 90 (noventa) dias após o vencimento do débito, sem prejuízo do direito de a concessionária utilizar os meios judiciais ordinários de cobrança da dívida, inclusive antecedentes aos mencionados 90 (noventa) dias de retroação (STJ, 1ª Turma, REsp nº 1.412.433/RS, Rel. Min. Herman Benjamin, j. 25.04.2018).

Último caso importante a ser destacado é referente ao **exercício de greve pelos servidores**. Por configurar uma interrupção ilícita de serviço público, o STF entende que poderá ser efetuado o desconto dos dias de greve, exceto no caso de a grave **resultar de um ilícito cometido pelo próprio Poder Público**.

Jurisprudência destacada

A administração pública deve proceder ao desconto dos dias de paralisação decorrentes do exercício do direito de greve pelos servidores públicos, em virtude da suspensão do vínculo funcional que dela decorre, permitida a compensação em caso de acordo. O desconto será, contudo, incabível se ficar demonstrado que a greve foi provocada por conduta ilícita do Poder Público (STF, Tribunal Pleno, RE nº 693.456/ RJ, Rel. Min. Dias Toffoli, j. 27.10.2016).

Decifrando a prova

(2018 – Fundação Cefetbahia – MPE/BA – Promotor – Adaptada) Sobre a previsão legal de interrupção no fornecimento dos serviços públicos e com base na jurisprudência do Superior Tribunal de Justiça (STJ), é correto afirmar que é possível a interrupção de serviços públicos por razões de ordem técnica, de segurança das instalações, em virtude do inadimplemento do usuário ou quando a remuneração estiver comprovadamente deficitária, desde que haja o devido aviso prévio pela concessionária.
( ) Certo ( ) Errado
Gabarito comentado: de regra, a interrupção do fornecimento do serviço público só se faz lícita nos casos de **inadimplemento do usuário**, com devida notificação prévia, necessidade de paralisação do serviço para **manutenção programada** devidamente informada previamente aos usuários ou para **manutenção emergencial** em casos imprevistos. Portanto, a assertiva está errada.

7.4 Remuneração

Tratar de remuneração nos apresenta em primeiro momento a necessidade de entender o conceito de **prestação** e **contraprestação**. Entende-se por prestação uma **atividade prestada por uma pessoa em benefício de outra, mediante um vínculo contratual, com o objetivo de proporcionar uma utilidade concreta**. Assim, no lado da prestação temos aquele que se mostra disponível para atender a uma demanda específica de uma outra pessoa. Porém, essa prestação não resultará necessariamente em um "serviço de caridade" ou voluntariado. A relação contratual estabelecida poderá prever que o beneficiado pelo serviço prestado tenha a obrigação de realizar uma **contraprestação** em virtude da atividade. Assim, entende-se **contraprestação como a obrigação recebida por uma parte de cumprir**

9 6 Direito Administrativo Decifrado

certas obrigações em relação à outra. No caso da prestação de serviços, teremos a **contraprestação pecuniária** como um padrão, o pagamento em dinheiro ou espécie de valor financeiro.

No caso do direito público, nem sempre a prestação do serviço pelo Estado receberá uma contraprestação pecuniária respectiva, daí o entendimento de que os serviços públicos poderão ser **gratuitos ou remunerados.**

> **Lei nº 8.987/1995**
>
> **Art. 9º** A tarifa do serviço público concedido será fixada pelo preço da proposta vencedora da licitação e preservada pelas regras de revisão previstas nesta Lei, no edital e no contrato.
>
> § 1º A tarifa não será subordinada à legislação específica anterior e somente nos casos expressamente previstos em lei, sua cobrança poderá ser condicionada à existência de serviço público alternativo e gratuito para o usuário.

Serviços gratuitos possuem caráter de prestação do tipo social, tendo indivíduos ou comunidades específicas como objeto da prestação. Apesar dessa gratuidade, não há impedimento em estabelecimento de cobrança de um valor de alguns usuários dos serviços em favor de outros usuários de baixo poder aquisitivo. Esse entendimento obedece ao **princípio da solidariedade.**

Serviços remunerados são aqueles em que a contraprestação pecuniária pelos usuários se dará de forma comum, como um padrão na relação estabelecida. A forma de remuneração pelos serviços prestados é variável, sendo comum identificarmos a cobrança mediante **taxas** (quando o serviço é de natureza obrigatória) ou **tarifas** (serviços de natureza facultativa).

> **CF/1988**
>
> **Art. 145.** A União, os Estados, o Distrito Federal e os Municípios poderão instituir os seguintes tributos: (...)
>
> II – taxas, em razão do exercício do poder de polícia ou pela utilização, efetiva ou potencial, de serviços públicos específicos e divisíveis, prestados ao contribuinte ou postos a sua disposição; (...)

Observe que o mandamento constitucional é de que a instituição de taxas em razão da prestação de serviços não dependerá da **efetiva utilização pelo usuário** para que seja cobrado. O simples fato de disponibilizar o serviço aos usuários já é motivo de cobrança do serviço. Esse entendimento deriva do conceito de que tais serviços que são cobrados mediante taxa são **serviços de características obrigatória**, como recolhimento de lixo, prevenção de incêndios... Por outro lado, o direito de cobrança oferecido ao prestador de serviço só se tornará lícito a partir do momento em que seja possível comprovar a **efetiva execução** do serviço. Ou seja, não basta "deixar disponível", deve acontecer de verdade a prestação. Tão importante é esse detalhe que a jurisprudência tem entendido cada vez mais que a cobrança da taxa pelo serviço sem efetiva prestação do serviço configura cobrança indevida, **cabendo, inclusive, ao usuário o direito de requerer a repetição de indébito, como restituição em dobro, de tal cobrança.**

Lei nº 8.078/1990
Art. 42. (...)
Parágrafo único. O consumidor cobrado em quantia indevida tem direito à repetição do indébito, por valor igual ao dobro do que pagou em excesso, acrescido de correção monetária e juros legais, salvo hipótese de engano justificável.

Serviços facultativos, remunerados mediante cobrança de tarifas, só serão devidos pelo usuário em sua **efetiva utilização**, ou seja, nesses serviços, o particular poderá declinar da sua disponibilização sem precisar pagar nada por isso – caso do serviço de transporte público urbano, por exemplo. Nessa hipótese de serviço, considera-se que o Estado e os agentes delegados prestam um serviço de natureza econômica, possibilitando, assim, a previsão de contraprestação. Ex.: caso o indivíduo possua carro, não utilizará o serviço de ônibus. Consequentemente, não precisará pagar a tarifa do serviço. Se por acaso o carro desse mesmo indivíduo tiver um defeito, poderá optar por utilizar o serviço disponibilizado, dessa vez mediante o pagamento da contraprestação estabelecida.

Sendo os serviços facultativos considerados de **livre utilização pelo usuário**, poderá o prestador de serviço suspender a execução do serviço para aquele determinado usuário, no caso de não cumprimento da obrigação remuneratória. No caso dos serviços obrigatórios, apesar de divergência doutrinária importante, prevalece o entendimento de que a inadimplência do usuário não acarretará a suspensão do serviço, visto que o prestador possui diversos mecanismos legais para recuperação do valor em débito (execução fiscal, por exemplo).

Existem algumas divergências com relação à classificação de alguns serviços específicos, como *uti singuli* ou *uti universi* (conforme estudado anteriormente). Para melhor apontamento dos estudos, trago o entendimento prevalente em cada caso.

- **Coleta de Lixo:** devemos observar que existem dois tipos de serviço decorrentes da atividade de coleta de lixo: **coleta individual regular de resíduos sólidos e limpeza pública**. Por ser de natureza divisível, a coleta individual ensejará a remuneração por taxa. Já a limpeza pública tem caráter geral, indivisível, e constitui atividade típica do Estado. Logo, sua remuneração se dará por meio dos recursos públicos arrecadados pelo Estado. Reconhece-se, ainda, a viabilidade de serviço de coleta de lixo extraordinária, destinada a pessoas físicas ou jurídicas que produzem uma quantidade de lixo maior do que o normal. Serviço esse considerado facultativo, sua cobrança se dará mediante tarifa.

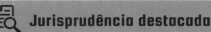

Súmula nº 19 do STF. A taxa cobrada exclusivamente em razão dos serviços públicos de coleta, remoção e tratamento ou destinação de lixo ou resíduos provenientes de imóveis, não viola o arti. 145, II, da Constituição Federal.

98 Direito Administrativo Decifrado

- ◆ **Distribuição de Água:** apesar de controvérsia quanto ao tipo de remuneração devido no serviço de distribuição de água, o entendimento que prevalece é de que se trata de um serviço de natureza contratual, facultativo – logo, remunerado mediante cobrança de tarifas.

- ◆ **Pedágio:** por ser um serviço de utilização não compulsória, sendo cobrado somente mediante efetiva utilização pelo usuário, o entendimento atual é de que a cobrança de pedágios em rodovias configura **preço público**, ou seja, remuneração mediante tarifa.

Quanto ao serviço de abastecimento de água, dois detalhes interessantes devem ser estudados: em matéria de política tarifária, é admitida cobrança da chamada **tarifa mínima** pelo simples fato de disponibilização do serviço pelo prestador, visto que esta por si só gera ônus por razão política de implementação e manutenção da estrutura necessária.

7.5 Formas de execução do serviço

Até o momento, tudo o que fizemos foi avaliar o serviço público em suas características, classificação, remuneração etc. O que precisamos agora é definir as formas como os serviços públicos podem ser executados, ou seja, como o Estado pode se valer das diversas modalidades legalmente instituídas para oferecer os serviços cada vez mais complexos e em número cada vez maior.

Partindo dessa premissa, da evolução do Estado e da necessidade da sociedade, que resulta em surgimento de cada vez mais serviços entregues ao Estado, sendo cada serviço mais complexo que o outro, apesar de o Estado ser o maior interessado em oferecer tais serviços com qualidade para a sociedade, é interessante que se possa dividir a tarefa de executá-los. Logicamente, haverá interesse do particular em estar na ponta prestadora desses serviços, levando em conta a possibilidade de obtenção de lucro. Daí a importância de o Estado utilizar-se de mecanismos que viabilizem essa execução pelo particular sem que o interesse público na prestação do serviço seja "eclipsado" pela vontade lucrativa dos particulares.

Sendo possível a realização da parceria, voltamos a tratar da prestação **direta ou indireta** do serviço, conforme vimos rapidamente no início deste capítulo.

Entende-se por **prestação direta** aqueles casos em que os entes federativos são os titulares e executores do serviço. Como o Estado assume diretamente os encargos determinados na Constituição Federal, estará ele executando diretamente o serviço, seja por meio dos próprios entes federativos (União, Estados, Distrito Federal e Municípios) seja por meio de órgãos integrantes de sua estrutura (Ministérios, Secretarias, Delegacias). Ocorre a chamada **centralização administrativa**.

Entende-se por **prestação indireta** quando a prestação dos serviços se dá por entidades que não sejam as entidades federativas. Ou seja, qualquer um que, independentemente do tipo de vínculo firmado, receba do Estado o direito de prestação da atividade estará executando uma **prestação indireta de serviço**, visto não serem eles os responsáveis originais pelo serviço. Apesar de a prestação do serviço ser exercida por outra pessoa, o Estado **nunca deixará de exercer o poder de controle**. Ocorre a chamada: **descentralização administrativa**.

Você deve lembrar que esses institutos já foram tratados em capítulo específico, mas agora faremos uma análise mais aprofundada da descentralização, visto que ela não se dará apenas no surgimento de entes da Administração Indireta, mas também nos casos de particulares assumindo a prestação na figura de **delegatários**. A descentralização suporta duas modalidades: **descentralização territorial (ou descentralização política)**, definida na Constituição Federal, em que as funções de uma entidade federativa são transferidas a outras entidades federativas, e **descentralização institucional (ou descentralização administrativa propriamente dita)**, que representa a transferência do serviço para outras entidades com personalidade jurídica própria.

7.5.1 Delegação legal × delegação negocial

Existem duas maneiras básicas como Estado poderá realizar a descentralização. Apesar de algumas divergências com relação à nomenclatura, a doutrina majoritária classifica essas formas de **descentralização por outorga legal ou serviço (delegação legal) e descentralização por colaboração ou delegação (delegação negocial)**. Apesar da posição majoritária, vale levarmos a cabo o estudo dos nomes **delegação legal** e **delegação negocial** para eventual questão que utilize essas terminologias.

Delegação legal ocorre sempre que a formalização da descentralização depender de uma **lei**. Fica claro que estamos tratando aqui dos entes que compõem a conhecida **administração pública indireta ou administração pública descentralizada**. Nesse tipo de descentralização, teremos a transferência, de regra, da **titularidade e da execução do serviço** ao novo ente. Vale relembrar o texto constitucional em seu art. 37:

> **CF/1988**
>
> **Art. 37.** (...)
>
> XIX – somente por lei específica poderá ser criada autarquia e autorizada a instituição de empresa pública, de sociedade de economia mista e de fundação, cabendo à lei complementar, neste último caso, definir as áreas de sua atuação;
>
> XX – depende de autorização legislativa, em cada caso, a criação de subsidiárias das entidades mencionadas no inciso anterior, assim como a participação de qualquer delas em empresa privada; (...)

Apesar do entendimento clássico, veremos na sequência que em algumas situações estaremos diante de uma delegação legal (decorrente de lei) que não resultará em uma entidade da administração pública indireta. Por isso, muitos doutrinadores não se utilizam dessa terminologia. Mesmo assim, isso não nos impede de seguirmos na análise. Como a delegação legal já foi estudada em capítulo anterior, vamos focar na próxima modalidade de delegação.

Delegação negocial decorrerá de um negócio jurídico regido pelo direito público que concederá a um particular a execução dos serviços. Nesse caso, o Estado fará a transferência apenas da **execução do serviço** ao particular, visto ser incabível a titularidade de um serviço público constar no rol de uma entidade privada. A delegação negocial se dará por meio de dois instrumentos que estudaremos a partir desse momento: **concessão** e **permissão**.

Direito Administrativo Decifrado

Lei nº 8.987/1995

Art. 2º Para os fins do disposto nesta Lei, considera-se: (...)

II – concessão de serviço público: a delegação de sua prestação, feita pelo poder concedente, mediante licitação, na modalidade concorrência ou diálogo competitivo, a pessoa jurídica ou consórcio de empresas que demonstre capacidade para seu desempenho, por sua conta e risco e por prazo determinado; (...)

IV – permissão de serviço público: a delegação, a título precário, mediante licitação, da prestação de serviços públicos, feita pelo poder concedente à pessoa física ou jurídica que demonstre capacidade para seu desempenho, por sua conta e risco. (...)

Art. 40. A permissão de serviço público será formalizada mediante contrato de adesão, que observará os termos desta Lei, das demais normas pertinentes e do edital de licitação, inclusive quanto à precariedade e à revogabilidade unilateral do contrato pelo poder concedente.

Extraímos da lei algumas características marcantes de cada modalidade de delegação.

- ◆ **Concessão: contrato administrativo** resultante de um procedimento licitatório realizado na modalidade **concorrência ou diálogo competitivo**, firmado com **pessoa jurídica ou consórcio de pessoas jurídicas** para a prestação do serviço público de forma **não precária**.
- ◆ **Permissão: contrato de adesão** resultante de um procedimento licitatório realizado na **modalidade cabível** (concorrência, tomada de preços ou convite), firmado com **pessoa física ou pessoa jurídica** para a prestação do serviço público de forma **precária**.
- ◆ **Autorização:** apesar de não constar na Lei nº 8.987/1995, alguns doutrinadores entendem ser uma possibilidade por força de alguns textos encontrados na Constituição Federal. **Ato administrativo** que não dependerá de licitação, oferecido a **pessoa física ou pessoa jurídica** para a prestação do serviço público de forma **precária**.

CF/1988

Art. 21. Compete à União: (...)

XI – explorar, diretamente ou mediante autorização, concessão ou permissão, os serviços de telecomunicações, nos termos da lei, que disporá sobre a organização dos serviços, a criação de um órgão regulador e outros aspectos institucionais;

XII – explorar, diretamente ou mediante autorização, concessão ou permissão:

a) os serviços de radiodifusão sonora, e de sons e imagens;

b) os serviços e instalações de energia elétrica e o aproveitamento energético dos cursos de água, em articulação com os Estados onde se situam os potenciais hidroenergéticos;

c) a navegação aérea, aeroespacial e a infraestrutura aeroportuária;

d) os serviços de transporte ferroviário e aquaviário entre portos brasileiros e fronteiras nacionais, ou que transponham os limites de Estado ou Território;

e) os serviços de transporte rodoviário interestadual e internacional de passageiros;

f) os portos marítimos, fluviais e lacustres.

Capítulo 7 ◆ Serviços públicos **101**

Duas previsões importantes a destacar antes de identificarmos os tipos de contrato de concessão legalmente previstos são: a **possibilidade de subconcessão e o uso da arbitragem para resolução de conflitos**.

Lei nº 8.987/1995

Art. 23-A. O contrato de concessão poderá prever o emprego de mecanismos privados para resolução de disputas decorrentes ou relacionadas ao contrato, inclusive a arbitragem, a ser realizado no Brasil e em língua portuguesa, nos termos da Lei nº 9.307, de 23 de setembro de 1996. (...)

Art. 26. É admitida a subconcessão, nos termos previstos no contrato de concessão, desde que expressamente autorizada pelo poder concedente.

§ 1º A outorga de subconcessão será sempre precedida de concorrência.

§ 2º O subconcessionário se sub-rogará todos os direitos e obrigações da subconcedente dentro dos limites da subconcessão.

> ### 🧩 Decifrando a prova
>
> **(2018 – TRF/3ª Região – Juiz Federal – Adaptada)** O contrato de concessão de serviço público não pode prever a arbitragem como mecanismo para a resolução de disputas entre as partes.
> ( ) Certo ( ) Errado
> **Gabarito comentado:** com a mudança proposta pela Lei nº 11.196/2005, a legislação vigente passou a permitir o uso da arbitragem como uma forma de resolução de conflito ocorrido dentro do contrato firmado. Portanto, a assertiva está errada.

Como é o instituto mais cobrado nas provas de concursos públicos, daremos uma atenção muito maior ao estudo da concessão do que ao estudo das outras modalidades. Na realidade, ao cobrar permissão ou autorização, as bancas costumam apenas exigir conhecimento do candidato quanto às características de cada uma (destacadas anteriormente).

A Lei nº 8.987/1995 prevê a concessão por meio de duas formas: **concessão de serviço público e concessão de serviço público precedido de obra pública**.

7.5.2 Concessão de serviço público

Também conhecida como concessão de serviço público simples, é a modalidade clássica de delegação de serviço pelo Poder Público. Nessa modalidade, a Administração Pública transfere a execução de um serviço público a uma pessoa jurídica ou um consórcio de pessoas jurídicas, que receberá a contraprestação das atividades oferecidas mediante a cobrança de **tarifas** de seus usuários. Surgem as figuras do **poder concedente** e do **concessionário**.

Lei nº 8.987/1995

Art. 2º Para os fins do disposto nesta Lei, considera-se:

I – poder concedente: a União, o Estado, o Distrito Federal ou o Município, em cuja

I02 Direito Administrativo Decifrado

competência se encontre o serviço público, precedido ou não da execução de obra pública, objeto de concessão ou permissão;

II – concessão de serviço público: a delegação de sua prestação, feita pelo poder concedente, mediante licitação, na modalidade concorrência ou diálogo competitivo, a pessoa jurídica ou consórcio de empresas que demonstre capacidade para seu desempenho, por sua conta e risco e por prazo determinado; (...)

Por ser um serviço público que beneficia a coletividade e que, em um primeiro momento, era responsabilidade do Estado, a transferência da execução do serviço manterá a titularidade com o Estado, que exercerá o poder de fiscalização. Ao concessionário cabe a prestação do serviço e a cobrança da remuneração diretamente dos usuários.

O objeto da concessão simples será sempre a prestação de atividade de serviço público para benefício da coletividade. A Lei nº 9.074/1995 especificou, no âmbito federal, quais serviços devem ser tratados na forma da concessão ou permissão. Interessa destacar que essa mesma lei aponta para alguns serviços para os quais, apesar de caracterizados como serviços públicos, a concessão não será necessária. São os casos dos serviços de transportes específicos: **transporte de cargas, aquaviário de passageiros, rodoviário e aquaviário de passageiros realizado por empresa de turismo e transporte particular de pessoas.**

Lei nº 9.074/1995

Art. 2º É vedado à União, aos Estados, ao Distrito Federal e aos Municípios executarem obras e serviços públicos por meio de concessão e permissão de serviço público, sem lei que lhes autorize e fixe os termos, dispensada a lei autorizativa nos casos de saneamento básico e limpeza urbana e nos já referidos na Constituição Federal, nas Constituições Estaduais e nas Leis Orgânicas do Distrito Federal e Municípios, observado, em qualquer caso, os termos da Lei nº 8.987, de 1995. (...)

§ 2º Independe de concessão, permissão ou autorização o transporte de cargas pelos meios rodoviário e aquaviário.

§ 3º Independe de concessão ou permissão o transporte:

I – aquaviário, de passageiros, que não seja realizado entre portos organizados;

II – rodoviário e aquaviário de pessoas, realizado por operadoras de turismo no exercício dessa atividade;

III – de pessoas, em caráter privativo de organizações públicas ou privadas, ainda que em forma regular.

Em relação a concessão para exploração de rodovias, questionou-se a possibilidade de a Pessoa Jurídica de Direito Privado detentora da concessão promover cobrança pelo uso das faixas de domínio (área de terra que fica às margens das rodovias determinadas legalmente por decreto de utilidade pública para uso rodoviário e pertencente à União) em face da Pessoa Jurídica de Direito Público Interno. Inegável o direito da concessionária em promover tal cobrança a qualquer pessoa que utilize tais faixas de domínio, como acontece com hotéis ou postos de gasolina. A questão levantada foi a legalidade de se promover tal cobrança quando a pessoa que utiliza tais faixas é a própria Administração Pública. Nesse caso, o Superior Tribunal de Justiça firmou entendimento que tal cobrança seria indevida quando se tratar de prestadora pública de serviço de saneamento básico, entendendo que o bem público preservaria sua classificação como bem de uso comum do povo por viabilizar a execução de suas tarefas.

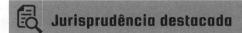

Informativo n° 720 do STJ. É indevida a cobrança promovida por concessionária de rodovia, em face de autarquia prestadora de serviços de saneamento básico, pelo uso da faixa de domínio da via pública concedida (STJ, 1ª Seção, REsp n° 1.817.302/SP, Rel. Min. Regina Helena Costa, j. 08.06.2022).

7.5.3 Concessão de serviço público precedida de obra

Até o momento já identificamos que a realização de uma obra pública **não configura uma prestação de serviço público**, visto que um dos elementos essenciais para reconhecimento dessa categoria é a prestação continuada, o que é impossível em uma obra que sempre terá um termo final. Por isso, a terminologia utilizada na lei é objetiva em estabelecer não se tratar de uma concessão de prestação de serviço de obra, mas sim uma **concessão em que a efetiva prestação do serviço concedido estará diretamente vinculada à realização de uma obra pública pelo concessionário**. Em outras palavras, a obra se torna uma etapa **obrigatória** de permissão da execução do contrato. Ex.: ao realizar a licitação para firmar uma concessão de rodoviária estadual, o Governo aponta no instrumento convocatório da concorrência a necessidade de duplicação da via antes da possibilidade de exploração da via com intuito arrecadatório, qual seja a instalação de pedágios.

Concessão de serviço público precedida de obra é um contrato administrativo pelo qual o Poder Público determina a execução de uma obra pela pessoa jurídica ou pelo consórcio de pessoas jurídicas por sua conta e risco, permitindo a exploração do resultado da obra e do serviço público por um prazo determinado. Vale destacar que, na forma da lei, a precedência da exploração do serviço não necessariamente se dará por uma **execução de obra**, mas também poderá ser ajustada a realização de uma **reforma, ampliação, melhoramento ou conservação**.

> **Lei nº 8.987/1995**
>
> Art. 2º (...)
>
> III – concessão de serviço público precedida da execução de obra pública: a construção, total ou parcial, conservação, reforma, ampliação ou melhoramento de quaisquer obras de interesse público, delegados pelo poder concedente, mediante licitação, na modalidade concorrência ou diálogo competitivo, a pessoa jurídica ou consórcio de empresas que demonstre capacidade para a sua realização, por sua conta e risco, de forma que o investimento da concessionária seja remunerado e amortizado mediante a exploração do serviço ou da obra por prazo determinado; (...)

104 Direito Administrativo Decifrado

> ### 🧩 Decifrando a prova
>
> **(2019 – FCC – TJ/AL – Juiz – Adaptada)** Considere que em um contrato de concessão rodoviária, regido pela Lei Federal nº 8.987/1995, tenha sido atribuída à concessionária a obrigação de realização de determinadas obras de recuperação e ampliação da rodovia, ficando a cargo do poder concedente a realização de algumas obras de pequena monta na mesma malha rodoviária, que já estavam sendo executadas por empresas contratadas pela Lei nº 14.133/2021. Ocorre que, em virtude da falência da empresa contratada, uma dessas obras de responsabilidade do poder concedente foi paralisada e o contrato correspondente, rescindido. Considerando se tratar de obra indispensável para assegurar a fluidez do tráfego na rodovia concedida, o poder concedente alterou unilateralmente o contrato de concessão, para incluir a conclusão da referida obra como obrigação da concessionária, procedendo ao reequilíbrio econômico financeiro mediante aditamento contratual prevendo a prorrogação do prazo de concessão. De acordo com as disposições legais aplicáveis, conduta do poder concedente será legítima se não ultrapassado o prazo máximo de trinta e cinco anos para a exploração dos serviços concedidos e observado o limite de vinte e cinco por cento do valor do contrato de concessão, calculado tomando por base os investimentos originalmente alocados como responsabilidade da concessionária.
>
> ( ) Certo ( ) Errado
>
> **Gabarito comentado:** existem dois erros na situação proposta na questão. Em primeiro lugar, o prazo máximo de 35 anos para o contrato de concessão só se aplica nos casos abrangidos pelas parcerias público-privadas previstas na Lei nº 11.079/2004. Além disso, por força da Lei nº 13.448/2017, as cláusulas exorbitantes contratuais que possibilitam ao Poder Público alterar de forma unilateral o contrato não se aplicam a nenhum tipo de concessão de serviço público. Portanto, a assertiva está errada.

7.5.4 Responsabilidade do concessionário

Como responsável pela execução do serviço, o concessionário deverá assumir toda a responsabilidade civil e administrativa, ou seja, os riscos da atividade. É muito importante mencionar isso, pois mais adiante estudaremos com detalhes a chamada **responsabilidade extracontratual do Estado**. O concessionário será tratado da mesma forma que o Estado, com relação à responsabilização, ou seja, a concessionária responderá por todos os danos causados a terceiros por seus contratados.

> **CF/1988**
>
> **Art. 37.** (...)
>
> § 6º As pessoas jurídicas de direito público e as de direito privado prestadoras de serviços públicos responderão pelos danos que seus agentes, nessa qualidade, causarem a terceiros, assegurado o direito de regresso contra o responsável nos casos de dolo ou culpa.

Pacificado está o entendimento de que a suspensão da prestação do serviço pelo concessionário, no caso de energia elétrica, não enseja presunção de ter resultado em **dano moral**. Poderá ocorrer uma indenização por dano moral caso seja comprovada a existência de atentado à honra objetiva, por essa necessidade de comprovação de prejuízo que entendemos ser o **dano moral presumido afastado**.

Jurisprudência destacada

Não é possível presumir a existência de dano moral pelo simples corte de energia elétrica por parte da concessionária de serviço público, sendo necessária a comprovação da empresa afetada de prejuízo à sua honra objetiva (STJ, 2ª Turma, Resp nº 1.298.689/RS, Rel. Min. Castro Meira, j. 09.04.2013).

7.5.5 Concessão especial de serviço público

Instituída pela Lei nº 11.079/2004 sob a nomenclatura **parceria público-privada**, a concessão especial visa a formular um acordo entre particular e Poder Público para possibilitar a prestação de determinado serviço público da forma menos dispendiosa possível, caracterizando-se por sempre existir a contraprestação pecuniária do ente estatal.

Tais contratos de **parceria público-privada** poderão ser constituídos de duas maneiras distintas, sendo:

- **Concessão patrocinada:** nesse tipo de contrato de concessão, o concessionário terá direito de receber, adicionalmente à tarifa paga pelo usuário, uma contraprestação pecuniária do ente estatal. A principal intenção da formalização desse tipo de contrato é a garantia da modicidade das tarifas, visto que, se fosse estabelecida uma concessão comum, o prestador de serviço acabaria cobrando um valor muito acima do padrão aceito pela sociedade, afastando usuários e resultando em um provável prejuízo ao concessionário. Vale observar que essa contraprestação do Estado não poderá ultrapassar 70% (setenta por cento) do valor original, salvo em casos previstos em lei específica.

    Lei nº 11.079/2004
    Art. 10. (...)
    § 3º As concessões patrocinadas em que mais de 70% (setenta por cento) da remuneração do parceiro privado for paga pela Administração Pública dependerão de autorização legislativa específica.

- **Concessão administrativa:** o contrato de concessão terá como usuário final a própria Administração Pública, sendo ela a responsável única pela contraprestação pecuniária. Por prever certa "garantia" de recuperação dos valores investidos, o contrato de concessão administrativa estabelece que todo o investimento necessário para a execução do serviço contratado pelo Estado se dará por responsabilidade do parceiro privado.

O contrato de parceria público-privada, ou concessão especial, apresenta algumas cláusulas específicas que devem ser destacadas aqui:

- **Prazo de vigência do contrato:** para garantir a amortização dos investimentos realizados, a lei prevê que contratos de concessão especial poderão ter duração mínima de 5 anos e máxima de 35 anos **(incluindo eventual prorrogação)**.

106 Direito Administrativo Decifrado

- ◆ **Previsão de penalidades:** o contrato deverá estabelecer todas as penalidades que poderão ser aplicadas pela Administração Pública ao parceiro privado e também aplicáveis ao próprio Poder Público, no caso de falta contratual.
- ◆ **Repartição de riscos:** ambos os parceiros se responsabilizarão (responsabilidade solidária) por todos os prejuízos ocorridos na execução do contrato.
- ◆ **Remuneração e atualização:** estabelecimento de índices de reajuste para garantia do equilíbrio econômico-financeiro do contrato.
- ◆ **Critérios objetivos de avaliação de desempenho:** definição de metas de eficiência a serem atingidas pelo parceiro privado.
- ◆ **Compartilhamento de ganhos econômicos:** como forma de garantir a redução efetiva dos custos do serviço pelo Estado.
- ◆ **Valor mínimo:** contratos de concessão especial só poderão ser firmados em valores superiores a R$ 10.000.000,00 (10 milhões de reais).
- ◆ **Sociedade de propósito específico:** gestora da parceria público-privada, sua criação constitui requisito essencial para celebração do contrato.

> ### 🧩 Decifrando a prova
>
> **(2019 – Fundep – MPE/MG – Promotor – Adaptada)** A contraprestação da Administração Pública, nos contratos de parceria público-privada, não poderá ser feita por cessão de créditos não tributários.
>
> ( ) Certo ( ) Errado
>
> **Gabarito comentado:** na forma da Lei nº 11.079/2004, lei que regerá a concessão especial de serviços públicos, a contraprestação do Poder Público poderá se dar por **ordem bancária, cessão de créditos não tributários ou outorga de direitos em face da Administração Pública**. Portanto, a assertiva está errada.

7.5.6 Permissão de serviço público

Apesar de ter informado que a permissão normalmente é cobrada em concursos mediante apresentação das características do contrato de permissão, vale fazer uma pequena observação sobre o caráter "único" desses contratos. Por decorrência de um gigante equívoco cometido na Lei nº 8.987/1995, o contrato de permissão de serviço público recebe a atribuição de **contrato de adesão precário**, o que causa muita dificuldade no entendimento desse tipo de contrato, visto que não há nenhum paralelo em nossa legislação.

O contrato de permissão de serviços públicos é considerado um contrato de adesão, forma específica de um contrato administrativo. Apesar de a doutrina majoritária reconhecer a atecnia cometida pelo legislador ao utilizar-se dessa terminologia contratual, uma vez que todo contrato administrativo é necessariamente um contrato de adesão, deve-se levar para as provas de concurso o mesmo tratamento dado pelo legislador.

Capítulo 7 ◆ Serviços públicos **107**

Em tese todo contrato administrativo deverá ter prazo determinado e só poderá ser extinto por condições previstas no próprio contrato ou em normas regentes. Em mais uma atecnia legislativa, restou consagrada a **possibilidade de revogação do contrato de permissão a qualquer momento**. Sendo um ato revogável (precário), não há necessidade, inclusive, de motivação do ato para validade da ação do poder concedente. Apesar de na prática não ser mais assim que acontece, pois se garante a proteção ao contrato firmado por meio da jurisprudência consolidada, na realização de uma prova é imprescindível destacar a figura da precariedade aplicável com contrato de permissão.

Apesar de seu caráter precário, deve-se levar em consideração uma regra específica da lei. Uma vez que se aplicam aos contratos de permissão todas as regras compatíveis aplicáveis ao contrato de concessão, uma eventual revogação do contrato gerará o direito de indenização pelo desfazimento antecipado do contrato e, inclusive, poderá ensejar indenização decorrente dos bens reversíveis, caso existam.

Apesar dos textos do art. 175 da CF/1988 e do art. 2º da Lei nº 8.987/1995 e do entendimento pacificado no STF de que a permissão de serviços públicos é um instrumento formalizado por meio de um contrato administrativo (especificamente, contrato de adesão), não podemos aplicar nesse caso as características clássicas de um contrato administrativo, como a sua não revogabilidade por simples ato do poder concedente. Como se percebe pela legislação vigente, o contrato de permissão poderá ser revogado ou rescindido a qualquer momento, por conta de sua precariedade.

Por fim, cabe destacar aqui a "nova" **permissão lotérica**, instituída pela Lei nº 12.869/2013. Representa a **outorga, a título precário mediante licitação**, de produtos autorizados e relacionados ao serviço de comercialização das loterias federais. Nesse caso, a remuneração específica dessa atividade não se dará por meio da cobrança de tarifas, mas sim pela participação do permissionário no preço das vendas das apostas, na forma de **comissão**. O prazo dessa permissão é de 20 anos, renovável automaticamente por igual período.

7.5.7 Autorização de serviço público

Ato administrativo discricionário, unilateral e precário é reconhecido pela doutrina majoritária apenas em casos especificados na Constituição Federal, conforme já apresentado no texto da lei anteriormente. Serviços autorizados constituem os **serviços de utilidade pública**, prestados por particulares por sua conta e risco, consistindo na autorização mero ato administrativo que permita devida fiscalização da prestação. Por se tratar de um ato administrativo, não há a necessidade de procedimento licitatório prévio.

Parte da doutrina mais clássica, não adotada por muitos doutrinadores modernos, encabeçada pelo Professor Helly Lopes Meirelles, admite a delegação por autorização para serviços não essenciais, como o serviço de táxi oferecido mediante a cobrança de tarifas.

7.5.8 Desestatização e privatização

O processo iniciado no Governo Collor, por meio da edição da Lei nº 8.031/1990 (atualmente revogada), que instituía o Plano Nacional de Desestatização, e alterado pela Lei nº

108 Direito Administrativo Decifrado

9.491/1997, tinha como principal objetivo **redesenhar a participação do Estado na economia, transferindo à iniciativa privada atividades que eram prestadas sem muita necessidade e justificativa pelo Poder Público**. A mudança de direção da atuação do Estado junto à sociedade se deu por motivo de uma necessidade grande de **redução da dívida pública líquida e concentração do Estado em atividades de fundamental participação do Estado**. Desse processo, desencadearam duas situações de conceituação importantes:

- ◆ **Desestatização:** retirada total do Estado de certo setor da economia.
- ◆ **Privatização:** converter algo em privado.

Essa distinção é importante pois a intenção inicial e primária do processo era **desestatizar** as prestações, afastando o Estado da posição de **executor de certas atividades e serviços**. Assim, o Estado passaria a não mais atuar em áreas de muito gasto e pouca eficiência, transferindo essas atividades e esses serviços para sociedades e grupos empresariais. Essa desestatização, com relação ao serviço público, foi determinante para que a **descentralização** ocorrida aqui fosse a **descentralização por delegação ou colaboração**, em que o Estado transfere apenas a **execução dos serviços, mantendo-se como titular da atividade**. Em casos de real interesse público, essa desestatização poderá se dar com a passagem da atividade para o particular com o Poder Público, mantendo certo grau de ingerência sobre a empresa desestatizada, por meio da criação de ações preferenciais de classe especial (conhecidas como *golden shares*).

Como resultado do programa de desestatização adotado pelo governo, temos o surgimento das **agências reguladoras**, já estudadas anteriormente em momento oportuno, com a função de manter a atividade prestada pelo particular dentro do interesse público.

7.5.9 Gestão associada

Em busca de maior eficiência e qualidade na prestação do serviço público, o **sistema federativo de repartição de competências** se baseia não só na repartição por autonomia, mas também na condição de **colaboração recíproca**. Assim, a atuação unitária do ente federativo pode ser substituída por uma condição **associada** que acaba por empregar de forma mais objetiva os recursos e faz com que a qualidade e, até mesmo, celeridade na prestação do serviço seja muito maior. A reforma administrativa de 1998 introduz a possibilidade da **gestão associada** para formalizar esse objetivo.

> **CF/1988**
>
> **Art. 241.** A União, os Estados, o Distrito Federal e os Municípios disciplinarão por meio de lei os consórcios públicos e os convênios de cooperação entre os entes federados, autorizando a gestão associada de serviços públicos, bem como a transferência total ou parcial de encargos, serviços, pessoal e bens essenciais à continuidade dos serviços transferidos.

Como explícito na legislação, a formalização da gestão associada se dá mediante **convênios** e **consórcios**, espécies de **convênios administrativos** que têm por característica a **bilateralidade convergente**, ou seja, os interesses das partes na formalização do acordo são iguais, diferente de um contrato, em que os interesses são **divergentes**.

Capítulo 7 ◆ Serviços públicos **109**

Gestão associada é a união de esforços entre entes públicos em busca de atendimento aos interesses comuns. No caso da **gestão associada de serviços públicos**, a união de esforços se dará para atividades de **planejamento, fiscalização e regulação** com ou sem a devida prestação do serviço.

Atualmente, por força da Emenda Constitucional nº 71/2012, possuímos um grande exemplo de gestão associada em nosso texto constitucional, com a criação do **Sistema Nacional de Cultura**.

> **CF/1988**
>
> **Art. 216-A.** O Sistema Nacional de Cultura, organizado em regime de colaboração, de forma descentralizada e participativa, institui um processo de gestão e promoção conjunta de políticas públicas de cultura, democráticas e permanentes, pactuadas entre os entes da Federação e a sociedade, tendo por objetivo promover o desenvolvimento humano, social e econômico com pleno exercício dos direitos culturais.

Ao tratar dos **consórcios públicos de gestão associada** (já visto rapidamente quando no estudo das autarquias), devemos destacar aqui algumas características importantes:

* Deverá sempre realizar licitação, mesmo que o consórcio público seja constituído com personalidade jurídica de direito privado.
* Consórcios públicos têm condição específica de dispensa de licitação, na forma da Lei nº 14.133/2021.

> **Lei nº 14.133/2021**
>
> **Art. 75. (...)**
>
> § 2º Os valores referidos nos incisos I e II do *caput* deste artigo serão duplicados para compras, obras e serviços contratados por consórcio público ou por autarquia ou fundação qualificadas como agências executivas na forma da lei.

Todos esses detalhes mais específicos sobre a Lei de Licitações e Contratos serão tratados devidamente em capítulo específico.

Decifrando a prova

(2014 – Vunesp – DPE/MS – Defensor Público – Adaptada) É possível a gestão associada de serviços públicos entre entes federativos, por meio de convênios de cooperação ou consórcios públicos.

( ) Certo ( ) Errado

Gabarito comentado: é o exato teor do art. 241 da Constituição Federal. A gestão associada poderá ser firmada mediante a instituição de um convênio de cooperação ou de um consórcio público. Portanto, a assertiva está certa.

7.5.10 Regime de convênios administrativos

Nesse modelo de atuação, temos a formação de um contrato plurilateral entre a Administração Pública e as entidades privadas. Parecido com o procedimento da gestão associada, aqui temos uma condição diferente, porque estamos tratando da participação também de **entidades privadas** na formação do convênio. Ex.: Acordo realizado entre a União e indústrias farmacêuticas para ampliar os recursos de pesquisa e desenvolvimento de vacinas.

Não há uma legislação específica regulamentando esse tipo de acordo, visto que se trata de um convênio administrativo assim como na gestão associada. Logo, adotamos nesse regime a mesma sistemática da formação da gestão associada, em que **as partes conveniadas manifestam suas vontades e apresentam seus direitos e obrigações**.

7.5.11 Programa de Parcerias de Investimentos (PPI)

Instrumento mais novo adotado na sistemática de fornecimento de serviços públicos, foi criado a partir da edição da Lei nº 13.334/2016. Destina-se a estabelecer a celebração de **contratos de parceria** entre o Estado e a iniciativa privada para a execução de **empreendimentos públicos de infraestrutura e medidas de desestatização**.

> **Lei nº 13.334/2016**
>
> **Art. 1º** Fica criado, no âmbito da Presidência da República, o Programa de Parcerias de Investimentos – PPI, destinado à ampliação e fortalecimento da interação entre o Estado e a iniciativa privada por meio da celebração de contratos de parceria para a execução de empreendimentos públicos de infraestrutura e de outras medidas de desestatização.
>
> § 1º Podem integrar o PPI:
>
> I – os empreendimentos públicos de infraestrutura em execução ou a serem executados por meio de contratos de parceria celebrados pela administração pública direta e indireta da União;
>
> II – os empreendimentos públicos de infraestrutura que, por delegação ou com o fomento da União, sejam executados por meio de contratos de parceria celebrados pela administração pública direta ou indireta dos Estados, do Distrito Federal ou dos Municípios; e
>
> III – as demais medidas do Programa Nacional de Desestatização a que se refere a Lei nº 9.491, de 9 de setembro de 1997; e
>
> IV – as obras e os serviços de engenharia de interesse estratégico.

Como não possuímos no ordenamento jurídico brasileiro nenhum instrumento efetivamente chamado contrato **de parceria**, o Estado deverá adotar algum instrumento existente que tenha como condão materializar a intenção da realização da parceria para execução de finalidade específica. Assim, a lei apontou os instrumentos que podem ser empregados para a formalização da parceria, sendo:

> **Lei nº 13.334/2016**
>
> **Art. 1º** (...)
>
> § 2º Para os fins desta Lei, consideram-se contratos de parceria a concessão comum, a concessão patrocinada, a concessão administrativa, a concessão regida por legislação

setorial, a permissão de serviço público, o arrendamento de bem público, a concessão de direito real e os outros negócios público-privados que, em função de seu caráter estratégico e de sua complexidade, especificidade, volume de investimentos, longo prazo, riscos ou incertezas envolvidos, adotem estrutura jurídica semelhante.

Resumidamente, estamos diante de uma situação em que o governo se prontifica a alocar recursos específicos para desenvolvimento de ações de infraestrutura e desestatização, utilizando-se de "ajuda e socorro" das entidades privadas por meio das parcerias firmadas.

7.6 Extinção da delegação negocial

Agora que já apontamos todas as possibilidades de execução de serviço público essenciais de serem conhecidas, precisamos retomar nosso estudo mais focados nas concessões e permissões, especificamente falando sobre as situações que podem resultar na extinção do contrato firmado.

Extinção é o término da relação contratual pactuada com o retorno ao poder concedente dos bens reversíveis, direitos e privilégios transferidos ao cessionário, na forma do edital e do contrato firmado. O contrato resultante da delegação negocial poderá ser extinto por:

- **Advento do termo contratual:** como todos os contratos administrativos são firmados com prazo determinado, ou seja, não haverá contrato administrativo por prazo indeterminado, a chegada do prazo final de validade do contrato sem sua renovação ensejará a extinção natural do contrato. Nesse tipo de extinção, será feita avaliação de todos os bens considerados **indispensáveis para a manutenção do serviço** que, após serem revertidos (incorporarem o patrimônio público), deverão ser indenizados (caso não tenha ocorrido amortização do investimento como resultado do lucro obtido pela prestação de serviço).

 Jurisprudência destacada

A jurisprudência desta Corte Superior de Justiça é no sentido de que extinto o contrato de concessão por decurso do prazo de vigência, cabe ao Poder Público a retomada imediata da prestação do serviço, até a realização de nova licitação, a fim de assegurar a plena observância do princípio da continuidade do serviço público, não estando condicionado o termo final do contrato ao pagamento prévio de eventual indenização, que deve ser pleiteada nas vias ordinárias (STJ, 1ª Turma, AgRg no REsp nº 1.139.802/SC, Rel. Min. Hamilton Carvalhido j. 12.04.2011).

- **Encampação:** representa uma cláusula exorbitante do contrato, pois aqui a extinção se dará pela falta de vontade da Administração Pública em manter o contrato com o concessionário. Como essa ação é lícita e unilateral, a extinção precoce do contrato gerará uma indenização ao contratado.

Direito Administrativo Decifrado

Lei nº 8.987/1995

Art. 37. Considera-se encampação a retomada do serviço pelo poder concedente durante o prazo da concessão, por motivo de interesse público, mediante lei autorizativa específica e após prévio pagamento da indenização, na forma do artigo anterior.

◆ **Caducidade:** forma de extinção unilateral do contrato quando o poder concedente identifica inadimplemento contratual cometido pelo concessionário. A consequência para a falta de cumprimento das cláusulas contratuais por parte do concessionário será a ação de extinção do contrato pelo poder concedente por meio da caducidade. Para que seja efetivada a caducidade, por uma questão de respeito ao **princípio do devido processo legal**, deverá ser instaurado um **procedimento administrativo com garantia do contraditório e da ampla defesa ao concessionário**.

Lei nº 8.987/1995

Art. 38. A inexecução total ou parcial do contrato acarretará, a critério do poder concedente, a declaração de caducidade da concessão ou a aplicação das sanções contratuais, respeitadas as disposições deste artigo, do art. 27, e as normas convencionadas entre as partes.

§ 1º A caducidade da concessão poderá ser declarada pelo poder concedente quando:

I – o serviço estiver sendo prestado de forma inadequada ou deficiente, tendo por base as normas, critérios, indicadores e parâmetros definidores da qualidade do serviço;

II – a concessionária descumprir cláusulas contratuais ou disposições legais ou regulamentares concernentes à concessão;

III – a concessionária paralisar o serviço ou concorrer para tanto, ressalvadas as hipóteses decorrentes de caso fortuito ou força maior;

IV – a concessionária perder as condições econômicas, técnicas ou operacionais para manter a adequada prestação do serviço concedido;

V – a concessionária não cumprir as penalidades impostas por infrações, nos devidos prazos;

VI – a concessionária não atender a intimação do poder concedente no sentido de regularizar a prestação do serviço; e

VII – a concessionária não atender a intimação do poder concedente para, em 180 (cento e oitenta) dias, apresentar a documentação relativa à regularidade fiscal, no curso da concessão, na forma do art. 29 da Lei nº 8.666, de 21 de junho de 1993.

§ 2º A declaração da caducidade da concessão deverá ser precedida da verificação da inadimplência da concessionária em processo administrativo, assegurado o direito de ampla defesa.

◆ **Rescisão:** neste caso, a rescisão poderá ocorrer de forma **consensual (bilateral)**, como resultado de um acordo firmado entre as partes ou **judicial**, quando o concessionário propõe uma ação judicial de extinção do contrato contra o poder concedente por não cumprimento de suas obrigações contratuais. A rescisão consensual poderá ser firmada mesmo que o concessionário esteja plenamente adimplente

Capítulo 7 ◆ Serviços públicos **113**

com suas obrigações contratuais, bastando ao poder concedente a intenção de desfazer o contrato e tal intenção ser aceita pelo concessionário.

Lei nº 8.987/1995

Art. 39. O contrato de concessão poderá ser rescindido por iniciativa da concessionária, no caso de descumprimento das normas contratuais pelo poder concedente, mediante ação judicial especialmente intentada para esse fim.

◆ **Anulação:** extinção do contrato durante sua vigência por razões de ilegalidade. Nesse caso, a extinção poderá se dar tanto na esfera administrativa, por força do **princípio da autotutela**, ou na esfera judicial, por força do **princípio da inafastabilidade da tutela jurisdicional**.

◆ **Falência ou extinção do concessionário/falecimento ou incapacidade do empresário individual:** como os contratos administrativos são firmados *intuitu personae* **(contrato personalíssimo)**, o desaparecimento da empresa ou incapacitação do particular extinguirá o contrato por inexistência de uma das partes.

Decifrando a prova

(2019 – Consulplan – MPE/SC – Promotor) Conforme o atual entendimento do Superior Tribunal de Justiça, extinto o contrato de concessão de serviço público, em virtude do decurso do prazo de vigência, cabe ao Poder Público a retomada imediata da prestação do serviço, até a realização de nova licitação, não estando condicionado o termo final do contrato ao pagamento prévio de eventual indenização.

( ) Certo ( ) Errado

Gabarito comentado: esse é o entendimento atual utilizado pelo STJ como forma de garantia do respeito ao princípio da continuidade nos casos de extinção do contrato de concessão pelo advento do termo contratual. Eventual direito indenizatório deverá ser pleiteado pelas vias ordinárias. Portanto, a assertiva está certa.

Responsabilidade civil do Estado

8.1 Definição

A responsabilização do Estado resulta do entendimento da doutrina moderna sobre a **teoria do órgão**, trazendo novamente ao nosso estudo o entendimento de que o agente público age por **imputação**, ou seja, quando ele age, entende-se que a ação foi produzida pelo Estado. A responsabilidade civil do Estado consiste em uma obrigação atribuída ao Poder Público de **indenizar danos causados a terceiros por seus agentes, quando referente a serviços públicos oferecidos por Pessoa Jurídica de Direito Público ou Privado** (não se aplica no caso de exploração de atividade econômica).

Como o intuito da ação contra o Estado é a conquista do direito de indenização, tal natureza patrimonial caracteriza o fato de que tal responsabilidade é uma **responsabilidade civil**. Diz-se que essa responsabilidade civil é **extracontratual,** pois as relações jurídicas aqui defendidas não são derivadas de uma condição contratual, mas são relações jurídicas de sujeição geral.

De posse de toda essa informação, conseguimos entender por que a doutrina chama esse assunto de **responsabilidade civil do Estado, responsabilidade civil pública** ou **responsabilidade extracontratual do Estado**. Em suma, não importa muito a nomenclatura, a intenção de se estudar tal assunto é determinar se existe o **dever estatal de indenizar uma pessoa em decorrência de danos causados por ações ou omissões de agentes públicos no exercício da função administrativa.**

> CF/1988
>
> Art. 37. (...)
>
> § 6º As pessoas jurídicas de direito público e as de direito privado prestadoras de serviços públicos responderão pelos danos que seus agentes, nessa qualidade, causarem a terceiros, assegurado o direito de regresso contra o responsável nos casos de dolo ou culpa.

I I 6 Direito Administrativo Decifrado

Decifrando a prova

(2019 – MPE/GO – Promotor – Adaptada) Segundo o STF, a responsabilidade civil das pessoas jurídicas de direito privado prestadoras de serviço público, com relação a terceiros não usuários do serviço, é subjetiva.

( ) Certo ( ) Errado

Gabarito comentado: para o STF, não há possibilidade de distinção entre terceiro usuário ou não usuário do serviço público. Em caso de dano sofrido resultante de ação de agente público vinculado a pessoa jurídica de direito privado prestadora de serviço público, haverá a responsabilização **objetiva**. Portanto, a assertiva está errada.

8.2 Contexto histórico

Antes de avançarmos no estudo mais detalhado dos elementos e condições que norteiam a responsabilização civil do Estado, é essencial entender como a **teoria da responsabilidade do Estado** se desenvolveu ao longo da história.

♦ **Teoria da irresponsabilidade do Estado:** Também chamada de **teoria feudal, regaliana** ou **regalista**, prevalecia na metade do século XIX, principalmente nos estados absolutistas.

Essa teoria estabelecia que o Estado não tinha qualquer responsabilidade pelos prejuízos causados por seus agentes, exatamente por ser o Estado limitado em suas atuações por conta da prevalência do Estado Liberal. Uma vez que o Estado pouco ou quase nada intervinha nas relações particulares, o Poder Público se colocava isento de qualquer responsabilidade graças a sua soberania. Como o espírito que prevalecia à época era o do "the king can do no wrong", ou seja, "o rei não erra", os representantes do Estado se colocavam em uma posição de superioridade tão absurda que se entendiam como agentes divinos incapazes de errar e, consequentemente, de serem responsabilizados por eventuais problemas. Essa teoria perdeu muita força por conta do Direito francês e suas evoluções e, hoje, não encontra morada em mais nenhum país ocidental.

♦ **Teoria da responsabilidade com culpa:** substituindo a ideia de que o Estado não era responsável por nada, surgiu o conceito de **Estado responsável no caso de ação culposa do seu agente**.

Essa teoria pretendia distinguir duas formas de ação do Estado: **os atos de império e os atos de gestão**. Os **atos de império** se aproximando da atuação soberana do Estado, e os **atos de gestão** mais próximos do direito privado. Assim, para o dano sofrido decorrente da produção de um **ato de gestão** pelo Estado, existiria a possibilidade da responsabilização civil do Estado. Já nos casos ligados a **atos de império**, por serem baseados no direito público (regras protetivas ao Estado), mantinha-se a interpretação da irresponsabilidade do Estado.

Como era extremamente difícil conseguir apontar se aquele ato produzido pelo Estado era um ato de gestão ou um ato de império, a aplicação dessa teoria era muito rara à época,

Capítulo 8 ♦ Responsabilidade civil do Estado **117**

visto que até mesmo a jurisprudência tinha dificuldade de identificar o tipo de ato e se este tinha ligação ou não com a atividade administrativa.

♦ **Teoria da culpa administrativa (culpa anônima ou falta do serviço):** com a adoção no Brasil da **culpa administrativa**, a distinção, antes essencial na aplicação da doutrina civilista da culpa quanto ao tipo de ato produzido pelo Estado, já não cabia mais.

Assim, a necessidade de apontar o **tipo de ato, a culpa e o exato agente causador do dano** ficou para trás, bastando ao particular comprovar o mau funcionamento do serviço público, mesmo que a apresentação do agente estatal responsável pelo problema fosse impossível de se fazer.

Essa teoria se consumava mediante três situações: **inexistência, mau funcionamento ou retardamento do serviço**. Apesar da "facilitação" na responsabilização do Estado, ainda cabia ao particular comprovar que houve **culpa do Estado**, resultando no serviço defeituoso. Ou seja, cabia ao particular a demonstração de quatro elementos essenciais: **conduta, dano, nexo causal e culpa ou dolo do Estado**.

Apesar de toda a evolução conquistada até aqui, ainda era uma situação de extremo esforço do administrado a **comprovação judicial da ocorrência da culpa ou do dolo do Estado**, visto se encontrar em uma posição de **hipossuficiência perante o Estado**.

♦ **Teoria da responsabilidade objetiva:** mais adequada ao sistema do Direito Administrativo, configura uma enorme evolução no mundo das responsabilidades, apesar de não ter substituído por completo a teoria da responsabilidade subjetiva (culpa administrativa), que se aplica no Brasil de forma excepcional, conforme estudaremos mais adiante.

A teoria da responsabilidade sem culpa ou responsabilidade objetiva afasta completamente a necessidade do apontamento do elemento **culpa ou dolo do Estado** na propositura de uma ação de indenização em face do Estado. A fundamentação do dever de indenizar do Estado se encontra na noção de **risco administrativo**, especificada no texto do Código Civil. Quem presta o serviço público deve assumir o risco de eventuais prejuízos.

CC/2002

Art. 927. (...)

Parágrafo único. Haverá obrigação de reparar o dano, independentemente de culpa, nos casos especificados em lei, ou quando a atividade normalmente desenvolvida pelo autor do dano implicar, por sua natureza, risco para os direitos de outrem.

De posse da atual e mais evoluída teoria, entendemos que a proposição de ação de indenização dependerá, agora, de apenas três elementos, quais sejam: **conduta, dano e nexo causal**. Por isso, temos, inclusive, a possibilidade de ajuizamento da ação de indenização por prejuízo decorrente de **atos lícitos cometidos pelo Estado**. O importante não é o ato que causou o dano ser lícito ou ilícito, mas sim que o ato tenha causado o dano.

118   Direito Administrativo Decifrado

> ### 🔍 Jurisprudência destacada
>
> **Súmula Vinculante nº 11.** Só é lícito o uso de algemas em casos de resistência e de fundado receio de fuga ou de perigo à integridade física própria ou alheia, por parte do preso ou de terceiros, justificada a excepcionalidade por escrito, sob pena de responsabilidade disciplinar, civil e penal do agente ou da autoridade e de nulidade da prisão ou do ato processual a que se refere, sem prejuízo da responsabilidade civil do Estado.

8.3   Elementos essenciais

- **Pessoas responsáveis:** extraímos do texto constitucional duas categorias de pessoas jurídicas que se sujeitam ao procedimento da responsabilidade civil do Estado: **pessoas jurídicas de direito público e pessoas jurídicas de direito privado prestadoras de serviços públicos.**

Assim, de cara, conseguimos identificar que todas as pessoas principais do Estado sofrerão a aplicação da regra estudada aqui (**União, Estados, Municípios, Distrito Federal, Autarquias e Fundações Públicas de Direito Público**).

Devemos, porém, atentar para a segunda categoria identificada no texto: somente poderão se enquadrar nesse novo sistema de responsabilização aquelas pessoas jurídicas de direito privado que sejam efetivamente **prestadoras de serviços públicos (empresas estatais prestadoras de serviços públicos e concessionárias de serviços públicos)**, mantendo no caso das pessoas de direito privado **exploradoras de atividades econômicas** a aplicação da teoria civilista comum. Essa inovação derivou do reconhecimento de que, apesar de sua personalidade jurídica ser de direito privado, essas pessoas atuam em situações próprias do Estado, igualando-se a ele em todas as suas principais limitações.

> **CF/1988**
>
> **Art. 37.** (...)
>
> § 6º As pessoas jurídicas de direito público e as de direito privado prestadoras de serviços públicos responderão pelos danos que seus agentes, nessa qualidade, causarem a terceiros, assegurado o direito de regresso contra o responsável nos casos de dolo ou culpa.
>
> **Art. 173.** (...)
>
> § 1º A lei estabelecerá o estatuto jurídico da empresa pública, da sociedade de economia mista e de suas subsidiárias que explorem atividade econômica de produção ou comercialização de bens ou de prestação de serviços, dispondo sobre: (...)
>
> II – a sujeição ao regime jurídico próprio das empresas privadas, inclusive quanto aos direitos e obrigações civis, comerciais, trabalhistas e tributários.

- **Agentes do Estado:** mais uma vez nos valeremos da **teoria da imputação** para entender esse elemento. Como o Estado não pode causar dano a ninguém, então se responsabilizará pelos danos causados por aqueles que o representam.

Interessante que o texto constitucional aponta como responsáveis os **agentes públicos na qualidade de agentes públicos**. Isso demonstra que o entendimento é que o Estado não será responsável por toda e qualquer conduta de seus agentes públicos, mas somente daqueles em que o **preposto estatal exerce suas funções administrativas ou, ao menos, esteja em processo para exercê-la**. Assim, se em sua vida privada, o agente público causar dano a um particular, não ensejará responsabilidade do Estado.

Jurisprudência destacada

Agressão praticada por soldado, com a utilização de arma da corporação: incidência da responsabilidade objetiva do Estado mesmo porque, não obstante fora do serviço, foi na condição de policial militar que o soldado foi corrigir as pessoas. O que deve ficar assentado é que o preceito inscrito no art. 37, § 6º, da Constituição Federal não exige que o agente público tenha agido no exercício das suas funções, mas na qualidade de agente público (STF, 2ª Turma, RE nº 160.401, Rel. Min. Carlos Velloso, j. 20.04.1999).

Recurso Extraordinário. Responsabilidade civil do Estado. Lesão corporal. Disparo de arma de fogo pertencente à corporação. Policial militar em período de folga. Caso em que o policial autor do disparo não se encontrava na qualidade de agente público. Nessa contextura, não há fala de responsabilidade civil do Estado (STF, 1ª Turma, RE nº 363.423/SP, Rel.: Min. Carlos Britto, j. 16.11.2004).

Importante ressaltar que no caso de ofícios de notas (tabelionatos) e registros, por serem agentes públicos delegados, ou seja, atuam como prestadores de serviços públicos por delegação, o entendimento pacificado nos Tribunais Superiores é de que se enquadram na mesma responsabilidade aqui citada, visto serem **pessoas jurídicas de direito privado prestadoras de serviços públicos**.

Jurisprudência destacada

O art. 22 da Lei nº 8.935/1994 é claro ao estabelecer a responsabilidade dos notários e oficiais de registro por danos causados a terceiros, não permitindo a interpretação de que deve responder solidariamente o ente estatal (STJ, 2ª Turma, REsp nº 1.087.862/AM, Rel. Min. Herman Benjamin, j. 02.02.2010).

Decifrando a prova

(2019 – Instituto Acesso – PC/ES – Delegado) Na ação de reparação de danos, que tem por objeto a conduta comissiva de um agente do Estado, é preciso que se comprove, além do nexo causal e dano, o elemento volitivo do agente do Estado.

120 Direito Administrativo Decifrado

> ( ) Certo ( ) Errado
>
> **Gabarito comentado:** quando se fala em **elemento volitivo** estamos procurando a compro-
> vação ou demonstração do **dolo ou culpa** de alguém. Em se tratando de responsabilização
> civil do Estado, mesmo nos casos de condutas comissivas em que se aplique a responsabi-
> lidade subjetiva **não haverá obrigação de demonstração de dolo ou culpa do agente
> cometedor do ato danoso. Portanto,** a assertiva **está errada.**

◆ **Duplicidade de relações jurídicas:** o texto constitucional aponta para uma dupla possibilidade de produção de ação judicial, levando em conta que o simples fato de o Estado ser responsável pelos danos resultantes de condutas de agentes públicos, sem que o agente responda por nada, configuraria uma enorme injustiça.

CF/1988

Art. 37. (...)

§ 6º As pessoas jurídicas de direito público e as de direito privado prestadoras de servi-ços públicos responderão pelos danos que seus agentes, nessa qualidade, causarem a ter-ceiros, assegurado o direito de regresso contra o responsável nos casos de dolo ou culpa.

Repetiu-se o texto constitucional para que possamos fazer uma análise das duas rela-ções previstas na lei.

Na primeira parte, o texto constitucional regula a relação jurídica entre o Estado e o le-sado que resulta em uma **ação de indenização**, com fundamento na responsabilidade extra-contratual do Estado, sendo desnecessária a comprovação de dolo ou culpa. Já na segunda parte, identificamos uma nova relação entre o Estado e o agente público causador do dano inicial, resultando em uma **ação de regresso**. Essa segunda ação será regulada pela teoria da responsabilidade subjetiva ou teoria da responsabilidade com culpa. Logo haverá neces-sidade da demonstração do dolo ou culpa do agente. Observe que tal ação só será possível **no caso de o Estado ser vencido na ação de indenização**. Ou seja, é essencial que ocorra o evento indenizatório primeiro para que o direito de regresso do Estado esteja configurado.

8.4 Pressupostos de configuração

Como estudado até o momento, a responsabilidade civil do Estado adotada no Direito Administrativo moderno não se baseia mais na **falta do serviço**, mas sim **no fato do servi-ço.** Ou seja, não há necessidade de comprovação de dolo ou culpa do Estado, simplesmente precisamos da existência de um fato que resulte em um dano. Por isso, vamos estudar os pressupostos de configuração da responsabilidade civil do Estado, com base na **teoria da responsabilidade administrativa.**

◆ **Dano:** Deve ser efetivo, e não virtual. É necessária a ocorrência efetiva do dano para possibilidade de proposição de ação de indenização. Pode ensejar indenização por dano material ou moral, cabendo cumulação.

Jurisprudência destacada

Súmula nº 37 do STJ: São cumuláveis as indenizações por dano material e dano moral oriundos do mesmo fato.

Súmula nº 387 do STJ: É lícita a cumulação das indenizações de dano estético e dano moral.

Para a doutrina, duas características são essenciais para que se estabeleça a condição de **dano indenizável: dano anormal e específico**. **Anormal,** por extrapolar os limites do conveniente social, **específico,** por alcançar um indivíduo ou uma classe delimitada de indivíduos. Encontrados os dois atributos no ato, consideramos ser um **dano antijurídico**, resultando no dever de indenizar.

- **Conduta do agente público (fato administrativo):** comporta qualquer conduta do agente público, seja comissiva ou omissiva, seja individual ou coletiva, seja, até mesmo, lícita ou ilícita. Mesmo que o agente esteja atuando fora de sua função administrativa, mas a pretexto de exercê-la, será o fato considerado administrativo, por meio das modalidades *culpa in eligendo* **(erro na escolha)** ou *culpa in vigilando* **(erro na fiscalização)**.
- **Nexo causal:** demonstração do relacionamento direto entre a conduta e o dano, formando o vínculo necessário para configuração do poder de ação. Logo, inexistindo o fato administrativo não há como imputar a responsabilidade civil ao Estado.

Dois casos emblemáticos sobre a importância do nexo de causalidade: veículo furtado apreendido depois de ter sido regularmente registrado pelo Estado e deslizamento de encosta resultante de sucessivas escavações das próprias vítimas.

 Jurisprudência destacada

Não se pode impor ao Estado o dever de ressarcir o prejuízo, conferindo-se ao certificado de registro de veículo, que é apenas título de propriedade, o efeito legitimador da transação, e dispensando-se o adquirente de diligenciar, quando da sua aquisição, quanto à legitimidade do título do vendedor. Fora dos parâmetros da causalidade não é possível impor ao Poder Público o dever de indenizar sob o argumento de falha no sistema de registro. Recurso conhecido e provido (STF, 1ª Turma, RE nº 228.521/RS, Rel. Min. Ilmar Galvão, j.03.10.2012).

Por ser o pressuposto mais importante na caracterização da responsabilidade civil do Estado, o nexo de causalidade deve ser indicado sem nenhuma dúvida quanto ao fato causador do dano ser vinculado ao Estado. Sendo possível essa imputação de responsabilidade, não haverá investigação ou estudo sobre a ação ser culposa ou dolosa, cabendo ao Estado o dever de indenizar. Por isso, até mesmo ações lícitas em um primeiro momento poderão resultar em dever indenizatório.

Vale trazer mais um caso emblemático de nossa história, em que a União foi derrotada em ação proposta por uma companhia aérea que exigia ser indenizada pelos prejuízos resultantes da implementação do Plano Cruzado. Observe que não houve ilícito pelo Estado, a lei que estabeleceu o Plano Cruzado foi produzida licitamente e reconhecida constitucional. Porém, a intervenção do Estado no domínio econômico afetou cláusula contratual que previa o equilíbrio econômico-financeiro entre tarifas e custos do serviço.

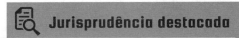

Jurisprudência destacada

A desobediência aos próprios termos da política econômica estatal desenvolvida, gerando danos patrimoniais aos agentes econômicos envolvidos, é fator que acarreta insegurança e instabilidade, desfavorável à coletividade e, em última análise, ao próprio consumidor (STF, 2ª Turma, RE nº 422.941/DF, Rel. Min. Carlos Velloso, j. 06.12.2005).

Responsabilidade da União em indenizar prejuízos sofridos pela concessionária de serviço público, decorrentes de política econômica implementada pelo Governo, comprovados nos termos do acórdão recorrido (STF, Tribunal Pleno, RE nº 571.969/DF, Rel. Min. Cármen Lúcia, j. 12.03.2014).

Decifrando a prova

(2014 – Vunesp – TJ/SP – Notário – Adaptada) Sobre a teoria da responsabilidade patrimonial do Estado, pode-se afirmar que há responsabilidade do Estado, ou de quem exerce em seu nome uma função pública, mesmo diante de atos lícitos, desde que o dano causado não afete indistintamente toda sociedade, e sim a uma pessoa ou a um grupo determinável, e que o prejuízo reclamado não se possa qualificar como razoável pelo convívio em sociedade.
( ) Certo ( ) Errado
Gabarito comentado: a aplicação da responsabilidade do Estado sobre atos lícitos dependerá sempre da ocorrência de um dano **anormal e específico** a um indivíduo ou grupo de pessoas determinadas. Portanto, a assertiva está certa.

A sujeição do Estado à teoria da responsabilidade objetiva comporta algumas observações importantes: observe que a aplicação dessa teoria não poderá ocorrer de forma "desgovernada", ou seja, nem tudo o que acontece no meio social deve ser necessariamente submetido ao patrimônio de responsabilidades do Estado. O comportamento da vítima do ato danoso também deve ser considerado, antes que se defina a amplitude da responsabilidade do Estado.

Tendo o lesado não contribuído **em nada** com o evento danoso, temos o perfeito enquadramento da teoria da responsabilidade objetiva, com sua aplicação plena. Tendo-se uma lesão por **culpa exclusiva da vítima**, configura hipótese de **autolesão**, não sendo possível imputar nenhum tipo de responsabilidade ao Estado, eis que os pressupostos: **fato administrativo** e **nexo causal** estarão afastados. Numa última possibilidade, a vítima do evento danoso poderá ter **contribuído** com a ocorrência do evento, surgindo a **culpa concorrente**. Nesse caso, seria extremamente injusto determinarmos a plena responsabilidade do Estado.

Capítulo 8 ◆ Responsabilidade civil do Estado **123**

A indenização do Estado será relativa a sua parte de culpa no evento, sendo o lesado responsável por arcar com a outra parte da culpa. É haverá a aplicação do **sistema de compensação das culpas** do direito privado no direito administrativo.

CC/2002

Art. 945. Se a vítima tiver concorrido culposamente para o evento danoso, a sua indenização será fixada tendo-se em conta a gravidade de sua culpa em confronto com a do autor do dano.

8.5 Responsabilidade por conduta omissiva e teoria do risco criado (suscitado)

Já ficou estabelecido que a responsabilização do Estado se dará pela simples existência do **fato administrativo**, seja esse fato resultante de uma conduta comissiva (ação) ou omissiva. A questão é que, quando tratamos de conduta comissiva do Estado, "a coisa complica um pouco para o lado particular". Mantemos a ideia de a solicitação de indenização se fundar em apenas três elementos (conduta, dano e nexo causal), mas devemos acrescentar aqui a **comprovação da omissão do Estado**. Isso porque a simples omissão do Estado não sugere um fato gerador da responsabilidade. A omissão deve acontecer sempre que estivermos diante de um **dever legal de impedir a ocorrência do dano**. Percebemos, então, que a aplicação da responsabilidade objetiva do Estado não se adéqua perfeitamente ao caso em análise.

Outra forma de atentar para essa imperfeita relação entre aplicação da responsabilidade objetiva e responsabilização por conduta omissiva está na leitura dos textos que fundamentam o instituto. Vejamos:

CC/2002

Art. 43. As pessoas jurídicas de direito público interno são civilmente responsáveis por atos dos seus agentes que nessa qualidade causem danos a terceiros, ressalvado direito regressivo contra os causadores do dano, se houver, por parte destes, culpa ou dolo. (...)

Art. 927. Aquele que, por ato ilícito (arts. 186 e 187), causar dano a outrem, fica obrigado a repará-lo.

Parágrafo único. Haverá obrigação de reparar o dano, independentemente de culpa, nos casos especificados em lei, ou quando a atividade normalmente desenvolvida pelo autor do dano implicar, por sua natureza, risco para os direitos de outrem.

CF/1988

Art. 37. (...)

§ 6º As pessoas jurídicas de direito público e as de direito privado prestadoras de serviços públicos responderão pelos danos que seus agentes, nessa qualidade, causarem a terceiros, assegurado o direito de regresso contra o responsável nos casos de dolo ou culpa.

Nem a lei civil nem o texto constitucional tratam de condição de dano resultante de omissão, o que implicaria afastamento da aplicação da responsabilidade objetiva, com aplicação mais "adequada" da responsabilidade subjetiva nesses casos. A questão é que a **regra é a aplicação da responsabilidade objetiva** sendo o dano causado por um agente, então não se pode afirmar ser unicamente aplicável a responsabilidade subjetiva, nem dizer que será adequada a plena aplicação da responsabilidade objetiva.

Diante desse panorama, o STF apresentou um posicionamento para entender melhor qual a regra a ser aplicada em cada caso. Para o Supremo Tribunal Federal, antes de tudo, havendo nexo de causalidade direta entre a omissão e o dano, devemos entender se o caso se trata de **omissão genérica ou omissão específica**. Havendo omissão genérica, entende o Supremo que se deve aplicar a teoria da responsabilidade subjetiva; em se tratando de omissão específica, há aplicação da teoria da responsabilidade objetiva.

Trata-se de **omissão genérica** sempre que o Estado se encontrar em posição de "desobrigação" de agir perante a atividade que resultou no dano. Já a **omissão específica** entende que o Estado, na posição de **garante**, criou a situação propícia para ocorrência do evento danoso ao se omitir da obrigação de impedir o ocorrido.

Ex. 1: apesar de notificada diversas vezes sobre a possibilidade de uma árvore, que está em péssima condição de conservação, cair sobre um carro ou uma pessoa em uma determinada via, a prefeitura se omite da obrigação de realizar a poda e verificação periódica.

Na situação proposta, o Estado deveria agir para garantir a proteção da sociedade. Como não houve ação por parte do Estado, haverá a caracterização da omissão específica.

Ex. 2: uma pessoa sofre violência física por parte de torcedores vândalos durante uma partida de futebol. Nesse caso, haverá **omissão genérica**.

Jurisprudência destacada

A responsabilidade objetiva da Administração Pública, nos termos do dispositivo constitucional mencionado, tem por pressuposto o nexo causal entre um ato de agente público, nessa qualidade, e o dano suportado pelo particular. Os danos sofridos por particular em razão de ato de delinquência só responsabilizam a Administração caso comprovada sua culpa, consistente em não agir conforme determina a lei, diante de determinado fato – a chamada teoria do *faute du service publique*, que diferencia o ato omissivo do ato comissivo estatal (TJ-RJ, 19ª Câmara Cível, Reexame Necessário nº 3766079520088190001/RJ, Rel. Des. Marcos Alcino A. Torres, j. 31.08.2010).

Deveras, é fundamental ressaltar que, não obstante o Estado responda de forma objetiva também pelas suas omissões, o nexo de causalidade entre essas omissões e os danos sofridos pelos particulares só restará caracterizado quando o Poder Público ostentar o dever legal específico de agir para impedir o evento danoso, não se desincumbindo dessa obrigação legal. Entendimento em sentido contrário significaria a adoção da teoria do risco integral, repudiada pela Constituição Federal, como já mencionado acima (STF, Tribunal Pleno, RE nº 841.526/RS, Rel. Min. Luiz Fux, j. 30.03.2016).

Trata-se, no caso, de agressão física perpetrada por aluno contra uma professora dentro de escola pública. Apesar de a direção da escola estar ciente das ameaças sofridas pela professora antes das agressões, não tomou qualquer providência para resguardar a segurança da docente ameaçada e afastar, imediatamente, o estudante da escola. O tribunal *a quo*, soberano na análise dos fatos, concluiu pela responsabilidade civil por omissão do Estado. Não obstante o dano ter sido causado por terceiro, existiam meios razoáveis e suficientes para impedi-lo e não foram utilizados pelo Estado. Assim, demonstrado o nexo causal entre a inação do Poder Público e o dano configurado, tem o Estado a obrigação de repará-lo. Logo a Turma conheceu parcialmente do recurso e, nessa parte, negou-lhe provimento (STJ, 2ª Turma, REsp nº 1.142.245/DF, Rel. Min. Castro Meira, j. 05.10.2010).

Decifrando a prova

(2019 – Cespe/Cebraspe – DPE/DF – Defensor – Adaptada) É possível responsabilizar a administração pública por ato omissivo do Poder Público, desde que seja inequívoco o requisito da causalidade, em linha direta e imediata, ou seja, desde que exista o nexo de causalidade entre a ação omissiva atribuída ao Poder Público e o dano causado a terceiro.
( ) Certo ( ) Errado
Gabarito comentado: assim como na responsabilização por ato comissivo, o nexo de causalidade é essencial para que se possa confirmar a relação direta entre o fato administrativo e o dano sofrido pelo administrado. Portanto, a assertiva está certa.

Finalizando este tópico, é conveniente observamos que **nem toda omissão genérica do Estado oportunizará a propositura de ação indenizatória por parte da vítima**. Existem alguns deveres genéricos do Estado que se tornam insuficientes ou de baixa qualidade, não por inércia ou falta de interesse de ação do Estado, mas sim porque tais prestações demandam a implementação de políticas públicas para os quais nem sempre haverá recursos suficientes. Tais omissões não configuram possibilidade de responsabilização civil do Estado, mas de responsabilização política dos agentes, que não é assunto de nosso estudo. Ex.: prestações sociais como educação, saúde, segurança, emprego, habitação.

Por trás da **omissão específica** a doutrina majoritária adota uma teoria para classificá-la melhor, chamada de **teoria do risco criado ou risco suscitado**. Essa teoria comporta a ideia de que, tendo o Estado a custódia sobre pessoa ou bem e tal custodiado venha a sofrer algum dano, deverá o Estado indenizá-lo sem que seja possível considerar uma excludente de responsabilidade.

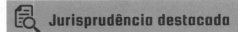

Jurisprudência destacada

A partir do momento em que o indivíduo é detido, este é o posto sob a guarda, proteção e vigilância das autoridades policiais, que têm por dever legal, nos termos do art. 5º, XLIX, da CF/1988, tomar medidas que garantam a incolumidade física daquele, quer por ato do próprio preso (suicídio), quer por ato de terceiro (agressão perpetrada por outro preso). Restando devidamente demonstrado nos autos que o resultado danoso decorreu de conduta omissiva do Estado ao faltar com seu dever de vigilância do detento, o qual foi encarcerado alcoolizado e, posteriormente, encontrado morto no interior da cela, configurada está a responsabilidade do ente público em arcar com os danos causados (STF, 2ª Turma, ARE nº 700.927/GO, Rel. Min. Gilmar Mendes, j. 28.08.2012).
É dever do Estado e direito subjetivo do preso que a execução da pena se dê de forma humanizada, garantindo-se os direitos fundamentais do detento, e o de ter preservada a

sua incolumidade física e moral (art. 5º, inciso XLIX, da Constituição Federal). O dever constitucional de proteção ao detento somente se considera violado quando possível a atuação estatal no sentido de garantir os seus direitos fundamentais, pressuposto inafastável para a configuração da responsabilidade civil objetiva estatal, na forma do art. 37, § 6º, da Constituição Federal. *Ad impossibilita nemo tenetur*, por isso que nos casos em que não é possível ao Estado agir para evitar a morte do detento (que ocorreria mesmo que o preso estivesse em liberdade), rompe-se o nexo de causalidade, afastando-se a responsabilidade do Poder Público, sob pena de adotar-se *contra legem* e a *opinio doctorum* a teoria do risco integral, ao arrepio do texto constitucional. A morte do detento pode ocorrer por várias causas, como, *v.g.*, homicídio, suicídio, acidente ou morte natural, sendo que nem sempre será possível ao Estado evitá-la, por mais que adote as precauções exigíveis. A responsabilidade civil estatal resta conjurada nas hipóteses em que o Poder Público comprova causa impeditiva da sua atuação protetiva do detento, rompendo o nexo de causalidade da sua omissão com o resultado danoso. Repercussão geral constitucional que assenta a tese de que: em caso de inobservância do seu dever específico de proteção previsto no art. 5º, inciso XLIX, da Constituição Federal, o Estado é responsável pela morte do detento (STF, Tribunal Pleno, RE nº 841.526/RS, Rel. Min. Luiz Fux, j. 30.03.2016).

Mais um caso recente reafirmou o posicionamento dos Tribunais Superiores em entender que a **omissão específica** configura responsabilidade civil do Estado. Um indivíduo conseguiu acesso portando arma de fogo a um determinado hospital público e matou um paciente com um disparo. Fica evidente que a prestação de serviço de vigilância e segurança dos pacientes fica a cargo da administração hospitalar, visto se tratar de serviço auxiliar de estadia oferecido aos usuários do serviço de saúde. Configura-se aí a omissão específica do Estado, já que o ente público deveria disponibilizar pessoal e equipamento necessários e eficazes para o alcance dessa finalidade.

 Jurisprudência destacada

Informativo **nº 740 do STJ.** O hospital que deixa de fornecer o mínimo serviço de segurança, contribuindo de forma determinante e específica para homicídio praticado em suas dependências, responde objetivamente pela conduta omissiva (STJ, 2ª Turma, REsp nº 1.708.325/RS, Rel. Min. Og Fernandes, j. 24.05.2022).

 Decifrando a prova

(2020 – FCC – TJ/MS – Juiz – Adaptada) Em conhecido acórdão proferido em regime de repercussão geral, versando sobre a morte de detento em presídio – Recurso Extraordinário nº 841.526 (Tema 592) – o Supremo Tribunal Federal confirmou decisão do Tribunal de Justiça do Rio Grande do Sul, calcada em doutrina que, no tocante ao regime de responsabilização estatal em condutas omissivas, distingue-a conforme a natureza da omissão. Segundo tal dou-

Capítulo 8 ◆ Responsabilidade civil do Estado **127**

> trina, em caso de omissão específica, deve ser aplicado o regime de responsabilização integral; em caso de omissão genérica, aplica-se o regime de responsabilização objetiva.
>
> ( ) Certo ( ) Errado
>
> **Gabarito comentado:** o STF decidiu que a responsabilização objetiva do Estado em caso de morte de detento somente ocorre quando houver inobservância do dever específico de proteção previsto no art. 5º, inciso XLIX, da Constituição Federal. Assim, a configuração da **omissão específica** faz com que a responsabilidade do Estado, mesmo sendo por omissão, seja **objetiva**. No caso de **omissão genérica**, aplica-se a responsabilização **subjetiva** do Estado. Portanto, a assertiva está errada.

8.6 Teoria do risco integral

Derivada da **teoria do risco administrativo**, que é considerada a teoria principal e que serve como fundamentação para quase tudo o que estudamos até aqui sobre **responsabilidade civil do Estado**, a **teoria do risco integral** aparece como uma "evolução" mais radical. Enquanto a teoria do risco administrativo comporta atenuantes e até mesmo excludentes de responsabilização, conforme já estudado, a teoria do risco integral **não aceita qualquer excludente**, ou seja, sempre que houver um dano, haverá uma indenização feita pelo Estado.

Num primeiro momento, até podemos considerar essa uma ótima teoria, visto que o benefício para o particular é visível, mas não podemos ignorar que essa teoria cria uma grande injustiça, pois mesmo o evento danoso tendo participação do particular, por maior que seja essa participação, o Estado não poderá se eximir da responsabilidade de indenização. Para os defensores dessa teoria, o Estado possui a função de **garantidor universal** e, por isso, qualquer evento danoso será de responsabilidade do Estado, mesmo quando não for ele próprio o responsável pela conduta.

Reconhecendo a desproporção entre direitos ao se aplicar de maneira "aleatória" essa teoria, no Brasil, a teoria do risco integral só poderá ser aplicada em casos específicos, elencados a seguir:

◆ **Dano ambiental:** Expressamente previsto no texto constitucional e parte importante do estudo do Direito Ambiental, a responsabilidade por danos ambientais é objetiva tendo por pressuposto atividade que possa implicar riscos para a saúde e o meio ambiente. O Estado tem a obrigação de prevenir tais danos **(princípio da preservação)** e se responsabilizará por eventual dano **(princípio do poluidor-pagador)**. Julgado recente no STF estabeleceu a **imprescritibilidade** da pretensão de reparação civil diante de um dano ambiental.

   CF/1988

   Art. 225. Todos têm direito ao meio ambiente ecologicamente equilibrado, bem de uso comum do povo e essencial à sadia qualidade de vida, impondo-se ao Poder Público e à coletividade o dever de defendê-lo e preservá-lo para as presentes e futuras gerações.

   (...)

128 Direito Administrativo Decifrado

§ 2º Aquele que explorar recursos minerais fica obrigado a recuperar o meio ambiente degradado, de acordo com solução técnica exigida pelo órgão público competente, na forma da lei.

§ 3º As condutas e atividades consideradas lesivas ao meio ambiente sujeitarão os infratores, pessoas físicas ou jurídicas, a sanções penais e administrativas, independentemente da obrigação de reparar os danos causados.

Outro dispositivo importante a ser analisado é a Lei nº 6.938/1981, conhecida como **Política Nacional do Meio Ambiente**. Observe:

Lei nº 6.938/1981

Art. 14. (...)

§ 1º Sem obstar a aplicação das penalidades previstas neste artigo, é o poluidor obrigado, independentemente da existência de culpa, a indenizar ou reparar os danos causados ao meio ambiente e a terceiros, afetados por sua atividade. O Ministério Público da União e dos Estados terá legitimidade para propor ação de responsabilidade civil e criminal, por danos causados ao meio ambiente.

Lei nº 6.938/1981

Art. 3º (...)

IV – poluidor, a pessoa física ou jurídica, de direito público ou privado, responsável, direta ou indiretamente, por atividade causadora de degradação ambiental.

Jurisprudência destacada

A reparação do dano ao meio ambiente é direito fundamental indisponível, sendo imperativo o reconhecimento da imprescritibilidade no que toca à recomposição dos danos ambientais. É imprescritível a pretensão de reparação civil de dano ambiental (STF, Tribunal Pleno, RE nº 654.833/AC, Rel. Min. Alexandre de Moraes, j. 20.04.2020).

- ◆ **Dano nuclear:** assim como ocorre quando estudamos casos de danos ambientais, uma parte da doutrina não considera possível a aplicação da teoria do risco integral, visto que a própria Lei nº 6.453/1977 (Lei de Responsabilidade Civil por Danos Nucleares) prevê diversas situações que permitem a exclusão da responsabilidade do Estado. Esse posicionamento ainda é considerado minoritário, por isso, adotaremos a posição de aceitação dessa teoria nesses casos. Observe o texto legal:

Lei nº 6.453/1977

Art. 4º Será exclusiva do operador da instalação nuclear, nos termos desta Lei, independentemente da existência de culpa, a responsabilidade civil pela reparação de dano nuclear causado por acidente nuclear: (...)

- ◆ **Acidentes de trabalho:** sempre que estivermos diante de uma relação de emprego público, eventuais acidentes de trabalho sofridos pelos empregados públicos instalarão o dever de indenizar do Estado.

Capítulo 8 ◆ Responsabilidade civil do Estado **129**

◆ **Seguro DPVAT:** acidentes previstos e cobertos pelo seguro obrigatório para automóveis (DPVAT) acarretarão a necessidade de indenização do Estado. A ação exigirá apenas à prova do acidente e do dano ocorrido. Importa ressaltar que, nessa ação indenizatória, o Estado não figurará no polo passivo, pois esta deve ser proposta em face da seguradora específica. A seguradora realizará o pagamento com o produto da arrecadação do DPVAT.

Lei nº 6.194/1974

Art. 5º O pagamento da indenização será efetuado mediante simples prova do acidente e do dano decorrente, independentemente da existência de culpa, haja ou não resseguro, abolida qualquer franquia de responsabilidade do segurado.

◆ **Atentados terroristas em aeronaves:** configurando uma resposta do governo brasileiro aos atentados terroristas ocorridos em 11 de setembro de 2001, que acarretou aumentos absurdos de valores dos seguros do serviço de aviação, o Congresso Nacional editou a Lei nº 10.744/2003. Nela, a União passou a assumir despesas de responsabilidade civil nas hipóteses de danos a bens ou pessoas (usuários ou não do serviço) decorrentes de **atentados terroristas ou correlatos contra aeronaves de matrícula brasileira operadas por empresas brasileiras**. Trata-se de uma responsabilidade estatal por ato de terceiro, com aplicação da teoria do risco integral.

Lei nº 10.744/2003

Art. 1º Fica a União autorizada, na forma e critérios estabelecidos pelo Poder Executivo, a assumir despesas de responsabilidades civis perante terceiros na hipótese da ocorrência de danos a bens e pessoas, passageiros ou não, provocados por atentados terroristas, atos de guerra ou eventos correlatos, ocorridos no Brasil ou no exterior, contra aeronaves de matrícula brasileira operadas por empresas brasileiras de transporte aéreo público, excluídas as empresas de táxi aéreo.

8.7 Responsabilidades específicas

Neste tópico faremos uma análise de situações complementares de responsabilidade do Estado. Vamos lá:

◆ **Danos de obra pública:** em situação de dano decorrente da realização de obra pública, devemos destacar a existência de duas possibilidades para análise: **dano pelo simples fato da obra e dano por má execução da obra**.

Responsabilidade pelo simples fato da obra ocorre sempre que, independentemente do responsável pela execução da obra, um particular sofre um dano decorrente de tal obra, mesmo não havendo culpa de alguém. O dano ocorreu pela simples existência da obra. Nesse caso haverá a aplicação da responsabilidade objetiva do Estado. Ex.: A construção de um cemitério em determinada região da cidade acaba afetando a atividade comercial do dono de uma rede hoteleira.

A responsabilidade pela má execução da obra requer necessariamente que se identifique quem foi a pessoa responsável por sua execução, uma vez que o dano decorre exatamente do fato de ela ter sido executada com erros.

Direito Administrativo Decifrado

No caso de a obra ter sido realizada pelo próprio Estado, fica claro para nós que teremos a implicação da responsabilidade objetiva do Estado, visto ser um dano resultante de atividade produzida por agente público.

Já no caso de ela ter sido executada por uma pessoa contratada, por meio de contrato administrativo, e o dano resultar de erro exclusivo do contratado, haverá a aplicação da responsabilidade civil subjetiva, nos moldes do Direito Privado, e não do Direito Público. Lembre-se: a realização de obra não configura serviço público. Logo, estamos aqui diante de uma pessoa jurídica de direito privado que não está em situação de prestação de serviço público.

Porém um detalhe deve ser observado: Se no caso de a má execução da obra decorrer de atuação do particular, o Estado **poderá responder subjetivamente**, nos moldes do direito público, de forma subsidiária. Isso se dá em razão de o Estado poder ser responsabilizado pela sua atuação ilícita em relação ao particular, sendo porque o Estado recaiu na chamada *culpa in eligendo* (erro no procedimento de contratação) ou *culpa in vigilando* (falha na fiscalização da execução da obra).

Decifrando a prova

(2019 – Vunesp – TJ/RS – Notário – Adaptada) Em casos de danos causados por má execução de obras públicas por empresas a terceiros, a empreiteira responderá primariamente e de maneira subjetiva, havendo, contudo, a responsabilidade subsidiária do Estado.

( ) Certo ( ) Errado

Gabarito comentado: a execução de obra não configura uma prestação de serviço público. Logo a responsabilidade recairá sobre o terceiro executor da obra, na forma do Direito Privado. O Estado, nesse caso, poderá responder subsidiariamente no momento em que se consiga apontar a culpa do Estado. Portanto, a assertiva está certa.

♦ **Atividade legislativa:** por se tratar de uma função estrutural do Estado, entende-se que a regra é pela **não aplicação da responsabilidade civil do Estado** por atuação legislativa.

A figura se modifica a partir do momento em que, atuando de forma correta (respeitando as formalidades legais), os agentes legisladores editem uma nova lei em **total desconformidade com os interesses individuais ou coletivos e em afronta aos pressupostos e mandamentos constitucionais**. Observe que temos aqui a necessidade de identificação de duas ocorrências distintas: em um primeiro momento, o Estado deverá atingir um direito individual ou coletivo com a nova lei. Essa simples descoberta não abriga, ainda, a ação de indenização contra o Estado. Em um segundo momento, sendo a nova lei declarada inconstitucional, aí sim teremos concretizada a figura da **responsabilidade civil do Estado por ato legislativo**. Esse é o entendimento que se aplica quando tratamos de **leis de efeitos abstratos**. Uma vez que essas leis têm a qualidade de lei em sentido formal e material, produzem condições **abstratas e gerais**. Assim, somente a demonstração de dano anormal e específico e a

Capítulo 8 ◆ Responsabilidade civil do Estado **131**

declaração da inconstitucionalidade da lei poderão resultar na obrigação de indenizar do Estado. A doutrina diz que as **leis de efeitos concretos são verdadeiros atos administrativos**. Pode ocorrer também a responsabilidade do Estado como resultado de uma lei que, mesmo não sendo ainda declarada inconstitucional, causa a um indivíduo ou grupo determinado de pessoas um dano. Perceba que a situação apresentada decorre necessariamente de uma **lei de efeito concreto**. Explico: lei de efeito concreto é aquela que, apesar de atender corretamente aos ditames formais de sua criação, não ostenta a qualidade de lei em sentido material, pois aqui estamos diante de uma ação específica, com alvos determinados.

◆ **Atividade judiciária:** sempre que o Poder Judiciário estiver agindo por meio de sua **função atípica administrativa** poderá ocorrer a aplicação da responsabilidade civil do Estado na forma comum, com base na teoria do risco administrativo. Mas o que realmente nos interessa tratar nesse momento é quando o Poder Judiciário está agindo na sua **função típica jurisdicional.**

A regra na doutrina moderna é que o Estado não poderá ser responsabilizado por danos decorrentes de atos judiciais, visto que o sistema processual brasileiro prevê diversos mecanismos para requisição de reparação de um dano sofrido por uma parte do processo.

Entretanto, essa regra de irresponsabilidade do Estado é afastada quando se trata de atos judiciais no bojo de ação criminal, visto que nesses casos o Estado assume o risco de privar o indivíduo de sua liberdade, devendo, assim, responder por eventual prejuízo decorrente desse risco.

CF/1988

Art. 5º (...)

LXXV – o Estado indenizará o condenado por erro judiciário, assim como o que ficar preso além do tempo fixado na sentença; (...)

Ao assumir aplicar a pena privativa de liberdade, o Estado deverá ser responsabilizado sempre que dessa decisão resultarem danos ao apenado. Aqui também se observa a responsabilidade objetiva do Estado.

8.8 Prazos

Para o devido estudo sobre os prazos aplicáveis em todo o procedimento de responsabilidade do Estado, precisamos dividir a ação em duas partes, conforme se verá a seguir.

8.8.1 Ação de indenização

É a ação proposta pela **vítima contra a pessoa jurídica** à qual o agente público causador da conduta lesiva pertence. Não poderá ser proposta diretamente contra o agente público, uma vez que o STF rejeita a possibilidade da propositura da ação *per saltum*.

Com relação ao prazo para propositura dessa ação, já é pacificado o entendimento (após decisão do STJ na REsp 1.251.993/PR) de que o prazo a ser aplicado nessa primeira ação é o prazo de 5 anos previsto no **Decreto nº 20.910/1932**.

Destaco aqui que, apesar de alguns doutrinadores aceitarem, é minoritária a tese da aplicação da **denunciação à lide na ação indenizatória**.

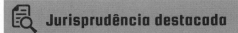

Tema nº 553 do STJ. Aplica-se o prazo prescricional quinquenal – previsto do Decreto nº 20.910/1932 – nas ações indenizatórias ajuizadas contra a Fazenda Pública, em detrimento do prazo trienal contido do Código Civil de 2002.

8.8.2 Ação regressiva

Essa é a ação proposta **pelo Estado contra o agente público** causador do dano, ensejando a reparação custeada pelo Estado como resultado da primeira ação. Sua finalidade é a apuração da responsabilidade pessoal do agente público, sendo por isso **essencial** a demonstração de **dolo** ou **culpa do agente**.

Como a própria Constituição Federal prevê a necessidade de demonstração de dolo ou culpa do agente como requisito essencial (além da obrigação de reparar resultante da ação de indenização) para a propositura da ação de regresso, tal ação é baseada na **teoria subjetiva**.

Com base nessa teoria, devemos aplicar o Código Civil como parâmetro de definição do prazo prescricional da ação.

> CC/2002
> Art. 206. Prescreve: (...)
> § 3º Em três anos: (...)
> V – a pretensão de reparação civil; (...)

Devemos apenas observar com cuidado o entendimento atual aplicado ao disposto no art. 37, § 5º, da CF/1988, que determina ser **imprescritível** ação de reparação de dano decorrente de ato de improbidade administrativa na modalidade dolosa. Logo a ação de reparação ao erário decorrente de ato de improbidade, quando doloso, não prescreverá, ao passo que a reparação de ato de improbidade na modalidade culposa ou decorrente de ato civil ilícito prescreverá.

Decifrando a prova

(2019 – TJ/PA – Juiz de Direito Substituto – Adaptada) Segundo o entendimento majoritário do STJ, no caso de ação indenizatória ajuizada contra a Fazenda Pública em razão da responsabilidade civil do Estado, o prazo prescricional é decenal, como previsto no Código de Processo Civil, em detrimento do prazo trienal previsto pelas normas de direito público.
( ) Certo ( ) Errado
Gabarito comentado: conforme previsão do Decreto nº 20.910/1931, ações de indenização em face do Estado prescreverão em 5 anos. Portanto, a assertiva está errada.

Improbidade administrativa — Lei n° 8.429/1992

9

9.1   Introdução

Agentes públicos, durante a execução de suas atividades, podem, com suas condutas, cometer violações ao Direito, sendo prevista em nosso ordenamento a possibilidade da tríplice **responsabilidade do agente público**. Assim, caso tal conduta viole a legislação criminal, contra ele será instaurado um processo penal. Se causar prejuízo patrimonial, responderá no âmbito civil. Se cometer infração de natureza administrativa, responderá a um procedimento administrativo disciplinar.

O dispositivo legal pelo qual iniciaremos nosso estudo a partir de agora apresenta uma **quarta esfera de responsabilização do agente público**, qual seja: procedimento judicial com objetivo de investigar e punir **condutas praticadas no exercício da função que impliquem ato de improbidade administrativa**. Vale destacar que a doutrina moderna já reconhece possíveis outras duas esferas de responsabilização, quais sejam: esfera política e o processo de controle, configurando, assim, **seis possibilidades legais de responsabilização do agente público por suas condutas**.

Observamos a aplicação da lei de improbidade como uma quarta esfera, por ser uma investigação produzida em **ação autônoma, diversa e independente das demais esferas de responsabilização**.

> **Lei n° 8.429/1992**
>
> **Art. 12.** Independentemente do ressarcimento integral do dano patrimonial, se efetivo, e das sanções penais comuns e de responsabilidade, civis e administrativas previstas na legislação específica, está o responsável pelo ato de improbidade sujeito às seguintes cominações, que podem ser aplicadas isolada ou cumulativamente, de acordo com a gravidade do fato: (...)

O texto constitucional foi o responsável por, no primeiro momento, apontar a importância de se tratar de forma diversa e séria a conduta de um agente ímprobo, estabelecendo punições a serem aplicadas ao se confirmar a conduta ilícita. Ocorre que, como veremos a seguir, a previsão constitucional se trata de uma **norma de eficácia limitada**, que só passou a produzir efetivos efeitos após o surgimento da legislação própria.

CF/1988

Art. 14. (...)

§ 9º Lei complementar estabelecerá outros casos de inelegibilidade e os prazos de sua cessação, a fim de proteger a probidade administrativa, a moralidade para exercício de mandato considerada vida pregressa do candidato, e a normalidade e legitimidade das eleições contra a influência do poder econômico ou o abuso do exercício de função, cargo ou emprego na administração direta ou indireta.

Art. 15. É vedada a cassação de direitos políticos, cuja perda ou suspensão só se dará nos casos de: (...)

I – improbidade administrativa, nos termos do art. 37, § 4º. (...)

Art. 37. (...)

§ 4º Os atos de improbidade administrativa importarão a suspensão dos direitos políticos, a perda da função pública, a indisponibilidade dos bens e o ressarcimento ao erário, na forma e gradação previstas em lei, sem prejuízo da ação penal cabível. (...)

Art. 85. São crimes de responsabilidade os atos do Presidente da República que atentem contra a Constituição Federal e, especialmente, contra: (...)

V – a probidade na administração.

Interessante que, ao ser editada, não só a Lei de Improbidade Administrativa regulamentou as punições já previstas no texto constitucional, como também **acrescentou ao rol inicial penalidades aplicáveis ao agente**. Esse entendimento já está devidamente pacificado e consolidado no STF.

O fato de a LIA ter ampliado o rol de sanções originariamente previstas na Constituição Federal não apresenta inconstitucionalidade alguma, pois a Constituição indicou apenas uma relação mínima de sanções (STF, 2ª Turma, AgRg no RE nº 598.588/RJ, Rel. Min. Eros Grau, j. 15.12.2009).

A LIA (Lei de Improbidade Administrativa) atende aos anseios legais de se estabelecer de forma concreta atos e condutas que se configuram como atos que ofendem o **princípio da moralidade administrativa**, sendo inclusive o **princípio da probidade** tratado como um subprincípio da moralidade.

9.2 Abrangência da lei

Retomando um conceito já estudado no capítulo específico que tratou dos **agentes públicos**, a LIA aponta qualquer agente público como passível de responder por uma ação de

Capítulo 9 ◆ Improbidade administrativa — Lei nº 8.429/1992 **135**

improbidade administrativa. Lembramos que a lei utiliza o conceito **mais amplo possível de agente público**, que é o conceito adotado atualmente no Direito Administrativo moderno. Esse será o **sujeito ativo da improbidade**, ou seja, o responsável pelo cometimento do ato infracional a ser apurado e, se confirmado, punido.

Lei nº 8.429/1992

Art. 2º Para os efeitos desta Lei, consideram-se agente público o agente político, o servidor público e todo aquele que exerce, ainda que transitoriamente ou sem remuneração, por eleição, nomeação, designação, contratação ou qualquer outra forma de investidura ou vínculo, mandato, cargo, emprego ou função nas entidades referidas no art. 1º desta Lei.

Parágrafo único. No que se refere a recursos de origem pública, sujeita-se às sanções previstas nesta Lei o particular, pessoa física ou jurídica, que celebra com a administração pública convênio, contrato de repasse, contrato de gestão, termo de parceria, termo de cooperação ou ajuste administrativo equivalente.

🧩 Decifrando a prova

(2022 – FGV – MPE/GO– Promotor de Justiça– Adaptada) Em razão de intensas chuvas ocorridas em Cavalcante, no nordeste de Goiás, a cheia do rio Prata causou enorme destruição e deixou desabrigadas centenas de famílias carentes que vivem na região. Com a aquiescência do poder público municipal, vários particulares se voluntariaram para auxiliar as vítimas daquele desastre natural, sobretudo mediante a organização e distribuição dos alimentos, roupas e outros itens doados a partir de diversas regiões do Estado e do país. Instado por notícia de desvio desses mantimentos, o Ministério Público instaurou inquérito civil e angariou elementos informativos robustos no sentido de que José, um dos voluntários, efetivamente se apropriou de parte dos bens doados às vítimas.

Na situação hipotética descrita, consoante o magistério da doutrina especializada e a legislação vigente, é correto afirmar que José pode ser considerado sujeito ativo da improbidade administrativa e responder por ato ímprobo que importa em enriquecimento ilícito, pois figura como agente de fato necessário, que exerce a função pública em situação de calamidade ou de emergência.

( ) Certo ( ) Errado

Gabarito comentado: apesar de não possuírem um vínculo estável e consagrado contratualmente com a Administração Pública, os voluntários são considerados **particulares em colaboração**, sendo reconhecidos como agentes públicos durante a atuação voluntária. Portanto, a assertiva está certa.

O entendimento prevalente de agente público amplo é tão essencial que o STJ em dois julgados importantes consolidou que **notários e registradores** e **hospitais e médicos conveniados ao (Sistema Único de Saúde) SUS** também são potenciais sujeitos ativos de improbidade administrativa.

Jurisprudência destacada

Por exercerem atividade delegada do Poder Público, mantendo com ele vínculo contratual, os notários e registradores são sujeitos ativos em potencial dos atos de improbidade administrativa (STJ, 2ª Turma, REsp nº 118.417/DF, Rel Min. Felix Fischer, j. 10.11.1997).

As pessoas jurídicas também poderão figurar como sujeito ativo dos atos de improbidade na condição de terceira beneficiária (STJ, 2ª Turma, REsp nº 1.127.143/RS, Rel. Min. Castro Meira, j. 22.06.2010).

Durante muitos anos prevaleceu o entendimento de que, apesar de a lei afirmar **agentes públicos de forma genérica** como possíveis cometedores de atos de improbidade, o STF em um julgamento de 2007 chegou a determinar que os **agentes políticos**, espécie de agente público, não poderiam ser punidos na forma da LIA por já existir um dispositivo legal especial que tratava dos **crimes de responsabilidade** dessa qualidade de agente (Lei nº 1.079/1950).

 Jurisprudência destacada

A LIA não se aplica aos agentes políticos, para os quais a Constituição Federal instituiu regime especial de julgamento por crimes de responsabilidade (disciplinados pela Lei nº 1.079/1950) (STF, Tribunal Pleno, Rcl nº 2.138, Rel. Min. Nelson Jobim, j. 13.06.2007).

Acontece que esse entendimento foi completamente alterado em decisões mais recentes, trazendo, inclusive, uma importante mudança no trato da improbidade administrativa com relação ao agente político. O entendimento atual estabeleceu duas características importantes:

- **O agente político responderá por um duplo regime sancionatório**, ou seja, o agente político poderá responder ao mesmo tempo pela lei de crime de responsabilidade e pela lei de improbidade administrativa. Desse entendimento, viu-se livre somente o presidente da República (no caso do presidente da República, haverá apenas aplicação das regras da lei de crimes de responsabilidade).
- **Não haverá foro por prerrogativa de função nas ações de improbidade contra agentes políticos**, ou seja, o agente político será julgado pela mesma instância competente a julgar qualquer outro agente político.

 Jurisprudência destacada

Os agentes políticos, com exceção do presidente da República, encontram-se sujeitos a um duplo regime sancionatório, e submetem-se tanto à responsabilização civil pelos atos de improbidade administrativa quanto à responsabilização político-administrativa por crimes de responsabilidade. O foro especial por prerrogativa de função previsto na Constituição Federal (CF) em relação às infrações penais comuns não é extensível às ações de improbidade administrativa (STF, Tribunal Pleno, Pet nº 3.240 AgR/DF, Rel. Min. Roberto Barroso, j. 10.05.2018).

Além dos agentes públicos, a LIA estendeu, excepcionalmente, a **possibilidade de proposição de ação de improbidade contra particulares (improbidade imprópria)**. Nesse caso, vale alertar, somente poderemos determinar o particular como agente ativo de improbidade quando este se encontrar em posição de atuação **conjunta** a um agente público, quando **o particular induz, concorre e beneficia-se de forma direta ou indireta**. Assim, nunca será possível o cometimento de improbidade pelo particular quando este estiver agindo sozinho. É imprescindível a identificação da participação de um agente público para que tal ação seja possível. Também é possível que uma pessoa jurídica venha a figurar como sujeito ativo do ato de improbidade administrativo, desde que essa pessoa tenha se **beneficiado** da ação original. Importante alteração resultante da Lei nº 14.230/2021 foi a previsão de que só se aplicará efetivamente a LIA ao particular se este agir **dolosamente**, sendo inaplicável a legislação quando a ação do particular tiver sido apenas culposa. Além disso, também é possível agora oferecer a ação de improbidade contra a pessoa jurídica beneficiada pelo ato de improbidade, **exceto no caso de o ato de improbidade também ser previsto como ato lesivo à administração pública na forma da lei anticorrupção.**

> **Lei nº 8.429/1992**
>
> **Art. 3º** As disposições desta Lei são aplicáveis, no que couber, àquele que, mesmo não sendo agente público, induza ou concorra dolosamente para a prática do ato de improbidade.
>
> § 1º Os sócios, os cotistas, os diretores e os colaboradores de pessoa jurídica de direito privado não respondem pelo ato de improbidade que venha a ser imputado à pessoa jurídica, salvo se, comprovadamente, houver participação e benefícios diretos, caso em que responderão nos limites da sua participação.
>
> § 2º As sanções desta Lei não se aplicarão à pessoa jurídica, caso o ato de improbidade administrativa seja também sancionado como ato lesivo à administração pública de que trata a Lei nº 12.846, de 1º de agosto de 2013.

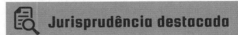

> Não figurando no polo passivo qualquer agente público, não há como o particular figurar sozinho como réu em Ação de Improbidade Administrativa (STJ, 2ª Turma, REsp nº 1.155.992/PA, Rel. Min. Herman Benjamin, j. 23.03.2010).

Por fim, com relação a sujeitos ativos, podem ser punidos também os **sucessores** dos agentes públicos que cometerem atos de improbidade administrativa, conforme LIA:

> **Lei nº 8.429/1992**
>
> **Art. 8º** O sucessor ou o herdeiro daquele que causar dano ao erário ou que se enriquecer ilicitamente estão sujeitos apenas à obrigação de repará-lo até o limite do valor da herança ou do patrimônio transferido.
>
> **Art. 8º-A.** A responsabilidade sucessória de que trata o art. 8º desta Lei aplica-se também na hipótese de alteração contratual, de transformação, de incorporação, de fusão ou de cisão societária.

138 Direito Administrativo Decifrado

Parágrafo único. Nas hipóteses de fusão e de incorporação, a responsabilidade da sucessora será restrita à obrigação de reparação integral do dano causado, até o limite do patrimônio transferido, não lhe sendo aplicáveis as demais sanções previstas nesta Lei decorrentes de atos e de fatos ocorridos antes da data da fusão ou da incorporação, exceto no caso de simulação ou de evidente intuito de fraude, devidamente comprovados.

Já com relação ao sujeito passivo, aquele que sofre o ato de improbidade cometido pelo sujeito ativo – que será o sujeito ativo da ação de improbidade –, a LIA apresenta um rol específico em seu texto:

- ◆ Administração Pública Direta.
- ◆ Administração Pública Indireta.
- ◆ Todos os poderes.
- ◆ Entidade privada que receba recursos públicos, como subvenção, créditos, benefícios ou incentivos.
- ◆ Entidade privada na qual o erário concorra ou haja concorrido para criação ou custeio, nesse caso específico o ressarcimento de prejuízos estará limitado à repercussão do ato sobre a contribuição dos cofres públicos.

🧩 Decifrando a prova

(2019 – FCC – TJ/AL – Juiz – Adaptada) Suponha que tenha sido interposta ação de improbidade administrativa em face de diretor de uma empresa na qual o estado do Alagoas detém participação acionária minoritária, apontando a ocorrência de prejuízos financeiros à companhia em face da realização de investimentos em projetos deficitários. A inicial da ação judicial aponta, ainda, a responsabilidade de Secretários de Estado na formatação de tais projetos e possível conluio com o diretor da companhia para as aprovações societárias correspondentes. Considerando as disposições da legislação aplicável, a referida demanda afigura-se descabida, eis que não se verifica prejuízo a entidade pública ou a empresa na qual o Poder Público detenha a maioria do capital social.

( ) Certo ( ) Errado

Gabarito comentado: a LIA é expressa em determinar que a participação do Poder Público em uma entidade privada já caracteriza possibilidade de acionamento judicial daquele agente que cometer ato de improbidade contra tal empresa, não importando nesse fato se a participação do Poder Público é majoritária ou minoritária. Portanto, a assertiva está errada.

9.3 Espécies de atos de improbidade administrativos

Um dos pontos em que encontraremos as alterações mais impactantes introduzidas pela Lei nº 14.230/2021, a LIA, agora prevê que, para o reconhecimento da possibilidade de punição do cometedor de improbidade administrativa, será necessário apontar o **dolo específico** do agente. Assim, contrariando entendimento estabelecido pelo STJ com base na legislação

Capítulo 9 ◆ Improbidade administrativa — Lei nº 8.429/1992 **139**

anterior, será necessário apontar não somente a conduta do agente, mas também comprovar que havia interesse no resultado atingido.

Lei nº 8.429/1992

Art. 1º (...)

§ 2º Considera-se dolo a vontade livre e consciente de alcançar o resultado ilícito tipificado nos arts. 9º, 10 e 11 desta Lei, não bastando a voluntariedade do agente.

§ 3º O mero exercício da função ou desempenho de competências públicas, sem comprovação de ato doloso com fim ilícito, afasta a responsabilidade por ato de improbidade administrativa. (...)

§ 8º Não configura improbidade a ação ou omissão decorrente de divergência interpretativa da lei, baseada em jurisprudência, ainda que não pacificada, mesmo que não venha a ser posteriormente prevalecente nas decisões dos órgãos de controle ou dos tribunais do Poder Judiciário.

Ponto de muita discussão da nova redação da LIA se encontra ao tratarmos do **rol de condutas previstas pela lei**. Em observância ao previsto no art. 1º, § 1º, fica clara a intenção do legislador em estabelecer a **taxatividade das condutas** como regra para todas as espécies de improbidade previstas na legislação.

Lei nº 8.429/1992

Art. 1º (...)

§ 1º Consideram-se atos de improbidade administrativa as condutas dolosas tipificadas nos arts. 9º, 10 e 11 desta Lei, ressalvados tipos previstos em leis especiais.

Ocorre que o legislador se contradiz ao trazer nos *caputs* dos arts. 9 e 10 a previsão de tipificação de conduta por outros instrumentos normativos. Observe o uso da palavra **notadamente** nos dois textos:

Lei nº 8.429/1992

Art. 9º Constitui ato de improbidade administrativa importando em enriquecimento ilícito auferir, mediante a prática de ato doloso, qualquer tipo de vantagem patrimonial indevida em razão do exercício de cargo, de mandato, de função, de emprego ou de atividade nas entidades referidas no art. 1º desta Lei, e notadamente: (...)

Art. 10. Constitui ato de improbidade administrativa que causa lesão ao erário qualquer ação ou omissão dolosa, que enseje, efetiva e comprovadamente, perda patrimonial, desvio, apropriação, malbaratamento ou dilapidação dos bens ou haveres das entidades referidas no art. 1º desta Lei, e notadamente: (...)

Tal contradição ainda precisa ser devidamente definida mediante avaliação determinante pelos Tribunais Superiores, mas a jurisprudência atual tem apontado para o entendimento de que os atos de improbidade previstos nos arts. 9º e 10 da LIA estão apontados em um **rol exemplificativo**, o que significa que tais atos poderão ser previstos em outros dispositivos normativos aceitos. A **taxatividade das condutas de improbidade** fica reconhecida apenas no art. 11, por tratarmos de condutas que a princípio se apontam genéricas (pois apontam atos de ofensa a princípios) e a não taxatividade de tais condutas causaria uma "brecha" para enquadramento de qualquer conduta em suas previsões através da analogia. Aponto aqui algumas decisões que confirmam a formação dessa importante jurisprudência.

> **Jurisprudência destacada**
>
> (...) de acordo com a nova redação do *caput* do artigo, o rol das aludidas hipóteses passou a ser taxativo (TJ-SP, 8ª Câmara de Direito Público, Apelação/Remessa Necessária nº 1000751-52.2017.8.26.0655, Rel. Bandeira Lins, j. 18.02.2022).
>
> (...) a partir da vigência da Lei 14.230/2021, o ato de improbidade previsto no art. 11 deve se enquadrar em uma das condutas previstas nos seus incisos, não sendo mais possível a condenação por meio de tipos abertos de violação aos princípios da administração (TRF-5, 2ª Turma, Ap nº 00012068620154058103, Rel. Des. Federal Thiago Batista de Ataíde, j. 23.11.2021).

A taxatividade das condutas previstas no art. 11 da LIA não encontra nenhuma resistência ou dúvida dentro da doutrina ou da jurisprudência, ficando apenas tal discussão restrita a taxatividade ou não das condutas previstas nos artigos anteriores. Observe informativo recente do Superior Tribunal de Justiça.

> **Jurisprudência destacada**
>
> *Informativo* nº 736 do STJ – A contratação de servidores públicos temporários sem concurso público, mas baseada em legislação local, por si só, não configura a improbidade administrativa prevista no art. 11 da Lei nº 8.429/1992, por estar ausente o elemento subjetivo (dolo) necessário para a configuração do ato de improbidade violador dos princípios da administração pública (STJ, 1ª Seção, REsp nº 1.913.638/MA, Rel. Min. Gurgel de Faria, j. 11.05.2022).

- **Enriquecimento ilícito:** consideradas condutas de maior gravidade previstas pela LIA, as condutas do sujeito ativo sempre possuem como objetivo o **acréscimo doloso do próprio patrimônio, seja mediante a adição de recursos, seja mediante a reserva de recursos**.

Lei nº 8.429/1992

Art. 9º Constitui ato de improbidade administrativa importando em enriquecimento ilícito auferir, mediante a prática de ato doloso, qualquer tipo de vantagem patrimonial indevida em razão do exercício de cargo, de mandato, de função, de emprego ou de atividade nas entidades referidas no art. 1º desta Lei, e notadamente:

I – receber, para si ou para outrem, dinheiro, bem móvel ou imóvel, ou qualquer outra vantagem econômica, direta ou indireta, a título de comissão, percentagem, gratificação ou presente de quem tenha interesse, direto ou indireto, que possa ser atingido ou amparado por ação ou omissão decorrente das atribuições do agente público;

Capítulo 9 ◆ Improbidade administrativa — Lei nº 8.429/1992 **141**

II – perceber vantagem econômica, direta ou indireta, para facilitar a aquisição, permuta ou locação de bem móvel ou imóvel, ou a contratação de serviços pelas entidades referidas no art. 1º por preço superior ao valor de mercado;

III – perceber vantagem econômica, direta ou indireta, para facilitar a alienação, permuta ou locação de bem público ou o fornecimento de serviço por ente estatal por preço inferior ao valor de mercado;

IV – utilizar, em obra ou serviço particular, qualquer bem móvel, de propriedade ou à disposição de qualquer das entidades referidas no art. 1º desta Lei, bem como o trabalho de servidores, de empregados ou de terceiros contratados por essas entidades;

V – receber vantagem econômica de qualquer natureza, direta ou indireta, para tolerar a exploração ou a prática de jogos de azar, de lenocínio, de narcotráfico, de contrabando, de usura ou de qualquer outra atividade ilícita, ou aceitar promessa de tal vantagem;

VI – receber vantagem econômica de qualquer natureza, direta ou indireta, para fazer declaração falsa sobre qualquer dado técnico que envolva obras públicas ou qualquer outro serviço ou sobre quantidade, peso, medida, qualidade ou característica de mercadorias ou bens fornecidos a qualquer das entidades referidas no art. 1º desta Lei;

VII – adquirir, para si ou para outrem, no exercício de mandato, de cargo, de emprego ou de função pública, e em razão deles, bens de qualquer natureza, decorrentes dos atos descritos no *caput* deste artigo, cujo valor seja desproporcional à evolução do patrimônio ou à renda do agente público, assegurada a demonstração pelo agente da licitude da origem dessa evolução;

VIII – aceitar emprego, comissão ou exercer atividade de consultoria ou assessoramento para pessoa física ou jurídica que tenha interesse suscetível de ser atingido ou amparado por ação ou omissão decorrente das atribuições do agente público, durante a atividade;

IX – perceber vantagem econômica para intermediar a liberação ou aplicação de verba pública de qualquer natureza;

X – receber vantagem econômica de qualquer natureza, direta ou indiretamente, para omitir ato de ofício, providência ou declaração a que esteja obrigado;

XI – incorporar, por qualquer forma, ao seu patrimônio bens, rendas, verbas ou valores integrantes do acervo patrimonial das entidades mencionadas no art. 1º desta lei;

XII – usar, em proveito próprio, bens, rendas, verbas ou valores integrantes do acervo patrimonial das entidades mencionadas no art. 1º desta lei.

◆ **Prejuízo ao erário:** condutas de gravidade mediana, o sujeito ativo pratica uma ação que resulta em um **benefício específico a terceiros, causando prejuízo aos cofres públicos.**

Lei nº 8.429/1992

Art. 10. Constitui ato de improbidade administrativa que causa lesão ao erário qualquer ação ou omissão dolosa, que enseje, efetiva e comprovadamente, perda patrimonial, desvio, apropriação, malbaratamento ou dilapidação dos bens ou haveres das entidades referidas no art. 1º desta Lei, e notadamente:

I – facilitar ou concorrer, por qualquer forma, para a indevida incorporação ao patrimônio particular, de pessoa física ou jurídica, de bens, de rendas, de verbas ou de valores integrantes do acervo patrimonial das entidades referidas no art. 1º desta Lei;

II – permitir ou concorrer para que pessoa física ou jurídica privada utilize bens, rendas, verbas ou valores integrantes do acervo patrimonial das entidades mencionadas no art. 1º desta lei, sem a observância das formalidades legais ou regulamentares aplicáveis à espécie;

III – doar à pessoa física ou jurídica bem como ao ente despersonalizado, ainda que de fins educativos ou assistências, bens, rendas, verbas ou valores do patrimônio de qualquer das entidades mencionadas no art. 1º desta lei, sem observância das formalidades legais e regulamentares aplicáveis à espécie;

IV – permitir ou facilitar a alienação, permuta ou locação de bem integrante do patrimônio de qualquer das entidades referidas no art. 1º desta lei, ou ainda a prestação de serviço por parte delas, por preço inferior ao de mercado;

V – permitir ou facilitar a aquisição, permuta ou locação de bem ou serviço por preço superior ao de mercado;

VI – realizar operação financeira sem observância das normas legais e regulamentares ou aceitar garantia insuficiente ou inidônea;

VII – conceder benefício administrativo ou fiscal sem a observância das formalidades legais ou regulamentares aplicáveis à espécie;

VIII – frustrar a licitude de processo licitatório ou de processo seletivo para celebração de parcerias com entidades sem fins lucrativos, ou dispensá-los indevidamente, acarretando perda patrimonial efetiva;

IX – ordenar ou permitir a realização de despesas não autorizadas em lei ou regulamento;

X – agir ilicitamente na arrecadação de tributo ou de renda, bem como no que diz respeito à conservação do patrimônio público;

XI – liberar verba pública sem a estrita observância das normas pertinentes ou influir de qualquer forma para a sua aplicação irregular;

XII – permitir, facilitar ou concorrer para que terceiro se enriqueça ilicitamente;

XIII – permitir que se utilize, em obra ou serviço particular, veículos, máquinas, equipamentos ou material de qualquer natureza, de propriedade ou à disposição de qualquer das entidades mencionadas no art. 1º desta lei, bem como o trabalho de servidor público, empregados ou terceiros contratados por essas entidades;

XIV– celebrar contrato ou outro instrumento que tenha por objeto a prestação de serviços públicos por meio da gestão associada sem observar as formalidades previstas na lei;

XV – celebrar contrato de rateio de consórcio público sem suficiente e prévia dotação orçamentária, ou sem observar as formalidades previstas na lei;

XVI – facilitar ou concorrer, por qualquer forma, para a incorporação, ao patrimônio particular de pessoa física ou jurídica, de bens, rendas, verbas ou valores públicos transferidos pela administração pública a entidades privadas mediante celebração de parcerias, sem a observância das formalidades legais ou regulamentares aplicáveis à espécie;

Capítulo 9 • Improbidade administrativa — Lei nº 8.429/1992 **143**

XVII – permitir ou concorrer para que pessoa física ou jurídica privada utilize bens, rendas, verbas ou valores públicos transferidos pela administração pública a entidade privada mediante celebração de parcerias, sem a observância das formalidades legais ou regulamentares aplicáveis à espécie;

XVIII – celebrar parcerias da administração pública com entidades privadas sem a observância das formalidades legais ou regulamentares aplicáveis à espécie;

XIX – agir para a configuração de ilícito na celebração, na fiscalização e na análise das prestações de contas de parcerias firmadas pela administração pública com entidades privadas;

XX – liberar recursos de parcerias firmadas pela administração pública com entidades privadas sem a estrita observância das normas pertinentes ou influir de qualquer forma para a sua aplicação irregular;

(...)

XXII – conceder, aplicar ou manter benefício financeiro ou tributário contrário ao que dispõem o *caput* e o § 1º do art. 8º-A da Lei Complementar nº 116, de 31 de julho de 2003.

§ 1º Nos casos em que a inobservância de formalidades legais ou regulamentares não implicar perda patrimonial efetiva, não ocorrerá imposição de ressarcimento, vedado o enriquecimento sem causa das entidades referidas no art. 1º desta Lei.

§ 2º A mera perda patrimonial decorrente da atividade econômica não acarretará improbidade administrativa, salvo se comprovado ato doloso praticado com essa finalidade.

- ◆ **Ofensa aos princípios da Administração Pública:** condutas de menor lesividade que não acarretam **nem acréscimo patrimonial ao sujeito ativo, nem lesão financeira ao erário**.

Lei nº 8.429/1992

Art. 11. Constitui ato de improbidade administrativa que atenta contra os princípios da administração pública a ação ou omissão dolosa que viole os deveres de honestidade, de imparcialidade e de legalidade, caracterizada por uma das seguintes condutas: (...)

III – revelar fato ou circunstância de que tem ciência em razão das atribuições e que deva permanecer em segredo, propiciando beneficiamento por informação privilegiada ou colocando em risco a segurança da sociedade e do Estado;

IV – negar publicidade aos atos oficiais, exceto em razão de sua imprescindibilidade para a segurança da sociedade e do Estado ou de outras hipóteses instituídas em lei;

V – frustrar, em ofensa à imparcialidade, o caráter concorrencial de concurso público, de chamamento ou de procedimento licitatório, com vistas à obtenção de benefício próprio, direto ou indireto, ou de terceiros;

VI – deixar de prestar contas quando esteja obrigado a fazê-lo, desde que disponha das condições para isso, com vistas a ocultar irregularidades;

VII – revelar ou permitir que chegue ao conhecimento de terceiro, antes da respectiva divulgação oficial, teor de medida política ou econômica capaz de afetar o preço de mercadoria, bem ou serviço;

VIII – descumprir as normas relativas à celebração, fiscalização e aprovação de contas de parcerias firmadas pela administração pública com entidades privadas;

144 Direito Administrativo Decifrado

(...)

XI – nomear cônjuge, companheiro ou parente em linha reta, colateral ou por afinidade, até o terceiro grau, inclusive, da autoridade nomeante ou de servidor da mesma pessoa jurídica investido em cargo de direção, chefia ou assessoramento, para o exercício de cargo em comissão ou de confiança ou, ainda, de função gratificada na administração pública direta e indireta em qualquer dos Poderes da União, dos Estados, do Distrito Federal e dos Municípios, compreendido o ajuste mediante designações recíprocas;

XII – praticar, no âmbito da administração pública e com recursos do erário, ato de publicidade que contrarie o disposto no § 1º do art. 37 da Constituição Federal, de forma a promover inequívoco enaltecimento do agente público e personalização de atos, de programas, de obras, de serviços ou de campanhas dos órgãos públicos.

§ 1º Nos termos da Convenção das Nações Unidas contra a Corrupção, promulgada pelo Decreto nº 5.687, de 31 de janeiro de 2006, somente haverá improbidade administrativa, na aplicação deste artigo, quando for comprovado na conduta funcional do agente público o fim de obter proveito ou benefício indevido para si ou para outra pessoa ou entidade.

§ 2º Aplica-se o disposto no § 1º deste artigo a quaisquer atos de improbidade administrativa tipificados nesta Lei e em leis especiais e a quaisquer outros tipos especiais de improbidade administrativa instituídos por lei.

§ 3º O enquadramento de conduta funcional na categoria de que trata este artigo pressupõe a demonstração objetiva da prática de ilegalidade no exercício da função pública, com a indicação das normas constitucionais, legais ou infralegais violadas.

§ 4º Os atos de improbidade de que trata este artigo exigem lesividade relevante ao bem jurídico tutelado para serem passíveis de sancionamento e independem do reconhecimento da produção de danos ao erário e de enriquecimento ilícito dos agentes públicos.

§ 5º Não se configurará improbidade a mera nomeação ou indicação política por parte dos detentores de mandatos eletivos, sendo necessária a aferição de dolo com finalidade ilícita por parte do agente.

🧩 Decifrando a prova

(2021 – Quadrix – CRESS/PB – Assistente – Adaptada) A nomeação de cônjuge da autoridade nomeante ou de servidor, da mesma pessoa jurídica, investido em cargo de direção, chefia ou assessoramento, para o exercício de cargo em comissão ou de confiança na Administração Pública direta e indireta, em qualquer dos Poderes da União, dos estados, do Distrito Federal e dos municípios, compreendido o ajuste mediante designações recíprocas, viola a Constituição Federal.

( ) Certo ( ) Errado

Gabarito comentado: não só afronta a Constituição Federal como também é atualmente tipificado como um ato de improbidade administrativa conforme nova redação inserida pela Lei nº 14.230/2021. Portanto, a assertiva está correta.

9.4 Procedimento administrativo e judicial

Em um primeiro momento, cabe esclarecer a diferença entre o **direito de representação** e a **legitimidade de propositura da ação** estabelecidos na LIA. Como a lista de legitimados é reduzida, sendo um **rol taxativo**, devemos entender que qualquer pessoa **fora do rol apresentado na legislação** poderá usufruir do direito de representação junto a qualquer das legitimadas. A propositura da ação ficará a cargo do **Ministério Público, exclusivamente**.

Isso ocorre porque qualquer pessoa do povo pode, em algum momento, tomar conhecimento ou até mesmo vir a conhecer alguém que tenha cometido um ato de improbidade e, agindo dentro de sua moralidade e cidadania, decide requerer uma investigação mais aprofundada sobre o evento. Logo, qualquer pessoa poderá **representar** para que **uma autoridade administrativa instaure um procedimento administrativo ou para que o Ministério Público venha a propor a ação judicial de improbidade**.

A representação aqui tratada deverá ser acompanhada do registro escrito e da identificação do requerente, na forma da lei. Porém há entendimento pacificado hoje de que uma representação poderá se dar de forma anônima, **desde que as acusações sejam verossímeis**.

Lei nº 8.429/1992

Art. 14. Qualquer pessoa poderá representar à autoridade administrativa competente para que seja instaurada investigação destinada a apurar a prática de ato de improbidade.

§ 1º A representação, que será escrita ou reduzida a termo e assinada, conterá a qualificação do representante, as informações sobre o fato e sua autoria e a indicação das provas de que tenha conhecimento.

§ 2º A autoridade administrativa rejeitará a representação, em despacho fundamentado, se esta não contiver as formalidades estabelecidas no §1º deste artigo. A rejeição não impede a representação ao Ministério Público, nos termos do art. 22 desta lei.

§ 3º Atendidos os requisitos da representação, a autoridade determinará a imediata apuração dos fatos, observada a legislação que regula o processo administrativo disciplinar aplicável ao agente.

Art. 22. Para apurar qualquer ilícito previsto nesta Lei, o Ministério Público, de ofício, a requerimento de autoridade administrativa ou mediante representação formulada de acordo com o disposto no art. 14 desta Lei, poderá instaurar inquérito civil ou procedimento investigativo assemelhado e requisitar a instauração de inquérito policial.

Parágrafo único. Na apuração dos ilícitos previstos nesta Lei, será garantido ao investigado a oportunidade de manifestação por escrito e de juntada de documentos que comprovem suas alegações e auxiliem na elucidação dos fatos.

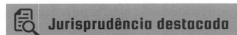

É possível a instauração de processo administrativo com base em denúncia anônima (STJ, 2ª Turma, AgRg no REsp nº 1.307.503/RR, Rel. Min. Mauro Campbell Marques, j. 06.08.2013).

Decifrando a prova

(2019 – Cespe/Cebraspe –TJ/PA – Juiz – Adaptada) A representação para instauração de investigação destinada a apurar a prática de ato de improbidade pode ser apresentada por qualquer cidadão, desde que se comprove estar em gozo dos direitos políticos.
( ) Certo ( ) Errado
Gabarito comentado: não há essa ressalva na lei da necessidade do interessado em representar possuir a condição de cidadão, estando com direitos políticos ativos. A lei é expressa ao dizer "qualquer pessoa" e não qualquer cidadão. Portanto, a assertiva está errada.

Instaurado o procedimento administrativo para apuração da conduta classificada como **improbidade administrativa**, a autoridade administrativa competente deverá convocar uma comissão processante para **conduzir as atividades de investigação e oitiva do acusado, além de comunicar ao Ministério Público e ao Tribunal ou Conselho de Contas da existência de um procedimento de apuração desse tipo de infração**.

Ocorre que o procedimento administrativo instaurado pela autoridade administrativa deverá, conforme visto no texto da lei, seguir o rito estabelecido em legislação própria de acordo com o vínculo do servidor. Com isso, não será possível aplicar nenhuma das sanções previstas na LIA ao acusado. Por isso, a previsão de comunicação aos órgãos de controle da instauração do procedimento. Nesse momento se dará razão, caso não tenha sido apresentada representação direta, à propositura da ação pelos legitimados.

A ação de improbidade é uma ação civil com rito especial, pois seu processamento está previsto na própria Lei nº 8.429/1992. Uma novidade interessante trazida pela Lei nº 14.230/2021 foi a possibilidade de o juiz decidir por converter a ação de improbidade em uma ação civil pública, afastando completamente a posição de alguns doutrinadores que afirmavam a ação de improbidade ser necessariamente uma ação civil pública. Porém não há impedimento de propositura da ação civil pública de forma direta para confrontar um ato de improbidade.

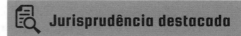

É cabível a propositura de ação civil pública por ato de improbidade administrativa, diante da natureza difusa do interesse tutelado (STJ, 2ª Turma, REsp nº 507.142/MA, Rel. Min. João Otávio de Noronha, DJ 13.03.2006).

Como a ação de improbidade só poderá ser proposta pelo Ministério Público, a entidade interessada deve ser citada para, querendo, atuar como litisconsorte ativa.

Lei nº 8.429/1992

Art. 17. A ação para a aplicação das sanções de que trata esta Lei será proposta pelo Ministério Público e seguirá o procedimento comum previsto na Lei nº 13.105, de 16 de março de 2015 (Código de Processo Civil), salvo o disposto nesta Lei. (...)

§ 4º-A. A ação a que se refere o *caput* deste artigo deverá ser proposta perante o foro do local onde ocorrer o dano ou da pessoa jurídica prejudicada.

§ 5º A propositura da ação a que se refere o *caput* deste artigo prevenirá a competência do juízo para todas as ações posteriormente intentadas que possuam a mesma causa de pedir ou o mesmo objeto. (...)

§ 14. Sem prejuízo da citação dos réus, a pessoa jurídica interessada será intimada para, caso queira, intervir no processo.

A alteração legislativa referente a exclusividade do Ministério Público na propositura da ação de improbidade administrativa está sendo questionada por meio das ADIs nº 7.042 e 7.043. Segundo a Associação Nacional dos Procuradores dos Estados e do Distrito Federal (Anape) e a Associação Nacional dos Advogados Públicos Federais (Anafe), essa novidade resultaria na diminuição da importância dos entes públicos personalizados no combate à improbidade administrativa, apresentando em seu texto inconstitucionalidades material e formal. Em decisão liminar, o Ministro Alexandre de Moraes considerou a alteração inconstitucional, suspendendo, assim, a eficácia na norma em análise. O julgamento definitivo do mérito ainda não foi marcado. Portanto, desde o dia 17.02.2022, a eficácia do texto legal está prejudicada.

A ação de improbidade deverá ser proposta sempre em juízo singular de acordo com a situação, podendo ser justiça comum ou Justiça Federal. No caso dos magistrados, o STJ firmou entendimento de que tal ação, que poderá resultar na perda do cargo, deverá ser proposta diretamente no Tribunal ao qual o agente público esteja vinculado. No caso de membros do Supremo Tribunal Federal, a competência será do próprio STF, e, por simetria, o STJ entende que ação de improbidade administrativa contra governador de estado deverá ser julgado sob seus domínios.

Jurisprudência destacada

O Superior Tribunal de Justiça, alterando entendimento jurisprudencial que vinha sendo externado, tem entendido que o foro privilegiado dos magistrados também deve ser observado nas ações civis públicas por ato de improbidade administrativa, cujo resultado possa levar à pena de demissão do réu. Como consequência desse entendimento, deve-se reconhecer a competência do Tribunal de Justiça para processar e julgar mandado de segurança que ataca a instauração de inquérito civil público, fase preliminar de investigação e preparatória de ação civil pública (STJ, 1ª Turma, EDcl no AgRg no Ag nº 1.338.058/MG, Rel. Min. Benedito Gonçalves, j. 25.10.2011).

Compete ao Supremo Tribunal Federal julgar ação de improbidade contra seus membros (STF, Tribunal Pleno, Pet nº 3.211 QO/DF, Rel. Min. Marco Aurélio, j. 13.03.2008).

Esses mesmos fundamentos de natureza sistemática [adotados pelo STF na QO na Pet. 3.211] autorizam a concluir, por imposição lógica de coerência interpretativa, que norma infraconstitucional não pode atribuir a juiz de primeiro grau o julgamento de ação de improbidade administrativa, com possível aplicação da pena de perda do cargo, contra governador do estado, que, a exemplo dos ministros do STF, também tem assegurado foro por prerrogativa de função, tanto em crimes comuns (perante o STJ) quanto em crimes de responsabilidade (perante

> a respectiva Assembleia Legislativa). É de se reconhecer que, por inafastável simetria com o que ocorre em relação aos crimes comuns (CF, art. 105, I, *a*), há, em casos tais, competência implícita complementar do Superior Tribunal de Justiça (STJ, Corte Especial, Rcl nº 2.790/SC, Rel. Min. Teori Zavascki, j. 02.12.2009).

Proposta a ação, deverá ser notificado o acusado para **apresentação de contestação no prazo de 30 (trinta) dias**. No caso de recusa de questões preliminares apontadas na contestação, poderá o réu interpor um **agravo de instrumento**. No caso de possibilidade de solução consensual do conflito, poderá ser solicitada a interrupção do prazo de contestação por prazo não superior a 90 (noventa) dias. Assim, ficou expressa a possibilidade de celebração de acordo de não persecução civil.

> **Lei nº 8.429/1992**
>
> **Art. 17. (...)**
>
> § 7º Se a petição inicial estiver em devida forma, o juiz mandará autuá-la e ordenará a citação dos requeridos para que a contestem no prazo comum de 30 (trinta) dias, iniciado o prazo na forma do art. 231 da Lei nº 13.105, de 16 de março de 2015 (Código de Processo Civil). (...)
>
> § 9º-A. Da decisão que rejeitar questões preliminares suscitadas pelo réu em sua contestação caberá agravo de instrumento. (...)
>
> § 10-A. Havendo a possibilidade de solução consensual, poderão as partes requerer ao juiz a interrupção do prazo para a contestação, por prazo não superior a 90 (noventa) dias. (...)
>
> § 21. Das decisões interlocutórias caberá agravo de instrumento, inclusive da decisão que rejeitar questões preliminares suscitadas pelo réu em sua contestação.

Interessante que a partir da apresentação da contestação pelo réu e da manifestação (réplica) do Ministério Público, o juiz **deverá proferir uma decisão** de tipificação do ato de improbidade imputado ao réu. Tal tipificação deverá ser precisa, e não poderá ser realizada em desacordo com a capitulação legal apresentada pelo autor. Caso a ação proposta apresente mais de uma conduta cometida pelo réu, a decisão do juiz **deverá indicar o exato tipo adequado para cada conduta**, com base nas previsões dos arts. 9º a 11.

> **Lei nº 8.429/1992**
>
> **Art. 17. (...)**
>
> § 10-C. Após a réplica do Ministério Público, o juiz proferirá decisão na qual indicará com precisão a tipificação do ato de improbidade administrativa imputável ao réu, sendo-lhe vedado modificar o fato principal e a capitulação legal apresentada pelo autor.
>
> § 10-D. Para cada ato de improbidade administrativa, deverá necessariamente ser indicado apenas um tipo dentre aqueles previstos nos arts. 9º, 10 e 11 desta Lei.
>
> § 10-E. Proferida a decisão referida no § 10-C deste artigo, as partes serão intimadas a especificar as provas que pretendem produzir.

Capítulo 9 • Improbidade administrativa — Lei nº 8.429/1992   **149**

Com a ação proposta, a LIA oferece ao autor da ação, como forma de garantir o resultado útil do processo, três opções de medidas cautelares. Vale lembrar que, na forma do Código de Processo Civil, todo pedido cautelar deverá, em regra, apontar dois elementos essenciais, quais sejam: **probabilidade do direito** (o antigo *fumus boni iuris*) e o **perigo de dano ou risco ao resultado útil do processo** (ou *periculum in mora*).

◆ **Afastamento preventivo do servidor:** aplicável sempre que a autoridade administrativa puder demonstrar que a manutenção do agente no cargo atrapalhará o bom andamento do processo. Como esse afastamento preventivo não configura uma punição ao agente público, durante o período afastado será garantido o devido recebimento de sua remuneração. O afastamento tratado aqui poderá ser aplicado pelo prazo de 90 dias, prorrogável por igual período, mediante decisão fundamentada.

Lei nº 8.429/1992

Art. 20. A perda da função pública e a suspensão dos direitos políticos só se efetivam com o trânsito em julgado da sentença condenatória.

§ 1º A autoridade judicial competente poderá determinar o afastamento do agente público do exercício do cargo, do emprego ou da função, sem prejuízo da remuneração, quando a medida for necessária à instrução processual ou para evitar a iminente prática de novos ilícitos.

§ 2º O afastamento previsto no § 1º deste artigo será de até 90 (noventa) dias, prorrogáveis uma única vez por igual prazo, mediante decisão motivada.

◆ **Indisponibilidade dos bens:** essencial para garantir a efetivação da ação no caso de aplicação das penalidades de perda dos bens acrescidos ilicitamente ou de ressarcimento ao erário. A legislação exige a demonstração do risco de dano ao resultado útil do processo para concessão da cautelar.

Lei nº 8.429/1992

Art. 16. Na ação por improbidade administrativa poderá ser formulado, em caráter antecedente ou incidente, pedido de indisponibilidade de bens dos réus, a fim de garantir a integral recomposição do erário ou do acréscimo patrimonial resultante de enriquecimento ilícito. (...)

§ 3º O pedido de indisponibilidade de bens a que se refere o *caput* deste artigo apenas será deferido mediante a demonstração no caso concreto de perigo de dano irreparável ou de risco ao resultado útil do processo, desde que o juiz se convença da probabilidade da ocorrência dos atos descritos na petição inicial com fundamento nos respectivos elementos de instrução, após a oitiva do réu em 5 (cinco) dias.

◆ **Bloqueio de contas:** medida importante para garantir a solvência do réu para arcar com as punições pecuniárias decorrentes de seus atos. Esse bloqueio poderá recair, inclusive, sobre contas internacionais mantidas pelo investigado.

Direito Administrativo Decifrado

Lei nº 8.429/1992

Art. 16. (...)

§ 2º Quando for o caso, o pedido de indisponibilidade de bens a que se refere o *caput* deste artigo incluirá a investigação, o exame e o bloqueio de bens, contas bancárias e aplicações financeiras mantidas pelo indiciado no exterior, nos termos da lei e dos tratados internacionais. (...)

§ 10. A indisponibilidade recairá sobre bens que assegurem exclusivamente o integral ressarcimento do dano ao erário, sem incidir sobre os valores a serem eventualmente aplicados a título de multa civil ou sobre acréscimo patrimonial decorrente de atividade lícita.

§ 11. A ordem de indisponibilidade de bens deverá priorizar veículos de via terrestre, bens imóveis, bens móveis em geral, semoventes, navios e aeronaves, ações e quotas de sociedades simples e empresárias, pedras e metais preciosos e, apenas na inexistência desses, o bloqueio de contas bancárias, de forma a garantir a subsistência do acusado e a manutenção da atividade empresária ao longo do processo.

Importante mudança da legislação de improbidade no Brasil aconteceu em 2019, após a aprovação do chamado **Pacote Anticrime** (Lei nº 13.964/2019). Antes da edição dessa lei, a ação de improbidade não permitia nenhum tipo de acordo que beneficiasse o infrator. Assim, acordos, transações e até mesmo conciliação eram instrumentos de uso vedado pelo administrador judicial.

Agora, com a nova redação da lei, existe a possibilidade de firmamento do chamado **acordo de não persecução civil**, trazendo para a realidade da ação de improbidade uma condição de **autocomposição**, descartando, assim, a propositura ou a continuidade da ação.

Acordo de não persecução civil tem natureza de negócio jurídico, pois depende de manifestação expressa da vontade das partes para sua realização. Em razão dessa característica de bilateralidade, não há nenhuma obrigação por parte do Ministério Público quanto à propositura de tal acordo, esse instrumento se torna uma **opção** para a ação.

Para que tal acordo seja firmado, é essencial que alguns elementos estejam presentes: **confissão da prática do ato de improbidade administrativa; promessa de reparação integral de eventual dano causado ao erário; transferência de eventuais bens ou patrimônio adquirido por via do ato de improbidade em favor da entidade lesada; e aplicação de uma das sanções previstas na LIA**. Esse último elemento é muito importante, pois a força da legislação está em seu caráter punitivo, e não em seu caráter justificador de atos. A simples recomposição dos danos não pode ser considerada punição suficiente.

Lei nº 8.429/1992

Art. 17-B. O Ministério Público poderá, conforme as circunstâncias do caso concreto, celebrar acordo de não persecução civil, desde que dele advenham, ao menos, os seguintes resultados:

I – o integral ressarcimento do dano;

II – a reversão à pessoa jurídica lesada da vantagem indevida obtida, ainda que oriunda de agentes privados.

§ 1º A celebração do acordo a que se refere o *caput* deste artigo dependerá, cumulativamente:

I – da oitiva do ente federativo lesado, em momento anterior ou posterior à propositura da ação;

II – de aprovação, no prazo de até 60 (sessenta) dias, pelo órgão do Ministério Público competente para apreciar as promoções de arquivamento de inquéritos civis, se anterior ao ajuizamento da ação;

III – de homologação judicial, independentemente de o acordo ocorrer antes ou depois do ajuizamento da ação de improbidade administrativa.

Segundo entendimento do Superior Tribunal de Justiça, o acordo de não persecução cível poderá ser homologado mesmo que a ação esteja em sua fase recursal. O entendimento firmado pelo STJ foi extraído do próprio texto legal, conforme podemos observar no trecho a seguir:

Lei 8.429/1992

Art. 17-B. (...)

§ 4º O acordo a que se refere o *caput* deste artigo poderá ser celebrado no curso da investigação de apuração do ilícito, no curso da ação de improbidade ou no momento da execução da sentença condenatória.

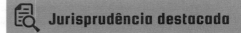

Informativo nº 728 do STJ. É possível a homologação judicial de acordo de não persecução cível no âmbito da ação de improbidade administrativa em fase recursal (STJ, 1ª Seção, REsp nº 1.913.638/MA, Rel. Min. Gurgel de Faria, j. 09.03.2022).

Também devemos entender que a LIA não estabelece nenhum pré-requisito de controle ou nenhuma condição de revisão como precedente ao ajuizamento da ação. Ou seja, não há necessidade da efetiva ocorrência do dano ou na confirmação do ato administrativo para que se possa oferecer a denúncia ou ação em face do agente público. Até mesmo a aprovação de contas por órgão de controle não será capaz de afastar a possibilidade da ação.

Lei nº 8.429/1992

Art. 21. A aplicação das sanções previstas nesta lei independe:

I – da efetiva ocorrência de dano ao patrimônio público, salvo quanto à pena de ressarcimento e às condutas previstas no art. 10 desta Lei;

II – da aprovação ou rejeição das contas pelo órgão de controle interno ou pelo Tribunal ou Conselho de Contas.

152 Direito Administrativo Decifrado

> ### 🧩 Decifrando a prova
>
> **(2021 – Quadrix – CRMV/RO – Fiscal – Adaptada)** Nas ações por atos de improbidade administrativa, é possível a celebração de acordo de não persecução cível.
> ( ) Certo ( ) Errado
> **Gabarito comentado:** novidade introduzida pelo Pacote Anticrime em 2019 e que passou a ter uma redação mais completa com o advento da Lei nº 14.230/2021 (art. 17-B), a celebração de acordo de não persecução civil é uma forma de se atingir com mais celeridade e eficiência o resultado efetivo do combate ao cometimento de atos de improbidade. Portanto, a assertiva está certa.

9.5   Sanções e prescrição

Confirmado o cometimento de ato de improbidade e devidamente identificado o tipo de improbidade em que a conduta se enquadrou, a autoridade judicial poderá determinar a aplicação de sanções ao cometedor do ato infracional, a depender da sua tipificação. Apresentamos aqui a lei e um quadro resumindo alguns pontos importantes que devemos atentar quanto às sanções aplicáveis. Em seguida, faremos uma avaliação mais detalhada sobre as regras de aplicação das sanções.

Lei nº 8.429/1992

Art. 12. Independentemente do ressarcimento integral do dano patrimonial, se efetivo, e das sanções penais comuns e de responsabilidade, civis e administrativas previstas na legislação específica, está o responsável pelo ato de improbidade sujeito às seguintes cominações, que podem ser aplicadas isolada ou cumulativamente, de acordo com a gravidade do fato:

I – na hipótese do art. 9º desta Lei, perda dos bens ou valores acrescidos ilicitamente ao patrimônio, perda da função pública, suspensão dos direitos políticos até 14 (catorze) anos, pagamento de multa civil equivalente ao valor do acréscimo patrimonial e proibição de contratar com o poder público ou de receber benefícios ou incentivos fiscais ou creditícios, direta ou indiretamente, ainda que por intermédio de pessoa jurídica da qual seja sócio majoritário, pelo prazo não superior a 14 (catorze) anos;

II – na hipótese do art. 10 desta Lei, perda dos bens ou valores acrescidos ilicitamente ao patrimônio, se concorrer esta circunstância, perda da função pública, suspensão dos direitos políticos até 12 (doze) anos, pagamento de multa civil equivalente ao valor do dano e proibição de contratar com o poder público ou de receber benefícios ou incentivos fiscais ou creditícios, direta ou indiretamente, ainda que por intermédio de pessoa jurídica da qual seja sócio majoritário, pelo prazo não superior a 12 (doze) anos;

III – na hipótese do art. 11 desta Lei, pagamento de multa civil de até 24 (vinte e quatro) vezes o valor da remuneração percebida pelo agente e proibição de contratar com o poder público ou de receber benefícios ou incentivos fiscais ou creditícios, direta ou indiretamente, ainda que por intermédio de pessoa jurídica da qual seja sócio majoritário, pelo prazo não superior a 4 (quatro) anos; (...)

	Suspensão dos direitos políticos	Multa	Proibição para contratar com a administração
Enriquecimento ilícito	Até 14 anos	Equivalente ao acréscimo patrimonial	Até 14 anos
Prejuízo ao erário	Até 12 anos	Equivalente ao dano	Até 12 anos
Atentado contra Princípios da Administração Pública	Não há aplicação	Até 24 vezes a remuneração	Até 4 anos

Com relação à sanção de perda de função pública, algumas mudanças importantes feitas pela Lei nº 14.230/2021 devem ser observadas. Primeiro, tal sanção (conforme podemos extrair da lei) só poderão ser aplicadas nos casos de condutas enquadradas nos atos de **enriquecimento ilícito ou lesão ao erário**, não mais cabendo sua aplicação quanto aos atos que atentem contra os princípios administrativos. Além disso, tal sanção só poderá ser aplicada quanto ao cargo efetivo ocupado pelo agente público no momento do cometimento da infração. Assim, devemos entender que caso um agente público, servidor efetivo de uma autarquia, por exemplo, seja eleito para um cargo político e venha a cometer improbidade durante a sua atuação política, a pena de aplicação de perda de função só recairá sobre o cargo eletivo, mantido o cargo de servidor efetivo. Essa previsão não é absoluta, pois a legislação prevê a possibilidade de estender a sanção aos demais vínculos.

Lei nº 8.429/1992

Art. 12. (...)

§ 1º A sanção de perda da função pública, nas hipóteses dos incisos I e II do *caput* deste artigo, atinge apenas o vínculo de mesma qualidade e natureza que o agente público ou político detinha com o poder público na época do cometimento da infração, podendo o magistrado, na hipótese do inciso I do *caput* deste artigo, e em caráter excepcional, estendê-la aos demais vínculos, consideradas as circunstâncias do caso e a gravidade da infração.

Decifrando a prova

(2022 – FGV – PC/AM – Delegado – Adaptada) Em janeiro de 2022, o policial civil João, do Estado Alfa, de forma dolosa, a fim de obter proveito ou benefício indevido para outra pessoa, revelou fato de que tinha ciência em razão das suas atribuições e que devia permanecer em segredo, propiciando beneficiamento a terceiro por informação privilegiada.

Consoante dispõe a Lei de Improbidade Administrativa (com as alterações introduzidas pela Lei nº 14.230/2021), João praticou ato de improbidade administrativa que atentou contra os princípios da Administração Pública (Art. 11 da Lei nº 8.429/1992) e, no bojo de ação civil pública por ato de improbidade administrativa, o policial não está sujeito a perda da função pública, por ausência de previsão legal.

154 Direito Administrativo Decifrado

( ) Certo ( ) Errado

Gabarito comentado: uma das mudanças propostas pela Lei 14.230/2021 foi a não mais aplicação da perda de função pública nos casos de improbidade administrativa que configurem atentando contra princípios da Administração Pública. Portanto, a assertiva está certa.

Quanto à sanção de multa, em virtude da situação econômico do réu, poderá o juiz aplicar os valores previstos inicialmente em dobro. A intenção é dar efetividade à multa, visto que pessoas com alto padrão econômico terão maior facilidade em pagamento da multa, sem que isso afete sua saúde financeira.

Lei nº 8.429/1992

Art. 12. (...)

§ 2º A multa pode ser aumentada até o dobro, se o juiz considerar que, em virtude da situação econômica do réu, o valor calculado na forma dos incisos I, II e III do *caput* deste artigo é ineficaz para reprovação e prevenção do ato de improbidade.

Já no caso da sanção de proibição de contratar, em regra, a pena só poderá ser aplicada ao agente público lesado, podendo o infrator firmar contrato com qualquer outra entidade distinta da lesada. Caso seja justificável, a sanção poderá ser ampliada e atingir demais entes públicos não relacionados com a conduta inicial.

Lei nº 8.429/1992

Art. 12. (...)

§ 3º Na responsabilização da pessoa jurídica, deverão ser considerados os efeitos econômicos e sociais das sanções, de modo a viabilizar a manutenção de suas atividades.

§ 4º Em caráter excepcional e por motivos relevantes devidamente justificados, a sanção de proibição de contratação com o poder público pode extrapolar o ente público lesado pelo ato de improbidade, observados os impactos econômicos e sociais das sanções, de forma a preservar a função social da pessoa jurídica, conforme disposto no § 3º deste artigo.

Todas as sanções previstas pela legislação só poderão ser aplicadas e efetivadas depois do trânsito em julgado. Interessante que a própria legislação contraria o texto aqui tratado. Observe:

Lei nº 8.429/1992

Art. 12. (...)

§ 9º As sanções previstas neste artigo somente poderão ser executadas após o trânsito em julgado da sentença condenatória.

Art. 20. A perda da função pública e a suspensão dos direitos políticos só se efetivam com o trânsito em julgado da sentença condenatória.

Em um futuro não muito breve, os tribunais superiores se manifestarão sobre o caso, não o tendo feito até o fechamento desta edição. Devemos ficar atentos a esse detalhe, mas, por enquanto, para fins de prova, deve-se atentar para a literalidade da lei e identificar a possibilidade de qualquer um dos textos ser cobrado.

Com relação à interferência das outras esferas na ação de improbidade administrativa, caso o réu seja absolvido por **inexistência da conduta ou por negativa de autoria, seja a sentença civil ou penal, determinar-se-á a vinculação da instância de improbidade**. Além disso, a absolvição criminal resultará na automática impossibilidade de propositura da ação de improbidade contra o agente. Por último, fica o destaque da possibilidade de compensação de sanções entre as esferas.

Lei nº 8.429/1992

Art. 21. (...)

§ 3º As sentenças civis e penais produzirão efeitos em relação à ação de improbidade quando concluírem pela inexistência da conduta ou pela negativa da autoria.

§ 4º A absolvição criminal em ação que discuta os mesmos fatos, confirmada por decisão colegiada, impede o trâmite da ação da qual trata esta Lei, havendo comunicação com todos os fundamentos de absolvição previstos no art. 386 do Decreto-lei nº 3.689, de 3 de outubro de 1941 (Código de Processo Penal).

§ 5º Sanções eventualmente aplicadas em outras esferas deverão ser compensadas com as sanções aplicadas nos termos desta Lei.

Derivada do **princípio da segurança jurídica**, a prescrição é um instituto que visa "forçar" a Administração Pública a agir sob pena de perda dos seus poderes sancionatórios, por decurso do tempo. A Lei nº 14.230/2021 decidiu pela uniformização dos prazos prescricionais, determinando um prazo de 8 anos independentemente da condição ou posição do agente público. Em relação à ação de ressarcimento, é importante destacar que um entendimento vem prevalecendo nos Tribunais Superiores e nos concursos em geral. Ocorre que, com a leitura do art. 37, § 5º, da CF/1988, muitos doutrinadores e operadores do Direito começaram a defender uma tese de **imprescritibilidade em todos os casos que previam ressarcimento ao erário**. Logo com esse pensamento, deveríamos entender que a ação de improbidade não poderia prescrever, visto que uma de suas penalidades possíveis é a de ressarcimento ao erário.

Esse entendimento foi mitigado a partir de uma decisão do STF, de 1998, por meio da qual passou-se a entender que a **imprescritibilidade da ação atingiria apenas quanto ao pedido de ressarcimento ao erário**, prescrevendo quanto a todos os outros pedidos possíveis na ação de improbidade. Em 2018, o STF voltou a decidir sobre questão pertinente ao caso, trazendo uma **nova interpretação**, sendo fixada como **tese de repercussão geral**. O entendimento é de que somente haverá a imprescritibilidade da ação de ressarcimento decorrente de improbidade quanto ao **ato de improbidade administrativa doloso**, não cabendo tal entendimento nas condutas culposas.

Agora, com a lei de improbidade prevendo a possibilidade de punição apenas nos casos de condutas dolosas, podemos afirmar que toda ação de ressarcimento resultante da ação e improbidade administrativa será imprescritível.

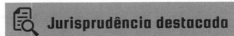

São imprescritíveis as ações de ressarcimento ao erário fundadas na prática de ato doloso tipificado na Lei de Improbidade Administrativa (STF, Tribunal Pleno, RE nº 852.475/SP, Rel. Min. Alexandre de Moraes, j. 08.08.2018).

Lei nº 8.429/1992

Art. 23. A ação para a aplicação das sanções previstas nesta Lei prescreve em 8 (oito) anos, contados a partir da ocorrência do fato ou, no caso de infrações permanentes, do dia em que cessou a permanência.

§ 1º A instauração de inquérito civil ou de processo administrativo para apuração dos ilícitos referidos nesta Lei suspende o curso do prazo prescricional por, no máximo, 180 (cento e oitenta) dias corridos, recomeçando a correr após a sua conclusão ou, caso não concluído o processo, esgotado o prazo de suspensão.

§ 2º O inquérito civil para apuração do ato de improbidade será concluído no prazo de 365 (trezentos e sessenta e cinco) dias corridos, prorrogável uma única vez por igual período, mediante ato fundamentado submetido à revisão da instância competente do órgão ministerial, conforme dispuser a respectiva lei orgânica.

§ 3º Encerrado o prazo previsto no § 2º deste artigo, a ação deverá ser proposta no prazo de 30 (trinta) dias, se não for caso de arquivamento do inquérito civil.

🧩 Decifrando a prova

(2021 – FGV – TJ/SC – Notário – Adaptada) Bernardo, titular do Ofício de Registros Civis das Pessoas Jurídicas e de Títulos e Documentos no Estado Alfa, praticou, no dia 15.06.2014, de forma culposa, ato que é tipificado na Lei nº 8.429/1992 como de improbidade administrativa que causou prejuízo ao erário. Em julho de 2020, o Ministério Público ajuizou ação civil pública por ato de improbidade administrativa, pleiteando a aplicação das sanções pessoais previstas na Lei de Improbidade, assim como o ressarcimento ao erário.

Levando em consideração que a lei estadual aplicável prevê o prazo prescricional de 5 anos para infrações administrativas puníveis com a perda da delegação, de acordo com a jurisprudência do Supremo Tribunal Federal, a pretensão ministerial merece prosperar integralmente, eis que Bernardo é considerado agente público para os efeitos da Lei de Improbidade, pois exerce, por nomeação após aprovação em concurso público, função pública perante o Judiciário estadual.

( ) Certo ( ) Errado

Gabarito comentado: observe que o enunciado destacou o fato de a legislação estadual estabelecer um prazo de 5 anos para a propositura da ação de improbidade contra o agente público, prazo esse já prescrito. Além disso, o STF decidiu com repercussão geral a aplicação retroativa das regras do novo texto da lei caso seja possível confirmar o dolo do agente em sua conduta. Como no caso narrado, Bernardo teria agido de forma culposa, não seria reconhecido como ato punível por improbidade na nova redação da LIA. Portanto, a assertiva está errada.

Ainda dentro do tema **prescrição**, a Lei nº 14.230/2021 introduziu a **prescrição intercorrente** nas ações de improbidade administrativa. O antigo texto não previa essa possibilidade, e essa inovação veio corrigir a falha do texto anterior. Vale lembrar que prescrição intercorrente é o prazo que deve ser observado após a propositura da ação principal, estabelecendo um período máximo em que tal ação poderá ficar sem movimentação na instância de julgamento. Observe o texto:

Lei nº 14.230/2021
Art. 23. (...)

§ 4º O prazo da prescrição referido no *caput* deste artigo interrompe-se:

I – pelo ajuizamento da ação de improbidade administrativa; (...)

§ 5º Interrompida a prescrição, o prazo recomeça a correr do dia da interrupção, pela metade do prazo previsto no *caput* deste artigo. (...)

§ 8º O juiz ou o tribunal, depois de ouvido o Ministério Público, deverá, de ofício ou a requerimento da parte interessada, reconhecer a prescrição intercorrente da pretensão sancionadora e decretá-la de imediato, caso, entre os marcos interruptivos referidos no § 4º, transcorra o prazo previsto no § 5º deste artigo.

Resumidamente, após a propositura da ação de improbidade dentro do prazo prescricional geral de 8 anos, na forma do art. 23 da LIA, começará a correr o prazo de prescrição intercorrente de 4 anos, definindo-se, assim, que a ação não poderá ficar parada por tal período dentro da mesma instância sob a pena de seu arquivamento. O arquivamento da ação de improbidade não se dará de forma automática, visto que o juiz ou tribunal deverá ouvir o Ministério Público ao agir de ofício ou por requerimento da parte interessada antes de proferir sua decisão.

9.6 Irretroatividade da Lei de Improbidade Administrativa

As diversas alterações promovidas na legislação de improbidade administrativa pela Lei nº 14.230/2021 acabaram gerando discussões relevantes sobre diversos temas, dentre eles a possibilidade de aplicação retroativas das previsões do novo texto legal aos casos de improbidade iniciados antes da nova redação da LIA. A questão foi enfrentada mediante o ARE nº 843.989, tendo sido reconhecida repercussão geral para definição das principais dúvidas destacadas (Tema nº 1.199, STF), sendo elas: **(i) necessidade de comprovação do elemento subjetivo dolo para configuração da improbidade nos atos elencados no art. 11 da lei; e (ii) aplicação dos novos prazos de prescrição geral e nova regra de prescrição intercorrente de forma retroativa.** Finalmente, no dia 18.08.2022, tivemos a definição da questão, conforme avaliaremos a partir desse momento.

Jurisprudência destacada

Tema nº 1.199, STF. 1) É necessária a comprovação de responsabilidade subjetiva para a tipificação dos atos de improbidade administrativa, exigindo-se – nos artigos 9º, 10 e 11 da LIA – a presença do elemento subjetivo – **dolo**;

2) A norma benéfica da Lei nº 14.230/2021 – revogação da modalidade culposa do ato de improbidade administrativa –, é **irretroativa**, em virtude do art. 5º, inciso XXXVI, da Constituição Federal, não tendo incidência em relação à eficácia da coisa julgada; nem tampouco durante o processo de execução das penas e seus incidentes;

3) A nova Lei nº 14.230/2021 aplica-se aos atos de improbidade administrativa culposos praticados na vigência do texto anterior da lei, porém sem condenação transitada em julgado,

158 Direito Administrativo Decifrado

> em virtude da revogação expressa do texto anterior; devendo o juízo competente analisar eventual dolo por parte do agente;
>
> 4) O novo regime prescricional previsto na Lei nº 14.230/2021 é **irretroativo**, aplicando-se os novos marcos temporais a partir da publicação da lei.

Apresentada a a tese final, a seguir, desenvolvemos cada item da tese.

1. É necessária a comprovação de responsabilidade subjetiva para a tipificação dos atos de improbidade administrativa, exigindo-se – nos arts. 9º, 10 e 11 da LIA – a presença do elemento subjetivo – **dolo**;

Esse primeiro item apenas reafirmou o entendimento já pacificado ao confirmar a constitucionalidade do dispositivo da LIA que passou a prever o dolo como elemento essencial para a configuração de improbidade administrativa. Importante que não estamos diante necessariamente de uma ADI ou ADC, mas o STF aproveitou a oportunidade para já definir essa questão. O entendimento se deu com base na visão de que os atos de improbidade administrativa configuram uma **ilegalidade qualificada**, pois tem como objetivo punir conduta **corrupta e imoral** dos agentes públicos.

2. A norma benéfica da Lei nº 14.230/2021 – revogação da modalidade culposa do ato de improbidade administrativa –, é **irretroativa**, em virtude do art. 5º, inciso XXX-VI, da Constituição Federal, não tendo incidência em relação à eficácia da coisa julgada; nem tampouco durante o processo de execução das penas e seus incidentes;

O segundo item da tese determinou a impossibilidade da aplicação retroativa da lei de improbidade quando estivermos diante de **processos condenatórios com trânsito em julgado,** não beneficiando assim tais infratores. O entendimento se deu na direção do texto constitucional, que prevê a impossibilidade de aplicação de nova lei nos casos já transitados.

3. A nova Lei nº 14.230/2021 aplica-se aos atos de improbidade administrativa culposos praticados na vigência do texto anterior da lei, porém sem condenação transitada em julgado, em virtude da revogação expressa do texto anterior; devendo o juízo competente analisar eventual dolo por parte do agente;

O terceiro item da tese avaliou a possibilidade de aplicação retroativa para **processos em andamento**, que se iniciarem com base no antigo texto legal. O entendimento também se baseou no texto constitucional, que determina a retroatividade da lei mais benéfica.

Dessa forma, devemos atentar para a condição atual do processo em revisão. Se for caso já transitado em julgado, não haverá retroatividade benéfica. Estando ainda em andamento, não importando em que fase o processo se encontra, será aplicada a retroatividade da lei, podendo assim um agente público acusado de cometimento de improbidade por ato culposo ser absolvido por não mais se identificar a possibilidade punitiva pelo novo texto. Importante destacar que tal situação não ocorrerá de forma automática, devendo o juízo antes identificar se a conduta do agente persiste de forma dolosa. Identificado o dolo, a ação deverá ser mantida, mesmo que tenha sido iniciada com base em conduta culposa.

O novo posicionamento, tanto no caso de retroatividade quanto no caso de irretroatividade, tem como embasamento o texto constitucional a seguir:

CF/1988

Art. 5º (...)

XL – a lei penal não retroagirá, salvo para beneficiar o réu;

(...)

Art. 37. (...)

§ 4º Os atos de improbidade administrativa importarão a suspensão dos direitos políticos, a perda da função pública, a indisponibilidade dos bens e o ressarcimento ao erário, na forma e gradação previstas em lei, sem prejuízo da ação penal cabível.

4. O novo regime prescricional previsto na Lei nº 14.230/2021 é **irretroativo**, aplicando-se os novos marcos temporais a partir da publicação da lei.

O último item da tese definiu que os novos prazos prescricionais não deverão ser aplicados retroativamente, inclusive quanto à prescrição intercorrente. Caso a ação tenha sido proposta antes da promulgação da nova lei, deve-se manter a previsão prescricional anterior. As novas regras de prescrição serão apenas válidas para as ações apresentadas depois da nova legislação.

Em relação a prescrição intercorrente, nos processos em andamento, deverá iniciar a contagem a partir de 26.10.2021, com base na publicação da Lei nº 14.230/2021.

Nova Lei de Licitações — Lei nº 14.133/2021

10.1 Introdução

Em abril de 2021, foi publicada a Lei nº 14.133, estabelecendo um novo regime jurídico para licitações e contratações realizadas pela Administração Pública. A nova Lei de Licitações teve por escopo atualizar o regime adotado no Brasil, estabelecido pela Lei nº 8.666/1993, resultando de um projeto de lei (PL) apresentado em 1995 (PL nº 163). O principal efeito resultante do surgimento da nova Lei de Licitações é a imediata revogação **parcial** das leis fundamentais existentes, sejam elas: Lei nº 8.666/1993, Lei nº 10.520/2002 e Lei nº 12.462/2011. Atenção ao fato de a revogação ser parcial, visto que o próprio texto da nova legislação estabelece um período de transição para a nova lei, momento em que as leis citadas serão totalmente revogadas pela Lei nº 14.133/2021. Fez-se necessário o estabelecimento desse período de transição para a devida adequação dos operadores dos procedimentos licitatórios ao novo sistema constituído. Observe que não estamos tratando aqui de uma *vacatio legis*, visto que a legislação entrou em vigor imediatamente; estamos falando sobre uma legislação que conviverá em paralelo com as antigas leis até que ocorra a revogação completa das leis anteriores.

> **Lei nº 14.133/2021**
>
> Art. 193. Revogam-se:
>
> I – os arts. 89 a 108 da Lei nº 8.666, de 21 de junho de 1993, na data de publicação desta Lei;
>
> II – a Lei nº 8.666, de 21 de junho de 1993, a Lei nº 10.520, de 17 de julho de 2002, e os arts. 1º a 47-A da Lei nº 12.462, de 4 de agosto de 2011, após decorridos 2 (dois) anos da publicação oficial desta Lei.
>
> Art. 191. Até o decurso do prazo de que trata o inciso II do *caput* do art. 193, a Administração poderá optar por licitar ou contratar diretamente de acordo com esta Lei ou de acordo com as leis citadas no referido inciso, e a opção escolhida deverá ser indicada expressamente no edital ou no aviso ou instrumento de contratação direta, vedada a aplicação combinada desta Lei com as citadas no referido inciso.

162 Direito Administrativo Decifrado

Destaque interessante para a revogação dos artigos referentes a crimes de licitação, que não mais deverão ser tratados dentro da legislação administrativa, com imediata transferência de sua regulamentação para o Código Penal.

> **Art. 185.** Aplicam-se às licitações e aos contratos regidos pela Lei nº 13.303, de 30 de junho de 2016, as disposições do Capítulo II-B do Título XI da Parte Especial do Decreto-lei nº 2.848, de 7 de dezembro de 1940 (Código Penal).

Em relação aos contratos, a Lei nº 14.133/2021 preceitua que contratos assinados **antes** da entrada em vigor da nova lei continuarão a ser regulamentados pelo antigo regime, visto que se trata de um ato jurídico perfeito, não podendo ser alterado por nova legislação, na forma do art. 6º da Lei de Introdução às Normas do Direito Brasileiro (LINDB).

> **Lei nº 14.133/2021**
>
> **Art. 190.** O contrato cujo instrumento tenha sido assinado antes da entrada em vigor desta Lei continuará a ser regido de acordo com as regras previstas na legislação revogada.
>
> **Decreto-lei nº 4.657/1942**
>
> **Art. 6º** A Lei em vigor terá efeito imediato e geral, respeitados o ato jurídico perfeito, o direito adquirido e a coisa julgada.

Assim, em regra, pode-se entender que todos os novos contratos administrativos firmados após a edição da Lei nº 14.133/2021 deverão seguir o novo regime instituído. Porém, por estarmos diante de um período de longa transição legal, há a possibilidade de novos contratos serem regidos pelo antigo regime, quando se tratar de licitação facultativamente conduzida pela Administração Pública pelas antigas leis, enquanto aplicáveis.

> **Lei nº 14.133/2021**
>
> **Art. 191.** Até o decurso do prazo de que trata o inciso II do *caput* do art. 193, a Administração poderá optar por licitar ou contratar diretamente de acordo com esta Lei ou de acordo com as leis citadas no referido inciso, e a opção escolhida deverá ser indicada expressamente no edital ou no aviso ou instrumento de contratação direta, vedada a aplicação combinada desta Lei com as citadas no referido inciso.
>
> Parágrafo único. Na hipótese do *caput* deste artigo, se a Administração optar por licitar de acordo com as leis citadas no inciso II do *caput* do art. 193 desta Lei, o contrato respectivo será regido pelas regras nelas previstas durante toda a sua vigência.

Por fim, vale observar que a nova lei de licitações entende que o novo regime estabelecido configura uma grande evolução no sistema vigente, exigindo de entes e órgãos um grande investimento para sua perfeita adequação. Acontece que entes e órgãos menos estruturados sofrerão muito mais para que tal perfeita adequação seja atingida. Por isso, existe a previsão de um prazo adicional para municípios menos estruturados.

> **Lei nº 14.133/2021**
>
> **Art. 176.** Os municípios com até 20.000 (vinte mil) habitantes terão o prazo de 6 (seis) anos, contado da data de publicação desta Lei, para cumprimento:

I – dos requisitos estabelecidos no art. 7º e no *caput* do art. 8º desta Lei;

II – da obrigatoriedade de realização da licitação sob a forma eletrônica a que se refere o § 2º do art. 17 desta Lei;

III – das regras relativas à divulgação em sítio eletrônico oficial.

Ao longo deste capítulo trataremos da nova lei de licitações apenas como Lei de Licitações, sem fazermos comparação com a legislação anterior, visto que muitos editais já têm cobrado a lei de forma independente, sem citar legislações anteriores.

Decifrando a prova

(2021 – Cespe/Cebraspe – Sefaz/AL – Auditor Fiscal) Determinada autoridade administrativa vinculada a uma autarquia estadual pretende celebrar contrato administrativo e, para tanto, planeja lançar edital de licitação na modalidade concorrência, em 1º de janeiro de 2022, mas está em dúvida sobre qual legislação aplicar – Lei nº 8.666/1993 ou Lei nº 14.133/2021.

Considerando essa situação hipotética, julgue o item a seguir: a administração poderá optar por licitar com base em quaisquer das legislações mencionadas, podendo até mesmo combinar a aplicação daquelas duas leis.

( ) Certo ( ) Errado

Gabarito comentado: conforme previsto no art. 191 da Lei nº 14.133/2021, a Administração Pública poderá optar por adotar a nova legislação ou manter a aplicação das leis anteriores, não sendo permitida a combinação das leis em nenhuma hipótese. Portanto, a assertiva está errada.

10.2 Âmbito de aplicação da lei

A Lei nº 14.133/2021 será aplicada à Administração Pública, mas é importante notarmos que tal legislação não terá aplicação ampla no âmbito administrativo. Conforme enumeração da lei, a norma legal será aplicada à Administração Pública Direta, autárquica ou fundacional.

Lei nº 14.133/2021

Art. 1º Esta Lei estabelece normas gerais de licitação e contratação para as Administrações Públicas diretas, autárquicas e fundacionais da União, dos Estados, do Distrito Federal e dos Municípios, e abrange:

I – os órgãos dos Poderes Legislativo e Judiciário da União, dos Estados e do Distrito Federal e os órgãos do Poder Legislativo dos Municípios, quando no desempenho de função administrativa;

II – os fundos especiais e as demais entidades controladas direta ou indiretamente pela Administração Pública.

164 Direito Administrativo Decifrado

Observe que o artigo inaugural da lei estabelece **normas gerais** de licitação e contratação. Assim, entende-se que a lei será aplicada a todos os entes federativos, podendo estes editar legislações próprias para a regulamentação dos assuntos da lei, respeitando as normas gerais instituídas por ela. Também se deve aplicar a Lei nº 14.133/2021 no âmbito de todos os Poderes quando estiverem no exercício da função administrativa. Além disso, aplica-se a legislação aos fundos especiais e às entidades controladas.

Por outro lado, existem alguns entes públicos que contam com legislação própria e, por esse motivo, não devem ser submetidos às regras da Lei nº 14.133/2021, exceto no que tange às regras de crimes de licitação, na forma do art. 178.

> **Lei nº 14.133/2021**
>
> **Art. 1º** (...)
>
> § 1º Não são abrangidas por esta Lei as empresas públicas, as sociedades de economia mista e as suas subsidiárias, regidas pela Lei nº 13.303, de 30 de junho de 2016, ressalvado o disposto no art. 178 desta Lei.
>
> § 2º As contratações realizadas no âmbito das repartições públicas sediadas no exterior obedecerão às peculiaridades locais e aos princípios básicos estabelecidos nesta Lei, na forma de regulamentação específica a ser editada por ministro de Estado. (...)
>
> § 5º As contratações relativas à gestão, direta e indireta, das reservas internacionais do País, inclusive as de serviços conexos ou acessórios a essa atividade, serão disciplinadas em ato normativo próprio do Banco Central do Brasil, assegurada a observância dos princípios estabelecidos no *caput* do art. 37 da Constituição Federal.

Destacam-se outras hipóteses que não se submeterão ao regime instituído pela Lei nº 14.133/2021:

- ◆ Concessão e permissão federal de serviços públicos (Lei nº 8.987/1995).
- ◆ PPP (Lei nº 11.079/2004).
- ◆ Contratos de publicidade com agências de propaganda (Lei nº 12.232/2010).
- ◆ Consórcios públicos (Lei nº 11.107/2005).
- ◆ Contratos de operação de crédito e gestão da dívida pública (art. 3º da Lei nº 14.133/2021).
- ◆ Microempresas e empresas de pequeno porte (LC nº 123/2006).

> **Lei nº 14.133/2021**
>
> **Art. 2º** Esta Lei aplica-se a:
>
> I – alienação e concessão de direito real de uso de bens;
>
> II – compra, inclusive por encomenda;
>
> III – locação;
>
> IV – concessão e permissão de uso de bens públicos;
>
> V – prestação de serviços, inclusive os técnico-profissionais especializados;
>
> VI – obras e serviços de arquitetura e engenharia;

Capítulo 10 ◆ Nova Lei de Licitações — Lei nº 14.133/2021

VII – contratações de tecnologia da informação e de comunicação.

Art. 3º Não se subordinam ao regime desta Lei:

I – contratos que tenham por objeto operação de crédito, interno ou externo, e gestão de dívida pública, incluídas as contratações de agente financeiro e a concessão de garantia relacionadas a esses contratos;

II – contratações sujeitas a normas previstas em legislação própria.

Art. 4º Aplicam-se às licitações e contratos disciplinados por esta Lei as disposições constantes dos arts. 42 a 49 da Lei Complementar nº 123, de 14 de dezembro de 2006.

§ 1º As disposições a que se refere o *caput* deste artigo não são aplicadas:

I – no caso de licitação para aquisição de bens ou contratação de serviços em geral, ao item cujo valor estimado for superior à receita bruta máxima admitida para fins de enquadramento como empresa de pequeno porte;

II – no caso de contratação de obras e serviços de engenharia, às licitações cujo valor estimado for superior à receita bruta máxima admitida para fins de enquadramento como empresa de pequeno porte.

§ 2º A obtenção de benefícios a que se refere o *caput* deste artigo fica limitada às microempresas e às empresas de pequeno porte que, no ano-calendário de realização da licitação, ainda não tenham celebrado contratos com a Administração Pública cujos valores somados extrapolem a receita bruta máxima admitida para fins de enquadramento como empresa de pequeno porte, devendo o órgão ou entidade exigir do licitante declaração de observância desse limite na licitação.

§ 3º Nas contratações com prazo de vigência superior a 1 (um) ano, será considerado o valor anual do contrato na aplicação dos limites previstos nos §§ 1º e 2º deste artigo.

> ### ⟳ Decifrando a prova
>
> **(2021 – Cetap – Seplad/PA – Técnico em Gestão Pública – Adaptada)** O art. 3º da Lei Federal nº 14.133/2021 estabelece que não se subordinam ao seu regime os contratos que tenham por objeto operação de crédito, interno ou externo, e gestão de dívida pública, incluídas as contratações de agente financeiro e a concessão de garantia relacionadas a esses contratos.
> ( ) Certo ( ) Errado
> **Gabarito comentado:** exata previsão do art. 3º, I, da Lei nº 14.133/2021. Portanto, a assertiva está certa.

10.3 Princípios

A Lei nº 14.133/2021 optou por apontar de forma expressa e concentrar em apenas um artigo todos os princípios a serem aplicados ao procedimento licitatório e aos contratos decorrentes de tal procedimento. Entre tais princípios, observam-se princípios gerais (já

166 Direito Administrativo Decifrado

estudados em capítulos anteriores ou que serão estudados em capítulos futuros desta obra) e princípios específicos. Aqui, faremos o estudo aprofundado apenas dos princípios específicos aplicáveis aos procedimentos regidos pela lei.

> **Art. 5º** Na aplicação desta Lei, serão observados os princípios da legalidade, da impessoalidade, da moralidade, da publicidade, da eficiência, do interesse público, da probidade administrativa, da igualdade, do planejamento, da transparência, da eficácia, da segregação de funções, da motivação, da vinculação ao edital, do julgamento objetivo, da segurança jurídica, da razoabilidade, da competitividade, da proporcionalidade, da celeridade, da economicidade e do desenvolvimento nacional sustentável, assim como as disposições do Decreto-lei nº 4.657, de 4 de setembro de 1942 (Lei de Introdução às Normas do Direito Brasileiro).

10.3.1 Julgamento objetivo

Estabelece que a licitação pública sempre deverá ser julgada por meio dos critérios estabelecidos no edital de convocação do certame. Aqui, a lei visa afastar a aplicabilidade do julgamento subjetivo, não permitindo o domínio do procedimento licitatório por interesses particulares. Tal princípio tem direta relação com os princípios da igualdade e da impessoalidade. Estudaremos tais critérios com mais detalhes durante este capítulo.

10.3.2 Vinculação ao edital

O edital de licitação será tratado como a "lei" do procedimento licitatório, sendo tal procedimento vinculado ao previsto no edital. São as "regras do jogo" adotadas em determinado procedimento. Tal princípio visa afastar a possibilidade de licitantes serem surpreendidos por exigências não anteriormente expostas pela Administração Pública durante todas as fases do processo. O afastamento da Administração Pública do respeito ao princípio em estudo resultará no reconhecimento de nulidade do procedimento.

10.3.3 Motivação

Todos os atos relacionados ao procedimento licitatório deverão ser devidamente motivados, apresentando-se sempre a motivação fática e a previsão legal permissiva de tal ação. Ocorre, por exemplo, quando a Administração decide dispensar um procedimento licitatório. Não basta ao agente público competente afirmar que "a lei permite tal dispensa", devendo o agente apontar a previsão e a adequação legal, além de expor as razões de interesse público.

10.3.4 Segregação de funções

As atribuições inerentes ao procedimento licitatório não poderão ser cometidas a apenas um agente público, que seria responsável por todas as etapas necessárias no certame. Tal ação configuraria afastamento do controle dos atos, o que resultaria na anulação do procedimento. Por isso, o princípio da segregação de funções reafirma (visto não ser nenhuma grande novidade para o processo administrativo em si) a necessidade da participação de vários agentes nas mais diversas funções do certame licitatório. Assim, por exemplo, não será possível que o mesmo agente responsável pela liquidação da despesa realize o pagamento. Pretende-se aqui evitar a centralização da condução da licitação.

10.3.5 Economicidade

É a redução dos custos do procedimento sem que, com isso, comprometa-se a qualidade dos padrões necessários. Assim, é possível realizar a supressão de etapas inúteis ao procedimento licitatório quando for possível justificar tal ação, resguardando o erário. Será possível por causa desse princípio o fracionamento da licitação, desde que não configure forma de modificação do regime jurídico.

10.3.6 Celeridade

Visa tornar mais dinâmico o trâmite dos procedimentos licitatórios e das contratações públicas, exigindo dos agentes responsáveis pelo certame maior velocidade na tomada de decisões e providências. Aqui, pretende-se trazer para o procedimento administrativo o mesmo efeito resultante do advento da **razoável duração do processo** no Poder Judiciário.

10.3.7 Transparência

Intimamente relacionado ao princípio da publicidade, exige que a divulgação da informação ocorra da forma mais acessível possível, com linguagem de fácil acesso e compreensão. Assim, não basta a publicidade dos atos, mas a transparência de tudo o que ocorre dentro do procedimento licitatório e no momento da celebração dos contratos.

10.3.8 Competitividade

A licitação deverá favorecer a máxima participação de interessados. Por isso, a determinação de condições restritivas deverá ocorrer apenas quando imprescindíveis para o cumprimento de seu objetivo.

10.3.9 Eficiência

A atuação da Administração Pública deverá atingir determinada meta, visando ao resultado mais satisfatório possível. Busca-se, assim, o melhor resultado, sem que se confunda com a eficácia do certame, e mais relacionado ao cumprimento das obrigações iniciadas.

10.3.10 Planejamento

A licitação pública não poderá ser conduzida de forma desorganizada, sem previsão de etapas, orçamento, regras etc. A licitação é dividida em fase interna e externa e o princípio do planejamento se identifica principalmente na fase interna, como forma de garantir que o procedimento seja levado ao conhecimento público da forma mais organizada e definida.

10.3.11 Desenvolvimento nacional sustentável

Relacionado tanto com as questões ambientais quanto com as questões econômicas e sociais das contratações públicas. A consideração de tais questões poderá, inclusive, resultar na flexibilização da aplicação de outros princípios, como o da economicidade, desde que seja possível justificar tal ação. Critérios adotados com base nesse princípio poderão, inclusive, servir como critério para desclassificação de licitantes. Interessa observar que esse princípio também configura uma das finalidades do procedimento licitatório, como veremos a seguir.

10.3.12 Publicidade

Todos os atos da licitação deverão ser públicos, acessíveis a toda a população. Porém deve-se observar que tal publicidade será afastada temporariamente em relação ao **conteúdo das propostas** (sigilo que será mantido até a abertura das propostas, quando se tornarão públicas) **e também em relação ao orçamento que acompanha o edital da licitação** (o sigilo do orçamento é discricionário e deverá ser devidamente fundamentado quando adotado pela Administração Pública). O sigilo do orçamento não prevalecerá sobre os órgãos de controle.

Caso o critério adotado na licitação seja o de maior desconto (veremos adiante os critérios mais detalhadamente), o preço de referência deverá constar no edital. Assim, não será possível aplicar o sigilo sobre esse valor, o que tornaria impossível a aplicação do critério objetivo de julgamento da proposta.

🧩 Decifrando a prova

(2021 – Cespe/Cebraspe – PC/AL – Escrivão) Determinado órgão público, pretendendo contratar empresa para prestação de serviços de publicidade, publicou edital de licitação na modalidade leilão, prevendo que as interessadas deveriam apresentar comprovante de funcionamento regular de, no mínimo, 3 anos. Não concordando com o edital, a autoridade competente desconsiderou o procedimento licitatório e realizou a contratação direta por inexigibilidade de licitação de uma empresa que tinha apenas 6 meses de funcionamento, cujo proprietário era um de seus primos.

A partir dessa situação hipotética, julgue o item que se segue.

A contratação da empresa do primo configura violação ao princípio da sustentabilidade, que significa que o administrador deve observar critérios objetivos para o julgamento das propostas.

( ) Certo ( ) Errado

Gabarito comentado: o caso proposto pela questão apresenta uma nítida violação ao princípio da **impessoalidade**. Portanto, a assertiva está errada.

10.4 Pressupostos e objetivos do procedimento licitatório

Tratar de pressupostos de licitação significa tratar de condições prévias imprescindíveis à essência do procedimento. Assim, a falta de qualquer um dos pressupostos apresentados a

Capítulo 10 ♦ Nova Lei de Licitações — Lei nº 14.133/2021 **169**

seguir acarretará a impossibilidade de realização do procedimento licitatório. Decorre daí a possibilidade de contratação direta, sem realização de licitação, assunto que veremos detalhadamente mais adiante.

- **Pressuposto jurídico:** a licitação configura um meio para se atingir o interesse público, não sendo um "fim em si mesmo". É o meio pelo qual se atinge as finalidades do procedimento licitatório.
- **Pressuposto lógico:** exige a existência de uma pluralidade de fornecedores ou prestadores de serviço e objetos a serem licitados. Licitação demanda competição.
- **Pressuposto fático:** significa a pluralidade de interessados aptos a participar da disputa pública.

Por se tratar de um procedimento administrativo que precede as licitações públicas, resultando na utilização de recursos públicos para sua formalização mediante celebração de contratos, o procedimento licitatório deverá ser sempre construído com vistas a atender aos objetivos estabelecidos em lei.

> **Lei nº 14.133/2021**
>
> **Art. 11.** O processo licitatório tem por objetivos:
>
> I – assegurar a seleção da proposta apta a gerar o resultado de contratação mais vantajoso para a Administração Pública, inclusive no que se refere ao ciclo de vida do objeto;
>
> II – assegurar tratamento isonômico entre os licitantes, bem como a justa competição;
>
> III – evitar contratações com sobrepreço ou com preços manifestamente inexequíveis e superfaturamento na execução dos contratos;
>
> IV – incentivar a inovação e o desenvolvimento nacional sustentável.

- **Proposta mais vantajosa:** não necessariamente será a proposta mais barata ou com previsão mais rápida de execução. Considera-se proposta mais vantajosa aquela que permita à Administração Pública reconhecer mais benefícios na sua formalização. Considera-se, por exemplo, um benefício considerável a facilidade na obtenção de peças para manutenção de determinado equipamento adquirido pela Administração Pública.
- **Isonomia e competitividade:** orienta a formulação de requisitos e condições de participação no certame, vedando a utilização de critérios restritivos desnecessários e inconvenientes. Quanto mais interessados em igualdades de condição disputarem o certame, mais fácil será a conquista de uma proposta mais proveitosa.
- **Combate à corrupção:** novo objetivo previsto na Lei nº 14.133/2021, visa estabelecer métodos e sistemas que permitam ao agente público responsável pela licitação confrontar propostas impossíveis de serem cumpridas e formalização de propostas que estejam acima da média aceitável do mercado definida em pesquisa realizada durante a fase interna do processo.
- **Desenvolvimento nacional sustentável:** tal instituto aparece em nossa legislação tanto como um princípio, conforme estudado no tópico sobre princípios da licitação, quanto como um objetivo do procedimento licitatório. Relaciona-se não só à

170 Direito Administrativo Decifrado

escolha através da licitação do objeto que traduza maiores benefícios ao meio ambiente mas também ao próprio desenvolvimento econômico nacional, como ocorre no tratamento diferenciado conferido às microempresas e empresas de pequeno porte ou na prioridade de aquisição de bens ou serviços nacionais.

> ### Decifrando a prova
>
> **(2021 – FCC – PGE/GO – Procurador – Adaptada)** A nova Lei de Licitações – Lei nº 14.133/2021 – trouxe diversas inovações, em comparação com a Lei nº 8.666/1993. Dentre elas está a previsão de promoção do desenvolvimento nacional sustentável como objetivo do processo licitatório.
> ( ) Certo ( ) Errado
> **Gabarito comentado:** apesar de realmente configurar um dos objetivos do procedimento licitatório, tal objetivo já se fazia presente nas legislações anteriores, não se apresentando assim como uma inovação da Lei nº 14.133/2021. Portanto, a assertiva está errada.

10.5 Isonomia e igualdade

Conforme vimos anteriormente, isonomia e igualdade apresentam-se como condições essenciais para o devido procedimento licitatório, sendo tratados tanto como princípios quanto como objetivos do procedimento licitatório. Existem diversos momentos em nossa legislação capazes de destacar tais condições, por isso separamos um tópico específico para a avaliação dessas diversas situações.

- ◆ **Vedações específicas:** a Lei nº 14.133/2021 determina algumas vedações quanto ao agente público que atue na licitação como forma de manutenção da isonomia e da igualdade do certame. Tais vedações referem-se à possibilidade de tratamento diferenciado entre os participantes do procedimento licitatório. Observe:

Lei nº 14.133/2021

Art. 9º É vedado ao agente público designado para atuar na área de licitações e contratos, ressalvados os casos previstos em lei:

I – admitir, prever, incluir ou tolerar, nos atos que praticar, situações que: (...)

b) estabeleçam preferências ou distinções em razão da naturalidade, da sede ou do domicílio dos licitantes; (...)

Atente que o fato de o licitante possuir estabelecimento sediado no âmbito do estado ou município licitante será apresentado pela legislação como critério de desempate. Isso não ofende a regra inicialmente estudada aqui, visto que se trata de caso específico (desempate) e não preferência aplicável durante todo o procedimento licitatório.

Art. 9º (...)

II – estabelecer tratamento diferenciado de natureza comercial, legal, trabalhista, previdenciária ou qualquer outra entre empresas brasileiras e estrangeiras, inclusive no que se refere a moeda, modalidade e local de pagamento, mesmo quando envolvido financiamento de agência internacional; (...)

Mais uma vez, estamos diante de uma condição que deverá ser adotada como critério de desempate (empresa brasileira e estrangeira), sendo uma situação excepcional permissiva de tratamento diferenciado.

- ◆ **Margem de preferência:** quando adotada no procedimento licitatório, configura um valor previsto no edital que poderá resultar no reconhecimento de um empate ficto entre os licitantes. Assim, todas as propostas que estiverem dentro da margem de preferência com base no valor do edital resultarão em um empate, que permitirá ao licitante beneficiado pela margem de preferência cobrir a melhor proposta e vencer a licitação. Aqui, estamos diante de uma situação em que o licitante que apresentar a proposta inicialmente perdedora terá a possibilidade de melhorar tal oferta e tornar-se vencedor do certame.

Lei nº 14.133/2021

Art. 26. No processo de licitação, poderá ser estabelecida margem de preferência para:

I – bens manufaturados e serviços nacionais que atendam a normas técnicas brasileiras;

II – bens reciclados, recicláveis ou biodegradáveis, conforme regulamento.

§ 1º A margem de preferência de que trata o *caput* deste artigo:

I – será definida em decisão fundamentada do Poder Executivo federal, no caso do inciso I do *caput* deste artigo;

II – poderá ser de até 10% (dez por cento) sobre o preço dos bens e serviços que não se enquadrem no disposto nos incisos I ou II do *caput* deste artigo;

III – poderá ser estendida a bens manufaturados e serviços originários de Estados Partes do Mercado Comum do Sul (Mercosul), desde que haja reciprocidade com o País prevista em acordo internacional aprovado pelo Congresso Nacional e ratificado pelo Presidente da República.

§ 2º Para os bens manufaturados nacionais e serviços nacionais resultantes de desenvolvimento e inovação tecnológica no País, definidos conforme regulamento do Poder Executivo federal, a margem de preferência a que se refere o *caput* deste artigo poderá ser de até 20% (vinte por cento).

A legislação veda a possibilidade da adoção da margem de preferência quando a produção de bens ou a prestação de serviços no País não for suficiente para atender ao demandado pelo ente público licitante.

Lei nº 14.133/2021

Art. 26. (...)

§ 5º A margem de preferência não se aplica aos bens manufaturados nacionais e aos serviços nacionais se a capacidade de produção desses bens ou de prestação desses serviços no País for inferior:

I – à quantidade a ser adquirida ou contratada; ou

II – aos quantitativos fixados em razão do parcelamento do objeto, quando for o caso.

- **Competência legislativa:** o STF apresentou em um julgado o entendimento de que a igualdade de condições dos licitantes poderá sofrer uma relativização por meio de **lei que traga condições exigíveis em abstrato** (como o caso da margem de preferência estudada anteriormente) ou **pela autoridade responsável pela condução do processo licitatório quando necessário para garantir o cumprimento de obrigações específicas.**

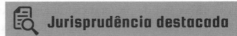

A igualdade de condições dos concorrentes em licitações, embora seja enaltecida pela Constituição (art. 37, XXI), pode ser relativizada por duas vias: a) pela lei, mediante o estabelecimento de condições de diferenciação exigíveis em abstrato; e b) pela autoridade responsável pela condução do processo licitatório, que poderá estabelecer elementos de distinção circunstanciais, de qualificação técnica e econômica, sempre vinculados à garantia de cumprimento de obrigações específicas (STF, Plenário, ADI nº 3.735/MS, Rel. Min. Teori Zavaski, j. 08.09.2016).

Decifrando a prova

(2021 – Cetap – Seplad/PA – Técnico em Gestão Pública – Adaptada) Está previsto na Lei Federal nº 14.133/2021 que é vedado ao agente público designado para atuar na área de licitações e contratos, ressalvados os casos previstos em lei, exceto admitir, prever, incluir ou tolerar, nos atos que praticar, situações que sejam pertinentes ou relevantes para o objeto específico do contrato.
( ) Certo ( ) Errado
Gabarito comentado: questão oferece a literalidade da lei, alterando o texto ao substituir os termos impertinentes ou irrelevantes, na forma do art. 9º, I, c, da Lei nº 14.133/2021. Portanto, a assertiva está errada.

10.6 Agentes da licitação

Dentro da lei, identificamos diversos dispositivos que definiram os requisitos e as condições a serem atendidos por determinados agentes públicos para que possam atuar em um procedimento licitatório.

10.6.1 Requisitos

Lei nº 14.133/2021

Art. 7º Caberá à autoridade máxima do órgão ou da entidade, ou a quem as normas de organização administrativa indicarem, promover gestão por competências e designar agentes públicos para o desempenho das funções essenciais à execução desta Lei que preencham os seguintes requisitos:

Capítulo 10 ◆ Nova Lei de Licitações — Lei nº 14.133/2021 **173**

I – sejam, preferencialmente, servidor efetivo ou empregado público dos quadros permanentes da Administração Pública; (...)

Todos os agentes que participarem do procedimento licitatório deverão ser servidores efetivos ou empregados públicos do quadro permanente da Administração Pública. Observe que a lei determina a **preferência** que tal condição seja atendida. Assim, é possível que a Administração convoque agentes públicos que não se enquadrem nessa condição, sendo essencial a motivação dessa convocação.

Art. 7º (...)

II – tenham atribuições relacionadas a licitações e contratos ou possuam formação compatível ou qualificação atestada por certificação profissional emitida por escola de governo criada e mantida pelo poder público; e (...)

Aqui, a lei apresenta algumas qualidades importantes para a participação dos agentes públicos: **sejam servidores cujo cargo tenha atribuição relacionada com licitação e contratos, possuam formação compatível com a atividade licitatória ou possuam uma qualificação específica atestada por escola de governo.** Tais qualidades não são cumulativas, bastando ao agente público atender a pelo menos uma delas para que possa ser convocado a compor a equipe de licitação.

Art. 7º (...)

III – não sejam cônjuge ou companheiro de licitantes ou contratados habituais da Administração nem tenham com eles vínculo de parentesco, colateral ou por afinidade, até o terceiro grau, ou de natureza técnica, comercial, econômica, financeira, trabalhista e civil.

Não configura um requisito, mas, sim, uma **vedação** à participação do procedimento licitatório. Fica claro que aqui se trata de uma situação criada para combater a corrupção e a manipulação do certame, visto que é proibido um agente público ter grau de parentesco até terceiro grau, relacionamento direto (cônjuge ou companheiro) ou relacionamento específico (técnico, comercial, econômico, financeiro, trabalhista e civil) com licitantes ou contratados habituais da Administração Pública.

10.6.2 Agente de contratação

O responsável pela condução da licitação pública é detentor da função mais importante do processo, cabendo a ele impulsionar todas as ações da licitação até o momento da homologação da licitação. O agente de contratação será **necessariamente** um servidor público efetivo ou um empregado público do quadro permanente da Administração Pública.

Na licitação realizada por meio da modalidade pregão, o agente de contratação passará a ser chamado de **pregoeiro**. A intenção do legislador foi trazer para o todo o procedimento licitatório a dinâmica criada pela modalidade pregão desde seu surgimento na legislação nacional.

Lei nº 14.133/2021

Art. 8º A licitação será conduzida por agente de contratação, pessoa designada pela autoridade competente, entre servidores efetivos ou empregados públicos dos quadros permanentes da Administração Pública, para tomar decisões, acompanhar o trâmite da

174 Direito Administrativo Decifrado

licitação, dar impulso ao procedimento licitatório e executar quaisquer outras atividades necessárias ao bom andamento do certame até a homologação.

§ 1º O agente de contratação será auxiliado por equipe de apoio e responderá individualmente pelos atos que praticar, salvo quando induzido a erro pela atuação da equipe. (...)

§ 5º Em licitação na modalidade pregão, o agente responsável pela condução do certame será designado pregoeiro.

10.6.3 Comissão de contratação

Atuará nas licitações que envolvam bens ou serviços especiais, entendidos como aqueles que não têm identificação ou descrição simples por força de sua complexidade ou heterogeneidade, substituindo o agente de contratação na condução do procedimento licitatório. A formação da comissão não é obrigatória, configurando uma discricionariedade da Administração Pública. Somente no caso de licitação na modalidade **diálogo competitivo** tal comissão será obrigatória, inclusive devendo atender aos requisitos de definição do agente de contratação.

A comissão de contratação deverá observar os mesmos requisitos dos agentes de contratação, sendo formada preferencialmente por servidores efetivos ou empregados do quadro permanente da Administração Pública. No caso de responsabilidade por vício, esta será solidária entre os membros da comissão, exceto no caso de divergência apontada por um dos membros devidamente registrada em ata.

> **Lei nº 14.133/2021**
>
> **Art. 8º** (...)
>
> § 2º Em licitação que envolva bens ou serviços especiais, desde que observados os requisitos estabelecidos no art. 7º desta Lei, o agente de contratação poderá ser substituído por comissão de contratação formada por, no mínimo, 3 (três) membros, que responderão solidariamente por todos os atos praticados pela comissão, ressalvado o membro que expressar posição individual divergente fundamentada e registrada em ata lavrada na reunião em que houver sido tomada a decisão.

⚟ Decifrando a prova

(2021 – Fundep – MPE/MG – Promotor de Justiça – Adaptada) No tocante à Lei nº 14.133/2021 (Lei de Licitações e Contratos Administrativos), é correto afirmar que foi inserida na comissão de licitação a figura do agente de contratação, bem como estabelecido o princípio do segregamento de funções.

( ) Certo ( ) Errado

Gabarito comentado: podemos identificar dois graves erros no enunciado apresentado. Primeiro: o agente de contratação não foi inserido na comissão; este funciona, na realidade, como um substituto da comissão quando esta não for necessária. Segundo erro: o princípio é da **segregação** e não do **segregamento**. Esse segundo erro da questão é menos relevante, podendo, inclusive, no futuro se tornar uma alternativa de nomenclatura. No momento, consideramos errado. Portanto, a assertiva está errada.

10.6.4 Critério de julgamento, desclassificação e desempate

Conforme vimos ao estudar o princípio do julgamento objetivo, é essencial que dentro do edital da licitação seja explicitado pelo ente licitante qual é o critério adotado naquele certame licitatório específico para a escolha da melhor proposta. Assim, teremos a certeza de que a escolha se deu com base em parâmetros objetivos, sem permitir que a subjetividade sirva como razão para determinação do vencedor da licitação.

Lei nº 14.133/2021

Art. 33. O julgamento das propostas será realizado de acordo com os seguintes critérios:

I – menor preço;

II – maior desconto;

III – melhor técnica ou conteúdo artístico;

IV – técnica e preço;

V – maior lance, no caso de leilão;

VI – maior retorno econômico.

10.6.5 Menor preço

Ao adotar esse critério, a Administração Pública visa contratar o licitante que oferecer o menor dispêndio em sua proposta. Importante notar que a utilização desse critério não configurará a escolha direta da proposta mais barata, mas, sim, da proposta mais econômica que esteja em perfeita compatibilidade com as especificações do edital. Claro que a simples escolha da proposta mais barata não necessariamente se mostrará a melhor opção, visto que os custos com eventual manutenção ou substituição do objeto poderão tornar aquela proposta inicialmente barata um contrato extremamente caro.

Lei nº 14.133/2021

Art. 34. O julgamento por menor preço ou maior desconto e, quando couber, por técnica e preço considerará o menor dispêndio para a Administração, atendidos os parâmetros mínimos de qualidade definidos no edital de licitação.

§ 1º Os custos indiretos, relacionados com as despesas de manutenção, utilização, reposição, depreciação e impacto ambiental do objeto licitado, entre outros fatores vinculados ao seu ciclo de vida, poderão ser considerados para a definição do menor dispêndio, sempre que objetivamente mensuráveis, conforme disposto em regulamento. (...)

10.6.6 Maior desconto

Nesse critério, o vencedor será o licitante que oferecer o maior desconto percentual a um valor previamente fixado pela Administração Pública. Assim como o critério anterior, a proposta não será observada apenas quanto ao valor percentual de desconto oferecido, mas também se observará o menor dispêndio futuro para preservação e manutenção do objeto

176 Direito Administrativo Decifrado

contratado. O valor de referência deverá necessariamente apontar o preço global, não sendo aceita a adoção do critério de maior desconto com proposta de desconto por itens.

> **Lei nº 14.133/2021**
>
> **Art. 34. (...)**
>
> § 2º O julgamento por maior desconto terá como referência o preço global fixado no edital de licitação, e o desconto será estendido aos eventuais termos aditivos.

10.6.7 Melhor técnica ou conteúdo artístico

Adotado pela Administração Pública quando seu interesse for analisar **exclusivamente** propostas técnicas oferecidas pelos licitantes, o que ocorre nas licitações para contratação de projetos e trabalhos de natureza técnica, científica ou artística. Aqui, o preço ou valor estipulado não fará diferença na escolha do vencedor, visto que tal valor será definido pela própria entidade licitante. Assim, em uma licitação para aquisição de projeto artístico, por exemplo, a Administração apontará um valor como **prêmio** ao vencedor e a escolha desse vencedor se baseará única e exclusivamente na avaliação técnica da proposta ou trabalho apresentado.

> **Lei nº 14.133/2021**
>
> **Art. 35.** O julgamento por melhor técnica ou conteúdo artístico considerará exclusivamente as propostas técnicas ou artísticas apresentadas pelos licitantes, e o edital deverá definir o prêmio ou a remuneração que será atribuída aos vencedores.
>
> Parágrafo único. O critério de julgamento de que trata o *caput* deste artigo poderá ser utilizado para a contratação de projetos e trabalhos de natureza técnica, científica ou artística.

No julgamento de melhor técnica, os agentes licitantes deverão avaliar uma série de características das propostas para, assim, aferir a real capacidade do licitante. Além disso, deverá ser constituída uma **banca especializada** para atribuição de notas às propostas, levando em conta a demonstração de conhecimento do objeto, a metodologia e o programa de trabalho, a qualificação das equipes técnicas e a relação dos produtos que serão entregues. A atribuição de notas também deverá levar em consideração eventual desempenho pretérito do particular em outros contratos administrativos.

A banca especializada será formada por três membros e poderá contar com servidores efetivos ou empregados públicos com conhecimento técnico, além de profissionais especializados, experientes ou renomados.

> **Art. 37.** O julgamento por melhor técnica ou por técnica e preço deverá ser realizado por:
>
> I – verificação da capacitação e da experiência do licitante, comprovadas por meio da apresentação de atestados de obras, produtos ou serviços previamente realizados;
>
> II – atribuição de notas a quesitos de natureza qualitativa por banca designada para esse fim, de acordo com orientações e limites definidos em edital, considerados a demonstração de conhecimento do objeto, a metodologia e o programa de trabalho, a qualificação das equipes técnicas e a relação dos produtos que serão entregues;

III – atribuição de notas por desempenho do licitante em contratações anteriores aferida nos documentos comprobatórios de que trata o § 3º do art. 88 desta Lei e em registro cadastral unificado disponível no Portal Nacional de Contratações Públicas (PNCP).

§ 1º A banca referida no inciso II do *caput* deste artigo terá no mínimo 3 (três) membros e poderá ser composta de:

I – servidores efetivos ou empregados públicos pertencentes aos quadros permanentes da Administração Pública;

II – profissionais contratados por conhecimento técnico, experiência ou renome na avaliação dos quesitos especificados em edital, desde que seus trabalhos sejam supervisionados por profissionais designados conforme o disposto no art. 7º desta Lei.

Como nesse critério de julgamento a qualificação do profissional licitante será um grande fator de decisão, é exigido que a contratação se realize com a participação direta e pessoal do profissional avaliado.

Lei nº 14.133/2021

Art. 38. No julgamento por melhor técnica ou por técnica e preço, a obtenção de pontuação devido à capacitação técnico-profissional exigirá que a execução do respectivo contrato tenha participação direta e pessoal do profissional correspondente.

10.6.8 Técnica e preço

A Administração Pública definirá fatores objetivos de pontuação para julgamento por técnica e preço. A pontuação da proposta será obtida por meio da ponderação das notas atribuídas a cada um dos critérios, quais sejam técnica e preço, sendo a avaliação técnica a mais importante, podendo representar até 70% da nota final. Aqui, a avaliação de desempenho pretérito também será muito importante, impactando a nota técnica do licitante.

Lei nº 14.133/2021

Art. 36. O julgamento por técnica e preço considerará a maior pontuação obtida a partir da ponderação, segundo fatores objetivos previstos no edital, das notas atribuídas aos aspectos de técnica e de preço da proposta. (...)

§ 2º No julgamento por técnica e preço, deverão ser avaliadas e ponderadas as propostas técnicas e, em seguida, as propostas de preço apresentadas pelos licitantes, na proporção máxima de 70% (setenta por cento) de valoração para a proposta técnica.

§ 3º O desempenho pretérito na execução de contratos com a Administração Pública deverá ser considerado na pontuação técnica, observado o disposto nos §§ 3º e 4º do art. 88 desta Lei e em regulamento.

O julgamento por técnica e preço deve ser precedido de estudo preliminar, que deverá demonstrar que a qualidade técnica das propostas é destacadamente relevante ao objeto buscado pela Administração Pública. Assim, deve-se adotar tal critério quando se estiver diante de serviços técnicos específicos elencados na legislação.

178 Direito Administrativo Decifrado

Lei nº 14.133/2021

Art. 36. (...)

§ 1º O critério de julgamento de que trata o *caput* deste artigo será escolhido quando estudo técnico preliminar demonstrar que a avaliação e a ponderação da qualidade técnica das propostas que superarem os requisitos mínimos estabelecidos no edital forem relevantes aos fins pretendidos pela Administração nas licitações para contratação de:

I – serviços técnicos especializados de natureza predominantemente intelectual, caso em que o critério de julgamento de técnica e preço deverá ser preferencialmente empregado;

II – serviços majoritariamente dependentes de tecnologia sofisticada e de domínio restrito, conforme atestado por autoridades técnicas de reconhecida qualificação;

III – bens e serviços especiais de tecnologia da informação e de comunicação;

IV – obras e serviços especiais de engenharia;

V – objetos que admitam soluções específicas e alternativas e variações de execução, com repercussões significativas e concretamente mensuráveis sobre sua qualidade, produtividade, rendimento e durabilidade, quando essas soluções e variações puderem ser adotadas à livre escolha dos licitantes, conforme critérios objetivamente definidos no edital de licitação.

Assim como acontece na licitação que adote o critério de melhor técnica ou conteúdo artístico, também será importante avaliar capacitação e experiência do interessado para atribuição da nota. A contratação final do vencedor exigirá a participação direta e pessoal do(s) profissional(is) indicado(s) no certame licitatório.

10.6.9 Maior lance

Critério adotado especificamente nas licitações que adotem por modalidade o **leilão**. Por se tratar de uma licitação em que a Administração Pública oferece algo em troca de um pagamento, importa muito mais o quanto será levantado pela Administração no procedimento. Assim, o vencedor será aquele que apresentar o maior valor como pagamento pela oferta do ente licitante.

10.6.10 Maior retorno econômico

Critério de julgamento adotado sempre que a Administração Pública estiver diante da necessidade de celebração de um **contrato de eficiência**. Contratos de eficiência são considerados aqueles contratos em que o contratado será remunerado com base em percentual de economia gerada durante a execução do contrato, a partir da redução de despesas correntes. Por isso, será considerado vencedor aquele licitante que oferecer à Administração a maior economia possível durante a execução do contrato a ser firmado.

Lei nº 14.133/2021

Art. 39. O julgamento por maior retorno econômico, utilizado exclusivamente para a celebração de contrato de eficiência, considerará a maior economia para a Administração, e a remuneração deverá ser fixada em percentual que incidirá de forma proporcional à economia efetivamente obtida na execução do contrato.

§ 1º Nas licitações que adotarem o critério de julgamento de que trata o *caput* deste artigo, os licitantes apresentarão:

I – proposta de trabalho, que deverá contemplar:

a) as obras, os serviços ou os bens, com os respectivos prazos de realização ou fornecimento;

b) a economia que se estima gerar, expressa em unidade de medida associada à obra, ao bem ou ao serviço e em unidade monetária;

II – proposta de preço, que corresponderá a percentual sobre a economia que se estima gerar durante determinado período, expressa em unidade monetária.

Nessa forma de julgamento de proposta, a remuneração oferecida pela Administração Pública pelo contrato firmado será fixada por meio de um percentual que incidirá proporcionalmente à economia efetivamente obtida na execução do contrato.

Lei nº 14.133/2021

Art. 39. (...)

§ 2º O edital de licitação deverá prever parâmetros objetivos de mensuração da economia gerada com a execução do contrato, que servirá de base de cálculo para a remuneração devida ao contratado.

§ 3º Para efeito de julgamento da proposta, o retorno econômico será o resultado da economia que se estima gerar com a execução da proposta de trabalho, deduzida a proposta de preço.

As propostas, por força dessa característica, serão feitas sempre com base na estimativa da economia a ser atingida. Dessa maneira, a remuneração do contratado será descontada quando não forem atingidas as medidas objetivas definidas no contrato que serão utilizadas como base para mensuração da efetiva economia alcançada. Quanto menor for a economia efetivamente atingida, menor será a remuneração paga ao contratado. Além disso, o contratado poderá sofrer outras sanções como resultado do não cumprimento de sua promessa contratual, além do desconto em si.

Lei nº 14.133/2021

Art. 39. (...)

§ 4º Nos casos em que não for gerada a economia prevista no contrato de eficiência:

I – a diferença entre a economia contratada e a efetivamente obtida será descontada da remuneração do contratado;

II – se a diferença entre a economia contratada e a efetivamente obtida for superior ao limite máximo estabelecido no contrato, o contratado sujeitar-se-á, ainda, a outras sanções cabíveis.

10.6.11 Desclassificação de propostas

A legislação estabelece cinco hipóteses de desclassificação das propostas, quais sejam:

Lei nº 14.133/2021

Art. 59. Serão desclassificadas as propostas que:

I – contiverem vícios insanáveis;

Propostas que possuam vícios que não possam ser reparados sem que tal ação comprometa a isonomia do certame.

Art. 59. (...)

II – não obedecerem às especificações técnicas pormenorizadas no edital;

Os requisitos técnicos estabelecidos em edital configuram quesito lógico para a própria participação no procedimento licitatório.

Art. 59. (...)

III – apresentarem preços inexequíveis ou permanecerem acima do orçamento estimado para a contratação;

IV – não tiverem sua exequibilidade demonstrada, quando exigido pela Administração;

Ambas as previsões têm como escopo afastar a celebração de contratos que sejam obviamente impossíveis de serem cumpridos, causando consequentemente prejuízos óbvios à Administração Pública.

Art. 59. (...)

V – apresentarem desconformidade com quaisquer outras exigências do edital, desde que insanável.

Interessante observar que todas as avaliações aqui previstas, que podem resultar na desclassificação da proposta, poderão ser feitas exclusivamente em relação à proposta mais bem classificada, resultando em economia de tempo e celeridade ao procedimento licitatório.

Lei nº 14.133/2021

Art. 59. (...)

§ 1º A verificação da conformidade das propostas poderá ser feita exclusivamente em relação à proposta mais bem classificada.

§ 2º A Administração poderá realizar diligências para aferir a exequibilidade das propostas ou exigir dos licitantes que ela seja demonstrada, conforme disposto no inciso IV do *caput* deste artigo.

A lei também aponta expressamente quais hipóteses podem ser consideradas casos de propostas inexequíveis e sobrepreço praticados pelos licitantes nas licitações de obras e serviços de engenharia.

Lei nº 14.133/2021

Art. 59. (...)

§ 3º No caso de obras e serviços de engenharia e arquitetura, para efeito de avaliação da exequibilidade e de sobrepreço, serão considerados o preço global, os quantitativos e os preços unitários tidos como relevantes, observado o critério de aceitabilidade de preços unitário e global a ser fixado no edital, conforme as especificidades do mercado correspondente.

§ 4º No caso de obras e serviços de engenharia, serão consideradas inexequíveis as propostas cujos valores forem inferiores a 75% (setenta e cinco por cento) do valor orçado pela Administração.

§ 5º Nas contratações de obras e serviços de engenharia, será exigida garantia adicional do licitante vencedor cuja proposta for inferior a 85% (oitenta e cinco por cento) do valor orçado pela Administração, equivalente à diferença entre este último e o valor da proposta, sem prejuízo das demais garantias exigíveis de acordo com esta Lei.

10.6.12 Desempate das propostas

Como verificamos até aqui, o procedimento licitatório segue diversos sistemas e fundamentos sempre voltados para a manutenção da competitividade, da pluralidade de interessados, com garantia de isonomia para os que decidem participar do certame. O afastamento da possibilidade de preferência por parte dos agentes públicos que atuam no processo é ainda um importante objetivo a ser atingido.

Por isso, é comum chegar ao final do procedimento licitatório com propostas que se apresentem empatadas, sendo necessário definir o método a ser adotado para definir o desempate no processo. A legislação dispõe como se dará o desempate, criando dois sistemas distintos que devem ser seguidos sempre de forma sucessiva, estabelecendo desde regras de confrontamento direto até mesmo prevendo **flexibilização** das regras de isonomia a partir da definição da preferência no caso de manutenção do empate. Vamos iniciar nosso estudo com as regras diretas de desempate:

Lei nº 14.133/2021

Art. 60. Em caso de empate entre duas ou mais propostas, serão utilizados os seguintes critérios de desempate, nesta ordem:

I – disputa final, hipótese em que os licitantes empatados poderão apresentar nova proposta em ato contínuo à classificação;

Após a classificação e a identificação do empate, as partes empatadas terão a oportunidade imediata de apresentação de uma nova proposta, com a intenção de resolver o empate.

Lei nº 14.133/2021

Art. 60. (...)

II – avaliação do desempenho contratual prévio dos licitantes, para a qual deverão preferencialmente ser utilizados registros cadastrais para efeito de atesto de cumprimento de obrigações previstos nesta Lei;

182 Direito Administrativo Decifrado

Normalmente, a disputa final é suficiente para decidir o desempate. Mas, no caso de o empate prosseguir, seja porque as novas propostas mantiveram o empate ou porque não houve interesse de apresentação de nova proposta por nenhuma das partes, o desempenho pretérito dos licitantes empatados em contratos firmados junto à Administração Pública será o fundamento para desempate. Para que essa avaliação ocorra de forma completa e correta, deverá o agente da licitação consultar preferencialmente o registro cadastral introduzido pela Lei nº 14.133/2021, que será estudado em momento oportuno. Observe que o desempenho pretérito, que já vimos ser fator para pontuação nas avaliações de propostas nas licitações que adotam os critérios melhor técnica e melhor técnica e preço, volta a se apresentar como fator decisivo para o procedimento.

> **Lei nº 14.133/2021**
>
> **Art. 60.** (...)
>
> III – desenvolvimento pelo licitante de ações de equidade entre homens e mulheres no ambiente de trabalho, conforme regulamento;

O terceiro critério é inovador e completamente alinhado com as ações de promoção de igualdade de gênero no mercado de trabalho.

> **Lei nº 14.133/2021**
>
> **Art. 60.** (...)
>
> IV – desenvolvimento pelo licitante de programa de integridade, conforme orientações dos órgãos de controle.

Não se resolvendo o empate por nenhuma das previsões anteriores, será então aplicado o critério de avaliação da intenção de integridade empresarial. Consequência da implementação do *compliance* no setor privado do Brasil após alguns acontecimentos marcantes dos últimos anos. Assim, o licitante que apresentar adequação ao modelo atual que exige a implementação de um programa de integridade em sua estrutura passará a ser visto como vencedor na disputa licitatória.

🧩 Decifrando a prova

(2022 – FGV – MPE/GO– Promotor de Justiça – Adaptada) Em dezembro de 2021, o Ministério Público do Estado Ômega está realizando licitação para aquisição de determinados bens. Ocorre que, durante o processo licitatório, houve empate entre duas propostas. Utilizando sucessivamente os critérios previstos na nova Lei de Licitações, o Ministério Público tentou o desempate por meio da disputa final, mas os licitantes empatados não apresentaram nova proposta em ato contínuo à classificação. Em seguida, tentou-se a avaliação do desempenho contratual prévio dos licitantes, porém manteve-se o empate.

De acordo com a Lei nº 14.133/2021, o próximo critério que deverá ser utilizado pelo Ministério Público para o desempate é o desenvolvimento pelo licitante de ações de equidade entre homens e mulheres no ambiente de trabalho, conforme regulamento.

( ) Certo ( ) Errado

> **Gabarito comentado:** afirmativa em plena conformidade com a previsão de desempate encontrada no art. 60 da Lei 14.133/2021. Portanto, a assertiva está certa.

Caso nenhuma das previsões anteriores seja suficiente para resolver o empate licitatório, a legislação passa a prever a possibilidade de uso de avaliação **preferencial** para solução do empate.

Lei nº 14.133/2021

Art. 60. (...)

§ 1º Em igualdade de condições, se não houver desempate, será assegurada preferência, sucessivamente, aos bens e serviços produzidos ou prestados por:

I – empresas estabelecidas no território do Estado ou do Distrito Federal do órgão ou entidade da Administração Pública estadual ou distrital licitante ou, no caso de licitação realizada por órgão ou entidade de Município, no território do Estado em que este se localize;

A empresa que estiver estabelecida no local da realização do procedimento licitatório deterá preferência de contratação sobre as demais interessadas. O setor produtivo local ganha mais força nesse momento.

Lei nº 14.133/2021

Art. 60. (...)

§ 1º (...)

II – empresas brasileiras; (...)

Se a questão local não for suficiente, passará a deter preferência a empresa brasileira em relação a empresas estrangeiras.

Lei nº 14.133/2021

Art. 60. (...)

§ 1º (...)

III – empresas que invistam em pesquisa e no desenvolvimento de tecnologia no País; (...)

Aqui, o critério de preferência não observa condição local ou mesmo nacional, dando preferência para a empresa que tenha investimentos específicos para inovação tecnológico do País.

Lei nº 14.133/2021

Art. 60. (...)

§ 1º (...)

IV – empresas que comprovem a prática de mitigação, nos termos da Lei nº 12.187, de 29 de dezembro de 2009.

Valorização da adequação das empresas à Política Nacional de Mudança Climática:

184 Direito Administrativo Decifrado

Lei nº 14.133/2021

Art. 60. (...)

§ 2º As regras previstas no *caput* deste artigo não prejudicarão a aplicação do disposto no art. 44 da Lei Complementar nº 123, de 14 de dezembro de 2006.

Com o advento da LC nº 123/2006, as microempresas (ME) e as empresas de pequeno porte (EPP) passaram a receber tratamento diferenciado em relação ao sistema de empate e aos critérios de desempate.

Com relação ao empate, fica garantido às ME e EPP que suas propostas, **caso estejam até 10% acima da melhor proposta identificada**, serão consideradas empate. Esse percentual cai para **5% no caso de licitação na modalidade pregão** e fica conhecido como **empate ficto**.

LC nº 123/2006

Art. 44. Nas licitações será assegurada, como critério de desempate, preferência de contratação para as microempresas e empresas de pequeno porte.

§ 1º Entende-se por empate aquelas situações em que as propostas apresentadas pelas microempresas e empresas de pequeno porte sejam iguais ou até 10% (dez por cento) superiores à proposta mais bem classificada.

§ 2º Na modalidade de pregão, o intervalo percentual estabelecido no § 1º deste artigo será de até 5% (cinco por cento) superior ao melhor preço.

Uma vez ocorrendo empate, e estando entre os empatados uma ou mais empresas que se enquadrem na qualificação de ME ou EPP, a preferência estabelecida na lei deverá ser respeitada **antes da aplicação dos critérios de desempate estudados acima**. Isso mesmo, antes de aplicar a avaliação de desempate, a Administração Pública deverá **oferecer o objeto ao licitante qualificado como ME ou EPP** que, caso aceite a oferta e **reduza o valor de sua proposta**, será imediatamente declarado vencedor. Caso não consiga diminuir o valor da proposta a ponto de ser declarada vencedora, aí sim aplicaremos os critérios de desempate na forma da Lei nº 14.133/2021, participando a ME ou EPP **sem nenhuma vantagem com relação aos outros licitantes**.

LC nº 123/2006

Art. 45. Para efeito do disposto no art. 44 desta Lei Complementar, ocorrendo o empate, proceder-se-á da seguinte forma:

I – a microempresa ou empresa de pequeno porte mais bem classificada poderá apresentar proposta de preço inferior àquela considerada vencedora do certame, situação em que será adjudicado em seu favor o objeto licitado;

II – não ocorrendo a contratação da microempresa ou empresa de pequeno porte, na forma do inciso I do *caput* deste artigo, serão convocadas as remanescentes que porventura se enquadrem na hipótese dos §§ 1º e 2º do art. 44 desta Lei Complementar, na ordem classificatória, para o exercício do mesmo direito;

III – no caso de equivalência dos valores apresentados pelas microempresas e empresas de pequeno porte que se encontrem nos intervalos estabelecidos nos §§ 1º e 2º do art. 44 desta Lei Complementar, será realizado sorteio entre elas para que se identifique aquela que primeiro poderá apresentar melhor oferta.

§ 1º Na hipótese da não contratação nos termos previstos no *caput* deste artigo, o objeto licitado será adjudicado em favor da proposta originalmente vencedora do certame.

§ 2º O disposto neste artigo somente se aplicará quando a melhor oferta inicial não tiver sido apresentada por microempresa ou empresa de pequeno porte.

§ 3º No caso de pregão, a microempresa ou empresa de pequeno porte mais bem classificada será convocada para apresentar nova proposta no prazo máximo de 5 (cinco) minutos após o encerramento dos lances, sob pena de preclusão.

🧩 Decifrando a prova

(2021 – Selecon – Câmara de Cuiabá/MT – Controlador Interno – Adaptada) Segundo a nova Lei de Licitações (Lei nº 14.133/2021), o pregão é obrigatório para as situações de aquisição de bens e serviços comuns, cujo critério de julgamento poderá ser o de menor preço ou o de maior desconto.

( ) Certo ( ) Errado

Gabarito comentado: questão apresenta exatamente o previsto no art. 6º, XLI, da Lei nº 14.133/2021. Portanto, a assertiva está certa.

10.7 Fases do procedimento licitatório

Nesse tópico, atentaremos às características mais importantes das principais fases do procedimento licitatório, que são:

Art. 17. O processo de licitação observará as seguintes fases, em sequência:

I – preparatória;

II – de divulgação do edital de licitação;

III – de apresentação de propostas e lances, quando for o caso;

IV – de julgamento;

V – de habilitação;

VI – recursal;

VII – de homologação.

10.7.1 Fase preparatória

Com a elevação do planejamento a princípio das licitações e contratos, o legislador decidiu dedicar um capítulo inteiro da Lei nº 14.133/2021 à fase preparatória do certame. Por sua importância, destacaremos um tópico para trabalhar todas as regras dessa fase essencial do processo licitatório. Antes de iniciarmos nossa avaliação, vale a pena identificar o que é a fase preparatória da licitação.

O procedimento licitatório sempre terá início a partir da fase preparatória, que ocorrerá internamente, na qual a Administração Pública passa a planejar a futura licitação e seu respec-

186 Direito Administrativo Decifrado

tivo contrato, definindo o objeto e todas as condições que regularão o procedimento, refletindo no edital e nos documentos que integram e anexam o edital da licitação. Devemos lembrar aqui do princípio da vinculação ao instrumento convocatório, deixando ainda mais óbvia a importância de se realizar uma preparação eficiente e um planejamento adequado antes que a intenção licitatória chegue ao conhecimento do público. Os licitantes devem ter condições de identificar com facilidade todas as regras do procedimento licitatório, documentos de habilitação a serem apresentados, critérios objetivos de julgamento das propostas e suas obrigações a serem respeitadas, caso se sagrem vencedores do certame, entre outras informações essenciais.

Após toda a preparação realizada nessa fase, a Administração estará apta a apresentar ao público sua intenção de licitar, dando início a fase externa do procedimento licitatório. A etapa preparatória balizará e determinará, assim, todas as demais etapas do certame.

Diversas instruções normativas federais editadas ao longo dos anos estruturam o planejamento das licitações e contratos (destaque para as Instruções Normativas nº 5/2017 e nº 1/2019), sendo possível identificar um fluxo a seguir por parte da Administração Pública. Tal fluxo é mantido pela Lei nº 14.133/2021 e será avaliado a partir desse momento.

- ◆ **Plano de contratação anual:** cada ente federativo está autorizado a elaborar um plano de contratação anual, que servirá para projetar todas as licitações e contratações a serem realizadas nas mais diversas categorias, garantindo-se, assim, compatibilização com o orçamento e definição de prioridades.

  Lei nº 14.133/2021

  Art. 12. No processo licitatório, observar-se-á o seguinte: (...)

  VII – a partir de documentos de formalização de demandas, os órgãos responsáveis pelo planejamento de cada ente federativo poderão, na forma de regulamento, elaborar plano de contratações anual, com o objetivo de racionalizar as contratações dos órgãos e entidades sob sua competência, garantir o alinhamento com o seu planejamento estratégico e subsidiar a elaboração das respectivas leis orçamentárias.

  § 1º O plano de contratações anual de que trata o inciso VII do *caput* deste artigo deverá ser divulgado e mantido à disposição do público em sítio eletrônico oficial e será observado pelo ente federativo na realização de licitações e na execução dos contratos.

  Art. 18. A fase preparatória do processo licitatório é caracterizada pelo planejamento e deve compatibilizar-se com o plano de contratações anual de que trata o inciso VII do *caput* do art. 12 desta Lei, sempre que elaborado, e com as leis orçamentárias, bem como abordar todas as considerações técnicas, mercadológicas e de gestão que podem interferir na contratação, compreendidos: (...)

- ◆ **Estudo técnico preliminar:** caracteriza o início efetivo da fase preparatória, pois será responsável por definir o interesse público específico a ser atendido e a melhor solução a ser adotada. Servirá como base para a produção de outros documentos essenciais na preparação da licitação.

  Lei nº 14.133/2021

  Art. 6º Para os fins desta Lei, consideram-se: (...)

Capítulo 10 ◆ Nova Lei de Licitações — Lei nº 14.133/2021

XX – estudo técnico preliminar: documento constitutivo da primeira etapa do planejamento de uma contratação que caracteriza o interesse público envolvido e a sua melhor solução e dá base ao anteprojeto, ao termo de referência ou ao projeto básico a serem elaborados caso se conclua pela viabilidade da contratação;

Art. 18. (...)

I – a descrição da necessidade da contratação fundamentada em estudo técnico preliminar que caracterize o interesse público envolvido;

A legislação define exatamente como o estudo técnico preliminar deverá se apresentar.

Lei nº 14.133/2021

Art. 18. (...)

§ 1º O estudo técnico preliminar a que se refere o inciso I do *caput* deste artigo deverá evidenciar o problema a ser resolvido e a sua melhor solução, de modo a permitir a avaliação da viabilidade técnica e econômica da contratação, e conterá os seguintes elementos:

I – descrição da necessidade da contratação, considerado o problema a ser resolvido sob a perspectiva do interesse público;

II – demonstração da previsão da contratação no plano de contratações anual, sempre que elaborado, de modo a indicar o seu alinhamento com o planejamento da Administração;

III – requisitos da contratação;

IV – estimativas das quantidades para a contratação, acompanhadas das memórias de cálculo e dos documentos que lhes dão suporte, que considerem interdependências com outras contratações, de modo a possibilitar economia de escala;

V – levantamento de mercado, que consiste na análise das alternativas possíveis, e justificativa técnica e econômica da escolha do tipo de solução a contratar;

VI – estimativa do valor da contratação, acompanhada dos preços unitários referenciais, das memórias de cálculo e dos documentos que lhe dão suporte, que poderão constar de anexo classificado, se a Administração optar por preservar o seu sigilo até a conclusão da licitação;

VII – descrição da solução como um todo, inclusive das exigências relacionadas à manutenção e à assistência técnica, quando for o caso;

VIII – justificativas para o parcelamento ou não da contratação;

IX – demonstrativo dos resultados pretendidos em termos de economicidade e de melhor aproveitamento dos recursos humanos, materiais e financeiros disponíveis;

X – providências a serem adotadas pela Administração previamente à celebração do contrato, inclusive quanto à capacitação de servidores ou de empregados para fiscalização e gestão contratual;

XI – contratações correlatas e/ou interdependentes;

XII – descrição de possíveis impactos ambientais e respectivas medidas mitigadoras, incluídos requisitos de baixo consumo de energia e de outros recursos, bem como logística reversa para desfazimento e reciclagem de bens e refugos, quando aplicável;

XIII – posicionamento conclusivo sobre a adequação da contratação para o atendimento da necessidade a que se destina.

Apesar dessa previsão gigantesca apresentada pelo parágrafo reproduzido anteriormente, é interessante destacar que apenas alguns requisitos são considerados legalmente obrigatórios, quais sejam **(I) necessidade da contratação; (IV) estimativa de quantidades; (VI) estimativa de valor; (VIII) justificativas para o parcelamento ou não do objeto; e (XIII) posicionamento conclusivo sobre a adequação da contratação para o atendimento da necessidade a que se destina.** Logo, todos os demais requisitos apresentados serão facultativos.

Lei nº 14.133/2021

Art. 18. (...)

§ 2º O estudo técnico preliminar deverá conter ao menos os elementos previstos nos incisos I, IV, VI, VIII e XIII do § 1º deste artigo e, quando não contemplar os demais elementos previstos no referido parágrafo, apresentar as devidas justificativas.

- ◆ **Termo de referência e projetos:** após a divulgação do estudo técnico preliminar será possível a produção do anteprojeto, do projeto básico, do projeto executivo ou do termo de referência (conforme o caso), que possuem como propósito descrever com detalhes o objeto da futura licitação, apresentando todas as suas especificações.

Lei nº 14.133/2021

Art. 6º Para os fins desta Lei, consideram-se: (...)

XXIII – termo de referência: documento necessário para a contratação de bens e serviços, que deve conter os seguintes parâmetros e elementos descritivos: (...)

XXIV – anteprojeto: peça técnica com todos os subsídios necessários à elaboração do projeto básico, que deve conter, no mínimo, os seguintes elementos: (...)

XXV – projeto básico: conjunto de elementos necessários e suficientes, com nível de precisão adequado para definir e dimensionar a obra ou o serviço, ou o complexo de obras ou de serviços objeto da licitação, elaborado com base nas indicações dos estudos técnicos preliminares, que assegure a viabilidade técnica e o adequado tratamento do impacto ambiental do empreendimento e que possibilite a avaliação do custo da obra e a definição dos métodos e do prazo de execução, devendo conter os seguintes elementos: (...)

XXVI – projeto executivo: conjunto de elementos necessários e suficientes à execução completa da obra, com o detalhamento das soluções previstas no projeto básico, a identificação de serviços, de materiais e de equipamentos a serem incorporados à obra, bem como suas especificações técnicas, de acordo com as normas técnicas pertinentes; (...)

Resumidamente, **termo de referência** se destina à contratação de bens ou serviços e o **projeto básico** para obras e serviços. O projeto básico será montado com fundamento no **anteprojeto**, no caso de utilizado o regime de contratação integrada. Já o **projeto executivo** se destina a especificar detalhadamente os elementos necessários para a execução completa da obra, explicando com mais aprofundamento o previsto no projeto básico.

Capítulo 10 ◆ Nova Lei de Licitações — Lei nº 14.133/2021

♦ **Orçamento:** após a definição das especificações do edital, do objeto a licitar e do futuro contrato a ser celebrado, é essencial iniciar a apuração do preço do objeto no mercado para verificação da viabilidade financeira da realização da licitação. A intenção é garantir que há orçamento previsto que possa absorver aquele gasto a ser firmado. Parece lógico definir primeiramente o objeto para, depois, verificar seu valor no mercado.

Lei nº 14.133/2021

Art. 18. (...)

IV – o orçamento estimado, com as composições dos preços utilizados para sua formação; (...)

O "estranho" nisso tudo é a previsão da lei de que, **já na apresentação do estudo técnico preliminar,**[1] **do projeto básico**[2] **ou do termo de referência**[3] é necessário apresentar uma estimativa do valor da contratação junto aos preços unitários referenciais. Seria o mesmo que dizer que deve haver previsão orçamentária nos dois momentos específicos da preparação da licitação, como se estivéssemos buscando um **orçamento preliminar e outro orçamento definitivo.** Apesar de toda essa "estranheza" legal, devemos levar esse último entendimento para nosso concurso, reconhecendo a necessidade de apresentação de orçamento em duas etapas distintas da fase preparatória.

Lei nº 14.133/2021

Art. 23. O valor previamente estimado da contratação deverá ser compatível com os valores praticados pelo mercado, considerados os preços constantes de bancos de dados públicos e as quantidades a serem contratadas, observadas a potencial economia de escala e as peculiaridades do local de execução do objeto.

§ 1º No processo licitatório para aquisição de bens e contratação de serviços em geral, conforme regulamento, o valor estimado será definido com base no melhor preço aferido por meio da utilização dos seguintes parâmetros, adotados de forma combinada ou não:

I – composição de custos unitários menores ou iguais à mediana do item correspondente no painel para consulta de preços ou no banco de preços em saúde disponíveis no Portal Nacional de Contratações Públicas (PNCP);

II – contratações similares feitas pela Administração Pública, em execução ou concluídas no período de 1 (um) ano anterior à data da pesquisa de preços, inclusive mediante sistema de registro de preços, observado o índice de atualização de preços correspondente;

III – utilização de dados de pesquisa publicada em mídia especializada, de tabela de referência formalmente aprovada pelo Poder Executivo federal e de sítios eletrônicos especializados ou de domínio amplo, desde que contenham a data e hora de acesso;

---

[1] Art. 18, § 1º, VI, da Lei nº 14.133/2021.

[2] Art. 6º, XXIII, *i*, da Lei nº 14.133/2021.

[3] Art. 6º, XXV, *f*, da Lei nº 14.133/2021.

IV – pesquisa direta com no mínimo 3 (três) fornecedores, mediante solicitação formal de cotação, desde que seja apresentada justificativa da escolha desses fornecedores e que não tenham sido obtidos os orçamentos com mais de 6 (seis) meses de antecedência da data de divulgação do edital;

V – pesquisa na base nacional de notas fiscais eletrônicas, na forma de regulamento.

O artigo apresentado anteriormente aponta os critérios a serem adotados para a formulação do orçamento. Importante destacar aqui que a Lei nº 14.133/2021 apresentou duas características que contrariam o que sempre pregou o Tribunal de Contas da União:

1) não há ordem de preferência nos critérios a serem adotados, sendo uma discricionariedade da Administração Pública a sua escolha; e 2) a Administração poderá realizar pesquisa de preço diretamente junto aos fornecedores.

Lei nº 14.133/2021

Art. 23. (...)

§ 2º No processo licitatório para contratação de obras e serviços de engenharia, conforme regulamento, o valor estimado, acrescido do percentual de Benefícios e Despesas Indiretas (BDI) de referência e dos Encargos Sociais (ES) cabíveis, será definido por meio da utilização de parâmetros na seguinte ordem:

I – composição de custos unitários menores ou iguais à mediana do item correspondente do Sistema de Custos Referenciais de Obras (Sicro), para serviços e obras de infraestrutura de transportes, ou do Sistema Nacional de Pesquisa de Custos e Índices de Construção Civil (Sinapi), para as demais obras e serviços de engenharia;

II – utilização de dados de pesquisa publicada em mídia especializada, de tabela de referência formalmente aprovada pelo Poder Executivo federal e de sítios eletrônicos especializados ou de domínio amplo, desde que contenham a data e a hora de acesso;

III – contratações similares feitas pela Administração Pública, em execução ou concluídas no período de 1 (um) ano anterior à data da pesquisa de preços, observado o índice de atualização de preços correspondente;

IV – pesquisa na base nacional de notas fiscais eletrônicas, na forma de regulamento.

Em relação ao orçamento para obras e serviços de engenharia, a lei aponta a existência de uma ordem de preferência de adoção dos critérios de formulação do orçamento.

Por fim, quando estivermos tratando de licitações conduzidas por estados, Distrito Federal ou municípios e tais contratações não envolverem recursos da União, estes poderão adotar sistemas próprios de orçamento.

Lei nº 14.133/2021

Art. 23. (...)

§ 3º Nas contratações realizadas por Municípios, Estados e Distrito Federal, desde que não envolvam recursos da União, o valor previamente estimado da contratação, a que se refere o *caput* deste artigo, poderá ser definido por meio da utilização de outros sistemas de custos adotados pelo respectivo ente federativo.

Vale lembrar que, conforme já tratamos em tópico anterior, poderá ser adotada pela Administração a técnica do **orçamento sigiloso**, devidamente justificada, sem que tal sigilo venha a ser aplicado aos órgãos de controle.

Lei nº 14.133/2021

Art. 24. Desde que justificado, o orçamento estimado da contratação poderá ter caráter sigiloso, sem prejuízo da divulgação do detalhamento dos quantitativos e das demais informações necessárias para a elaboração das propostas, e, nesse caso:

I – o sigilo não prevalecerá para os órgãos de controle interno e externo; (...)

Parágrafo único. Na hipótese de licitação em que for adotado o critério de julgamento por maior desconto, o preço estimado ou o máximo aceitável constará do edital da licitação.

♦ **Edital e minuta do contrato:** agora que já temos o objeto definido, o orçamento detalhado e todas as especificações necessárias para a realização do certame licitatório, a Administração passará a elaborar o edital, estabelecendo todas as regras da licitação, como modalidade, critérios de julgamento, requisitos para participação de interessados e habilitação. Além disso, será também produzida a minuta do contrato, que deverá acompanhar o edital, assim como o termo de referência ou os projetos estudados até aqui.

Lei nº 14.133/2021

Art. 18. (...)

V – a elaboração do edital de licitação;

VI – a elaboração de minuta de contrato, quando necessária, que constará obrigatoriamente como anexo do edital de licitação;

VII – o regime de fornecimento de bens, de prestação de serviços ou de execução de obras e serviços de engenharia, observados os potenciais de economia de escala;

VIII – a modalidade de licitação, o critério de julgamento, o modo de disputa e a adequação e eficiência da forma de combinação desses parâmetros, para os fins de seleção da proposta apta a gerar o resultado de contratação mais vantajoso para a Administração Pública, considerado todo o ciclo de vida do objeto; (...)

Art. 25. O edital deverá conter o objeto da licitação e as regras relativas à convocação, ao julgamento, à habilitação, aos recursos e às penalidades da licitação, à fiscalização e à gestão do contrato, à entrega do objeto e às condições de pagamento.

§ 1º Sempre que o objeto permitir, a Administração adotará minutas padronizadas de edital e de contrato com cláusulas uniformes.

§ 2º Desde que, conforme demonstrado em estudo técnico preliminar, não sejam causados prejuízos à competitividade do processo licitatório e à eficiência do respectivo contrato, o edital poderá prever a utilização de mão de obra, materiais, tecnologias e matérias-primas existentes no local da execução, conservação e operação do bem, serviço ou obra.

§ 3º Todos os elementos do edital, incluídos minuta de contrato, termos de referência, anteprojeto, projetos e outros anexos, deverão ser divulgados em sítio eletrônico oficial na mesma data de divulgação do edital, sem necessidade de registro ou de identificação para acesso.

Atendendo ao princípio da motivação, a legislação exigirá do agente da licitação justificativa de todas a previsões constantes no edital, sejam de requisitos de habilitação, sejam de cláusulas constantes na minuta do contrato. Apesar de trazer para o procedimento licitatório uma carga de burocracia muito grande, devemos lembrar que a legislação aponta diversas discricionariedades ao agente da licitação, permitindo que diversas regulamentações do certame sejam feitas conforme a intenção da Administração Pública.

Com isso, a possibilidade de direcionamento da licitação torna-se enorme, o que explica a exigência feita pelo legislador.

Apesar de prever que tudo deve ser justificado, há o apontamento do que se consideram "exigências sensíveis", caso em que tais justificativas terão maior importância.

> **Lei nº 14.133/2021**
>
> **Art. 18.** (...)
>
> IX – a motivação circunstanciada das condições do edital, tais como justificativa de exigências de qualificação técnica, mediante indicação das parcelas de maior relevância técnica ou valor significativo do objeto, e de qualificação econômico-financeira, justificativa dos critérios de pontuação e julgamento das propostas técnicas, nas licitações com julgamento por melhor técnica ou técnica e preço, e justificativa das regras pertinentes à participação de empresas em consórcio; (...)
>
> XI – a motivação sobre o momento da divulgação do orçamento da licitação, observado o art. 24 desta Lei.

♦ **Análise de riscos:** ainda apresentando toda a desconfiança do legislador, a Lei nº 14.133/2021 exige que a Administração Pública, ao final da fase preparatória, produza uma análise de riscos relacionada ao certame em planejamento. Acontece que essa exigência deverá ser respeitada em **qualquer situação**, ou seja, não importa se o objeto da licitação é inexpressivo ou usual ou se a licitação aponta para questões complexas, sempre deverá ser realizada a análise dos riscos da licitação. Apesar de elevar a importância dessa etapa, o legislador não se preocupou em delinear regras mínimas para realização dessa análise.

> **Lei nº 14.133/2021**
>
> **Art. 18.** (...)
>
> X – a análise dos riscos que possam comprometer o sucesso da licitação e a boa execução contratual; (...)

Facultativamente, a Administração poderá apresentar junto ao edital uma **matriz de riscos** entre o contratante e o contratado. Não podemos confundir a análise de riscos (obrigatória) com a matriz de riscos (facultativa) citada na lei. A matriz de riscos é um documento contratual que prevê a alocação dos riscos entre as partes do contrato.

> **Lei nº 14.133/2021**
>
> **Art. 22.** O edital poderá contemplar matriz de alocação de riscos entre o contratante e o contratado, hipótese em que o cálculo do valor estimado da contratação poderá con-

siderar taxa de risco compatível com o objeto da licitação e com os riscos atribuídos ao contratado, de acordo com metodologia predefinida pelo ente federativo.

§ 1º A matriz de que trata o *caput* deste artigo deverá promover a alocação eficiente dos riscos de cada contrato e estabelecer a responsabilidade que caiba a cada parte contratante, bem como os mecanismos que afastem a ocorrência do sinistro e mitiguem os seus efeitos, caso este ocorra durante a execução contratual.

Decifrando a prova

(2022 – Cebraspe – PC/RJ – Delegado – Adaptada) A previsão da alocação de riscos tornou--se obrigatória no instrumento convocatório e no contrato.
( ) Certo ( ) Errado
Gabarito comentado: conforme previsão do art. 22 da Lei nº 14.133/2021, a matriz de risco **poderá** ser apresentada no edital da licitação, assim não se tornou um documento obrigatório. Portanto, a assertiva está errada.

◆ **Aprovação jurídica:** ao final de toda a preparação vista até aqui, o procedimento licitatório deverá ser encaminhado ao órgão de assessoria jurídica da Administração, competente para a realização do controle prévio de legalidade do certame. Interessante que essa aprovação jurídica deverá ser feita de forma completa, não podendo se resumir a um simples visto ou parecer genérico. Deverá o órgão jurídico apresentar um documento completo, com apresentação de todos os pressupostos utilizados na análise do certame e apreciação de todos os elementos da contratação. Observe que aqui não se está tratando de uma análise completa apenas do edital ou da minuta do contrato, mas de **tudo o que aconteceu até o momento** dentro do processo licitatório. Assim, documentos como termo de referência ou projeto básico também deverão ser devidamente avaliados.

Lei nº 14.133/2021

Art. 53. Ao final da fase preparatória, o processo licitatório seguirá para o órgão de assessoramento jurídico da Administração, que realizará controle prévio de legalidade mediante análise jurídica da contratação.

§ 1º Na elaboração do parecer jurídico, o órgão de assessoramento jurídico da Administração deverá:

I – apreciar o processo licitatório conforme critérios objetivos prévios de atribuição de prioridade;

II – redigir sua manifestação em linguagem simples e compreensível e de forma clara e objetiva, com apreciação de todos os elementos indispensáveis à contratação e com exposição dos pressupostos de fato e de direito levados em consideração na análise jurídica; (...)

10.7.2 Fase de habilitação

Fase da licitação em que serão analisados documentos que configurem a capacidade do licitante de executar o objeto licitado caso se torne o vencedor do certame. Tais condições deverão estar previstas no edital, conforme exige o **princípio da vinculação ao edital**, e devem ser atendidas por todos os interessados para que possam seguir na disputa licitatória. Cabe ressaltar aqui que aplicamos nesse momento o **princípio do formalismo necessário**, determinando que o não atendimento de requisitos meramente formais, que não possam por si só comprometer a qualificação dos licitantes, não servirá de base para a inabilitação de um interessado.

> **Lei nº 14.133/2021**
>
> **Art. 62.** A habilitação é a fase da licitação em que se verifica o conjunto de informações e documentos necessários e suficientes para demonstrar a capacidade do licitante de realizar o objeto da licitação, dividindo-se em: (...)
>
> **Art. 65.** As condições de habilitação serão definidas no edital.
>
> § 1º As empresas criadas no exercício financeiro da licitação deverão atender a todas as exigências da habilitação e ficarão autorizadas a substituir os demonstrativos contábeis pelo balanço de abertura.
>
> § 2º A habilitação poderá ser realizada por processo eletrônico de comunicação a distância, nos termos dispostos em regulamento.
>
> **Art. 12.** No processo licitatório, observar-se-á o seguinte: (...)
>
> III – o desatendimento de exigências meramente formais que não comprometam a aferição da qualificação do licitante ou a compreensão do conteúdo de sua proposta não importará seu afastamento da licitação ou a invalidação do processo; (...)

Os documentos exigidos na fase de habilitação deverão ser enviados pelo interessado na forma admitida pela Administração Pública, não se exigindo o reconhecimento de firma de tais documentos, exceto se houver dúvida quanto à sua autenticidade ou se existir previsão legal de exigência.

> **Lei nº 14.133/2021**
>
> **Art. 12.** No processo licitatório, observar-se-á o seguinte: (...)
>
> IV – a prova de autenticidade de cópia de documento público ou particular poderá ser feita perante agente da Administração, mediante apresentação de original ou de declaração de autenticidade por advogado, sob sua responsabilidade pessoal;
>
> V – o reconhecimento de firma somente será exigido quando houver dúvida de autenticidade, salvo imposição legal; (...)

Os documentos de habilitação poderão ser substituídos por um registro cadastral emitido por um sistema geral devidamente reconhecido e gerenciado pela Administração Pública (por exemplo, o Sicaf). A documentação de habilitação também poderá ser dispensada, total ou parcialmente, nos casos especificados na legislação.

Lei nº 14.133/2021

Art. 70. A documentação referida neste Capítulo poderá ser:

I – apresentada em original, por cópia ou por qualquer outro meio expressamente admitido pela Administração;

II – substituída por registro cadastral emitido por órgão ou entidade pública, desde que previsto no edital e que o registro tenha sido feito em obediência ao disposto nesta Lei;

III – dispensada, total ou parcialmente, nas contratações para entrega imediata, nas contratações em valores inferiores a 1/4 (um quarto) do limite para dispensa de licitação para compras em geral e nas contratações de produto para pesquisa e desenvolvimento até o valor de R$ 300.000,00 (trezentos mil reais).[4]

Parágrafo único. As empresas estrangeiras que não funcionem no País deverão apresentar documentos equivalentes, na forma de regulamento emitido pelo Poder Executivo federal.

Como a nova legislação de licitação adequou-se ao máximo ao sistema de desburocratização perseguido pela Administração Pública, a documentação de habilitação será exigida apenas do **vencedor do certame licitatório**, sendo uma fase posterior à avaliação das propostas. Dessa forma, evitamos a avaliação de documentos de licitantes que estariam desqualificados pelo motivo de sua proposta não ter sido a vencedora. Claro, a legislação inovou, mas não se desgarrou do passado, prevendo a possibilidade da inversão do processo, realizando-se a avaliação documental de **todos os licitantes** antes da verificação e classificação das propostas. Por se tratar de uma alteração que resultará em uma dinâmica mais demorada e complexa, a lei exige que seja justificada essa inversão de fases, apontando o agente da licitação o benefício que tal decisão trará ao procedimento licitatório. Caso tal inversão seja adotada e já estiver em um momento posterior à habilitação no certame, o licitante somente poderá ser declarado inabilitado por fatos supervenientes ou conhecidos após a etapa de habilitação caso incidam diretamente sobre os documentos apresentados.

Lei nº 14.133/2021

Art. 17. O processo de licitação observará as seguintes fases, em sequência:

I – preparatória;

II – de divulgação do edital de licitação;

III – de apresentação de propostas e lances, quando for o caso;

IV – de julgamento;

V – de habilitação;

VI – recursal;

VII – de homologação.

---

4   O art. 182 da Lei nº 14.133/2021 determinou que o valor desse dispositivo será atualizado a cada dia 1º de janeiro. Valor atualizado pelo Decreto nº 10.922/2021: R$ 324.122,46 (trezentos e vinte e quatro mil, cento e vinte dois reais e quarenta e seis centavos).

§ 1º A fase referida no inciso V do *caput* deste artigo poderá, mediante ato motivado com explicitação dos benefícios decorrentes, anteceder as fases referidas nos incisos III e IV do *caput* deste artigo, desde que expressamente previsto no edital de licitação.

Art. 64. (...)

§ 2º Quando a fase de habilitação anteceder a de julgamento e já tiver sido encerrada, não caberá exclusão de licitante por motivo relacionado à habilitação, salvo em razão de fatos supervenientes ou só conhecidos após o julgamento.

Agora que temos a visão geral referente ao processo de habilitação dos licitantes, vamos observar quais documentos serão exigidos pela lei.

Lei nº 14.133/2021

Art. 62. A habilitação é a fase da licitação em que se verifica o conjunto de informações e documentos necessários e suficientes para demonstrar a capacidade do licitante de realizar o objeto da licitação, dividindo-se em:

I – jurídica; (...)

Art. 66. A habilitação jurídica visa a demonstrar a capacidade de o licitante exercer direitos e assumir obrigações, e a documentação a ser apresentada por ele limita-se à comprovação de existência jurídica da pessoa e, quando cabível, de autorização para o exercício da atividade a ser contratada.

A habilitação jurídica refere-se à documentação capaz de comprovar a existência da pessoa. Assim, no caso de empresa, deverá ser apresentado o contrato social. No caso de pessoa física, apesar da omissão legal, as instruções gerais apontam para apresentação de qualquer documento de identificação oficial emitido pelo governo.

Em relação a empresas, também devemos atentar para a necessidade de se comprovar a autorização para o exercício da atividade licitada. Esse requisito de habilitação jurídica não está devidamente explicado na lei, mas deve ser entendido de maneira ampla, aplicando-se mesmo a atividades reguladas por conselhos de classe ou empresas estrangeiras quanto ao documento de autorização de funcionamento no território nacional. Em relação aos consórcios, temos a previsão do **termo de compromisso de constituição de consórcio** servir como documento de habilitação jurídica.[5]

Art. 62. (...)

II – técnica; (...)

Art. 67. A documentação relativa à qualificação técnico-profissional e técnico-operacional será restrita a:

I – apresentação de profissional, devidamente registrado no conselho profissional competente, quando for o caso, detentor de atestado de responsabilidade técnica por execução de obra ou serviço de características semelhantes, para fins de contratação;

---

5   Art. 15, I, da Lei nº 14.133/2021.

Capítulo 10 ◆ Nova Lei de Licitações — Lei n° 14.133/2021   197

II – certidões ou atestados, regularmente emitidos pelo conselho profissional competente, quando for o caso, que demonstrem capacidade operacional na execução de serviços similares de complexidade tecnológica e operacional equivalente ou superior, bem como documentos comprobatórios emitidos na forma do § 3° do art. 88 desta Lei;

III – indicação do pessoal técnico, das instalações e do aparelhamento adequados e disponíveis para a realização do objeto da licitação, bem como da qualificação de cada membro da equipe técnica que se responsabilizará pelos trabalhos;

IV – prova do atendimento de requisitos previstos em lei especial, quando for o caso;

V – registro ou inscrição na entidade profissional competente, quando for o caso;

VI – declaração de que o licitante tomou conhecimento de todas as informações e das condições locais para o cumprimento das obrigações objeto da licitação.

Apesar de tratar tanto da qualificação técnica como da técnico-profissional e da técnico-operacional, a lei não apresenta em nenhum momento texto explicativo quanto à diferenciação das qualificações. O entendimento consolidado é de que a **qualificação técnico-profissional** será exigida do responsável técnico pela execução do objeto licitado, enquanto a **qualificação técnico-operacional** será exigida do próprio licitante, correspondendo à sua capacidade para execução do contrato.

Art. 62. (...)

III – fiscal, social e trabalhista;

Art. 68. As habilitações fiscal, social e trabalhista serão aferidas mediante a verificação dos seguintes requisitos:

I – a inscrição no Cadastro de Pessoas Físicas (CPF) ou no Cadastro Nacional da Pessoa Jurídica (CNPJ); (...)

Inicia-se a avaliação desse dispositivo com um apontamento importante: **CPF** ou **CNPJ** são tratados pela lei como requisitos de qualificação **social**, e não de qualificação jurídica. Apesar de parecer uma observação desnecessária, a legislação anterior tratava a documentação de forma contrária, o que pode resultar na criação de questões nessa direção. Muito cuidado com esse detalhe.

Art. 68. (...)

II – a inscrição no cadastro de contribuintes estadual e/ou municipal, se houver, relativo ao domicílio ou sede do licitante, pertinente ao seu ramo de atividade e compatível com o objeto contratual;

III – a regularidade perante a Fazenda federal, estadual e/ou municipal do domicílio ou sede do licitante, ou outra equivalente, na forma da lei; (...)

Aqui, a lei exige dos licitantes a apresentação de certidões negativas de tributos.

Art. 68. (...)

IV – a regularidade relativa à Seguridade Social e ao FGTS, que demonstre cumprimento dos encargos sociais instituídos por lei; (...)

198 Direito Administrativo Decifrado

Previsão desatualizada, mas que poderá ser cobrada em sua prova. Explico: a regularidade relativa à seguridade social e ao FGTS, desde 2014, é apresentada na Certidão Negativa de Débitos Tributários Federais. Logo, tal requisito já é atendido pela previsão do inciso III. Mesmo assim, devemos atentar para a forma que a banca poderá cobrar esse dispositivo, apontando em separado os requisitos assim como feito pela legislação.

Art. 68. (...)

V – a regularidade perante a Justiça do Trabalho; (...)

Importante destacar que no caso de microempresas e empresas de pequeno porte, por força da LC nº 123/2006, estas poderão ser qualificadas mesmo apresentando pendências nos documentos de habilitação fiscal ou trabalhista, desde que tais pendências sejam resolvidas até 5 dias úteis após a sua declaração como vencedora do certame licitatório. Tal prazo poderá ser prorrogado, por igual período.

LC nº 123/2006

Art. 43. (...)

§ 1º Havendo alguma restrição na comprovação da regularidade fiscal e trabalhista, será assegurado o prazo de cinco dias úteis, cujo termo inicial corresponderá ao momento em que o proponente for declarado vencedor do certame, prorrogável por igual período, a critério da administração pública, para regularização da documentação, para pagamento ou parcelamento do débito e para emissão de eventuais certidões negativas ou positivas com efeito de certidão negativa. (...)

Não regularizando sua situação no prazo legal, será a empresa declarada inabilitada e decairá seu direito de contratação, sem prejuízo das sanções administrativas cabíveis.

Lei nº 14.133/2021

Art. 62. (...)

IV – econômico-financeira. (...)

Art. 68. (...)

II – o cumprimento do disposto no inciso XXXIII do art. 7º da Constituição Federal.

§ 1º Os documentos referidos nos incisos do *caput* deste artigo poderão ser substituídos ou supridos, no todo ou em parte, por outros meios hábeis a comprovar a regularidade do licitante, inclusive por meio eletrônico.

Art. 69. A habilitação econômico-financeira visa a demonstrar a aptidão econômica do licitante para cumprir as obrigações decorrentes do futuro contrato, devendo ser comprovada de forma objetiva, por coeficientes e índices econômicos previstos no edital, devidamente justificados no processo licitatório, e será restrita à apresentação da seguinte documentação:

I – balanço patrimonial, demonstração de resultado de exercício e demais demonstrações contábeis dos 2 (dois) últimos exercícios sociais;

II – certidão negativa de feitos sobre falência expedida pelo distribuidor da sede do licitante.

A qualificação econômico-financeira tem por objetivo demonstrar a capacidade econômica do licitante para cumprir as exigências contratuais. No caso de habilitação de consórcios, os valores de cada consorciado poderão ser somados.

Nas compras para entrega futura e na execução de obras e serviços, a Administração poderá exigir a comprovação de capital social ou patrimônio líquido mínimo, equivalente a até 10% do valor estimado. Essa exigência não é um requisito de qualificação financeira, mas apenas uma forma complementar de comprovação de capacidade econômico-financeira. Por isso, é apresentada como uma faculdade do ente licitante. Tal garantia era considerada, em leis anteriores, um requisito de qualificação financeira, cuidado com isso em sua prova.

Lei nº 14.133/2021

Art. 69. (...)

§ 4º A Administração, nas compras para entrega futura e na execução de obras e serviços, poderá estabelecer no edital a exigência de capital mínimo ou de patrimônio líquido mínimo equivalente a até 10% (dez por cento) do valor estimado da contratação.

10.7.3 Fase recursal

Etapa em que licitantes derrotados no certame utilizam-se dos mecanismos legais para tentar reverter a decisão inicial que os afastou da chance de sagrarem-se vencedores no processo. Nossa legislação estipula um momento específico da licitação para que os interessados possam apresentar seus recursos, contra qualquer um dos procedimentos realizados anteriormente. Vale, aqui, realizarmos um estudo de cada possibilidade recursal prevista na lei.

- **Impugnação ao edital e pedido de esclarecimento:** apesar de não ocorrer exatamente na fase recursal da licitação, é importante estudarmos essas previsões. Configura direito estendido a qualquer pessoa, independentemente do interesse em participar da licitação. Configuram mecanismos de controle de legalidade do procedimento licitatório. Nesse momento, questões importantes podem ser levantadas, como a previsão de requisitos restritivos inexplicáveis no edital do certame.

- Os pedidos de impugnação ao edital ou de esclarecimento de informação constante no instrumento convocatório devem ser protocolados até 3 dias úteis **antes** da abertura da licitação. A resposta aos pedidos deverá ser publicada em sítio oficial até o último dia útil anterior à abertura do certame.

Lei nº 14.133/2021

Art. 164. Qualquer pessoa é parte legítima para impugnar edital de licitação por irregularidade na aplicação desta Lei ou para solicitar esclarecimento sobre os seus termos, devendo protocolar o pedido até 3 (três) dias úteis antes da data de abertura do certame.

Parágrafo único. A resposta à impugnação ou ao pedido de esclarecimento será divulgada em sítio eletrônico oficial no prazo de até 3 (três) dias úteis, limitado ao último dia útil anterior à data da abertura do certame.

- **Recurso administrativo:** A lei estabelece que o recurso administrativo só poderá ser interposto em casos específicos, devendo ser processado no prazo de 3 dias úteis contado da intimação do ato. Ocorre que em alguns casos, mais exatamente quando se pretende recorrer do julgamento das propostas ou de decisão de habilitação ou inabilitação de licitante, deverá ocorrer uma **manifestação imediata do interesse de recorrer**, na mesma sessão, logo após a declaração do vencedor, sob pena de preclusão do direito de recorrer. Uma vez manifestado o interesse, passará a correr o prazo geral de 3 dias úteis citado anteriormente.

Lei nº 14.133/2021

Art. 165. Dos atos da Administração decorrentes da aplicação desta Lei cabem:

I – recurso, no prazo de 3 (três) dias úteis, contado da data de intimação ou de lavratura da ata, em face de:

a) ato que defira ou indefira pedido de pré-qualificação de interessado ou de inscrição em registro cadastral, sua alteração ou cancelamento;

b) julgamento das propostas;

c) ato de habilitação ou inabilitação de licitante;

d) anulação ou revogação da licitação;

e) extinção do contrato, quando determinada por ato unilateral e escrito da Administração;

(...)

§ 1º Quanto ao recurso apresentado em virtude do disposto nas alíneas *b* e *c* do inciso I do *caput* deste artigo, serão observadas as seguintes disposições:

I – a intenção de recorrer deverá ser manifestada imediatamente, sob pena de preclusão, e o prazo para apresentação das razões recursais previsto no inciso I do *caput* deste artigo será iniciado na data de intimação ou de lavratura da ata de habilitação ou inabilitação ou, na hipótese de adoção da inversão de fases prevista no § 1º do art. 17 desta Lei, da ata de julgamento;

II – a apreciação dar-se-á em fase única.

Os recursos devem ser dirigidos à autoridade que proferiu a decisão contestada ou que editou o ato atacado, que terá 3 dias úteis para exercer o juízo de retratação. Caso não o exerça, explícita ou implicitamente, o recurso será então encaminhado há autoridade superior, que deverá proferir decisão em até 10 (dez) dias úteis contados do recebimento do recurso. Caberá contrarrazões recursais no mesmo prazo de 3 (três) dias úteis da interposição do recurso. Caso o recurso seja deferido, haverá a invalidação somente dos atos **que não possam ser reaproveitados**.

Lei nº 14.133/2021

Art. 165. (...)

§ 2º O recurso de que trata o inciso I do *caput* deste artigo será dirigido à autoridade que tiver editado o ato ou proferido a decisão recorrida, que, se não reconsiderar o ato ou a decisão no prazo de 3 (três) dias úteis, encaminhará o recurso com a sua motivação à autoridade superior, a qual deverá proferir sua decisão no prazo máximo de 10 (dez) dias úteis, contado do recebimento dos autos.

§ 3º O acolhimento do recurso implicará invalidação apenas de ato insuscetível de aproveitamento.

§ 4º O prazo para apresentação de contrarrazões será o mesmo do recurso e terá início na data de intimação pessoal ou de divulgação da interposição do recurso.

§ 5º Será assegurado ao licitante vista dos elementos indispensáveis à defesa de seus interesses.

Capítulo 10 ◆ Nova Lei de Licitações — Lei nº 14.133/2021 **201**

◆ **Pedido de reconsideração dos atos não impugnáveis:** por meio do recurso administrativo, poderá o licitante interessado solicitar reconsideração do ato ou decisão, no prazo de 3 (três) dias úteis contados da intimação do ato, sendo dirigido à autoridade que proferiu a decisão ou editou o ato. Aplicam-se as mesmas regras, quando cabíveis, do recurso administrativo. Inclusive quanto ao efeito dos recursos, que sempre terão **efeito suspensivo**.

Lei nº 14.133/2021

Art. 165. (...)

II – pedido de reconsideração, no prazo de 3 (três) dias úteis, contado da data de intimação, relativamente a ato do qual não caiba recurso hierárquico.

Art. 168. O recurso e o pedido de reconsideração terão efeito suspensivo do ato ou da decisão recorrida até que sobrevenha decisão final da autoridade competente.

Parágrafo único. Na elaboração de suas decisões, a autoridade competente será auxiliada pelo órgão de assessoramento jurídico, que deverá dirimir dúvidas e subsidiá-la com as informações necessárias.

◆ **Recursos contra decisões sancionatórias:** diante de decisões proferidas no âmbito de um procedimento administrativo que apurou e confirmou infrações administrativas cometidas por licitante ou contratado, a lei também prevê a possibilidade de interposição de recursos. Ocorre que haverá prazo específico para apresentação dos recursos de acordo com o tipo de sanção sofrida pelo recorrente.

◆ **Advertência, multa e impedimento de licitar e contratar:** o prazo para interposição do recurso será de 15 (quinze) dias úteis, contados da data da intimação, sendo possível o exercício do juízo de retratação pela autoridade responsável pela decisão no prazo de 5 (cinco) dias úteis. Caso não seja exercido o juízo, o recurso será encaminhado para a autoridade superior e deverá ser decidido em até 20 (vinte) dias úteis.

◆ **Declaração de inidoneidade:** não caberá recurso administrativo, mas, sim, pedido de reconsideração, no prazo de 15 (quinze) dias úteis, contados da data da intimação, devendo ser decidido em até 20 (vinte) dias úteis.

Lei nº 14.133/2021

Art. 166. Da aplicação das sanções previstas nos incisos I, II e III do *caput* do art. 156 desta Lei caberá recurso no prazo de 15 (quinze) dias úteis, contado da data da intimação.

Parágrafo único. O recurso de que trata o *caput* deste artigo será dirigido à autoridade que tiver proferido a decisão recorrida, que, se não a reconsiderar no prazo de 5 (cinco) dias úteis, encaminhará o recurso com sua motivação à autoridade superior, a qual deverá proferir sua decisão no prazo máximo de 20 (vinte) dias úteis, contado do recebimento dos autos.

Art. 167. Da aplicação da sanção prevista no inciso IV do *caput* do art. 156 desta Lei caberá apenas pedido de reconsideração, que deverá ser apresentado no prazo de 15 (quinze) dias úteis, contado da data da intimação, e decidido no prazo máximo de 20 (vinte) dias úteis, contado do seu recebimento.

10.7.4 Encerramento da licitação

Após a realização das etapas de habilitação ou de julgamento, findo prazo e julgamento dos recursos possíveis, a autoridade superior deverá dar início ao procedimento para encerramento da licitação. Nesse momento, algumas atitudes poderão ser tomadas, conforme prevê a lei:

> **Lei nº 14.133/2021**
>
> **Art. 71.** Encerradas as fases de julgamento e habilitação, e exauridos os recursos administrativos, o processo licitatório será encaminhado à autoridade superior, que poderá:
>
> I – determinar o retorno dos autos para saneamento de irregularidades; (...)
>
> III – proceder à anulação da licitação, de ofício ou mediante provocação de terceiros, sempre que presente ilegalidade insanável; (...)

A autoridade deverá identificar vícios que poderão ser corrigidos na forma da lei para poder determinar o retorno dos autos para saneamento. No caso de identificação de vícios insanáveis, deverá anular a licitação. Nesse último caso, sempre deverá ser respeitado o direito de manifestação prévia dos interessados.

> **Lei nº 14.133/2021**
>
> **Art. 71.** (...)
>
> II – revogar a licitação por motivo de conveniência e oportunidade; (...)

Estamos diante de critério de discricionariedade, que deverá ser devidamente justificado e respeitará, também, o direito de manifestação. A revogação somente poderá proceder quando fundada em fatos **supervenientes**.

> **Lei nº 14.133/2021**
>
> **Art. 71.** (...)
>
> IV – adjudicar o objeto e homologar a licitação. (...)
>
> § 2º O motivo determinante para a revogação do processo licitatório deverá ser resultante de fato superveniente devidamente comprovado.
>
> § 3º Nos casos de anulação e revogação, deverá ser assegurada a prévia manifestação dos interessados. (...)

Decifrando a prova

(2021 – OMNI – Prefeitura de Salesópolis/SP – Procurador – Adaptada) Art. 17. O processo de licitação observará as seguintes fases, em sequência: I – preparatória; II – de divulgação do edital de licitação; III – de apresentação de propostas e lances, quando for o caso; IV – de julgamento; V – de habilitação; VI – recursal; VII – de homologação.

( ) Certo ( ) Errado

Gabarito comentado: o enunciado apresenta a sequência de fases da licitação exatamente como exposta no texto da Lei nº 14.133/2021 . Portanto, a assertiva está certa.

10.8 Modalidades da licitação

Todo procedimento licitatório deverá, de acordo com o objeto a ser licitado, adotar uma série específica de ações e procedimentos. Assim, objetos específicos exigem ações específicas, sendo esse conjunto de ações chamado **modalidade**. O edital do certame deverá explicitar a modalidade adotada, para que o interessado possa se preparar para atuar de forma plena na licitação.

Antes de iniciarmos a avaliação individual das modalidades previstas na lei, vale destacar que a legislação não permite criação de outras modalidades ou combinação das modalidades existentes.

> **Lei nº 14.133/2021**
>
> **Art. 28.** São modalidades de licitação:
>
> I – pregão;
>
> II – concorrência;
>
> III – concurso;
>
> IV – leilão;
>
> V – diálogo competitivo. (...)
>
> § 2º É vedada a criação de outras modalidades de licitação ou, ainda, a combinação daquelas referidas no *caput* deste artigo.

10.8.1 Pregão

Modalidade de adoção obrigatória sempre que a Administração Pública pretender adquirir **bens e serviços comuns**, conforme conceituado pela lei, podendo ser adotados os tipos de licitação **menor preço ou maior desconto**. Excepcionalmente, o pregão também poderá ser adotado no caso de **serviços comuns de engenharia**.

> **Lei nº 14.133/2021**
>
> **Art. 6º** (...)
>
> XIII – bens e serviços comuns: aqueles cujos padrões de desempenho e qualidade podem ser objetivamente definidos pelo edital, por meio de especificações usuais de mercado; (...)
>
> XXI – serviço de engenharia: toda atividade ou conjunto de atividades destinadas a obter determinada utilidade, intelectual ou material, de interesse para a Administração e que, não enquadradas no conceito de obra a que se refere o inciso XII do *caput* deste artigo, são estabelecidas, por força de lei, como privativas das profissões de arquiteto e engenheiro ou de técnicos especializados, que compreendem:
>
> *a)* serviço comum de engenharia: todo serviço de engenharia que tem por objeto ações, objetivamente padronizáveis em termos de desempenho e qualidade, de manutenção, de adequação e de adaptação de bens móveis e imóveis, com preservação das características originais dos bens; (...)
>
> XLI – pregão: modalidade de licitação obrigatória para aquisição de bens e serviços comuns, cujo critério de julgamento poderá ser o de menor preço ou o de maior desconto; (...)

204 Direito Administrativo Decifrado

Art. 29. (...)

Parágrafo único. O pregão não se aplica às contratações de serviços técnicos especializados de natureza predominantemente intelectual e de obras e serviços de engenharia, exceto os serviços de engenharia de que trata a alínea *a* do inciso XXI do *caput* do art. 6º desta Lei.

O pregão deverá seguir a sequência de fases prevista no art. 17, autorizada a inversão das fases de habilitação e julgamento no caso de possibilidade de comprovação do benefício de tal ação. Os pregões deverão ser realizados, preferencialmente, na forma eletrônica, sendo a sua realização de forma presencial precedida de justificativa, com garantia de registro da sessão em ata e gravação de áudio e vídeo das sessões presenciais.

Lei nº 14.133/2021

Art. 17. (...)

§ 2º As licitações serão realizadas preferencialmente sob a forma eletrônica, admitida a utilização da forma presencial, desde que motivada, devendo a sessão pública ser registrada em ata e gravada em áudio e vídeo. (...)

§ 4º Nos procedimentos realizados por meio eletrônico, a Administração poderá determinar, como condição de validade e eficácia, que os licitantes pratiquem seus atos em formato eletrônico.

§ 5º Na hipótese excepcional de licitação sob a forma presencial a que refere o § 2º deste artigo, a sessão pública de apresentação de propostas deverá ser gravada em áudio e vídeo, e a gravação será juntada aos autos do processo licitatório depois de seu encerramento.

🧩 Decifrando a prova

(2022 – PC/RJ – Delegado – Adaptada) Recém-empossado no cargo, ministro de Estado do setor de segurança pública de estado da Federação, no intuito de demonstrar efetividade no combate ao crime, orientou que se desenvolvesse política pública de compra de equipamentos novos para delegacias de polícia em todos os estados. Após estudo preliminar em todos os estados da Federação, verificou-se que algumas delegacias nem sequer possuíam computadores. Diante disso, o ministro determinou a compra emergencial, sem licitação, de tais produtos para essas delegacias desguarnecidas. Ao mesmo tempo, orientou que se promovesse licitação, na modalidade pregão presencial, na forma da Lei federal nº 10.520/2002, para que todas as demais unidades da polícia civil em questão recebessem computadores novos com a maior brevidade possível.

Nessa situação hipotética, pode-se afirmar que o pregão é modalidade de licitação que, conforme a Lei nº 14.133/2021, implica leilão reverso, de modo que o critério de julgamento, obrigatoriamente, deverá ser o de menor preço ou menor desconto.

( ) Certo ( ) Errado

Gabarito comentado: a licitação na modalidade pregão poderá utilizar como critérios de julgamento **menor preço** ou **maior desconto**. A afirmativa traz o critério do **menor desconto**, o que sabemos estar errado. Portanto, a assertiva está errada.

10.8.2 Concorrência

Modalidade de adoção obrigatória quando estivermos diante de um certame licitatório que possua como objeto a **contratação de bens e serviços especiais, obras ou contratação de serviços comuns e especiais de engenharia**. Observe que não se poderá adotar a concorrência para contratação de bens e serviços comuns, pois, como vimos, nesse caso deverá ser adotada a modalidade pregão. A concorrência deverá ser realizada com os tipos **menor preço, melhor técnica ou conteúdo artístico, técnica e preço, maior retorno econômico ou maior desconto**, conforme a melhor adequação ao objeto.

Lei nº 14.133/2021

Art. 6º (...)

XII – obra: toda atividade estabelecida, por força de lei, como privativa das profissões de arquiteto e engenheiro que implica intervenção no meio ambiente por meio de um conjunto harmônico de ações que, agregadas, formam um todo que inova o espaço físico da natureza ou acarreta alteração substancial das características originais de bem imóvel; (...)

XIV – bens e serviços especiais: aqueles que, por sua alta heterogeneidade ou complexidade, não podem ser descritos na forma do inciso XIII do *caput* deste artigo, exigida justificativa prévia do contratante; (...)

XXI – serviço de engenharia: toda atividade ou conjunto de atividades destinadas a obter determinada utilidade, intelectual ou material, de interesse para a Administração e que, não enquadradas no conceito de obra a que se refere o inciso XII do *caput* deste artigo, são estabelecidas, por força de lei, como privativas das profissões de arquiteto e engenheiro ou de técnicos especializados, que compreendem:

a) serviço comum de engenharia: todo serviço de engenharia que tem por objeto ações, objetivamente padronizáveis em termos de desempenho e qualidade, de manutenção, de adequação e de adaptação de bens móveis e imóveis, com preservação das características originais dos bens;

b) serviço especial de engenharia: aquele que, por sua alta heterogeneidade ou complexidade, não pode se enquadrar na definição constante da alínea *a* deste inciso; (...)

XXXVIII – concorrência: modalidade de licitação para contratação de bens e serviços especiais e de obras e serviços comuns e especiais de engenharia, cujo critério de julgamento poderá ser:

a) menor preço;

b) melhor técnica ou conteúdo artístico;

c) técnica e preço;

d) maior retorno econômico;

e) maior desconto; (...)

Interessante que, no caso de contratação de serviços comuns, a legislação prevê a possibilidade de adoção tanto da modalidade concorrência quanto da modalidade pregão. Acontece que a lei não apresenta nenhum critério objetivo para escolha da modalidade,

206 Direito Administrativo Decifrado

nem determina uma regra de preferência ou predominância entre as modalidades. Portanto, caberá ao agente responsável pela licitação escolher e justificar a escolha da modalidade a ser adotada.

A concorrência também deverá ser adotada sempre que estivermos diante de contratos de **concessão de serviços públicos ou parcerias público-privadas**.

> **Lei nº 8.987/1995**
>
> **Art. 2º** Para os fins do disposto nesta Lei, considera-se: (...)
>
> II – concessão de serviço público: a delegação de sua prestação, feita pelo poder concedente, mediante licitação, na modalidade concorrência ou diálogo competitivo, a pessoa jurídica ou consórcio de empresas que demonstre capacidade para seu desempenho, por sua conta e risco e por prazo determinado;
>
> III – concessão de serviço público precedida da execução de obra pública: a construção, total ou parcial, conservação, reforma, ampliação ou melhoramento de quaisquer obras de interesse público, delegados pelo poder concedente, mediante licitação, na modalidade concorrência ou diálogo competitivo, a pessoa jurídica ou consórcio de empresas que demonstre capacidade para a sua realização, por sua conta e risco, de forma que o investimento da concessionária seja remunerado e amortizado mediante a exploração do serviço ou da obra por prazo determinado; (...)
>
> **Lei nº 11.079/2004**
>
> **Art. 10.** A contratação de parceria público-privada será precedida de licitação na modalidade concorrência ou diálogo competitivo, estando a abertura do processo licitatório condicionada a: (...)

10.8.3 Concurso

Modalidade a ser adotada nos certames que tenham por objeto **aquisição ou seleção de trabalho eminentemente técnico, científico ou artístico mediante entrega de um prêmio ou remuneração** ao vencedor do certame. No caso do concurso, somente se poderá utilizar o tipo **melhor técnica ou conteúdo artístico** como critério de julgamento.

> **Lei nº 14.133/2021**
>
> **Art. 6º** (...)
>
> XXXIX – concurso: modalidade de licitação para escolha de trabalho técnico, científico ou artístico, cujo critério de julgamento será o de melhor técnica ou conteúdo artístico, e para concessão de prêmio ou remuneração ao vencedor; (...)

O edital do concurso deverá especificar a qualificação exigida dos participantes, expor a forma de apresentação do trabalho a ser avaliado, condições de realização e prêmio ou remuneração a ser entregue ao vencedor. No caso de concurso que tenha por objetivo aquisição de um projeto, deverá o vencedor ceder à Administração Pública direitos patrimoniais relacionados ao projeto, além de autorizar que a execução do objeto se dê na forma conveniente ao Poder Público.

Lei nº 14.133/2021

Art. 30. O concurso observará as regras e condições previstas em edital, que indicará:

I – a qualificação exigida dos participantes;

II – as diretrizes e formas de apresentação do trabalho;

III – as condições de realização e o prêmio ou remuneração a ser concedida ao vencedor.

Parágrafo único. Nos concursos destinados à elaboração de projeto, o vencedor deverá ceder à Administração Pública, nos termos do art. 93 desta Lei, todos os direitos patrimoniais relativos ao projeto e autorizar sua execução conforme juízo de conveniência e oportunidade das autoridades competentes.

10.8.4 Leilão

O leilão será adotado sempre que estivermos diante de um procedimento licitatório que tem o objetivo de alienar bens que não sejam de interesse da Administração Pública, sempre buscando a proposta que ofereça o maior lance. Os procedimentos operacionais relativos ao leilão devem ser definidos por regulamento específico.

Lei nº 14.133/2021

Art. 6º (...)

XL – leilão: modalidade de licitação para alienação de bens imóveis ou de bens móveis inservíveis ou legalmente apreendidos a quem oferecer o maior lance; (...)

O leilão será sempre conduzido por um leiloeiro oficial ou por um servidor selecionado pela autoridade competente. No caso de contratação de um leiloeiro especializado, a Administração deverá realizar um procedimento licitatório na modalidade **pregão**, determinando como proposta vencedora aquela que ofereça o **maior desconto** nas comissões a serem pagas ao profissional, ou por meio do **credenciamento**. O edital do leilão seguirá alguns requisitos legais:

Lei nº 14.133/2021

Art. 31. (...)

§ 2º O leilão será precedido da divulgação do edital em sítio eletrônico oficial, que conterá:

I – a descrição do bem, com suas características, e, no caso de imóvel, sua situação e suas divisas, com remissão à matrícula e aos registros;

II – o valor pelo qual o bem foi avaliado, o preço mínimo pelo qual poderá ser alienado, as condições de pagamento e, se for o caso, a comissão do leiloeiro designado;

III – a indicação do lugar onde estiverem os móveis, os veículos e os semoventes;

IV – o sítio da internet e o período em que ocorrerá o leilão, salvo se excepcionalmente for realizado sob a forma presencial por comprovada inviabilidade técnica ou desvantagem para a Administração, hipótese em que serão indicados o local, o dia e a hora de sua realização;

208 Direito Administrativo Decifrado

V – a especificação de eventuais ônus, gravames ou pendências existentes sobre os bens a serem leiloados.

§ 3º Além da divulgação no sítio eletrônico oficial, o edital do leilão será afixado em local de ampla circulação de pessoas na sede da Administração e poderá, ainda, ser divulgado por outros meios necessários para ampliar a publicidade e a competitividade da licitação.

§ 4º O leilão não exigirá registro cadastral prévio, não terá fase de habilitação e deverá ser homologado assim que concluída a fase de lances, superada a fase recursal e efetivado o pagamento pelo licitante vencedor, na forma definida no edital.

10.8.5 Diálogo competitivo

Nova modalidade apresentada na Lei nº 14.133/2021, oriunda da inovação implementada no Direito Europeu a partir da Diretiva nº 2004/2018/CE do Parlamento Europeu e do Conselho, datada de 31 de março de 2004, não é uma verdadeira novidade quando se trata de procedimento licitatório no Brasil. Na realidade, a adoção do diálogo competitivo serviu para legitimar e legalizar uma prática comum, mas não regulada em leis anteriores, que se procedia por meio de um contato prévio da Administração Pública com potenciais interessados para apresentarem soluções a certas dificuldades da Administração. Veremos melhor adiante, mas já fica aqui observada a importância dessa ação do legislador, pois, com o reconhecimento de legalidade de tal procedimento, a segurança jurídica passou a ser verdadeira nos contratos resultantes dessa ação administrativa.

> **Lei nº 14.133/2021**
>
> **Art. 6º** (...)
>
> XLII – diálogo competitivo: modalidade de licitação para contratação de obras, serviços e compras em que a Administração Pública realiza diálogos com licitantes previamente selecionados mediante critérios objetivos, com o intuito de desenvolver uma ou mais alternativas capazes de atender às suas necessidades, devendo os licitantes apresentar proposta final após o encerramento dos diálogos; (...)

Permita-nos apresentar melhor a nova modalidade: sabemos que a Administração Pública por diversas vezes se depara com uma situação de necessidade de contratação de um serviço ou aquisição de um produto com características tão específicas, que a Administração não tem nenhuma noção do que exatamente está procurando, sendo inviável, nesse caso, realizar um procedimento correto, pois lhe falta conhecimento suficiente até mesmo para a edição de um edital decente. Assim, percebe-se que o objeto do contrato a ser firmado dependerá de uma solução inovadora disponível no mercado que poderia servir para atender a necessidade da Administração, a partir da adaptação ou melhoria do sistema disponível. Em suma, estamos diante de uma situação em que a solução para a necessidade da Administração é desconhecida, nova e, por isso, seria impossível produzir um documento de convocação da licitação que exige a apresentação de requisitos específicos e essenciais para a realização do certame. Estranho escrever um documento exigindo características específicas quando não se tem ideia de que características seriam essas, não é mesmo?

Capítulo 10 ◆ Nova Lei de Licitações — Lei nº 14.133/2021 **209**

Para resolver esse problema, a Administração Pública pode adotar o diálogo competitivo. Após uma pré-seleção entre aqueles que podem oferecer soluções e ideias adequadas ao interesse do Poder Público, será realizada uma conversa (reunião) com os convocados, e, assim, poder-se-á definir qual a solução exata a ser adotada pela Administração Pública. Dessa ação resultará a edição de um edital eficiente para a apresentação definitiva das propostas. Logo, o diálogo competitivo será dividido em duas etapas: primeiro, publica-se o edital para pré-seleção; depois, o edital para contratação.

Lei nº 14.133/2021

Art. 32. A modalidade diálogo competitivo é restrita a contratações em que a Administração:

I – vise a contratar objeto que envolva as seguintes condições:

a) inovação tecnológica ou técnica;

b) impossibilidade de o órgão ou entidade ter sua necessidade satisfeita sem a adaptação de soluções disponíveis no mercado; e

c) impossibilidade de as especificações técnicas serem definidas com precisão suficiente pela Administração;

II – verifique a necessidade de definir e identificar os meios e as alternativas que possam satisfazer suas necessidades, com destaque para os seguintes aspectos:

a) a solução técnica mais adequada;

b) os requisitos técnicos aptos a concretizar a solução já definida;

c) a estrutura jurídica ou financeira do contrato; (...)

A pré-seleção iniciará com a edição que estabelecerá o objetivo da conversa e os requisitos necessários para que o interessado possa participar do debate inicial. Não há limite de participantes, devendo a Administração Pública aceitar a participação de **todos os interessados** que atenderem aos critérios objetivos adotados no edital.

Lei nº 14.133/2021

Art. 32. (...)

§ 1º Na modalidade diálogo competitivo, serão observadas as seguintes disposições:

I – a Administração apresentará, por ocasião da divulgação do edital em sítio eletrônico oficial, suas necessidades e as exigências já definidas e estabelecerá prazo mínimo de 25 (vinte e cinco) dias úteis para manifestação de interesse na participação da licitação;

II – os critérios empregados para pré-seleção dos licitantes deverão ser previstos em edital, e serão admitidos todos os interessados que preencherem os requisitos objetivos estabelecidos;

III – a divulgação de informações de modo discriminatório que possa implicar vantagem para algum licitante será vedada;

IV – a Administração não poderá revelar a outros licitantes as soluções propostas ou as informações sigilosas comunicadas por um licitante sem o seu consentimento;

V – a fase de diálogo poderá ser mantida até que a Administração, em decisão fundamentada, identifique a solução ou as soluções que atendam às suas necessidades;

VI – as reuniões com os licitantes pré-selecionados serão registradas em ata e gravadas mediante utilização de recursos tecnológicos de áudio e vídeo;

VII – o edital poderá prever a realização de fases sucessivas, caso em que cada fase poderá restringir as soluções ou as propostas a serem discutidas;

Definida a solução a ser adotada para aquela situação específica (após a fase de diálogo feita individualmente com cada interessado que participou da pré-seleção), a Administração publicará o edital de licitação definitivo, para que possa receber as propostas e selecionar o vencedor do certame.

Lei nº 14.133/2021

Art. 32. (...)

VIII – a Administração deverá, ao declarar que o diálogo foi concluído, juntar aos autos do processo licitatório os registros e as gravações da fase de diálogo, iniciar a fase competitiva com a divulgação de edital contendo a especificação da solução que atenda às suas necessidades e os critérios objetivos a serem utilizados para seleção da proposta mais vantajosa e abrir prazo, não inferior a 60 (sessenta) dias úteis, para todos os licitantes pré-selecionados na forma do inciso II deste parágrafo apresentarem suas propostas, que deverão conter os elementos necessários para a realização do projeto;

IX – a Administração poderá solicitar esclarecimentos ou ajustes às propostas apresentadas, desde que não impliquem discriminação nem distorçam a concorrência entre as propostas;

X – a Administração definirá a proposta vencedora de acordo com critérios divulgados no início da fase competitiva, assegurada a contratação mais vantajosa como resultado;

XI – o diálogo competitivo será conduzido por comissão de contratação composta de pelo menos 3 (três) servidores efetivos ou empregados públicos pertencentes aos quadros permanentes da Administração, admitida a contratação de profissionais para assessoramento técnico da comissão;

§ 2º Os profissionais contratados para os fins do inciso XI do § 1º deste artigo assinarão termo de confidencialidade e abster-se-ão de atividades que possam configurar conflito de interesses.

10.9 Procedimentos auxiliares

Consideram-se procedimento auxiliares todos os mecanismos previstos na lei possíveis de serem adotados pela autoridade administrativa para tornar o procedimento licitatório mais eficiente e célere. Na realidade, os procedimentos auxiliares são tão importantes que podem, inclusive, substituir a própria licitação em alguns casos, sem perder a qualidade natural das licitações, fazendo com que a seleção seja mais econômica e rápida.

Lei nº 14.133/2021

Art. 78. São procedimentos auxiliares das licitações e das contratações regidas por esta Lei:

I – credenciamento;

II – pré-qualificação;

III – procedimento de manifestação de interesse;

IV – sistema de registro de preços;

V – registro cadastral.

§ 1º Os procedimentos auxiliares de que trata o *caput* deste artigo obedecerão a critérios claros e objetivos definidos em regulamento.

§ 2º O julgamento que decorrer dos procedimentos auxiliares das licitações previstos nos incisos II e III do *caput* deste artigo seguirá o mesmo procedimento das licitações.

10.9.1 Credenciamento

Tem como objetivo contratar licitantes previamente credenciados pela Administração Pública a partir de chamamento público, prevendo condições padronizadas de contratação. Assim, não será necessário mais realizar um procedimento licitatório, pois se trata de um caso de inexigibilidade de licitação. No credenciamento, os interessados que atendam a requisitos definidos pela Administração serão permanentemente credenciados e sempre que necessário caberá à autoridade administrativa apenas convocar os credenciados para atendimento do objeto específico. Não haverá competição, disputa, propostas, pois os valores e requisitos para atendimento do objeto (tempo de entrega, forma de entrega e outras condições) já foram definidos no edital de credenciamento e aceitos pelos interessados credenciados. Havendo demanda, a Administração deverá, a princípio, convocar **todos os credenciados**, diluindo a demanda entre todos eles.

> **Lei nº 14.133/2021**
>
> **Art. 79.** O credenciamento poderá ser usado nas seguintes hipóteses de contratação:
>
> I – paralela e não excludente: caso em que é viável e vantajosa para a Administração a realização de contratações simultâneas em condições padronizadas; (...)

Nesse caso, será possível contratar de forma simultânea e imediata todos os credenciados.

> **Art. 79.** (...)
>
> II – com seleção a critério de terceiros: caso em que a seleção do contratado está a cargo do beneficiário direto da prestação; (...)

Aqui, a demanda será entregue para o credenciado escolhido pelo usuário do serviço. A Administração faz apenas o credenciamento, permitindo ao usuário a escolha entre os vários credenciados disponíveis.

> **Art. 79.** (...)
>
> III – em mercados fluidos: caso em que a flutuação constante do valor da prestação e das condições de contratação inviabiliza a seleção de agente por meio de processo de licitação.

Caso adotado quando estivermos diante da contratação de um serviço específico com valores flutuantes (aquisição de passagem aérea, por exemplo). Como não é possível prever exatamente

212 Direito Administrativo Decifrado

o valor do serviço e o momento em que será necessário procurar o credenciado, e a flutuação de valores do serviço ou produto é constante, torna-se impossível licitar sem que resulte em prejuízo para a Administração Pública, sendo necessário adquirir o objeto a partir do **preço do dia**.

> **Art. 79.**
>
> Parágrafo único. Os procedimentos de credenciamento serão definidos em regulamento, observadas as seguintes regras:
>
> I – a Administração deverá divulgar e manter à disposição do público, em sítio eletrônico oficial, edital de chamamento de interessados, de modo a permitir o cadastramento permanente de novos interessados;
>
> II – na hipótese do inciso I do *caput* deste artigo, quando o objeto não permitir a contratação imediata e simultânea de todos os credenciados, deverão ser adotados critérios objetivos de distribuição da demanda;
>
> III – o edital de chamamento de interessados deverá prever as condições padronizadas de contratação e, nas hipóteses dos incisos I e II do *caput* deste artigo, deverá definir o valor da contratação;
>
> IV – na hipótese do inciso III do *caput* deste artigo, a Administração deverá registrar as cotações de mercado vigentes no momento da contratação;
>
> V – não será permitido o cometimento a terceiros do objeto contratado sem autorização expressa da Administração;
>
> VI – será admitida a denúncia por qualquer das partes nos prazos fixados no edital.

Decifrando a prova

(2022 – FGV – TJ/AP– Juiz de Direito – Adaptada) O Estado Alfa realizou o chamado, pela nova Lei de Licitação (Lei nº 14.133/2021), procedimento de credenciamento, na medida em que realizou um processo administrativo de chamamento público, convocando interessados em prestar determinados serviços para que, preenchidos os requisitos necessários, se credenciassem no órgão para executar o objeto quando convocados.

Cumpridas todas as formalidades legais, na presente hipótese, de acordo com o citado diploma legal, em se tratando de caso de objeto que deva ser contratado por meio de credenciamento, a licitação é inexigível, por expressa previsão legal.

( ) Certo ( ) Errado

Gabarito comentado: conforme previsão do artigo 22 da Lei 14.133/2021, a matriz de risco **poderá** ser apresentada no edital da licitação, assim não se tornou um documento obrigatório. Portanto, a assertiva está errada.

10.9.2 Sistema de registro de preços

Esse procedimento permite que a Administração Pública produza uma **ata de registro de preços**, que conterá a melhor proposta de cada licitante para cada item individual. Aqui, a intenção é contratar para fornecimento **sob demanda**. Logo, o registro de preços será uma forma de garantir que, sempre que for necessário, o licitante atenderá a demanda administrativa por valor previamente registrado sem precisar realizar uma licitação específica para cada oportunidade. A Administração ao realizar o registro de preços deverá apontar a quantidade máxima de cada item que pretenda adquirir.

Lei nº 14.133/2021

Art. 82. O edital de licitação para registro de preços observará as regras gerais desta Lei e deverá dispor sobre:

I – as especificidades da licitação e de seu objeto, inclusive a quantidade máxima de cada item que poderá ser adquirida;

II – a quantidade mínima a ser cotada de unidades de bens ou, no caso de serviços, de unidades de medida;

III – a possibilidade de prever preços diferentes:

a) quando o objeto for realizado ou entregue em locais diferentes;

b) em razão da forma e do local de acondicionamento;

c) quando admitida cotação variável em razão do tamanho do lote;

d) por outros motivos justificados no processo;

IV – a possibilidade de o licitante oferecer ou não proposta em quantitativo inferior ao máximo previsto no edital, obrigando-se nos limites dela;

V– o critério de julgamento da licitação, que será o de menor preço ou o de maior desconto sobre tabela de preços praticada no mercado;

VI – as condições para alteração de preços registrados;

VII – o registro de mais de um fornecedor ou prestador de serviço, desde que aceitem cotar o objeto em preço igual ao do licitante vencedor, assegurada a preferência de contratação de acordo com a ordem de classificação;

VIII – a vedação à participação do órgão ou entidade em mais de uma ata de registro de preços com o mesmo objeto no prazo de validade daquela de que já tiver participado, salvo na ocorrência de ata que tenha registrado quantitativo inferior ao máximo previsto no edital;

IX – as hipóteses de cancelamento da ata de registro de preços e suas consequências.

§ 1º O critério de julgamento de menor preço por grupo de itens somente poderá ser adotado quando for demonstrada a inviabilidade de se promover a adjudicação por item e for evidenciada a sua vantagem técnica e econômica, e o critério de aceitabilidade de preços unitários máximos deverá ser indicado no edital.

§ 2º Na hipótese de que trata o § 1º deste artigo, observados os parâmetros estabelecidos nos §§ 1º, 2º e 3º do art. 23 desta Lei, a contratação posterior de item específico constante de grupo de itens exigirá prévia pesquisa de mercado e demonstração de sua vantagem para o órgão ou entidade.

§ 3º É permitido registro de preços com indicação limitada a unidades de contratação, sem indicação do total a ser adquirido, apenas nas seguintes situações:

214 Direito Administrativo Decifrado

I – quando for a primeira licitação para o objeto e o órgão ou entidade não tiver registro de demandas anteriores;

II – no caso de alimento perecível;

III – no caso em que o serviço estiver integrado ao fornecimento de bens.

§ 4º Nas situações referidas no § 3º deste artigo, é obrigatória a indicação do valor máximo da despesa e é vedada a participação de outro órgão ou entidade na ata.

§ 5º O sistema de registro de preços poderá ser usado para a contratação de bens e serviços, inclusive de obras e serviços de engenharia, observadas as seguintes condições:

I – realização prévia de ampla pesquisa de mercado;

II – seleção de acordo com os procedimentos previstos em regulamento;

III – desenvolvimento obrigatório de rotina de controle;

IV – atualização periódica dos preços registrados;

V – definição do período de validade do registro de preços;

VI – inclusão, em ata de registro de preços, do licitante que aceitar cotar os bens ou serviços em preços iguais aos do licitante vencedor na sequência de classificação da licitação e inclusão do licitante que mantiver sua proposta original.

§ 6º O sistema de registro de preços poderá, na forma de regulamento, ser utilizado nas hipóteses de inexigibilidade e de dispensa de licitação para a aquisição de bens ou para a contratação de serviços por mais de um órgão ou entidade.

Apesar de ser obrigatório o apontamento da quantidade máxima de itens a ser adquirida pela Administração Pública, não haverá a criação de obrigação de aquisição do montante previsto. Assim, não será considerada uma infração deixar de adquirir o número de itens demandado na convocação. Por outro lado, a participação no procedimento de registro de preços e efetivo registro de proposta importará em **compromisso de fornecimento pelo interessado**. Cada ata de registro será válida por 1 ano, podendo ser prorrogado quando possível justificar o benefício da manutenção do preço registrado.

Lei nº 14.133/2021

Art. 83. A existência de preços registrados implicará compromisso de fornecimento nas condições estabelecidas, mas não obrigará a Administração a contratar, facultada a realização de licitação específica para a aquisição pretendida, desde que devidamente motivada.

Art. 84. O prazo de vigência da ata de registro de preços será de 1 (um) ano e poderá ser prorrogado, por igual período, desde que comprovado o preço vantajoso.

Parágrafo único. O contrato decorrente da ata de registro de preços terá sua vigência estabelecida em conformidade com as disposições nela contidas.

Também será possível, em casos excepcionais, adotar o **sistema de registro de preços no caso de obras e serviços de engenharia**. A lei aponta os momentos em que tal medida será aceita.

Lei nº 14.133/2021

Art. 85. A Administração poderá contratar a execução de obras e serviços de engenharia pelo sistema de registro de preços, desde que atendidos os seguintes requisitos:

I – existência de projeto padronizado, sem complexidade técnica e operacional;

II – necessidade permanente ou frequente de obra ou serviço a ser contratado.

A lei também regula a possibilidade de participação de outros órgãos ou entes interessados no procedimento de registro conduzido por qualquer entidade, que será identificada como **gerenciadora**. A participação dos interessados se dará a partir da **adesão** ao procedimento, cabendo ao fornecedor registrado cumprir seu compromisso perante **todos aqueles que registraram interesse na adesão além da própria entidade gerenciadora do procedimento**. O fornecedor deverá suportar uma possibilidade de carga adicional de até 50% do valor demandado inicialmente no caso de adesão de interessados. Havendo apenas a entidade gerenciadora como interessada, não será necessária a abertura de prazo para adesão.

Lei nº 14.133/2021

Art. 86. O órgão ou entidade gerenciadora deverá, na fase preparatória do processo licitatório, para fins de registro de preços, realizar procedimento público de intenção de registro de preços para, nos termos de regulamento, possibilitar, pelo prazo mínimo de 8 (oito) dias úteis, a participação de outros órgãos ou entidades na respectiva ata e determinar a estimativa total de quantidades da contratação.

§ 1º O procedimento previsto no *caput* deste artigo será dispensável quando o órgão ou entidade gerenciadora for o único contratante.

§ 2º Se não participarem do procedimento previsto no *caput* deste artigo, os órgãos e entidades poderão aderir à ata de registro de preços na condição de não participantes, observados os seguintes requisitos:

I – apresentação de justificativa da vantagem da adesão, inclusive em situações de provável desabastecimento ou descontinuidade de serviço público;

II – demonstração de que os valores registrados estão compatíveis com os valores praticados pelo mercado na forma do art. 23 desta Lei;

III – prévias consulta e aceitação do órgão ou entidade gerenciadora e do fornecedor.

§ 3º A faculdade conferida pelo § 2º deste artigo estará limitada a órgãos e entidades da Administração Pública federal, estadual, distrital e municipal que, na condição de não participantes, desejarem aderir à ata de registro de preços de órgão ou entidade gerenciadora federal, estadual ou distrital.

§ 4º As aquisições ou as contratações adicionais a que se refere o § 2º deste artigo não poderão exceder, por órgão ou entidade, a 50% (cinquenta por cento) dos quantitativos dos itens do instrumento convocatório registrados na ata de registro de preços para o órgão gerenciador e para os órgãos participantes.

§ 5º O quantitativo decorrente das adesões à ata de registro de preços a que se refere o § 2º deste artigo não poderá exceder, na totalidade, ao dobro do quantitativo de cada item registrado na ata de registro de preços para o órgão gerenciador e órgãos participantes, independentemente do número de órgãos não participantes que aderirem.

§ 6º A adesão à ata de registro de preços de órgão ou entidade gerenciadora do Poder Executivo federal por órgãos e entidades da Administração Pública estadual, distrital e municipal poderá ser exigida para fins de transferências voluntárias, não ficando sujeita ao limite de que trata o § 5º deste artigo se destinada à execução descentralizada de programa ou projeto federal e comprovada a compatibilidade dos preços registrados com os valores praticados no mercado na forma do art. 23 desta Lei.

§ 7º Para aquisição emergencial de medicamentos e material de consumo médico-hospitalar por órgãos e entidades da Administração Pública federal, estadual, distrital e municipal, a adesão à ata de registro de preços gerenciada pelo Ministério da Saúde não estará sujeita ao limite de que trata o § 5º deste artigo.

§ 8º Será vedada aos órgãos e entidades da Administração Pública federal a adesão à ata de registro de preços gerenciada por órgão ou entidade estadual, distrital ou municipal.

10.9.3 Pré-qualificação

Trata-se de procedimento auxiliar que servirá para "acelerar" o procedimento licitatório e não o substituir, como ocorrido nas situações estudadas anteriormente. Com a pré-qualificação, a Administração já conhecerá e terá reunido os licitantes com condições de habilitação para participarem de licitações futuras. Inclusive, tais licitações poderão ser **restritas somente a participantes pré-qualificados**.

Lei nº 14.133/2021

Art. 80. A pré-qualificação é o procedimento técnico-administrativo para selecionar previamente:

I – licitantes que reúnam condições de habilitação para participar de futura licitação ou de licitação vinculada a programas de obras ou de serviços objetivamente definidos;

II – bens que atendam às exigências técnicas ou de qualidade estabelecidas pela Administração.

§ 1º Na pré-qualificação observar-se-á o seguinte:

I – quando aberta a licitantes, poderão ser dispensados os documentos que já constarem do registro cadastral;

II – quando aberta a bens, poderá ser exigida a comprovação de qualidade.

§ 2º O procedimento de pré-qualificação ficará permanentemente aberto para a inscrição de interessados.

O procedimento de pré-qualificação deverá prever, no mínimo, as informações essenciais para identificação do objeto e critério de julgamento e modalidade da futura licitação.

Art. 80. (...)

§ 3º Quanto ao procedimento de pré-qualificação, constarão do edital:

I – as informações mínimas necessárias para definição do objeto;

II – a modalidade, a forma da futura licitação e os critérios de julgamento.

§ 4º A apresentação de documentos far-se-á perante órgão ou comissão indicada pela Administração, que deverá examiná-los no prazo máximo de 10 (dez) dias úteis e determinar correção ou reapresentação de documentos, quando for o caso, com vistas à ampliação da competição.

§ 5º Os bens e os serviços pré-qualificados deverão integrar o catálogo de bens e serviços da Administração.

A lei também permite pré-qualificação por grupos ou segmentos econômicos.

Art. 80. (...)

§ 6º A pré-qualificação poderá ser realizada em grupos ou segmentos, segundo as especialidades dos fornecedores.

§ 7º A pré-qualificação poderá ser parcial ou total, com alguns ou todos os requisitos técnicos ou de habilitação necessários à contratação, assegurada, em qualquer hipótese, a igualdade de condições entre os concorrentes.

§ 8º Quanto ao prazo, a pré-qualificação terá validade:

I – de 1 (um) ano, no máximo, e poderá ser atualizada a qualquer tempo;

II – não superior ao prazo de validade dos documentos apresentados pelos interessados.

§ 9º Os licitantes e os bens pré-qualificados serão obrigatoriamente divulgados e mantidos à disposição do público.

§ 10. A licitação que se seguir ao procedimento da pré-qualificação poderá ser restrita a licitantes ou bens pré-qualificados.

10.9.4 Procedimento de Manifestação de Interesse (PMI)

Procedimento comum na Administração Pública quando se trata de **desestatização, concessão de serviço ou celebração de parceria público-privada**, o PMI agora poderá ser adotado para qualquer objeto a ser licitado, que deverá anteceder a licitação.

Em alguns casos, o PMI já será suficiente para a contratação, sendo até mesmo possível dispensar o procedimento licitatório. O PMI servirá para que a iniciativa privada ofereça estudos, levantamentos, projetos e soluções que contribuam com a ação administrativa do Estado.

Lei nº 14.133/2021

Art. 81. A Administração poderá solicitar à iniciativa privada, mediante procedimento aberto de manifestação de interesse a ser iniciado com a publicação de edital de chamamento público, a propositura e a realização de estudos, investigações, levantamentos e projetos de soluções inovadoras que contribuam com questões de relevância pública, na forma de regulamento.

§ 1º Os estudos, as investigações, os levantamentos e os projetos vinculados à contratação e de utilidade para a licitação, realizados pela Administração ou com a sua autorização, estarão à disposição dos interessados, e o vencedor da licitação deverá ressarcir os dispêndios correspondentes, conforme especificado no edital.

Muito confundido com a modalidade de licitação diálogo competitivo por suas características muito parecidas, o procedimento de manifestação de interesse tem por característica marcante o fato da comunicação prévia com a Administração Pública **não garantir a realização da licitação**, não configurando uma etapa do procedimento licitatório. Assim, o particular que apresentar o projeto aprovado pela Administração só será ressarcido pelo trabalho no caso de **efetivamente se realizar a licitação e o pagamento deverá ser feito pelo licitante vencedor.**

Lei nº 14.133/2021

Art. 81. (...)

§ 2º A realização, pela iniciativa privada, de estudos, investigações, levantamentos e projetos em decorrência do procedimento de manifestação de interesse previsto no *caput* deste artigo:

I – não atribuirá ao realizador direito de preferência no processo licitatório;

II – não obrigará o poder público a realizar licitação;

III – não implicará, por si só, direito a ressarcimento de valores envolvidos em sua elaboração;

IV – será remunerada somente pelo vencedor da licitação, vedada, em qualquer hipótese, a cobrança de valores do poder público.

§ 3º Para aceitação dos produtos e serviços de que trata o *caput* deste artigo, a Administração deverá elaborar parecer fundamentado com a demonstração de que o produto ou serviço entregue é adequado e suficiente à compreensão do objeto, de que as premissas adotadas são compatíveis com as reais necessidades do órgão e de que a metodologia proposta é a que propicia maior economia e vantagem entre as demais possíveis.

Interessante previsão da lei é a possibilidade de realização do PMI somente com as chamadas *startups* (microempreendedores individuais, microempresas e empresas de pequeno porte) com potencial futuro. A lei não aponta necessariamente como se identifica o potencial dos participantes, devendo tais condições ser reguladas em dispositivo próprio.

Art. 81. (...)

§ 4º O procedimento previsto no *caput* deste artigo poderá ser restrito a *startups*, assim considerados os microempreendedores individuais, as microempresas e as empresas de pequeno porte, de natureza emergente e com grande potencial, que se dediquem à pesquisa, ao desenvolvimento e à implementação de novos produtos ou serviços baseados em soluções tecnológicas inovadoras que possam causar alto impacto, exigida, na seleção definitiva da inovação, validação prévia fundamentada em métricas objetivas, de modo a demonstrar o atendimento das necessidades da Administração.

10.9.5 Registro cadastral

Tem por objetivo unificar as informações de todos os licitantes, sendo assim possível realizar uma classificação conforme a área de atuação, sendo fornecido um certificado para cada licitante poder participar de licitações futuras, inclusive no caso de licitação restrita apenas a licitantes cadastrados.

Lei nº 14.133/2021

Art. 87. Para os fins desta Lei, os órgãos e entidades da Administração Pública deverão utilizar o sistema de registro cadastral unificado disponível no Portal Nacional de

Contratações Públicas (PNCP), para efeito de cadastro unificado de licitantes, na forma disposta em regulamento.

§ 1º O sistema de registro cadastral unificado será público e deverá ser amplamente divulgado e estar permanentemente aberto aos interessados, e será obrigatória a realização de chamamento público pela internet, no mínimo anualmente, para atualização dos registros existentes e para ingresso de novos interessados.

§ 2º É proibida a exigência, pelo órgão ou entidade licitante, de registro cadastral complementar para acesso a edital e anexos.

§ 3º A Administração poderá realizar licitação restrita a fornecedores cadastrados, atendidos os critérios, as condições e os limites estabelecidos em regulamento, bem como a ampla publicidade dos procedimentos para o cadastramento.

§ 4º Na hipótese a que se refere o § 3º deste artigo, será admitido fornecedor que realize seu cadastro dentro do prazo previsto no edital para apresentação de propostas.

O registro cadastral também poderá conter informações referentes ao histórico do licitante junto à Administração Pública, como anotação atestando o cumprimento de obrigações dos contratos firmados. Sabemos que tais observações serão muito importantes na escolha da proposta e no desempate.

Lei nº 14.133/2021

Art. 88. Ao requerer, a qualquer tempo, inscrição no cadastro ou a sua atualização, o interessado fornecerá os elementos necessários exigidos para habilitação previstos nesta Lei.

§ 1º O inscrito, considerada sua área de atuação, será classificado por categorias, subdivididas em grupos, segundo a qualificação técnica e econômico-financeira avaliada, de acordo com regras objetivas divulgadas em sítio eletrônico oficial.

§ 2º Ao inscrito será fornecido certificado, renovável sempre que atualizar o registro.

§ 3º A atuação do contratado no cumprimento de obrigações assumidas será avaliada pelo contratante, que emitirá documento comprobatório da avaliação realizada, com menção ao seu desempenho na execução contratual, baseado em indicadores objetivamente definidos e aferidos, e a eventuais penalidades aplicadas, o que constará do registro cadastral em que a inscrição for realizada.

§ 4º A anotação do cumprimento de obrigações pelo contratado, de que trata o § 3º deste artigo, será condicionada à implantação e à regulamentação do cadastro de atesto de cumprimento de obrigações, apto à realização do registro de forma objetiva, em atendimento aos princípios da impessoalidade, da igualdade, da isonomia, da publicidade e da transparência, de modo a possibilitar a implementação de medidas de incentivo aos licitantes que possuírem ótimo desempenho anotado em seu registro cadastral.

§ 5º A qualquer tempo poderá ser alterado, suspenso ou cancelado o registro de inscrito que deixar de satisfazer exigências determinadas por esta Lei ou por regulamento.

§ 6º O interessado que requerer o cadastro na forma do *caput* deste artigo poderá participar de processo licitatório até a decisão da Administração, e a celebração do contrato ficará condicionada à emissão do certificado referido no § 2º deste artigo.

220 Direito Administrativo Decifrado

Decifrando a prova

(2021 – IBGP – Prefeitura de Dores do Indaiá/MG – Auxiliar Técnico) De acordo com a Lei nº 14.133/2021, assinale a alternativa que apresenta corretamente um dos procedimentos auxiliares das licitações e das contratações regidas pela referida Lei.

A) Agravo de instrumento.

B) Processo de execução.

C) Credenciamento.

D) Embargos de declaração.

Gabarito comentado: a questão aborda a previsão do art. 78 da Lei nº 14.133/2021. A alternativa C é a correta, pois, entre as demais, o credenciamento é o único item que possui previsão no aludido dispositivo. Ademais, o assunto sobre os procedimentos auxiliares das licitações e contratos será muito explorado em concursos, sobretudo a exigência do conhecimento da literalidade da lei. Portanto, a alternativa correta é a letra C.

10.10 Contratação direta

Como citado em alguns momentos durante este capítulo, a realização da licitação para qualquer movimentação financeira voltada à contratação ou aquisição pelo Estado deverá ser precedida de um procedimento licitatório. Ocorre que, em algumas oportunidades, a realização da licitação se mostra mais como um empecilho do que como uma projeção de benefício para o Estado. Em outras oportunidades, a realização da licitação se mostra impossível, causando problemas para o ente público. Por isso, a própria Lei nº 14.133/2021 elenca algumas situações em que a regra será afastada, permitindo a **contratação direta de prestadores e fornecedores** pelo Poder Público.

As formas de contratação direta previstas na legislação dividem-se em duas espécies: **dispensa** e **inexigibilidade**. Nos casos previstos como dispensa de licitação, a principal característica é o fato de, apesar de ser possível fazer a licitação em circunstâncias normais, o Poder Público estará liberado de licitar porque a situação em análise se enquadra em uma condição de excepcionalidade ditada pela lei, consequentemente, não atendendo aos **pressupostos jurídicos e fáticos** da licitação. Nos casos de inexigibilidade, temos como importante detalhe o fato da **impossibilidade** da realização da licitação, por não atender ao **pressuposto lógico** da licitação. Importante destacar que, seja qual for a modalidade de contratação direta, a legislação exige a decisão justificada pelo administrador, com respeito ao princípio da motivação dos atos administrativos.

A dispensa de licitação se vincula a dois aspectos preliminares: **excepcionalidade**, por se tratar de uma condição que afasta a regra, e a **taxatividade**, uma vez que o legislador definiu de forma categórica, sem permitir ampliação de condições resultantes de interpretações do administrador, as exatas situações em que ocorrerá tal dispensa. A espécie de contratação direta **dispensa de licitação** é identificada em duas variações, seja por ser caso de **licitação dispensada** ou caso de **licitação dispensável**.

10.10.1 Licitação dispensada

Embora estampe situações em que a licitação seria viável, o próprio legislador estabeleceu uma **vedação de licitação** aos entes públicos. Prevista no art. 76 da Lei nº 14.133/2021, a licitação dispensada configura uma ocorrência de proibição de licitar que, caso seja desrespeitada, resultará em uma conduta infracional cometida pelo administrador. Trata-se de uma decisão vinculada, e não discricionária.

Lei nº 14.133/2021

Art. 76. A alienação de bens da Administração Pública, subordinada à existência de interesse público devidamente justificado, será precedida de avaliação e obedecerá às seguintes normas:

I – tratando-se de bens imóveis, inclusive os pertencentes às autarquias e às fundações, exigirá autorização legislativa e dependerá de licitação na modalidade leilão, dispensada a realização de licitação nos casos de:

a) dação em pagamento;

b) doação, permitida exclusivamente para outro órgão ou entidade da Administração Pública, de qualquer esfera de governo, ressalvado o disposto nas alíneas *f, g* e *h* deste inciso;

c) permuta por outros imóveis que atendam aos requisitos relacionados às finalidades precípuas da Administração, desde que a diferença apurada não ultrapasse a metade do valor do imóvel que será ofertado pela União, segundo avaliação prévia, e ocorra a torna de valores, sempre que for o caso;

d) investidura;

e) venda a outro órgão ou entidade da Administração Pública de qualquer esfera de governo;

f) alienação gratuita ou onerosa, aforamento, concessão de direito real de uso, locação e permissão de uso de bens imóveis residenciais construídos, destinados ou efetivamente usados em programas de habitação ou de regularização fundiária de interesse social desenvolvidos por órgão ou entidade da Administração Pública;

g) alienação gratuita ou onerosa, aforamento, concessão de direito real de uso, locação e permissão de uso de bens imóveis comerciais de âmbito local, com área de até 250 m² (duzentos e cinquenta metros quadrados) e destinados a programas de regularização fundiária de interesse social desenvolvidos por órgão ou entidade da Administração Pública;

h) alienação e concessão de direito real de uso, gratuita ou onerosa, de terras públicas rurais da União e do Instituto Nacional de Colonização e Reforma Agrária (Incra) onde incidam ocupações até o limite de que trata o § 1º do art. 6º da Lei nº 11.952, de 25 de junho de 2009, para fins de regularização fundiária, atendidos os requisitos legais;

i) legitimação de posse de que trata o art. 29 da Lei nº 6.383, de 7 de dezembro de 1976, mediante iniciativa e deliberação dos órgãos da Administração Pública competentes;

j) legitimação fundiária e legitimação de posse de que trata a Lei nº 13.465, de 11 de julho de 2017;

II – tratando-se de bens móveis, dependerá de licitação na modalidade leilão, dispensada a realização de licitação nos casos de:

a) doação, permitida exclusivamente para fins e uso de interesse social, após avaliação de oportunidade e conveniência socioeconômica em relação à escolha de outra forma de alienação;

b) permuta, permitida exclusivamente entre órgãos ou entidades da Administração Pública;

c) venda de ações, que poderão ser negociadas em bolsa, observada a legislação específica;

d) venda de títulos, observada a legislação pertinente;

e) venda de bens produzidos ou comercializados por entidades da Administração Pública, em virtude de suas finalidades;

f) venda de materiais e equipamentos sem utilização previsível por quem deles dispõe para outros órgãos ou entidades da Administração Pública.

§ 1º A alienação de bens imóveis da Administração Pública cuja aquisição tenha sido derivada de procedimentos judiciais ou de dação em pagamento dispensará autorização legislativa e exigirá apenas avaliação prévia e licitação na modalidade leilão.

§ 2º Os imóveis doados com base na alínea *b* do inciso I do *caput* deste artigo, cessadas as razões que justificaram sua doação, serão revertidos ao patrimônio da pessoa jurídica doadora, vedada sua alienação pelo beneficiário.

10.10.2 Licitação dispensável

Também trataremos aqui de situações em que a licitação poderia acontecer, mas, por determinação da própria lei, considera-se desnecessária a realização do procedimento licitatório. No caso da licitação dispensável, caberá ao administrador realizar o juízo de valor para, justificadamente, determinar se realizará ou não a licitação. É uma condição interessante, pois se o administrador considerar necessário, mesmo que a situação esteja prevista na lei, poderá realizar a licitação normalmente sem que isso configure nenhum ilícito administrativo. Trata-se de atuação discricionária do agente.

Para o estudo correto das condições de licitação dispensável, muito cobradas em provas, é essencial que seja avaliado cada um dos incisos e destacado tudo o que se apresente importante para o aprendizado do assunto.

Lei nº 14.133/2021

Art. 75. É dispensável a licitação:

I – para contratação que envolva valores inferiores a R$ 100.000,00 (cem mil reais), no caso de obras e serviços de engenharia ou de serviços de manutenção de veículos automotores;[6]

---

6   O art. 182 da Lei nº 14.133/2021 determinou que o valor desse dispositivo será atualizado a cada dia 1º de janeiro. Valor atualizado pelo Decreto nº 10.922/2021: R$ 108.040,82 (cento e oito mil, quarenta reais e oitenta e dois centavos).

Capítulo 10 ◆ Nova Lei de Licitações — Lei nº 14.133/2021 **223**

II – para contratação que envolva valores inferiores R$ 50.000,00 (cinquenta mil reais), no caso de outros serviços e compras;[7]

(...)

§ 1º Para fins de aferição dos valores que atendam aos limites referidos nos incisos I e II do *caput* deste artigo, deverão ser observados:

I – o somatório do que for despendido no exercício financeiro pela respectiva unidade gestora;

II – o somatório da despesa realizada com objetos de mesma natureza, entendidos como tais aqueles relativos a contratações no mesmo ramo de atividade.

§ 2º Os valores referidos nos incisos I e II do *caput* deste artigo serão duplicados para compras, obras e serviços contratados por consórcio público ou por autarquia ou fundação qualificadas como agências executivas na forma da lei.

§ 3º As contratações de que tratam os incisos I e II do *caput* deste artigo serão preferencialmente precedidas de divulgação de aviso em sítio eletrônico oficial, pelo prazo mínimo de 3 (três) dias úteis, com a especificação do objeto pretendido e com a manifestação de interesse da Administração em obter propostas adicionais de eventuais interessados, devendo ser selecionada a proposta mais vantajosa.

§ 4º As contratações de que tratam os incisos I e II do *caput* deste artigo serão preferencialmente pagas por meio de cartão de pagamento, cujo extrato deverá ser divulgado e mantido à disposição do público no Portal Nacional de Contratações Públicas (PNCP). (...)

§ 7º Não se aplica o disposto no § 1º deste artigo às contratações de R$ 8.000,00 (oito mil reais) de serviços de manutenção de veículos automotores de propriedade do órgão ou entidade contratante, incluído o fornecimento de peças.[8]

Os casos estabelecidos nos incisos I e II referem-se especificamente à dispensa, tendo como critério o **valor do contrato**. Para o legislador, dependendo do valor do contrato, poderia o administrador dispensar o procedimento com base no princípio da economicidade, visto que o baixo valor a ser contratado não justificaria a realização de um procedimento dispendioso por parte da Administração Pública.

No caso das obras, serviços ou compras serem contratadas por **autarquias e fundações públicas com *status* de agência executiva ou consórcios públicos** os valores determinados na lei serão considerados **em dobro**.

---

[7] O art. 182 da Lei nº 14.133/2021 determinou que o valor desse dispositivo será atualizado a cada dia 1º de janeiro. Valor atualizado pelo Decreto nº 10.922/2021: R$ 54.020,41 (cinquenta e quatro mil, vinte reais e quarenta e um centavos).

[8] O art. 182 da Lei nº 14.133/2021 determinou que o valor desse dispositivo será atualizado a cada dia 1º de janeiro. Valor atualizado pelo Decreto nº 10.922/2021: R$ 8.643,27 (oito mil, seiscentos e quarenta e três reais e vinte e sete centavos).

224 Direito Administrativo Decifrado

Lei nº 14.133/2021

Art. 75. (...)

III – para contratação que mantenha todas as condições definidas em edital de licitação realizada há menos de 1 (um) ano, quando se verificar que naquela licitação:

a) não surgiram licitantes interessados ou não foram apresentadas propostas válidas;

Configura a chamada **licitação deserta**, pois apesar de toda a publicidade conferida ao instrumento convocatório, na data prevista para o início do certame público nenhum interessado se apresenta. Nessa situação, se devidamente justificado pelo administrador, o Poder Público poderá contratar diretamente para evitar que nova realização de licitação cause prejuízo para a Administração. No caso da contratação direta, as partes deverão respeitar os requisitos previamente estabelecidos no instrumento convocatório da licitação deserta.

Lei nº 14.133/2021

Art. 75. (...)

III – (...)

b) as propostas apresentadas consignaram preços manifestamente superiores aos praticados no mercado ou incompatíveis com os fixados pelos órgãos oficiais competentes;
(...)

Configura a chamada **licitação fracassada** pois, diferente do que ocorre na licitação deserta, os interessados se apresentaram, mas nenhum deles foi capaz de apresentar documentos suficientes para habilitação ou, mesmo após habilitados, não apresentam propostas compatíveis com os requisitos do instrumento convocatório. Aqui, a contratação direta não é uma regra, mas uma exceção. A legislação exige a reabertura de prazo de 8 dias úteis para adequação dos documentos de habilitação ou propostas. No caso de novo fracasso, a regra é que se realize um **novo procedimento licitatório**. Observe que o dispositivo legal aponta apenas para uma condição específica em que a licitação fracassada poderá resultar na contratação direta: **preços abusivos praticados pelos interessados em suas propostas**. Nesse caso, após a abertura de um **novo prazo de 8 dias úteis para adequação de propostas**, persistindo a incompatibilidade dos preços, poderá a Administração contratar direto.

Lei nº 14.133/2021

Art. 75. (...)

IV – para contratação que tenha por objeto:

a) bens, componentes ou peças de origem nacional ou estrangeira necessários à manutenção de equipamentos, a serem adquiridos do fornecedor original desses equipamentos durante o período de garantia técnica, quando essa condição de exclusividade for indispensável para a vigência da garantia; (...)

A realização do procedimento licitatório poderia resultar em um prestador de serviço não vinculado à garantia técnica, o que acarretaria um gasto desnecessário. A razão específica estabelecida tem como **condição a exclusividade ser indispensável para a vigência da garantia**. Caso tal exclusividade não exista, a Administração poderá adquirir de outros

Capítulo 10 ♦ Nova Lei de Licitações — Lei nº 14.133/2021 **225**

fornecedores ou intermediários, não se exigindo que a peça original do equipamento precise ser adquirida por determinado fornecedor.

O dispositivonão trata da aquisição do equipamento em si, mas apenas das peças necessárias para a manutenção.

Lei nº 14.133/2021

Art. 75. (...)

IV – para contratação que tenha por objeto: (...)

b) bens, serviços, alienações ou obras, nos termos de acordo internacional específico aprovado pelo Congresso Nacional, quando as condições ofertadas forem manifestamente vantajosas para a Administração; (...)

Dependendo das condições conquistadas com determinado acordo comercial ou negócio internacional firmado pelo Estado e devidamente aprovado pelo Congresso Nacional, poderá a Administração Pública dispensar a licitação para se valer de tais condições que se apresentam mais benéficas. Forma de adequação do sistema legislativo interno com a política externa.

Lei nº 14.133/2021

Art. 75. (...)

IV – para contratação que tenha por objeto: (...)

c) produtos para pesquisa e desenvolvimento, limitada a contratação, no caso de obras e serviços de engenharia, ao valor de R$ 300.000,00 (trezentos mil reais);[9] (...)

§ 5º A dispensa prevista na alínea *c* do inciso IV do *caput* deste artigo, quando aplicada a obras e serviços de engenharia, seguirá procedimentos especiais instituídos em regulamentação específica.

Mais uma situação de dispensa de licitação por força do valor do contrato, agora referentes especificamente a obras e serviços de engenharia no caso de pesquisa e desenvolvimento.

Lei nº 14.133/2021

Art. 75. (...)

IV – para contratação que tenha por objeto: (...)

d) transferência de tecnologia ou licenciamento de direito de uso ou de exploração de criação protegida, nas contratações realizadas por instituição científica, tecnológica e de inovação (ICT) pública ou por agência de fomento, desde que demonstrada vantagem para a Administração; (...)

Esse dispositivo segue a regra instituída pela Lei nº 10.973/2004 sobre incentivo às inovações e pesquisas tecnológicas e científicas. Essa dispensa é uma forma de fomento à pes-

---

[9] O art. 182 da Lei nº 14.133/2021 determinou que o valor desse dispositivo será atualizado a cada dia 1º de janeiro. Valor atualizado pelo Decreto nº 10.922/2021: R$ 324.122,46 (trezentos e vinte e quatro mil, cento e vinte dois reais e quarenta e seis centavos).

quisa e tecnologia, possibilitando contratação direta dentro do setor. Além disso, como a lei citada exige a contratação com instituições sem fins lucrativos, não há nenhum fim econômico na contratação efetivada.

Lei nº 14.133/2021

Art. 75. (...)

IV – para contratação que tenha por objeto: (...)

e) hortifrutigranjeiros, pães e outros gêneros perecíveis, no período necessário para a realização dos processos licitatórios correspondentes, hipótese em que a contratação será realizada diretamente com base no preço do dia; (...)

A dispensa aqui prevista só é admissível no tempo necessário para a realização da licitação. Em outras palavras, estamos novamente diante de uma situação com caráter emergencial, por se tratar de alimentação essencial fornecida pelo ente público. Enquanto ocorre a licitação para contratação da empresa que ficará responsável pelo fornecimento futuro, poderá o administrador contratar diretamente com base no preço do dia.

Lei nº 14.133/2021

Art. 75. (...)

IV – para contratação que tenha por objeto: (...)

f) bens ou serviços produzidos ou prestados no País que envolvam, cumulativamente, alta complexidade tecnológica e defesa nacional; (...)

Por envolverem mais uma vez **segurança nacional e alta complexidade tecnológica**, condições que deverão ser admitidas mediante parecer específico.

Lei nº 14.133/2021

Art. 75. (...)

IV – para contratação que tenha por objeto: (...)

g) materiais de uso das Forças Armadas, com exceção de materiais de uso pessoal e administrativo, quando houver necessidade de manter a padronização requerida pela estrutura de apoio logístico dos meios navais, aéreos e terrestres, mediante autorização por ato do comandante da força militar; (...)

Aquisição para apoio logístico, justificado por uma necessidade de padronização de material com vistas a evitar comprometimento à segurança nacional. Tal dispensa **não se estende ao material de uso pessoal e ao material de escritório.**

Lei nº 14.133/2021

Art. 75. (...)

IV – para contratação que tenha por objeto: (...)

h) bens e serviços para atendimento dos contingentes militares das forças singulares brasileiras empregadas em operações de paz no exterior, hipótese em que a contratação deverá ser justificada quanto ao preço e à escolha do fornecedor ou executante e ratificada pelo comandante da força militar; (...)

Os fatores **preço e escolha do fornecedor** deverão ser devidamente justificados, com ratificação do comandante do contingente. A dispensa se dá como forma de garantia da economicidade e melhor gestão de recursos.

Lei nº 14.133/2021

Art. 75. (...)

IV – para contratação que tenha por objeto: (...)

i) abastecimento ou suprimento de efetivos militares em estada eventual de curta duração em portos, aeroportos ou localidades diferentes de suas sedes, por motivo de movimentação operacional ou de adestramento; (...)

Trata-se de operações de curto prazo realizadas com rápida permanência em determinado local. Abastecimento de navios, embarcações, unidades aéreas ou tropas que se encontram nessa condição não necessitam licitar como forma de evitar atraso ou demora na efetivação da operação ou adestramento, visto que o prazo exíguo poderá comprometer tais operações.

Lei nº 14.133/2021

Art. 75. (...)

IV – para contratação que tenha por objeto: (...)

j) coleta, processamento e comercialização de resíduos sólidos urbanos recicláveis ou reutilizáveis, em áreas com sistema de coleta seletiva de lixo, realizados por associações ou cooperativas formadas exclusivamente de pessoas físicas de baixa renda reconhecidas pelo poder público como catadores de materiais recicláveis, com o uso de equipamentos compatíveis com as normas técnicas, ambientais e de saúde pública; (...)

Resulta da Lei nº 11.445/2007, que estabelece as diretrizes gerais para o saneamento básico. Prevê a contratação de entidades conhecidas com **catadores de materiais recicláveis**, sendo associações ou cooperativas constituídas exclusivamente de pessoas de baixa renda. O contrato a ser celebrado com a pessoa jurídica poderá ser dispensado quando atender às condições da lei. O objeto da contratação é a coleta, processamento e comercialização de recicláveis ou reutilizáveis, necessariamente em áreas que já possuam serviços de coletiva seletiva de lixo.

Lei nº 14.133/2021

Art. 75. (...)

IV – para contratação que tenha por objeto: (...)

k) aquisição ou restauração de obras de arte e objetos históricos, de autenticidade certificada, desde que inerente às finalidades do órgão ou com elas compatível; (...)

Por se tratar de objeto histórico, reconhecido ou não pela crítica e pela opinião pública, mas de autenticidade reconhecida e importância para manutenção da finalidade do órgão ou entidade licitante, caso de museus, escolas, bibliotecas.

228 Direito Administrativo Decifrado

Lei nº 14.133/2021

Art. 75. (...)

IV – para contratação que tenha por objeto: (...)

l) serviços especializados ou aquisição ou locação de equipamentos destinados ao rastreamento e à obtenção de provas previstas nos incisos II e V do *caput* do art. 3º da Lei nº 12.850, de 2 de agosto de 2013, quando houver necessidade justificada de manutenção de sigilo sobre a investigação; (...)

Condição prevista em legislação específica, permite a dispensa de licitação quando essencial para auxiliar investigação de atuação de organizações criminosas.

Lei nº 14.133/2021

Art. 75. (...)

IV – para contratação que tenha por objeto: (...)

m) aquisição de medicamentos destinados exclusivamente ao tratamento de doenças raras definidas pelo Ministério da Saúde; (...)

Facilitação na compra de medicamentos essenciais, sempre levando em consideração a listagem de doenças raras definida pelo Ministério da Saúde.

Lei nº 14.133/2021

Art. 75. (...)

V – para contratação com vistas ao cumprimento do disposto nos arts. 3º, 3º-A, 4º, 5º e 20 da Lei nº 10.973, de 2 de dezembro de 2004, observados os princípios gerais de contratação constantes da referida Lei; (...)

O dispositivo visa ampliar o conteúdo do inciso IV, *d*, mencionado anteriormente, que trata sobre o incentivo à pesquisa e tecnologia.

Lei nº 14.133/2021

Art. 75. (...)

VI – para contratação que possa acarretar comprometimento da segurança nacional, nos casos estabelecidos pelo Ministro de Estado da Defesa, mediante demanda dos comandos das Forças Armadas ou dos demais ministérios; (...)

Situação de excepcionalidade por comprometimento da segurança da soberania do Estado. A decretação de tal condição é imprescindível para a dispensa de licitação.

Lei nº 14.133/2021

Art. 75. (...)

VII – nos casos de guerra, estado de defesa, estado de sítio, intervenção federal ou de grave perturbação da ordem; (...)

Situação de flagrante excepcionalidade previstas pelo texto constitucional. A **guerra** configura conflito que ameaça a soberania do Estado, ao passo que a **grave perturbação da**

ordem afeta a paz, a disciplina social e a política. Por fim, a declaração de guerra pelo presidente da República ou estabelecimento de Estado de Defesa ou Estado de Sítio são essenciais para que se identifique a **gravidade** das situações.

Lei nº 14.133/2021

Art. 75. (...)

VIII – nos casos de emergência ou de calamidade pública, quando caracterizada urgência de atendimento de situação que possa ocasionar prejuízo ou comprometer a continuidade dos serviços públicos ou a segurança de pessoas, obras, serviços, equipamentos e outros bens, públicos ou particulares, e somente para aquisição dos bens necessários ao atendimento da situação emergencial ou calamitosa e para as parcelas de obras e serviços que possam ser concluídas no prazo máximo de 1 (um) ano, contado da data de ocorrência da emergência ou da calamidade, vedada a prorrogação dos respectivos contratos e a recontratação de empresa já contratada com base no disposto neste inciso; (...)

§ 6º Para os fins do inciso VIII do *caput* deste artigo, considera-se emergencial a contratação por dispensa com objetivo de manter a continuidade do serviço público, e deverão ser observados os valores praticados pelo mercado na forma do art. 23 desta Lei e adotadas as providências necessárias para a conclusão do processo licitatório, sem prejuízo de apuração de responsabilidade dos agentes públicos que deram causa à situação emergencial.

Normalmente, é consequência de fatos naturais que ameaçam a vida, a saúde e bens, ou de situações que necessitam de uma atuação mais enérgica do Estado por força de sua **urgência, emergência ou calamidade pública**, circunstâncias que permitem ao administrador a contratação direta por prazo determinado de 1 ano. Esse prazo é máximo, ou seja, obras e serviços contratados devem ser concluídos dentro do prazo, sendo expressamente vedada a prorrogação.

Ocorre que o TCU decidiu em duas oportunidades que, por situação excepcional e estranha à vontade das partes, tal prazo poderá ser prorrogado. Para o TCU, a vedação expressa na lei é com relação à **renovação do contrato,** e não a uma excepcional prorrogação.

Lei nº 14.133/2021

Art. 75. (...)

IX – para a aquisição, por pessoa jurídica de direito público interno, de bens produzidos ou serviços prestados por órgão ou entidade que integrem a Administração Pública e que tenham sido criados para esse fim específico, desde que o preço contratado seja compatível com o praticado no mercado; (...)

É dispensável a licitação em situações obrigacionais firmadas entre pessoas ligadas à própria Administração. Como a entidade integra a Administração Pública e foi criada com a finalidade específica de prestação daquele determinado serviço ou produção daquele bem, não haverá necessidade de licitar, sendo apenas exigido que se verifique a compatibilidade dos preços contratados com o praticado no mercado.

Lei nº 14.133/2021

Art. 75. (...)

X – quando a União tiver que intervir no domínio econômico para regular preços ou normalizar o abastecimento; (...)

Atuando como agente regulador, por força do art. 174 da Constituição Federal, a União estará dispensada de licitar, sendo essa condição exclusiva. Segundo o STF, a intervenção no domínio econômico aqui prevista poderá resultar em direito de indenização às empresas por prejuízos resultantes do plano econômico de congelamento de preços.

Lei nº 14.133/2021

Art. 75. (...)

XI – para celebração de contrato de programa com ente federativo ou com entidade de sua Administração Pública indireta que envolva prestação de serviços públicos de forma associada nos termos autorizados em contrato de consórcio público ou em convênio de cooperação; (...)

Derivada, inicialmente, da Lei nº 11.107/2005, tal hipótese de dispensa de licitação ocorre na celebração de um **contrato de programa** entre o consórcio público e entidade da Administração, com objetivo de prestação de serviços de forma associada. O fundamento desse dispositivo se encontra na intenção de se protocolizar programa ou projeto para o fim de serem prestados serviços públicos sob o regime de parceria desenvolvido. Não há violação à competitividade.

Lei nº 14.133/2021

Art. 75. (...)

XII – para contratação em que houver transferência de tecnologia de produtos estratégicos para o Sistema Único de Saúde (SUS), conforme elencados em ato da direção nacional do SUS, inclusive por ocasião da aquisição desses produtos durante as etapas de absorção tecnológica, e em valores compatíveis com aqueles definidos no instrumento firmado para a transferência de tecnologia; (...)

Mais um dispositivo com a finalidade de fomentar a transferência de tecnologias para o desenvolvimento nacional, dessa vez, na área de saúde pública. Esse dispositivo permite a dispensa inclusive **durante o período de absorção tecnológica**, ou seja, não há necessidade de a transferência de tecnologia ter finalizado para que ocorra a aquisição dos produtos relacionados; basta apenas ter sido iniciada tal transferência. Essa permissão, porém, está vinculada a ato administrativo oriundo da direção do SUS que relacione todos os produtos estratégicos abarcados pela lei.

Lei nº 14.133/2021

Art. 75. (...)

XIII – para contratação de profissionais para compor a comissão de avaliação de critérios de técnica, quando se tratar de profissional técnico de notória especialização; (...)

Hipótese de dispensa para contratação de membros que comporão comissão específica de julgamento de propostas que necessitem de avaliação técnica especializada.

Lei nº 14.133/2021

Art. 75. (...)

XIV – para contratação de associação de pessoas com deficiência, sem fins lucrativos e de comprovada idoneidade, por órgão ou entidade da Administração Pública, para a prestação de serviços, desde que o preço contratado seja compatível com o praticado no mercado e os serviços contratados sejam prestados exclusivamente por pessoas com deficiência; (...)

Aqui se prevê a contratação de associações sociais para prestação de serviços ou fornecimento de mão de obra para os órgãos ou entidades públicas. Destaque para o fato dessa contratação, apesar do caráter social, não ser livre, pendendo de comprovação do preço contratado ser compatível com o praticado no mercado.

Lei nº 14.133/2021

Art. 75. (...)

XV – para contratação de instituição brasileira que tenha por finalidade estatutária apoiar, captar e executar atividades de ensino, pesquisa, extensão, desenvolvimento institucional, científico e tecnológico e estímulo à inovação, inclusive para gerir administrativa e financeiramente essas atividades, ou para contratação de instituição dedicada à recuperação social da pessoa presa, desde que o contratado tenha inquestionável reputação ética e profissional e não tenha fins lucrativos; (...)

Interessante situação em que há previsão de contratação de entidades brasileiras focadas em investimentos e inovação na área de tecnologia, ou mesmo contratação de instituições envolvidas na recuperação social de pessoas presas que atuam sem finalidade lucrativa.

Lei nº 14.133/2021

Art. 75. (...)

XVI – para aquisição, por pessoa jurídica de direito público interno, de insumos estratégicos para a saúde produzidos por fundação que, regimental ou estatutariamente, tenha por finalidade apoiar órgão da Administração Pública direta, sua autarquia ou fundação em projetos de ensino, pesquisa, extensão, desenvolvimento institucional, científico e tecnológico e de estímulo à inovação, inclusive na gestão administrativa e financeira necessária à execução desses projetos, ou em parcerias que envolvam transferência de tecnologia de produtos estratégicos para o SUS, nos termos do inciso XII do *caput* deste artigo, e que tenha sido criada para esse fim específico em data anterior à entrada em vigor desta Lei, desde que o preço contratado seja compatível com o praticado no mercado.

Circunstância vinculada diretamente às atividades de ensino e pesquisa com o escopo de se buscar novas tecnologias e parcerias com o SUS para a área de saúde. Mais um dispositivo que pretende garantir a plena busca pelo desenvolvimento nacional sustentável.

10.10.3 Inexigibilidade de licitação

Além dos casos previstos como de dispensa de licitação por condições específicas, o art. 74 da Lei nº 14.133/2021 também apresenta alguns casos em que, por **impossibilidade de licitar**, a Administração Pública não sofrerá a exigência de realizar o procedimento licitatório. Aqui estamos diante de um ato vinculado, visto que o administrador não poderá realizar licitação, até porque seria impossível realizar mesmo que essa fosse sua intenção. Destaca-se que, ao contrário do que ocorre nos casos de dispensa de licitação, os casos a seguir estudados compõem um **rol exemplificativo** de condições de inexigibilidade.

Assim como nos casos de dispensa, a não ocorrência de licitação por uma das hipóteses de inexigibilidade deverá ser **devidamente justificada e comunicada à autoridade superior**. Por ser uma qualidade discricionária (por causa da intepretação do caso concreto e não da possibilidade de contratação direta), caberá ao administrador identificar se a situação em concreto se enquadra no conceito de inexigibilidade destacado pela lei, não podendo o Poder Legislativo atribuir a órgãos legislativos o poder de sustar processos dessa modalidade. Entendimento majoritário dentro de doutrina e tribunais com relação à possibilidade de uma mesma situação concomitantemente se enquadrar em dispensa e inexigibilidade: caberá ao administrador verificar se há viabilidade de competição no caso concreto. Havendo, optará pela dispensa. Não havendo, justificará sua decisão com base na inexigibilidade.

Em situações especificadas em lei, encontram-se vedações ao administrador de declarar hipótese de inexigibilidade. É o caso, por exemplo, previsto na Lei nº 11.284/2006, que dispõe da gestão de florestas públicas. Caso a Administração opte por proceder a uma **concessão de gestão florestal**, nunca poderá se valer de contratação direta por inexigibilidade, mas somente por dispensa de licitação.

> **Lei nº 14.133/2021**
>
> **Art. 74.** É inexigível a licitação quando inviável a competição, em especial nos casos de:
>
> I – aquisição de materiais, de equipamentos ou de gêneros ou contratação de serviços que só possam ser fornecidos por produtor, empresa ou representante comercial exclusivos; (...)
>
> § 1º Para fins do disposto no inciso I do *caput* deste artigo, a Administração deverá demonstrar a inviabilidade de competição mediante atestado de exclusividade, contrato de exclusividade, declaração do fabricante ou outro documento idôneo capaz de comprovar que o objeto é fornecido ou prestado por produtor, empresa ou representante comercial exclusivos, vedada a preferência por marca específica.

Nessa primeira condição, estamos diante de um caso de **aquisição de determinado bem ou produto que só poderá ser fornecido por produtor, empresa ou representante comercial exclusivo**. Por não haver no mercado opção de contato, para verificação de condições de preço e qualidade, não haverá como licitar. Ocorre que a condição de **fornecedor exclusivo** prevista nesse dispositivo não se configura apenas pelo fato de que, no momento da realização da licitação, a autoridade competente não possuía conhecimento da existência de outros possíveis fornecedores. A condição de fornecedor exclusivo deverá ser devidamente **atestada e certificada**, conforme prevê a Orientação Normativa nº 16 da AGU, confirmada pela Súmula nº 255 do TCU.

Importante

Súmula nº 255 do TCU. Nas contratações em que o objeto só possa ser fornecido por produtor, empresa ou representante comercial exclusivo, é dever do agente público responsável pela contratação a adoção das providências necessárias para confirmar a veracidade da documentação comprobatória da condição de exclusividade.

Além disso, mesmo não havendo competição, a Administração Pública deverá proceder a verificação da compatibilidade dos preços praticados por meio de comparação com outros órgãos ou entidades que realizaram contratação de mesmo objeto em momento diverso.

Logicamente, sendo apenas uma empresa fornecedora de determinado produto, não será possível realizar a licitação. A exclusividade de fornecimento, segundo a doutrina majoritária, pode ser classificada em **absoluta**, quando só há um produtor ou fornecedor exclusivo no país, e **relativa**, quando tal exclusividade só se identifica na localização de ocorrência do certame licitatório. No caso de exclusividade relativa, a Administração poderá realizar a licitação com fornecedores de outras praças como forma de comparação dos valores e garantia da melhor proposta.

Para perfeito entendimento, temos como **praça** a limitação territorial de acordo com o vulto do contrato. Assim, no caso de convite, consideramos praça **a localidade da futura contratação**. No caso da tomada de preços, a praça será o **próprio registro cadastral**. Na concorrência, a exclusividade é aferível por ser **o único no país**.

O dispositivo em análise também estabelece a **vedação de indicação de preferência de marca**. Essa vedação é relativa, visto que, com base no **princípio da necessidade administrativa**, em alguns casos se mostra essencial o uso de marca específica pelo Poder Público. Assim, o entendimento é de que a indicação de marca na forma da Lei nº 14.133/2021 só poderá acontecer nos casos de **continuidade de utilização de marca adotada no cotidiano do órgão, utilização de nova marca mais conveniente ou padronização da marca no serviço público**. Todas essas condições deverão ser devidamente justificadas pelo Poder Público.

Lei nº 14.133/2021

Art. 74. (...)

II – contratação de profissional do setor artístico, diretamente ou por meio de empresário exclusivo, desde que consagrado pela crítica especializada ou pela opinião pública;

§ 2º Para fins do disposto no inciso II do *caput* deste artigo, considera-se empresário exclusivo a pessoa física ou jurídica que possua contrato, declaração, carta ou outro documento que ateste a exclusividade permanente e contínua de representação, no País ou em Estado específico, do profissional do setor artístico, afastada a possibilidade de contratação direta por inexigibilidade por meio de empresário com representação restrita a evento ou local específico.

A contratação direta de atividades artísticas é o caso do dispositivo em análise. Aqui, a impossibilidade de licitação se configura pela extrema aceitação e consagração do profissional do setor artístico em face da crítica especializada e do público em geral. O entendimento se baseia no fato de que a atividade profissional possui um componente **personalíssimo**, que não teria como ser julgado por fatores objetivos de avaliação. Não há qualquer previsão de que tal reconhecimento e consagração deva ser em âmbito específico, ou seja, a aplicação desse dispositivo é possível no momento de contratação de um profissional consagrado apenas na localidade do certame. A intenção do legislador foi prestigiar o talento pessoal do artista, independentemente da abrangência de seu reconhecimento.

Conforme já foi citado em alguns pontos do estudo realizado até o momento, a contratação direta por motivos de dispensa ou inexigibilidade requer sempre a indicação das condições especiais que justifiquem tal decisão. Logo, será essencial a realização de **procedimento administrativo de justificativa da contratação direta**. Inclusive, o STF firmou entendimento de que a falta de procedimento prévio enseja a nulidade de contratação.

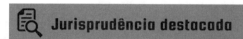

A contratação direta por inexigibilidade de licitação exige uma série de providências formais, de modo a justificar a regularidade da qualificação jurídica do contratante, a necessidade do bem ou serviço pretendido, a inviabilidade de competição e a razoabilidade dos preços (STJ, 2ª Turma, RMS nº 28.552/MA, Rel. Min. Castro Meira. j. 17.03.2011).

Lei nº 14.133/2021

Art. 74. (...)

III – contratação dos seguintes serviços técnicos especializados de natureza predominantemente intelectual com profissionais ou empresas de notória especialização, vedada a inexigibilidade para serviços de publicidade e divulgação:

a) estudos técnicos, planejamentos, projetos básicos ou projetos executivos;

b) pareceres, perícias e avaliações em geral;

c) assessorias ou consultorias técnicas e auditorias financeiras ou tributárias;

d) fiscalização, supervisão ou gerenciamento de obras ou serviços;

e) patrocínio ou defesa de causas judiciais ou administrativas;

f) treinamento e aperfeiçoamento de pessoal;

g) restauração de obras de arte e de bens de valor histórico;

h) controles de qualidade e tecnológico, análises, testes e ensaios de campo e laboratoriais, instrumentação e monitoramento de parâmetros específicos de obras e do meio ambiente e demais serviços de engenharia que se enquadrem no disposto neste inciso;
(...)

§ 3º Para fins do disposto no inciso III do *caput* deste artigo, considera-se de notória especialização o profissional ou a empresa cujo conceito no campo de sua especialida-

Capítulo 10 ♦ Nova Lei de Licitações — Lei nº 14.133/2021 **235**

de, decorrente de desempenho anterior, estudos, experiência, publicações, organização, aparelhamento, equipe técnica ou outros requisitos relacionados com suas atividades, permita inferir que o seu trabalho é essencial e reconhecidamente adequado à plena satisfação do objeto do contrato.

§ 4º Nas contratações com fundamento no inciso III do *caput* deste artigo, é vedada a subcontratação de empresas ou a atuação de profissionais distintos daqueles que tenham justificado a inexigibilidade.

A contratação de serviços técnicos especializados, de natureza singular, executados por profissionais ou empresas de notória especialização é a razão identificada pelo dispositivo. Fica claro, porém, que tais conceitos devem ser devidamente explicados para que possamos efetivamente identificar a aplicabilidade da regra de inexigibilidade.

Serviços técnicos especializados são aqueles que demandam habilitação específica para sua execução.

Notória especialização refere-se ao prestígio ou ao reconhecimento que determinada empresa ou profissional receba no campo de sua atuação. A avaliação desse conceito conquistado pelo profissional ou empresa se dará por meio da análise da experiência, organização, equipe técnica, desempenho anterior e outros fatores que possam embasar a decisão de contratação direta. Além da avaliação conceituada do possível contratado, a Administração também deverá justificar que o trabalho a ser realizado por empresa ou profissional é essencial para atender ao interesse público.

Observe que não se trata de situação em que haverá apenas **um profissional ou uma empresa conceituada no mercado**. Na realidade, a legislação não faz qualquer ressalva quanto a existência ou não de concorrentes no mercado. A inviabilidade de licitação não se dará pela falta de possíveis contratados, mas pela reduzida quantidade de entidades reconhecidas e prestigiadas no mercado. Por esse motivo, deve-se apontar as razões definitivas de escolha daquele profissional ou empresa em detrimento de outro possível contratado para a execução do objeto pretendido.

Natureza singular é aquela executada com dependência de condições próprias do executor. Nas palavras do ex-ministro Eros Grau, "singulares são os serviços porque apenas podem ser prestados, de certa maneira e com determinado grau de confiabilidade, por determinado profissional ou empresa. Por isso mesmo é que a singularidade do serviço está contida no bojo da notória especialização". Assim, ofende a regra de licitação a contratação direta de serviços que não apresentam qualquer grau de particularização, ainda que técnicos e especializados.

Em agosto de 2020 foi promulgada a Lei nº 14.039, que trouxe uma nova condição ao nosso estudo. Antes, cumpre recordar que já foi objeto de estudo um artigo específico que apresenta quais são os serviços considerados de notória especialização. Com o surgimento da referida lei, dois novos profissionais foram incluídos no rol de atividades de **natureza técnica e singular, quais sejam os advogados e os profissionais de contabilidade.**

Lei nº 14.039/2020

Art. 1º A Lei nº 8.906, de 4 de julho de 1994 (Estatuto da OAB), passa a vigorar acrescida do seguinte art. 3º-A:

"Art. 3º-A. Os serviços profissionais de advogado são, por sua natureza, técnicos e singulares, quando comprovada sua notória especialização, nos termos da lei.

Parágrafo único. Considera-se notória especialização o profissional ou a sociedade de advogados cujo conceito no campo de sua especialidade, decorrente de desempenho anterior, estudos, experiências, publicações, organização, aparelhamento, equipe técnica ou de outros requisitos relacionados com suas atividades, permita inferir que o seu trabalho é essencial e indiscutivelmente o mais adequado à plena satisfação do objeto do contrato".

Art. 2º O art. 25 do Decreto-lei nº 9.295, de 27 de maio de 1946, passa a vigorar acrescido dos seguintes §§ 1º e 2º:

"Art. 25. (...)

§ 1º Os serviços profissionais de contabilidade são, por sua natureza, técnicos e singulares, quando comprovada sua notória especialização, nos termos da lei.

§ 2º Considera-se notória especialização o profissional ou a sociedade de profissionais de contabilidade cujo conceito no campo de sua especialidade, decorrente de desempenho anterior, estudos, experiências, publicações, organização, aparelhamento, equipe técnica ou de outros requisitos relacionados com suas atividades, permita inferir que o seu trabalho é essencial e indiscutivelmente o mais adequado à plena satisfação do objeto do contrato".

Perceba que a lei alterou dispositivos do Estatuto da OAB e do decreto-lei que regula o Conselho Federal de Contabilidade para que a conceituação da atividade de cada profissional pudesse se adequar com o caso de contratação direta por inexigibilidade de contratação da lei de licitações.

Lei nº 14.133/2021

Art. 74. (...)

IV – objetos que devam ou possam ser contratados por meio de credenciamento; (...)

Como estudado anteriormente, o credenciamento configura um procedimento auxiliar que substitui a realização do procedimento licitatório.

Lei nº 14.133/2021

Art. 74. (...)

V – aquisição ou locação de imóvel cujas características de instalações e de localização tornem necessária sua escolha.

§ 5º Nas contratações com fundamento no inciso V do *caput* deste artigo, devem ser observados os seguintes requisitos:

I – avaliação prévia do bem, do seu estado de conservação, dos custos de adaptações, quando imprescindíveis às necessidades de utilização, e do prazo de amortização dos investimentos;

II – certificação da inexistência de imóveis públicos vagos e disponíveis que atendam ao objeto;

III – justificativas que demonstrem a singularidade do imóvel a ser comprado ou locado pela Administração e que evidenciem vantagem para ela.

A condição prevista nesse dispositivo exige a demonstração de que tal imóvel a ser comprado ou alugado pelo Estado apresenta característica de indispensabilidade para a Administração Pública. Ocorre que, apesar de outas ofertas existirem, somente um imóvel é capaz de atender às necessidades do administrador e do interesse público.

> ### Decifrando a prova
>
> **(2021 – FGV – Sefaz/ES – Auditor Fiscal – Adaptada)** Com base na nova Lei de Licitação, o Estado Alfa pretende proceder à locação de determinado imóvel, cujas características de instalações e de localização tornam necessária sua escolha. Trata-se de imóvel exatamente ao lado da Secretaria Estadual de Fazenda, que abrigará novas instalações para os Auditores Fiscais da Receita Estadual. No bojo do processo administrativo, já foi observada regularmente a avaliação prévia do bem, do seu estado de conservação, dos custos de adaptações, pois imprescindíveis às necessidades de utilização, e do prazo de amortização dos investimentos. Com base na Lei nº 14.133/2021, a contratação pretendida enseja dispensa de licitação, mediante certificação da inexistência de imóveis públicos vagos e disponíveis que atendam ao objeto, justificativas que demonstrem a singularidade do imóvel a ser locado e economicidade do contrato, que deve estar de acordo com o preço de mercado.
>
> ( ) Certo ( ) Errado
>
> **Gabarito comentado:** segundo a Lei nº 14.133/2021, a contratação com objeto sendo um imóvel adequado à específica necessidade da Administração Pública se dará de forma direta, com fundamento na inexigibilidade de licitação. Portanto, a assertiva está errada.

10.11   Contratos administrativos

Com a evolução histórica do conceito de Estado e a consequente personificação do ente, que passou a figurar como parte em uma relação negocial, passou-se a observar a possibilidade jurídica de o Estado participar de relações bilaterais. O conceito mais simples nos indica que **contrato é o acordo de vontades entre partes que se comprometem a atender obrigações ajustadas para realizar determinado objetivo**. Porém não podemos permitir a simples aplicação de regras dos contratos comuns ao contrato que possua a Administração Pública como parte negociante com o objetivo de atendimento do interesse público. Assim, seguindo o entendimento da doutrina majoritária, passamos a identificar dentro do sistema administrativo a existência de dois tipos de contratos em que o Estado pode ser parte:

♦   **Contratos da administração:** contratos regidos pelo Direito Privado, por se tratar de uma relação contratual em que o interesse público não é o objetivo direto do contrato, servindo apenas para atendimento às necessidades específicas da Administração Pública. Aqui, a Administração se coloca em posição de igualdade perante o particular, visto que as tratativas contratuais são regidas pelo Direito Civil ou pelo Direito Empresarial. Ressalta-se que, mesmo sendo um contrato regido pelo Direito Privado, não afasta da Administração Pública a obrigatoriedade de respeitar

238 Direito Administrativo Decifrado

os ditames do Direito Público, como necessidade de realização da licitação. Ex.: contrato de locação de um prédio particular para instalação de uma secretaria municipal. A contratação é realizada como uma necessidade do Estado, mas sempre pautada no interesse público como beneficiário indireto.

- ◆ **Contratos administrativos:** contratos típicos da Administração, regidos pelo Direito Público, o que garante ao Estado o gozo de prerrogativas e vantagens decorrentes da supremacia estatal perante o particular. A aplicação das regras de Direito Privado nesse tipo de contrato ocorrerá de forma **supletiva**, ou seja, no caso de omissão ou lacuna legislativa na lei especial pública. A nova Lei de Licitações, Lei nº 14.133/2021, trata sobre o tema contratos administrativos no Título III da legislação, a partir do art. 89.

Lei nº 14.133/2021

Art. 89. Os contratos de que trata esta Lei regular-se-ão pelas suas cláusulas e pelos preceitos de direito público, e a eles serão aplicados, supletivamente, os princípios da teoria geral dos contratos e as disposições de direito privado.

Fica claro que o único ponto necessário para fazer a distinção do contrato firmado pelo Estado é o regime de regência das cláusulas contratuais. Assim, nem o aspecto subjetivo nem o aspecto objetivo são razão de distinção das formas contratuais, muito menos o objeto, visto que até mesmo o contrato da administração, apesar de regido pelo Direito Privado, deverá ter como finalidade o atendimento indireto do interesse público. Para Maria Sylvia Zanella Di Pietro (2008, p. 334), no contrato administrativo, a Administração age como Poder Público, com poder de império na relação jurídica contratual; não agindo nessa qualidade, o contrato será de direito privado.

Cabe esclarecer que, para alguns doutrinadores, a classificação correta levaria o nome: **contrato administrativo** como gênero que possuiria as espécies de **contratos privados da administração e contratos administrativos**. Essa não é a posição adotada nesta obra, pela doutrina majoritária ou pelas bancas de concursos públicos.

Assim, podemos destacar diversos conceitos de contratos administrativos espalhados pela doutrina brasileira, com destaque para o conceito trazido por Celso Antônio Bandeira de Mello (2014, p. 615), que ensina:

(...) contrato administrativo é um tipo de avença travada entre a Administração e terceiros na qual, por força de lei, de cláusulas pactuadas ou do tipo de objeto, a permanência do vínculo e as condições preestabelecidas sujeitam-se a cambiáveis imposições de interesse público, ressalvados os interesses patrimoniais do contratado privado.

Importante fazermos aqui a distinção entre **contratos e convênios**, visto que o instituto do convênio já apareceu em alguns estudos anteriores, mas não fizemos uma avaliação aprofundada desse. Sempre que estamos diante de uma relação negocial em que **interesses opostos** sejam ajustados, estamos diante de um contrato. Já no caso da relação firmada com **interesse mútuo, sem a existência da contraposição de interesses**, estaremos diante de um convênio. Para firmar contrato, a legislação exige a realização do procedimento licitatório prévio. Já no caso dos convênios, essa condição dependerá da efetiva existência de uma pluralidade de interessados e da não previsão de dispensa do procedimento por lei específica.

10.11.1 Disciplina legal

O texto constitucional atual determina o sistema de competência legislativa quanto ao contrato firmado pela Administração Pública, sem fazer uma indicação específica do tipo de contrato, pois no texto identifica-se o termo "contratação". Assim, entende-se que a competência definida na Constituição Federal é destinada a legislar sobre qualquer tipo de contrato do qual o Poder Público faça parte.

> **CF/1988**
>
> **Art. 22.** Compete privativamente à União legislar sobre: (...)
>
> XXVII – normas gerais de licitação e contratação, em todas as modalidades, para as administrações públicas diretas, autárquicas e fundacionais da União, Estados, Distrito Federal e Municípios, obedecido o disposto no art. 37, XXI, e para as empresas públicas e sociedades de economia mista, nos termos do art. 173, § 1º, III; (...)
>
> Parágrafo único. Lei complementar poderá autorizar os Estados a legislar sobre questões específicas das matérias relacionadas neste artigo.

A compreensão do texto constitucional nos revela que compete à União legislar sobre **normas gerais** de licitação e contratação, ou seja, existe a possibilidade dos outros entes federados realizarem a chamada **competência legislativa suplementar** por meio da autorização concedida pela União com a edição de leis complementares. Apesar disso, as entidades da Federação optaram por se utilizar da Lei nº 8.666/1993 (ainda em vigor) em sua totalidade, visto sua riqueza de detalhes e organização. Logo, tecnicamente, o correto é dizer que a competência legislativa sobre licitação e contratos é **concorrente** entre os entes federados.

Além da previsão apresentada no art. 22 da CF/1988, o texto constitucional aponta para a necessidade da produção legislativa sobre o assunto contratos administrativos em mais um dispositivo.

> **Art. 37.** (...)
>
> XXI – ressalvados os casos especificados na legislação, as obras, serviços, compras e alienações serão contratados mediante processo de licitação pública que assegure igualdade de condições a todos os concorrentes, com cláusulas que estabeleçam obrigações de pagamento, mantidas as condições efetivas da proposta, nos termos da lei, o qual somente permitirá as exigências de qualificação técnica e econômica indispensáveis à garantia do cumprimento das obrigações.

Por força dessa previsão, hoje possuímos grande quantidade de legislações infraconstitucionais tratando do assunto contratos administrativos, tendo como destaque:

- **Lei nº 14.133/2021:** nova legislação que determina as normas gerais de licitação e contratos.
- **Lei nº 8.666/1993:** define regras gerais sobre contratos, sendo sua aplicação válida para todos os entes da esfera federativa e todos os poderes estatais. Por previsão legal, os contratos se submetem supletivamente aos princípios da teoria geral dos contratos e disposições de direito privado.

Direito Administrativo Decifrado

- **Lei nº 8.883/1994:** legislação responsável por acrescentar diversas disposições específicas quanto aos contratos.

- **Lei nº 8.987/1995:** disciplina concessões e permissões de serviços públicos, regendo as regras contratuais aplicáveis a esses contratos específicos.

- **Lei nº 9.637/1998:** regula a celebração do contrato de gestão entre o Governo Federal e as Organizações Sociais.

- **Lei nº 9.790/1999:** disciplina o termo de parceria entre a União e as Organizações da Sociedade Civil (OSC).

- **Lei nº 11.079/2004:** regras gerais de licitação e contratos quanto aos contratos de Parceria Público-privada.

- **Lei nº 11.107/2005:** regula os consórcios públicos constituídos entre entidades federativas.

- **Lei nº 12.232/2010:** normas gerais de licitação e contratos quanto aos serviços de publicidade.

10.11.2 Espécies dos contratos administrativos

Das mais variadas espécies de contratos administrativos previstas na legislação brasileira, as principais espécies que devemos conhecer são:

- **Contrato de obra pública:** ajuste pelo qual a Administração realiza a seleção para contratação de empresa que executará serviços de construção, reforma ou ampliação de imóvel destinado ao público ou ao uso pelo prestador de serviços públicos. Para Hely Lopes Meirelles (2015, p. 244), os contratos de obras públicas podem ser:

  - **Equipamentos urbanos:** ruas, praças.

  - **Equipamentos administrativos:** utilizados para a prestação do serviço pela Administração em geral.

  - **Empreendimento de utilidade pública:** rodovias.

  - **Edifício público:** estabelecimentos prisionais.

  - **Contrato de fornecimento:** contrato utilizado pelo Poder Público na aquisição de bens móveis para utilização nas repartições ou estabelecimentos públicos. Poderá ser de:

    - **Fornecimento integral:** entrega realizada de uma vez só.

    - **Fornecimento parcelado:** entrega fracionada submetida a uma programação prévia.

    - **Fornecimento contínuo:** entre sucessiva, estendendo-se no tempo.

- **Contrato de prestação de serviço:** tem por objeto a prestação de atividade de interesse coletivo ou de interesse da Administração Pública, como a coleta de lixo. Para Hely Lopes Meirelles (2015, p. 247-248), pode ser de quatro tipos:

Capítulo 10 ♦ Nova Lei de Licitações — Lei nº 14.133/2021 **241**

◇ **Serviços comuns:** podem ser realizados por qualquer pessoa, sem qualificação específica. Ex.: serviços de limpeza.

◇ **Técnicos profissionais generalizados:** exigem habilitação específica, mas não exigem experiência. Ex.: serviços de engenharia.

◇ **Técnicos profissionais especializados:** exigem conhecimento mais especializado do assunto. Ex.: elaboração de parecer.

◇ **Trabalhos artísticos:** relacionados aos serviços de cultura, escultura e música.

♦ **Contratos de concessão:** espécies de contrato em que há delegação de prestação de serviço público, execução de obra pública ou uso de bem público ao particular.

♦ **Contrato de gerenciamento:** o ente público contratante transfere a um particular a condução de um empreendimento, mantendo sob sua alçada a decisão final. Difere dos contratos comuns de obras e serviços porque nos contratos de gerenciamento o particular conquista grande parcela de autonomia executória para desenvolvimento do objeto contratado, mantendo-se em poder da Administração a competência para aprovação das propostas e trabalhos apresentados.

♦ **Contrato de gestão:** designa de forma genérica qualquer acordo firmado entre o Poder Público e organizações sociais ou agências executivas. Caracteriza-se por trazer em seu conteúdo desempenho a ser atingido pelos contratados, garantindo maior controle de resultados.

♦ **Consórcio público:** contrato celebrado por entidades federativas com o intuito de realizar objetivos de interesse comum.

♦ **Contrato de credenciamento:** contrato utilizado pelo Poder Público para habilitar um particular a realizar determinada atividade sem a necessidade de se estabelecer uma competição entre interessados. Ocorre normalmente em setores que permitem o credenciamento de vários interessados como forma de garantir a existência de um grande número de prestadores do serviço. Exemplo clássico ocorre nos credenciamentos de hospitais para o SUS.

10.11.3 Características dos contratos administrativos

A grande diferença entre os contratos administrativos e os contratos privados está na previsão de algumas condições diferenciadas oferecidas ao Poder Público. Logo, apesar de sabermos que se aplicam as regras gerais de contratos do Direito Privado, faremos uma avaliação das características principais de um contrato administrativo:

♦ **Bilateralidade:** prevê a determinação de obrigações para ambas as partes do contrato. Diferentemente do contrato regido pelo Direito Civil, no Direito Administrativo não existirá contrato de risco, caracterizado pela celebração de contratos aleatórios sem a definição prévia das obrigações das partes. Nos contratos administrativos, tais previsões são obrigatórias, sob pena de nulidade do contrato firmado.

242 Direito Administrativo Decifrado

- **Comutatividade:** as obrigações estipuladas nos contratos devem guardar equivalência entre elas, não podendo uma das partes suportar um peso de responsabilidade maior do que a outra.

- **Sinalagmático:** como o contrato administrativo prevê obrigações recíprocas para as partes, a adimplência com as obrigações de uma parte exige a execução da atividade pela outra parte.

- **Consensualidade:** a formalização do contrato se dará pelo simples consenso entre as partes, não sendo necessária transferência do bem para sua perfeição. Entende-se que o consenso do particular se manifesta quando se abre o envelope de documentação, ao passo que o consenso da Administração será externalizado no momento da celebração do contrato.

- **Formalismo:** apesar da consensualidade das partes em formalizar a celebração do contrato em si, o contrato possui formalidades específicas em sua elaboração e finalização, sendo certos requisitos internos e externos essenciais. Esse assunto será tratado de forma mais detalhada no próximo tópico deste capítulo.

- **Contrato de adesão:** as cláusulas contratuais não admitem rediscussão, sendo impostas por uma parte em relação a outra. No caso, a imposição se dará pelo Poder Público, não podendo ser alterado o contrato por vontade do particular ou mesmo por sugestão dele.

- **Onerosidade:** em regra, não são admitidos contratos gratuitos quando firmados junto ao Poder Público, devendo ser estabelecido um montante de pagamento pela execução de atividade ou entrega de objeto previsto no contrato. Excepcionalmente, podem ser firmados contratos de forma gratuita, quando assim o particular aceita a condição de oferta de prestação sem contraprestação do Estado.

- **Personalíssimo (*intuitu personae*):** o contrato será firmado sempre com o vencedor do certame ou com aquele que se enquadra em hipótese de contratação direta, não podendo ser transferido para um terceiro. Uma exceção a essa característica se apresenta quando o vencedor não firma o contrato após convocação, sendo permitida a substituição do licitante vencedor.

Lei nº 14.133/2021

Art. 90. A Administração convocará regularmente o licitante vencedor para assinar o termo de contrato ou para aceitar ou retirar o instrumento equivalente, dentro do prazo e nas condições estabelecidas no edital de licitação, sob pena de decair o direito à contratação, sem prejuízo das sanções previstas nesta Lei. (...)

§ 2º Será facultado à Administração, quando o convocado não assinar o termo de contrato ou não aceitar ou não retirar o instrumento equivalente no prazo e nas condições estabelecidas, convocar os licitantes remanescentes, na ordem de classificação, para a celebração do contrato nas condições propostas pelo licitante vencedor.

- **Confiança recíproca:** apesar de possuir o caráter personalíssimo como característica, tal condição não é absoluta. Havendo previsão no instrumento convocatório

Capítulo 10 ◆ Nova Lei de Licitações — Lei nº 14.133/2021 **243**

e no contrato, após autorização do ente público, poderá o contratado proceder à subcontratação.

Lei nº 14.133/2021

Art. 122. Na execução do contrato e sem prejuízo das responsabilidades contratuais e legais, o contratado poderá subcontratar partes da obra, do serviço ou do fornecimento até o limite autorizado, em cada caso, pela Administração.

◆ **Mutabilidade:** ao contrário do que ocorre nos contratos de direito privado, regidos pelo princípio *pacta sunt servanda* (contratos devem ser cumpridos como estão escritos), por decorrência de uma das cláusulas exorbitantes do contrato, existe a possibilidade de que a Administração Pública promova a **modificação unilateral** das cláusulas do contrato. Logicamente, tal possibilidade está expressa na lei, com todas as suas regras e possibilidades devidamente reguladas. Veremos tal assunto no tópico específico de cláusulas exorbitantes.

◆ **Cláusulas exorbitantes:** disposições contratuais que conferem ao Poder Público **poderes especiais** dentro do contrato.

10.11.4 Formalização dos contratos

Como forma de promoção da garantia do respeito às regras públicas e aos ditames legais para a contratação pela Administração Pública, identificamos ser essencial que a celebração de contratos do Poder Público possua uma formalidade necessária, até para que se ofereça uma forma correta de fiscalização e controle dos atos previstos no contrato. Assim, identificamos em nossa legislação diversas regras referentes à formalização do contrato administrativo.

10.11.5 Forma do contrato

De regra, todo contrato administrativo será por escrito, possuindo um termo que exteriorize e materialize sua celebração. Para isso, é essencial a realização de um procedimento regular e a contratação seguirá elementos determinados na legislação. Na Lei nº 14.133/2021, existe a previsão das chamadas **cláusulas essenciais** do contrato, as quais deverão estar expressas e integrar todos os contratos feitos pelo Estado. Nesse sentido, o **termo de contrato ou instrumento de contrato** deverá conter todas as informações exigidas pela lei para que se possa considerar o acordo válido.

Lei nº 14.133/2021

Art. 92. São necessárias em todo contrato cláusulas que estabeleçam:

I – o objeto e seus elementos característicos;

II – a vinculação ao edital de licitação e à proposta do licitante vencedor ou ao ato que tiver autorizado a contratação direta e à respectiva proposta;

244 Direito Administrativo Decifrado

III – a legislação aplicável à execução do contrato, inclusive quanto aos casos omissos;

IV – o regime de execução ou a forma de fornecimento;

V – o preço e as condições de pagamento, os critérios, a data-base e a periodicidade do reajustamento de preços e os critérios de atualização monetária entre a data do adimplemento das obrigações e a do efetivo pagamento;

VI – os critérios e a periodicidade da medição, quando for o caso, e o prazo para liquidação e para pagamento;

VII – os prazos de início das etapas de execução, conclusão, entrega, observação e recebimento definitivo, quando for o caso;

VIII – o crédito pelo qual correrá a despesa, com a indicação da classificação funcional programática e da categoria econômica;

IX – a matriz de risco, quando for o caso;

X – o prazo para resposta ao pedido de repactuação de preços, quando for o caso;

XI – o prazo para resposta ao pedido de restabelecimento do equilíbrio econômico-financeiro, quando for o caso;

XII – as garantias oferecidas para assegurar sua plena execução, quando exigidas, inclusive as que forem oferecidas pelo contratado no caso de antecipação de valores a título de pagamento;

XIII – o prazo de garantia mínima do objeto, observados os prazos mínimos estabelecidos nesta Lei e nas normas técnicas aplicáveis, e as condições de manutenção e assistência técnica, quando for o caso;

XIV – os direitos e as responsabilidades das partes, as penalidades cabíveis e os valores das multas e suas bases de cálculo;

XV – as condições de importação e a data e a taxa de câmbio para conversão, quando for o caso;

XVI – a obrigação do contratado de manter, durante toda a execução do contrato, em compatibilidade com as obrigações por ele assumidas, todas as condições exigidas para a habilitação na licitação, ou para a qualificação, na contratação direta;

XVII – a obrigação de o contratado cumprir as exigências de reserva de cargos prevista em lei, bem como em outras normas específicas, para pessoa com deficiência, para reabilitado da Previdência Social e para aprendiz;

XVIII – o modelo de gestão do contrato, observados os requisitos definidos em regulamento;

XIX – os casos de extinção.

Entende-se por **instrumento ou termo de contrato** o documento que comporta o acordo celebrado entre as partes, denominado **contrato**. A regra é que tal instrumento de contrato apresente todas as cláusulas necessárias apresentadas anteriormente. Mas a legislação estabelece que, em contratos de baixo valor, o instrumento poderá ser substituído por outro meio de formalização simplificado, que garanta dessa mesma maneira a formalidade contratual. Observe que não é a utilização da modalidade que define a exigência do instrumento do contrato, mas o valor a ser firmado. Por isso, a lei exige que tal instrumento exista mesmo em caso de contratação direta por dispensa ou inexigibilidade de licitação, quando o valor do contrato a ser firmado estiver abrangido pelas regras de uma das modalidades apontadas.

Por fim, poderá ser dispensando o termo de contrato nos casos de contratação com entrega imediata e integral do objeto contratado, sem gerar, assim, nenhuma necessidade de previsão de acesso futuro ao fornecedor. Nesse caso, o valor do contrato não terá importância, podendo o termo de contrato ser dispensado até em caso de grandes valores.

Lei nº 14.133/2021

Art. 95. O instrumento de contrato é obrigatório, salvo nas seguintes hipóteses, em que a Administração poderá substituí-lo por outro instrumento hábil, como carta-contrato, nota de empenho de despesa, autorização de compra ou ordem de execução de serviço:

I – dispensa de licitação em razão de valor;

II – compras com entrega imediata e integral dos bens adquiridos e dos quais não resultem obrigações futuras, inclusive quanto a assistência técnica, independentemente de seu valor.

O contrato verbal é considerado uma excepcionalidade muito específica, chegando ao ponto de ser tratado como motivo para declaração da nulidade de um contrato.

Isso porque, em respeito ao princípio da publicidade, a documentação do contrato é essencial mesmo que nas situações mais simples. Porém existe uma condição em que o contrato poderá ser verbal sem que isso configure prejuízo para a Administração Pública ou para a coletividade. É o caso dos contratos cujo valor **não ultrapasse o valor estabelecido no § 2º da Lei nº 14.133/2021, sendo a compra de pronta entrega e pronto pagamento**. Isso significa que do contrato não resultará nenhuma obrigação futura para nenhuma das partes.

Lei nº 14.133/2021

Art. 95. (...)

§ 2º É nulo e de nenhum efeito o contrato verbal com a Administração, salvo o de pequenas compras ou o de prestação de serviços de pronto pagamento, assim entendidos aqueles de valor não superior a R$ 10.000,00 (dez mil reais).[10]

Contratos referentes a obras complexas, sobretudo de engenharia, costumam sofrer mudanças constantemente. Nem sempre a projeção feita no início do certame se mantém ao longo do contrato. Ocorrências supervenientes, questões técnicas e pequenos ajustes necessários para manutenção do contrato costumam afetar a previsão do valor inicial. E tais mudanças costumavam acontecer mediante simples promessa de formalização futura, o que deixava as empresas em situação de extrema preocupação quanto ao cumprimento da promessa. Por isso, a Lei nº 14.133/2021 passou a prever a **formalização do termo aditivo** como condição para execução das prestações firmadas pela Administração Pública. Isso cria

---

[10] O art. 182 da Lei nº 14.133/2021 determinou que o valor desse dispositivo será atualizado a cada dia 1º de janeiro. Valor atualizado pelo Decreto nº 10.922/2021: R$ 10.804,08 (dez mil, oitocentos e quatro reais e oito centavos).

246 Direito Administrativo Decifrado

maior segurança jurídica para o contratado. Assim, só se pagará aquilo que estiver devidamente formalizado e adicionado no contrato existente.

> **Lei nº 14.133/2021**
>
> **Art. 132.** A formalização do termo aditivo é condição para a execução, pelo contratado, das prestações determinadas pela Administração no curso da execução do contrato, salvo nos casos de justificada necessidade de antecipação de seus efeitos, hipótese em que a formalização deverá ocorrer no prazo máximo de 1 (um) mês.

Outra grande inovação apresentada na Lei nº 14.133/2021 é a possibilidade de **celebração eletrônica dos contratos administrativos**. Apesar disso, não há uma previsão específica de como os contratos serão formalizados e mesmo aditados na sua forma eletrônica. Fica claro que a intenção do legislador era reservar ato normativo específico para a regulamentação dessa matéria.

> **Lei nº 14.133/2021**
>
> **Art. 91.** Os contratos e seus aditamentos terão forma escrita e serão juntados ao processo que tiver dado origem à contratação, divulgados e mantidos à disposição do público em sítio eletrônico oficial.
>
> § 1º Será admitida a manutenção em sigilo de contratos e de termos aditivos quando imprescindível à segurança da sociedade e do Estado, nos termos da legislação que regula o acesso à informação.
>
> § 2º Contratos relativos a direitos reais sobre imóveis serão formalizados por escritura pública lavrada em notas de tabelião, cujo teor deverá ser divulgado e mantido à disposição do público em sítio eletrônico oficial.
>
> § 3º Será admitida a forma eletrônica na celebração de contratos e de termos aditivos, atendidas as exigências previstas em regulamento.

10.11.6 Duração do contrato

Trata-se de uma das grandes mudanças trazidas na Lei nº 14.133/2021 em relação aos contratos administrativos, pois não há mais vinculação entre a duração do contrato e o exercício financeiro vigente. Agora, basta verificar nas leis orçamentárias a previsão de orçamento para aquele objeto a ser contratado, podendo o contrato ter a duração livremente estipulada pela autoridade administrativa. Logicamente, essa previsão "aberta" encontrará algumas exceções, com prazos fixos, mas se apresenta agora como a regra.

> **Lei nº 14.133/2021**
>
> **Art. 105.** A duração dos contratos regidos por esta Lei será a prevista em edital, e deverão ser observadas, no momento da contratação e a cada exercício financeiro, a disponibilidade de créditos orçamentários, bem como a previsão no plano plurianual, quando ultrapassar 1 (um) exercício financeiro.

Cumpre destacar que a desvinculação entre duração e exercício financeiro está relacionada apenas no que tange ao início e fim do contrato. Ainda é necessário verificar **a cada exercício financeiro a disponibilidade de recursos** para a manutenção do contrato que,

Capítulo 10 ◆ Nova Lei de Licitações — Lei nº 14.133/2021

caso tenha a vigência superior a 1 (um) ano, também deverá ter previsão no Plano Plurianual (PPA). Importante lembrar que a vigência do exercício financeiro no Brasil foi definida pela Lei nº 4.320/1964, sendo de 1 (um) ano.

Lei nº 14.133/2021

Art. 150. Nenhuma contratação será feita sem a caracterização adequada de seu objeto e sem a indicação dos créditos orçamentários para pagamento das parcelas contratuais vincendas no exercício em que for realizada a contratação, sob pena de nulidade do ato e de responsabilização de quem lhe tiver dado causa.

Como citado anteriormente, a legislação apresenta diversas situações que possuem um prazo fixado na própria lei. Por isso, destacam-se aqui os artigos importantes:

◆ **Serviços e fornecimentos contínuos:** tais contratos poderão ter vigência inicial de 5 (cinco) anos, desde que seja possível determinar a vantajosidade dessa vigência mais ampla e de sua manutenção e existência de orçamento. Inclui-se nessa situação aluguel de equipamentos e utilização de programas de informática.

Lei nº 14.133/2021

Art. 106. A Administração poderá celebrar contratos com prazo de até 5 (cinco) anos nas hipóteses de serviços e fornecimentos contínuos, observadas as seguintes diretrizes:

I – a autoridade competente do órgão ou entidade contratante deverá atestar a maior vantagem econômica vislumbrada em razão da contratação plurianual;

II – a Administração deverá atestar, no início da contratação e de cada exercício, a existência de créditos orçamentários vinculados à contratação e a vantagem em sua manutenção;

III – a Administração terá a opção de extinguir o contrato, sem ônus, quando não dispuser de créditos orçamentários para sua continuidade ou quando entender que o contrato não mais lhe oferece vantagem.

§ 1º A extinção mencionada no inciso III do *caput* deste artigo ocorrerá apenas na próxima data de aniversário do contrato e não poderá ocorrer em prazo inferior a 2 (dois) meses, contado da referida data.

§ 2º Aplica-se o disposto neste artigo ao aluguel de equipamentos e à utilização de programas de informática.

Art. 6º (...)

XV – serviços e fornecimentos contínuos: serviços contratados e compras realizadas pela Administração Pública para a manutenção da atividade administrativa, decorrentes de necessidades permanentes ou prolongadas; (...)

Os contratos aqui tratados poderão ser prorrogados sucessivamente até o limite de 10 anos. A possibilidade de prorrogação deverá estar prevista no edital e será exigido da autoridade administrativa comprovação da vantajosidade na prorrogação do contrato.

Lei nº 14.133/2021

Art. 107. Os contratos de serviços e fornecimentos contínuos poderão ser prorrogados sucessivamente, respeitada a vigência máxima decenal, desde que haja previsão em edital e que a autoridade competente ateste que as condições e os preços permanecem vantajosos para a Administração, permitida a negociação com o contratado ou a extinção contratual sem ônus para qualquer das partes.

- ◆ **De prestação de serviços ou fornecimento estratégico:** contratos relacionados à Segurança Nacional, Forças Armadas (exceto no caso de materiais e serviços cotidianos relacionados a pessoal e expediente), inovação tecnológica e científica e contratações estratégicas no âmbito do SUS. Nesses casos, os contratos poderão ter vigência inicial de 10 anos.

Lei nº 14.133/2021

Art. 108. A Administração poderá celebrar contratos com prazo de até 10 (dez) anos nas hipóteses previstas nas alíneas *f* e *g* do inciso IV e nos incisos V, VI, XII e XVI do *caput* do art. 75 desta Lei.

Art. 75. É dispensável a licitação:

IV – para contratação que tenha por objeto:

f) bens ou serviços produzidos ou prestados no País que envolvam, cumulativamente, alta complexidade tecnológica e defesa nacional;

g) materiais de uso das Forças Armadas, com exceção de materiais de uso pessoal e administrativo, quando houver necessidade de manter a padronização requerida pela estrutura de apoio logístico dos meios navais, aéreos e terrestres, mediante autorização por ato do comandante da força militar;

V – para contratação com vistas ao cumprimento do disposto nos arts. 3º, 3º-A, 4º, 5º e 20 da Lei nº 10.973, de 2 de dezembro de 2004, observados os princípios gerais de contratação constantes da referida Lei;

VI – para contratação que possa acarretar comprometimento da segurança nacional, nos casos estabelecidos pelo Ministro de Estado da Defesa, mediante demanda dos comandos das Forças Armadas ou dos demais ministérios; (...)

XII – para contratação em que houver transferência de tecnologia de produtos estratégicos para o Sistema Único de Saúde (SUS), conforme elencados em ato da direção nacional do SUS, inclusive por ocasião da aquisição desses produtos durante as etapas de absorção tecnológica, e em valores compatíveis com aqueles definidos no instrumento firmado para a transferência de tecnologia; (...)

XVI – para aquisição, por pessoa jurídica de direito público interno, de insumos estratégicos para a saúde produzidos por fundação que, regimental ou estatutariamente, tenha por finalidade apoiar órgão da Administração Pública direta, sua autarquia ou fundação em projetos de ensino, pesquisa, extensão, desenvolvimento institucional, científico e tecnológico e de estímulo à inovação, inclusive na gestão administrativa e financeira necessária à execução desses projetos, ou em parcerias que envolvam transferência de tecnologia de produtos estratégicos para o SUS, nos termos do inciso XII do *caput* deste artigo, e que tenha sido criada para esse fim específico em data anterior à entrada em vigor desta Lei, desde que o preço contratado seja compatível com o praticado no mercado.

- **Administração Pública como usuária em situação específica:** no caso de contratos em que a Administração seja a usuária e a prestadora do serviço que detenha o **monopólio** da atividade, não importando ser a empresa pública ou privada/delegatária.

Lei nº 14.133/2021

Art. 109. A Administração poderá estabelecer a vigência por prazo indeterminado nos contratos em que seja usuária de serviço público oferecido em regime de monopólio, desde que comprovada, a cada exercício financeiro, a existência de créditos orçamentários vinculados à contratação.

- **Prazos especiais:** por sua natureza específica (contratos de eficiência, que gerem receita, por escopo e outros), alguns contratos receberam prazos especiais, conforme mostrado a seguir:

Lei nº 14.133/2021

Art. 110. Na contratação que gere receita e no contrato de eficiência que gere economia para a Administração, os prazos serão de:

I – até 10 (dez) anos, nos contratos sem investimento;

II – até 35 (trinta e cinco) anos, nos contratos com investimento, assim considerados aqueles que impliquem a elaboração de benfeitorias permanentes, realizadas exclusivamente a expensas do contratado, que serão revertidas ao patrimônio da Administração Pública ao término do contrato.

Art. 111. Na contratação que previr a conclusão de escopo predefinido, o prazo de vigência será automaticamente prorrogado quando seu objeto não for concluído no período firmado no contrato.

Parágrafo único. Quando a não conclusão decorrer de culpa do contratado:

I – o contratado será constituído em mora, aplicáveis a ele as respectivas sanções administrativas;

II – a Administração poderá optar pela extinção do contrato e, nesse caso, adotará as medidas admitidas em lei para a continuidade da execução contratual.

Art. 112. Os prazos contratuais previstos nesta Lei não excluem nem revogam os prazos contratuais previstos em lei especial.

Art. 113. O contrato firmado sob o regime de fornecimento e prestação de serviço associado terá sua vigência máxima definida pela soma do prazo relativo ao fornecimento inicial ou à entrega da obra com o prazo relativo ao serviço de operação e manutenção, este limitado a 5 (cinco) anos contados da data de recebimento do objeto inicial, autorizada a prorrogação na forma do art. 107 desta Lei.

Art. 114. O contrato que previr a operação continuada de sistemas estruturantes de tecnologia da informação poderá ter vigência máxima de 15 (quinze) anos.

250 Direito Administrativo Decifrado

10.11.7 Alteração unilateral

Para que se possa oferecer ao Estado uma forma de buscar o interesse público de forma constante durante a execução do contrato, ao Poder Público é permitido alterar cláusulas específicas do contrato celebrado **sem a necessidade de anuência da outra parte**, por isso, de forma unilateral. Para que essa possibilidade não se torne uma forma de atuação abusiva do Estado, tais alterações precisam respeitar os limites legalmente estabelecidos e não poderão causar, em nenhuma hipótese, prejuízo ao contratado. Portanto, essa previsão não tem o escopo de permitir ações arbitrárias ou desvinculadas do interesse público, mas, sim, de admitir que a Administração possa flexibilizar a relação contratual quando se encontrar perante novos fatos administrativos que exijam essa ação.

Claro que, em situações normais, as alterações do contrato administrativo deverão acontecer de forma bilateral, com as partes acordando as alterações a serem feitas. Ocorre que essa possibilidade existe até em contratos de Direito Privado, coisa que não se percebe quando se trata de contratos contendo cláusula de alteração unilateral.

> **Lei nº 14.133/2021**
>
> **Art. 104.** O regime jurídico dos contratos instituído por esta Lei confere à Administração, em relação a eles, as prerrogativas de:
>
> I – modificá-los, unilateralmente, para melhor adequação às finalidades de interesse público, respeitados os direitos do contratado; (...)
>
> **Art. 124.** Os contratos regidos por esta Lei poderão ser alterados, com as devidas justificativas, nos seguintes casos:
>
> I – unilateralmente pela Administração:
>
> *a)* quando houver modificação do projeto ou das especificações, para melhor adequação técnica a seus objetivos;
>
> *b)* quando for necessária a modificação do valor contratual em decorrência de acréscimo ou diminuição quantitativa de seu objeto, nos limites permitidos por esta Lei;

A alteração unilateral do contrato poderá consistir em alterações **qualitativas e quantitativas**. Alterações qualitativas ocorrem sempre que houver necessidade de adequação técnica do contrato ao objeto com modificação no projeto ou em suas especificações. Dessas alterações não poderá ocorrer descaracterização do objeto descrito no edital. Já as alterações quantitativas quando for possível alterar o valor do contrato em decorrência de acréscimos ou decréscimos necessários, dentro do limite legal.

> Ex.: a administração não poderá realizar uma licitação para aquisição de material de escritório e depois modificar o interesse para aquisição de material de limpeza sob suposta mudança de interesse público. Essa alteração atinge diretamente o objeto do contrato, que nunca poderá ser alterado.

Importante notar que a alteração do contrato sempre se dará em relação aos ditames de execução ou quantidade do objeto (alteração primária), podendo resultar em uma alteração do valor do contrato (alteração derivada). Assim, a alteração do valor do contrato não se dará de forma direta, sendo apenas uma consequência da consumação de alguma das situações permitidas de alteração primária. Para que possa ocorrer alteração do valor do contrato de forma direta, atingindo o que chamamos de **cláusulas econômico-financeiras e monetárias**, será necessária a concordância da outra parte, ou seja, essa alteração somente se dará por via bilateral.

Lei nº 14.133/2021

Art. 104. (...)

§ 1º As cláusulas econômico-financeiras e monetárias dos contratos não poderão ser alteradas sem prévia concordância do contratado.

Com relação aos limites legais aplicáveis às alterações unilaterais, independentemente do tipo de alteração ocorrida, estes serão de 25% para acréscimo ou decréscimo, podendo o limite de acréscimo atingir 50% quando se tratar de um contrato para reforma de equipamento ou edifício. Esse destaque é importante, pois não há na legislação nenhum apontamento específico para esse entendimento em face da omissão do legislador quanto aos limites da alteração qualitativa.

Lei nº 14.133/2021

Art. 125. Nas alterações unilaterais a que se refere o inciso I do *caput* do art. 124 desta Lei, o contratado será obrigado a aceitar, nas mesmas condições contratuais, acréscimos ou supressões de até 25% (vinte e cinco por cento) do valor inicial atualizado do contrato que se fizerem nas obras, nos serviços ou nas compras, e, no caso de reforma de edifício ou de equipamento, o limite para os acréscimos será de 50% (cinquenta por cento).

Caso a alteração imposta pelo Poder Público resulte em aumento dos encargos do particular em relação ao contrato ou, então, haja a criação de tributos ou encargos legais que tenham repercussão no preço após a celebração do contrato, poderá o particular requerer as respectivas diferenças, ocorrendo o chamado **reequilíbrio econômico-financeiro**.

Lei nº 14.133/2021

Art. 130. Caso haja alteração unilateral do contrato que aumente ou diminua os encargos do contratado, a Administração deverá restabelecer, no mesmo termo aditivo, o equilíbrio econômico-financeiro inicial.

Essa regra permite que o particular consiga manter sempre a sua margem de lucro estabelecida no momento da celebração do contrato, evitando que tenha prejuízo ou redução de seu lucro estimado inicial. Essa condição também se aplica em caso de alteração que acabe resultando em possível aumento do lucro, o qual não será aceito, sendo as cláusulas revisitadas para garantir manutenção do lucro inicialmente pactuado.

Ex.: imagine que a Administração Pública contratou uma empresa para fornecer 100 computadores ao valor unitário de R$ 1.000. O lucro inicial estabelecido será de R$ 100.000. Caso a Administração opte por aumentar a quantidade de computadores para 110 (10% de acréscimo), o valor final do contrato repercutirá um lucro de R$ 110.000. Caso a Administração, justificadamente, opte por adquirir apenas 80 computadores (20% de decréscimo), será mantida a cláusula financeira de R$ 1.000, tendo o lucro final atingido o valor de R$ 80.000. Ora, se a Administração reduz a quantidade e mantém o valor total de pagamento, estaremos diante de uma situação de enriquecimento ilícito do particular.

O mesmo raciocínio deve ser aplicado no caso de aquisição de material para obra pelo particular com posterior alteração do projeto. Se o particular adquiriu quantidade de acordo com o projeto inicial e, com a alteração, a quantidade demandada reduziu, o particular poderá exigir a devolução dos valores pagos em excesso, com base no valor de face da nota fiscal.

> **Lei nº 14.133/2021**
>
> **Art. 129.** Nas alterações contratuais para supressão de obras, bens ou serviços, se o contratado já houver adquirido os materiais e os colocado no local dos trabalhos, estes deverão ser pagos pela Administração pelos custos de aquisição regularmente comprovados e monetariamente reajustados, podendo caber indenização por outros danos eventualmente decorrentes da supressão, desde que regularmente comprovados.

Em relação aos contratos firmados sob os regimes de contratação integrada ou semi-integrada, devemos atentar que a alteração do contrato só poderá acontecer em casos específicos, como caso fortuito ou força maior, adequações técnicas, alterações necessárias não relacionadas a erros do contratado e alteração do projeto para inclusão de inovações propostas pelo contratado em face de evento superveniente alocado na matriz de riscos.

> **Lei nº 14.133/2021**
>
> **Art. 133.** Nas hipóteses em que for adotada a contratação integrada ou semi-integrada, é vedada a alteração dos valores contratuais, exceto nos seguintes casos:
>
> I – para restabelecimento do equilíbrio econômico-financeiro decorrente de caso fortuito ou força maior;
>
> II – por necessidade de alteração do projeto ou das especificações para melhor adequação técnica aos objetivos da contratação, a pedido da Administração, desde que não decorrente de erros ou omissões por parte do contratado, observados os limites estabelecidos no art. 125 desta Lei;
>
> III – necessidade de alteração do projeto nas contratações semi-integradas, nos termos do § 5º do art. 46 desta Lei;
>
> IV – por ocorrência de evento superveniente alocado na matriz de riscos como de responsabilidade da Administração.

10.11.8 Equilíbrio econômico-financeiro

A equação econômico-financeira pode ser conceituada como a **preservação das condições iniciais do contrato referente aos encargos assumidos e a remuneração pactuada** no momento da celebração do contrato. Contendo previsão constitucional,[11] essa equação pre-

---

[11] Art. 37, XI, da CF/1988.

tende preservar a margem de lucro do contratado perante situações de alteração contratual supervenientes. Nas palavras de Marçal Justen Filho (2010, p. 517), equação econômico-financeira é a relação entre encargos e vantagens assumidas pelas partes do contrato administrativo, estabelecida por ocasião da contratação, e que deverá ser preservada ao longo da execução do contrato.

Conforme já estudado em tópico anterior, a Administração detém a prerrogativa de alteração do contrato de forma unilateral sempre que necessário para manter a compatibilidade do objeto com o interesse público. Porém nossa legislação também prevê situações em que a alteração do contrato será essencial para sua manutenção, mas só será possível se firmada a alteração mediante acordo entre as partes. Na forma da lei, essas alterações se darão por:

> **Lei nº 14.133/2021**
>
> **Art. 124.** Os contratos regidos por esta Lei poderão ser alterados, com as devidas justificativas, nos seguintes casos: (...)
>
> II – por acordo entre as partes:
>
> *a)* quando conveniente a substituição da garantia de execução;
>
> *b)* quando necessária a modificação do regime de execução da obra ou do serviço, bem como do modo de fornecimento, em face de verificação técnica da inaplicabilidade dos termos contratuais originários;
>
> *c)* quando necessária a modificação da forma de pagamento por imposição de circunstâncias supervenientes, mantido o valor inicial atualizado e vedada a antecipação do pagamento em relação ao cronograma financeiro fixado sem a correspondente contraprestação de fornecimento de bens ou execução de obra ou serviço;
>
> *d)* para restabelecer o equilíbrio econômico-financeiro inicial do contrato em caso de força maior, caso fortuito ou fato do príncipe ou em decorrência de fatos imprevisíveis ou previsíveis de consequências incalculáveis, que inviabilizem a execução do contrato tal como pactuado, respeitada, em qualquer caso, a repartição objetiva de risco estabelecida no contrato.

A manutenção do equilíbrio do contrato poderá se dar de diversas maneiras, seja por alteração dos valores a serem pagos ao particular, seja por alteração nos prazos de execução do contrato. Com relação a alterações referentes ao pagamento de valores feitos ao particular, existem algumas formas de reequilíbrio que se pode adotar.

- **Correção monetária:** estabelecida nas cláusulas contratuais como forma de preservação do contrato em face dos efeitos do regime de inflação, que no decurso do tempo reduz o poder aquisitivo de uma moeda, é uma fórmula de cálculo baseada em um índice de atualização especificamente desenvolvido para combater tais efeitos. Não havendo no contrato previsão expressa quanto aos critérios de reajuste, ficará entendido que o valor fixado no contrato é irreajustável, não havendo sobre ele resultado efetivo da inflação. Não implicará acréscimo de valores recebidos, mas simplesmente adequação do valor da moeda. Correção monetária também será garantida aos licitantes que participarem do sistema de registro de preços.

254 Direito Administrativo Decifrado

- **Repactuação ou reajustamento:** efetivado com base na variação dos custos dos insumos estipulados na planilha em que se baseou o preço contratado. O reajuste tem como intenção pagar ao particular os gastos que ele terá de arcar com o aumento normal dos custos do contrato. Essa cláusula deverá estar previamente estipulada no contrato, garantindo pagamento de variações previsíveis nos preços dos insumos e custos em geral. Difere da correção monetária pela existência de alteração dos custos e não simplesmente perda de poder da moeda.

- **Revisão ou recomposição dos preços:** essencial quando em virtude de situação excepcional o reajustamento ou repactuação não consegue corrigir o real aumento do preço dos insumos. Perceba que, nesse caso, a previsão contratual do aumento de custos não foi suficiente para cobrir a efetiva mudança dos valores. Decorre de situações inesperadas que resultam em desequilíbrio no contrato.

No caso da revisão do contrato, por se tratar de situações supervenientes imprevisíveis ou previsíveis de resultados incalculáveis, não definidas no contrato e que resultam no desequilíbrio contratual, identificamos a ocorrência da **teoria da imprevisão**. Essa teoria, no Direito Administrativo, poderá se manifestar em virtude de situações específicas, conforme veremos a seguir:

- **Caso fortuito ou força maior:** pode decorrer de fatos humanos, desde que não sejam provocados por nenhuma das partes do contrato, ou por fatos da natureza em que não havia nenhuma medida que pudesse ser tomada para evitar a ocorrência.

  Ex.: em um dia de chuva muito forte, parte de uma ponte que estava em construção é destruída, ensejando a necessidade de revisão dos valores e do prazo pactuados no contrato.

- **Interferências imprevistas:** situações preexistentes no contrato, mas que só se tornam identificáveis durante a execução do objeto. Não havia como nenhuma das partes prever ou cogitar sua existência, acarretando aumento de custos para execução do contrato.

  Ex.: durante a execução de uma obra para construção de um túnel em uma cidade do Estado M, ao realizar a perfuração de parte de um morro, depara-se com uma rocha muito dura que irá demandar a contratação de equipamento especial e muito caro para sua remoção.

- **Fato do príncipe:** o desequilíbrio contratual resulta de uma atuação extracontratual do Estado, de forma geral e abstrata, que acaba impactando indiretamente no contrato.

  Ex.: após a formalização do contrato de execução de uma obra pública pelo Município J, o ente federado decide aumentar todos os tributos incidentes sobre insumos essenciais para a realização da obra contratada. A alteração do tributo atinge toda a coletividade, mas também interfere na execução do contrato.

Capítulo 10 ◆ Nova Lei de Licitações — Lei nº 14.133/2021 **255**

◆ **Fato da administração:** também decorrente de uma atuação do Estado, nesse caso, a atuação é dentro do contrato, ou seja, a ação específica do Estado atinge unicamente o contrato, impedindo sua execução.

Ex.: após a realização de procedimento licitatório para determinar a concessão de uma rodovia estadual, o Estado não procede à decretação de desapropriação de imóveis necessária para que a concessionária possa efetivar a obra de duplicação da rodovia prevista no contrato.

Existe uma discussão intensa na doutrina com relação à possibilidade de ocorrência de fato do príncipe quando a atuação que atinge o contrato é de ente federado diverso daquele que efetivou a contratação. Imagine uma situação em que a União altera tributos que venham a atingir diretamente a execução de um contrato firmado por um Estado. A questão é se estamos ou não diante da ocorrência do fato do príncipe. O entendimento majoritário é de que, nesses casos, não haverá o fato do príncipe, mas, sim, a ocorrência de um caso fortuito, com base na independência dos entes federados. Nessa direção, Maria Sylvia Zanella Di Pietro (2008, p. 283) define que no direito brasileiro, de regime federativo, a teoria do fato do príncipe somente se aplica se a autoridade responsável pelo fato do príncipe for da mesma esfera de governo em que se celebrou o contrato.

Ocorre que nem sempre a possibilidade de revisitação contratual resulta no efetivo reequilíbrio econômico-financeiro. Imagine uma situação em que uma escola pública sofra um incêndio. Nesse caso, um contrato de limpeza, por exemplo, não teria como ser revisado, haja vista a inexistência efetiva do objeto do contrato. Logo, na impossibilidade de manutenção do equilíbrio econômico-financeiro, deverá se proceder à quebra do contrato por meio da **rescisão contratual de pleno direito**, resultante de circunstâncias alheias à vontade das partes.

Inovação interessante trazida pela Lei nº 14.133/2021 encontramos no art. 103, reproduzido a seguir:

Lei nº 14.133/2021

Art. 103. O contrato poderá identificar os riscos contratuais previstos e presumíveis e prever matriz de alocação de riscos, alocando-os entre contratante e contratado, mediante indicação daqueles a serem assumidos pelo setor público ou pelo setor privado ou daqueles a serem compartilhados.

§ 1º A alocação de riscos de que trata o *caput* deste artigo considerará, em compatibilidade com as obrigações e os encargos atribuídos às partes no contrato, a natureza do risco, o beneficiário das prestações a que se vincula e a capacidade de cada setor para melhor gerenciá-lo.

§ 2º Os riscos que tenham cobertura oferecida por seguradoras serão preferencialmente transferidos ao contratado.

Matriz de riscos é a cláusula contratual que contempla a possibilidade de eventos supervenientes que possam causar impacto no equilíbrio contratual, estabelecimento de frações do objeto em que os contratados poderão ou não livremente inovar em soluções meto-

Direito Administrativo Decifrado

dológicas ou tecnológicas e outros fatores que poderão afetar diretamente ou indiretamente o contrato firmado. Tal matriz deverá estar prevista no edital de licitação e deverá ser considerada no cálculo do valor estimado da contratação.

> **Lei nº 14.133/2021**
>
> **Art. 103. (...)**
>
> § 3º A alocação dos riscos contratuais será quantificada para fins de projeção dos reflexos de seus custos no valor estimado da contratação.
>
> § 4º A matriz de alocação de riscos definirá o equilíbrio econômico-financeiro inicial do contrato em relação a eventos supervenientes e deverá ser observada na solução de eventuais pleitos das partes.
>
> § 5º Sempre que atendidas as condições do contrato e da matriz de alocação de riscos, será considerado mantido o equilíbrio econômico-financeiro, renunciando as partes aos pedidos de restabelecimento do equilíbrio relacionados aos riscos assumidos, exceto no que se refere:
>
> I – às alterações unilaterais determinadas pela Administração, nas hipóteses do inciso I do *caput* do art. 124 desta Lei;
>
> II – ao aumento ou à redução, por legislação superveniente, dos tributos diretamente pagos pelo contratado em decorrência do contrato.
>
> § 6º Na alocação de que trata o *caput* deste artigo, poderão ser adotados métodos e padrões usualmente utilizados por entidades públicas e privadas, e os ministérios e secretarias supervisores dos órgãos e das entidades da Administração Pública poderão definir os parâmetros e o detalhamento dos procedimentos necessários a sua identificação, alocação e quantificação financeira.

10.11.9 Extinção do contrato

Quanto à extinção do contrato, decorrentes da lei ou da própria execução do contrato, existem diversas possibilidades previstas no art. 137 da Lei nº 14.133/2021. Vamos a elas:

> **Lei nº 14.133/2021**
>
> **Art. 137.** Constituirão motivos para extinção do contrato, a qual deverá ser formalmente motivada nos autos do processo, assegurados o contraditório e a ampla defesa, as seguintes situações:
>
> I – não cumprimento ou cumprimento irregular de normas editalícias ou de cláusulas contratuais, de especificações, de projetos ou de prazos;
>
> II – desatendimento das determinações regulares emitidas pela autoridade designada para acompanhar e fiscalizar sua execução ou por autoridade superior;
>
> III – alteração social ou modificação da finalidade ou da estrutura da empresa que restrinja sua capacidade de concluir o contrato;
>
> IV – decretação de falência ou de insolvência civil, dissolução da sociedade ou falecimento do contratado;

Capítulo 10 ◆ Nova Lei de Licitações — Lei nº 14.133/2021 **257**

V – caso fortuito ou força maior, regularmente comprovados, impeditivos da execução do contrato;

VI – atraso na obtenção da licença ambiental, ou impossibilidade de obtê-la, ou alteração substancial do anteprojeto que dela resultar, ainda que obtida no prazo previsto;

VII – atraso na liberação das áreas sujeitas a desapropriação, a desocupação ou a servidão administrativa, ou impossibilidade de liberação dessas áreas;

VIII – razões de interesse público, justificadas pela autoridade máxima do órgão ou da entidade contratante;

IX – não cumprimento das obrigações relativas à reserva de cargos prevista em lei, bem como em outras normas específicas, para pessoa com deficiência, para reabilitado da Previdência Social ou para aprendiz.

◆ **Extinção natural:** ocorre sempre que o objeto do contrato é concluído ou o prazo final do contrato é atingido sem renovação ou prorrogação.

◆ **Impossibilidade jurídica:** resulta da falência da empresa ou pelo falecimento de pessoa física ou firma individual contratada. Como os contratos administrativos possuem característica personalíssima, a não manutenção do contratado ensejará a extinção unilateral pela Administração Pública.

◆ **Impossibilidade material:** fato superveniente constitui óbice instransponível para execução do objeto. É o caso de desaparecimento do objeto do contrato.

◆ **Anulação do contrato:** decorre da identificação de irregularidades na celebração do contrato. Por se tratar de uma anulação, os efeitos da extinção contratual serão retroativos à data de início da vigência do acordo, desconstituindo os efeitos decorrentes do contrato e impedindo efeitos que poderiam ser produzidos por ele. Importante observar que, mesmo sendo caso de contrato nulo, o particular deverá ser indenizado pela Administração pelos serviços prestados de boa-fé, previsão esta essencial para que se evite o enriquecimento ilícito por parte do ente público.

Lei nº 14.133/2021

Art. 148. A declaração de nulidade do contrato administrativo requererá análise prévia do interesse público envolvido, na forma do art. 147 desta Lei, e operará retroativamente, impedindo os efeitos jurídicos que o contrato deveria produzir ordinariamente e desconstituindo os já produzidos.

§ 1º Caso não seja possível o retorno à situação fática anterior, a nulidade será resolvida pela indenização por perdas e danos, sem prejuízo da apuração de responsabilidade e aplicação das penalidades cabíveis.

§ 2º Ao declarar a nulidade do contrato, a autoridade, com vistas à continuidade da atividade administrativa, poderá decidir que ela só tenha eficácia em momento futuro, suficiente para efetuar nova contratação, por prazo de até 6 (seis) meses, prorrogável uma única vez.

A rescisão do contrato administrativo, a depender do motivo que levou ao seu desfazimento, poderá ocorrer por três vias:

Direito Administrativo Decifrado

Lei nº 14.133/2021

Art. 138. A extinção do contrato poderá ser:

I – determinada por ato unilateral e escrito da Administração, exceto no caso de descumprimento decorrente de sua própria conduta;

II – consensual, por acordo entre as partes, por conciliação, por mediação ou por comitê de resolução de disputas, desde que haja interesse da Administração;

III – determinada por decisão arbitral, em decorrência de cláusula compromissória ou compromisso arbitral, ou por decisão judicial.

§ 1º A extinção determinada por ato unilateral da Administração e a extinção consensual deverão ser precedidas de autorização escrita e fundamentada da autoridade competente e reduzidas a termo no respectivo processo.

§ 2º Quando a extinção decorrer de culpa exclusiva da Administração, o contratado será ressarcido pelos prejuízos regularmente comprovados que houver sofrido e terá direito a:

I – devolução da garantia;

II – pagamentos devidos pela execução do contrato até a data de extinção;

III – pagamento do custo da desmobilização.

Como consequência do atributo da autoexecutoriedade inerente aos atos administrativos, a rescisão unilateral do contrato terá efeito imediato. Na hipótese de a rescisão unilateral decretada pela Administração se fundamentar em conduta infracional imputada ao contratado, poderão ser adotadas algumas medidas, quais sejam: **assunção imediata do objeto do contrato; ocupação do local, das instalações, dos equipamentos material e pessoal alocados na sua execução; execução da garantia contratual para assegurar o ressarcimento de prejuízos, verbas trabalhistas, multas e exigências da seguradora; e retenção de crédito até o limite dos prejuízos e das multas.**

No caso de rescisão por **acordo das partes**, a fundamentação de sua ocorrência seria eventual infração contratual cometida pela Administração Pública ou por fato alheio à vontade das partes. Assim, os motivos determinantes e os efeitos da rescisão deverão ser incontroversos e passíveis de transação, visto estarmos diante de uma extinção contratual ajustada entre os interessados.

A rescisão por **decisão judicial ou arbitral** só será adotada caso a Administração não aceite o pedido do contratado ou for possível identificar a inutilização da via consensual. A utilização de um tribunal arbitral dependerá sempre de previsão contratual de cláusula compromissória ou da celebração prévia de um compromisso arbitral.

⬛ Decifrando a prova

(2021 – Cespe/Cebraspe – Codevasf – Analista – Adaptada) Concluída a licitação, começa a etapa de contratação, que se inicia com a assinatura do contrato e finaliza-se com o termo de recebimento definitivo da obra. Com relação às atividades que devem ser realizadas pela

Capítulo 10 ◆ Nova Lei de Licitações — Lei nº 14.133/2021 **259**

> fiscalização de obras e serviços de engenharia, por intermédio de laboratórios credenciados, a equipe de fiscalização deve realizar testes, ensaios, exames e provas necessários ao controle de qualidade dos materiais e equipamentos aplicados nos serviços e nas obras que sejam objeto do contrato.
>
> ( ) Certo ( ) Errado
>
> **Gabarito comentado:** segundo o art. 140, § 4º, da Lei nº 14.133/2021, os testes e as demais provas para aferição da boa execução do objeto do contrato exigidos por normas técnicas oficiais correrão por conta do contratado. Portanto, a assertiva está errada.

10.11.10 Convênios administrativos

Disciplinados pelo Decreto nº 6.170/2007, caracterizam-se por serem ajustes firmados entre pessoas administrativas entre si, ou entre pessoa administrativas e entidades particulares, com o objetivo de alcançar determinado objeto de interesse público. Os interesses aqui são paralelos e comuns, sendo essencial nesse negócio jurídico o elemento cooperação. Além disso, outra característica importante dos convênios administrativos é a existência de diversos polos na relação jurídica, gerando, assim, um inter-relacionamento múltiplo, visto que cada ente participante formalizará uma relação jurídica específica com cada um dos demais integrantes dos outros polos.

Decreto nº 6.170/2007

Art. 1º Este Decreto regulamenta os convênios e os contratos de repasse celebrados pelos órgãos e entidades da administração pública federal com órgãos ou entidades públicas ou privadas sem fins lucrativos, para a execução de programas, projetos e atividades que envolvam a transferência de recursos oriundos dos Orçamentos Fiscal e da Seguridade Social da União.

§ 1º Para os efeitos deste Decreto, considera-se:

I – convênio – acordo, ajuste ou qualquer outro instrumento que discipline a transferência de recursos financeiros de dotações consignadas nos Orçamentos Fiscal e da Seguridade Social da União e tenha como partícipe, de um lado, órgão ou entidade da administração pública federal, direta ou indireta, e, de outro lado, órgão ou entidade da administração pública estadual, distrital ou municipal, direta ou indireta, ou ainda, entidades privadas sem fins lucrativos, visando a execução de programa de governo, envolvendo a realização de projeto, atividade, serviço, aquisição de bens ou evento de interesse recíproco, em regime de mútua cooperação; (...)

No convênio, não se constitui uma personalidade jurídica autônoma. Ao contrário, convênio representa apenas o vínculo que interliga as diversas partes do acordo, tendo cada parte sua personalidade jurídica própria. Assim, não encontramos nos convênios administrativos regras rígidas de participação como as encontradas nos contratos administrativos. Aqui, cada ente conveniado terá a liberdade de denunciar (rejeitar ou deixar de aplicar as normas estabelecidas em sua jurisdição) o convênio e até mesmo se retirar unilateral e livremente do acordo. O abandono por um ou mais participantes não resultará na extinção automática do convênio, que será mantido entre os remanescentes.

260 Direito Administrativo Decifrado

A legislação apresenta algumas regras para formalização do convênio, as quais apresentamos a seguir.

Lei nº 8.666/1993

Art. 116.

§ 1º A celebração de convênio, acordo ou ajuste pelos órgãos ou entidades da Administração Pública depende de prévia aprovação de competente plano de trabalho proposto pela organização interessada, o qual deverá conter, no mínimo, as seguintes informações:

I – identificação do objeto a ser executado;

II – metas a serem atingidas;

III – etapas ou fases de execução;

IV – plano de aplicação dos recursos financeiros;

V – cronograma de desembolso;

VI – previsão de início e fim da execução do objeto, bem assim da conclusão das etapas ou fases programadas;

VII – se o ajuste compreender obra ou serviço de engenharia, comprovação de que os recursos próprios para complementar a execução do objeto estão devidamente assegurados, salvo se o custo total do empreendimento recair sobre a entidade ou órgão descentralizador.

Por se tratar de uma modalidade de ajuste em que o propósito principal é a cooperação mútua entre os participantes, é admitida a atuação de órgãos públicos despidos de personalidade jurídica em sua formalização. Nesse caso, podemos destacar duas condições que nos interessa estudar.

◆ Quando o órgão público firma acordo de cooperação com pessoas jurídicas diversas, podemos dizer que o órgão representa a pessoa jurídica a que pertence.

Ex.: Secretaria Municipal firma acordo com uma entidade privada para atividade de cooperação na área de educação. Nesse caso, entende-se que a secretaria está representando a vontade do Município na relação.

◆ Quando vários órgãos públicos do mesmo ente federado firmam o convênio administrativo, identificamos o surgimento de um **convênio interorgânico**.

Ex.: convênio firmado entre uma Secretaria Municipal e a Câmara de Vereados do mesmo município.

A celebração de convênios independe de realização de procedimento licitatório prévio, apesar de o art. 116 da Lei nº 8.666/1993 afirmar que o procedimento se aplicará aos convênios, inclusive. Porém o texto faz o destaque "no que couber". Assim, por se tratar de uma formalização de ajuste previamente firmado pelas partes com interesse comum e diante da falta de interesse lucrativo na relação, a realização da licitação se apresenta um procedimento incoerente.

Jurisprudência destacada

No mérito, concluiu-se pela atipicidade da conduta, já que configurada hipótese de convênio, sendo dispensável a licitação, uma vez que as contratantes possuem objetivos institucionais comuns, e o ajuste firmado, que trata de mútua colaboração, está de acordo com as características das partes, com a finalidade de cunho social almejada, não havendo contraposição de interesses, nem preço estipulado (STF, Tribunal Pleno, Inq nº 1.957/PR, Rel. Min. Carlos Velloso, j. 11.05.2005).

Com relação à formalização dos convênios, estes se darão por meio de **termos de cooperação**, não sendo assim necessária autorização legislativa para sua validade. Por ser formado tendo sempre participação de entidades administrativas, a presença do interesse público como objeto do convênio é constante e necessária. Isso não significa afastamento pleno do legislativo em relação ao convênio. Após a assinatura do convênio, o ente ou o órgão público deverá dar ciência à casa legislativa respectiva, para que tenha conhecimento de todos os termos firmados entre os pactuantes.

Jurisprudência destacada

A propositura ora em exame versa sobre lei autorizativa, isto é, tem por finalidade autorizar o Executivo a praticar atos de sua exclusiva competência, para os quais dela não necessita. Nesse sentido, destaque-se que o Supremo Tribunal Federal vem decidindo, inclusive, pela inconstitucionalidade de norma que exige autorização legislativa para a realização de convênios, por ferir a independência dos poderes (*RTJ* 94/995; 115/597; *RDA* 140/63; 161/169; *RT* 599/222).

Uma vez definidos os valores que serão objeto de repasse para o convênio, com a devida previsão orçamentária, as parcelas do convênio serão liberadas de acordo com cronograma baseado no plano de implementação do objeto conveniado. Tais parcelas, porém, poderão ser retidas no caso de verificação de irregularidades até o saneamento do ilícito ocorrido. Tais irregularidades estão também previstas na lei.

Lei nº 8.666/1993

Art. 116. (...)

§ 3º As parcelas do convênio serão liberadas em estrita conformidade com o plano de aplicação aprovado, exceto nos casos a seguir, em que as mesmas ficarão retidas até o saneamento das impropriedades ocorrentes:

I – quando não tiver havido comprovação da boa e regular aplicação da parcela anteriormente recebida, na forma da legislação aplicável, inclusive mediante procedimentos de fiscalização local, realizados periodicamente pela entidade ou órgão descentralizador dos recursos ou pelo órgão competente do sistema de controle interno da Administração Pública;

262 Direito Administrativo Decifrado

II – quando verificado desvio de finalidade na aplicação dos recursos, atrasos não justificados no cumprimento das etapas ou fases programadas, práticas atentatórias aos princípios fundamentais de Administração Pública nas contratações e demais atos praticados na execução do convênio, ou o inadimplemento do executor com relação a outras cláusulas conveniais básicas;

III – quando o executor deixar de adotar as medidas saneadoras apontadas pelo partícipe repassador dos recursos ou por integrantes do respectivo sistema de controle interno.

Em caso de extinção do convênio, o montante restante do convênio deverá ser repassado em sua totalidade ao órgão público que repassou o recurso. Tal devolução ocorrerá no prazo máximo de 30 (trinta) dias da extinção do convênio, sob pena de responsabilização do agente público.

Lei nº 8.666/1993

Art. 116. (...)

§ 6º Quando da conclusão, denúncia, rescisão ou extinção do convênio, acordo ou ajuste, os saldos financeiros remanescentes, inclusive os provenientes das receitas obtidas das aplicações financeiras realizadas, serão devolvidos à entidade ou órgão repassador dos recursos, no prazo improrrogável de 30 (trinta) dias do evento, sob pena da imediata instauração de tomada de contas especial do responsável, providenciada pela autoridade competente do órgão ou entidade titular dos recursos.

A legislação prevê algumas situações em que será vedada a celebração de convênios administrativos.

Decreto nº 6.170/2007

Art. 2º É vedada a celebração de convênios e contratos de repasse:

I – com órgãos e entidades da administração pública direta e indireta dos Estados, do Distrito Federal e dos Municípios cujos valores sejam inferiores aos definidos no ato conjunto previsto no art. 18; (...)

Vedação em decorrência do baixo valor do objeto, sendo assim considerado o convênio cujo valor seja inferior a R$ 100.000 (cem mil reais) ou, quando se tratar de convênio para execução de obras ou serviços de engenharia, exceto elaboração de projetos de engenharia, cujos valores de transferência da União sejam inferiores a R$ 250.000 (duzentos e cinquenta mil reais).

Decreto nº 6.170/2007

Art. 2º (...)

II – com entidades privadas sem fins lucrativos que tenham como dirigente agente político de Poder ou do Ministério Público, dirigente de órgão ou entidade da administração pública de qualquer esfera governamental, ou respectivo cônjuge ou companheiro, bem como parente em linha reta, colateral ou por afinidade, até o segundo grau; (...)

Esse dispositivo visa a vedar o favorecimento de agentes públicos ou parentes de agentes públicos com o repasse de verbas públicas.

Os próximos dispositivos são autoexplicativos.

Decreto nº 6.170/2007

Art. 2º (...)

III – entre órgãos e entidades da administração pública federal, caso em que deverá ser observado o art. 1º, § 1º, inciso III;

IV – com entidades privadas sem fins lucrativos que não comprovem ter desenvolvido, durante os últimos três anos, atividades referentes à matéria objeto do convênio ou contrato de repasse; e

V – com entidades privadas sem fins lucrativos que tenham, em suas relações anteriores com a União, incorrido em pelo menos uma das seguintes condutas:

a) omissão no dever de prestar contas;

b) descumprimento injustificado do objeto de convênios, contratos de repasse ou termos de parceria;

c) desvio de finalidade na aplicação dos recursos transferidos;

d) ocorrência de dano ao Erário; ou

e) prática de outros atos ilícitos na execução de convênios, contratos de repasse ou termos de parceria.

VI – cuja vigência se encerre no último ou no primeiro trimestre de mandato dos Chefes do Poder Executivo dos entes federativos.

🧩 Decifrando a prova

(2018 – FCC – DPE/AM – Defensor Público – Adaptada) Suponha que o Estado do Amazonas pretenda firmar vínculo jurídico com determinado município, tendo por objeto a conjugação de esforços para realização de atividades de apoio a pessoas em situação de rua. Para tal mister, poderá valer-se da celebração de convênio, precedido de licitação na modalidade convite, admitindo-se contraprestação por parte do Poder Público estadual.

( ) Certo ( ) Errado

Gabarito comentado: apesar da forma de vinculação adotada estar correta, o convênio não exige realização de procedimento licitatório prévio. Portanto, a assertiva está errada.

10.11.11 Consórcios públicos

Acordo de vontades formalizado por entes federados que têm como objetivo promover gestão associada de serviços públicos na forma do art. 241 da Constituição Federal. Derivados dos convênios administrativos, visto que também são destinados à realização de atividade em cooperação mútua, os consórcios públicos estão regulados na Lei nº 11.107/2005, que traz como principal distinção entre as duas formas de ajuste o fato de os consórcios pú-

264 Direito Administrativo Decifrado

blicos possuírem um espectro de atuação mais amplo que os convênios administrativos, só podendo ser firmados por entes federativos. Para alguns doutrinadores, por essa distinção não ser "muito grande", pode-se considerar o consórcio público uma espécie de convênio administrativo. Esse detalhe não é interessante para fins de concursos públicos, logo não será avaliado em nosso trabalho.

Lei nº 11.107/2005

Art. 2º Os objetivos dos consórcios públicos serão determinados pelos entes da Federação que se consorciarem, observados os limites constitucionais.

§ 1º Para o cumprimento de seus objetivos, o consórcio público poderá:

I – firmar convênios, contratos, acordos de qualquer natureza, receber auxílios, contribuições e subvenções sociais ou econômicas de outras entidades e órgãos do governo;

II – nos termos do contrato de consórcio de direito público, promover desapropriações e instituir servidões nos termos de declaração de utilidade ou necessidade pública, ou interesse social, realizada pelo Poder Público; e

III – ser contratado pela administração direta ou indireta dos entes da Federação consorciados, dispensada a licitação.

Para José dos Santos Carvalho Filho (2019, p. 362), "pode afirmar-se que sua natureza jurídica é a de negócio jurídico plurilateral de direito público com o conteúdo de cooperação mútua entre os pactuantes". **Negócio jurídico,** por se formar mediante manifestação de vontade das partes; **plurilateral,** por permitir a presença de vários pactuantes sem o regime de contraposição previsto nos contratos; **de Direito Público,** pois as normas de regência desse tipo de relação são destinadas especificamente para os entes públicos que integram o ajuste; **cooperação mútua,** por se tratar de uma relação em que os interesses são iguais no sentido do interesse público.

Ao se associarem sob a forma de consórcio público, os entes públicos deverão criar uma nova entidade com personalidade jurídica de Direito Público ou de Direito Privado, conforme previsto no próprio termo do consórcio. Essa nova pessoa jurídica não se confundirá com as pessoas jurídicas próprias dos entes federados, atuando com autonomia, desde que sejam atendidas as finalidades especificadas no instrumento do consórcio, sempre voltadas para o interesse público. Fica clara aqui mais uma grande distinção entre consórcio e convênio, visto que neste não há a criação de pessoa jurídica autônoma.

Na formação do ajuste, as entidades deverão definir qual o montante de participação de cada uma na manutenção da nova pessoa jurídica, por meio de um **contrato de rateio**. Além disso, a lei exige que a efetivação desse ajuste só acontecerá se houver prévia subscrição de um **protocolo de intenções**, que representará a vontade dos entes participantes. Firmado o protocolo, esse deverá ser **ratificado por lei**, salvo se a entidade pública já tiver editado lei disciplinadora de sua participação no consórcio. Aqui, mais uma grande diferença com relação ao convênio administrativo, visto que existe a necessidade de participação legislativa na formação do consórcio público.

Lei nº 11.107/2005

Art. 5º O contrato de consórcio público será celebrado com a ratificação, mediante lei, do protocolo de intenções. (...)

§ 4º É dispensado da ratificação prevista no *caput* deste artigo o ente da Federação que, antes de subscrever o protocolo de intenções, disciplinar por lei a sua participação no consórcio público.

A personalidade jurídica adotada pelo consórcio público é muito importante, pois apontará sua existência e regramento. No caso do consórcio público firmado como uma pessoa jurídica de Direito Público, integrará a Administração Indireta de todos os entes participantes. Já sendo formalizado como uma pessoa jurídica de direito privado, estará fora da forma descentralizada de ação da Administração. Assim, sendo de Direito Público, atuará como uma **autarquia**. Sendo de Direito Privado, como uma entidade administrativa regida por parte de regras de direito público e parte de direito privado, em um regime híbrido. De acordo com alteração legislativa resultante da edição da Lei nº 13.822/2019, independentemente da forma jurídica adotada, o regime jurídico de pessoal aplicado será o previsto na CLT.

Lei nº 11.107/1905

Art. 6º O consórcio público adquirirá personalidade jurídica:

I – de direito público, no caso de constituir associação pública, mediante a vigência das leis de ratificação do protocolo de intenções;

II – de direito privado, mediante o atendimento dos requisitos da legislação civil.

§ 1º O consórcio público com personalidade jurídica de direito público integra a administração indireta de todos os entes da Federação consorciados.

§ 2º O consórcio público, com personalidade jurídica de direito público ou privado, observará as normas de direito público no que concerne à realização de licitação, à celebração de contratos, à prestação de contas e à admissão de pessoal, que será regido pela Consolidação das Leis do Trabalho (CLT), aprovada pelo Decreto-lei nº 5.452, de 1º de maio de 1943.

O consórcio público estará sujeito ao controle exercido pelos Tribunais de Contas, sendo tal competência exercida por todos os Tribunais de Contas que representem as entidades federativas que compõem o consórcio.

Decifrando a prova

(2019 – FCC – TJ/AL – Juiz – Adaptada) Os consórcios públicos são um instituto relativamente recente, representando uma outra vertente em relação aos mais antigos consórcios administrativos. Referido instituto, tal como atualmente regulado pela legislação federal (Lei nº 11.107/2005), permite a gestão associada de serviços públicos pelos diferentes entes federativos, com a pos-

266 Direito Administrativo Decifrado

> sibilidade de conjugação de recursos fiscais, podendo o consórcio público ser contratado, com dispensa de licitação, por entidades da Administração indireta dos entes consorciados.
>
> ( ) Certo ( ) Errado
>
> **Gabarito comentado:** consórcio público é um ajuste celebrado entre entes federados para gestão associada de serviços públicos, bem como à transferência total ou parcial de encargos, serviços, pessoal e bens essenciais à continuidade dos serviços transferidos. A questão trouxe o entendimento extraído do artigo 2º, § 1º, III, da Lei nº 11.107/2005. Portanto, a assertiva está certa.

10.11.12 Contratos administrativos das empresas estatais

No capítulo sobre licitação fizemos uma avaliação das principais previsões da Lei nº 13.303/2016 quanto ao procedimento licitatório em referência às empresas estatais. Agora, faremos a avaliação específica dos dispositivos que se referem aos contratos administrativos firmados por tais entidades.

Primeiramente, vale informar nesse momento que os contratos firmados pelas empresas estatais não possuem a prerrogativa de tratamento dos contratos administrativos, não sendo aplicáveis a eles as cláusulas exorbitantes estudadas anteriormente. Apesar disso, podemos encontrar no texto legal algumas peculiaridades com relação aos contratos a serem firmados pelas empresas estatais.

10.11.12.1 Garantia contratual

Assim como visto nos contratos administrativos, as empresas estatais poderão exigir do particular a ser contratado prestação de garantia no montante de até 5% (cinco por cento) do valor do contrato, podendo tal percentual atingir até 10% (dez por cento) nos casos de contratos de grande vulto econômico que envolvam alta complexidade técnica e riscos financeiros consideráveis. Sendo o valor da garantia fixado pela estatal, o particular poderá optar pela forma de pagamento da garantia. Aqui uma diferença: a lei prevê a prestação da garantia por **dinheiro, seguro fiança ou fiança bancária**. Não há previsão de prestação de garantia por meio da oferta de títulos da dívida pública.

> **Lei nº 13.303/2016**
>
> **Art. 70.** Poderá ser exigida prestação de garantia nas contratações de obras, serviços e compras.
>
> § 1º Caberá ao contratado optar por uma das seguintes modalidades de garantia:
>
> I – caução em dinheiro;
>
> II – seguro-garantia;
>
> III – fiança bancária.
>
> § 2º A garantia a que se refere o *caput* não excederá a 5% (cinco por cento) do valor do contrato e terá seu valor atualizado nas mesmas condições nele estabelecidas, ressalvado o previsto no § 3º deste artigo.

Capítulo 10 ♦ Nova Lei de Licitações — Lei nº 14.133/2021 **267**

§ 3º Para obras, serviços e fornecimentos de grande vulto envolvendo complexidade técnica e riscos financeiros elevados, o limite de garantia previsto no § 2º poderá ser elevado para até 10% (dez por cento) do valor do contrato.

§ 4º A garantia prestada pelo contratado será liberada ou restituída após a execução do contrato, devendo ser atualizada monetariamente na hipótese do inciso I do § 1º deste artigo.

10.11.12.2 Duração do contrato

Assim como acontece nos contratos administrativos, é vedada a celebração de contratos por prazo indeterminado pelas empresas estatais. Aqui, o prazo dos contratos poderá ser de até 5 (cinco) anos.

Entretanto, os contratos poderão exceder esse período máximo de 5 (cinco) anos, conforme previsto na lei.

Lei nº 13.303/2016

Art. 71. A duração dos contratos regidos por esta Lei não excederá a 5 (cinco) anos, contados a partir de sua celebração, exceto:

I – para projetos contemplados no plano de negócios e investimentos da empresa pública ou da sociedade de economia mista;

II – nos casos em que a pactuação por prazo superior a 5 (cinco) anos seja prática rotineira de mercado e a imposição desse prazo inviabilize ou onere excessivamente a realização do negócio.

Parágrafo único. É vedado o contrato por prazo indeterminado.

10.11.12.3 Alteração do contrato

Como os contratos firmados pelas estatais não possuem as cláusulas exorbitantes, não haverá a possibilidade de alteração unilateral do contrato. Porém a lei especifica as situações em que será possível alterar o contrato estabelecido, **sempre com a concordância da outra parte**. Mesmo a possiblidade de alteração contratual com percentuais fixados em lei para alterações quantitativas e qualitativas está prevista na legislação, mas será precedida de anuência do contratado para possuir validade.

Lei nº 13.303/2016

Art. 81. Os contratos celebrados nos regimes previstos nos incisos I a V do art. 43 contarão com cláusula que estabeleça a possibilidade de alteração, por acordo entre as partes, nos seguintes casos:

I – quando houver modificação do projeto ou das especificações, para melhor adequação técnica aos seus objetivos;

II – quando necessária a modificação do valor contratual em decorrência de acréscimo ou diminuição quantitativa de seu objeto, nos limites permitidos por esta Lei;

III – quando conveniente a substituição da garantia de execução;

268 Direito Administrativo Decifrado

IV – quando necessária a modificação do regime de execução da obra ou serviço, bem como do modo de fornecimento, em face de verificação técnica da inaplicabilidade dos termos contratuais originários;

V – quando necessária a modificação da forma de pagamento, por imposição de circunstâncias supervenientes, mantido o valor inicial atualizado, vedada a antecipação do pagamento, com relação ao cronograma financeiro fixado, sem a correspondente contraprestação de fornecimento de bens ou execução de obra ou serviço;

VI – para restabelecer a relação que as partes pactuaram inicialmente entre os encargos do contratado e a retribuição da administração para a justa remuneração da obra, serviço ou fornecimento, objetivando a manutenção do equilíbrio econômico-financeiro inicial do contrato, na hipótese de sobrevirem fatos imprevisíveis, ou previsíveis porém de consequências incalculáveis, retardadores ou impeditivos da execução do ajustado, ou, ainda, em caso de força maior, caso fortuito ou fato do príncipe, configurando álea econômica extraordinária e extracontratual.

§ 1º O contratado poderá aceitar, nas mesmas condições contratuais, os acréscimos ou supressões que se fizerem nas obras, serviços ou compras, até 25% (vinte e cinco por cento) do valor inicial atualizado do contrato, e, no caso particular de reforma de edifício ou de equipamento, até o limite de 50% (cinquenta por cento) para os seus acréscimos.

Também há previsão de direito a revisão contratual nos casos de **fato do príncipe e fato da administração**, sem distinção para o já estudado.

Lei nº 13.303/2016

Art. 81. (...)

§ 5º A criação, a alteração ou a extinção de quaisquer tributos ou encargos legais, bem como a superveniência de disposições legais, quando ocorridas após a data da apresentação da proposta, com comprovada repercussão nos preços contratados, implicarão a revisão destes para mais ou para menos, conforme o caso.

§ 6º Em havendo alteração do contrato que aumente os encargos do contratado, a empresa pública ou a sociedade de economia mista deverá restabelecer, por aditamento, o equilíbrio econômico-financeiro inicial.

Decifrando a prova

(2019 – MPE/SP – Promotor – Adaptada) O contratado deverá aceitar, nas mesmas condições contratuais, os acréscimos ou supressões que se fizerem nas obras, serviços ou compras, até 25% (vinte e cinco por cento) do valor inicial atualizado do contrato, e, no caso particular de reforma de edifício ou de equipamento, até o limite de 50% (cinquenta por cento) para os seus acréscimos.

( ) Certo ( ) Errado

Gabarito comentado: a Lei nº 13.303/2016 não prevê a possibilidade de alteração unilateral do contrato, visto ser um contrato que não contém cláusulas exorbitantes como os contratos

> administrativos regidos pela Lei nº 8.666/1993. Para que haja qualquer alteração no contrato, somente mediante acordo entre as partes. Portanto, a assertiva está errada.

10.11.12.4 Contratação de obra

A Lei nº 13.303/2016 se aproveitou de dois instrumentos regulados por leis distintas e os consolidou como opções das empresas estatais. A princípio, devemos lembrar que, assim como nas licitações realizadas por força da Lei nº 8.666/1993, as contratações para obra deverão ser divididas em licitações específicas, para contratação de **projeto básico, projeto executivo e execução da obra**.

> **Lei nº 13.303/2016**
>
> **Art. 42.** Na licitação e na contratação de obras e serviços por empresas públicas e sociedades de economia mista, serão observadas as seguintes definições:
>
> I – empreitada por preço unitário: contratação por preço certo de unidades determinadas;
>
> II – empreitada por preço global: contratação por preço certo e total;
>
> III – tarefa: contratação de mão de obra para pequenos trabalhos por preço certo, com ou sem fornecimento de material;
>
> IV – empreitada integral: contratação de empreendimento em sua integralidade, com todas as etapas de obras, serviços e instalações necessárias, sob inteira responsabilidade da contratada até a sua entrega ao contratante em condições de entrada em operação, atendidos os requisitos técnicos e legais para sua utilização em condições de segurança estrutural e operacional e com as características adequadas às finalidades para as quais foi contratada;
>
> V – contratação semi-integrada: contratação que envolve a elaboração e o desenvolvimento do projeto executivo, a execução de obras e serviços de engenharia, a montagem, a realização de testes, a pré-operação e as demais operações necessárias e suficientes para a entrega final do objeto, de acordo com o estabelecido nos §§ 1º e 3º deste artigo;
>
> VI – contratação integrada: contratação que envolve a elaboração e o desenvolvimento dos projetos básico e executivo, a execução de obras e serviços de engenharia, a montagem, a realização de testes, a pré-operação e as demais operações necessárias e suficientes para a entrega final do objeto, de acordo com o estabelecido nos §§ 1º, 2º e 3º deste artigo; (...)

A primeira forma de contratação tratada pela lei é a **contratação semi-integrada**. Esse instituto foi extraído da Lei nº 8.666/1993,[12] apesar de na lei geral não se utilizar essa nomenclatura. Nessa forma de licitação, poderá a empresa estatal proceder a uma contratação para elaboração do projeto básico e uma segunda licitação da execução da obra, que determinará a realização do projeto executivo por seu vencedor. Essa espécie de contratação deverá ser adotada pela empresa estatal sempre que estivermos diante de obras e serviços que possam ser executados com diferentes metodologias e tecnologias.

---

[12] Art. 7º, I, da Lei nº 8.666/1993.

Direito Administrativo Decifrado

Lei nº 13.303/2016

Art. 43. Os contratos destinados à execução de obras e serviços de engenharia admitirão os seguintes regimes: (...)

V – contratação semi-integrada, quando for possível definir previamente no projeto básico as quantidades dos serviços a serem posteriormente executados na fase contratual, em obra ou serviço de engenharia que possa ser executado com diferentes metodologias ou tecnologias; (...)

§ 1º Serão obrigatoriamente precedidas pela elaboração de projeto básico, disponível para exame de qualquer interessado, as licitações para a contratação de obras e serviços, com exceção daquelas em que for adotado o regime previsto no inciso VI do *caput* deste artigo.

Art. 42. (...)

§ 1º (...)

IV – na contratação semi-integrada, o projeto básico poderá ser alterado, desde que demonstrada a superioridade das inovações em termos de redução de custos, de aumento da qualidade, de redução do prazo de execução e de facilidade de manutenção ou operação.

A segunda forma é conhecida como **contratação integrada**, instituída pela Lei nº 12.462/2011, a Lei do Regime Diferenciado de Contratação. Trata-se de uma forma de licitação em que todas as etapas ficam englobadas em uma única contratação, exigindo-se do ente estatal somente a elaboração de um anteprojeto antes da realização do certame licitatório. Não há distinção quanto ao já estudado sobre a contratação integrada, sendo apenas a grande novidade a possibilidade de sua utilização por empresas estatais fora das situações previstas na lei do RDC.

Lei nº 13.303/2016

Art. 42. (...)

§ 1º As contratações semi-integradas e integradas referidas, respectivamente, nos incisos V e VI do *caput* deste artigo restringir-se-ão a obras e serviços de engenharia e observarão os seguintes requisitos: (...)

III – o instrumento convocatório deverá conter:

a) anteprojeto de engenharia, no caso de contratação integrada, com elementos técnicos que permitam a caracterização da obra ou do serviço e a elaboração e comparação, de forma isonômica, das propostas a serem ofertadas pelos particulares;

b) projeto básico, nos casos de empreitada por preço unitário, de empreitada por preço global, de empreitada integral e de contratação semi-integrada, nos termos definidos neste artigo;

c) documento técnico, com definição precisa das frações do empreendimento em que haverá liberdade de as contratadas inovarem em soluções metodológicas ou tecnológicas, seja em termos de modificação das soluções previamente delineadas no anteprojeto ou no projeto básico da licitação, seja em termos de detalhamento dos sistemas e procedimentos construtivos previstos nessas peças técnicas;

d) matriz de riscos; (...)

Art. 43. Os contratos destinados à execução de obras e serviços de engenharia admitirão os seguintes regimes: (...)

VI – contratação integrada, quando a obra ou o serviço de engenharia for de natureza predominantemente intelectual e de inovação tecnológica do objeto licitado ou puder ser executado com diferentes metodologias ou tecnologias de domínio restrito no mercado. (...)

10.12 Infração administrativa na Lei de Licitações

Por se tratar de um procedimento administrativo complexo, carregado de etapas e regras, diversas são as infrações que podem ocorrer durante a realização do procedimento. Algumas dessas infrações podem representar uma transgressão de norma interna, outras podem apresentar uma atuação de maior gravidade sujeita às normas de Direito Penal, independentemente da qualidade da infração, é óbvio que não podemos permitir que tal agente cometedor de ato atentatório ao sistema possa sair impune. Uma vez praticado, investigado, apurado e confirmado o ato infracional, este deverá sofrer a respectiva sanção. Nunca podemos esquecer que não há nenhum impedimento quanto ao enquadramento de uma única conduta infracional nos dois campos sancionatórios, resultando em aplicação cumulada de penalidades. Por se tratar de esferas distintas, podemos classificar as infrações previstas na lei como **administrativas e penais**.

Com relação ao cometimento de **infrações administrativas** dentro do procedimento licitatório, a Lei nº 14.133/2021 prevê no art. 155 quais condutas são consideradas ilegais:

Lei nº 14.133/2021

Art. 155. O licitante ou o contratado será responsabilizado administrativamente pelas seguintes infrações:

I – dar causa à inexecução parcial do contrato;

II – dar causa à inexecução parcial do contrato que cause grave dano à Administração, ao funcionamento dos serviços públicos ou ao interesse coletivo;

III – dar causa à inexecução total do contrato;

IV – deixar de entregar a documentação exigida para o certame;

V – não manter a proposta, salvo em decorrência de fato superveniente devidamente justificado;

VI – não celebrar o contrato ou não entregar a documentação exigida para a contratação, quando convocado dentro do prazo de validade de sua proposta;

VII – ensejar o retardamento da execução ou da entrega do objeto da licitação sem motivo justificado;

VIII – apresentar declaração ou documentação falsa exigida para o certame ou prestar declaração falsa durante a licitação ou a execução do contrato;

IX – fraudar a licitação ou praticar ato fraudulento na execução do contrato;

X – comportar-se de modo inidôneo ou cometer fraude de qualquer natureza;

XI – praticar atos ilícitos com vistas a frustrar os objetivos da licitação;

XII – praticar ato lesivo previsto no art. 5º da Lei nº 12.846, de 1º de agosto de 2013.

Art. 156. Serão aplicadas ao responsável pelas infrações administrativas previstas nesta Lei as seguintes sanções:

I – advertência;

II – multa;

III – impedimento de licitar e contratar;

IV – declaração de inidoneidade para licitar ou contratar.

§ 1º Na aplicação das sanções serão considerados:

I – a natureza e a gravidade da infração cometida;

II – as peculiaridades do caso concreto;

III – as circunstâncias agravantes ou atenuantes;

IV – os danos que dela provierem para a Administração Pública;

V – a implantação ou o aperfeiçoamento de programa de integridade, conforme normas e orientações dos órgãos de controle.

Ademais, o inciso XII do art. 155 cita a Lei nº 12.846/2013, que ficou conhecida como "Lei Anticorrupção". Tal legislação trata sobre a responsabilização civil e administrativa de pessoas jurídicas pela prática de atos contra a Administração Pública, elencando diversas situações específicas quanto ao procedimento licitatório. Interessa observar que a lei apontou a responsabilidade por cometimento de infrações estabelecidos em seu texto como **objetiva**, dispensando o órgão de persecução de produzir prova quanto ao elemento subjetivo. Além disso, não se afasta a possibilidade de punição do agente público pelo fato de ter sido a pessoa jurídica punida pelos atos. Na realidade, o agente público poderá se enquadrar, por exemplo, no cometimento de improbidade administrativa e deverá ser julgado em separado da conduta da pessoa jurídica.

Lei nº 12.846/2013

Art. 2º As pessoas jurídicas serão responsabilizadas objetivamente, nos âmbitos administrativo e civil, pelos atos lesivos previstos nesta Lei praticados em seu interesse ou benefício, exclusivo ou não. (...)

Art. 5º Constituem atos lesivos à administração pública, nacional ou estrangeira, para os fins desta Lei, todos aqueles praticados pelas pessoas jurídicas mencionadas no parágrafo único do art. 1º, que atentem contra o patrimônio público nacional ou estrangeiro, contra princípios da administração pública ou contra os compromissos internacionais assumidos pelo Brasil, assim definidos: (...)

IV – no tocante a licitações e contratos:

a) frustrar ou fraudar, mediante ajuste, combinação ou qualquer outro expediente, o caráter competitivo de procedimento licitatório público;

b) impedir, perturbar ou fraudar a realização de qualquer ato de procedimento licitatório público;

c) afastar ou procurar afastar licitante, por meio de fraude ou oferecimento de vantagem de qualquer tipo;

d) fraudar licitação pública ou contrato dela decorrente;

e) criar, de modo fraudulento ou irregular, pessoa jurídica para participar de licitação pública ou celebrar contrato administrativo; (...)

Note que as condutas apontadas pela lei são de fácil identificação, cabendo ao administrador realizar sua adequação quanto ao cometido no caso concreto. Em agosto de 2020, após a realização da I Jornada de Direito Administrativo, evento organizado pelo Conselho da Justiça Federal (CJF), foram divulgados diversos enunciados com o intuito de auxiliar na compreensão dos institutos jurídicos. Entre esses enunciados um faz apontamento específico sobre a Lei nº 12.846/2013 e a licitação.

Doutrina destacada

Enunciado nº 21 da I Jornada de Direito Administrativo (CJF/STJ). A conduta de apresentação de documentos falsos ou adulterados por pessoa jurídica em processo licitatório configura o ato lesivo previsto no art. 5º, IV, *d*, da Lei nº 12.846/2013, independentemente de essa sagrar-se vencedora no certame ou ter neste obstada a continuidade da sua participação.

Por fim, quanto às **infrações penais**, insta salientar, que com o advento da Lei nº 14.133/2021, os crimes anteriormente previstos na Lei nº 8.666/1993 foram expressamente revogados, sendo agora previstos no próprio Código Penal. Em razão dessa alteração, o assunto agora é estudado diretamente no Direito Penal e não mais em Direito Administrativo.

Agentes públicos

II.I Conceito

Essa é uma expressão de abrangência muito ampla utilizada pela doutrina para especificar qualquer pessoa que exerça função pública, ou seja, qualquer pessoa que aja em nome do Estado, independentemente de vínculo jurídico ou remuneração recebida por seu trabalho. Apesar de na atualidade muitos ainda identificarem os agentes do Estado como **funcionários públicos**, essa expressão se encontra superada no Direito Administrativo, tendo sido substituída pela expressão **agente público**. Importa citar que, no Direito Penal, ainda se utiliza a terminologia **funcionário público** como sinônimo de agente público, visto ser uma legislação mais antiga.

A melhor conceituação legal que podemos encontrar sobre agentes públicos está na Lei de Improbidade Administrativa (LIA), legislação já estudada por nós em capítulo específico. Devemos notar o fato de que tal conceituação não atenta ao fato de o agente receber ou não pagamento pelo trabalho executado, nem mesmo considera a existência de vínculo permanente ou transitório com o Poder Público.

> **Lei nº 8.429/1992**
>
> **Art. 2º** Para os efeitos desta Lei, consideram-se agente público o agente político, o servidor público e todo aquele que exerce, ainda que transitoriamente ou sem remuneração, por eleição, nomeação, designação, contratação ou qualquer outra forma de investidura ou vínculo, mandato, cargo, emprego ou função nas entidades referidas no art. 1º desta Lei.

Assim, pode-se considerar agente público todo aquele que exerce função pública em virtude de relação trabalhista desenvolvida com qualquer ente da Administração Pública. Também são considerados agentes públicos os contratados temporários e os detentores de cargos comissionados; tratados como excepcionais pela lei, são abarcados pelo conceito amplo de agente público. Até mesmo aqueles que não possuem um vínculo de natureza administrativa ou política com o ente estatal, mas atuam no exercício de função pública são

276 Direito Administrativo Decifrado

considerados agentes públicos. Ex.: os convocados para atuação como mesários durante as eleições exercem função pública mesmo não detendo nenhum tipo de vínculo com o ente estatal. Assim, são considerados agente públicos durante o período de exercício da função.

A identificação do agente público é essencial por diversos motivos, desde o representante do Estado e sua real qualificação como agente público para fins de responsabilização do Estado, quanto para a propositura de instrumento judicial cabível contra suas ações, como um mandado de segurança, na forma da Lei nº 12.016/2009.

II.2 Classificação dos agentes públicos

Ficou claro que diversas pessoas em diversas situações podem ser consideradas agentes públicos para fins de instrumentação administrativa. Para tornar mais "fácil" a identificação desses agentes procedemos a sua classificação. Acontece que tal classificação não é pacificada dentro da doutrina. Portanto, adotaremos nessa obra a classificação utilizada por bancas de concursos públicos e pelos tribunais superiores. Apesar da divergência, todas as classificações partem de uma organização dos agentes públicos dividida em três espécies, quais sejam: **agentes políticos, agentes administrativos e particulares em colaboração com o Poder Público**.

II.2.I Agentes políticos

A primeira espécie do gênero agentes públicos, os agentes políticos exercem função pública de **alta direção do Estado**, assim entendidos como aqueles que exercem função política em cargos estruturais e inerentes à organização política do país, materializando a vontade superior do Estado.

Os direitos e deveres desses agentes em específico decorrem tanto da Constituição Federal quanto das diversas leis específicas que estabelecem o seu vínculo com o Estado. Assim, devem ser entendidos como servidores estatutários, não possuindo vínculo contratual com o Estado.

Em regra, os agentes políticos ingressam na Administração Pública por meio de **eleição direta ou indireta**, desempenhando mandatos fixos que, ao final, resultam no total desaparecimento do vínculo com o Estado. Assim, é pacífico o entendimento de que serão agentes políticos todos aqueles que ocupam a cúpula diretiva do Estado, sendo os **detentores de mandato eletivo e seus auxiliares** (secretários e ministros). Identificamos aqui os chefes do Poder Executivo, seus auxiliares e os eleitos para exercício de cargo dentro da estrutura do Poder Legislativo. Para parte importante da doutrina, capitaneada por Celso Antônio Bandeira de Mello, somente essas pessoas específicas devem ser consideradas agentes políticos, visto que não exercem atividade por condição profissional ou qualificação técnica, mas sim por sua capacidade de condução da sociedade. Assim, o autor (2009, p. 257) afirma que:

> São agentes políticos apenas o Presidente da República, os Governadores, Prefeitos e respectivos vices, os auxiliares imediatos dos Chefas de Executivo, isto é, Ministros e Secretários das diversas pastas, bem como os Senadores, Deputados Federais e Esta-

duais e Vereadores. O vínculo que tais agentes mantêm com o Estado não é de natureza profissional, mas de natureza política.

Acontece que esse entendimento não vem sendo adotado pela maioria da doutrina, nem mesmo pelos tribunais superiores, que entendem que também devem ser considerados agentes políticos os **magistrados, membros do Ministério Público e os diplomatas**, haja vista que exercem funções essenciais ao Estado e praticam atos que se relacionam diretamente com a soberania deste. Ocorre que o ingresso nessas carreiras específicas não se dá mediante uma eleição, mas sim mediante uma realização de concurso público, o que serve como fundamento para a doutrina minoritária desconsiderar esse entendimento. Para essa parte da doutrina, tais agentes não deveriam ser classificados como agentes políticos, mas sim como servidores estatutários detentores de vitaliciedade. Nós, claro, seguimos o entendimento mais amplo adotado pela doutrina majoritária e pelos tribunais superiores.

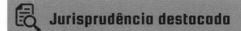

A autoridade judiciária não tem responsabilidade civil pelos atos jurisdicionais praticados. Os magistrados enquadram-se na espécie agente político, investidos para o exercício de atribuições constitucionais, sendo dotados de plena liberdade funcional no desempenho de suas funções, com prerrogativas próprias e legislação específica (STF, 2ª Turma, RE nº 228.977/SP, Rel. Min. Néri da Silveira, j. 05.03.2002).

Com relação a membros dos tribunais de contas, apesar de alguns doutrinadores apontarem para sua classificação como agentes políticos, o STF já se posicionou apontando que a melhor classificação para eles seria a de **agentes administrativos,** e não de agentes políticos. Esse entendimento foi explicitado em um caso ocorrido no Estado do Paraná, quando o então governador nomeou seu irmão para o cargo de conselheiro do Tribunal de Contas, nomeação que foi anulada pelo STF, sob o prisma de entendimento de tal cargo ser administrativo e não político.

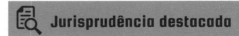

O cargo de Conselheiro do Tribunal de Contas do Estado do Paraná reveste-se, à primeira vista, de natureza administrativa, uma vez que exerce a função de auxiliar do Legislativo no controle da Administração Pública (STF, Tribunal Pleno, Rcl nº 6.702 MC-AgR/PR, Rel. Min. Ricardo Lewandowski, j. 04.03.2009).

11.2.2 Particulares em colaboração

Assim são considerados todos aqueles que atuam em situações excepcionais em nome do Estado, mesmo em caráter temporári0o ou ocasional, sem perder a qualidade de particular. Exercem função pública independentemente de vínculo estabelecido, manifestam a vontade do Estado executando atividades públicas em condições especiais, apesar de não integrarem a Administração Pública. Essa classificação se subdivide em quatro espécies:

- **Agentes designados (honoríficos):** atuam em virtude de convocação efetivada pelo Poder Público. Exercem o chamado *munus publico* e **têm obrigação de atendimento à convocação, sob pena de sanção.** Ex.: mesários eleitorais, jurados em um tribunal do júri, conscritos (particulares convocados para serviço militar obrigatório).
- **Agentes voluntários:** aqueles que "se oferecem" para atuar em repartições, escolas ou hospitais sempre que aberto o programa de voluntariado pelo Estado. É permitida sua atuação também no exercício de atividades públicas em situação de necessidade iminente. Ex.: médicos particulares que atuam voluntariamente em hospitais públicos na ocorrência de guerra declarada.
- **Agentes delegados:** atuam na prestação de serviços públicos mediante delegação do Estado. Já estudamos esses agentes públicos no capítulo de serviços públicos.
- **Agentes credenciados:** sua atuação deriva de convênios firmados junto ao Estado para atendimento de atividades de interesse da sociedade. Ex.: clínicas particulares credenciadas para atendimento pelo SUS.

II.2.3 Agentes administrativos

A categoria comporta todos aqueles que exercem função administrativa em virtude de um vínculo com a Administração Pública. Normalmente são identificados por exclusão, pois não se enquadram no conceito de agentes políticos nem de particulares em colaboração. Possuem relação de trabalho de natureza profissional, logo entende-se que exercem trabalho não eventual. Essa classificação também apresenta uma subdivisão didática.

- **Servidores temporários:** considera-se temporário todo aquele contratado sob a regra excepcional da Constituição Federal, sem a realização de um efetivo concurso público.

CF/1988

Art. 37. (...)

IX – a lei estabelecerá os casos de contratação por tempo determinado para atender a necessidade temporária de excepcional interesse público; (...)

Assim, extraímos do texto constitucional três requisitos essenciais para a contratação excepcional aqui em estudo. Primeiro: **ser o serviço temporário**, que será definido por lei específica (Lei nº 8.745/1993) trazendo sua classificação e suas características essenciais, além do prazo máximo de duração desses contratos. Depois, **interesse público** como fato determinante da contratação, sendo devidamente justificado pela autoridade competente. Por fim, **caráter excepcional** da contratação, sendo a contratação dos temporários uma exceção e não a regra. Logo não poderá haver substituição de servidores efetivos por servido-

Capítulo 11 ◆ Agentes públicos **279**

res temporários, visto caráter permanente dos cargos efetivos na estrutura administrativa. A contratação temporária possui caráter de simplificação no procedimento comum de contratação da Administração Pública consoante a necessidade de agilidade na contratação por parte do Poder Público diante da excepcionalidade identificada.

Lei nº 8.745/1993

Art. 3º O recrutamento do pessoal a ser contratado, nos termos desta Lei, será feito mediante processo seletivo simplificado sujeito a ampla divulgação, inclusive através do *Diário Oficial da União*, prescindindo de concurso público.

Art. 4º As contratações serão feitas por tempo determinado, observados os seguintes prazos máximos:

I – 6 (seis) meses, nos casos dos incisos I, II e IX do *caput* do art. 2º desta Lei;

II – 1 (um) ano, nos casos dos incisos III e IV, das alíneas *d* e *f* do inciso VI e do inciso X do *caput* do art. 2º;

III – 2 (dois) anos, nos casos das alíneas *b, e m* do inciso VI do art. 2º;

IV – 3 (três) anos, nos casos das alíneas *h* e *l* do inciso VI e dos incisos VII, VIII e XI do *caput* do art. 2º desta Lei;

V – 4 (quatro) anos, nos casos do inciso V e das alíneas *a, g, i, j* e *n* do inciso VI do *caput* do art. 2º desta Lei.

Importa-nos extrair apenas os prazos mínimo e máximo de contratação (seis meses a 4 anos) e a possibilidade excepcional de prorrogação previstos na lei, não sendo interessante identificarmos caso a caso dos prazos citados.

Por se tratar de uma excepcionalidade, não é possível oferecer aos contratados temporários nenhuma atribuição, função ou encargo diverso daquele previsto no respectivo contrato, nem é válida sua nomeação ou designação para exercício de cargo em comissão ou função de confiança, sob pena de nulidade do ato por inconstitucionalidade.

Servidores temporários não são regidos pela CLT, visto que seu regime jurídico reside na própria lei de definição, sendo assim considerado um regime especial. Inclusive as ações judiciais decorrentes dessa relação deverão ser julgadas na Justiça Comum e não na Justiça Trabalhista, visto tal regime ser relacionado ao Direito Administrativo.

Um exemplo clássico de concurso público simplificado para contratação de servidores temporários é o realizado pelo IBGE – Instituto Brasileiro de Geografia e Estatísticas – na contratação de agentes censitários.

Para parte da doutrina, também se enquadram como servidores temporários os detentores de cargos em comissão ou funções de confiança, assim entendidos aqueles que não realizam concurso público para sua admissão junto ao Estado. A atuação deles será sempre nas funções de **chefia, direção ou assessoramento**, também não podendo assumir cargos efetivos da Administração.

O regime jurídico de detentores de cargos comissionados ou função de confiança está parcialmente disciplinado na Lei n º 8.112/1990 (Estatuto dos Servidores Públicos Federais). Por serem acessíveis sem concurso público, é admitida a chamada **exoneração *ad nutum***, ou

280 Direito Administrativo Decifrado

seja, o desligamento dos detentores desses cargos se dará por mero ato administrativo que não exige motivação da autoridade competente.

A grande diferença entre cargo em comissão e função de confiança reside no acesso, sendo os cargos comissionados distribuídos em percentual definido por lei para **servidores efetivos e pessoas estranhas (não detentoras de vínculo) à Administração Pública**. No caso da função de confiança, a totalidade dos cargos deverá ser destinada aos **servidores efetivos**.

> **CF/1988**
>
> **Art. 37** (...)
>
> V – as funções de confiança, exercidas exclusivamente por servidores ocupantes de cargo efetivo, e os cargos em comissão, a serem preenchidos por servidores de carreira nos casos, condições e percentuais mínimos previstos em lei, destinam-se apenas às atribuições de direção, chefia e assessoramento; (...)

- ♦ **Servidores públicos e empregados públicos:** apresentamos essas duas subdivisões ao mesmo tempo, pois ambas decorrem da mesma condição, aprovação de concurso público, sendo a principal distinção entre elas o regime jurídico de regência do vínculo estabelecido.

> **CF/1988**
>
> **Art. 37.** (...)
>
> II – a investidura em cargo ou emprego público depende de aprovação prévia em concurso público de provas ou de provas e títulos, de acordo com a natureza e a complexidade do cargo ou emprego, na forma prevista em lei, ressalvadas as nomeações para cargo em comissão declarado em lei de livre nomeação e exoneração; (...)

Para melhor entendimento da caracterização de cada agente público, é essencial observarmos uma cronologia da regra de regime jurídico adotada no Brasil.

Advento da Constituição Federal de 1988. Com a promulgação da nova Constituição, foi instituída no Brasil a exigência de regime jurídico único para ingresso de pessoal na Administração Pública Direta, Autárquica e Fundacional, previsão que está determinada no texto do art. 39. Assim, não se concedia a admissão com regime celetista nessas entidades em paralelo ao regime estatutário, ou vice-versa. A grande maioria dos entes federativos, então, optou pela adoção do regime estatutário para seus agentes públicos. Tanto que em âmbito federal foi editado, em 1990, a Lei nº 8.112, regendo todas as regras estatutárias dos servidores da União. A opção pelo regime estatutário se deu em razão da maior adequação da independência dada pela legislação aos estatutários com relação à atividade a ser executada. Apesar disso, alguns Municípios optaram por adotar a CLT como regime único.

> **CF/1988**
>
> **Art. 39.** A União, os Estados, o Distrito Federal e os Municípios instituirão, no âmbito de sua competência, regime jurídico único e planos de carreira para os servidores da administração pública direta, das autarquias e das fundações públicas.

Capítulo 11 ♦ Agentes públicos **281**

Emenda Constitucional nº 19/1998. Com a aprovação e publicação da emenda conhecida como **reforma administrativa**, e consequente alteração do art. 39 da Carta Magna, foi abolida a exigência de regime jurídico único, passando então a ser possível conviver agente público estatutário com agente público celetista dentro da mesma estrutura administrativa, na forma da lei específica que deveria ser editada por cada ente federativo. Apesar da regra mais permissiva, mesmo na adoção do regime privado CLT para vínculo de trabalho, o agente público deveria se submeter às regras de direito público vigentes sobre toda a atividade pública.

No âmbito federal foi editada a Lei nº 9.962/2000 para regular a relação do empregado público com a Administração Pública Federal, aplicando-se a CLT somente de forma subsidiária.

Lei nº 9.962/2000

Art. 1º O pessoal admitido para emprego público na Administração federal direta, autárquica e fundacional terá sua relação de trabalho regida pela Consolidação das Leis do Trabalho, aprovada pelo Decreto-lei nº 5.452, de 1º de maio de 1943, e legislação trabalhista correlata, naquilo que a lei não dispuser em contrário. (...)

Art. 3º O contrato de trabalho por prazo indeterminado somente será rescindido por ato unilateral da Administração pública nas seguintes hipóteses:

I – prática de falta grave, dentre as enumeradas no art. 482 da Consolidação das Leis do Trabalho – CLT;

II – acumulação ilegal de cargos, empregos ou funções públicas;

III – necessidade de redução de quadro de pessoal, por excesso de despesa, nos termos da lei complementar a que se refere o art. 169 da Constituição Federal;

IV – insuficiência de desempenho, apurada em procedimento no qual se assegurem pelo menos um recurso hierárquico dotado de efeito suspensivo, que será apreciado em trinta dias, e o prévio conhecimento dos padrões mínimos exigidos para continuidade da relação de emprego, obrigatoriamente estabelecidos de acordo com as peculiaridades das atividades exercidas.

A alteração no sistema vigente foi objeto de duras críticas, resultando, inclusive, na propositura de uma ação direta de inconstitucionalidade com o intuito de restaurar o regime jurídico único vigente até aquele momento. Observe a nova redação dada ao art. 39 da Carta Magna.

CF/1988

Art. 39. A União, os Estados, o Distrito Federal e os Municípios instituirão conselho de política de administração e remuneração de pessoal, integrado por servidores designados pelos respectivos Poderes.

ADI nº 2.135. Proposta com o intuito de declarar inconstitucional o novo texto sobre vínculo jurídico de trabalho, a ADI foi oferecida tendo como fundamento a incompatibilidade formal com a Constituição Federal, por violação ao exposto no art. 60 em seu § 2º. Com efeito, no ato de aprovação na Câmara Federal ficou determinado que a Emenda nº 19 não alteraria o texto do art. 39. Essa alteração ocorreu no momento da votação no Senado Federal e tal alteração não foi devolvida para votação na Câmara.

CF/1988

Art. 60. A Constituição poderá ser emendada mediante proposta: (...)

§ 2º A proposta será discutida e votada em cada Casa do Congresso Nacional, em dois turnos, considerando-se aprovada se obtiver, em ambos, três quintos dos votos dos respectivos membros.

Além disso, também foi apontada incompatibilidade material da emenda, uma vez que seu conteúdo supostamente estaria violando cláusula pétrea, na forma do mesmo artigo em destaque.

CF/1988

Art. 60. A Constituição poderá ser emendada mediante proposta: (...)

§ 4º Não será objeto de deliberação a proposta de emenda tendente a abolir: (...)

IV – os direitos e garantias individuais.

No dia 2 de agosto de 2007, o STF concedeu medida cautelar para suspender, até que se fosse proferida decisão definitiva sobre a ADI, a eficácia da nova redação dada pela emenda ao art. 39 da Constituição Federal, com base no aparente vício de forma na aprovação da Emenda Constitucional nº 19. Com essa decisão, voltou a viger na nossa organização administrativa o regime jurídico único – não existindo mais a possibilidade de existência de regime jurídico múltiplo em cada uma das entidades públicas. Para evitar insegurança aos agentes públicos à época, o STF decidiu por convalidar os atos anteriores à decisão, não alterando a condição pretérita estabelecida com base na redação em vigor da Constituição, aplicando efeito *ex nunc* à decisão proferida.

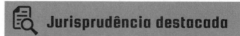

Jurisprudência destacada

A matéria votada em destaque na Câmara dos Deputados no DVS nº 9 não foi aprovada em primeiro turno, pois obteve apenas 298 votos e não os 308 necessários. Manteve-se, assim, o então vigente *caput* do art. 39, que tratava do regime jurídico único, incompatível com a figura do emprego público. 2. O deslocamento do texto do § 2º do art. 39, nos termos do substitutivo aprovado, para o *caput* desse mesmo dispositivo representou, assim, uma tentativa de superar a não aprovação do DVS nº 9 e evitar a permanência do regime jurídico único previsto na redação original suprimida, circunstância que permitiu a implementação do contrato de emprego público ainda que à revelia da regra constitucional que exige o quórum de três quintos para aprovação de qualquer mudança constitucional. 3. Pedido de medida cautelar deferido, dessa forma, quanto ao *caput* do art. 39 da Constituição Federal, ressalvando-se, em decorrência dos efeitos *ex nunc* da decisão, a subsistência, até o julgamento definitivo da ação, da validade dos atos anteriormente praticados com base em legislações eventualmente editadas durante a vigência do dispositivo ora suspenso (STF, Tribunal Pleno, ADI nº 2.135 MC/DF, Rel. Min. Néri da Silveira, j. 02.08.2007).

Assim, voltamos a adotar o art. 39 original da Constituição Federal que determinou o regime jurídico único. Apesar de ser de competência de cada ente federado a determinação do regime a ser adotado nas contratações pelos entes públicos da Administração Direta, Autárquica e Fundacional, a orientação doutrinária é pela adoção do regime estatutário como definitivo, aplicando-se a possibilidade excepcional de contratação de empregados por esses entes públicos para exercício de atividades específicas. Vale observar, por exemplo, a previsão encontrada no mesmo dispositivo essencial (Constituição Federal) sobre a possibilidade de adoção de regime diferente do estatutário para a contratação na Câmara de Deputados. Logo devemos entender que não ficou estabelecido o regime estatutário como definitivo para todas as esferas e poderes, mas sim a determinação de que não poderá existir mais a multiplicidade de regimes em mesma estrutura administrativa. O que se entende é pela maior adequação do regime estatutário ao sistema administrativo vigente, mas não uma obrigatoriedade de escolha desse regime.

CF/1988

Art. 51. Compete privativamente à Câmara dos Deputados: (...)

V – dispor sobre sua organização, funcionamento, polícia, criação, transformação ou extinção dos cargos, empregos e funções de seus serviços, e a iniciativa de lei para fixação da respectiva remuneração, observados os parâmetros estabelecidos na lei de diretrizes orçamentárias; (...)

Não custa apontar apenas o fato de que, para alguns doutrinadores importantes, o regime estatutário é obrigação e não faculdade. É o caso do que leciona Marçal Justen Filho (2009, p. 671), que diz:

O dispositivo foi aplicado no sentido de generalização do regime dito "estatutário" para todos os servidores públicos da Administração Direta, autárquica e de fundações públicas. Isso significou que os antigos titulares de empregos públicos tiveram sua situação jurídica alterada e foram investidos em cargos públicos.

Para fins de concurso público, devemos levar o entendimento da possibilidade de adoção do regime que se considera mais viável a cada ente público, seja ele estatutário seja ele celetista. Entende-se, ainda, pela adoção preferencial do regime estatutário visto seu sistema oferecer maior independência ao agente público. Nesse sentido, a professora Fernanda Marinela (2012, p. 772) afirma que "esses direitos garantem aos servidores maior segurança e conforto para o exercício de suas funções, o que representa, ao menos, na teoria, uma maior eficiência, moralidade e impessoalidade nos serviços públicos".

Apesar de a decisão do STF ter sido na direção da manutenção do regime adotado à época da contratação, no âmbito federal, a Lei nº 8.112/1990 determinou por artigo próprio a conversão de todos os servidores que estavam no regime celetista para o regime estatutário de forma imediata.

Lei nº 8.112/1990

Art. 243. Ficam submetidos ao regime jurídico instituído por esta Lei, na qualidade de servidores públicos, os servidores dos Poderes da União, dos ex-Territórios, das autarquias, inclusive as em regime especial, e das fundações públicas, regidos pela Lei nº 1.711,

284 Direito Administrativo Decifrado

de 28 de outubro de 1952 – Estatuto dos Funcionários Públicos Civis da União, ou pela Consolidação das Leis do Trabalho, aprovada pelo Decreto-lei nº 5.452, de 1º de maio de 1943, exceto os contratados por prazo determinado, cujos contratos não poderão ser prorrogados após o vencimento do prazo de prorrogação.

§ 1º Os empregos ocupados pelos servidores incluídos no regime instituído por esta Lei ficam transformados em cargos, na data de sua publicação.

Outra previsão constitucional que aponta para o entendimento de não ter sido adotado um regime específico como regime único na Administração Pública Federal é o que estabelece o regime referente aos agentes comunitários de saúde e agentes de combate às endemias. Trata-se de uma exceção, e não de uma permissão de adoção de regime preferencial. A contratação desses agentes em especial hoje é regulada por lei própria, que traz em seu conteúdo a adoção da CLT como regime jurídico regente do vínculo constituído com o Poder Público.

CF/1988

Art. 198. (...)

§ 4º Os gestores locais do sistema único de saúde poderão admitir agentes comunitários de saúde e agentes de combate às endemias por meio de processo seletivo público, de acordo com a natureza e complexidade de suas atribuições e requisitos específicos para sua atuação.

Lei nº 11.350/2006

Art. 8º Os Agentes Comunitários de Saúde e os Agentes de Combate às Endemias admitidos pelos gestores locais do SUS e pela Fundação Nacional de Saúde – Funasa, na forma do disposto no § 4º do art. 198 da Constituição, submetem-se ao regime jurídico estabelecido pela Consolidação das Leis do Trabalho – CLT, salvo se, no caso dos Estados, do Distrito Federal e dos Municípios, lei local dispuser de forma diversa. (...)

Art. 9º A contratação de Agentes Comunitários de Saúde e de Agentes de Combate às Endemias deverá ser precedida de processo seletivo público de provas ou de provas e títulos, de acordo com a natureza e a complexidade de suas atribuições e requisitos específicos para o exercício das atividades, que atenda aos princípios de legalidade, impessoalidade, moralidade, publicidade e eficiência.

Agora deve ter ficado claro como estabelecemos a identificação da subdivisão dos agentes administrativos. No caso de o agente público ser regido por regime estatutário, deterá cargo público e será chamado **servidor público**. No caso de regência da CLT, deterá emprego público e será chamado **empregado público**.

Ainda com relação aos empregados públicos, cumpre aqui lembrar que a regência de direito privado de seus direitos trabalhistas não encerra a submissão desses às regras de direito público aplicadas sobre todos os agentes públicos. Assim, podemos destacar que se aplica **proibição de acumulação de cargo**,[1] possibilidade de responder por improbidade

---

[1] Art. 37, XVII, da CF/1988.

administrativa,[2] seus atos se submetem a controle e correção judicial, devem realizar concurso público para ingresso na Administração Pública[3] e seus salários se submeterão ao teto remuneratório previsto no art. 37, XI, da Constituição Federal quando pagos com recursos públicos.[4]

Apesar de todas as regras de direito público aplicada ao empregado público conforme estudado nesse momento, alguns direitos não lhe serão alcançados, por exemplo: não haverá disponibilidade remunerada quando da extinção do emprego ou função, não gozará de estabilidade na Administração Pública e se submeterá ao Regime Geral de Previdência Social.

Jurisprudência destacada

Súmula nº 390 do TST. II – Ao empregado de empresa pública ou de sociedade de economia mista, ainda que admitido mediante aprovação em concurso público, não é garantida a estabilidade prevista no art. 41 da CF/1988.

Segundo o entendimento anterior do STF, uma vez que ao empregado público não se estende o direito à estabilidade, não há necessidade de se justificar a dispensa de empregado público.[5] Porém, em 2013, esse entendimento foi alterado quando julgada uma ação especificamente relacionada aos Correios. Apesar de o julgamento tratar especificamente de uma empresa pública que, conforme já estudamos, goza das **prerrogativas da Administração Pública**, o entendimento majoritário é pela extensão dessa decisão e aplicação da necessidade de motivar a dispensa de qualquer empregado público. Deve-se atentar para o fato de não existir necessidade de instauração de um procedimento administrativo disciplinar, apenas é exigida a motivação da dispensa.

Jurisprudência destacada

A fim de conciliar a natureza privada dos vínculos trabalhistas com o regime essencialmente público reconhecido à ECT, não é possível impor-lhe nada além da exposição, por escrito, dos motivos ensejadores da dispensa sem justa causa. Não se pode exigir, em especial, instauração de processo administrativo ou a abertura de prévio contraditório (STF, Tribunal Pleno, RE nº 589.998 ED/PI, Rel. Min. Roberto Barroso, j. 10.10.2018).

---

[2] Art. 2º da Lei nº 8.429/1992.
[3] Art. 37, II, da CF/1988.
[4] Art. 37, § 9º, da CF/1988.
[5] AI nº 648.453 AgR/ES.

II.2.4 Agentes militares

Agentes militares formam uma categoria separada na estrutura administrativa, localizando-se para alguns doutrinadores na classificação de agentes políticos, na medida em que as instituições militares se organizam com base na **disciplina e na hierarquia**. Os detentores de cargos militares são regidos por regras estatutárias, não possuindo vínculo contratual, porém suas regras de regência provêm de uma legislação específica, diversa daquela aplicada aos servidores civis.

Decifrando a prova

(2022 – CEBRASPE – PGE-RO – Procurador do Estado) Pessoa designada para atuação como jurado em tribunal do júri é considerada agente público e classificada como agente delegado.
( ) Certo ( ) Errado

Gabarito comentado: agentes convocados ou nomeados para prestar serviços de natureza transitória, sem possuir vínculo empregatício e, na maioria dos casos, sem remuneração, são chamados de "agente honorífico", espécie do gênero "particulares em colaboração". Agentes delegados, por sua vez, são particulares que recebem do Estado a incumbência de executar atividades determinadas, obras ou serviços públicos em nome próprio, sob fiscalização do contratante. Portanto, a assertiva está errada.

II.3 Cargo, emprego e função pública

Cargo Público é identificado como um centro de competência criado por lei, com atribuições definidas, e que será ocupado por um agente público que possuir vínculo regido por um Estatuto com a Administração Pública. A lei necessária para criação dos cargos públicos é de iniciativa do Poder em que a estrutura será integrada ao cargo. Tal lei definirá, além das atribuições do cargo, sua denominação e o vencimento correspondente.

No caso de cargos para exercício de serviço auxiliar aos órgãos do Poder Legislativo é dispensada edição de lei, admitida sua criação e extinção por meio de simples resolução de cada casa do Congresso Nacional. A casa legislativa, nesses casos, terá apenas iniciativa para produção da lei que determinará a remuneração dos cargos.

Cargos públicos podem ser classificados quanto a:

- **Esfera de governo:** essa classificação toma por base o ente federativo ao qual o cargo público integra – Federal, Estadual, Distrital e Municipal.
- **Posição estatal:** toma por base a organização interna do ente. Cargos de carreira (permite progressão funcional e promoção mediante organização estrutural) ou isolados (não integram nenhuma carreira específica).

Capítulo 11 ◆ Agentes públicos **287**

◆ **Garantia:** toma por base a garantia concedida ao agente que integra sua estrutura. Cargos em comissão (livre nomeação), efetivos (mediante aprovação em concurso público) e vitalícios (atividade de alta responsabilidade que justifica garantia maior).

Emprego público é o vínculo profissional entre a Administração Pública e os seus agentes regidos pela CLT, mediante celebração de contrato de trabalho. No âmbito federal, a lei prevalente é a Lei nº 9.962/2000, aplicando-se a CLT subsidiariamente. Assim, na forma do **art. 3º** dessa lei, o contrato será firmado **por prazo indeterminado e poderá ser rescindido de forma unilateral nos casos expressos**.

> **Lei nº 9.962/2000**
>
> **Art. 3º** O contrato de trabalho por prazo indeterminado somente será rescindido por ato unilateral da Administração pública nas seguintes hipóteses:
>
> I – prática de falta grave, dentre as enumeradas no art. 482 da Consolidação das Leis do Trabalho – CLT;
>
> II – acumulação ilegal de cargos, empregos ou funções públicas;
>
> III – necessidade de redução de quadro de pessoal, por excesso de despesa, nos termos da lei complementar a que se refere o art. 169 da Constituição Federal;
>
> IV – insuficiência de desempenho, apurada em procedimento no qual se assegurem pelo menos um recurso hierárquico dotado de efeito suspensivo, que será apreciado em trinta dias, e o prévio conhecimento dos padrões mínimos exigidos para continuidade da relação de emprego, obrigatoriamente estabelecidos de acordo com as peculiaridades das atividades exercidas.

Função pública é o conjunto de atribuições dadas a um cargo ou emprego público. Observe que a função de confiança não é atribuída a nenhum cargo público. Por tal motivo, não se poderá oferecê-la a pessoa que não detenha cargo público efetivo.

🧩 Decifrando a prova

(2019 – FCC – MPE/MT – Promotor – Adaptada) Inexiste diferença entre cargo e emprego público, pois em ambos os casos o vínculo que une o servidor à Administração pública é o mesmo.

( ) Certo ( ) Errado

Gabarito comentado: o ponto exato de diferenciação entre os termos cargo público e emprego público é exatamente o regime jurídico que regulamenta o vínculo do agente público com a Administração Pública, sendo o cargo público ocupado por agentes regidos por um estatuto e emprego público ocupado por agentes públicos com vínculo regido pela CLT. Portanto, a assertiva está errada.

288 Direito Administrativo Decifrado

II.4   Concurso público

A partir desse tópico, iniciaremos um estudo detalhado de todos os artigos da Constituição Federal que compõem o Capítulo VII da Constituição Federal, artigos especificamente voltados para o estabelecimento de regras atinentes à Administração Pública. Por ser um estudo bem complexo e amplo, os temas serão divididos em tópicos como este. Assim, não faremos uma avaliação artigo por artigo na sequência da Constituição, mas agruparemos os artigos referentes a um assunto específico como maneira de melhor visualizar as regras constitucionais.

II.4.I   Exigência de concurso público

Concurso público é um procedimento administrativo instaurado pelo Poder Público com o condão de selecionar candidatos mais aptos a assumirem os cargos e empregos públicos da Administração Pública. Por envolver participação de particulares, a doutrina costuma denominar o procedimento de **externo**, exigindo assim a **concorrência** como fator essencial de realização do certame.

Assim, o concurso público deve ser marcado pela **ampla acessibilidade**, não sendo permitido que se criem barreiras ou impeditivos injustificáveis aos interessados em participar do procedimento seletivo. Na forma do texto constitucional, o concurso deverá atender ao princípio da impessoalidade quando de sua realização.

> **CF/1988**
>
> **Art. 37.** (...)
>
> I – os cargos, empregos e funções públicas são acessíveis aos brasileiros que preencham os requisitos estabelecidos em lei, assim como aos estrangeiros, na forma da lei; (...)

É inconstitucional toda e qualquer legislação que vise estabelecer restrições injustificadas ou vise afastar o caráter de ampla participação dos concursos quando tais ações se apresentam como forma de direcionamento da escolha das pessoas que exercerão a função estatal. Observe que não se trata de uma regra absoluta, visto que, caso justificado, o acesso poderá ser restringido. Temos como exemplo o próprio texto apontado, que, em primeiro momento, direciona os concursos aos brasileiros e, excepcionalmente, na forma da lei, permite a participação dos estrangeiros. Mesmo com relação aos brasileiros, haverá uma distinção de acesso que importa estudarmos aqui.

Primeiramente, cabe entendimento de que o acesso aos brasileiros será amplo, na forma de aceitação de participação dos brasileiros **natos, naturalizados ou, mesmo, os brasileiros equiparados.**[6] Excepcionalmente, o texto constitucional determina que alguns cargos, em razão de sua importância e caráter estratégico na condução do Estado, somente poderão ser acessados por **brasileiros natos**.

---

6   Art. 12, § 1º, da CF/1988

CF/1988

Art. 12. (...)

§ 3º São privativos de brasileiro nato os cargos:

I – de Presidente e Vice-Presidente da República;

II – de Presidente da Câmara dos Deputados;

III – de Presidente do Senado Federal;

IV – de Ministro do Supremo Tribunal Federal;

V – da carreira diplomática;

VI – de oficial das Forças Armadas;

VII – de Ministro de Estado da Defesa.

Art. 89. O Conselho da República é órgão superior de consulta do Presidente da República, e dele participam: (...)

VII – seis cidadãos brasileiros natos, com mais de trinta e cinco anos de idade, sendo dois nomeados pelo Presidente da República, dois eleitos pelo Senado Federal e dois eleitos pela Câmara dos Deputados, todos com mandato de três anos, vedada a recondução.

Com relação aos estrangeiros, o texto constitucional limita acesso apenas àqueles cargos definidos pela lei. Por se tratar de uma norma de eficácia limitada, demanda a edição de uma lei para sua efetivação.

 Jurisprudência destacada

O Supremo Tribunal Federal fixou entendimento no sentido de que o art. 37, I, da Constituição do Brasil [redação após a EC nº 19/1998], consubstancia, relativamente o acesso aos cargos públicos por estrangeiros, preceito constitucional dotado de eficácia limitada, dependendo de regulamentação para produzir efeitos, sendo assim, não autoaplicável (STF, 2ª Turma, RE nº 544.655 AgR/MG, Rel. Min. Eros Grau, j. 09.09.2008).

No âmbito federal, a Lei nº 8.112/1990 regulamentou o acesso dos estrangeiros a cargos públicos, seguindo regramento já previsto no texto constitucional.

CF/1988

Art. 207. As universidades gozam de autonomia didático-científica, administrativa e de gestão financeira e patrimonial, e obedecerão ao princípio de indissociabilidade entre ensino, pesquisa e extensão.

§ 1º É facultado às universidades admitir professores, técnicos e cientistas estrangeiros, na forma da lei.

§ 2º O disposto neste artigo aplica-se às instituições de pesquisa científica e tecnológica.

Lei nº 8.112/1990

Art. 5º (...)

§ 3º As universidades e instituições de pesquisa científica e tecnológica federais poderão prover seus cargos com professores, técnicos e cientistas estrangeiros, de acordo com as normas e os procedimentos desta Lei.

Na forma da lei, os requisitos para ingresso na Administração Pública deverão sempre respeitar o princípio da razoabilidade, sendo compatível com a carreira a complexidade da prova. Por tal razão não se admite a realização de avaliação única de títulos como método de seleção de pessoal. O candidato deverá demonstrar aptidão para assunção do cargo, atendendo a todas as etapas do concurso, garantida a isonomia aos interessados.

Como a exigência para entrada na atividade pública permanente é pela realização de concurso público competitivo, não se permitirá também ao servidor aprovado assumir outro cargo dentro da Administração Pública que não aquele para o qual foi devidamente avaliado. Por essa razão, a mudança de cargo ou função dentro da Administração, mesmo para aquele que já está na composição do ente público, sempre se dará por meio de avaliação realizada mediante concurso público. No mesmo sentido, não se permite mais a realização dos concursos internos quando o intuito for permitir acesso dos servidores da instituição aos novos cargos do quadro criado por lei que não guardem uniformidade com a carreira na qual o servidor havia ingressado. Ex.: um candidato aprovado para assumir o cargo de Técnico Judiciário no TJ/RJ não poderá assumir cargo de Analista do mesmo tribunal se, antes, não prestar concurso público específico para o cargo.

Súmula Vinculante nº 43. É inconstitucional toda modalidade de provimento que propicie ao servidor investir-se, sem prévia aprovação, em concurso público destinado ao seu provimento, em cargo que não integra a carreira na qual anteriormente investido.

A realização de concurso público é a regra, mas existem exceções quanto a esse procedimento. Somente por disposição constitucional tal condição poderá ser instituída, ou seja, somente norma constitucional pode afastar a necessidade de realização de concurso público prévio para assunção de determinado cargo. O entendimento é de que, como certos cargos ou funções não possuem o interesse público como objetivo, seria possível a contratação direta para esses casos. Listamos agora as exceções constitucionais:

CF/1988

Art. 37. (...)

II – a investidura em cargo ou emprego público depende de aprovação prévia em concurso público de provas ou de provas e títulos, de acordo com a natureza e a complexidade do cargo ou emprego, na forma prevista em lei, ressalvadas as nomeações para cargo em comissão declarado em lei de livre nomeação e exoneração; (...)

Capítulo 11 • Agentes públicos **291**

Cargos em comissão: cargos criados com a função de exercer chefia, direção ou assessoramento devem ser preenchidos com base em critérios de confiança pessoal. Assim, não há lógica na realização de um concurso prévio, determinando a lei seu preenchimento por livre nomeação.

CF/1988

Art. 37. (...)

IX – a lei estabelecerá os casos de contratação por tempo determinado para atender a necessidade temporária de excepcional interesse público.

Cargos temporários: por se tratar de contratação que possui caráter excepcional, com fim de atender ao interesse público específico, considera-se que a realização de concurso público configuraria mais um obstáculo do que uma proteção legal. Estamos diante de uma contratação temporária, transitória, excepcional, condições que não combinam com a complexidade e burocracia da realização do concurso público.

Cargos eletivos: para agentes eleitos para exercício da função de representação da sociedade, a seleção se dará da forma mais democrática possível, qual seja a realização de eleição.

Lei nº 11.350/2006

Art. 9º A contratação de Agentes Comunitários de Saúde e de Agentes de Combate às Endemias deverá ser precedida de processo seletivo público de provas ou de provas e títulos, de acordo com a natureza e a complexidade de suas atribuições e requisitos específicos para o exercício das atividades, que atenda aos princípios de legalidade, impessoalidade, moralidade, publicidade e eficiência.

Agentes comunitários de saúde e agentes de combate às endemias: por se tratar de situação excepcional, a legislação prevê a realização de um procedimento seletivo simplificado, que não se confunde com a realização do concurso público em si.

CF/1988

Art. 84. (...)

XIV – nomear, após aprovação pelo Senado Federal, os Ministros do Supremo Tribunal Federal e dos Tribunais Superiores, os Governadores de Territórios, o Procurador-Geral da República, o presidente e os diretores do banco central e outros servidores, quando determinado em lei;

XV – nomear, observado o disposto no art. 73, os Ministros do Tribunal de Contas da União.

Ministros dos tribunais de contas e tribunais superiores: mesmo com a previsão, no caso do Poder Judiciário, de realização de concurso público para ingresso na carreira da magistratura, o acesso aos cargos superiores se dará sem concurso, mediante indicação.

CF/1988

Art. 94. Um quinto dos lugares dos Tribunais Regionais Federais, dos Tribunais dos Estados, e do Distrito Federal e Territórios será composto de membros, do Ministério Público, com mais de dez anos de carreira, e de advogados de notório saber jurídico e de reputação ilibada, com mais de dez anos de efetiva atividade profissional, indicados em lista sêxtupla pelos órgãos de representação das respectivas classes.

Quinto constitucional: mais uma regra que afasta a necessidade de concurso público, visto os cargos serem reservados para aqueles que atendam requisitos técnicos específicos.

Diretores das empresas estatais: por se tratar de cargos em comissão não há necessidade de realização de concurso público prévio.

Profissionais qualificados: condição exclusiva das empresas estatais, poderá ser admitido um profissional qualificado em determinados ramos de atividade de interesse da entidade mediante contratação direta.

Contratados da OAB: conforme entendimento exarado pelo STF, a OAB não é uma entidade da Administração Pública e não se qualifica como os demais conselhos profissionais, visto possuir estatuto próprio de regência.

Jurisprudência destacada

A OAB não está incluída na categoria na qual se inserem essas que se tem referido como "autarquias especiais" para pretender-se afirmar equivocada independência das hoje chamadas "agências". Por não consubstanciar uma entidade da Administração Indireta, a OAB não está sujeita a controle da Administração, nem a qualquer das suas partes está vinculada. Essa não vinculação é formal e materialmente necessária. Incabível a exigência de concurso público para admissão dos contratados sob o regime trabalhista pela OAB (STF, Tribunal Pleno, ADI nº 3.026/DF, Rel. Min. Eros Grau, j. 08.06.2006).

Decifrando a prova

(2019 – MPE/SP – Promotor – Adaptada) Para que se considere válida a contratação temporária, é preciso que os casos excepcionais estejam previstos em lei, que o prazo de contratação seja predeterminado, que a necessidade seja temporária, que o interesse público seja excepcional, e a necessidade de contratação seja indispensável, admitindo-se, nessas hipóteses, a contratação para a prestação dos serviços ordinários permanentes do Estado.

( ) Certo ( ) Errado

Gabarito comentado: o STF firmou entendimento com relação ao sistema de contratação temporária, ao afirmar por meio do Informativo 906 que "a jurisprudência do STF reconhece a inconstitucionalidade da contratação temporária para admissão de servidores para funções burocráticas ordinárias e permanentes". Assim, o erro da questão está no final da afirmativa, que descreve a possibilidade de contratação excepcional para serviços ordinários permanentes do Estado. Portanto, a assertiva está errada.

II.4.2 Edital do concurso público

O edital de concurso é considerado por muitos como a "lei do concurso público", visto ser o instrumento responsável por determinar todas as regras a serem adotadas na realização daquele certame específico. Por isso, diversas informações importantes são extraídas de seu conteúdo.

Taxa de inscrição. A realização do concurso público provocará despesas para o órgão responsável por sua realização. Por isso, é comum a cobrança de taxa de inscrição como forme de recuperação dos gastos específicos do certame. Normalmente, o valor da inscrição é um valor módico, acessível para todos aqueles que se interessem em participar do certame, mas existem casos em que esse valor pode ser considerado caro para os candidatos de baixa renda. Visando resolver essa questão, em 2018, foi editada a Lei nº 13.656, com o intuito de determinar pessoas específicas que passam a deter o direito de isenção da taxa de inscrição dos concursos públicos.

> **Lei nº 13.656/2018**
>
> **Art. 1º** São isentos do pagamento de taxa de inscrição em concursos públicos para provimento de cargo efetivo ou emprego permanente em órgãos ou entidades da administração pública direta e indireta de qualquer dos Poderes da União:
>
> I – os candidatos que pertençam a família inscrita no Cadastro Único para Programas Sociais (CadÚnico), do Governo Federal, cuja renda familiar mensal *per capita* seja inferior ou igual a meio salário-mínimo nacional;
>
> II – os candidatos doadores de medula óssea em entidades reconhecidas pelo Ministério da Saúde.

A lei apresentada só tem eficácia nos concursos públicos realizados no âmbito da União, cabendo aos demais entes federados editar legislação própria prevendo tais direitos.

> **CF/1988**
>
> **Art. 37.** (...)
>
> III – o prazo de validade do concurso público será de até dois anos, prorrogável uma vez, por igual período; (...)

A legislação local deverá apresentar justificativa razoável para a oferta de isenção de taxa de inscrição para determinadas pessoas ou grupos da sociedade. A simples edição de lei sem devida justificativa e que tenha por fundamento ofertar isenção de taxas para camadas menos desfavorecidas da sociedade não encontram razão legal de existir. Em maio de 2022, o STF enfrentou tal situação em duas ações específicas, ao declarar inconstitucionais artigos das Constituições dos Estados do Ceará e do Sergipe, que previam a isenção de taxas para servidores públicos.

294 Direito Administrativo Decifrado

> ### 🔍 Jurisprudência destacada
>
> **Informativo 1.054 do STF.** É inconstitucional lei estadual que isenta servidores públicos da taxa de inscrição em concursos públicos promovidos pela Administração Pública local, privilegiando, sem justificativa razoável para tanto, um grupo mais favorecido social e economicamente (STF, Tribunal Pleno, ADI nº 5.818/CE, Rel. Min. Ricardo Lewandowski e ADI nº 3.918/SE, Rel. Min. Dias Toffoli, j. 13.05.2022).

Validade do concurso público: na forma da Constituição, um concurso público poderá ter validade inferior a 2 (dois) anos, mas nunca superior, salvo possibilidade de prorrogação, no interesse da Administração Pública com base em critérios de oportunidade e conveniência, por igual período, entendido como uma repetição do período de validade pré-prorrogação.

O edital do concurso é um ato administrativo discricionário quanto às regras que serão aplicadas no certame específico. Claro que tais regras deverão guardar validade junto às leis e aos princípios constitucionais. Assim, após a publicação do edital, seus termos vincularão todos os participantes do evento, atendendo aos ditames do princípio da vinculação ao instrumento convocatório, nos moldes do estudo que fizemos no capítulo sobre licitações.

Portanto, a alteração das regras do concurso público após a publicação do edital é considerada uma violação ao princípio da segurança jurídica, sendo tal alteração um ato excepcional possível apenas quando devidamente justificável por meio de alteração legislativa que modifique regime de cargos ou emprego a ser preenchido pelo certame.

> ### 🔍 Jurisprudência destacada
>
> Após a publicação do edital e no curso do certame, só se admite a alteração das regras do concurso se houver modificação na legislação que disciplina a respectiva carreira (STF, Tribunal Pleno, MS nº 27.160/DF, Rel. Min. Joaquim Barbosa, j. 18.12.2008).

Controle Judicial. Por se tratar de um ato administrativo discricionário, o edital e o concurso público em si não poderão sofrer controle judicial amplo, cabendo apenas sua submissão ao controle judicial de regularidade do certame e adequação aos princípios constitucionais.

Assim se pronunciou o STF ao afirmar que o Poder Judiciário nunca poderá fazer a vez de banca examinadora, responsável pelo certame público, definindo critérios de seleção e reavaliando forma de correção e notas, por se considerar uma ação de julgamento de mérito, violando, assim, a separação de poderes.

Capítulo 11 ◆ Agentes públicos

🔍 Jurisprudência destacada

É defeso ao Poder Judiciário se imiscuir no mérito de correção de prova, substituindo a banca examinadora nas funções que lhe são próprias, estando sua atuação adstrita à análise da legalidade do certame. A opinião de profissionais estranhos à banca examinadora não pode ser sobreposta ao entendimento desta última, que se manifestou pela inexistência de nulidade na questão, quando da apreciação dos recursos administrativos interpostos. Também no que respeita à interpretação do Edital, no aspecto em que cuida da amplitude dos temas elencados no programa, há que se respeitar a autonomia da banca, daí que a intervenção do Judiciário somente se legitima nos casos de erros grosseiros (STJ, 2ª Turma, AgRg no REsp nº 1.487.419/PE, Rel. Min. Humberto Martins, j. 21.05.2015).

O Poder Judiciário é incompetente para, substituindo-se à banca examinadora de concurso público, reexaminar o conteúdo das questões formuladas e os critérios de correção das provas, consoante pacificado na jurisprudência do Supremo Tribunal Federal, ressalvadas as hipóteses em que restar configurado o erro grosseiro no gabarito apresentado, porquanto caracterizada a ilegalidade do ato praticado pela Administração Pública (STF, 1ª Turma, MS nº 30.859/DF, Rel. Min. Luiz Fux, j. 28.08.2012).

No caso de identificação de irregularidades na realização do procedimento administrativo, deverá o concurso ser invalidado, resultando na invalidação das nomeações ou contratações efetivadas com base nele. Caso o concurso tenha resultado na divulgação de aprovados e classificação do certame, deverá ser aberto um procedimento administrativo com garantia de contraditório e ampla defesa para que a anulação seja válida e eficaz. Nesse momento, inclusive, precisamos observar a **teoria do funcionário de fato ou teoria da aparência**, que determina a manutenção dos direitos conquistados durante a atuação do agente público mesmo que seu acesso ao cargo tenha sido mediante fraude ou frustração do procedimento seletivo. A ideia é que, não havendo o pagamento devido ao agente público, mesmo que tenha acessado a administração de forma ilegal, o Estado estaria enriquecendo ilicitamente, pois se valeu do trabalho e da disponibilização do agente durante a vigência do vínculo. O mesmo vale para os empregados públicos, caso em que, inclusive, deve-se garantir acesso ao saldo do FGTS.

Destaca-se que, por todo o entendimento apresentado, o Direito Administrativo não adota a **teoria do fato consumado**. Assim, não há nenhuma violação a direitos o fato do nomeado ao cargo perder sua posição por anulação do concurso público. Por força da aplicação da **teoria do funcionário de fato,** todos os atos praticados por esses agentes serão mantidos.

Com relação ao prazo para que se possa rever o concurso público e seus atos, o Decreto nº 20.910/1932 afirma em seu **art. 1º** que "prescrevem em cinco anos contados da data do ato ou fato do qual se originarem". A dúvida é referente a qual o momento de início da contagem do prazo para ação. No nosso caso, o início se dará na data da homologação do concurso público. Para ficar claro, a homologação do concurso não ocorre na data da realização da prova, nem mesmo na data de divulgação do edital. O início da contagem de prazo se dará quando a banca examinadora realizar o último ato de divulgação essencial do certame, qual seja a classificação final e definitiva. Assim, caberá à banca editar o documento de classificação nominal e o ato de homologação do concurso, efetivando-se após a publicação.

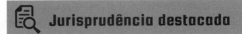

Mesmo quando reconhecida a nulidade da contratação do empregado público, nos termos do art. 37, § 2º, da Constituição Federal, subsiste o direito do trabalhador ao depósito do FGTS quando reconhecido ser devido o salário pelos serviços prestados (STF, Tribunal Pleno, RE nº 596.478/RR, Rel. Min. Ellen Gracie, j. 13.06.2012, Tema 191).

Direito subjetivo à nomeação: a regra geral que prevalecia no passado com relação aos concursos públicos era a de que os aprovados apresentados ao final do certame teriam mera expectativa de convocação, independentemente do número de vagas oferecido no início do procedimento, pois a avaliação era tratada apenas como uma forma de "registrar a existência de candidatos aptos ao cargo em uma ordem válida de convocação". Assim, era normal vermos concursos oferecerem milhares (sim, milhares) de vagas e, ao final da validade total do concurso, ter convocado menos de 10 classificados.

Apesar da injustiça que se enxergava com esse critério de ação do Poder Público na realização de concursos, na época, entendia-se que, no caso de convocação, a ordem de classificação deveria ser rigorosamente respeitada, sob pena de reconhecimento de preterição de candidato, o que geraria automática obrigação de convocação pelo ente público. Ex.: imagine a seguinte situação hipotética. Ao observar a lista de classificação final, você identifica que ficou em segundo lugar. Feliz com o resultado, passa a acompanhar as convocações do ente público, uma vez que sua nomeação está muito próxima. Após convocar o primeiro colocado, sua chance está mais próxima ainda. Até que, um dia, ao verificar os atos do ente público, você descobre que o terceiro colocado foi convocado antes de você. Estamos diante da chamada preterição de candidato. Nessas condições, você terá o direito de nomeação reconhecido pelo Judiciário e pelas regras gerais pertinentes. Apesar de a obrigação se constituir imediatamente para o ente público, a sua convocação poderá ocorrer a qualquer momento futuro, desde que dentro do prazo de validade do concurso.

Súmula nº 15 do STF. Dentro do prazo de validade do concurso, o candidato aprovado tem o direito à nomeação, quando o cargo for preenchido sem observância da classificação.

Foi em 2007 que tudo mudou. O STJ proferiu uma decisão importante que afetou completamente o entendimento doutrinário e jurisprudencial do caso. Para o STJ, o fato de o ente público indicar a existência de um número específico de vagas durante a realização do concurso público gera automaticamente a obrigação de, durante a validade, convocar todos aqueles que se classificarem dentro do número de vagas divulgado. Assim, se uma instituição faz concurso público e informa a existência de 10 vagas, deverá convocar os 10 primeiros classificados até o final da validade do concurso, incluindo eventual prorrogação. Foi decretado o fim da insegurança aos candidatos na realização dos certames públicos. Vale destacar que o STF posteriormente reconheceu repercussão geral da matéria, tornando tal posicionamento definitivo.

Jurisprudência destacada

Em conformidade com jurisprudência pacífica desta Corte, o candidato aprovado em concurso público, dentro do número de vagas previstas em edital, possui direito líquido e certo à nomeação e à posse (STJ, 6ª Turma, RMS nº 20.718/SP, Rel. Min. Paulo Medina, j. 04.12.2007).

Isso não significa que a Administração sempre fará a convocação dos candidatos classificados dentro do número de vagas seja qual for a situação real no momento. Não podemos esquecer que a Administração Pública deverá sempre agir pautada em decisões relacionadas ao interesse público e, por isso, detém em suas mãos o poder de controle dos atos administrativos realizados na sua estrutura. Assim, caso seja possível demonstrar que a convocação do candidato aprovado, mesmo que dentro do número de vagas ofertado, afastará o interesse público, poderá a Administração deixar de convocar sem que isso configure um ato ilícito administrativo.

Ainda sobre o direito subjetivo à nomeação, outra decisão importante a ser apontada proferida pelo Superior Tribunal de Justiça estabeleceu a possibilidade de reconhecimento de tal direito subjetivo mesmo nos casos de edital sem previsão de número de vagas. O entendimento firmado foi de que, mesmo sem a previsão de vagas, caso a Administração Pública convoque um candidato e este desista ou não preencha os requisitos de efetivação de sua convocação, gera para os seguintes, na ordem de classificação, direito subjetivo à nomeação para as vagas não ocupadas por motivo de desistência ou desclassificação. O mesmo entendimento vale para quando a Administração Pública demonstra necessidade inequívoca de provimento de cargos. Esse reconhecimento de número de vagas a ser preenchido é entendido como um ato de confirmação de cargos vagos, devendo-se, assim, convocar o número de classificados necessário para ocupar aquele número de vagas.

Jurisprudência destacada

A aprovação do candidato, ainda que fora do número de vagas disponíveis no edital do concurso, lhe confere direito subjetivo à nomeação para o respectivo cargo, se a Administração Pública manifesta, por ato inequívoco, a necessidade do preenchimento de novas vagas. A desistência dos candidatos convocados, ou mesmo a sua desclassificação em razão do não preenchimento de determinados requisitos, gera para os seguintes na ordem de classificação direito subjetivo à nomeação, observada a quantidade das novas vagas disponibilizadas (STJ, 2ª Turma, RMS nº 32.105/ DF, Rel. Min. Eliana Calmon, j. 19.08.2010).

298 Direito Administrativo Decifrado

Realização de novo concurso público. Aqui nos deparamos com um confronto de regras que resultou da reforma administrativa de 1998. Até então, prevalecia o entendimento de que durante a validade de um concurso público a Administração estava proibida de realizar novo certame com o mesmo objeto de contratação. Após a emenda, passamos a ter uma previsão constitucional permissiva quanto a essa possibilidade. Observe os dispositivos.

> **Lei nº 8.112/1990**
>
> **Art. 12.** (...)
>
> § 2º Não se abrirá novo concurso enquanto houver candidato aprovado em concurso anterior com prazo de validade não expirado.
>
> **CF/1988**
>
> **Art. 37.** (...)
>
> IV – durante o prazo improrrogável previsto no edital de convocação, aquele aprovado em concurso público de provas ou de provas e títulos será convocado com prioridade sobre novos concursados para assumir cargo ou emprego, na carreira;

Nem é preciso dizer que prevalece a regra estabelecida na Constituição Federal, não é mesmo? A questão gira em torno da necessidade de facilitar o procedimento para a Administração, até então extremamente engessado, uma vez que era necessário esgotar toda a lista de classificados de um concurso para que se pudesse dar início aos preparatórios de um novo. Pense no seguinte: um concurso normalmente leva de 4 meses a 1 ano para ser finalizado e convocar o primeiro classificado para tomar posse. Esgotada a lista de classificados, qualquer nova vacância que ocorresse no órgão ou ente público se tornaria um problema, visto que esta só seria suprida após um novo concurso plenamente realizado. Com a nova regra, mesmo havendo um concurso em período de validade, a Administração poderá realizar um novo concurso, sempre convocando os aprovados no concurso anterior antes dos novos aprovados.

Reserva de vagas para pessoas com deficiência. Em respeito ao princípio da isonomia, a Constituição Federal estabelece a necessidade de reserva de vagas para as pessoas com deficiência, na forma da lei específica. As vagas a serem reservadas serão relativas a cargos compatíveis com a deficiência do candidato, sendo que os critérios de admissão também deverão ser estabelecidos na legislação específica.

> **CF/1988**
>
> **Art. 7º** (...)
>
> XXXI – proibição de qualquer discriminação no tocante a salário e critérios de admissão do trabalhador portador de deficiência; (...)
>
> **Art. 37.** (...)
>
> VIII – a lei reservará percentual dos cargos e empregos públicos para as pessoas portadoras de deficiência e definirá os critérios de sua admissão;

Lei nº 8.112/1990

Art. 5º (...)

§ 2º Às pessoas portadoras de deficiência é assegurado o direito de se inscrever em concurso público para provimento de cargo cujas atribuições sejam compatíveis com a deficiência de que são portadoras; para tais pessoas serão reservadas até 20% (vinte por cento) das vagas oferecidas no concurso.

Perceba que a lei não exclui as pessoas com deficiência da realização do concurso, mas reserva a eles percentual de vagas que serão disputadas somente por essas pessoas, na forma dos critérios definidos no edital. Não havendo nenhum aprovado ou não sendo preenchidas todas as vagas reservadas, serão revertidas para os não deficientes. Como o percentual máximo de reserva de vagas, na forma da Lei nº 8.112/1990, ou seja, no âmbito federal, é de 20% (vinte por cento), no caso de a instituição oferecer número de vagas que extrapole o percentual máximo, ficará dispensada da reserva determinada na lei. Ex.: a autarquia federal I realiza concurso para contratação de agentes administrativos, prevendo em seu edital 4 (quatro) vagas. Caso seja destinada uma vaga para pessoas com deficiência, estaremos diante de uma reserva de vagas de 25% (vinte e cinco por cento), acima do previsto como limite legal. Assim, a autarquia poderá realizar o concurso sem prever a reserva dessas vagas.

Vale a pena fazermos um rápido estudo sobre as regras previstas no Decreto nº 9.508/2018, que regulamenta a Política Nacional para Integração da Pessoa Portadora de Deficiência. Por ser um decreto presidencial, lembre-se, só terá aplicação em âmbito federal.

A lei específica federal reservou um percentual máximo de 20% (vinte por cento) de vagas para as pessoas com deficiência, mas ocorre que essa previsão é insuficiente, pois estamos diante de uma previsão máxima sem um mínimo estabelecido. Assim, qualquer concurso que não oferecesse reserva de vagas para pessoas com deficiência estaria correto, pois não há uma previsão mínima de reserva. Esse problema foi resolvido com a edição do decreto em estudo, que passou a determinar a reserva mínima de 5% (cinco por cento) das vagas em face da classificação obtida. Se desse percentual resultar um número fracionado, a norma determina seu arredondamento para o primeiro número inteiro seguinte. No caso de empresas estatais, aplica-se o percentual previsto na legislação de previdência privada.

Decreto nº 9.508/2018

Art. 1º Fica assegurado à pessoa com deficiência o direito de se inscrever, no âmbito da administração pública federal direta e indireta e em igualdade de oportunidade com os demais candidatos, nas seguintes seleções: (...)

§ 1º Ficam reservadas às pessoas com deficiência, no mínimo, cinco por cento das vagas oferecidas para o provimento de cargos efetivos e para a contratação por tempo determinado para atender necessidade temporária de excepcional interesse público, no âmbito da administração pública federal direta e indireta.

§ 2º Ficam reservadas às pessoas com deficiência os percentuais de cargos de que trata o art. 93 da Lei nº 8.213, de 24 de julho de 1991, às empresas públicas e às sociedades de economia mista.

300 Direito Administrativo Decifrado

§ 3º Na hipótese de o quantitativo a que se referem os § 1º e § 2º resultar em número fracionado, este será aumentado para o primeiro número inteiro subsequente.

§ 4º A reserva do percentual de vagas a que se referem os § 1º e § 2º observará as seguintes disposições:

I – na hipótese de concurso público ou de processo seletivo regionalizado ou estruturado por especialidade, o percentual mínimo de reserva será aplicado ao total das vagas do edital, ressalvados os casos em que seja demonstrado que a aplicação regionalizada ou por especialidade não implicará em redução do número de vagas destinadas às pessoas com deficiência; e

II – o percentual mínimo de reserva será observado na hipótese de aproveitamento de vagas remanescentes e na formação de cadastro de reserva.

§ 5º As vagas reservadas às pessoas com deficiência nos termos do disposto neste artigo poderão ser ocupadas por candidatos sem deficiência na hipótese de não haver inscrição ou aprovação de candidatos com deficiência no concurso público ou no processo seletivo de que trata a Lei nº 8.745, de 1993.

O novo decreto de 2018 alterou a forma como se calcula esse percentual. Antes, o cálculo se fazia de acordo com a fração destinada a cada município do ente público. Com essa antiga regra, era muito comum ser impossível atingir o mínimo de 5% (cinco por cento) sem violar a legislação. Com a nova regra, o percentual se dará com base no total de vagas previsto para a região.

Decreto nº 9.508/2018

Art. 1º (...)

§ 4º A reserva do percentual de vagas a que se referem os § 1º e § 2º observará as seguintes disposições:

I – na hipótese de concurso público ou de processo seletivo regionalizado ou estruturado por especialidade, o percentual mínimo de reserva será aplicado ao total das vagas do edital, ressalvados os casos em que seja demonstrado que a aplicação regionalizada ou por especialidade não implicará em redução do número de vagas destinadas às pessoas com deficiência; e

II – o percentual mínimo de reserva será observado na hipótese de aproveitamento de vagas remanescentes e na formação de cadastro de reserva.

Outro dispositivo essencial do decreto é o que obriga a oferta de ambiente adaptado e a presença de uma equipe multidisciplinar cuidando dessas situações. Pelo texto, as deficiências indicadas deverão ser dirimidas com instrumentos eficientes, como a disponibilização da prova em braile para pessoa com deficiência visual, ou gravação da realização de prova realizada em libras por pessoa com deficiência auditiva. A lei define, ainda, que as etapas que necessitarem de tecnologias específicas para realização deverão ser gravadas e disponibilizadas nos períodos de recurso.

Decreto nº 9.508/2018

Art. 3º Para os fins do disposto neste Decreto, os editais dos concursos públicos e dos processos seletivos de que trata a Lei nº 8.745, de 1993, indicarão: (...)

III – a previsão de adaptação das provas escritas e práticas, inclusive durante o curso de formação, se houver, e do estágio probatório ou do período de experiência, estipuladas as condições de realização de cada evento e respeitados os impedimentos ou as limitações do candidato com deficiência; (...)

Art. 4º Fica assegurada a adequação de critérios para a realização e a avaliação das provas de que trata o inciso III do art. 3º à deficiência do candidato, a ser efetivada por meio do acesso a tecnologias assistivas e a adaptações razoáveis, observado o disposto no Anexo. (...)

§ 3º As fases dos concursos públicos ou dos processos seletivos em que se fizerem necessários serviços de assistência de interpretação por terceiros aos candidatos com deficiência serão registradas em áudio e vídeo e disponibilizadas nos períodos de recurso estabelecidos em edital.

Reserva de vagas para negros e pardos. A Lei nº 12.990/2014 definiu uma reserva de vagas de concursos públicos da Administração Pública Federal de 20% (vinte por cento) para os candidatos negros e pardos, desde que o número de vagas previstos no edital seja de pelo menos três. No caso de Estado, DF e Municípios, o percentual específico deverá ser estabelecido em lei própria. Interessa observar que a legislação determinou um valor fixo de 20% (vinte por cento) das vagas, e não um valor de até 20% (vinte por cento) como acontece na reserva de vagas para pessoas com deficiência. Assim, não se prevê discricionariedade do administrador público quanto ao número de vagas realmente reservado no certame.

Para ter direito à disputa dessas vagas reservadas, o candidato deverá se autodeclarar negro ou pardo no ato da inscrição do concurso, conforme a determinação utilizada pelo IBGE para cor ou raça. A confirmação da qualidade autodeclarada será devidamente atestada em etapa específica do concurso, conforme previsão editalícia. Caso a declaração seja considerada falsa, será o candidato eliminado do concurso.

Outra diferença com relação às regras previstas para reserva de vagas para pessoas com deficiência é que os candidatos autodeclarados negros ou pardos disputarão, concomitantemente, vagas reservadas e vagas destinadas à ampla concorrência, de acordo com sua classificação. Caso o candidato autodeclarado seja aprovado dentro do número de vagas destinada à ampla concorrência não serão considerados para efeito de preenchimento de vagas reservadas.

Caso não haja número suficiente de candidatos aprovados para preencher as vagas reservadas, as remanescentes serão disponibilizadas para serem preenchidas pelos demais candidatos aprovados, na ordem da classificação. A lei em análise tem vigência determinada, pois visa resolver uma discrepância específica quanto ao acesso aos cargos, sendo previsto o fim de sua validade em 10 (dez) anos após sua vigência.

Cláusula de barreira. São critérios restritivos previstos no edital que limitam a passagem de aprovados de uma etapa a outra. Esse tipo de prática é comum quando o concurso prevê em seu edital um número máximo de classificados que irão para uma próxima etapa, por exemplo: realizar um exame médico ou uma prova física. A cláusula de barreira funcionará em conjunto com os critérios de classificação previstos no edital, o que gerou muita discussão relacionada à sua validade. Ex.: imagine um concurso em que o edital afirma que serão habilitados todos aqueles que acertarem 20%, no mínimo, de cada disciplina cobrada na prova, e que desse montante somente 300 serão classificados para a realização do teste de aptidão física. Perceba que até mesmo aquele candidato habilitado por ter atingido o núme-

302 Direito Administrativo Decifrado

ro mínimo de acertos exigido no edital poderá ser desclassificado por não figurar na lista dos 300 primeiros, na ordem de classificação da nota final. Essa desclassificação configura a cláusula de barreira.

Em 2014, o STF declarou a constitucionalidade de tal previsão em editais de concursos, colocando um ponto final na discussão sobre sua validade ou não. Desde então, a cláusula de barreira tem sido utilizada constantemente em concursos públicos de todo o Brasil.

Jurisprudência destacada

É constitucional a regra denominada "cláusula de barreira", inserida em edital de concurso público, que limita o número de candidatos participantes de cada fase da disputa, com o intuito de selecionar apenas os concorrentes mais bem classificados para prosseguir no certame. Essa a conclusão do Plenário, que proveu recurso extraordinário no qual se discutia a legitimidade da aludida cláusula à luz do princípio da isonomia (STF, Tribunal Pleno, RE nº 635.739/AL, Rel. Min. Gilmar Mendes, j. 19.02.2014, Tema 376, *Informativo* 736).

Decifrando a prova

(2019 – MPE/GO – Promotor – Adaptada) Com relação ao concurso público, não representa a jurisprudência do STF a afirmação "com o fim de selecionar os candidatos mais bem classificados para prosseguir no certame, não viola a Constituição Federal regra que insere no edital de concurso público a denominada cláusula de barreira".

( ) Certo ( ) Errado

Gabarito comentado: desde que devidamente motivada, com base em critérios objetivos de desempenho, a utilização da cláusula de barreira nos editais de concursos públicos é aceita pelo STF, conforme avaliado na jurisprudência destacada. Portanto, a assertiva está errada.

Exclusão de candidato. Previsão editalícia. Sabemos que o edital de um concurso público possui a característica genérica de "lei" do certame público, pois é nesse instrumento que se encontram todas as informações referentes ao direito de participação e acesso a determinado cargo público, além de outros assuntos. Acontece que uma dúvida comum surge quando se identifica dentro de um edital um requisito mínimo exigido que não se coaduna com a lei que regula o cargo ou com a Constituição Federal. Em alguns casos encontramos requisitos até mesmo considerados "absurdos" em um primeiro momento, e aí nos confrontamos com a validade de tal previsão.

Alguns casos marcantes ocorridos em nossa história revelam o posicionamento adotado pelos Tribunais Superiores nas questões mais recentes. Um primeiro caso a se destacar foi de um candidato excluído do concurso para investigador de polícia por estar, naquele momento, respondendo por uma acusação de crime de extorsão, ação ainda em andamento. Essa exclusão resultou em um procedimento judicial oferecido pelo candidato para afastar a aplicação da regra do edital, considerando ser uma afronta ao princípio da presunção da inocência, visto que o ora candidato ainda respondia a acusação.

Simultaneamente, desenrolava-se uma outra ação, na qual candidato ao concurso da Polícia Militar do Distrito Federal havia sido excluído por responder a uma acusação pela suposta prática do delito de falso testemunho. No edital do mencionado concurso havia a previsão de afastamento de candidato "denunciado por crime de natureza dolosa". Em decisão proferida pelo STF em Plenário no RE 560.900/DF, que resultou na Tese de repercussão geral nº 22, firmou-se o entendimento de que apesar de o **princípio da presunção da inocência** proteger candidato de eventual eliminação por simples acusação, sem condenação em trânsito em julgamento, seria necessário analisar a situação em concreto sob o prisma do **princípio da moralidade administrativa**, que exige certa compatibilidade entre a vida pregressa do candidato e o cargo a ser ocupado. Por se tratar de cargo da área militar, que deve ser preenchido por pessoa com moralidade idônea, na forma da Constituição Federal (art. 144 da CF/1988), deu-se a manutenção da exclusão do candidato. O mesmo entendimento foi aplicado ao primeiro caso estudado aqui.

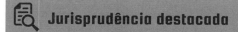

Tema nº 22 de Repercussão Geral, STF. Sem previsão constitucional adequada e instituída por lei, não é legítima a cláusula de edital de concurso público que restrinja a participação de candidato pelo simples fato de responder a inquérito ou ação penal (STF, Tribunal Pleno, RE nº 560.900, Rel. Min. Roberto Barroso, j. 06.02.2020).

A partir dessa decisão, pacificou-se o entendimento de que determinadas regras previstas em edital, desde que fundamentadas na Constituição Federal e em lei, poderiam ser instituídas, mesmo que mais rigorosas do que os tradicionais requisitos de acesso ao cargo público, como forma de preservação da moralidade administrativa. E esse novo entendimento foi aplicado em outros casos, os quais destacamos a seguir:

- Em fevereiro de 2022, o STF validou exclusão de candidato ao concurso da Polícia Militar por inidoneidade moral na fase de investigação de vida pregressa. A corporação identificou que o candidato tinha dois boletins de ocorrência registrados, um por porte de drogas quando menor de idade e outro por acusação de ameaça. Interessa destacar que nenhum dos boletins gerou inquérito policial. Mesmo assim, entendeu-se não se tratar de candidato com a moralidade necessária para atuar no cargo, pois havia previsão no Estatuto dos Militares do Estado e na Constituição Federal.

- Em junho de 2022, por unanimidade, a 1ª Turma do STF confirmou decisão que excluiu candidato do concurso de Inspetor de Polícia por responder a um processo penal, mesmo que ainda sem trânsito em julgado.

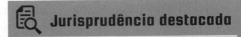

A lei pode instituir requisitos mais rigorosos para determinados cargos, em razão da relevância das atribuições envolvidas, como é o caso, por exemplo, das carreiras da magistratura, das funções essenciais à Justiça e da segurança pública (STF, 1ª Turma, RCL nº 48.908 ED, Rel. Min. Cármen Lúcia, j. 28.06.2022).

Idade máxima. A Lei nº 8.112/1990, em seu art. 5º, prevê diversos requisitos para participação em concurso público, entre eles a idade mínima de 18 anos. A questão central é se é possível determinar uma idade máxima para acesso a determinado cargo público no Brasil. A resolução dessa dúvida passa pela avaliação de um outro requisito essencial: aptidão física e mental. Ora, se é possível eliminar candidato por não atender requisitos de qualidade física e mental, qual seria o impedimento para a eliminação de candidato com base na idade?

A determinação de idade mínima ou qualificação física ou mental mínima para aprovação, ou até mesmo inscrição em concurso público, é possível desde que seja demonstrada (ônus da Administração Pública) a necessidade de tal limitação com relação a função a ser exercida no cargo público em disputa. Assim, situações excepcionais devidamente justificadas permitem a adoção desses critérios.

CF/1988

Art. 7º (...)

XXX – proibição de diferença de salários, de exercício de funções e de critério de admissão por motivo de sexo, idade, cor ou estado civil; (...)

Art. 39. (...)

§ 3º Aplica-se aos servidores ocupantes de cargo público o disposto no art. 7º, IV, VII, VIII, IX, XII, XIII, XV, XVI, XVII, XVIII, XIX, XX, XXII e XXX, podendo a lei estabelecer requisitos diferenciados de admissão quando a natureza do cargo o exigir.

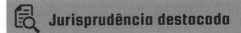

Súmula nº 683 do STF. O limite de idade para a inscrição em concurso público só se legitima em face do art. 7º, XXX, da Constituição, quando possa ser justificado pela natureza das atribuições do cargo a ser preenchido.

Da interpretação da súmula do STF combinada com a leitura dos dispositivos constitucionais podemos afirmar que tal possibilidade será ampliada para além das questões de idade ou capacidade física ou mental, incluindo, assim, casos com restrição relacionada a: sexo, altura mínima, entre outros. Ex.: um concurso público para sargento músico fuzileiro naval poderá determinar idade e altura mínima e máxima, com base em legislação específica existente. Outro caso comum é o exame odontológico previsto no concurso da PMESP, justificado por questão de saúde do candidato.

A determinação de requisitos específicos de restrição de acesso a cargos não poderá ser feita apenas no edital do concurso, sendo sempre necessário seu embasamento em lei. Em outras palavras, a simples previsão editalícia não será suficiente, devendo encontrar dispositivo legal válido como fundamentação da exigência.

Com a edição da Lei nº 10.741/2003, que introduziu o Estatuto da Pessoa Idosa, a regra de justificativa da idade máxima ganhou ainda mais força.

Lei nº 10.741/2003

Art. 27. Na admissão da pessoa idosa em qualquer trabalho ou emprego, são vedadas a discriminação e a fixação de limite máximo de idade, inclusive para concursos, ressalvados os casos em que a natureza do cargo o exigir.

Parágrafo único. O primeiro critério de desempate em concurso público será a idade, dando-se preferência ao de idade mais elevada.

Jurisprudência destacada

A lei ordinária pode, *ex vi* da interpretação dos arts. 7º, inciso XXX, 39, § 2º, 37, inciso I, da Constituição Federal, estabelecer limites mínimo e máximo de idade para ingresso em funções, empregos e cargos públicos, desde que pautada no princípio da razoabilidade (STJ, 5ª Turma, AgRg no RMS nº 30.047/MT, Rel. Min. Laurita Vaz, j. 09.02.2010).

Exame psicotécnico. Etapa (bastante criticada e por muito tempo) a ser adotada em um concurso público pelo simples fato de carregar um componente subjetivo muito forte, cuja discussão sobre a viabilidade ou não de sua existência hoje está resolvida. Diversos dispositivos legais foram editados para diversos cargos nas esferas administrativas, permitindo a sua aplicação nos concursos públicos. Essa necessidade de lei específica autorizando a aplicação do exame psicotécnico resultou da edição de uma súmula pelo STF.

Jurisprudência destacada

Súmula Vinculante nº 44. Só por lei se pode sujeitar a exame psicotécnico a habilitação de candidato a cargo público.

Mesmo com a edição da lei, o entendimento pacificado é que a previsão do exame também deve ocorrer no edital do concurso – momento em que deverão ser apresentados os critérios objetivos de avaliação que serão adotados no certame. Qualquer critério que dependa de avaliação subjetiva adotado no concurso público será reconhecido como uma restrição ilícita. Além disso, no exame psicotécnico também deverá ser oferecido ao candidato inabilitado um prazo para propositura de um recurso administrativo como forma de garantir contraditório e ampla defesa em face da decisão.

306 Direito Administrativo Decifrado

Jurisprudência destacada

A questão da legalidade do exame psicotécnico nos concursos públicos reveste-se de relevância jurídica e ultrapassa os interesses subjetivos da causa. A exigência de exame psicotécnico, como requisito ou condição necessária ao acesso a determinados cargos públicos, somente é possível, nos termos da Constituição Federal, se houver lei em sentido material que expressamente o autorize, além de previsão no edital do certame. É necessário um grau mínimo de objetividade e de publicidade dos critérios que nortearão a avaliação psicotécnica. A ausência desses requisitos torna o ato ilegítimo, por não possibilitar o acesso à tutela jurisdicional para a verificação de lesão de direito individual pelo uso desses critérios (STF, 2ª Turma, MS nº 30.822/DF, Rel. Min. Ricardo Lewandowski, j. 05.06.2012).

Teste de aptidão física. Em alguns concursos, poderemos ter de enfrentar para nossa aprovação a prova de capacidade física, conhecida como TAF. Nos últimos anos, a jurisprudência com relação a essa prova tem aumentado consideravelmente, visto que diversas situações começaram a ser questionadas, assim como ocorreu na época do enfrentamento ao exame psicotécnico, exigindo uma resposta efetiva dos tribunais superiores.

Uma primeira questão levantada foi a real possibilidade de exigência da realização do exame físico pelos candidatos em todo e qualquer concurso realizado no Brasil. Naquele momento, até mesmo concursos que nada guardavam relação com a necessidade de condicionamento físico específico apresentavam essa etapa em seu edital. Um concurso em especial foi responsável por conduzir o Superior Tribunal de Justiça a reafirmar posicionamento, em 2017, sobre essa possibilidade. O concurso era para o cargo de Segurança Institucional e Transportes. O entendimento firmado estabeleceu alguns requisitos para que tal etapa seja válida no concurso, sendo **previsão legal, pertinência com as atividades desenvolvidas, avaliação mediante critérios objetivos e possibilidade recursal prevista**.

Jurisprudência destacada

É firme o entendimento do STJ de que, em concurso público, o teste de capacidade física somente pode ser exigido se houver previsão na lei que criou o cargo, sendo vedado ao Edital do Certame limitar o que a lei não restringiu ou alargar o rol de exigências, especialmente para incluir requisito que não consta da lei (STJ, 2ª Turma, EDcl no REsp nº 1.665.082/DF, Rel. Min. Herman Benjamin, j. 03.10.2017).

A previsão de possibilidade recursal se insere como justificativa para uma segunda jurisprudência importante destacada aqui. Existem situações imprevisíveis, ou até mesmo irresponsabilidades cometidas pelos candidatos, que podem fazer com que o interessado não compareça na data e hora prevista para realização do teste físico. Por isso, vários candidatos se sentiam lesados por não terem uma segunda chance de realização do exame. Assim, foram várias as propostas de ações judiciais na tentativa de instituir um regime de "segunda chance" aos candidatos. O STF precisou, então, editar uma tese de repercussão geral, que estabeleceu como única possibilidade de realização de exame físico em uma "segunda chamada" quando o próprio edital estabelecer datas alternativas de realização. Sem tal previsão, não haverá direito a essa segunda tentativa.

Jurisprudência destacada

Tema nº 335 da Repercussão Geral, STF. Inexiste direito dos candidatos em concurso público à prova de segunda chamada nos testes de aptidão física, salvo contrária disposição editalícia, em razão de circunstâncias pessoais, ainda que de caráter fisiológico ou de força maior, mantida a validade das provas de segunda chamada realizadas até 15.05.2013, em nome da segurança jurídica.

No entanto, essa questão da segunda chamada acabou levantando certa carga de injustiça em uma condição específica: a candidata gestante. No caso, seria afastar completamente a isonomia que rege os concursos públicos impedir a realização do teste físico por candidata gestante em data diferente da prevista no edital. Trata-se de condição peculiar que exige necessidades especiais e que deve ser respeitada e acolhida por toda a coletividade. Assim, fixou-se o entendimento que candidata gestante poderá realizar o concurso em data posterior àquela prevista no edital do concurso. O direito de remarcação, inclusive, foi estendido para após a realização do concurso, quando a candidata gestante ou lactante ganhou o direito de remarcação do curso de formação. Alguns cargos no Brasil exigem uma etapa diferenciada após a realização do concurso e convocação para o cargo, sendo o curso de formação considerado etapa final para efetiva configuração do vínculo com o Estado. Aliás, alguns editais têm apontado o curso de formação como uma **etapa do próprio concurso**, quando no passado era considerado apenas uma etapa **pós-concurso**. Esse detalhe não fará nenhuma diferença para o entendimento apresentado, que se manterá válido.

Jurisprudência destacada

O Supremo Tribunal Federal, sob a sistemática da repercussão geral (RE nº 630.733/DF), pacificou o entendimento de que não há direito à remarcação de provas de concurso público em razão de circunstâncias pessoais dos candidatos, exceto se previsto em edital, julgado este que tem sido acompanhado pelas duas Turmas de Direito Público desta Corte Superior.

Em julgamento mais hodierno, a Excelsa Corte, também sob a sistemática da repercussão geral, entendendo que o RE 630.733/DF não seria aplicável às candidatas gestantes, estabeleceu a seguinte tese: "É constitucional a remarcação do teste de aptidão física de candidata que esteja grávida à época de sua realização, independentemente da previsão expressa em edital do concurso público".

Hipótese em que as premissas estabelecidas no novel julgado são plenamente aplicáveis à candidata que, ao ser convocada para o Curso de Formação para o cargo de Agente Penitenciário Feminino, encontrava-se em licença maternidade, com apenas um mês de nascimento da sua filha, período em que sabidamente todas as mulheres estão impossibilitadas de praticar atividades físicas, estando totalmente voltadas para amamentação e cuidados com o recém-nascido.

> Direitos constitucionalmente previstos (saúde, maternidade, família e planejamento familiar) que devem ser protegidos, merecendo a candidata lactante o mesmo amparo estabelecido pelo STF para as gestantes (STJ, 1ª Turma, RMS nº 52.622/MG, Rel. Min. Gurgel de Faria, j. 26.03.2019).

Decifrando a prova

(2019 – Vunesp – TJ/RS – Notário – Adaptada) É constitucional a remarcação do teste de aptidão física de candidata que esteja grávida à época de sua realização, independentemente da previsão expressa em edital do concurso público.

( ) Certo ( ) Errado

Gabarito comentado: STF reconhece direito de candidata gestante à remarcação de teste de aptidão física. Portanto, a assertiva está certa.

Exigência de atividade jurídica. A Constituição Federal prevê, para determinados cargos da carreira pública, a necessidade de demonstração de atividade jurídica como forma de comprovação de experiência necessária para a execução da atividade estatal específica.

A Emenda Constitucional nº 45 de 2004 foi responsável pela chamada **reforma judiciária**, alterando diversos dispositivos referentes ao Poder Judiciário, inclusive instituindo a regra de atividade judiciária como requisito para acesso a determinados cargos. Tal previsão é encontrada no texto, tanto para assunção do cargo da magistratura nacional quanto para ingresso na carreira do Ministério Público.

> **CF/1988**
>
> **Art. 93.** (...)
>
> I – ingresso na carreira, cujo cargo inicial será o de juiz substituto, mediante concurso público de provas e títulos, com a participação da Ordem dos Advogados do Brasil em todas as fases, exigindo-se do bacharel em direito, no mínimo, três anos de atividade jurídica e obedecendo-se, nas nomeações, à ordem de classificação; (...)
>
> **Art. 129.** (...)
>
> § 3º O ingresso na carreira do Ministério Público far-se-á mediante concurso público de provas e títulos, assegurada a participação da Ordem dos Advogados do Brasil em sua realização, exigindo-se do bacharel em direito, no mínimo, três anos de atividade jurídica e observando-se, nas nomeações, a ordem de classificação.

Por ser uma previsão registrada no próprio texto constitucional, acreditamos não ser necessário lembrar que não haverá exigência de lei específica prevendo esse requisito. Mas essa observação só é válida no caso das carreiras da magistratura e do Ministério Público, conforme verificado no texto constitucional apresentado, cabendo à lei específica a adoção desse critério, quando justificável, para outros cargos das carreiras jurídicas. O termo: **atividade jurídica** por si só constitui um termo jurídico indeterminado, demandando previsão legal e estipulando os elementos necessários para reconhecimento do atendimento a esse regramento. Uma das primeiras definições advindas da avaliação dessa regra foi de que o **bacharelado em Direito** é ponto inicial de contagem da atividade judiciária, desprezando-se qualquer atividade de estágio acadêmico ou outra atividade anterior à obtenção do grau de bacharel em Direito. Inclusive, a comprovação da atividade jurídica poderá ser exigida já na data de inscrição efetiva do candidato, diferentemente dos outros requisitos legais (como idade, grau de escolaridade) para os quais só poderá ser exigida a comprovação de atendimento no momento da efetiva posse do candidato nomeado.

A definição de atividade jurídica para ingresso nas carreiras da magistratura e do Ministério Público já tem sua determinação legal, conforme apresentado a seguir:

Resolução nº 75/2009 do CNJ

Art. 59. Considera-se atividade jurídica, para os efeitos do art. 58, § 1º, alínea *i*:

I – aquela exercida com exclusividade por bacharel em Direito;

II – o efetivo exercício de advocacia, inclusive voluntária, mediante a participação anual mínima em 5 (cinco) atos privativos de advogado (Lei nº 8.906, 4 de julho de 1994, art. 1º) em causas ou questões distintas;

III – o exercício de cargos, empregos ou funções, inclusive de magistério superior, que exija a utilização preponderante de conhecimento jurídico;

IV– o exercício da função de conciliador junto a tribunais judiciais, juizados especiais, varas especiais, anexos de juizados especiais ou de varas judiciais, no mínimo por 16 (dezesseis) horas mensais e durante 1 (um) ano;

V– o exercício da atividade de mediação ou de arbitragem na composição de litígios.

§ 1º É vedada, para efeito de comprovação de atividade jurídica, a contagem do estágio acadêmico ou qualquer outra atividade anterior à obtenção do grau de bacharel em Direito.

Resolução nº 40/2009 do CNMP

Art. 1º Considera-se atividade jurídica, desempenhada exclusivamente após a conclusão do curso de bacharelado em Direito:

I – O efetivo exercício de advocacia, inclusive voluntária, com a participação anual mínima em 5 (cinco) atos privativos de advogado (Lei nº 8.906, de 4 de julho de 1994), em causas ou questões distintas.

II – O exercício de cargo, emprego ou função, inclusive de magistério superior, que exija a utilização preponderante de conhecimentos jurídicos.

III – O exercício de função de conciliador em tribunais judiciais, juizados especiais, varas especiais, anexos de juizados especiais ou de varas judiciais, assim como o exercício de mediação ou de arbitragem na composição de litígios, pelo período mínimo de 16 (dezesseis) horas mensais e durante 1 (um) ano.

IV – O exercício, por bacharel em Direito, de serviço voluntário em órgãos públicos que exija a prática reiterada de atos que demandem a utilização preponderante de conhecimentos jurídicos, pelo período mínimo de 16 (dezesseis) horas mensais e durante 1 (um) ano.

310 Direito Administrativo Decifrado

Art. 2º Também serão considerados atividade jurídica, desde que integralmente concluídos com aprovação, os cursos de pós-graduação em Direito ministrados pelas Escolas do Ministério Público, da Magistratura e da Ordem dos Advogados do Brasil, bem como os cursos de pós-graduação reconhecidos, autorizados ou supervisionados pelo Ministério da Educação ou pelo órgão competente.

§ 1º Os cursos referidos no *caput* deste artigo deverão ter toda a carga horária cumprida após a conclusão do curso de bacharelado em Direito, não se admitindo, no cômputo da atividade jurídica, a concomitância de cursos nem de atividade jurídica de outra natureza.

Decifrando a prova

(2018 – TRF/2ª Região – Juiz – Adaptada) A prova de aptidão física em concursos públicos pode acarretar situações a serem dirimidas no edital. Nesse sentido, sobre essa modalidade de prova é correto afirmar que proteção constitucional à maternidade e à gestante autoriza o tratamento diferenciado à candidata gestante, com designação de outra data para a realização do teste de aptidão física, especialmente se comprovado que a realização da prova na condição em que se encontra pode prejudicar a saúde do feto.

( ) Certo ( ) Errado

Gabarito comentado: em regra, a etapa física do concurso público não permite segunda chamada. Porém o STF excepcionalizou esse entendimento quanto às candidatas gestantes. Portanto, a assertiva está certa.

Responsabilidade por danos materiais decorrentes de cancelamento. Imagine a seguinte situação hipotética: você pretende prestar um concurso para um determinado cargo de um Estado da Federação diferente do seu. Toda uma preparação será essencial, inclusive para sua chegada até o local de realização de prova. Hotel, passagem aérea, custos com alimentação, deslocamento... Tudo resolvido, basta aguardar a chegada do dia da prova. Três dias antes da data prevista para seu embarque, a banca organizadora do certame "Afunda" (Associação Fundação Dalmo Azevedo) anuncia remarcação da data de realização das provas do concurso por identificação de fraude mediante acesso antecipado por alguns candidatos do gabarito do concurso. E agora? Remarcação de passagem, hotel, gastos que já estão consolidados, você que vai arcar com isso? Claramente é hora de responsabilizarmos alguém para que possamos buscar uma indenização por todo o infortúnio sofrido por você.

A questão é quem responsabilizar? O Estado para o qual o cargo estava direcionado? A banca organizadora, que deveria ter garantido a proteção dos dados do concurso?

O STF se deparou com uma situação dessas e proferiu uma decisão, constituindo tese de repercussão geral, determinando que, sendo a **banca organizadora** uma **pessoa jurídica de direito privado**, se encontra na posição de prestadora de serviço público, aplicando-se no caso a **responsabilidade civil objetiva, nos moldes do art. 37, § 6º, da CF/1988**. Com relação ao Estado, este só responderá subsidiariamente, caso a entidade privada se torne comprovadamente insolvente.

Capítulo 11 ♦ Agentes públicos **311**

> ### 🔍 Jurisprudência destacada
>
> O Estado responde subsidiariamente por danos materiais causados a candidatos em concurso público organizado por pessoa jurídica de direito privado (art. 37, § 6º, da CRFB/1988), quando os exames são cancelados por indícios de fraude (STF, Tribunal Pleno, RE nº 662.405, Rel. Min. Luiz Fux, j. 29.06.2020, Tema 512).

II.5   Acumulação de cargos

Como regra, a Constituição Federal determina a impossibilidade de acumulação de cargos, empregos ou funções públicas. Essa regra é aplicada tanto para os entes da Administração Pública Direta quanto para os entes da Administração Pública Indireta, incluindo as subsidiárias desses entes. O fundamento dessa previsão é garantir que o agente público tenha uma atuação eficiente dentro de sua posição na Administração, atuação essa que ficaria prejudicada pela acumulação. Além disso, também afasta a intenção de acúmulo de ganhos em detrimento da qualidade de execução das atividades públicas. Parte da doutrina defende que como o texto constitucional afirma ser vedada a acumulação **remunerada**, seria lícita a acumulação quando apenas uma das fontes de atuação execute o pagamento pelo trabalho. Essa questão não é considerada para fins de concurso, logo não será nosso foco de avaliação aqui.

Porém, como dito, a vedação de acumulação é regra, o que comporta exceção – está prevista no próprio texto constitucional mediante rol taxativo. Antes de avaliarmos cada uma dessas possibilidades, devemos atentar para o fato de a Constituição Federal definir uma regra essencial para qualquer avaliação de acúmulo de cargo: **compatibilidade de horários**. Portanto, para que a acumulação seja lícita é essencial que esteja prevista no texto constitucional e seja feita com compatibilidade de horários.

CF/1988

Art. 37. (...)

XVI – é vedada a acumulação remunerada de cargos públicos, exceto, quando houver compatibilidade de horários, observado em qualquer caso o disposto no inciso XI;

XVII – a proibição de acumular estende-se a empregos e funções e abrange autarquias, fundações, empresas públicas, sociedades de economia mista, suas subsidiárias, e sociedades controladas, direta ou indiretamente, pelo Poder Público.

Com relação à questão da compatibilidade, existe uma divergência que devemos explorar. Por um lado, diversas decisões apontam para a possibilidade de acumulação, independentemente da quantidade de horas de trabalho na semana. Por outro lado, decisões estabelecendo uma carga horária semanal máxima de sessenta horas a ser respeitada. Recentemente, o STF se posicionou dando repercussão geral à decisão, demonstrando entender que não há lógica na determinação de um limite de horário semanal para acumulação de cargo.

312 Direito Administrativo Decifrado

> ### 🔍 Jurisprudência destacada
>
> As hipóteses excepcionais autorizadoras de acumulação de cargos públicos previstas na Constituição Federal sujeitam-se, unicamente, à existência de compatibilidade de horários, verificada no caso concreto, ainda que haja norma infraconstitucional que limite a jornada semana (STF, Tribunal Pleno, ARE nº 1.246.685/RJ RG, Rel. Min. Dias Toffoli, j. 19.03.2020, Tema 1081).

A Emenda Constitucional nº 19/1998 também trouxe para nosso ordenamento uma nova regra quanto à acumulação de cargo: a acumulação das remunerações não poderá exceder o teto remuneratório (estudaremos melhor esse assunto mais adiante) estipulado na Constituição Federal. No caso de a acumulação de remuneração ultrapassar o teto, não estaremos diante de uma vedação ao direito de acumulação, mas sim da previsão de que nesse caso uma das remunerações deverá ser reduzida para que os recebimentos acumulados respeitem o teto.

Outro detalhe interessante é relacionado à possibilidade de acumulação dos proventos de aposentadoria com o vencimento de cargo, emprego ou função pública. A Constituição Federal aponta a vedação dessa possibilidade, exceto no caso de cargos acumuláveis legalmente.

CF/1988

Art. 37. (...)

§ 10. É vedada a percepção simultânea de proventos de aposentadoria decorrentes do art. 40 ou dos arts. 42 e 142 com a remuneração de cargo, emprego ou função pública, ressalvados os cargos acumuláveis na forma desta Constituição, os cargos eletivos e os cargos em comissão declarados em lei de livre nomeação e exoneração. (...)

Art. 40. (...)

§ 6º Ressalvadas as aposentadorias decorrentes dos cargos acumuláveis na forma desta Constituição, é vedada a percepção de mais de uma aposentadoria à conta de regime próprio de previdência social, aplicando-se outras vedações, regras e condições para a acumulação de benefícios previdenciários estabelecidas no Regime Geral de Previdência Social. (...)

§ 11. Aplica-se o limite fixado no art. 37, XI, à soma total dos proventos de inatividade, inclusive quando decorrentes da acumulação de cargos ou empregos públicos, bem como de outras atividades sujeitas a contribuição para o regime geral de previdência social, e ao montante resultante da adição de proventos de inatividade com remuneração de cargo acumulável na forma desta Constituição, cargo em comissão declarado em lei de livre nomeação e exoneração, e de cargo eletivo.

Da análise dos dispositivos apontados, podemos extrair três situações de acumulação possíveis: **provento de aposentadoria com remuneração de cargo em comissão; provento de aposentadoria com remuneração de qualquer cargo eletivo e provento de aposentadoria com remuneração de cargo acumulável durante a atividade.**

Capítulo 11 ◆ Agentes públicos **313**

A acumulação remunerada de cargos poderá se dar mesmo no caso de acumulação em regimes distintos. Assim, poderá o detentor de um cargo público acumular com um emprego público, valendo também o contrário, além das situações clássicas de acumulação de dois cargos sob mesmo regime. Logicamente, a possibilidade de acumulação de cargos e vencimentos se dará no limite de duas fontes remuneratórias, não se permitindo acumulação de três ou mais cargos.

Assim, cabe apresentar as situações em que a Constituição permite a acumulação remunerada de cargos, aprofundando a análise em alguns casos que exigem um pouco mais de detalhamento:

CF/1988

Art. 37. (...)

XVI – é vedada a acumulação remunerada de cargos públicos, exceto, quando houver compatibilidade de horários, observado em qualquer caso o disposto no inciso XI:

a) a de dois cargos de professor;

b) a de um cargo de professor com outro técnico ou científico.

O conceito de **cargo técnico ou científico** não foi devidamente apontado pela legislação constitucional e não possui uma previsão legal específica que o delimite. Assim, aplica-se o entendimento prevalente nos Tribunais Superiores. Considera-se **cargo técnico** "aquele que requer conhecimento específico na área de atuação do profissional, com habilitação específica de grau universitário ou profissionalizante de 2º grau".[7] Assim, não necessariamente se aponta para um cargo de nível superior, mas para qualquer cargo que exige da pessoa um conjunto de conhecimentos especializados de determinada área. **Cargo científico** "é o conjunto de atribuições cuja execução tem por finalidade a investigação coordenada e sistematizada de fatos, predominantemente de especulação, visando a ampliar o conhecimento humano".[8]

Não basta o cargo deter a denominação de técnico para que assim seja definido. Com esse entendimento, os Tribunais Superiores já afastaram diversas tentativas de reconhecimento de acumulação de cargo para detentores de cargo de técnico administrativo em tribunais. O que importa não é o nome, mas o fato de a função exercida exigir uma atuação diferenciada das tradicionais ações burocráticas e rotineiras.

CF/1988

Art. 37. (...)

XVI – é vedada a acumulação remunerada de cargos públicos, exceto, quando houver compatibilidade de horários, observado em qualquer caso o disposto no inciso XI: (...)

c) a de dois cargos ou empregos privativos de profissionais de saúde, com profissões regulamentadas; (...)

---

7   STJ, 2ª Turma, RMS nº 42.392/AC, Rel. Min. Herman Benjamin, j. 10.02.2015.

8   STJ, 5ª Turma, RMS nº 28.644/AP, Rel. Min. Laurita Vaz, j. 06.12.2011.

314 Direito Administrativo Decifrado

> **Art. 142.** As Forças Armadas, constituídas pela Marinha, pelo Exército e pela Aeronáutica, são instituições nacionais permanentes e regulares, organizadas com base na hierarquia e na disciplina, sob a autoridade suprema do Presidente da República, e destinam-se à defesa da Pátria, à garantia dos poderes constitucionais e, por iniciativa de qualquer destes, da lei e da ordem. (...)
>
> § 3º Os membros das Forças Armadas são denominados militares, aplicando-se-lhes, além das que vierem a ser fixadas em lei, as seguintes disposições: (...)
>
> II – o militar em atividade que tomar posse em cargo ou emprego público civil permanente, ressalvada a hipótese prevista no art. 37, inciso XVI, alínea *c*, será transferido para a reserva, nos termos da lei; (...)

Consideram-se **profissionais de saúde com profissões regulamentadas** aqueles que exercem atividade técnica diretamente ligada ao serviço de saúde, como médicos, enfermeiros e outros. Assim, não pode se estender a regra aos agentes públicos que atuam em órgãos de prestação de serviço de saúde ou afins. Com a alteração do art. 142 da CF/1988 por meio da Emenda Constitucional nº 77/2014, passou-se a prever a possibilidade de acumulação de cargos também para profissionais de saúde em carreiras militares. Sendo assim, um agente que exerce a atividade de médico militar terá direito à acumulação de seu cargo com outro cargo público de médico de outra carreira militar ou civil, sempre com a ressalva de serem compatíveis os horários.

Além das situações previstas no inciso aqui apresentado, encontramos no texto constitucional outras condições permissivas de acumulação de cargos.

> **CF/1988**
>
> **Art. 38.** Ao servidor público da administração direta, autárquica e fundacional, no exercício de mandato eletivo, aplicam-se as seguintes disposições: (...)
>
> III – investido no mandato de Vereador, havendo compatibilidade de horários, perceberá as vantagens de seu cargo, emprego ou função, sem prejuízo da remuneração do cargo eletivo, e, não havendo compatibilidade, será aplicada a norma do inciso anterior; (...)

Essa regra é válida especificamente para acumulação do cargo ou emprego público com um cargo eletivo municipal de vereador, não sendo válida para os outros cargos eletivos disponíveis no ordenamento político brasileiro. Observe novamente o requisito de acumulação de horários sendo o único impeditivo quanto a essa acumulação. Os demais casos que demandarão afastamento serão estudados em tópico específico ainda neste capítulo.

> **CF/1988**
>
> **Art. 95.** (...)
>
> Parágrafo único. Aos juízes é vedado:
>
> I – exercer, ainda que em disponibilidade, outro cargo ou função, salvo uma de magistério; (...)

Capítulo 11 • Agentes públicos **315**

Art. 128. (...)

§ 5º Leis complementares da União e dos Estados, cuja iniciativa é facultada aos respectivos Procuradores-Gerais, estabelecerão a organização, as atribuições e o estatuto de cada Ministério Público, observadas, relativamente a seus membros: (...)

II – as seguintes vedações: (...)

d) exercer, ainda que em disponibilidade, qualquer outra função pública, salvo uma de magistério; (...)

Dos dois dispositivos apresentados percebemos a possibilidade de acumulação de cargos tanto da magistratura quanto do Ministério Público com o cargo de professor. Porém, com preceito de tal permissão acabar afetando a prestação da atividade pública pelo membro do Ministério Público, o Conselho Nacional do Ministério Público editou resolução limitando a possibilidade de acumulação.

Resolução nº 73/2011, CNMP

Art. 1º Ao membro do Ministério Público da União e dos Estados, ainda que em disponibilidade, é defeso o exercício de outro cargo ou função pública, ressalvado o magistério, público ou particular. (...)

§ 2º Haverá compatibilidade de horário quando do exercício da atividade docente não conflitar com o período em que o membro deverá estar disponível para o exercício de suas funções institucionais, especialmente perante o público e o Poder Judiciário.

Art. 2º Somente será permitido o exercício da docência ao membro, em qualquer hipótese, se houver compatibilidade de horário com o do exercício das funções ministeriais, e desde que o faça em sua comarca ou circunscrição de lotação, ou na mesma região metropolitana.

🧩 Decifrando a prova

(2019 – FGV – MPE/RJ – Analista – Adaptada) Pedro, membro do Ministério Público do Estado Alfa, decidiu se inscrever em concurso público de provas e títulos para o provimento do cargo efetivo WW, afeto ao exercício do magistério em universidade federal.

Considerando que Pedro também exerce o magistério em uma universidade estadual, é correto afirmar que ele não poderá tomar posse no cargo efetivo WW, enquanto não for exonerado do outro cargo afeto ao magistério.

( ) Certo ( ) Errado

Gabarito comentado: a previsão constitucional determina que membros do Ministério Público poderão acumular seu cargo dentro da entidade com um outro cargo específico de magistério. No caso em exame, Pedro não poderia assumir diretamente o magistério no cargo efetivo WW, pois assim estaria acumulando seu cargo público com dois cargos de magistério. Portanto, a assertiva está certa.

316 Direito Administrativo Decifrado

No caso de ser identificada acumulação ilegal de cargos, no âmbito federal, devemos observar o estabelecido na Lei nº 8.112/1990.

Lei nº 8.112/1990

Art. 133. Detectada a qualquer tempo a acumulação ilegal de cargos, empregos ou funções públicas, a autoridade a que se refere o art. 143 notificará o servidor, por intermédio de sua chefia imediata, para apresentar opção no prazo improrrogável de dez dias, contados da data da ciência e, na hipótese de omissão, adotará procedimento sumário para a sua apuração e regularização imediata, cujo processo administrativo disciplinar se desenvolverá nas seguintes fases: (...)

§ 5º A opção pelo servidor até o último dia de prazo para defesa configurará sua boa-fé, hipótese em que se converterá automaticamente em pedido de exoneração do outro cargo.

§ 6º Caracterizada a acumulação ilegal e provada a má-fé, aplicar-se-á a pena de demissão, destituição ou cassação de aposentadoria ou disponibilidade em relação aos cargos, empregos ou funções públicas em regime de acumulação ilegal, hipótese em que os órgãos ou entidades de vinculação serão comunicados.

Na forma da lei, a Administração Pública deverá notificar o servidor para que apresente opção dentro do prazo legal. Caso apresente opção por um dos cargos dentro do prazo de 10 (dez) dias, deve ser considerada tal ação uma conduta de boa-fé, concedendo-se ao servidor a exoneração do cargo ou o emprego que não foi escolhido por ele. Já no caso de manifestação do servidor no prazo legal, a Administração deverá proceder da seguinte forma:

- ◆ Instauração de procedimento administrativo sumário.
- ◆ Convocação de comissão composta por dois servidores estáveis para conduzir os trabalhos do procedimento sumário.
- ◆ Concessão de prazo de 5 (cinco) dias para defesa do servidor.
- ◆ Elaboração de relatório conclusivo pela comissão, determinando inocência ou responsabilidade do servidor.
- ◆ Autoridade instauradora proferirá a decisão final com base na análise de todos os fatos apontados no relatório.

Decifrando a prova

(2020 – FCC – TJ/MS – Juiz – Adaptada) Juan Mesquita é brasileiro naturalizado, tem 55 anos de idade e acaba de se aposentar. Antes da aposentadoria, ocupava emprego público de fisioterapeuta em Hospital Municipal. Candidatou-se em concurso público para o cargo efetivo de fiscal de rendas do Estado e foi aprovado. Sabe-se que dispõe da escolaridade exigida para o cargo, goza de boa saúde física e mental, está em dia com suas obrigações militares e eleitorais e em pleno gozo de seus direitos políticos. Considerando a situação descrita, é correto concluir que Juan poderá tomar posse no cargo público, pois não há nenhum impedimento para tanto.

Capítulo 11 ◆ Agentes públicos **3 1 7**

( ) Certo ( ) Errado
Gabarito comentado: a vedação de acumulação de proventos e vencimentos aplica-se apenas quando se tratar de cargo, emprego ou função pública alcançado pelo Regime Próprio de Previdência do Servidor (RPPS). Logo não há impedimento para os aposentados pelo Regime Geral de Previdência Social (RGPS). Portanto, a assertiva está certa.

11.6 Remuneração

Remuneração é o montante percebido pelo servidor público como contraprestação do exercício das atividades públicas formado pelo somatório de várias parcelas pecuniárias. Segundo a Lei nº 8.112/1990, é a soma do vencimento do cargo com as vantagens permanentes percebidas em decorrência de sua situação funcional. **Vencimento** é a parcela fixa percebida por qualquer pessoa que possua o vínculo com o cargo específico da Administração. **Vantagem** é parcela variável, decorrente da peculiaridade de cada cargo ou da própria situação pessoal do servidor. Alguns estatutos utilizam o termo **vencimentos** para tratar da remuneração. Assim, **vencimentos (plural) é sinônimo de remuneração, e vencimento é parcela que forma a remuneração.**

> **Lei nº 8.112/1990**
>
> **Art. 40.** Vencimento é a retribuição pecuniária pelo exercício de cargo público, com valor fixado em lei.
>
> **Art. 41.** Remuneração é o vencimento do cargo efetivo, acrescido das vantagens pecuniárias permanentes estabelecidas em lei. (...)
>
> **Art. 49.** Além do vencimento, poderão ser pagas ao servidor as seguintes vantagens:
>
> I – indenizações;
>
> II – gratificações;
>
> III – adicionais.

Por se configurar como verba de caráter alimentar resultante da contraprestação do serviço, a remuneração do servidor **não poderá sofrer arresto, sequestro ou penhora**, visto sua restrição poder resultar em riscos incalculáveis para o servidor e seus dependentes. Assim, define Matheus Carvalho (2017, p. 50) que:

> (...) a natureza jurídica do vencimento é considerada, hoje em dia, sob o duplo enfoque da contraprestação pelo serviço prestado e de seu caráter alimentar, que, desde as Ordenações Filipinas, vigentes até o império, encontra guarida no direito positivo brasileiro, como meio destinado à manutenção e subsistência do agente público e de sua família, sendo, por isso, impenhorável ou insuscetível de arresto, sequestro ou retenção pela Administração.

Com relação ao vencimento, o fato que o gera é normalmente a prestação de uma atividade pelo servidor referente ao seu cargo, podendo também resultar em situações especiais em que o servidor não exerce atividade. Seria o caso das férias e da eventual licença remunerada concedida ao servidor, por exemplo. No caso de a nomeação do servidor ser anulada, seja por invalidação do concurso ou por identificação de irregularidades em seu provimento, as parcelas ligadas ao vencimento se converterão em indenização pelo tempo de trabalho, conforme estudamos na aplicação da **teoria do funcionário de fato**.

Jurisprudência destacada

> É indevido o ressarcimento ao Erário dos valores gastos com contratações irregulares sem concurso público, pelo agente público responsável, quando efetivamente houve contraprestação dos serviços, para não se configurar enriquecimento ilícito da Administração (STJ, 2ª Turma, REsp nº 1.214.605/SP, Rel. Min. Eliana Calmon, j. 06.06.2013).
>
> Consoante reiterada jurisprudência desta Corte, "o recebimento da remuneração por parte do servidor público pressupõe o efetivo vínculo entre ele e a Administração Pública e o exercício no cargo. Incontroversa a existência do vínculo funcional, é ônus da Administração Pública demonstrar, enquanto fato impeditivo, modificativo ou extintivo do direito da parte autora, que não houve o efetivo exercício no cargo" (STJ, 1ª Turma, AgRg no AREsp nº 116.481/GO, Rel. Min. Arnaldo Esteves Lima, j. 04.12.2012).

A remuneração do servidor público deverá ser fixada em lei específica,[9] sendo também utilizada a sistematização legislativa para eventual alteração ou revisão dos valores remuneratórios. A lei específica de fixação da remuneração dos servidores é de iniciativa de cada Poder, sendo determinado que no **Poder Executivo** tal incumbência é do Chefe do Poder Executivo; no **Poder Judiciário** são competentes o Superior Tribunal Federal, os Tribunais Superiores e os Tribunais de Justiça; e no **Poder Legislativo** terão iniciativa para edição da lei a Câmara dos Deputados e o Senado Federal, na forma dos dispositivos constitucionais reproduzidos a seguir. Quanto aos membros do Ministério Público, a iniciativa está reservada para o Procurador-Geral.

CF/1988

Art. 51. Compete privativamente à Câmara dos Deputados: (...)

IV – dispor sobre sua organização, funcionamento, polícia, criação, transformação ou extinção dos cargos, empregos e funções de seus serviços, e a iniciativa de lei para fixação da respectiva remuneração, observados os parâmetros estabelecidos na lei de diretrizes orçamentárias;

Art. 52. Compete privativamente ao Senado Federal: (...)

XIII – dispor sobre sua organização, funcionamento, polícia, criação, transformação ou extinção dos cargos, empregos e funções de seus serviços, e a iniciativa de lei para fixação da respectiva remuneração, observados os parâmetros estabelecidos na lei de diretrizes orçamentárias; (...)

---

[9] Art. 37, X, da CF/1988.

Capítulo 11 ◆ Agentes públicos **319**

Art. 61. (...)

§ 1º São de iniciativa privativa do Presidente da República as leis que: (...)

II – disponham sobre: (...)

b) organização administrativa e judiciária, matéria tributária e orçamentária, serviços públicos e pessoal da administração dos Territórios; (...)

Art. 96. Compete privativamente: (...)

II – ao Supremo Tribunal Federal, aos Tribunais Superiores e aos Tribunais de Justiça propor ao Poder Legislativo respectivo, observado o disposto no art. 169: (...)

b) a criação e a extinção de cargos e a remuneração dos seus serviços auxiliares e dos juízos que lhes forem vinculados, bem como a fixação do subsídio de seus membros e dos juízes, inclusive dos tribunais inferiores, onde houver; (...)

Art. 127. (...)

§ 2º Ao Ministério Público é assegurada autonomia funcional e administrativa, podendo, observado o disposto no art. 169, propor ao Poder Legislativo a criação e extinção de seus cargos e serviços auxiliares, provendo-os por concurso público de provas ou de provas e títulos, a política remuneratória e os planos de carreira; a lei disporá sobre sua organização e funcionamento.

Apesar de a previsão constitucional ser a de necessidade de lei específica para fixação dos valores remuneratórios relacionados ao sistema administrativo, a própria Constituição Federal apresenta algumas exceções. Com relação à remuneração do **Presidente da República e seu vice, Ministros de Estados, Deputados Federais e Senadores** poderão ser estabelecidos por meio de **decreto legislativo**.[10] Na fixação da remuneração dos **vereadores**, poderá a Câmara de Vereadores fixar com a edição de **decreto legislativo**.[11]

Importante destacar que após a reforma administrativa de 1998, a remuneração dos membros de Poder, dos detentores de cargo eletivo, dos Ministros de Estado e dos Secretários Estaduais e Municipais,[12] dos membros do Ministério Público e da Defensoria Pública (incluindo Procuradorias Estaduais e do Distrito Federal)[13] e dos servidores policiais integrantes das polícias de Segurança Pública[14] passou a ser denominada **subsídio**, forma remuneratória diferenciada da remuneração comum por ser estabelecida em **parcela única**, não existindo aqui o acréscimo de valor referente a condições eventuais do agente público, como ocorre nas vantagens. Assim, o subsídio é pago somente com a parcela do vencimento, não existindo parcela variável em seu pagamento. Apesar de essa previsão de parcela única parecer muito rígida, o mesmo texto constitucional estabelece a concessão de diversos direitos concedidos aos trabalhados da iniciativa privada que servem como um acréscimo pecuniário ao subsídio, excepcionalizada, assim, a regra inicial.

---

[10] Art. 49, VII e VIII, da CF/1988.

[11] Art. 29, VI, da CF/1988.

[12] Art. 39, § 4º, da CF/1988.

[13] Arts. 135 c/c 131 e 133 da CF/1988.

[14] Art. 144, § 9º, da CF/1988.

320 Direito Administrativo Decifrado

CF/1988

Art. 39. (...)

§ 3º Aplica-se aos servidores ocupantes de cargo público o disposto no art. 7º, IV, VII, VIII, IX, XII, XIII, XV, XVI, XVII, XVIII, XIX, XX, XXII e XXX, podendo a lei estabelecer requisitos diferenciados de admissão quando a natureza do cargo o exigir.

§ 4º O membro de Poder, o detentor de mandato eletivo, os Ministros de Estado e os Secretários Estaduais e Municipais serão remunerados exclusivamente por subsídio fixado em parcela única, vedado o acréscimo de qualquer gratificação, adicional, abono, prêmio, verba de representação ou outra espécie remuneratória, obedecido, em qualquer caso, o disposto no art. 37, X e XI.

Cumpre destacar que, no que tange ao recebimento dos empregados públicos, por serem regidos pela CLT, aplica-se o regramento da iniciativa privada, adotando-se apenas algumas regras constitucionais cabíveis. Destacaremos cada caso no decorrer deste tópico.

Entendida a parte geral sobre o assunto remuneração, vamos agora destacar os principais dispositivos constitucionais sobre o tema.

II.6.I Garantia do salário mínimo

É importante lembrar que remuneração e salário se referem a regimes jurídicos diferentes. Ao tratarmos da remuneração, pensamos no regime jurídico estatutário. Ao tratarmos de salário, tratamos dos empregados públicos, aqueles que recebem mediante previsão da CLT. Apesar disso, em algumas situações, a Constituição Federal faz referência a dispositivos da CLT como regra de aplicação aos servidores públicos. É o caso do salário mínimo. O texto constitucional determina que o servidor público não poderá receber valor remuneratório menor do que o salário mínimo vigente no país. É importante destacar que, para fins de comprovação do respeito ao previsto no texto constitucional, considera-se o valor total remuneratório, e não apenas o vencimento do cargo. Por isso é possível que o servidor tenha o vencimento básico inferior ao salário mínimo vigente no país desde que, ao somar as vantagens concedidas a ele, o valor total remuneratório não seja inferior ao mínimo legal.

CF/1988

Art. 39. (...)

§ 3º Aplica-se aos servidores ocupantes de cargo público o disposto no art. 7º, IV, VII, VIII, IX, XII, XIII, XV, XVI, XVII, XVIII, XIX, XX, XXII e XXX, podendo a lei estabelecer requisitos diferenciados de admissão quando a natureza do cargo o exigir. (...)

Art. 7º (...)

IV – salário mínimo, fixado em lei, nacionalmente unificado, capaz de atender a suas necessidades vitais básicas e às de sua família com moradia, alimentação, educação, saúde, lazer, vestuário, higiene, transporte e previdência social, com reajustes periódicos que lhe preservem o poder aquisitivo, sendo vedada sua vinculação para qualquer fim; (...)

Capítulo 11 ♦ Agentes públicos   **321**

 Jurisprudência destacada

Súmula Vinculante nº 16. Os artigos 7º, IV, e 39, § 3º (redação da EC nº 19/1998), da Constituição, referem-se ao total da remuneração percebida pelo servidor público.

Por falta de previsão da aplicação da regra do salário mínimo aos servidores militares, existe uma exceção quanto à regra em estudo. No caso das praças iniciais do serviço militar obrigatório, é considerada legal a determinação de valor inferior ao salário mínimo.

 Jurisprudência destacada

Súmula Vinculante nº 6. Não viola a Constituição o estabelecimento de remuneração inferior ao salário mínimo para as praças prestadoras de serviço militar inicial.

Não podemos esquecer que a Lei de Acesso à Informação determina a publicidade de vencimentos e vantagens pagas aos servidores como regra, sendo tal informação acessível a todo interessado.

 Decifrando a prova

(2019 – Cespe/Cebraspe – TJ/PA – Juiz – Adaptada) Determinado servidor público estadual possui vencimento-base inferior ao salário mínimo. Sua remuneração é complementada por meio de um abono, destinado a garantir a percepção do mínimo legal. Considerando-se os enunciados de súmula vinculante do STF, nesse caso, se for criada uma nova gratificação de desempenho aplicável a esse servidor, ela deverá incidir sobre a remuneração bruta do servidor, excluídas apenas as parcelas de caráter transitório.
( ) Certo ( ) Errado
Gabarito comentado: conforme estipulado pelo Supremo Tribunal Federal ao editar a Súmula Vinculante nº 15 "o cálculo das gratificações e vantagens do servidor público não incide sobre o abono utilizado para se atingir o salário mínimo". Assim, o valor do abono só serve para garantir o respeito ao salário mínimo como piso de recebimento, não devendo servir como base de cálculo para eventuais adicionais que sejam concedidos ao servidor. Inclusive, no caso de adicionais concedidos ao servidor somados ao vencimento básico garantirem uma remuneração igual ou superior ao salário mínimo, o abono não será mais pago, pois se perde sua necessidade. Portanto, a assertiva está errada.

II.6.2   Irredutibilidade remuneratória

O princípio da irredutibilidade remuneratória protege o servidor de eventuais situações que possam acarretar prejuízos incalculáveis. Esse princípio decorre da característica

322 Direito Administrativo Decifrado

de verba alimentar própria dessa remuneração. Ocorre que esse princípio não é absoluto, havendo possibilidade de seu afastamento em casos específicos. Uma das situações se refere ao recebimento irregular ou indevido de vantagens pelo servidor. Nesse caso, a identificação da irregularidade acarretará na anulação da vantagem recebida e consequente redução da remuneração do servidor. Outra situação é a aplicação do teto remuneratório. Caso o recebimento do servidor acabe atingindo esse teto, a vantagem que exceder esse valor será descontada de sua remuneração, reduzindo, assim, o ganho final do servidor.

É importante observar que a irredutibilidade garantida pela Constituição Federal é em relação ao valor nominal[15] e não ao valor real da remuneração. Como forma de proteger o valor real da remuneração, a constituição federal determinou a revisão geral anual dos vencimentos pagos aos servidores por meio de lei, sempre na mesma data e sem distinção de índices como forma de garantir a manutenção do poder aquisitivo do servidor. Trata-se de uma norma de eficácia limitada, visto que exige a edição de lei para sua efetivação. Essa lei deverá determinar a periodicidade de um ano para revisão geral e estabelecer isonomia entre todos os cargos da Administração Pública. Na forma da Constituição Federal e da Lei de Responsabilidade Fiscal, a revisão geral deverá estar contemplada na lei orçamentária vigente. A omissão quanto à edição de leis para garantir revisão geral dos vencimentos dos servidores públicos configura inconstitucionalidade por omissão do Estado. O Supremo Tribunal Federal Já pacificou o entendimento de que ausência de concessão de revisão geral dos servidores não poderá resultar em condenação de pagamento de indenização pelo Estado.

CF/1988

Art. 37. (...)

X – a remuneração dos servidores públicos e o subsídio de que trata o § 4º do art. 39 somente poderão ser fixados ou alterados por lei específica, observada a iniciativa privativa em cada caso, assegurada revisão geral anual, sempre na mesma data e sem distinção de índices; (...)

XV – o subsídio e os vencimentos dos ocupantes de cargos e empregos públicos são irredutíveis, ressalvado o disposto nos incisos XI e XIV deste artigo e nos arts. 39, § 4º, 150, II, 153, III, e 153, § 2º, I; (...)

No âmbito federal é a Lei nº 10.331/2001 a responsável por regulamentar a revisão geral prevista na Constituição Federal. Por essa lei, janeiro foi determinado o mês para revisão geral anual estendendo essa regra também para proventos e pensões. Para revisão geral anual, foram determinadas algumas condições específicas, sendo: definição do índice em lei específica, previsão na lei de diretrizes orçamentárias, previsão da despesa e indicação das fontes de custeio, disponibilidade financeira, desde que não interfira nos compromissos assumidos em áreas prioritárias de interesse econômico e social, respeito aos limites com despesas de pessoal e adequação do índice à evolução nominal e real das remunerações do mercado de trabalho. Com relação ao Distrito Federal, Estados e Municípios, cabe a cada ente federado editar legislação específica sobre o assunto.

---

[15] STF, Tribunal Pleno, MS nº 21.659/DF, Rel. Min. Eros Grau, j. 28.09.2005.

Cabe realizarmos a distinção entre revisão geral e revisão específica. Como visto até aqui, a revisão geral serve como instrumento de proteção do poder aquisitivo do servidor em face do processo inflacionário. Já a revisão específica atinge apenas determinados cargos e carreiras com intuito de evitar a defasagem mais profunda entre as remunerações do servidor público e do empregado privado. Inclusive, a regra de iniciativa da revisão geral não se aplica no caso da revisão específica, sendo tal iniciativa de competência da autoridade dirigente em cada Poder.

Como o procedimento de revisão de vencimentos é um procedimento eminentemente administrativo, não caberá ao Poder Judiciário determinar o aumento do vencimento dos servidores sob o pretexto de manutenção da isonomia.

Jurisprudência destacada

Súmula Vinculante nº 37. Não cabe ao Poder Judiciário, que não tem função legislativa, aumentar vencimentos de servidores públicos sob o fundamento de isonomia.

Não sendo possível, pela via do controle abstrato, obrigar o ente público a tomar providências legislativas necessárias para prover omissão declarada inconstitucional – na espécie, o encaminhamento de projeto de lei de revisão geral anual dos vencimentos dos servidores públicos –, com mais razão não poderia fazê-lo o Poder Judiciário, por via oblíqua, no controle concreto de constitucionalidade, deferindo pedido de indenização para recompor perdas salariais em face da inflação (STF, 1ª Turma, RE-AgR nº 485.087/RS, Rel. Min. Cármen Lúcia, j. 02.03.2007).

Outro destaque importante é a possibilidade da alteração da **forma de cálculo** da remuneração do servidor. Isso significa que a majoração de uma vantagem pode resultar na redução proporcional do vencimento básico sem que isso afete o valor global da remuneração. Esse entendimento não possui previsão legal, mas já está pacificado na doutrina.

Decifrando a prova

(2018 – TRF/2ª Região – Juiz – Adaptada) A remuneração do servidor público é a soma dos vencimentos do cargo e de vantagens pecuniárias. Com relação ao regime remuneratório dos servidores públicos, é correto afirmar que a garantia da irredutibilidade dos vencimentos não veda a redução de parcelas que compõem a remuneração ou mesmo a alteração no modo de cálculo de gratificações e outras vantagens, desde que preservado o valor da remuneração total.

( ) Certo ( ) Errado

Gabarito comentado: alteração na forma de cálculo, desde que se mantenha o valor da remuneração total, poderá ocorrer de forma discricionária sem que se configure um ilícito administrativo. Portanto, a assertiva está certa.

II.6.3 Direito de correção e indenização

O Poder Público deverá realizar o pagamento da remuneração dos servidores em datas predefinidas, seja mediante entrega do dinheiro ou depósito bancário em conta indicada pelo próprio servidor. Além do pagamento, também cabe ao Poder Público a entrega do contracheque contendo o demonstrativo de valores de vencimento e vantagens permanentes ou não pagas ao servidor. Resultado da natureza alimentar da verba remuneratória já citada nessa obra, o atraso no pagamento poderá resultar em danos ao servidor que, devidamente comprovados, devem ser indenizados pelo Estado por meio de ação própria. Mesmo que não decorram danos do atraso do pagamento pelo estado, caberá ao servidor direito de correção monetária dos valores a receber. É importante observar que no caso de atraso de pagamento ou pagamento realizado com valor abaixo do estabelecido, o servidor poderá ajuizar ação própria dentro do prazo prescricional de 5 (cinco) anos. Esse prazo não se aplica ao fundo do direito, mas apenas a parcelas não pagas e vencidas há mais de 5 (cinco) anos.

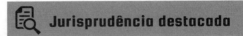

Jurisprudência destacada

Súmula nº 682 do STF. Não ofende a Constituição a correção monetária no pagamento com atraso dos vencimentos de servidores públicos.

Lei nº 9.494/1997

Art. 1º-F. Nas condenações impostas à Fazenda Pública, independentemente de sua natureza e para fins de atualização monetária, remuneração do capital e compensação da mora, haverá a incidência uma única vez, até o efetivo pagamento, dos índices oficiais de remuneração básica e juros aplicados à caderneta de poupança.

Em 2019, ao julgar a ADI nº 5.348/DF, o STF declarou incompatível a previsão da utilização dos índices oficiais de remuneração da caderneta de poupança para atualização monetária nas condenações da Fazenda Pública. Com isso, passou-se a adotar a aplicação dos índices oficiais de inflação adotadas pelo Governo (normalmente, mas não somente, o IPCA).

Decreto nº 20.910/1932

Art. 1º As dívidas passivas da União, dos Estados e dos Municípios, bem assim todo e qualquer direito ou ação contra a Fazenda federal, estadual ou municipal, seja qual for a sua natureza, prescrevem em cinco anos contados da data do ato ou fato do qual se originarem. (...)

Art. 3º Quando o pagamento se dividir por dias, meses ou anos, a prescrição atingirá progressivamente as prestações à medida que completarem os prazos estabelecidos pelo presente decreto.

Capítulo 11 ◆ Agentes públicos **325**

II.6.4 Teto remuneratório

Uma das grandes novidades introduzidas pela CF/1988 foi a definição de um limite máximo para remuneração de agentes públicos dentro da organização administrativa, o qual ficou conhecido como: teto remuneratório. Assim, ficou definido como teto máximo de recebimento na Administração Pública nacional a remuneração dos ministros do Supremo Tribunal Federal. Cabe ressaltar que esse limite independe da espécie de vínculo entre Estado e agente público, sendo aplicado aos temporários, comissionados, agentes políticos, servidores estatutários ou empregados celetistas.

> **CF/1988**
>
> **Art. 37. (...)**
>
> XI – a remuneração e o subsídio dos ocupantes de cargos, funções e empregos públicos da administração direta, autárquica e fundacional, dos membros de qualquer dos Poderes da União, dos Estados, do Distrito Federal e dos Municípios, dos detentores de mandato eletivo e dos demais agentes políticos e os proventos, pensões ou outra espécie remuneratória, percebidos cumulativamente ou não, incluídas as vantagens pessoais ou de qualquer outra natureza, não poderão exceder o subsídio mensal, em espécie, dos Ministros do Supremo Tribunal Federal, aplicando-se como limite, nos Municípios, o subsídio do Prefeito, e nos Estados e no Distrito Federal, o subsídio mensal do Governador no âmbito do Poder Executivo, o subsídio dos Deputados Estaduais e Distritais no âmbito do Poder Legislativo e o subsídio dos Desembargadores do Tribunal de Justiça, limitado a noventa inteiros e vinte e cinco centésimos por cento do subsídio mensal, em espécie, dos Ministros do Supremo Tribunal Federal, no âmbito do Poder Judiciário, aplicável este limite aos membros do Ministério Público, aos Procuradores e aos Defensores Públicos; (...)

Com a aprovação da Emenda Constitucional nº 41, no ano de 2003, o texto constitucional passou a prever a possibilidade de determinação de tetos específicos dentro da estrutura administrativa de cada ente federado. Esses subtetos ou tetos parciais ficaram assim determinados:

◆ **Estados e Distrito Federal:** no caso do Poder Executivo, o teto remuneratório é o valor pago ao Governador; no caso do Legislativo, o subsídio do Deputado Estadual e Distrital; já no Judiciário, ficou definido como teto o subsídio do Desembargador de Justiça.

◆ **Municípios:** ficou estabelecido teto único, seja qual for o Poder ao qual o agente público está vinculado, sendo o subsídio do Prefeito.

Com a edição da Emenda Constitucional nº 47, no ano de 2005, a Constituição passou a deter um dispositivo que permitiu aos Estados e ao Distrito Federal fixar, por meio de emenda, às respectivas Constituição Estaduais e à Lei Orgânica Distrital, o subsídio mensal do Desembargador de Justiça como teto único.

326 Direito Administrativo Decifrado

CF/1988

Art. 37. (...)

§ 12. Para os fins do disposto no inciso XI do *caput* deste artigo, fica facultado aos Estados e ao Distrito Federal fixar, em seu âmbito, mediante emenda às respectivas Constituições e Lei Orgânica, como limite único, o subsídio mensal dos Desembargadores do respectivo Tribunal de Justiça, limitado a noventa inteiros e vinte e cinco centésimos por cento do subsídio mensal dos Ministros do Supremo Tribunal Federal, não se aplicando o disposto neste parágrafo aos subsídios dos Deputados Estaduais e Distritais e dos Vereadores.

Conforme citado anteriormente, os valores que ultrapassarem o respectivo teto serão imediatamente reduzidos para que se possa respeitar teto remuneratório determinado. Ocorre que a doutrina e a jurisprudência vêm excluindo do teto remuneratório alguns valores específicos pagos aos agentes públicos, com base em diversos dispositivos legais. Por isso, temos como exceções ao teto remuneratório:

- ◆ **Verbas indenizatórias:** pelo fato de não possuírem natureza de acréscimo patrimonial, mas de devolução ou reparação ao servidor.
- ◆ **Remunerações decorrentes de cargos públicos acumulados com o cargo de magistério:** definido por orientação jurisprudencial e doutrinária, permite reconhecer a importância da disseminação de conhecimento dos agentes públicos mediante remuneração correspondente.
- ◆ **Benefícios previdenciários.**
- ◆ **Atuação na Justiça Eleitoral:** a Justiça Eleitoral não possui estrutura própria, não existindo, assim, concurso na área da magistratura eleitoral. A composição da justiça eleitoral se dá por meio do "empréstimo" feito pelos outros órgãos judiciais.
- ◆ **Exercício temporário de função cumulativa.**

Destaque importante deve ser feito quanto a uma decisão proferida pelo STF no ano de 2017.[16] Nessa decisão, o Supremo considerou inconstitucional a expressão "**percebidos cumulativamente ou não**" constante no inciso XI do art. 37. Assim, passou a prevalecer o entendimento de que o teto remuneratório no caso de cargos constitucionalmente acumuláveis deve ser aplicado de forma isolada para cada cargo público acumulado.

Em se tratando das empresas estatais, devemos observar a fonte originária de recursos utilizada pelo ente estatal para custeio de despesa de pessoal. Caso sejam recursos públicos, mesmo que os agentes públicos estejam submetidos ao regime privado, no qual não há teto remuneratório, será aplicada a regra como forma de controle dos gastos públicos. Portanto, quando estivermos diante de uma empresa estatal autossuficiente, não haverá a aplicação do teto remuneratório.

---

[16] Decisão que negou provimento a dois Recursos Extraordinários (REs nºs 602.043 e 612.975).

CF/1988

Art. 37. (...)

§ 9º O disposto no inciso XI aplica-se às empresas públicas e às sociedades de economia mista, e suas subsidiárias, que receberem recursos da União, dos Estados, do Distrito Federal ou dos Municípios para pagamento de despesas de pessoal ou de custeio em geral.

II.6.5 Vinculação e equiparação

A definição da remuneração paga aos servidores públicos terá sempre como parâmetro a natureza, o grau de responsabilidade e a complexidade dos cargos componentes de cada carreira, além dos requisitos para investidura e peculiaridades dos cargos. A determinação do texto constitucional busca garantir isonomia entre as remunerações. A essência da regra constitucional é evitar que pagamentos de remunerações mais baixas sejam feitos a servidores de um dos poderes. Apesar da previsão de isonomia, o texto constitucional não admite equiparação ou vinculação das remunerações entre carreiras no serviço público.

CF/1988

Art. 37. (...)

XIII – é vedada a vinculação ou equiparação de quaisquer espécies remuneratórias para o efeito de remuneração de pessoal do serviço público; (...)

Para melhor entendimento da regra em estudo, importante distinguirmos equiparação e vinculação.

A **equiparação** ocorre sempre que se identifica similaridade de requisitos e responsabilidade em diversas carreiras da estrutura administrativa. Existiria, então, uma carreira como paradigma e outras carreiras que estariam diretamente ligadas a ela. Ocorrendo o aumento da remuneração dos servidores da carreira paradigma, automaticamente os servidores das carreiras equiparadas fariam jus ao aumento de suas remunerações.

A **vinculação** ocorre entre carreiras com requisitos e responsabilidades distintas organizadas em um sistema de hierarquia. Dessa forma, sempre que a carreira superior receber aumento remuneratório, os servidores da carreira inferior farão jus à revisão de suas remunerações. A vedação quanto à vinculação remuneratória também deve ser aplicada quando se tratar de agentes públicos submetidos a regime próprio. É o caso, por exemplo, de agentes políticos estaduais e servidores públicos estaduais, que se submetem a regimes jurídicos próprios.

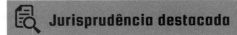

Jurisprudência destacada

Revela-se inconstitucional a vinculação dos subsídios devidos aos agentes políticos locais (Prefeito, Vice-Prefeito e Vereadores) à remuneração estabelecida em favor dos servidores públicos municipais (STF, 2ª Turma, AgR-RE nº 411.156/SP, Rel. Min. Celso de Mello, j. 29.11.2011).

328 Direito Administrativo Decifrado

Com isso, a Constituição Federal vetou a ocorrência do chamado **aumento em cascata**, situação em que ocorreria aumento de vencimentos de determinadas classes sem a edição da lei específica prevista na regra constitucional.

> ## Decifrando a prova
>
> **(2018 – TRF/2ª Região – Juiz – Adaptada)** A remuneração do servidor público é a soma dos vencimentos do cargo e de vantagens pecuniárias. Com relação ao regime remuneratório dos servidores públicos, é correto afirmar que a isonomia remuneratória prevista na Constituição Federal garante paridade entre os cargos de igual atribuição ou assemelhados no Executivo, no Legislativo e no Judiciário.
> ( ) Certo ( ) Errado
> **Gabarito comentado:** a Constituição Federal veda expressamente qualquer tipo de vinculação ou paridade entre cargos e funções distintas dentro da estrutura administrativa. Portanto, a assertiva está errada.

II.6.6   Desconto remuneratório

Em regra, a remuneração do servidor não poderá sofrer descontos por se tratar da fonte principal de manutenção de direitos e necessidades da pessoa. Apesar disso, existem casos previstos na lei em que tal desconto será permitido.

- **Imposição legal:** nesta situação, a lei prevê o desconto direto na remuneração do servidor, como ocorre com o imposto de renda, por exemplo.
- **Decisão Judicial:** o Judiciário poderá determinar o desconto direto no pagamento do servidor em casos específicos, como determinação de pagamento de pensão alimentícia.

Lei nº 8.112/1990

Art. 45. Salvo por imposição legal, ou mandado judicial, nenhum desconto incidirá sobre a remuneração ou provento.

- **Consignação em folha:**[17] caso em que o servidor constitui um empréstimo junto a uma entidade de crédito financeiro que efetivou ajuste prévio com o Poder Público, conquistando autorização para oferta de empréstimo mediante desconto direto, conhecido como **crédito consignado**. Para que ocorra legalmente, é necessário que a administração tenha interesse em firmar tal ajuste e o servidor autorize expressamente o desconto em folha de pagamento.

---

[17]   Recomendamos acompanhar a tramitação da MP nº 1.132/2022, em vigor até o fechamento desta edição, que revoga os §§ 1º e 2º do art. 45 da Lei nº 8.112/1990.

Capítulo 11 • Agentes públicos **329**

Lei nº 8.112/1990

Art. 45. (...)

§ 1º Mediante autorização do servidor, poderá haver consignação em folha de pagamento em favor de terceiros, a critério da administração e com reposição de custos, na forma definida em regulamento.

§ 2º O total de consignações facultativas de que trata o § 1º não excederá a 35% (trinta e cinco por cento) da remuneração mensal, sendo 5% (cinco por cento) reservados exclusivamente para:

I – a amortização de despesas contraídas por meio de cartão de crédito; ou

II – a utilização com a finalidade de saque por meio do cartão de crédito.

♦ **Ressarcimento ao erário:** identificada a má-fé do agente público, terá início um prazo de 30 (trinta) dias para que sejam devolvidos valores indevidamente recebidos. Caso não seja possível realizar o pagamento integral dentro do prazo, o servidor poderá fazer o pagamento mediante o acerto de um parcelamento com desconto em folha. O valor da parcela a ser descontada não poderá ser inferior a 10% (dez por cento) do valor da remuneração do servidor.

Lei nº 8.112/1990

Art. 46. As reposições e indenizações ao erário, atualizadas até 30 de junho de 1994, serão previamente comunicadas ao servidor ativo, aposentado ou ao pensionista, para pagamento, no prazo máximo de trinta dias, podendo ser parceladas, a pedido do interessado.

§ 1º O valor de cada parcela não poderá ser inferior ao correspondente a dez por cento da remuneração, provento ou pensão.

11.7 Estágio probatório, estabilidade e vitaliciedade

O candidato aprovado em concurso público para assumir cargo público, após a efetivação de sua relação com a administração (resultante do efetivo exercício do cargo) passará a ser avaliado e observado em suas atribuições como forma de "medir a adequação" do servidor ao cargo. Devemos notar que, até aqui, o candidato foi aprovado em um concurso composto por diversas fases e se mostrou intelectualmente, física e mentalmente apto pelo menos. A questão agora é avaliarmos o último detalhe essencial de um agente público: sua adaptação ao cargo ocupado. Nem sempre o candidato aprovado se adéqua ao trabalho que assumiu, talvez por não ter devidamente estudado o cargo que estava em disputa, talvez por ter acreditado ser "um sonho" assumir determinado cargo e descobrir que não era bem aquilo que imaginava. Há casos também em que, apesar da adaptação ao ambiente de trabalho e às atribuições relacionadas ao cargo assumido, o servidor não se mostra competente o suficiente para realmente receber aquelas obrigações em suas mãos.

O devido cuidado com o interesse público e com a coisa pública é vertente determinante da atividade pública. Assim, um servidor que não consegue atender aos anseios e às exigências do cargo não merece que o seu vínculo seja mantido intacto com o Estado. Por isso, foi criado o instituto do estágio probatório, o qual se apresenta como uma nova etapa

330 Direito Administrativo Decifrado

pós-concurso caracterizada por avaliar requisitos específicos do servidor. Compara-se com o contrato de experiência do direito privado, por servir como um instrumento de confirmação da adequação do servidor ao cargo ocupado.

Dentro do estágio probatório serão analisados aspectos como: aptidão, produtividade, capacidade de desempenho das atividades, responsabilidade e outras características essenciais para o devido exercício da atividade pública. Apesar de certa confusão criada por nossas leis, que, ainda hoje, não se adequaram aos mandamentos constitucionais, o prazo legal para realização do estágio probatório em todas as esferas da Administração Pública é de 3 (três) anos. Observe como a legislação federal vigente e Constituição Federal não "combinaram bem o discurso".

CF/1988

Art. 41. São estáveis após três anos de efetivo exercício os servidores nomeados para cargo de provimento efetivo em virtude de concurso público.

Lei nº 8.112/1990

Art. 20. Ao entrar em exercício, o servidor nomeado para cargo de provimento efetivo ficará sujeito a estágio probatório por período de 24 (vinte e quatro) meses, durante o qual a sua aptidão e capacidade serão objeto de avaliação para o desempenho do cargo, observados os seguintes fatores: (...)

Acontece que o prazo de 3 (três) anos hoje adotado no sistema administrativo brasileiro foi introduzido com a reforma administrativa de 1998. Até então, o prazo era de 2 (dois) anos, estando assim de acordo com a legislação federal específica. Após a alteração do texto constitucional, não foi feita a devida correção no texto infraconstitucional, o que ainda gera certa dúvida sobre a validade ou não desse dispositivo. Claramente, prevalece o ditame constitucional, servindo a legislação infraconstitucional apenas como norma determinante do funcionamento do estágio probatório.

Para parte da doutrina, não há motivos para falar sobre conflito de normas porque, na realidade, os institutos tratam de disposições distintas, sendo a Constituição Federal responsável pela determinação do prazo para **aquisição de estabilidade,** e a lei infraconstitucional definiria apenas o prazo do **estágio probatório**, não sendo então coincidentes. Essa discussão se arrastou por um longo período, até que, em 2010, os Tribunais Superiores passaram a oferecer diversas decisões apontando para uma unicidade dos instrumentos, sendo o mesmo prazo de estabilidade e de estágio probatório.

Jurisprudência destacada

Vinculação entre o instituto da estabilidade, definida no art. 41 da Constituição Federal, e o instituto do estágio probatório. Aplicação de prazo comum de três anos a ambos os institutos (STF, Tribunal Pleno, STA nº 269 AgR/DF, Rel. Min. Gilmar Mendes, j. 04.02.2010).

Não atendido o requisito temporal de conclusão do estágio probatório, considerando que não verificado o interstício de 3 (três) anos de efetivo exercício da impetrante no cargo de Procurador Federal, inexiste direito líquido e certo de figurar nas listas de promoção e progressão funcional, regulamentadas pela Portaria PGF n. 468/2005 (STJ, 3ª Seção, MS nº 12.665/DF, Rel. Min. Marilza Maynard, j. 12.12.2012).

Capítulo 11 ♦ Agentes públicos **331**

Além da alteração do prazo de duração do estágio probatório, a Reforma Administrativa de 1998 também introduziu uma novidade no sistema administrativo: após completar o prazo previsto de estágio, o servidor ainda deve ser submetido a uma avaliação especial de desempenho para verificação de sua qualificação antes da concessão definitiva de sua estabilidade. Tal avaliação deverá ser realizada por uma comissão instituída para essa única finalidade, sendo sua decisão final com relação à concessão ou não da estabilidade ao servidor. Caso a Administração não constitua a comissão ou retarde a decisão para além do prazo de três anos determinado no texto constitucional, considera-se que o servidor recebeu o direito de estabilidade, dispensando-se a avalição especial de desempenho ora exigida na Constituição Federal.

Jurisprudência destacada

Indeferido mandado de segurança em que se pretendia a recondução do impetrante ao cargo público que exercera anteriormente no Ministério Público Federal, e no qual adquirira estabilidade, sob a alegação de que a estabilidade no novo cargo público, exercido na Prefeitura Municipal do Estado de São Paulo, somente seria implementada após a avaliação de desempenho no referido cargo, o que ainda não ocorrera. O Tribunal, ressaltando que o direito de retorno ao cargo anterior ocorre enquanto o servidor estiver submetido a estágio probatório no novo cargo, cujo prazo é de 2 anos, na forma prevista no art. 20 da Lei nº 8.112/1990, negou o direito do impetrante, uma vez que o pedido de recondução fora feito após o transcurso de mais de 3 anos no novo cargo. Salientou-se, ainda, que a ausência de avaliação de desempenho do servidor não afasta a presunção da estabilidade no novo cargo, pelo decurso do prazo de mais de 3 anos (STF, Tribunal Pleno, MS nº 24.543/DF, Rel. Min. Carlos Velloso, j. 21.08.2003).

As regras de estágio probatório e estabilidade não alcançam os empregados públicos, uma vez que são regidos pela CLT, que não prevê tais institutos, além de o texto constitucional expressamente apontar apenas para **servidor nomeado** esse direito. Nomeação, conforme veremos mais adiante, é figura típica do regime estatutário. Também não se estenderá o direito de estabilidade aos detentores de cargos de livre nomeação e livre exoneração, por total incompatibilidade com a transitoriedade que caracteriza tais cargos.

Estabilidade é uma garantia constitucional atribuída a detentores de cargos efetivos da Administração Pública, que não se deve confundir com uma garantia de permanência no cargo, o qual prevê condições específicas para dispensa do servidor público, garantindo, assim, uma proteção maior ao vínculo firmado com o Estado se comparado com vínculos trabalhistas regidos pela CLT, por exemplo.

Vale destacar que, apesar de não ser garantido ao empregado público o acesso à garantia de estabilidade no cargo, o entendimento prevalente no direito moderno é de que não poderá ser o empregado público dispensado do cargo sem a devida justificativa administrativa, pois trata-se de um ato administrativo que restringe direito e, na forma do **princípio da motivação**, exige tal justificativa. Esse entendimento se extrai de uma decisão do STF que tratou de um caso específico referente à dispensa de empregado público da ECT (Empresa Brasileira de Correios e Telégrafos), que tem servido como base para posteriores decisões sobre outros empregos públicos mantidos pela Administração Pública.

332 Direito Administrativo Decifrado

> ### Jurisprudência destacada
>
> Os empregados públicos não fazem jus à estabilidade prevista no art. 41 da CF/1988, salvo aqueles admitidos em período anterior ao advento da EC nº 19/1998. Precedentes. Em atenção, no entanto, aos princípios da impessoalidade e isonomia, que regem a admissão por concurso público, a dispensa do empregado de empresas públicas e sociedades de economia mista que prestam serviços públicos deve ser motivada, assegurando-se, assim, que tais princípios, observados no momento daquela admissão, sejam também respeitados por ocasião da dispensa. A motivação do ato de dispensa, assim, visa a resguardar o empregado de uma possível quebra do postulado da impessoalidade por parte do agente estatal investido do poder de demitir (STF, Tribunal Pleno, RE nº 589.998/PI, Rel. Min. Ricardo Lewandowski, j. 20.03.2013, Tema 131).

Como citado, a estabilidade é uma garantia ao servidor que cria um sistema mais rígido de dispensa. Logo, apenas em casos específicos, o servidor, após a aquisição da estabilidade, poderá perder o cargo.

CF/1988

Art. 41. São estáveis após três anos de efetivo exercício os servidores nomeados para cargo de provimento efetivo em virtude de concurso público.

§ 1º O servidor público estável só perderá o cargo:

I – em virtude de sentença judicial transitada em julgado;

II – mediante processo administrativo em que lhe seja assegurada ampla defesa;

III – mediante procedimento de avaliação periódica de desempenho, na forma de lei complementar, assegurada ampla defesa. (...)

Art. 169. A despesa com pessoal ativo e inativo e pensionistas da União, dos Estados, do Distrito Federal e dos Municípios não pode exceder os limites estabelecidos em lei complementar. (...)

§ 3º Para o cumprimento dos limites estabelecidos com base neste artigo, durante o prazo fixado na lei complementar referida no *caput*, a União, os Estados, o Distrito Federal e os Municípios adotarão as seguintes providências:

I – redução em pelo menos vinte por cento das despesas com cargos em comissão e funções de confiança;

II – exoneração dos servidores não estáveis.

§ 4º Se as medidas adotadas com base no parágrafo anterior não forem suficientes para assegurar o cumprimento da determinação da lei complementar referida neste artigo, o servidor estável poderá perder o cargo, desde que ato normativo motivado de cada um dos Poderes especifique a atividade funcional, o órgão ou unidade administrativa objeto da redução de pessoal.

Vamos detalhar cada situação para perfeito entendimento das regras referentes à estabilidade do servidor.

- **Sentença judicial:** uma decisão judicial poderá determinar a perda do cargo pelo servidor, estável ou não, desde que tal decisão já tenha transitado em julgado, ou seja, não exista mais o cabimento de recurso contra a decisão apresentada.

- **Processo administrativo:** um procedimento instaurado internamente que siga toda a formalidade legal e garanta o acesso à plena defesa do acusado poderá resultar na perda do cargo pelo servidor estável.

- **Avaliação periódica de desempenho:** outra importante inovação da reforma administrativa de 1998, como forma de regular o princípio da eficiência, foi a extensão da avaliação de desempenho do servidor para além do período de estágio probatório. Agora, mesmo depois de adquirida a estabilidade, a avaliação passará a servir como instrumento de aferição da eficiência do servidor, e não mais de sua aptidão com o cargo. Trata-se de uma norma de eficácia limitada, que demanda a edição de uma lei específica estabelecendo as regras de avaliação de desempenho, com a previsão essencial de contraditório e ampla defesa ao servidor avaliado.

- **Corte de gasto com pessoal:** caso em que o Poder Público extrapola os limites de despesas com os servidores – determinado na Lei de Responsabilidade Fiscal (LC nº 101/2000).

A Lei de Responsabilidade Fiscal é a lei responsável por determinar limites de gastos dos entes federados em relação a pessoal. A Lei Complementar nº 101 foi editada como forma de acabar com um costume da política nacional de gestores que, ao chegar perto do final do mandato, realizavam obras e gastos de grande porte e faziam empréstimos, sobrando para seus sucessores a obrigação de controlar os gastos durante sua gestão. Também foi responsável por promover a transparência dos gastos públicos no Brasil. A forma de controle adotada pela lei foi atrelar o poder de arrecadação de cada ente público com os seus gastos, gerando um equilíbrio nas contas públicas.

LC nº 101/2000

Art. 18. Para os efeitos desta Lei Complementar, entende-se como despesa total com pessoal: o somatório dos gastos do ente da Federação com os ativos, os inativos e os pensionistas, relativos a mandatos eletivos, cargos, funções ou empregos, civis, militares e de membros de Poder, com quaisquer espécies remuneratórias, tais como vencimentos e vantagens, fixas e variáveis, subsídios, proventos da aposentadoria, reformas e pensões, inclusive adicionais, gratificações, horas extras e vantagens pessoais de qualquer natureza, bem como encargos sociais e contribuições recolhidas pelo ente às entidades de previdência. (...)

Art. 19. Para os fins do disposto no *caput* do art. 169 da Constituição, a despesa total com pessoal, em cada período de apuração e em cada ente da Federação, não poderá exceder os percentuais da receita corrente líquida, a seguir discriminados:

I – União: 50% (cinquenta por cento);

334 Direito Administrativo Decifrado

II – Estados: 60% (sessenta por cento);

III – Municípios: 60% (sessenta por cento).

Na forma da Constituição Federal, o gestor público poderá tomar algumas atitudes para garantir a adequação de suas contas com a determinação legal. Em um primeiro momento, deverá determinar a redução de **pelo menos 20% (vinte por cento) das despesas com cargos comissionados e funções de confiança**. Se, após adotadas tais medidas, os gastos ainda não estiverem dentro da possibilidade legal, procederá à **exoneração de servidores públicos não estáveis**. Se, mesmo assim, ainda não for atingido o limite de gasto, a forma de ação definitiva do gestor público é a determinação de **exoneração dos servidores estáveis**.

Por se tratar de medida excepcional e, de certa forma, radical, a Constituição Federal estabeleceu alguns requisitos para que a exoneração do servidor estável por corte de gasto com pessoal não se traduza em ação abusiva pelo administrador público. A exoneração do servidor estável deverá ser precedida de ato motivado dos chefes de cada um dos Poderes dos entes federados, que deverá informar a economia que será conseguida com a ação e o número de servidores e cargos que serão atingidos pelo ato. Após determinação da exoneração do servidor, é obrigatória a **extinção do cargo** que era ocupado pelo servidor exonerado e estará vedada a **criação de cargo, emprego ou função** com atribuições iguais ou semelhantes ao cargo extinto pelo prazo de 4 (quatro) anos. Além disso, é garantido ao servidor estável exonerado o pagamento de uma indenização correspondente a **um mês de remuneração para cada ano de serviço público prestado**.

O ato administrativo que precede a efetivação da exoneração, citado, também deverá apontar os critérios gerais e impessoais para escolha dos servidores que serão desligados por conta da decisão do administrador público, além do prazo de pagamento da indenização devida e apontar os créditos orçamentários utilizados para pagamento da indenização.

Decifrando a prova

(2018 – Vunesp – TJ/RJ – Juiz Leigo – Adaptada) O servidor estável poderá perder o cargo mediante processo administrativo em que lhe seja assegurada ampla defesa.

( ) Certo ( ) Errado

Gabarito comentado: a questão apresenta corretamente uma das possibilidades constitucionais de perda de cargo pelo servidor público mesmo após a aquisição da estabilidade. Portanto, a assertiva está certa.

A estabilidade é instituto relacionado diretamente ao cargo público, não sendo um direito referente ao servidor em si. Assim, no caso de mudança de cargo ou função dentro da Administração, será necessário que o servidor realize novo concurso público para conquista de nova estabilidade.

Capítulo 11 ♦ Agentes públicos **335**

> **🔍 Jurisprudência destacada**
>
> A estabilidade diz respeito ao serviço público e não ao cargo. O servidor estável, ao ser investido em novo cargo, não está dispensado de cumprir o estágio probatório nesse novo cargo (STJ, 2ª Turma, RMS nº 859/RJ, Rel. Min. José de Jesus Filho, j. 11.12.1991).

Vale destacar, nesse momento, a existência de condições chamadas **estabilidade provisória**, previstas no Ato das Disposições Transitórias da Constituição. Na falta de lei regulamentadora, o dispositivo legal reservou uma garantia de estabilidade provisória ao empregado eleito para cargo de direção de comissões permanentes de acidentes, desde o registro de sua candidatura até um ano após o final do seu mandato e da empregada gestante, desde a confirmação da gravidez até cinco meses após o parto.[18] Apesar de a norma aqui tratada se destinar especificamente aos empregados, é pacificada sua extensão aos servidores que não possuem estabilidade como direito, caso de empregados públicos e titulares de cargos comissionados.

Por fim, a **vitaliciedade** configura uma garantia de que os agentes públicos de determinadas carreiras, em razão de sua natureza e grau de responsabilidade inerente às atividades exercidas, somente perderão seus cargos por **decisão judicial transitada em julgado**. Assim, as outras hipóteses de perda de cargo dos servidores protegidos pela estabilidade não serão aplicáveis aos detentores da vitaliciedade. Na forma da Constituição Federal, a vitaliciedade será garantida para membros da carreira da magistratura, membros do Ministério Público e ministros e conselheiros dos Tribunais de Contas.

CF/1988

Art. 73. (...)

§ 3º Os Ministros do Tribunal de Contas da União terão as mesmas garantias, prerrogativas, impedimentos, vencimentos e vantagens dos Ministros do Superior Tribunal de Justiça, aplicando-se-lhes, quanto à aposentadoria e pensão, as normas constantes do art. 40. (...)

Art. 95. Os juízes gozam das seguintes garantias:

I – vitaliciedade, que, no primeiro grau, só será adquirida após dois anos de exercício, dependendo a perda do cargo, nesse período, de deliberação do tribunal a que o juiz estiver vinculado, e, nos demais casos, de sentença judicial transitada em julgado; (...)

Art. 128. (...)

§ 5º Leis complementares da União e dos Estados, cuja iniciativa é facultada aos respectivos Procuradores-Gerais, estabelecerão a organização, as atribuições e o estatuto de cada Ministério Público, observadas, relativamente a seus membros: (...)

I – as seguintes garantias:

a) vitaliciedade, após dois anos de exercício, não podendo perder o cargo senão por sentença judicial transitada em julgado; (...)

---

[18] Art. 10, II, *a* e *b*, do ADCT.

336 Direito Administrativo Decifrado

Em regra, a vitaliciedade nos cargos citados será conquistada após 2 (dois) anos de efetivo exercício no cargo. Excepcionalmente, no caso daqueles que ingressarem na carreira da magistratura mediante nomeação direta, como no caso do **quinto constitucional, de nomeação de ministro do STF ou dos ministros e conselheiros dos tribunais de contas**, a vitaliciedade será concedida imediatamente no momento da posse.

II.8 Greve e sindicalização

Cabe iniciarmos esse tópico chamando a atenção para o fato dos direitos de greve e sindicalização serem expressamente vedados aos servidores militares pela Constituição Federal. Estamos tratando de uma composição administrativa que é caracterizada pelo **respeito à hierarquia e à disciplina**, incompatível com movimentos grevistas e enfrentamentos que possam levar à eventual paralisação do serviço, essencial para a proteção da sociedade e para a garantia da segurança nacional. Tal vedação se aplica a todos aqueles que prestam serviço às forças armadas (Exército, Marinha e Aeronáutica) e se estende aos militares estaduais, inclusive Polícia Militar e Corpo de Bombeiros.

> **CF/1988**
>
> **Art. 142.** As Forças Armadas, constituídas pela Marinha, pelo Exército e pela Aeronáutica, são instituições nacionais permanentes e regulares, organizadas com base na hierarquia e na disciplina, sob a autoridade suprema do Presidente da República, e destinam-se à defesa da Pátria, à garantia dos poderes constitucionais e, por iniciativa de qualquer destes, da lei e da ordem. (...)
>
> IV – ao militar são proibidas a sindicalização e a greve; (...)

Com relação a servidores civis, tais vedações não existem. A Constituição Federal prevê acesso a tais direitos, determinando a necessidade de edição de lei específica quanto ao direito de greve, definindo os limites do exercício do direito. Logo a edição de uma lei ordinária determinando as regras de acesso e exercício da greve pelos servidores é exigência constitucional, formando aqui uma **norma de eficácia limitada**, por depender de lei para pleno gozo do direito. Por essa característica, a não existência da lei se configura uma barreira à fruição do direito de greve, entendimento adotado pela doutrina majoritária e pela jurisprudência do Supremo Tribunal Federal.

Ocorre que, até hoje, tal lei não foi editada. Não há no ordenamento brasileiro qualquer norma infraconstitucional que regule o direito de greve do servidor público civil, tornando impossível o exercício de tal prerrogativa e ilegitimando qualquer tentativa de movimento grevista que se tente. Trata-se claramente de mais uma inconstitucionalidade por omissão dentro da composição legislativa nacional. Por esse motivo, ao julgar um mandado de injunção proposto com intuito de afastar essa omissão, o Supremo Tribunal Federal determinou que, até que seja editada a lei infraconstitucional exigida no texto constitucional, a Lei nº 7.783/1989 (Lei Geral de Greve) deverá ser adotada como base de exercício do direito de greve dos servidores. Trata-se de uma lei de direito privado, incompatível em um primeiro momento com a legislação pública. Assim, a aplicação da lei se dará de forma adaptada, sendo essa decisão essencial para garantir ao menos o respeito ao direito de greve instaurado na Constituição Federal.

CF/1988

Art. 37. (...)

VII – o direito de greve será exercido nos termos e nos limites definidos em lei específica; (...)

 Jurisprudência destacada

> Observância às disposições da Lei nº 7.783/1989, ante a ausência de lei complementar, para regular o exercício do direito de greve dos serviços públicos. Aplicação dos métodos de integração da norma, em face da lacuna legislativa. A hipótese não é de existência de lei omissa, mas de ausência de norma reguladora específica (STJ, Tribunal Pleno, MI nº 485/MT, Rel. Min. Maurício Corrêa, j. 25.04.2002).

Conforme já comentado, a legislação que se indicou como resolução da lacuna legislativa não se compatibiliza com o sistema que rege as relações entre servidores e Estado. De fato, a Lei nº 7.783/1989 trata das relações de emprego entre particulares, exige contratos de trabalho regidos pelo direito privado, resultando em um instrumento totalmente distinto do tipo de relação existente entre Estado e servidor, relação essa regida pelo direito público por meio de um regime especial. Esse entendimento é primordial para a resolução de uma questão que se levantou após a decisão apontada: cabe direito de greve ao servidor em estágio probatório? O texto constitucional resolve essa questão, uma vez que não aponta nenhuma condição especial para exercício do direto de greve, garantido aos servidores. Assim, a ausência ao trabalho motivada por uma decisão **lícita e deliberada com intenção legítima** não poderá ensejar punição ao servidor, mesmo que em estágio probatório.

Assim, no caso de instauração de greve lícita e justa, o Superior Tribunal de Justiça apontou a impossibilidade de desconto dos dias de greve dos servidores como se fossem faltas ao trabalho, mas determinou que ao servidor caberá a compensação pelos dias parados, sob pena de ressarcimento ao erário dos valores percebidos sem ter realizado a contraprestação à pecúnia, ou seja, devolução do valor recebido sem ter trabalhado. Essa jurisprudência já foi estudada em capítulo anterior, mas vale a pena relembrarmos seu conteúdo.

 Jurisprudência destacada

> A administração pública deve proceder ao desconto dos dias de paralisação decorrentes do exercício do direito de greve pelos servidores públicos, em virtude da suspensão do vínculo funcional que dela decorre, permitida a compensação em caso de acordo. O desconto será, contudo, incabível se ficar demonstrado que a greve foi provocada por conduta ilícita do Poder Público (STF, Tribunal Pleno, RE nº 693.456/ RJ, Rel. Min. Dias Toffoli, j. 27.10.2016, Tema 531).

Com relação ao julgamento da ação de greve, compete à Justiça do Trabalho no caso de greve deflagrada por empregados públicos das empresas estatais. Por seu turno, em greve realizada por servidores públicos ou empregados públicos da Administração Pública Direta, autárquica e fundacional, a competência será deslocada para a Justiça Comum. Caso o movimento grevista de servidores seja de caráter nacional ou venha a atingir mais de um ente federado, a competência para julgar a greve será do Superior Tribunal de Justiça.

CF/1988
Art. 114. Compete à Justiça do Trabalho processar e julgar: (...)
II – as ações que envolvam exercício do direito de greve; (...)

Jurisprudência destacada

A justiça comum, federal ou estadual, é competente para julgar a abusividade de greve de servidores públicos celetistas da Administração pública direta, autarquias e fundações públicas (STF, Tribunal Pleno, RE nº 846.854/SP, Rel. Min. Luiz Fux, j. 1º.08.2017, Tema 544).

Decifrando a prova

(2019 – MPE/GO – Promotor – Adaptada) Quanto ao direito de greve, à luz da jurisprudência atual do Supremo Tribunal Federal, podemos afirmar que o exercício do direito, sob qualquer forma ou modalidade, é vedado aos policiais civis e a todos os servidores públicos que atuem diretamente na área de segurança.
( ) Certo ( ) Errado
Gabarito comentado: conforme destacado em nosso estudo, o direito de greve é expressamente vedado na Constituição para todos os servidores militares ou servidores públicos que atuam na segurança pública. Esse entendimento foi reafirmado pelo STF no *Informativo* nº 860. Portanto, a assertiva está certa.

A Constituição Federal também firmou entendimento do direito à **sindicalização** do servidor público. Assim, poderá o servidor aderir ao sindicato representativo da categoria profissional do qual faça parte, que o fará por meio de sua própria consciência, ou seja, sem intervenção ou imposição do ente público. Daqui extraímos a aplicação do **direito de liberdade sindical** aos servidores públicos, assim como aos empregados privados.

CF/1988
Art. 37. (...)
VI – é garantido ao servidor público civil o direito à livre associação sindical; (...)

Ao contrário do que vimos no caso do direito de greve, a regra constitucional de liberdade sindical não demanda edição de lei específica para sua regulamentação, tratando-se de uma **norma de eficácia plena**. A formação de sindicatos no Brasil sempre seguiu a necessidade de existência de duas condições, quais sejam a categoria profissional e a categoria econômica. Ocorre que, no caso da Administração Pública, não conseguimos enxergar, por questões lógicas, o objetivo econômico perseguido pelos empregadores da iniciativa privada. Assim, ficou entendido que a formação de sindicatos profissionais no serviço público exigirá apenas a existência da categoria profissional que se pretende proteger.

Outro detalhe a se observar é a forma de atuação dos sindicatos quando se trata de proteção de direito dos servidores públicos. Enquanto na iniciativa privada os litígios normalmente apontam para uma necessidade de revisão ou restabelecimento salarial da categoria, tal atuação não guarda compatibilidade com a previsão constitucional de determinação de valores pecuniários de contraprestação apenas por meio de lei. Logo no caso de servidores públicos, a atuação dos sindicatos não poderá visar discussão referente a vencimentos ou vantagens oferecidas à categoria profissional. Entende-se, assim, que a atuação sindical na Administração Pública se restringirá ao trato de natureza social, não podendo atuar nas práticas de natureza econômica. Tal entendimento foi devidamente sumulado pelo Supremo Tribunal Federal. Comprovou-se a incompatibilidade dos institutos da convenção e dos acordos coletivos ao regime funcional do serviço público.

 Jurisprudência destacada

Súmula nº 679 do STF. A fixação de vencimentos dos servidores públicos não pode ser objeto de convenção coletiva.

Destaca-se aqui que a previsão estudada sobre estabilidade provisória dos dirigentes sindicais é plenamente aplicável ao servidor, com suas mesmas regras. Assim, o servidor público eleito dirigente sindical ou suplente estará protegido de eventual dispensa do Estado, salvo em casos de cometimento de infrações graves, desde o registro de sua candidatura até um ano após o final do seu mandato. A única ressalva quanto à aplicabilidade da estabilidade sindical é com relação aos detentores de cargos comissionados. Nesse caso, não haverá garantia da estabilidade sindical, visto sua total inadequação com a realidade de livre exoneração adotada pelo sistema administrativo nacional.

 Jurisprudência destacada

Estabilidade sindical provisória não alcança o servidor público, regido por regime especial, ocupante de cargo em comissão e, concomitantemente, de cargo de direção no sindicato da categoria (STF, 1ª Turma, RE nº 183.884/SP, Rel. Min. Sepúlveda Pertence, j. 08.06.1999).

340 Direito Administrativo Decifrado

11.9 Provimento, vacância, remoção e redistribuição

Ato administrativo pelo qual a Administração Pública estabelece o preenchimento de determinado cargo vago, atribuindo a uma pessoa específica todas as funções inerentes a ele. Tanto a legislação quanto a doutrina classificam as formas de provimentos previstas em duas categorias: **provimento originário e provimento derivado**.

11.9.1 Provimento originário

Ato administrativo caracterizado pela introdução ao ordenamento administrativo de alguém que não integrava o quadro de pessoal daquele órgão. Podemos considerar como "a porta de entrada para o ente ou órgão público". Todo candidato aprovado em concurso público, na forma do edital, deverá ser convocado para que assuma aquele cargo disputado. Nesse momento, o candidato é apresentado como um novo integrante do quadro de servidores da entidade. Ocorre aqui o provimento originário. No Brasil, a **nomeação** é a única forma considerada existente de provimento originário, sendo sempre precedida de um procedimento administrativo de avaliação denominado concurso público, salvo nos cargos em que tal procedimento não é exigido, conforme já estudado nesta obra. Assim, um candidato aprovado e convocado, perante a validade do concurso público, deverá ser nomeado para que possa assumir tal cargo.

> **Lei nº 8.112/1990**
>
> **Art. 7º** A investidura em cargo público ocorrerá com a posse. (...)
>
> **Art. 9º** A nomeação far-se-á:
>
> I – em caráter efetivo, quando se tratar de cargo isolado de provimento efetivo ou de carreira;
>
> II – em comissão, inclusive na condição de interino, para cargos de confiança vagos. (...)
>
> **Art. 15.** Exercício é o efetivo desempenho das atribuições do cargo público ou da função de confiança.

Interessante que a nomeação em si é meramente um procedimento convocatório, ou seja, a nomeação é apenas uma etapa necessária para a efetiva assunção e consequente provimento do cargo pelo novo servidor. Entende-se nomeação como um ato de garantia de ocupação de determinado cargo, mas que ainda não confere ao candidato a qualidade de servidor público. Assim, a lei estabelece que, após a nomeação, o candidato deverá tomar **posse** para que se efetive o vínculo com o novo cargo e, assim, seja considerado um servidor público.

A Lei nº 8.112/1990 adotou o termo "investidura" para apontar o exato momento em que o nomeado se vincula ao cargo inicialmente garantido a ele, tornando-se de forma definitiva um servidor público. A partir da posse, já passam a incorrer sobre o candidato todos os deveres e exigências legais sobre seus atos. Ou seja, o servidor aqui **ainda não possui direitos a serem gozados, mas já se submeterá às restrições legais impostas por vedações e deveres**. Para que o servidor se considere efetivamente parte da Administração e, assim, possa gozar de seus direitos, a legislação exige a ocorrência do **exercício** do cargo. Aqui, sim, o servidor está plenamente ligado ao Estado, e a característica de **efetividade** estará entregue a ele.

Capítulo 11 ◆ Agentes públicos **341**

A Lei nº 8.112/1990 determina prazos específicos para cada ação de provimento aqui tratada, sendo 30 dias, contados da publicação da nomeação, para que seja feita a posse e 15 dias, contados do ato de posse, para que se inicie o exercício das funções atribuídas ao servidor. Faremos alguns apontamentos a seguir sobre características importantes de cada etapa.

Lei nº 8.112/1990

Art. 13. A posse dar-se-á pela assinatura do respectivo termo, no qual deverão constar as atribuições, os deveres, as responsabilidades e os direitos inerentes ao cargo ocupado, que não poderão ser alterados unilateralmente, por qualquer das partes, ressalvados os atos de ofício previstos em lei.

§ 1º A posse ocorrerá no prazo de trinta dias contados da publicação do ato de provimento. (...)

§ 3º A posse poderá dar-se mediante procuração específica. (...)

Art. 15. Exercício é o efetivo desempenho das atribuições do cargo público ou da função de confiança.

§ 1º É de quinze dias o prazo para o servidor empossado em cargo público entrar em exercício, contados da data da posse.

§ 2º O servidor será exonerado do cargo ou será tornado sem efeito o ato de sua designação para função de confiança, se não entrar em exercício nos prazos previstos neste artigo, observado o disposto no art. 18.

Da nomeação até a posse. Após publicado o ato de provimento originário, o candidato terá o prazo máximo de 30 dias para tomar posse no cargo público. Por se tratar de uma etapa meramente formal, não caracterizada pelo exercício do cargo em si, a legislação permite que a posse se dê por meio da apresentação de uma **procuração específica**. Não há previsão de possibilidade de prorrogação do prazo na forma da Lei nº 8.112/1990, mas alguns estatutos estaduais e municipais preveem essa possibilidade. O entendimento é de que, caso não exista determinação legal, a prorrogação do prazo de posse só será possível quando o edital ou o regulamento do concurso permitir. No ato de posse, a legislação exige que o convocado apresente declaração de bens e valores que constituem seu patrimônio e sua declaração quanto ao exercício ou não de outro cargo, emprego ou função pública.[19] Caso o candidato não se apresente para posse no prazo previsto na lei, como ainda não há vínculo entre as partes, o ato de provimento perderá seu efeito sem nenhuma penalidade a ser aplicada ao convocado.[20]

Da posse até o exercício. Com o termo de posse devidamente assinado, passa a correr um prazo de 15 dias para que o servidor comece a exercer as atribuições de seu cargo. Por se tratar de um momento de efetivação, o exercício do cargo não poderá se dar mediante procuração, sendo uma condição *intuitu personae* (**personalíssima**). Como citado, o momento de posse já gera sobre o servidor a obrigação de respeito a deveres e regras específicas. Com o exercício do

---

[19] Art. 13, § 5º, da Lei nº 8.112/1990.

[20] Art. 13, § 6º, da Lei nº 8.112/1990.

342 Direito Administrativo Decifrado

cargo, passam a vigorar também os direitos, iniciando-se contagem de prazo para aquisição de férias, recebimento da remuneração, estágio probatório e outros direitos relacionados ao serviço público. Por esse entendimento, caso o convocado que tomou posse não comece a exercer o cargo dentro do prazo legal, será **exonerado** do cargo público, voltando o cargo a ficar vago e criando direito subjetivo à nomeação para o próximo classificado, caso o concurso ainda esteja em validade. Assim como na posse, havendo previsão legal, o prazo de exercício poderá ser prorrogado. Caso não exista tal prazo e não se tenha nenhuma previsão em igual sentido no edital do concurso, o prazo deve ser considerado improrrogável.

> ### 🧩 Decifrando a prova
>
> **(2019 – Ieses – TJ/SC – Notário – Adaptada)** Encerra hipótese de provimento originário a nomeação.
> ( ) Certo ( ) Errado
> **Gabarito comentado:** nomeação é a única forma de provimento originária reconhecida pela doutrina administrativa. Portanto, a assertiva está certa.

II.9.2 Provimento derivado (secundário)

Diferentemente do que se enxerga no caso do provimento originário, aqui o servidor já possui uma relação anterior com a Administração Pública, sendo o provimento o ato necessário para que a atual situação do servidor apenas seja revista ou restabelecida. O provimento derivado deverá ocorrer sempre dentro da mesma carreira, não sendo admitido provimento derivado em carreira diversa daquela em que ocorreu o provimento originário. Caso se pretenda mudar a carreira de serviço, deverá o interessado prestar um novo concurso público para que tenhamos um novo provimento originário. A intenção do legislador ao "travar" essa possibilidade é garantir isonomia e impessoalidade na seleção de pessoal da Administração Pública.

Existe uma classificação entre as diversas espécies de provimento derivado adotada no nosso ordenamento jurídico. Essa classificação organiza as formas de provimento em **provimento derivado horizontal, provimento derivado vertical** e **provimento derivado por reingresso**. Vamos trabalhar cada classificação e suas espécies.

II.9.2.I Provimento derivado vertical

Por meio dessa forma de provimento, o servidor passa a ocupar uma posição superior à sua atual posição dentro da estrutura organizacional da carreira que compõe. Atualmente, o ordenamento brasileiro somente permite o provimento derivado vertical por intermédio da **promoção**, visto que a **ascensão, ou acesso** (forma de provimento que permitiria ocupação de cargo superior em outra carreira que não a carreira original do servidor), hoje é vedada pela Constituição Federal, que passou a exigir concurso público para acesso inicial nas carreiras públicas.

A promoção se dará sempre por antiguidade ou merecimento, alternadamente. Quando o servidor passa a compor uma estrutura em que existe o escalonamento de cargos (plano de carreiras interno), poderá alcançar cargos mais altos por meio da promoção. A promoção se dará mediante critérios objetivos destacados na legislação específica que regerá a carreira, sempre por antiguidade ou merecimento, de forma alternada. Isso significa que nenhum servidor poderá ser promovido por duas oportunidades sequenciais com base no mesmo critério de avaliação. Uma vez promovido por antiguidade, sua próxima promoção deverá ser obrigatoriamente por análise de merecimento.

Não se deve confundir **promoção** com **progressão funcional** (apesar de alguns estatutos pelo Brasil optarem por nomear a promoção como progressão funcional). A progressão funcional orienta um aumento remuneratório com base no pagamento de vencimentos progressivos determinados para a carreira, sem que ocorra uma mudança no cargo ocupado. Normalmente, os cargos públicos são estruturados com dois caminhos a serem percorridos pelo servidor: um caminho que o leva a aumentar ganhos e outro que garante a ele novos cargos. Ex.: a carreira de técnico do Tribunal Regional do Trabalho é dividida entre as classes A, B e C, além de 13 padrões. Quando nomeado, o servidor começa na Classe A, Padrão 1. A partir daí ele tem uma progressão contínua, avançando um padrão anualmente. O máximo que esse servidor poderá atingir é a classe C, padrão 13. A partir desse momento, só poderá atingir outro grau de vencimento ou outro cargo por meio da realização de um novo concurso público para cargo superior ao ocupado por ele.

A promoção por merecimento possui uma regra constitucional. A Administração Pública deverá oferecer cursos como forma de melhorar a eficiência dos servidores e, consequentemente, servirá como apoio para a promoção por merecimento deles. Tal previsão é uma **norma de eficácia limitada** e, como vimos em outras oportunidades, demanda legislação específica para sua aplicação efetiva.

CF/1988

Art. 39. (...)

§ 2º A União, os Estados e o Distrito Federal manterão escolas de governo para a formação e o aperfeiçoamento dos servidores públicos, constituindo-se a participação nos cursos um dos requisitos para a promoção na carreira, facultada, para isso, a celebração de convênios ou contratos entre os entes federados.

II.9.2.2 Provimento derivado horizontal

No provimento derivado horizontal o servidor muda de cargo para outro de semelhantes atribuições, responsabilidade e remuneração. Assim como ocorre com o provimento derivado vertical, atualmente só encontramos um instituto de provimento derivado horizontal válido no ordenamento brasileiro, uma vez que a **transferência**, pela qual o servidor público poderia assumir novo cargo em carreira diversa daquela em que havia ingressado mediante concurso, afrontava diretamente o princípio do concurso público e foi declarada inconstitucional.

Readaptação é o reaproveitamento do servidor em outro cargo como resultado de uma lesão parcial ou total de suas condições físicas ou mentais que impeçam a continuidade da pres-

344 Direito Administrativo Decifrado

tação da atividade pública no cargo ocupado originalmente. Assim, o servidor é readaptado para um novo cargo cujas limitações que sofreu se compatibilizem às novas funções assumidas. O laudo de verificação da existência de limitação física ou mental será feito por uma **junta médica oficial**, atestando a real impossibilidade de manutenção do servidor no cargo original.

> **Lei nº 8.112/1990**
>
> **Art. 24.** Readaptação é a investidura do servidor em cargo de atribuições e responsabilidades compatíveis com a limitação que tenha sofrido em sua capacidade física ou mental verificada em inspeção médica.
>
> § 1º Se julgado incapaz para o serviço público, o readaptando será aposentado.
>
> § 2º A readaptação será efetivada em cargo de atribuições afins, respeitada a habilitação exigida, nível de escolaridade e equivalência de vencimentos e, na hipótese de inexistência de cargo vago, o servidor exercerá suas atribuições como excedente, até a ocorrência de vaga.

Quando readaptado, ao servidor será garantida a equivalência de vencimentos, sendo vedada a alteração remuneratória como consequência da readaptação. Isso ocorre porque a readaptação deverá ocorrer sempre em cargo de habilitação, nível de escolaridade e vencimentos equivalentes ao cargo originalmente ocupado.

Interessante que a readaptação não exige existência de cargo vago para ocorrer, ou seja, mesmo não havendo cargo vago em determinada função compatível com as limitações do servidor, ele será readaptado, criando, assim, excedente no cargo. Já no caso da inexistência de cargos equivalentes dentro da carreira, o que resultará na impossibilidade da readaptação, o servidor deverá ser **aposentado por incapacidade**, conforme extraímos da Constituição Federal em seu novo texto após a aprovação da reforma da previdência realizada por meio da EC nº 103/2019.

> **CF/1988**
>
> **Art. 40.** (...)
>
> § 1º O servidor abrangido por regime próprio de previdência social será aposentado:
>
> I – por incapacidade permanente para o trabalho, no cargo em que estiver investido, quando insuscetível de readaptação, hipótese em que será obrigatória a realização de avaliações periódicas para verificação da continuidade das condições que ensejaram a concessão da aposentadoria, na forma de lei do respectivo ente federativo; (...)
>
> **Art. 37.** (...)
>
> § 13. O servidor público titular de cargo efetivo poderá ser readaptado para exercício de cargo cujas atribuições e responsabilidades sejam compatíveis com a limitação que tenha sofrido em sua capacidade física ou mental, enquanto permanecer nesta condição, desde que possua a habilitação e o nível de escolaridade exigidos para o cargo de destino, mantida a remuneração do cargo de origem.

A configuração do direito de readaptação independe da ocorrência da lesão incapacitante durante a atividade pública. Assim, mesmo sendo a lesão resultado de culpa do servidor, o direito de readaptação estará garantido.

II.9.2.3 Provimento derivado por reingresso

Caracterizado por ser o **retorno do servidor ao cargo anteriormente ocupado**, o provimento por reingresso faz com que um servidor afastado por algum motivo específico do seu cargo retorne ao mesmo cargo ocupado anteriormente, restabelecendo o vínculo ora estabelecido com a Administração Pública. A legislação administrativa prevê a existência de quatro formas de provimento por reingresso, sendo:

- **Reintegração:** é o retorno do servidor estável ao cargo anteriormente ocupado como resultado da anulação de uma demissão inválida ou ilegal.

  Lei nº 8.112/1990

  Art. 28. A reintegração é a reinvestidura do servidor estável no cargo anteriormente ocupado, ou no cargo resultante de sua transformação, quando invalidada a sua demissão por decisão administrativa ou judicial, com ressarcimento de todas as vantagens.

  § 1º Na hipótese de o cargo ter sido extinto, o servidor ficará em disponibilidade, observado o disposto nos arts. 30 e 31.

  § 2º Encontrando-se provido o cargo, o seu eventual ocupante será reconduzido ao cargo de origem, sem direito à indenização ou aproveitado em outro cargo, ou, ainda, posto em disponibilidade.

Como resultado de uma demissão judicial ou administrativa revertida pelo servidor, seja por irregularidade no procedimento ou por ilegalidade na punição, o servidor terá o direito de reingressar no cargo anteriormente ocupado, sendo garantido a ele uma indenização de todos os valores que deveria ter recebido durante o tempo em que ficou indevidamente afastado do cargo, além da contagem normal desse tempo como contribuição e exercício para fins de direito previdenciários e trabalhistas. Apesar de o texto legal apontar para a necessidade da condição de **estável** do servidor para que possa requerer a invalidação de sua demissão e consequente reintegração ao cargo anteriormente ocupado, o Supremo Tribunal Federal entende que tal direito deverá ser estendido também aos servidores em estágio probatório, que ainda não conquistaram a estabilidade.

🔍 Jurisprudência destacada

O servidor público ocupante de cargo efetivo, ainda que em estágio probatório, não pode ser exonerado *ad nutum*, com base em decreto que declara a desnecessidade do cargo, sob pena de ofensa à garantia do devido processo legal, do contraditório e da ampla defesa (STF, 1ª Turma, RE nº 378.041/MG, Rel. Min. Ayres Britto, j. 21.09.2004).

Súmula nº 21 do STF. Funcionário em estágio probatório não pode ser exonerado nem demitido sem inquérito ou sem as formalidades legais de apuração de sua capacidade.

- **Recondução:** também é uma forma de provimento em que ocorre o retorno do servidor ao cargo anteriormente ocupado. Nesse caso, porém, temos duas situações que podem resultar na recondução:

◊ **Inabilitação em novo estágio probatório:** após adquirir estabilidade no cargo público, o servidor poderá tentar alcançar posições maiores dentro da Administração Pública, desde que mediante a realização de um novo concurso público. Como já vimos, a estabilidade está relacionada ao cargo e não à pessoa do servidor. Por isso, deverá realizar um novo estágio probatório para conquistar estabilidade em um novo cargo público. Caso durante o estágio no novo cargo o servidor seja exonerado por inaptidão, regressará ao cargo estável anteriormente ocupado mediante **recondução** pelo Poder Público. Apesar de a lei determinar a necessidade de **inaptidão no novo cargo**, a doutrina majoritária tem entendido que o servidor poderá requerer a recondução ao cargo anterior **durante o estágio probatório no novo cargo**. Assim, a recondução também poderá ser feita a pedido do servidor.

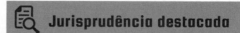

O servidor público estável que desiste do estágio probatório a que foi submetido em razão de ingresso em novo cargo público tem direito a ser reconduzido ao cargo anteriormente ocupado (STJ, 3ª Seção, MS nº 8.339/DF, Rel. Min. Hamilton Carvalhido, j. 11.09.2002).

♦ **Reintegração de servidor:** ocorre quando o servidor público assume cargo anteriormente ocupado por um servidor que havia sido demitido judicial ou administrativamente e conquistou direito de retornar ao seu cargo mediante reintegração. No caso de recondução não há motivo para falar em indenização ao servidor reconduzido, visto que este estava ocupando um cargo ativo e recebendo normalmente sua remuneração.

CF/1988

Art. 41. (...)

§ 2º Invalidada por sentença judicial a demissão do servidor estável, será ele reintegrado, e o eventual ocupante da vaga, se estável, reconduzido ao cargo de origem, sem direito a indenização, aproveitado em outro cargo ou posto em disponibilidade com remuneração proporcional ao tempo de serviço.

Lei nº 8.112/1990

Art. 29. Recondução é o retorno do servidor estável ao cargo anteriormente ocupado e decorrerá de:

I – inabilitação em estágio probatório relativo a outro cargo;

II – reintegração do anterior ocupante.

Parágrafo único. Encontrando-se provido o cargo de origem, o servidor será aproveitado em outro, observado o disposto no art. 30.

♦ **Reversão:** é o retorno do servidor público aposentado ao quadro ativo da Administração Pública.

Capítulo 11 ◆ Agentes públicos **347**

Lei nº 8.112/1990

Art. 25. Reversão é o retorno à atividade de servidor aposentado:

I – por invalidez, quando junta médica oficial declarar insubsistentes os motivos da aposentadoria; ou

II – no interesse da administração, desde que:

a) tenha solicitado a reversão;

b) a aposentadoria tenha sido voluntária;

c) estável quando na atividade;

d) a aposentadoria tenha ocorrido nos cinco anos anteriores à solicitação;

e) haja cargo vago.

Na forma da lei apresentada anteriormente, a reversão poderá se dar por dois motivos:

◆ **Reversão da aposentadoria por incapacidade:** a aposentadoria por incapacidade não é uma condição definitiva do servidor. Logo, caso as condições que o levaram à condição de aposentado não subsistam mais, o servidor estará apto a retornar às atividades normalmente. A detecção da capacidade de reversão da aposentadoria por incapacidade se dará por meio de avaliação da junta médica oficial. No texto constitucional apresentado anteriormente[21] fica claro que o servidor deverá se submeter periodicamente a avaliações quanto aos motivos de sua aposentadoria.

◆ **Reversão voluntária:** caso atenda aos requisitos elencados na legislação, o servidor poderá requerer junto à Administração Pública seu retorno às atividades públicas. Havendo interesse da Administração e cargo vago na carreira, ocorrerá a reversão a pedido. Parte da doutrina critica muito essa possibilidade, pois considera que a aposentadoria voluntária (requisito para reversão voluntária) desfaz completamente o vínculo do servidor com a Administração, o que não poderia ser restaurado por simples ato administrativo.

◆ **Aproveitamento:** é o retorno do servidor em disponibilidade ao serviço público em cargo equivalente ou compatível ao anteriormente ocupado.

Para melhor entendimento desse dispositivo, precisamos entender o que vem a ser a **disponibilidade**. Algumas situações podem ocorrer dentro da Administração Pública que se tornam um impeditivo de manutenção do servidor em seu cargo, sem que isso resulte de sua própria culpa, nos casos como a **determinação da extinção ou declaração de desnecessidade do cargo público**. Como a ruptura da relação não se deu por vontade ou culpa do servidor público, este não poderá ser demitido ou exonerado. Assim, será transferido para a **disponibilidade** até que se identifique um cargo equivalente ao anterior do servidor para que seja recolocado. Essa recolocação de cargo é conhecida como **aproveitamento**. A disponibilidade também poderá ocorrer quando o servidor reintegrado ou reconduzido não encontrar vaga para assumir dentro da Administração anterior ou quando não houver cargo para readaptação.

---

[21]   Art. 40, § 1º, I, da CF/1988.

Direito Administrativo Decifrado

CF/1988

Art. 41. (...)

§ 3º Extinto o cargo ou declarada a sua desnecessidade, o servidor estável ficará em disponibilidade, com remuneração proporcional ao tempo de serviço, até seu adequado aproveitamento em outro cargo.

Lei nº 8.112/1990

Art. 24. (...)

§ 2º A readaptação será efetivada em cargo de atribuições afins, respeitada a habilitação exigida, nível de escolaridade e equivalência de vencimentos e, na hipótese de inexistência de cargo vago, o servidor exercerá suas atribuições como excedente, até a ocorrência de vaga. (...)

Art. 28. (...)

§ 2º Encontrando-se provido o cargo, o seu eventual ocupante será reconduzido ao cargo de origem, sem direito à indenização ou aproveitado em outro cargo, ou, ainda, posto em disponibilidade.

Art. 29. (...)

Parágrafo único. Encontrando-se provido o cargo de origem, o servidor será aproveitado em outro, observado o disposto no art. 30.

Art. 30. O retorno à atividade de servidor em disponibilidade far-se-á mediante aproveitamento obrigatório em cargo de atribuições e vencimentos compatíveis com o anteriormente ocupado.

Não há previsão legal de prazo para que o servidor fique em disponibilidade aguardando eventual aproveitamento. Durante a disponibilidade, o servidor ficará temporariamente inativo com relação às suas funções, mas ativo em seu vínculo administrativo. Disponível, o servidor perceberá remuneração proporcional ao tempo de serviço, e, surgindo vaga compatível, a Administração Pública terá obrigação de o convocar, o qual também será obrigado a atender a essa convocação.

Assim, em havendo vaga compatível com as atribuições anteriores do servidor disponível, a Administração não poderá convocar novos candidatos, e o servidor disponível não poderá renunciar ao aproveitamento. Caso não retorne no prazo legal, ele terá sua disponibilidade cassada (configura um tipo de demissão) e o ato de aproveitamento perderá efeito.

Lei nº 8.112/1990

Art. 32. Será tornado sem efeito o aproveitamento e cassada a disponibilidade se o servidor não entrar em exercício no prazo legal, salvo doença comprovada por junta médica oficial.

Capítulo 11 ◆ Agentes públicos **349**

Decifrando a prova

(2019 – Consulplan – TJ/MG – Notário – Adaptada) O servidor A foi demitido, por decisão da administração pública proferida em procedimento administrativo, já transitada em julgado. Todavia, o servidor A recorreu ao Poder Judiciário e a demissão foi invalidada, tendo a decisão judicial transitado em julgado quatro anos depois da efetivação da demissão administrativa. Todavia, nesse ínterim, o servidor B foi convocado na lista de aprovados em concurso público e nomeado para o cargo vago em razão da demissão do servidor A, tendo também alcançado a estabilidade constitucional, ao decurso de três anos. Por ocasião do cumprimento da sentença que invalidou a demissão do servidor A, foi determinada a sua imediata reintegração ao cargo que ocupava. Diante da situação exposta e à luz do texto constitucional, a Administração Pública deverá reintegrar o servidor A ao cargo que ocupava, enquanto que o servidor B, em razão dos efeitos *ex tunc* da sentença que invalidou a demissão e diante da ausência de outro cargo vago, será reconduzido à lista de aprovados até nova nomeação, uma vez que não ocupava nenhum outro cargo antes da demissão de A.

( ) Certo ( ) Errado

Gabarito comentado: o servidor B teria direito a ser reconduzido a um cargo público em que fosse estável antes da assunção do cargo atual. Como não possuía cargo anterior e já havia adquirido estabilidade no cargo atual, o servidor B deverá ser colocado em disponibilidade até que nova vaga se abra para seu aproveitamento. Importante lembrar que, por ter conquistado estabilidade no cargo atual, não há mais por que se falar em direito à recondução para cargo anteriormente ocupado. Portanto, a assertiva está errada.

II.9.3 Vacância

Enquanto o provimento configura condição de ocupação de cargo vago, a vacância é o contrário. Aqui, o cargo se torna vago e disponível para novo provimento por alguma das condições legalmente estabelecidas. Vacância é um fato administrativo que informa a necessidade de ocupação de cargo anteriormente provido e, agora, vago dentro do quadro administrativo.

Lei nº 8.112/1990

Art. 33. A vacância do cargo público decorrerá de:

I – exoneração; (...)

Ocorre sempre que o servidor sofre um desligamento do quadro de servidores da Administração, sem que tal fato configure uma punição. A exoneração poderá ocorrer a pedido do servidor, quando não há mais interesse em sua permanência no quadro administrativo, ou *ex officio* (de ofício) por opção da Administração Pública, nas condições expressas na lei.

350 Direito Administrativo Decifrado

Lei nº 8.112/1990

Art. 15. Exercício é o efetivo desempenho das atribuições do cargo público ou da função de confiança. (...)

§ 2º O servidor será exonerado do cargo ou será tornado sem efeito o ato de sua designação para função de confiança, se não entrar em exercício nos prazos previstos neste artigo, observado o disposto no art. 18.

Art. 20. Ao entrar em exercício, o servidor nomeado para cargo de provimento efetivo ficará sujeito a estágio probatório por período de 24 (vinte e quatro) meses, durante o qual a sua aptidão e capacidade serão objeto de avaliação para o desempenho do cargo, observados os seguintes fatores: (...)

§ 2º O servidor não aprovado no estágio probatório será exonerado ou, se estável, reconduzido ao cargo anteriormente ocupado, observado o disposto no parágrafo único do art. 29.

CF/1988

Art. 37. (...)

II – a investidura em cargo ou emprego público depende de aprovação prévia em concurso público de provas ou de provas e títulos, de acordo com a natureza e a complexidade do cargo ou emprego, na forma prevista em lei, ressalvadas as nomeações para cargo em comissão declarado em lei de livre nomeação e exoneração; (...)

Art. 41. (...)

§ 1º (...)

III – mediante procedimento de avaliação periódica de desempenho, na forma de lei complementar, assegurada ampla defesa.

Art. 169. (...)

§ 4º Se as medidas adotadas com base no parágrafo anterior não forem suficientes para assegurar o cumprimento da determinação da lei complementar referida neste artigo, o servidor estável poderá perder o cargo, desde que ato normativo motivado de cada um dos Poderes especifique a atividade funcional, o órgão ou unidade administrativa objeto da redução de pessoal.

Lei nº 8.112/1990

Art. 33. (...)

II – demissão; (...)

Resultado de uma punição aplicada ao servidor que comete infração administrativa considerada grave pela lei, mediante instauração de procedimento administrativo disciplinar com garantia de contraditório e ampla defesa do servidor.

A demissão poderá resultar em automática decretação de indisponibilidade dos bens do servidor até que seja devidamente ressarcido o erário nos casos de prejuízos comprovados decorrentes da conduta imprópria do servidor.

As condições de demissão do servidor serão estudadas com mais detalhes no tópico sobre regime disciplinar, ainda neste capítulo.

Capítulo 11 ◆ Agentes públicos **351**

Lei nº 8.112/1990

Art. 33. (...)

III – promoção; (...)

Ao ser promovido, o servidor deixa vago o cargo que ocupava anteriormente. Trata-se de uma forma híbrida, visto que a promoção é causa de provimento e vacância ao mesmo tempo.

Lei nº 8.112/1990

Art. 33. (...)

VI – readaptação; (...)

Também é uma forma híbrida do nosso estatuto, pois, uma vez readaptado em novo cargo, o servidor deixará de ocupar o cargo anterior que não mais se compatibiliza com suas limitações.

Lei nº 8.112/1990

Art. 33. (...)

VII – aposentadoria; (...)

Após aprovada pelo Tribunal de Contas, a aposentadoria do servidor, seja ela voluntária, por incapacidade ou compulsória, resultará em deslocamento do servidor para o quadro de inativos da administração, gerado, claro, no cargo ocupado por ele.

Lei nº 8.112/1990

Art. 33. (...)

VIII – posse em outro cargo inacumulável; (...)

Ocorre nos casos em que o servidor toma posse em um novo cargo público que não possui permissão de acumulação nos moldes da Constituição Federal. Assim, o cargo anteriormente ocupado deverá ser desocupado pelo servidor para que a posse no novo cargo seja legítima, tornando o cargo anterior vago. Caso o servidor que acumular cargos ilicitamente não apresente opção pelo cargo em que pretenda continuar no prazo de 10 (dez) dias, poderá ser instaurado contra ele um procedimento administrativo sumário que resultará na aplicação da penalidade de demissão.

Lei nº 8.112/1990

Art. 33. (...)

IX – falecimento.

Fato administrativo alheio ao interesse do servidor ou da Administração, desocupando cargo automaticamente.

11.9.4 Remoção

É a primeira hipótese de deslocamento prevista na Lei nº 8.112/1990, sendo a remoção o deslocamento do **servidor público** dentro da mesma carreira, com ou sem mudança de sede. Trata-se de um deslocamento funcional, mesmo que isso não signifique um deslocamento físico do servidor. A remoção poderá se dar **de ofício**, sempre no interesse da Administração e atendendo a uma finalidade pública, **ou a pedido do servidor**, sendo discricionária a aceitação pela Administração Pública.

Apesar de a regra ser ocorrer a remoção sempre quando for possível identificar o interesse da Administração Pública, a legislação prevê três situações em que a remoção será concedida independentemente da vontade do Estado.

- **Deslocamento do cônjuge do servidor:** no caso de o cônjuge ou companheiro do servidor ter sido deslocado de ofício pela Administração Pública, ele poderá acompanhar o servidor deslocado. Segundo o Superior Tribunal de Justiça, a concessão da remoção ao servidor que apresentou o pedido só será efetiva se comprovada a coabitação dos servidores. A remoção nunca será concedida caso o cônjuge ou o companheiro tenha sido removido a pedido próprio.

> Apesar de a esposa do autor ter sido removida de ofício, o apelante não faz jus à remoção para a sede do TRE/PB, visto que o casal não residia na mesma localidade antes da remoção da esposa. Portanto, o Estado não se omitiu do seu dever de proteger a unidade familiar, que ocorre quando há o afastamento do convívio familiar direto e diário de um dos seus integrantes (STJ, 2ª Turma, AgRg no REsp nº 1.209.391/PB, Rel. Min. Humberto Martins, j. 06.09.2011).

- **Saúde do servidor, cônjuge ou dependente:** desde que comprovado que a doença exige o deslocamento do servidor para devido tratamento. No caso de dependente, deve-se comprovar que tal dependência é financeira. A necessidade de tratamento que força o deslocamento do servidor deverá ser confirmada por meio da avaliação da junta médica oficial.

- **Processo seletivo:** no caso de o número de interessados a serem deslocados para determinado cargo ser superior ao número de vagas – quando ocorrer um concurso interno de remoção.

Lei nº 8.112/1990

Art. 36. Remoção é o deslocamento do servidor, a pedido ou de ofício, no âmbito do mesmo quadro, com ou sem mudança de sede.

Parágrafo único. Para fins do disposto neste artigo, entende-se por modalidades de remoção:

I – de ofício, no interesse da Administração;

II – a pedido, a critério da Administração;

III – a pedido, para outra localidade, independentemente do interesse da Administração:

a) para acompanhar cônjuge ou companheiro, também servidor público civil ou militar, de qualquer dos Poderes da União, dos Estados, do Distrito Federal e dos Municípios, que foi deslocado no interesse da Administração;

b) por motivo de saúde do servidor, cônjuge, companheiro ou dependente que viva às suas expensas e conste do seu assentamento funcional, condicionada à comprovação por junta médica oficial;

c) em virtude de processo seletivo promovido, na hipótese em que o número de interessados for superior ao número de vagas, de acordo com normas preestabelecidas pelo órgão ou entidade em que aqueles estejam lotados.

II.9.5 Redistribuição

Segunda hipótese de deslocamento, na redistribuição o que será deslocado é o **cargo público,** e não o servidor. A lei permite a ocorrência de deslocamento de cargos entre órgãos e até mesmo entidades diferentes, desde que seja dentro do mesmo Poder. O deslocamento por redistribuição poderá recair tanto sobre o cargo vago quanto sobre o cargo ocupado, caso em que a redistribuição resultará na automática remoção do servidor. A redistribuição sempre ocorrerá de ofício, no interesse da Administração Pública.

Um caso clássico de redistribuição no Brasil ocorreu em 2007, com a edição da Lei nº 11.457, que criou a "Super-receita", englobando a fusão das estruturas de arrecadação e fiscalização dos Ministérios da Fazenda e da Previdência Social com o objetivo de reorganizar a administração tributária federal mirando na redução dos custos de manutenção de duas instituições distintas, melhorando as condições de fiscalização e arrecadação dos tributos controlados pela União. Assim, com a concentração de competências na Receita Federal do Brasil, auditores lotados no INSS foram redistribuídos para a estrutura da União, atuando dentro da Receita Federal.

Lei nº 8.112/1990

Art. 37. Redistribuição é o deslocamento de cargo de provimento efetivo, ocupado ou vago no âmbito do quadro geral de pessoal, para outro órgão ou entidade do mesmo Poder, com prévia apreciação do órgão central do Sipec, observados os seguintes preceitos:

I – interesse da administração;

II – equivalência de vencimentos;

III – manutenção da essência das atribuições do cargo;

IV – vinculação entre os graus de responsabilidade e complexidade das atividades;

V – mesmo nível de escolaridade, especialidade ou habilitação profissional;

VI – compatibilidade entre as atribuições do cargo e as finalidades institucionais do órgão ou entidade.

§ 1º A redistribuição ocorrerá *ex officio* para ajustamento de lotação e da força de trabalho às necessidades dos serviços, inclusive nos casos de reorganização, extinção ou criação de órgão ou entidade.

354 Direito Administrativo Decifrado

§ 2º A redistribuição de cargos efetivos vagos se dará mediante ato conjunto entre o órgão central do Sipec e os órgãos e entidades da Administração Pública Federal envolvidos.

§ 3º Nos casos de reorganização ou extinção de órgão ou entidade, extinto o cargo ou declarada sua desnecessidade no órgão ou entidade, o servidor estável que não for redistribuído será colocado em disponibilidade, até seu aproveitamento na forma dos arts. 30 e 31.

§ 4º O servidor que não for redistribuído ou colocado em disponibilidade poderá ser mantido sob responsabilidade do órgão central do Sipec, e ter exercício provisório, em outro órgão ou entidade, até seu adequado aproveitamento.

> ### 🧩 Decifrando a prova
>
> **(2018 – FCC – DPE/RS – Defensor – Adaptada)** Redistribuição é o deslocamento de cargo de provimento efetivo, vago ou ocupado, para outro órgão ou ente vinculado a um mesmo Poder.
> ( ) Certo ( ) Errado
> **Gabarito comentado:** a afirmativa apresenta corretamente a conceituação da forma de deslocamento conhecida como redistribuição. Portanto, a assertiva está certa.

II.10   Regime de previdência

Regime previdenciário é o conjunto de normas constitucionais e infraconstitucionais que outorga benefícios ao trabalhador brasileiro, com o objetivo de assegurar a ele e à sua família uma retribuição pecuniária. A ideia central da previdência é de criar um mecanismo que seja responsável por garantir a manutenção da vida comum ao trabalhador no futuro, após seu desligamento total das atividades laborais. Assim, ao atender a requisitos específicos e conquistar o seu direito de aposentadoria, o trabalhador não ficará sem resguardo financeiro.

O sistema previdenciário nacional sempre foi motivo de muita discussão com relação à sua sustentabilidade e justiça com os trabalhadores, sofrendo constantes alterações ao longo dos anos – com introdução de regras e alterações nos sistemas vigentes. Sempre que uma reforma no sistema de aposentadoria nacional acontece, estamos diante de uma condição de incapacidade financeira de manutenção do sistema vigente, exigindo-se, assim, alterações nas regras aplicadas para que o sistema possa ser mantido em funcionamento. Ocorre que, normalmente, essas alterações são feitas com uma visão de curto a médio prazo, resolvendo temporariamente as necessidades do Estado, mas que no longo prazo acabam "explodindo" e exigindo uma nova mudança no sistema. Por isso, no Brasil, desde a promulgação da atual Constituição Federal, já passamos por diversas mudanças, apresentadas a seguir:

- ◆ **1991 (Governo Collor):** em razão da alta inflação que atormentava a economia nacional, o governo decidiu considerar para o cálculo dos benefícios previdenciários a **correção monetária**.

- **1993 (Governo Itamar):** determinou que as pensões e aposentadorias dos servidores públicos fossem custeadas pela União e pelos próprios servidores.
- **1998 (Governo Fernando Henrique Cardoso):** reforma marcada por profundas alterações no sistema previdenciário nacional, destacando-se que o **tempo de contribuição** substitui o tempo de serviço, fixando 30 anos para mulheres e 35 anos para homens, e a implantação do **fator previdenciário** para definir o valor do benefício a ser recebido após aposentadoria.
- **2003 (Governo Lula):** segunda reforma que focou principalmente no "funcionalismo público", criou **teto de benefício** para os servidores federais, instituiu a **cobrança de contribuição** aos pensionistas e inativos e **alterou o valor** do benefício dos pensionistas e inativos.
- **2005 (Governo Lula):** nova alteração que visava beneficiar os trabalhadores de baixa renda ou aqueles que não detinham renda, que foram enquadrados num sistema de cobertura previdenciária com contribuições e carências reduzidas.
- **2012 (Governo Dilma Rousseff):** alterou as regras quanto à aposentadoria por invalidez. O cálculo passou a ser realizado com base na média das remunerações do servidor e não com base na sua última remuneração.
- **2015 (Governo Dilma Rousseff):** apresentou novas regras para acesso ao benefício **integral** na aposentadoria. Institui o chamado **sistema de pontos (85/1995)** que levava em consideração o somatório de idade e o tempo de contribuição. Além disso, alterou a idade para aposentadoria compulsória para 75 anos.
- **2019 (Governo Jair Bolsonaro):** alteração recente que focou também muito mais no "funcionalismo público", e que será o alvo de nosso estudo em todo este capítulo.

11.10.1 RGPS, RPPS e regime complementar

O Sistema Previdenciário Nacional apresenta três regimes aplicáveis em situações específicas: a previdência social – dividida em **regime público e regime privado** –; o regime público – de filiação **obrigatória**, abrangendo o Regime Geral (RGPS), administrado pelo INSS e pela Secretaria da Receita Federal do Brasil –; o Regime Próprio (RPPS), destinado aos servidores públicos civis e aos servidores militares. Já o regime privado (regime complementar) é de filiação **facultativa**, subdividida em entidade aberta e entidade fechada.

Com relação às características do regime de previdência complementar, iniciamos a avaliação do regime por entidade aberta.

- Acessível a todos.
- Finalidade lucrativa (geralmente oferecido por instituições bancárias).
- Regime financeiro de capitalização.
- Concessão de benefícios de aposentadoria e pensão por morte.
- Segurador Pessoa Jurídica de Direito Privado e Segurado Pessoa Física, necessariamente.
- Planos de benefícios individuais e coletivos.
- Possibilidade de portabilidade.

356 Direito Administrativo Decifrado

Já o regime complementar oferecido por entidade fechada tem por características:

◆ Destinado a órgãos públicos.

◆ Instituído e regulamentado por lei.

◆ Destinado para empregados de empresas ou grupo de empresas, servidores públicos e associados ou membros de pessoas jurídicas de caráter profissional, classista ou setorial.

O RGPS é o regime aplicado aos empregados públicos, regido por legislação privada e previsto na Constituição Federal em título próprio.[22] Não será foco de nosso estudo nesta obra. Apesar disso, vale destacar que a Constituição Federal determina a aplicação, de forma subsidiária, do regime geral de previdência em situações específicas. Esses detalhes serão estudados dentro do necessário em nosso trabalho.

O RPPS é aquele aplicado aos servidores públicos, regido por normas de direito público, e será o foco de nosso estudo.

II.10.2 Aplicação dos regimes previdenciários

A partir desse momento estudaremos, logicamente, as regras de aposentadoria encontradas na Constituição Federal, que têm como foco o servidor público. Aponta-se aqui que o regime previdenciário que estudaremos exige que o servidor seja **regido por um documento estatutário e tenha vínculo de efetividade com a Administração Pública**. O RPPS (ou regime previdenciário especial) é regulamentado pela Lei nº 9.717/1998, que estabelece regras básicas do regime e abrange servidores de todos os entes federados do Brasil. As entidades públicas não podem adotar mais de um regime previdenciário especial para servidores titulares de seus cargos, pois não poderá haver distinção entre categorias funcionais. Além disso, a Constituição impõe que exista apenas **uma unidade gestora por entidade federativa**, que receberá a atribuição de desempenhar a gestão dos variados componentes do regime, como: arrecadação, contribuição, pagamento de benefícios, configurando o **princípio da unicidade de regime e gestão previdenciária**.

> **CF/1988**
>
> **Art. 40.** (...)
>
> § 20. É vedada a existência de mais de um regime próprio de previdência social e de mais de um órgão ou entidade gestora desse regime em cada ente federativo, abrangidos todos os poderes, órgãos e entidades autárquicas e fundacionais, que serão responsáveis pelo seu financiamento, observados os critérios, os parâmetros e a natureza jurídica definidos na lei complementar de que trata o § 22.

Como vimos, a aplicação do regime especial de previdência demanda um vínculo efetivo entre servidores e Estado, não se aplicando tal regime no caso dos detentores de vínculo

---

[22] Arts. 201 e 202 da CF/1988.

temporário ou precário com a Administração Pública, na forma do texto constitucional. Nesse caso, adota-se o RGPS.

CF/1988

Art. 40. (...)

§ 13. Aplica-se ao agente público ocupante, exclusivamente, de cargo em comissão declarado em lei de livre nomeação e exoneração, de outro cargo temporário, inclusive mandato eletivo, ou de emprego público, o Regime Geral de Previdência Social.

Em resumo, as normas do RPPS **não são aplicadas nos casos de servidores ocupantes de cargos em comissão, empregados públicos e servidores temporários,** casos em que adotaremos o RGPS. Um detalhe importante: observe que no texto constitucional o legislador apontou para o servidor que ocupe **exclusivamente** um cargo de comissão, entendendo que se trata de alguém que não ocupa cargo efetivo na Administração Pública. No caso de ser detentor de cargo comissionado, mas possuir cargo efetivo, prevalecerá o cargo do quadro permanente para definição do regime previdenciário, aplicando-se, assim, as regras do RPPS.

A previsão de regras previdenciárias no texto constitucional não afasta a possibilidade de os estatutos funcionais próprios de cada ente federado suplementarem tais regras, sem que afrontem as normas constitucionais vigentes. Ocorre que o texto constitucional é extenso e detalhado, deixando pouca margem de "inovação" para os legisladores infraconstitucionais.

11.10.3 Contributividade e solidariedade

O ônus do pagamento dos benefícios previdenciários dos servidores recairá sobre os cofres públicos, sendo assim uma condição de grande ônus para o Estado. Desse modo, nada mais natural do que o pagamento de tais benefícios se dar com valores que reflitam a efetiva contraprestação contributiva feita pelo servidor. Essa relação se chama **regime de previdência de caráter contributivo**, com o intuito de preservar o equilíbrio financeiro e atuarial, caracterizado pelo sistema de **contributividade**, em que o servidor deverá pagar contribuições sucessivas durante a sua atividade para garantir o acesso futuro ao próprio benefício, e a **manutenção do equilíbrio financeiro e atuarial**, em que se aproxime ao máximo o valor da contribuição prestada com o do benefício futuro a ser conquistado pelo servidor. Na forma da Lei nº 9.717/1998, tal equilíbrio resultará da utilização de técnicas de contabilidade e ciência atuarial, não resultando o cálculo da contribuição de simples e raso trabalho jurídico ou legislativo.

Lei nº 9.717/1998

Art. 1º Os regimes próprios de previdência social dos servidores públicos da União, dos Estados, do Distrito Federal e dos Municípios, dos militares dos Estados e do Distrito Federal deverão ser organizados, baseados em normas gerais de contabilidade e atuária, de modo a garantir o seu equilíbrio financeiro e atuarial, observados os seguintes critérios: (...)

358 Direito Administrativo Decifrado

Equilíbrio financeiro é diretamente relacionado ao custeio dos benefícios, ou seja, a arrecadação das contribuições deverá ser equivalente ao valor dos benefícios pagos, evitando-se, assim, déficit público, o que resultaria em um gasto maior pelo erário para garantir o pagamento dos benefícios, e também superávit público, o que ensejaria uma contribuição demasiadamente onerosa para os servidores. Por isso se aplica ao regime especial de previdência a clássica regra do regime geral, que estabelece: "Nenhum benefício ou serviço da seguridade social poderá ser criado, majorado ou estendido sem a correspondente fonte de custeio total"[23]. Com a Reforma da Previdência ocorrida em 2019, resultando na edição da Emenda Constitucional nº 103, a União recebeu a competência de instituir cobranças temporárias e específicas sobre os benefícios pagos aos servidores aposentados e pensionistas como forma de garantir o equilíbrio financeiro e atuarial pretendido, sempre tendo como limitação a cobrança apenas daqueles que percebam valor superior ao salário mínimo. No caso de a contribuição instituída não ser suficiente para dissolver o déficit, poderá a União instituir contribuição extraordinária sobre os benefícios de aposentados e pensionistas, sem limite de valor recebido.

> **CF/1988**
>
> **Art. 149. (...)**
>
> § 1º-A. Quando houver *deficit* atuarial, a contribuição ordinária dos aposentados e pensionistas poderá incidir sobre o valor dos proventos de aposentadoria e de pensões que supere o salário mínimo.
>
> § 1º-B. Demonstrada a insuficiência da medida prevista no § 1º-A para equacionar o *deficit* atuarial, é facultada a instituição de contribuição extraordinária, no âmbito da União, dos servidores públicos ativos, dos aposentados e dos pensionistas.
>
> § 1º-C. A contribuição extraordinária de que trata o § 1º-B deverá ser instituída simultaneamente com outras medidas para equacionamento do *deficit* e vigorará por período determinado, contado da data de sua instituição.

A Constituição Federal prevê competência dos entes federados em determinar alíquota de contribuição aplicada aos servidores de sua estrutura administrativa, desde que seja respeitada a alíquota fixada pela União para seus titulares de cargos efetivos. Ademais, com a nova redação dada pela Emenda Constitucional nº 103, de 2019, a Constituição Federal concretizou a extensão da cobrança da contribuição aos servidores aposentados e pensionistas, como maneira de garantir maior arrecadação para custeio dos benefícios, também a ser definida pelos entes federados com base na alíquota fixada pela União.

Quanto à **solidariedade** instituída no regime próprio, tratamos de uma regra em que a contribuição feita pelo servidor não servirá apenas para garantir o custeio de seus benefícios futuros e de seus familiares, mas sim assumirá um caráter de contribuição social, auxiliando no custeio dos benefícios dos outros servidores integrantes do mesmo sistema. Por isso a determinação de que, mesmo após a conquista pessoal do acesso ao benefício previdenciário, o beneficiado manterá suas contribuições regulares.

---

[23] Art. 195, § 5º, da CF/1988.

Importante destacar que as contribuições para custeio do regime previdenciário não serão feitas única e exclusivamente pelos servidores. O regime constitucional impele as pessoas jurídicas a também realizarem sua parte de contribuição, sendo, inclusive, responsável por um montante maior da arrecadação total.[24] A regra está expressa na Lei nº 10.887/2004, que define as alíquotas de cobrança dos servidores e das entidades federativas. A alíquota de contribuição incidirá sobre todos os seus ganhos, neles incluídas as vantagens pecuniárias permanentes, os adicionais de caráter individual e outras parcelas remuneratórias. Por outro lado, estarão excluídas da base de incidência várias parcelas, com destaque de diárias para viagem, ajuda de custo por mudança de sede, indenização de transporte, salário-família e outros previstos no art. 4º, § 1º, da Lei nº 10.887/2004.

> **Lei nº 10.887/2004**
>
> **Art. 4º** A contribuição social do servidor público ativo de qualquer dos Poderes da União, incluídas suas autarquias e fundações, para a manutenção do respectivo regime próprio de previdência social, será de 11% (onze por cento), incidentes sobre: (...)
>
> § 1º Entende-se como base de contribuição o vencimento do cargo efetivo, acrescido das vantagens pecuniárias permanentes estabelecidas em lei, os adicionais de caráter individual ou quaisquer outras vantagens, excluídas: (...)
>
> **Art. 8º** A contribuição da União, de suas autarquias e fundações para o custeio do regime de previdência, de que trata o art. 40 da Constituição Federal, será o dobro da contribuição do servidor ativo, devendo o produto de sua arrecadação ser contabilizado em conta específica.
>
> Parágrafo único. A União é responsável pela cobertura de eventuais insuficiências financeiras do regime decorrentes do pagamento de benefícios previdenciários.

11.10.4 A Reforma da Previdência de 2019

Como visto anteriormente, nosso sistema previdenciário sofreu diversas alterações desde a edição da Constituição Federal de 1988. Definitivamente, uma das alterações mais impactantes no sistema foi a de 2019, que trouxe diversas características inovadoras ao sistema até então vigente.

Aproximação de regimes. Uma das grandes críticas feitas ao sistema de previdência que prevalecia no Brasil apontava para uma diferenciação muito grande entre os regimes de direito público e privado, principalmente com relação aos proventos do benefício que tinham cálculos e regras diferenciadas.

Servidores ocupantes de cargos efetivos, até então, gozavam de direitos como **paridade e integralidade** de seus benefícios previdenciários. Basicamente, o sistema garantia ao servidor que, após passar para a inatividade, continuaria recebendo o mesmo valor do último salário recebido em exercício e teria acesso aos reajustes subsequentes obtidos por seus

---

[24] Art. 40 da CF/1988.

360 Direito Administrativo Decifrado

pares no plano de carreira. Tais previsões não existiam no regime geral de previdência, que apresentava um teto de proventos aos trabalhadores regidos por seu sistema, criando um abismo gigante de direitos entre os trabalhadores. No atual quadro identificado pós-reforma de 2019, decretou-se a eliminação quase completa da paridade e da integralidade aos servidores regidos pelo regime próprio (especial) de previdência.

> **CF/1988**
>
> **Art. 40.** (...)
>
> § 2º Os proventos de aposentadoria não poderão ser inferiores ao valor mínimo a que se refere o § 2º do art. 201 ou superiores ao limite máximo estabelecido para o Regime Geral de Previdência Social, observado o disposto nos §§ 14 a 16.

Com o novo texto do parágrafo apresentado, passou-se a adotar a aplicação do teto de proventos do RGPS para os servidores do RPPS. Para que o servidor venha a ganhar mais do que o teto do regime geral, tornou-se essencial o desenvolvimento do regime complementar de previdência.

II.10.4.1 Desconstitucionalização

Grande característica da Reforma da Previdência de 2019, diversos dispositivos que tratavam diretamente das regras de aposentadoria dentro do texto constitucional foram substituídos por uma reserva legal. Ou seja, a Constituição Federal deixou de apontar regras específicas do Regime de Previdência diretamente em seu texto e passou a prever a edição de legislação específica do respectivo ente federativo para regulamentar as regras.

Regras de transição. Em razão da desconstitucionalização que foi adotada pela Reforma da Previdência, muitas regras de aplicação do RPPS ficaram em aberto, por força de sua dependência de edição de lei específica, sendo assim identificadas como **normas de eficácia limitadas**. Para resolver esse "problema" que foi criado pela reforma, o próprio texto da Emenda Constitucional nº 103/2019 trouxe diversas regras que devem ser adotadas **até que a lei específica seja editada**, criando, assim, as chamadas **regras de transição**.

II.10.4.2 Forma de cálculo dos proventos

Outra alteração importante ficou no sistema de cálculo dos proventos que serão percebidos pelo servidor após sua aposentadoria. Sendo umas das regras de transição que precisamos abordar, a Emenda Constitucional nº 103/2019 determinou o cálculo de aposentadoria por meio de uma média aritmética simples, levando em consideração todas as contribuições pagas pelo servidor durante a atividade pública. Além disso, houve uma previsão progressiva de ganhos de acordo com o tempo de contribuição atingido. Por exemplo, se um servidor atingiu a idade mínima determinada na legislação e contribuiu por apenas 26 anos, teria direito a receber 72% (setenta e dois por cento) do valor atingido no cálculo anterior.

> **EC nº 103/2019**
>
> **Art. 26.** Até que lei discipline o cálculo dos benefícios do regime próprio de previdência social da União e do Regime Geral de Previdência Social, será utilizada a média

aritmética simples dos salários de contribuição e das remunerações adotados como base para contribuições a regime próprio de previdência social e ao Regime Geral de Previdência Social, ou como base para contribuições decorrentes das atividades militares de que tratam os arts. 42 e 142 da Constituição Federal, atualizados monetariamente, correspondentes a 100% (cem por cento) do período contributivo desde a competência julho de 1994 ou desde o início da contribuição, se posterior àquela competência. (...)

§ 2º O valor do benefício de aposentadoria corresponderá a 60% (sessenta por cento) da média aritmética definida na forma prevista no *caput* e no § 1º, com acréscimo de 2 (dois) pontos percentuais para cada ano de contribuição que exceder o tempo de 20 (vinte) anos de contribuição nos casos.

11.10.4.3 Critérios especiais

Seguindo o novo sistema de desconstitucionalização, a regra estampada na Constituição Federal aponta para a vedação de adoção de critérios diferenciados para aquisição de benefícios previdenciários, salvo em casos previstos em legislação específica. Ocorre que o próprio texto constitucional aponta para algumas situações em que haverá adoção de regime diferenciado para aquisição de tais direitos.

CF/1988

Art. 40. (...)

§ 4º É vedada a adoção de requisitos ou critérios diferenciados para concessão de benefícios em regime próprio de previdência social, ressalvado o disposto nos §§ 4º-A, 4º-B, 4º-C e 5º.

No caso de servidores públicos com deficiência, na forma de lei complementar, após uma avaliação completa de sua deficiência, pois não há necessariamente critérios diferenciados para todas as pessoas com deficiência que venham a compor a estrutura administrativa. Até a edição da lei complementar que se exige na legislação, adotaremos os termos de transição da Lei Complementar nº 142/2013, que trata da aposentadoria para empregados privados com deficiência. A Emenda Constitucional nº 103/2019 aponta a aplicação dessas regras para servidores públicos também com deficiência.[25]

CF/1988

Art. 40. (...)

§ 4º-A. Poderão ser estabelecidos por lei complementar do respectivo ente federativo idade e tempo de contribuição diferenciados para aposentadoria de servidores com deficiência, previamente submetidos a avaliação biopsicossocial realizada por equipe multiprofissional e interdisciplinar.

---

[25]   Art. 22 da EC nº 103/2019.

LC n° 142/2013

Art. 3° É assegurada a concessão de aposentadoria pelo RGPS ao segurado com deficiência, observadas as seguintes condições:

I – aos 25 (vinte e cinco) anos de tempo de contribuição, se homem, e 20 (vinte) anos, se mulher, no caso de segurado com deficiência grave;

II – aos 29 (vinte e nove) anos de tempo de contribuição, se homem, e 24 (vinte e quatro) anos, se mulher, no caso de segurado com deficiência moderada;

III – aos 33 (trinta e três) anos de tempo de contribuição, se homem, e 28 (vinte e oito) anos, se mulher, no caso de segurado com deficiência leve; ou

IV – aos 60 (sessenta) anos de idade, se homem, e 55 (cinquenta e cinco) anos de idade, se mulher, independentemente do grau de deficiência, desde que cumprido tempo mínimo de contribuição de 15 (quinze) anos e comprovada a existência de deficiência durante igual período.

Parágrafo único. Regulamento do Poder Executivo definirá as deficiências grave, moderada e leve para os fins desta Lei Complementar.

Regras de aposentadoria para agentes penitenciários, socioeducativos ou agente policial deverão ser editadas em lei complementar, como devidamente estudado até aqui, adotando--se regras de transição previstas na Emenda Constitucional n° 103/2019.

CF/1988

Art. 40. (...)

§ 4°-B. Poderão ser estabelecidos por lei complementar do respectivo ente federativo idade e tempo de contribuição diferenciados para aposentadoria de ocupantes do cargo de agente penitenciário, de agente socioeducativo ou de policial dos órgãos de que tratam o inciso IV do *caput* do art. 51, o inciso XIII do *caput* do art. 52 e os incisos I a IV do *caput* do art. 144.

EC n° 103/2019

Art. 5° O policial civil do órgão a que se refere o inciso XIV do *caput* do art. 21 da Constituição Federal, o policial dos órgãos a que se referem o inciso IV do *caput* do art. 51, o inciso XIII do *caput* do art. 52 e os incisos I a III do *caput* do art. 144 da Constituição Federal e o ocupante de cargo de agente federal penitenciário ou socioeducativo que tenham ingressado na respectiva carreira até a data de entrada em vigor desta Emenda Constitucional poderão aposentar-se, na forma da Lei Complementar n° 51, de 20 de dezembro de 1985, observada a idade mínima de 55 (cinquenta e cinco) anos para ambos os sexos ou o disposto no § 3°.

§ 1° Serão considerados tempo de exercício em cargo de natureza estritamente policial, para os fins do inciso II do art. 1° da Lei Complementar n° 51, de 20 de dezembro de 1985, o tempo de atividade militar nas Forças Armadas, nas polícias militares e nos corpos de bombeiros militares e o tempo de atividade como agente penitenciário ou socioeducativo. (...)

§ 3° Os servidores de que trata o *caput* poderão aposentar-se aos 52 (cinquenta e dois) anos de idade, se mulher, e aos 53 (cinquenta e três) anos de idade, se homem, desde que cumprido período adicional de contribuição correspondente ao tempo que, na data de entrada em vigor desta Emenda Constitucional, faltaria para atingir o tempo de contribuição previsto na Lei Complementar nº 51, de 20 de dezembro de 1985.

Com relação aos agentes que estejam sob efetiva exposição a agentes químicos, físicos e biológicos prejudiciais à saúde, também devemos aguardar edição de lei complementar. Ocorre que devemos atentar para um ditame muito importante da lei, na parte final do artigo, o qual determina: "vedada a caracterização por categoria profissional ou ocupação". Isso significa que, não basta o agente ocupar um cargo público que possa colocá-lo em situação de insalubridade, mas é essencial a **efetiva exposição a tais agentes**. Ex.: imagine que você foi nomeado para um cargo público em que uma das atribuições do cargo é a utilização de equipamentos de raio-x. Por ser uma das atribuições, somente alguns servidores ocupantes daquele cargo estarão efetivamente expostos aos agentes prejudiciais; sendo assim, nem todos da categoria profissional efetivamente se valerão do critério diferenciado previsto na Constituição Federal.

Mais uma vez, precisaremos consultar a Emenda Constitucional nº 103/2019, pois o texto constitucional exige edição de lei complementar específica.

CF/1988

Art. 40. (...)

§ 4º-C. Poderão ser estabelecidos por lei complementar do respectivo ente federativo idade e tempo de contribuição diferenciados para aposentadoria de servidores cujas atividades sejam exercidas com efetiva exposição a agentes químicos, físicos e biológicos prejudiciais à saúde, ou associação desses agentes, vedada a caracterização por categoria profissional ou ocupação.

EC nº 103/2019

Art. 10. (...)

§ 2º Os servidores públicos federais com direito a idade mínima ou tempo de contribuição distintos da regra geral para concessão de aposentadoria na forma dos §§ 4º-B, 4º-C e 5º do art. 40 da Constituição Federal poderão aposentar-se, observados os seguintes requisitos: (...)

II – o servidor público federal cujas atividades sejam exercidas com efetiva exposição a agentes químicos, físicos e biológicos prejudiciais à saúde, ou associação desses agentes, vedada a caracterização por categoria profissional ou ocupação, aos 60 (sessenta) anos de idade, com 25 (vinte e cinco) anos de efetiva exposição e contribuição, 10 (dez) anos de efetivo exercício de serviço público e 5 (cinco) anos no cargo efetivo em que for concedida a aposentadoria; (...)

Por fim, a Constituição Federal apresenta requisitos diferenciados para aquisição do direito de aposentadoria dos professores. Aqui, a previsão é direta no texto constitucional, sem necessidade de edição específica de lei complementar. Caso o professor tenha atuado exclusivamente em funções relacionadas à educação infantil, fundamental e de nível médio, aplica-se a redução de 5 anos das idades previstas para a aposentadoria voluntária dos servidores públicos.

CF/1988

Art. 40. (...)

§ 5º Os ocupantes do cargo de professor terão idade mínima reduzida em 5 (cinco) anos em relação às idades decorrentes da aplicação do disposto no inciso III do § 1º, desde que comprovem tempo de efetivo exercício das funções de magistério na educação infantil e no ensino fundamental e médio fixado em lei complementar do respectivo ente federativo.

II.10.4.4 Regime previdenciário para detentores de mandato eletivo

A Reforma da Previdência estabeleceu a regra de aplicação do RGPS para os detentores de cargos eletivos, desde que **exclusivamente** nessa condição. Essa regra aplica-se inclusive aos detentores de cargos temporários, ou seja, os detentores de cargos comissionados e empregos públicos. Essa foi uma importante inovação da reforma, visto que os agentes eletivos não faziam parte desse rol no texto anterior.

CF/1988

Art. 40. (...)

§ 13. Aplica-se ao agente público ocupante, exclusivamente, de cargo em comissão declarado em lei de livre nomeação e exoneração, de outro cargo temporário, inclusive mandato eletivo, ou de emprego público, o Regime Geral de Previdência Social.

II.10.4.5 Implementação obrigatória do regime complementar

Com a adoção do novo sistema de teto de benefícios do Regime Geral sendo aplicado ao Regime Próprio, a possibilidade de se conquistar um benefício previdenciário com valor superior no serviço público ao pago no serviço privado reduziu drasticamente. Reduziu, mas não foi extinta. Ainda é possível o servidor ganhar mais do que o teto de benefícios do regime geral. Basta que contribua, simultaneamente, a um regime de previdência complementar. A Constituição Federal determina a aplicação do teto de benefício apenas para os ganhos referentes ao regime próprio, indicando que os ganhos referentes às contribuições para o regime complementar não sofreriam essa regra. Repetimos o texto da Constituição Federal para ficar mais claro esse detalhe.

CF/1988

Art. 40. (...)

§ 2º Os proventos de aposentadoria não poderão ser inferiores ao valor mínimo a que se refere o § 2º do art. 201 ou superiores ao limite máximo estabelecido para o Regime Geral de Previdência Social, observado o disposto nos §§ 14 a 16.

Ocorre que, antes da Reforma da Previdência de 2019, a instituição de um regime complementar era uma condição facultativa, e poucos entes federativos adotaram essa regra e instituíram regime complementar. Agora, essa regra é uma obrigação, deixando de ser facultativa, inclusive com imposição de prazo máximo para que todos os entes federativos criem suas regras de regime complementar.

CF/1988

Art. 40. (...)

§ 14. A União, os Estados, o Distrito Federal e os Municípios instituirão, por lei de iniciativa do respectivo Poder Executivo, regime de previdência complementar para servidores públicos ocupantes de cargo efetivo, observado o limite máximo dos benefícios do Regime Geral de Previdência Social para o valor das aposentadorias e das pensões em regime próprio de previdência social, ressalvado o disposto no § 16.

EC nº 103/2019

Art. 9º (...)

§ 6º A instituição do regime de previdência complementar na forma dos §§ 14 a 16 do art. 40 da Constituição Federal e a adequação do órgão ou entidade gestora do regime próprio de previdência social ao § 20 do art. 40 da Constituição Federal deverão ocorrer no prazo máximo de 2 (dois) anos da data de entrada em vigor desta Emenda Constitucional.

O Regime de Previdência Complementar deverá adotar o chamado **plano de benefício de contribuição definida**, caracterizado por ser um sistema em que o valor da contribuição feita pelo servidor será definido previamente, independentemente do valor do benefício a ser conquistado ao final do seu serviço. Ficou afastada pelo texto constitucional a utilização do **plano de benefício definido**, no qual o valor de contribuição era variável, sendo previamente estabelecido o valor do benefício a ser conquistado no futuro.

Além disso, o texto constitucional definiu a efetivação do regime complementar por intermédio de entidades abertas ou fechadas de previdência complementar. Entende-se por **entidade aberta** aquela que disponibiliza acesso geral ao seu sistema, ou seja, não há restrição de acesso à contratação do regime complementar com essas entidades. Já a **entidade fechada** é caracterizada por ser um grupo de regime instituído para determinada categoria profissional. Por exemplo: o fundo Petros (Fundação Petrobras de Seguridade Social), sistema de regime complementar disponível apenas para os agentes públicos da Petrobras.

CF/1988

Art. 40. (...)

§ 15. O regime de previdência complementar de que trata o § 14 oferecerá plano de benefícios somente na modalidade contribuição definida, observará o disposto no art. 202 e será efetivado por intermédio de entidade fechada de previdência complementar ou de entidade aberta de previdência complementar.

11.10.4.6 Abono de permanência

Trata-se do reembolso da contribuição previdenciária, devido ao servidor público em regime contratual estatutário que está em condição de se aposentar, mas que optou por continuar em atividade. Pela nova regra resultante da reforma da previdência, o valor do abono de permanência poderá ser o mesmo valor que seria pago pelo servidor em suas contribuições mensais. O detalhe é que a Constituição Federal estabelece que o valor não será

366 Direito Administrativo Decifrado

necessariamente o valor integral da contribuição que deveria pagar no caso de ainda não ter conquistado os requisitos para aposentadoria. Além disso, o texto constitucional faculta ao ente público o pagamento do abono de permanência, deixando de ser uma condição obrigatória, como era no passado. Assim, o servidor público que tenha conquistado direito de aposentadoria, mas optou por permanecer na atividade pública, não tem garantido o recebimento do abono de permanência e caso seja pago a ele, não é garantido que seja o valor integral do pagamento de contribuição que faria.

> **CF/1988**
>
> **Art. 40.** (...)
>
> § 19. Observados critérios a serem estabelecidos em lei do respectivo ente federativo, o servidor titular de cargo efetivo que tenha completado as exigências para a aposentadoria voluntária e que opte por permanecer em atividade poderá fazer jus a um abono de permanência equivalente, no máximo, ao valor da sua contribuição previdenciária, até completar a idade para aposentadoria compulsória.
>
> **EC nº 103/2019**
>
> **Art. 10.** (...)
>
> § 5º Até que entre em vigor lei federal de que trata o § 19 do art. 40 da Constituição Federal, o servidor federal que cumprir as exigências para a concessão da aposentadoria voluntária nos termos do disposto neste artigo e que optar por permanecer em atividade fará jus a um abono de permanência equivalente ao valor da sua contribuição previdenciária, até completar a idade para aposentadoria compulsória.

II.10.5 Demais benefícios da seguridade do servidor

Em razão do regime de seguridade definido no Estatuto dos Servidores Públicos Federais, alguns benefícios além dos previdenciários são oferecidos aos servidores públicos. Alguns desses benefícios são destinados ao próprio servidor, enquanto outros têm como finalidade atender demandas dos dependentes dos segurados. Vamos analisar cada um desses benefícios.

II.10.5.1 Benefícios do segurado

Salário-Família. Devido ao servidor ativo e também ao servidor inativo, de baixa renda, para auxiliar nos gastos com os dependentes do segurado. O valor do benefício é pago por dependente. No âmbito da seguridade do servidor, considera-se como dependente: cônjuge, companheiro e filhos até os 21 (vinte e um) anos de idade ou até os 24 (vinte e quatro) anos se estudante, além do menor de 21 (vinte e um) anos que viva com o segurado mediante uma determinação judicial, assim como mãe e pai que não possuírem economia própria. O salário-família **não** se sujeita a nenhuma tributação nem servirá como base de cálculo para contribuições devidas pelo servidor. O salário-família é garantido ao servidor mesmo que este se encontre em uma posição de afastamento do cargo efetivo, ainda que esse afastamento se dê sem remuneração.

Capítulo 11 • Agentes públicos **367**

Lei nº 8.112/1990

Art. 197. O salário-família é devido ao servidor ativo ou ao inativo, por dependente econômico.

Parágrafo único. Consideram-se dependentes econômicos para efeito de percepção do salário-família:

I – o cônjuge ou companheiro e os filhos, inclusive os enteados até 21 (vinte e um) anos de idade ou, se estudante, até 24 (vinte e quatro) anos ou, se inválido, de qualquer idade;

II – o menor de 21 (vinte e um) anos que, mediante autorização judicial, viver na companhia e às expensas do servidor, ou do inativo;

III – a mãe e o pai sem economia própria.

Art. 200. O salário-família não está sujeito a qualquer tributo, nem servirá de base para qualquer contribuição, inclusive para a Previdência Social.

Art. 201. O afastamento do cargo efetivo, sem remuneração, não acarreta a suspensão do pagamento do salário-família.

Auxílio natalidade. Garantido à servidora após o nascimento de filho, sendo o valor relativo a um salário-mínimo. O benefício será pago mesmo em caso de natimorto. No caso do nascimento múltiplo (gêmeos, trigêmeos), será pago o valor inicial por um filho acrescido de 50% (cinquenta por cento) por nascituro. No caso de a mulher que acabou de dar à luz não ser servidora, o valor do auxílio natalidade será concedido ao cônjuge ou companheiro servidor público.

Lei nº 8.112/1990

Art. 196. O auxílio-natalidade é devido à servidora por motivo de nascimento de filho, em quantia equivalente ao menor vencimento do serviço público, inclusive no caso de natimorto.

§ 1º Na hipótese de parto múltiplo, o valor será acrescido de 50% (cinquenta por cento), por nascituro.

§ 2º O auxílio será pago ao cônjuge ou companheiro servidor público, quando a parturiente não for servidora.

Licença para tratamento de saúde. O servidor que precisar se afastar da prestação do serviço público por motivos de saúde terá concedida licença para trato da saúde. A condição de saúde que exige o tratamento deverá ser confirmada mediante apresentação de atestado ou verificação da junta médica oficial. A lei determina que afastamentos por tempo inferior a 15 (quinze) dias dentro de um período de um ano não necessitará da perícia médica oficial, bastando apresentação de atestado de saúde particular. No caso de licença por período superior a 15 (quinze) dias, mas inferior a 120 (cento e vinte) dias, será necessário laudo médico emitido pelo médico oficial do órgão do qual faz parte o servidor público. Por fim, licenças por período superior a 15 (quinze) dias no período de 12 (doze) meses serão concedidas apenas após verificação da junta médica oficial.

Lei nº 8.112/1990

Art. 202. Será concedida ao servidor licença para tratamento de saúde, a pedido ou de ofício, com base em perícia médica, sem prejuízo da remuneração a que fizer jus.

Art. 203. A licença de que trata o art. 202 desta Lei será concedida com base em perícia oficial. (...)

§ 4º A licença que exceder o prazo de 120 (cento e vinte) dias no período de 12 (doze) meses a contar do primeiro dia de afastamento será concedida mediante avaliação por junta médica oficial.

Art. 204. A licença para tratamento de saúde inferior a 15 (quinze) dias, dentro de 1 (um) ano, poderá ser dispensada de perícia oficial, na forma definida em regulamento.

Licença gestante, licença adotante e licença paternidade. Antes de iniciar a apresentação das regras referentes às licenças gestante e adotante, vale apontar aqui uma jurisprudência essencial do Supremo Tribunal Federal, que determinou a inconstitucionalidade do artigo 210 da Lei nº 8.112/1990, que estabelecia prazo de licença diferenciado entre a gestante e a adotante. Com essa decisão, no ordenamento administrativo nacional, não poderá mais existir distinção entre os direitos da gestante e da adotante, mesmo que haja previsão legal. No mesmo julgamento, o Supremo também determinou a aplicação da possibilidade de prorrogação da licença gestante e adotante por 60 (sessenta) dias, independentemente da idade da criança envolvida.

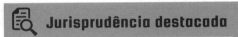

> Os prazos da licença adotante não podem ser inferiores aos prazos da licença gestante, o mesmo valendo para as respectivas prorrogações. Em relação à licença adotante, não é possível fixar prazos diversos em função da idade da criança adotada (STF, Tribunal Pleno, RE nº 778.889/PE, Rel. Min. Roberto Barroso, j. 10.03.2016).

A licença-gestante ou adotante será concedida pelo prazo inicial de 120 (cento e vinte) dias, sem prejuízo da remuneração, iniciando no caso da gestante no nono mês de gestação e, no caso da adotante, no momento da efetivação da adoção. Esse prazo inicial poderá ser prorrogado por 60 (sessenta) dias. Para que a prorrogação seja concedida, o pedido deverá ser feito até, no máximo, 30 (trinta) dias após o parto. Além da licença, é garantido à servidora lactante uma hora de descanso, que poderá ser dividida em dois períodos de 30 (trinta) minutos, durante a jornada de trabalho para amamentar seu próprio filho até a idade de 6 (seis) meses.

Lei nº 8.112/1990

Art. 207. Será concedida licença à servidora gestante por 120 (cento e vinte) dias consecutivos, sem prejuízo da remuneração.

§ 1º A licença poderá ter início no primeiro dia do nono mês de gestação, salvo antecipação por prescrição médica.

§ 2º No caso de nascimento prematuro, a licença terá início a partir do parto.

§ 3º No caso de natimorto, decorridos 30 (trinta) dias do evento, a servidora será submetida a exame médico, e se julgada apta, reassumirá o exercício.

§ 4º No caso de aborto atestado por médico oficial, a servidora terá direito a 30 (trinta) dias de repouso remunerado. (...)

Capítulo 11 ♦ Agentes públicos **369**

Art. 209. Para amamentar o próprio filho, até a idade de seis meses, a servidora lactante terá direito, durante a jornada de trabalho, a uma hora de descanso, que poderá ser parcelada em dois períodos de meia hora.

Decreto nº 6.690/2008

Art. 2º Serão beneficiadas pelo Programa de Prorrogação da Licença à Gestante e à Adotante as servidoras públicas federais lotadas ou em exercício nos órgãos e entidades integrantes da Administração Pública federal direta, autárquica e fundacional.

§ 1º A prorrogação será garantida à servidora pública que requeira o benefício até o final do primeiro mês após o parto e terá duração de sessenta dias.

Com relação à licença paternidade, será concedido o prazo de 5 (cinco) dias consecutivos, o qual poderá ser prorrogado por 15 (quinze) dias, caso o servidor requeira. Essa licença também é garantida ao servidor em paternidade resultante de adoção.

Lei nº 8.112/1990

Art. 208. Pelo nascimento ou adoção de filhos, o servidor terá direito à licença-paternidade de 5 (cinco) dias consecutivos.

Lei nº 11.770/2008

Art. 1º (...)

II – por 15 (quinze) dias a duração da licença-paternidade, nos termos desta Lei, além dos 5 (cinco) dias estabelecidos no § 1º do art. 10 do Ato das Disposições Constitucionais Transitórias.

Licença por acidente em serviço. O servidor que sofrer dano físico ou mental em serviço relacionado mediata ou imediatamente com suas atribuições, gozará de licença com garantia de recebimento de remuneração integral. Além disso, também se garante ao servidor acidentado no serviço que necessite de tratamento especializado, custeio pelo órgão ou ente público de seu tratamento em instituição privada.

Lei nº 8.112/1990

Art. 211. Será licenciado, com remuneração integral, o servidor acidentado em serviço.

Art. 212. Configura acidente em serviço o dano físico ou mental sofrido pelo servidor, que se relacione, mediata ou imediatamente, com as atribuições do cargo exercido.

Parágrafo único. Equipara-se ao acidente em serviço o dano:

I – decorrente de agressão sofrida e não provocada pelo servidor no exercício do cargo;

II – sofrido no percurso da residência para o trabalho e vice-versa.

Art. 213. O servidor acidentado em serviço que necessite de tratamento especializado poderá ser tratado em instituição privada, à conta de recursos públicos.

Parágrafo único. O tratamento recomendado por junta médica oficial constitui medida de exceção e somente será admissível quando inexistirem meios e recursos adequados em instituição pública.

Art. 214. A prova do acidente será feita no prazo de 10 (dez) dias, prorrogável quando as circunstâncias o exigirem.

370 Direito Administrativo Decifrado

Assistência à saúde. Compreende assistência médica, hospitalar, odontológica, psicológica e farmacêutica e é garantida ao servidor e seus dependentes, sendo o benefício concedido na forma de auxílio mediante ressarcimento parcial do valor gasto pelo servidor ou dependente com planos de saúde ou seguros privados de assistência à saúde. Como forma de oferta desse benefício, o ente público poderá contratar planos de saúde privados ou celebrar convênios com entidades de saúde beneficiadas por recursos públicos, desde que realize licitação prévia.

> **Lei nº 8.112/1990**
>
> **Art. 230.** A assistência à saúde do servidor, ativo ou inativo, e de sua família compreende assistência médica, hospitalar, odontológica, psicológica e farmacêutica, terá como diretriz básica o implemento de ações preventivas voltadas para a promoção da saúde e será prestada pelo Sistema Único de Saúde – SUS, diretamente pelo órgão ou entidade ao qual estiver vinculado o servidor, ou mediante convênio ou contrato, ou ainda na forma de auxílio, mediante ressarcimento parcial do valor despendido pelo servidor, ativo ou inativo, e seus dependentes ou pensionistas com planos ou seguros privados de assistência à saúde, na forma estabelecida em regulamento.

II.10.5.2 Benefícios dos dependentes

Pensão por morte. Esse benefício é pago ao dependente do servidor falecido. Com a Reforma da Previdência de 2019, houve uma profunda alteração nas regras sobre pensão por morte. Antigamente, suas regras estavam diretamente estabelecidas na Lei nº 8.112/1990. Agora, o estudo da pensão por morte se dará por meio da Lei nº 8.213/1991.

> **Lei nº 8.112/1990**
>
> **Art. 215.** Por morte do servidor, os seus dependentes, nas hipóteses legais, fazem jus à pensão por morte, observados os limites estabelecidos no inciso XI do *caput* do art. 37 da Constituição Federal e no art. 2º da Lei nº 10.887, de 18 de junho de 2004.
>
> **EC nº 103/2019**
>
> **Art. 23.** A pensão por morte concedida a dependente de segurado do Regime Geral de Previdência Social ou de servidor público federal será equivalente a uma cota familiar de 50% (cinquenta por cento) do valor da aposentadoria recebida pelo segurado ou servidor ou daquela a que teria direito se fosse aposentado por incapacidade permanente na data do óbito, acrescida de cotas de 10 (dez) pontos percentuais por dependente, até o máximo de 100% (cem por cento).

Com a nova regra, o cálculo do valor de pensão por morte se dará da seguinte forma: identifica-se o valor que seria pago ao servidor ativo no caso de aposentadoria por incapacidade permanente, ou utiliza-se o valor pago pela aposentadoria do servidor inativo, e, desse valor, retira-se 50% (cinquenta por cento). Apontado o valor inicial da pensão por morte, por cada dependente será concedido um aumento de 10% (dez por cento), limitado ao valor de 100% (cem por cento).

Importante que as cotas de 10% destacadas não serão mantidas no caso de o dependente não mais se qualificar dessa forma. Assim, não haverá reversão de sua cota em favor dos outros dependentes do servidor falecido.

EC nº 103/2019

Art. 23. (...)

§ 1º As cotas por dependente cessarão com a perda dessa qualidade e não serão reversíveis aos demais dependentes, preservado o valor de 100% (cem por cento) da pensão por morte quando o número de dependentes remanescente for igual ou superior a 5 (cinco).

No caso de dependente inválido ou com deficiência intelectual, será garantido o cálculo para o dependente inválido ou deficiente baseando em 100% (cem por cento) do valor da aposentadoria e, depois, aplica-se a regra de 50% (cinquenta por cento) e cotas de 10% (dez por cento) pelos outros dependentes.

EC nº 103/2019

Art. 23. (...)

§ 2º Na hipótese de existir dependente inválido ou com deficiência intelectual, mental ou grave, o valor da pensão por morte de que trata o *caput* será equivalente a:

I – 100% (cem por cento) da aposentadoria recebida pelo segurado ou servidor ou daquela a que teria direito se fosse aposentado por incapacidade permanente na data do óbito, até o limite máximo de benefícios do Regime Geral de Previdência Social; e

II – uma cota familiar de 50% (cinquenta por cento) acrescida de cotas de 10 (dez) pontos percentuais por dependente, até o máximo de 100% (cem por cento), para o valor que supere o limite máximo de benefícios do Regime Geral de Previdência Social.

§ 3º Quando não houver mais dependente inválido ou com deficiência intelectual, mental ou grave, o valor da pensão será recalculado na forma do disposto no *caput* e no § 1º.

Após a realização do cálculo do valor da pensão por morte, esse valor será rateado por todos os beneficiados em partes iguais. O pagamento da pensão por morte cessará nos casos de: **falecimento do beneficiado; atingir idade superior a 21 (vinte e um) anos (salvo no caso do inválido ou deficiente); cessação da invalidez. No caso de cônjuge ou companheiro, perderá o direito ao recebimento da pensão por morte em 4 (quatro) meses, se o óbito ocorrer sem que o segurado tenha vertido 18 (dezoito) contribuições mensais ou se o casamento ou a união estável tiverem sido iniciados em menos de 2 (dois) anos antes do óbito do segurado.**[26] Outras regras são encontradas na legislação específica, com destaque para essas apontadas neste estudo.

Se houver fundados indícios de autoria, coautoria ou participação de dependente, ressalvados os absolutamente incapazes e os inimputáveis, em homicídio, ou em tentativa desse crime, cometido contra a pessoa do segurado, será possível a suspensão provisória de sua parte no benefício de pensão por morte, mediante processo administrativo próprio, respeitados a ampla defesa e o contraditório, e serão devidas, em caso de absolvição, todas as parcelas corrigidas desde a data da suspensão, bem como a reativação imediata do benefício.

A Lei nº 8.112/1990, após sofrer alterações com a Lei nº 13.135/2015, passou a prever a existência de pensão temporária ou vitalícia para cônjuges, companheiros e companheiras

---

[26] Art. 77, § 2º, da Lei nº 8.213/1991.

372 Direito Administrativo Decifrado

do servidor falecido. A determinação da qualidade da pensão por morte se dará de acordo com a idade dos dependentes, sendo vitalícia apenas no caso de o dependente estar com idade superior a 44 (quarenta e quatro) anos no dia do óbito do servidor. Se o dependente estava com idade entre 41 (quarenta e um) e 43 (quarenta e três) anos, receberá a pensão por morte de forma temporária, pelo período de 20 (vinte) anos. Caso esteja com idade entre 30 (trinta) e 40 (quarenta) anos, terá acesso à pensão por morte por 15 (quinze) anos. Entre 27 (vinte e sete) e 29 (vinte e nove) anos, receberá por 10 (dez) anos. Entre 21 (vinte e um) e 26 (vinte e seis) anos, 6 (seis) anos de percepção da pensão por morte. Por fim, com idade inferior a 21 (vinte e um) anos na data do óbito do servidor, receberá a pensão por 3 (três) anos.

Outra possibilidade de acesso à pensão por morte de forma vitalícia, na forma da Lei nº 8.112/1990, independentemente da idade, cônjuge, companheiro ou companheira considerado inválida ou deficiente (inclusive intelectual que o torne absoluta ou relativamente incapaz).

> **Lei nº 8.112/1990**
>
> **Art. 221.** Será concedida pensão provisória por morte presumida do servidor, nos seguintes casos:
>
> I – declaração de ausência, pela autoridade judiciária competente;
>
> II – desaparecimento em desabamento, inundação, incêndio ou acidente não caracterizado como em serviço;
>
> III – desaparecimento no desempenho das atribuições do cargo ou em missão de segurança.
>
> Parágrafo único. A pensão provisória será transformada em vitalícia ou temporária, conforme o caso, decorridos 5 (cinco) anos de sua vigência, ressalvado o eventual reaparecimento do servidor, hipótese em que o benefício será automaticamente cancelado.

Auxílio reclusão. Benefício concedido ao dependente do servidor ativo que esteja cumprindo penalidade de reclusão. Nesse caso, o valor do benefício que será pago será definido pela condição de prisão do agente, levando em conta se já existe ou não uma condenação definitiva. A partir do dia imediato àquele que o servidor tenha sido colocado em liberdade cessará o pagamento do benefício.

> **Lei nº 8.112/1990**
>
> **Art. 229.** À família do servidor ativo é devido o auxílio-reclusão, nos seguintes valores:
>
> I – dois terços da remuneração, quando afastado por motivo de prisão, em flagrante ou preventiva, determinada pela autoridade competente, enquanto perdurar a prisão;
>
> II – metade da remuneração, durante o afastamento, em virtude de condenação, por sentença definitiva, a pena que não determine a perda de cargo.
>
> § 1º Nos casos previstos no inciso I deste artigo, o servidor terá direito à integralização da remuneração, desde que absolvido.
>
> § 2º O pagamento do auxílio-reclusão cessará a partir do dia imediato àquele em que o servidor for posto em liberdade, ainda que condicional.
>
> § 3º Ressalvado o disposto neste artigo, o auxílio-reclusão será devido, nas mesmas condições da pensão por morte, aos dependentes do segurado recolhido à prisão.

Auxílio funeral. Benefício concedido à família do servidor falecido ou àquele que comprovar custeio do funeral, sendo limitado o auxílio funeral ao valor de uma remuneração ou provento de aposentadoria do servidor. Caso o servidor falecido esteja em situação de acumulação lícita de cargos, o valor do benefício será pago somente em razão do cargo de maior remuneração. O auxílio deve ser pago em até 48 (quarenta e oito) horas, mediante a instauração de um procedimento sumaríssimo.

Lei nº 8.112/1990

Art. 226. O auxílio-funeral é devido à família do servidor falecido na atividade ou aposentado, em valor equivalente a um mês da remuneração ou provento.

§ 1º No caso de acumulação legal de cargos, o auxílio será pago somente em razão do cargo de maior remuneração. (...)

§ 3º O auxílio será pago no prazo de 48 (quarenta e oito) horas, por meio de procedimento sumaríssimo, à pessoa da família que houver custeado o funeral. (...)

Art. 227. Se o funeral for custeado por terceiro, este será indenizado, observado o disposto no artigo anterior. (...)

Art. 228. Em caso de falecimento de servidor em serviço fora do local de trabalho, inclusive no exterior, as despesas de transporte do corpo correrão à conta de recursos da União, autarquia ou fundação pública.

11.10.6 Formas de aposentadoria

A Constituição Federal determina as regras objetivas a serem respeitadas pelos servidores públicos para a conquista do direito de aposentadoria junto ao RPPS. Cada forma de aposentadoria apresentará uma condição ou critério específico, como veremos a partir desse momento.

11.10.6.1 Aposentadoria por incapacidade permanente

Antigamente, chamada de **aposentadoria por invalidez permanente**, ocorre sempre que o servidor sofre uma lesão parcial ou total de suas capacidades laborais que não permita sua manutenção dentro da atividade pública. Lembra que estudamos a forma de provimento **readaptação**? A relação aqui é direta com o dispositivo, principalmente por força da nova redação dada ao texto constitucional, que prevê a readaptação como um passo anterior à aposentadoria por incapacidade permanente.

CF/1988

Art. 37. (...)

§ 13. O servidor público titular de cargo efetivo poderá ser readaptado para exercício de cargo cujas atribuições e responsabilidades sejam compatíveis com a limitação que tenha sofrido em sua capacidade física ou mental, enquanto permanecer nesta condição, desde que possua a habilitação e o nível de escolaridade exigidos para o cargo de destino, mantida a remuneração do cargo de origem.

Art. 40. (...)

§ 1º O servidor abrangido por regime próprio de previdência social será aposentado:

I – por incapacidade permanente para o trabalho, no cargo em que estiver investido, quando insuscetível de readaptação, hipótese em que será obrigatória a realização de

374 Direito Administrativo Decifrado

avaliações periódicas para verificação da continuidade das condições que ensejaram a concessão da aposentadoria, na forma de lei do respectivo ente federativo; (...)

No caso de o servidor sofrer limitação de sua capacidade laboral, o ente público deverá em um primeiro momento buscar uma forma de readaptar o servidor para que este se mantenha na atividade pública. Excepcionalmente, não sendo possível readaptação, conceder-se-á a aposentadoria por incapacidade permanente. Importante que o **permanente** aqui não significa que a limitação física ou mental do servidor deve ter característica de definitividade, ou seja, não tenha cura. O permanente aqui significa que a aposentadoria se manterá **até que as condições normais sejam retomadas, mesmo que não integralmente**. Ou seja, enquanto permanecerem (permanente) as condições que levaram à sua aposentadoria, essa condição será mantida. Quando (ou se) tais impedimentos não mais subsistirem, o servidor voltará à atividade pública, sendo desfeita a sua condição de aposentado. A verificação de manutenção ou não dos impedimentos laborais se fará por meio de avaliações periódicas de junta médica oficial.

II.10.6.2 Aposentadoria compulsória

Este tipo de aposentadoria se dará sempre que o servidor atingir uma idade considerada **limite de atuação** dentro da estrutura administrativa, por isso também chamada **aposentadoria involuntária**. Decorre de imposição legal, afastando automaticamente o servidor de sua atividade pública. Por ser compulsória, não haverá necessidade de concordância ou possibilidade de renúncia pelo servidor, constituindo, assim, um ato unilateral do órgão ou ente público.

A Constituição Federal estabelece duas idades máximas para aposentadoria do servidor, sendo 70 ou 75 anos. No caso dessa aposentadoria, a regra é que o provento seja proporcional ao tempo de serviço, pois considera-se que o servidor não atingiu os requisitos necessários para aposentadoria voluntária. Lógico que, no caso do servidor aposentado compulsoriamente que atende aos requisitos de aposentadoria voluntária, este terá direito ao recebimento de proventos na forma do cálculo de sua aposentadoria voluntária.

> **CF/1988**
>
> **Art. 40.** (...)
>
> § 1º O servidor abrangido por regime próprio de previdência social será aposentado: (...)
>
> II – compulsoriamente, com proventos proporcionais ao tempo de contribuição, aos 70 (setenta) anos de idade, ou aos 75 (setenta e cinco) anos de idade, na forma de lei complementar; (...)

A Constituição Federal reservou à lei complementar a determinação de quais cargos teriam aposentadoria compulsória aos 75 (setenta e cinco) anos, deixando os remanescentes sob a regra dos 70 (setenta) anos. Em 2015, foi editada a Complementar nº 152, legislação de âmbito federal, cabendo a cada ente federado editar sua própria legislação.

> **LC nº 152/2015**
>
> **Art. 2º** Serão aposentados compulsoriamente, com proventos proporcionais ao tempo de contribuição, aos 75 (setenta e cinco) anos de idade:
>
> I – os servidores titulares de cargos efetivos da União, dos Estados, do Distrito Federal e dos Municípios, incluídas suas autarquias e fundações;

Capítulo 11 ♦ Agentes públicos **375**

II – os membros do Poder Judiciário;

III – os membros do Ministério Público;

IV – os membros das Defensorias Públicas;

V – os membros dos Tribunais e dos Conselhos de Contas.

Parágrafo único. Aos servidores do Serviço Exterior Brasileiro, regidos pela Lei nº 11.440, de 29 de dezembro de 2006, o disposto neste artigo será aplicado progressivamente à razão de 1 (um) ano adicional de limite para aposentadoria compulsória ao fim de cada 2 (dois) anos, a partir da vigência desta Lei Complementar, até o limite de 75 (setenta e cinco) anos previsto no *caput*.

Além das categorias apontadas no texto da lei complementar, devemos adicionar aqui os **servidores públicos policiais,** visto que a própria lei complementar revogou dispositivo anterior que tratava da idade de aposentadoria compulsória desses servidores.

LC nº 152/2015

Art. 3º Revoga-se o inciso I do art. 1º da Lei Complementar nº 51, de 20 de dezembro de 1985.

🧩 Decifrando a prova

(2018 – Consulplan – TJ/MG– Notário – Adaptada) É admitido que o servidor permaneça em cargo comissionado mesmo após atingida a data para a aposentadoria compulsória.

( ) Certo ( ) Errado

Gabarito comentado: agentes públicos detentores de cargos comissionados não estão sujeitos ao mesmo sistema previdenciário aplicado aos servidores públicos. Por isso, as regras de previdência desse agente serão as mesmas aplicadas ao regime privado. O STF, ao julgar o RE 786.540, apresentou a tese de que "os servidores ocupantes de cargo exclusivamente em comissão não se submetem à regra da aposentadoria compulsória prevista no art. 40, § 1º, II, da Constituição Federal, a qual atinge apenas os ocupantes de cargo de provimento efetivo, inexistindo, também, qualquer idade limite para fins de nomeação a cargo em comissão". Portanto, a assertiva está certa.

II.10.6.3 Aposentadoria voluntária

Este é caso mais clássico de aposentadoria, momento em que o servidor atinge requisitos elencados no texto constitucional e decide efetivar seu direito junto ao órgão ou ente público. A Constituição Federal determinou alguns dos requisitos necessários, deixando para que os Estados, Distrito Federal e Municípios façam as devidas alterações em seus textos "maiores" (Constituição Estadual e Lei Orgânica) apontando os requisitos complementares. Claro que existe aqui também uma regra de transição, que estudaremos neste subtópico.

CF/1988

Art. 40. (...)

§ 1º O servidor abrangido por regime próprio de previdência social será aposentado: (...)

III – no âmbito da União, aos 62 (sessenta e dois) anos de idade, se mulher, e aos 65 (sessenta e cinco) anos de idade, se homem, e, no âmbito dos Estados, do Distrito Federal e dos Municípios, na idade mínima estabelecida mediante emenda às respectivas Constituições e Leis Orgânicas, observados o tempo de contribuição e os demais requisitos estabelecidos em lei complementar do respectivo ente federativo.

Do texto apresentado, extraímos as idades necessárias para que se possa requerer a aposentadoria do serviço público federal. Observe que, no âmbito dos Estados, Distrito Federal e Municípios, não serão aplicadas essas idades, visto que a Constituição apenas aponta para as idades dos servidores federais. Porém, não apenas idade servirá como regra para aposentadoria, precisando que se defina o tempo de contribuição para aquisição da aposentadoria. Esse requisito deverá ser definido por meio das legislações de cada ente federativo. Na forma da Emenda Constitucional nº 103/2019, encontramos a regra de transição até que esses requisitos sejam definidos.

EC nº 103/2019

Art. 10. Até que entre em vigor lei federal que discipline os benefícios do regime próprio de previdência social dos servidores da União, aplica-se o disposto neste artigo.

§ 1º Os servidores públicos federais serão aposentados:

I – voluntariamente, observados, cumulativamente, os seguintes requisitos:

a) 62 (sessenta e dois) anos de idade, se mulher, e 65 (sessenta e cinco) anos de idade, se homem; e

b) 25 (vinte e cinco) anos de contribuição, desde que cumprido o tempo mínimo de 10 (dez) anos de efetivo exercício no serviço público e de 5 (cinco) anos no cargo efetivo em que for concedida a aposentadoria; (...)

Assim, o tempo de contribuição necessário para aquisição da aposentadoria voluntária será de **25 (vinte e cinco) anos**, independentemente do sexo do servidor.

II.II   Regime disciplinar

II.II.I   Considerações gerais

A lei não tem apenas a função de determinar atribuições a serem realizadas pelo servidor investindo em determinado cargo público, mas também de determinar quais são as vedações ou proibições de ação dentro da atividade pública. A partir dessa definição, é possível estabelecer as penalidades que poderão ser aplicadas ao servidor em uma via administrativa quando desrespeitar ou infringir determinada regra legal. Essa é a importância do regime disciplinar determinado em lei: conforme ensina a Constituição Federal, a punição aplicada ao servidor demandará um procedimento administrativo preliminar que assegure contraditório e ampla defesa ao acusado. Para que esse mandamento seja devidamente respeitado, é essencial que a lei determine o correto processamento da apuração da infração e da aplicação da punição ao servidor, quando necessário.

Capítulo 11 • Agentes públicos **377**

Para iniciar de forma correta nossa análise sobre o instituto do regime disciplinar, é importante entender que a conduta ilícita praticada pelo servidor poderá resultar em responsabilização nas vias penal, civil e administrativa. Isso significa que, do cometimento de um único ato infracional, poderá resultar a abertura de procedimentos específicos em cada esfera atingida pelo servidor, cabendo inclusive a aplicação de sanções de forma cumulada. Essa possibilidade não caracteriza *bis in idem*, ou seja, não se considera múltipla punição sobre o mesmo ato, podendo o servidor, inclusive, ser considerado culpado em uma esfera e absolvido em outra. Não há interferência direta, em regra, de uma decisão em outra ação.

> **Lei nº 8.112/1990**
>
> **Art. 121.** O servidor responde civil, penal e administrativamente pelo exercício irregular de suas atribuições.
>
> **Art. 122.** A responsabilidade civil decorre de ato omissivo ou comissivo, doloso ou culposo, que resulte em prejuízo ao erário ou a terceiros.
>
> **Art. 123.** A responsabilidade penal abrange os crimes e contravenções imputadas ao servidor, nessa qualidade.
>
> **Art. 124.** A responsabilidade civil-administrativa resulta de ato omissivo ou comissivo praticado no desempenho do cargo ou função.
>
> **Art. 125.** As sanções civis, penais e administrativas poderão cumular-se, sendo independentes entre si.

As sanções que o servidor corre o risco de sofrer poderão ser:

- ◆ **Sanções penais:** na identificação de prática de crime ou contravenção definida em legislação penal.
- ◆ **Sanções civis:** relacionadas à reparação de um dano patrimonial causado pelo agente público, aplicáveis mediante propositura de ação judicial específica.
- ◆ **Sanções administrativas:** previstas no Estatuto de regulação da atividade do servidor, são aplicadas em razão do descumprimento de normas funcionais por meio da abertura de um procedimento administrativo disciplinar.

🧩 Decifrando a prova

(2019 – Consulplan – TJ/MG – Notário – Adaptada) A responsabilização do servidor por infrações que configurem ilícito penal atrai a exclusiva atuação da esfera judicial, sendo vedada a dupla penalização pela cumulação de processo administrativo e judicial, em atenção à presunção de não culpabilidade.

( ) Certo ( ) Errado

Gabarito comentado: o ato ilícito cometido pelo servidor poderá representar ações nas esferas civil, penal e administrativa, esferas independentes e com procedimento e objetivos próprios. Por isso, não se considera dupla punição quando o servidor sofre diversas sanções, cada uma advinda de sua ação específica. Portanto, a assertiva está errada.

378 Direito Administrativo Decifrado

Por tratarmos de punições que demandam ações judiciais ou administrativas específicas é que podemos entender melhor a independência entre as esferas e, de regra, a não interferência de uma decisão sobre o outro processo. Há, porém, uma exceção importante aqui.

> **Lei nº 8.112/1990**
>
> **Art. 126.** A responsabilidade administrativa do servidor será afastada no caso de absolvição criminal que negue a existência do fato ou sua autoria.

A exceção que identificamos no artigo da Lei nº 8.112/1990 se refere especificamente à possibilidade de o servidor absolvido na esfera penal ser automaticamente absolvido nas esferas civil e administrativa. Ocorre que nem toda absolvição penal criará essa possibilidade. A previsão legal estabelece que **a absolvição por negativa de autoria ou inexistência do fato** na esfera penal resultará na absolvição do servidor nas esferas civil e administrativa. Repare que no caso de absolvição penal por **falta de provas**, não há do que se falar em resultados reflexos, prosseguindo normalmente o processamento das outras ações podendo, inclusive, resultar em condenação do servidor. O efeito externo da sentença absolutória penal estudado se justifica pelo fato de o processo penal ser, perante as outras esferas de responsabilização previstas no ordenamento nacional, o mais "garantista", o que mais investiga e melhor identifica a real condição em análise no processo, pautando-se na busca da **verdade real**.

Além dos casos de absolvição por negativa de autoria e inexistência do fato previstos na legislação específica, a jurisprudência firmou entendimento de que a **absolvição por legítima defesa** também deverá refletir de forma benéfica ao servidor nas outras esferas.

🔍 Jurisprudência destacada

A decisão penal repercute no julgamento administrativo quando ocorre sentença penal absolutória relacionada aos incisos I e V do art. 386 do Código de Processo Penal. Tendo em vista que o autor foi absolvido na esfera penal por legítima defesa, e o ato de licenciamento foi fundado unicamente na prática de homicídio, não há motivos para manter a punição administrativa, pois a controvérsia está embasada unicamente em comportamento tido como lícito (STJ, 6ª Turma, REsp nº 448.132/PE, Rel. Min. Paulo Medina, j. 08.11.2005).

A doutrina majoritária entende que, além das três esferas "clássicas" de punição do servidor, haveria outras três a se observar, quais sejam: **responsabilização por improbidade administrativa, responsabilização política por crimes de responsabilidade e processo de controle perante órgãos internos e externos.** Essa visão é interessante, pois ao ser adotada pela doutrina e pela jurisprudência, exigirá a extensão dos efeitos da absolvição penal. Em outras palavras, a absolvição penal por negativa de autoria ou ausência de materialidade (inexistência do fato) deverá, também, resultar em coisa julgada na ação de improbidade, na instância política e no processo de controle.

Capítulo 11 ♦ Agentes públicos **379**

> ### Decifrando a prova
>
> **(2018 – Vunesp – TJ/MT – Juiz – Adaptada)** A respeito do processo administrativo disciplinar, é correto afirmar que a responsabilidade disciplinar do servidor será afastada no caso de absolvição criminal por ausência de prova suficiente para a condenação.
> ( ) Certo ( ) Errado
> **Gabarito comentado:** a sentença absolutória na esfera penal só terá reflexos positivos sobre a ação administrativa nos casos de absolvição por inexistência de fato ou negativa de autoria. Como as provas apresentadas nos procedimentos específicos serão diferentes ou, mesmo que sejam as mesmas, serão avaliadas por prismas distintos, não há como afirmar que a falta de provas efetivas em um processo ocorrerá também em outra ação. Portanto, a assertiva está errada.

Imagine a seguinte situação hipotética: um agente público é indiciado pelo cometimento de ato de desvio de recursos públicos e responderá nas três esferas por seu ato. Por serem ações independentes, uma não precisará esperar o andamento da outra para seguir até seu final. Um ano após ser demitido do cargo público mediante procedimento administrativo disciplinar, o agente público é absolvido por negativa de autoria no processo penal. Por causa dessa sentença absolutória, sua demissão deverá ser invalidada, resultando na reintegração do servidor ao cargo anteriormente ocupado.

Outro destaque importante é a possibilidade de a sanção de cunho patrimonial ser transmitida aos herdeiros ou sucessores, conforme previsto na lei. Logicamente, nos moldes da previsão constitucional, a sanção patrimonial a ser "transferida" não atingirá o patrimônio pessoal do herdeiro ou sucessor, mas apenas o patrimônio a ser transferido no procedimento sucessório.

Lei nº 8.112/1990

Art. 122. (...)

§ 3º A obrigação de reparar o dano estende-se aos sucessores e contra eles será executada, até o limite do valor da herança recebida.

Por fim, no caso de o servidor apresentar uma denúncia contra outro servidor por cometimento de infração administrativa, ou contra seu superior hierárquico à autoridade superior competente, não poderá tal fato resultar em responsabilização do servidor denunciante.

Lei nº 8.112/1990

Art. 126-A. Nenhum servidor poderá ser responsabilizado civil, penal ou administrativamente por dar ciência à autoridade superior ou, quando houver suspeita de envolvimento desta, a outra autoridade competente para apuração de informação concernente à prática de crimes ou improbidade de que tenha conhecimento, ainda que em decorrência do exercício de cargo, emprego ou função pública.

11.11.2 Infrações, sanções e prescrições administrativas

A legislação específica do servidor deverá determinar quais são os deveres do agente ao ocupar seu cargo público. Como temos feito ao longo desse capítulo, vamos nos basear nas

380 Direito Administrativo Decifrado

disposições da Lei nº 8.112/1990 para entendermos melhor o regime disciplinar aplicável. Claro que tais previsões poderão sofrer distinção por força de Estatuto próprio aplicável ao servidor, mas a razão geral e o intuito legal serão sempre os mesmos, sempre mantidos.

Lei nº 8.112/1990

Art. 116. São deveres do servidor:

I – exercer com zelo e dedicação as atribuições do cargo;

II – ser leal às instituições a que servir;

III – observar as normas legais e regulamentares;

IV – cumprir as ordens superiores, exceto quando manifestamente ilegais;

V – atender com presteza:

a) ao público em geral, prestando as informações requeridas, ressalvadas as protegidas por sigilo;

b) à expedição de certidões requeridas para defesa de direito ou esclarecimento de situações de interesse pessoal;

c) às requisições para a defesa da Fazenda Pública.

VI – levar as irregularidades de que tiver ciência em razão do cargo ao conhecimento da autoridade superior ou, quando houver suspeita de envolvimento desta, ao conhecimento de outra autoridade competente para apuração;

VII – zelar pela economia do material e a conservação do patrimônio público;

VIII – guardar sigilo sobre assunto da repartição;

IX – manter conduta compatível com a moralidade administrativa;

X – ser assíduo e pontual ao serviço;

XI – tratar com urbanidade as pessoas;

XII – representar contra ilegalidade, omissão ou abuso de poder.

Assim, a legislação aponta para a pauta principal de atuação do servidor: atendimento eficiente e adequado ao interesse público. Reconhecida a atuação do servidor dentro dos parâmetros mínimos especificados na legislação, podemos afirmar estarmos diante de um servidor alinhado com a atividade pública. A questão é que nem sempre o servidor estará devidamente alinhado ou preocupado em atender aos ditames legais quanto às regras de conduta administrativa. Por essa razão, a legislação não só aponta os deveres, como também as condutas que estão proibidas de serem praticadas pelo servidor.

Lei nº 8.112/1990

Art. 117. Ao servidor é proibido:

I – ausentar-se do serviço durante o expediente, sem prévia autorização do chefe imediato;

II – retirar, sem prévia anuência da autoridade competente, qualquer documento ou objeto da repartição;

III – recusar fé a documentos públicos;

Capítulo 11 ◆ Agentes públicos **381**

IV – opor resistência injustificada ao andamento de documento e processo ou execução de serviço;

V – promover manifestação de apreço ou desapreço no recinto da repartição;

VI – cometer a pessoa estranha à repartição, fora dos casos previstos em lei, o desempenho de atribuição que seja de sua responsabilidade ou de seu subordinado;

VII – coagir ou aliciar subordinados no sentido de filiarem-se a associação profissional ou sindical, ou a partido político;

VIII – manter sob sua chefia imediata, em cargo ou função de confiança, cônjuge, companheiro ou parente até o segundo grau civil;

IX – valer-se do cargo para lograr proveito pessoal ou de outrem, em detrimento da dignidade da função pública;

X – participar de gerência ou administração de sociedade privada, personificada ou não personificada, exercer o comércio, exceto na qualidade de acionista, cotista ou comanditário;

XI – atuar, como procurador ou intermediário, junto a repartições públicas, salvo quando se tratar de benefícios previdenciários ou assistenciais de parentes até o segundo grau, e de cônjuge ou companheiro;

XII – receber propina, comissão, presente ou vantagem de qualquer espécie, em razão de suas atribuições;

XIII – aceitar comissão, emprego ou pensão de estado estrangeiro;

XIV – praticar usura sob qualquer de suas formas;

XV – proceder de forma desidiosa;

XVI – utilizar pessoal ou recursos materiais da repartição em serviços ou atividades particulares;

XVII – cometer a outro servidor atribuições estranhas ao cargo que ocupa, exceto em situações de emergência e transitórias;

XVIII – exercer quaisquer atividades que sejam incompatíveis com o exercício do cargo ou função e com o horário de trabalho;

XIX – recusar-se a atualizar seus dados cadastrais quando solicitado.

Entendemos ser extremamente cansativo, e até mesmo "chato", quando em nossa obra disponibilizamos o artigo completo no texto, mas o fazemos por saber que as provas de concurso em geral costumam cobrar o texto da lei quando se trata de deveres e proibições. Além disso, tais previsões serão essenciais para que possamos identificar exatamente qual infração administrativa resultará em determinada penalidade prevista na legislação.

A atuação punitiva da Administração Pública, por meio da autoridade superior competente, não possui margem de escolha, ou seja, não é uma atuação discricionária. A lei apontará exatamente qual o tipo de penalidade deverá ser aplicada de acordo com o tipo de infração ou descumprimento cometido pelo servidor público. Para melhor aproveitarmos nosso estudo, faremos uma análise de cada infração administrativa com base na divisão por penalidade aplicável.

382 Direito Administrativo Decifrado

II.II.2.I Advertência

Esta é uma sanção administrativa mais leve a ser aplicada ao servidor infrator, sendo de competência de aplicação do chefe do departamento. O entendimento é de que, sendo uma infração leve, poderá ser aplicada diretamente pela autoridade superior direta do servidor público, após devida apuração e confirmação da infração.

> **Lei nº 8.112/1990**
>
> **Art. 141.** As penalidades disciplinares serão aplicadas: (...)
>
> III – pelo chefe da repartição e outras autoridades na forma dos respectivos regimentos ou regulamentos, nos casos de advertência ou de suspensão de até 30 (trinta) dias.

A penalidade de advertência deverá ser aplicada sempre por escrito, não existindo, assim, punição verbal no sistema criado pelo Estatuto Federal. Contudo encontramos diversos estatutos estaduais que preveem a aplicação de certa penalidade de forma verbal, sendo chamada de **admoestação verbal ou repreensão verbal**. Por isso, é muito importante observar se a prova para a qual se realizará o concurso exige o estudo específico de outro estatuto que não o federal. Mais uma vez salientamos: é muito comum os estatutos das esferas federativas seguirem o padrão do Estatuto Federal, mesmo que tenham sido editados antes da própria Lei nº 8.112/1990, sofrendo, assim, alterações ao longo do tempo para sua melhor adequação ao texto considerado base.

> **Lei nº 8.112/1990**
>
> **Art. 129.** A advertência será aplicada por escrito, nos casos de violação de proibição constante do art. 117, incisos I a VIII e XIX, e de inobservância de dever funcional previsto em lei, regulamentação ou norma interna, que não justifique imposição de penalidade mais grave.

O artigo em análise aponta para algumas infrações específicas previstas dentre as proibições que resultarão na aplicação da penalidade de advertência. A Administração Pública, por meio da autoridade competente, ao tomar conhecimento da infração cometida pelo servidor punível com advertência, terá o prazo de 180 (cento e oitenta) dias para a instauração do procedimento administrativo disciplinar. Caso a infração cometida pelo servidor também se enquadre como uma infração penal, o prazo previsto pela legislação administrativa será afastado e se aplicará o prazo da legislação penal. Essa previsão é válida para **todas as penalidades administrativas e seus prazos prescricionais**. Assim, não faremos essa observação em todos os nossos tópicos.

> **Lei nº 8.112/1990**
>
> **Art. 142.** A ação disciplinar prescreverá: (...)
>
> III – em 180 (cento e oitenta) dias, quanto à advertência.
>
> § 2º Os prazos de prescrição previstos na lei penal aplicam-se às infrações disciplinares capituladas também como crime.

A jurisprudência pacificou um entendimento extremamente importante: para a aplicação do prazo prescricional da legislação penal, não basta apenas ser o ato infracional administrativo também considerado um ato infracional penal, mas deve existir ação penal específica em andamento.

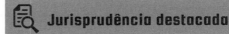

Não tendo sido evidenciado nos autos que tenha sido apurada criminalmente a conduta do impetrante, ainda que seu ato seja tipificado como crime, deve ser aplicado o prazo prescricional previsto na lei que regula a punição administrativa (STJ, 3ª Seção, MS nº 11.220/DF, Rel. Min. Maria Thereza de Assis Moura, j. 27.05.2009).

II.II.2.2 Suspensão

Considerada a suspensão uma penalidade média a ser aplicada contra o servidor, a legislação aponta poucas situações em que ocorrerá tal punição. Vale a pena elencarmos aqui, visto ser um rol bem pequeno de infrações – na realidade, a legislação apenas aponta para a identificação das infrações por exclusão. Observe:

> **Lei nº 8.112/1990**
>
> **Art. 130.** A suspensão será aplicada em caso de reincidência das faltas punidas com advertência e de violação das demais proibições que não tipifiquem infração sujeita a penalidade de demissão, não podendo exceder de 90 (noventa) dias.

Com base nessa informação, identificamos que será aplicada a penalidade de suspensão sempre que o servidor:

- Cometer a outro servidor atribuições estranhas ao cargo que ocupa, exceto em situações transitórias e de emergência.
- Exercer quaisquer atividades que sejam incompatíveis com o exercício do cargo ou da função e com o horário de trabalho.
- Reincidir em infração punível com advertência.
- Deixar de atualizar dados médicos.

Com relação à reincidência de infração punível com advertência, a lei determina um prazo de cancelamento do registro da penalidade aplicada. Assim, caso o servidor cometa nova infração punível com advertência enquanto ainda estiver em seu registro funcional a anotação de outra infração de mesmo tipo sofrerá a suspensão. No caso de o registro ter sido cancelado, deverá ser ignorada a infração anterior.

> **Lei nº 8.112/1990**
>
> **Art. 131.** As penalidades de advertência e de suspensão terão seus registros cancelados, após o decurso de 3 (três) e 5 (cinco) anos de efetivo exercício, respectivamente, se o servidor não houver, nesse período, praticado nova infração disciplinar.
>
> Parágrafo único. O cancelamento da penalidade não surtirá efeitos retroativos.

Sobre o registro da punição do servidor em seu assentamento funcional, um artigo da Lei nº 8.112/1990 despertou um interesse importante de sua avaliação. Observe:

Lei nº 8.112/1990

Art. 170. Extinta a punibilidade pela prescrição, a autoridade julgadora determinará o registro do fato nos assentamentos individuais do servidor.

O dispositivo simplesmente determina que, caso o servidor não tenha sido punido por cometimento de infração pelo fato de o prazo prescricional ter expirado, mesmo assim haverá registro do cometimento da infração em seu assentamento funcional, sem que lhe seja dado direito ao contraditório e à ampla defesa. Claramente inconstitucional, por afronta direta ao princípio da presunção da inocência, o Supremo Tribunal Federal e o Superior Tribunal de Justiça reconheceram sua invalidade.

 Jurisprudência destacada

> O princípio da presunção de inocência consiste em pressuposto negativo, o qual refuta a incidência dos efeitos próprios de ato sancionador, administrativo ou judicial, antes do perfazimento ou da conclusão do processo respectivo, com vistas à apuração profunda dos fatos levantados e à realização de juízo certo sobre a ocorrência e a autoria do ilícito imputado ao acusado. É inconstitucional, por afronta ao art. 5º, LVII, da CF/1988, o art. 170 da Lei nº 8.112/1990, o qual é compreendido como projeção da prática administrativa fundada em especial na Formulação nº 36 do antigo Dasp, que tinha como finalidade legitimar a utilização dos apontamentos para desabonar a conduta do servidor, a título de maus antecedentes, sem a formação definitiva da culpa. O *status* de inocência deixa de ser presumido somente após decisão definitiva na seara administrativa, ou seja, não é possível que qualquer consequência desabonadora da conduta do servidor decorra tão só da instauração de procedimento apuratório ou de decisão que reconheça a incidência da prescrição antes de deliberação definitiva de culpabilidade (STF, Tribunal Pleno, MS nº 23.262/DF, Rel. Min. Dias Toffoli, j. 23.04.2014).

A competência para aplicação da penalidade de suspensão será da autoridade imediatamente inferior àquela que detenha competência para aplicação da penalidade de demissão, que veremos mais adiante. Essa regra é excepcional no caso de a suspensão ser aplicada por até 30 dias – nesse caso, poderá aplicar a punição o próprio chefe da repartição. Lembre-se de que, na forma da lei, a suspensão poderá ser aplicada por até 90 dias.

Lei nº 8.112/1990

Art. 141. As penalidades disciplinares serão aplicadas: (...)

II – pelas autoridades administrativas de hierarquia imediatamente inferior àquelas mencionadas no inciso anterior quando se tratar de suspensão superior a 30 (trinta) dias;

III – pelo chefe da repartição e outras autoridades na forma dos respectivos regimentos ou regulamentos, nos casos de advertência ou de suspensão de até 30 (trinta) dias; (...)

Por ser um ato administrativo punitivo, a suspensão da atividade pública resultará na imediata suspensão da remuneração devida ao servidor. Ora, uma suspensão com manutenção dos recebimentos não me parece uma punição, concorda? Agora, imagine uma seguinte situação: um departamento tem três servidores em seu quadro permanente, sendo que apenas dois se encontram em atividade, pois o terceiro servidor está de férias.

Um desses servidores comete uma infração punível com suspensão, e sofre a penalidade de suspensão por 90 (noventa) dias, assim o departamento fica apenas com um servidor em atuação. Isso, com certeza, resultará em uma drástica redução na eficiência do setor. Nesses casos, em que a punição de suspensão aplicada ao servidor resultar em prejuízo para a própria Administração Pública, a lei permite a **conversão da penalidade de suspensão em multa de 50% (cinquenta por cento) da remuneração do servidor por dia de suspensão sofrida**. Essa opção possibilita que o departamento mantenha o servidor em atividade e, mesmo assim, seja punido por sua infração, visto que trabalhará durante todos os dias que deveria estar suspenso – e recebendo apenas metade do valor de sua remuneração. Obviamente, a multa não poderá ser de 100% (cem por cento) da remuneração, pois quebraria, assim, o padrão de prestação-contraprestação determinado pelo sistema remuneratório.

Importante lembrar: **multa não é uma penalidade administrativa**. A multa resulta da conversão da suspensão, mas nunca poderá ser aplicada diretamente como resultado de um procedimento administrativo disciplinar.

No que tange à prescrição, o prazo para instauração do procedimento administrativo pela autoridade competente será de 2 (dois) anos, contados a partir da data de conhecimento da infração.

> **Lei nº 8.112/1990**
>
> **Art. 142.** A ação disciplinar prescreverá: (...)
>
> II – em 2 (dois) anos, quanto à suspensão; (...)

Com relação à infração de recusa de atualização de dados médicos, após solicitação oficial pelo órgão, a penalidade de suspensão se apresenta mais como uma medida coercitiva do que como uma medida punitiva. Por isso, se o servidor se submeter à atualização médica durante o prazo de suspensão aplicado, cessará imediatamente a medida adotada pela autoridade, retornando o servidor ao trabalho. A suspensão aqui também possui um prazo máximo diferente, sendo de até 15 (quinze) dias.

> **Lei nº 8.112/1990**
>
> **Art. 130.** (...)
>
> § 1º Será punido com suspensão de até 15 (quinze) dias o servidor que, injustificadamente, recusar-se a ser submetido a inspeção médica determinada pela autoridade competente, cessando os efeitos da penalidade uma vez cumprida a determinação.

Vale destacar que a suspensão não pode ser confundida com o **afastamento preventivo**. Suspensão aponta para uma penalidade administrativa, enquanto afastamento preventivo constitui uma medida cautelar aplicada no âmbito do procedimento administrativo. O afastamento preventivo poderá ser determinado pela autoridade competente, sem prejuízo da remuneração do servidor, sempre que considerar ser possível que o acusado influencie o andamento do procedimento, seja ocultando documentos e provas, seja ameaçando os membros da comissão processante e testemunhas, ou qualquer outra situação que possa atrapalhar o bom andamento do processo. O afastamento poderá se dar por até 60 (sessenta) dias, prorrogável por igual período uma vez.

386 Direito Administrativo Decifrado

Lei nº 8.112/1990

Art. 147. Como medida cautelar e a fim de que o servidor não venha a influir na apuração da irregularidade, a autoridade instauradora do processo disciplinar poderá determinar o seu afastamento do exercício do cargo, pelo prazo de até 60 (sessenta) dias, sem prejuízo da remuneração.

Parágrafo único. O afastamento poderá ser prorrogado por igual prazo, findo o qual cessarão os seus efeitos, ainda que não concluído o processo.

II.II.2.3 Demissão

Penalidade mais agressiva da legislação, deverá ser aplicada sempre que uma infração grave for cometida pelo servidor. Em razão da força punitiva resultante da aplicação da penalidade, a legislação permite sua aplicação apenas pelo **Presidente da República, Presidentes das Casas do Poder Legislativo e dos Tribunais Federais e Procurador-Geral da República, de acordo com o órgão ou Poder ao qual o servidor esteja vinculado.**[27]

Lei nº 8.112/1990

Art. 132. A demissão será aplicada nos seguintes casos:

I – crime contra a administração pública;

II – abandono de cargo;

III – inassiduidade habitual;

IV – improbidade administrativa;

V – incontinência pública e conduta escandalosa, na repartição;

VI – insubordinação grave em serviço;

VII – ofensa física, em serviço, a servidor ou a particular, salvo em legítima defesa própria ou de outrem;

VIII – aplicação irregular de dinheiros públicos;

IX – revelação de segredo do qual se apropriou em razão do cargo;

X – lesão aos cofres públicos e dilapidação do patrimônio nacional;

XI – corrupção;

XII – acumulação ilegal de cargos, empregos ou funções públicas;

XIII – transgressão dos incisos IX a XVI do art. 117.

Apresento agora uma avaliação apenas das infrações que possuem uma característica mais específica quanto ao seu cometimento.

♦ **Valer-se do cargo para lograr proveito pessoal ou de outrem, em detrimento da dignidade da função pública:** caso o servidor seja demitido com base nessa

---

[27] Art. 141 da Lei nº 8.112/1990.

atuação específica, ficará vedado seu retorno ao serviço público federal, mesmo que aprovado em concurso público, pelo prazo de 5 (cinco) anos.

- **Atuar, como procurador ou intermediário, junto a repartições públicas, salvo quando se tratar de benefícios previdenciários ou assistenciais de parentes até o segundo grau e de cônjuge ou companheiro:** essa é outra hipótese em que o servidor será demitido e ficará impedido pelo prazo de 5 (cinco) anos de assumir novo cargo no serviço público federal.

- **Crime contra a administração pública:** a demissão do servidor independe da punição do agente público na esfera penal e resultará no seu impedimento de assumir cargo no serviço público federal por prazo indeterminado. Essa determinação da lei é muito criticada pela doutrina, pois configura imposição de pena de caráter perpétuo, proibida expressamente pela Constituição Federal. Apesar dos Tribunais Superiores ainda não terem apresentado um posicionamento definido quanto à matéria específica, podemos extrair de alguns julgados quanto às outras matérias que o STF não permite aplicação desse tipo de penalidade sem determinação de prazo.

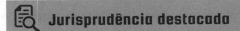

No mérito, é de se manter o aresto, no ponto em que afastou o caráter permanente da pena de inabilitação imposta aos impetrantes, ora recorridos, em face do que dispõem o art. 5º, XLVI, *e*, XLVII, *b*, e § 2º, da CF. 3. Não é caso, porém, de se anular a imposição de qualquer sanção, como resulta dos termos do pedido inicial e do próprio julgado que assim o deferiu (STF, 1ª Turma, RE nº 154.134/SP, Rel. Min. Sydney Sanches, j. 15.12.1998).

- **Inassiduidade habitual:** configurada pela ausência injustificada do servidor por 60 (sessenta) dias interpolados dentro do período de 12 (doze) meses.
- **Abandono do cargo:** caracteriza-se pela ausência injustificada do servidor por mais de 30 (trinta) dias consecutivos ao serviço público.
- **Aplicação irregular de dinheiro público, lesão aos cofres públicos, dilapidação do patrimônio nacional e corrupção:** todos esses casos, à semelhança do que vimos no caso de crime contra a Administração Pública, têm previsão de demissão e vedação por prazo indeterminado de retorno do servidor ao serviço público federal. Aplica-se o mesmo entendimento apresentado anteriormente.

Com relação ao prazo prescricional, a autoridade competente terá 5 (cinco) anos para instauração do procedimento administrativo disciplinar, a partir da data em que a Administração Pública tome conhecimento da infração cometida.

Lei nº 8.112/1990

Art. 142. A ação disciplinar prescreverá:

I – em 5 (cinco) anos, quanto às infrações puníveis com demissão, cassação de aposentadoria ou disponibilidade e destituição de cargo em comissão; (...)

388 Direito Administrativo Decifrado

II.II.2.4 Cassação de aposentadoria e disponibilidade

É considerada correlata à demissão, pois produz o mesmo efeito, qual seja o desligamento definitivo do vínculo com o cargo ocupado, aplicada a servidores que se encontram em situação de inatividade pública. Essa é a única diferença dessa penalidade para a demissão, pois só poderá ser demitido servidor ativo.

No caso da cassação da disponibilidade, instituto já comentado anteriormente, será aplicada sempre que o servidor disponível deixar de atender ao aproveitamento feito pela Administração Pública no prazo legal. Ocorre que a cassação de disponibilidade também poderá ser aplicada quando o agente tiver cometido, antes de sua disponibilização, ato infracional grave. Já a cassação de aposentadoria se dará sempre que for detectado, após a inatividade, o cometimento de uma infração grave pelo servidor durante a atividade pública. Ex.: imagine que um servidor cometeu ato de corrupção durante a atividade pública e, após 2 (dois) anos, se aposentou. A Administração toma conhecimento da corrupção cometida e instaura procedimento administrativo disciplinar. Como o servidor passou para a inatividade, não poderá sofrer demissão. Assim, aplica-se a penalidade de cassação de aposentadoria, que surtirá o mesmo efeito da demissão.

Por se tratar de uma correlata da demissão, a competência para aplicação da penalidade será a mesma estudada anteriormente, assim como também será o mesmo prazo prescricional para propositura da ação disciplinar.

> **Lei nº 8.112/1990**
>
> **Art. 141.** As penalidades disciplinares serão aplicadas: (...)
>
> XIV – pelo Presidente da República, pelos Presidentes das Casas do Poder Legislativo e dos Tribunais Federais e pelo Procurador-Geral da República, quando se tratar de demissão e cassação de aposentadoria ou disponibilidade de servidor vinculado ao respectivo Poder, órgão, ou entidade; (...)
>
> **Art. 142.** A ação disciplinar prescreverá:
>
> I – em 5 (cinco) anos, quanto às infrações puníveis com demissão, cassação de aposentadoria ou disponibilidade e destituição de cargo em comissão; (...)

II.II.2.5 Destituição de cargo em comissão e de função de confiança

Por se tratar de uma relação que não possui vínculo efetivo com a Administração Pública (visto que no caso da função de confiança o vínculo é do cargo ocupado e não da função assumida), a penalidade que deverá ser aplicada caso seja cometida infração pelo servidor é a de destituição. Detalhe é que a destituição deverá ser aplicada sempre que o servidor cometer uma infração punível com **suspensão ou demissão**. Assim, quando um servidor comum estiver sujeito a uma punição de suspensão, por exemplo, o detentor de cargo comissionado ou função de confiança sofrerá uma destituição.

Não se deve confundir **destituição com exoneração**. Exoneração é um mero ato administrativo de desligamento, sem função punitiva, inclusive não exigindo motivação do ato. Destituição é uma sanção, uma punição, e exigirá procedimento administrativo disciplinar que assegure contraditório e ampla defesa do agente público.

A competência para aplicação da penalidade será da autoridade responsável pela nomeação do agente para exercício do cargo em comissão ou função de confiança, sendo a prescrição a mesma aplicada no caso da demissão e da cassação.

Lei nº 8.112/1990
Art. 141. As penalidades disciplinares serão aplicadas: (...)
IV – pela autoridade que houver feito a nomeação, quando se tratar de destituição de cargo em comissão.
Art. 142. A ação disciplinar prescreverá:
I – em 5 (cinco) anos, quanto às infrações puníveis com demissão, cassação de aposentadoria ou disponibilidade e destituição de cargo em comissão; (...)

11.12 Processo administrativo disciplinar

Conforme temos citado ao longo de nosso estudo, a aplicação de penalidade administrativa depende da realização de um procedimento administrativo disciplinar com garantia de respeito aos direitos de contraditório e ampla defesa. Com efeito, não se aceita mais no Direito a aplicação da **verdade sábia**, instituto muito comum antes da edição da CF/1988. Apesar de já termos realizado um estudo mais abrangente no capítulo sobre a Lei nº 9.784/1999 (processo administrativo disciplinar), alguns pontos referentes ao procedimento punitivo administrativo necessitam de um apontamento dentro do Estatuto Federal.

Como vimos, a Administração deverá respeitar alguns prazos para aplicação da penalidade contra servidor cometedor de infração administrativa. Acontece que, durante o procedimento administrativo, o prazo, supostamente, continuaria correndo, resultando em situações em que após a realização do procedimento o prazo para aplicação da penalidade estaria prescrito. Esse entendimento derivava de uma interpretação muito específica da lei feita no passado, que não possui mais aceitação no Direito Administrativo moderno, por força de decisão proferida pelo Superior Tribunal de Justiça. A determinação é de que o prazo sofra interrupção com a instauração do procedimento administrativo disciplinar, voltando a correr após 140 (cento e quarenta) dias de sua instauração, prazo esse máximo para realização do procedimento administrativo.

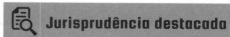

A teor do art. 142, § 1º, da Lei nº 8.112/1990, a prescrição da pretensão punitiva administrativa começa a fluir a partir da data em que o ato ilícito se torna conhecido, sendo certo, também, que, à luz do disposto no § 3º do mesmo artigo, a instauração do processo administrativo disciplinar constitui fato interruptivo da contagem do prazo prescricional (STJ, 3ª Seção, MS nº 12.735/DF, Rel. Min. Og Fernandes, j. 09.06.2010).

Instaurado o procedimento administrativo disciplinar (PAD), o servidor que estiver respondendo ao processo não poderá ser exonerado nem aposentado voluntariamente.

Apesar de a regra ser a realização do PAD para aplicação de punição sobre servidor, no caso de exoneração de detentor de cargo comissionado ou função de confiança ou de servidor em estágio probatório não é necessário instaurar o procedimento. Nesses casos, o servidor não faz jus à estabilidade prevista no art. 41 da Constituição Federal, razão pela qual se afasta a necessidade de PAD para sua dispensa. Ainda que não necessário o PAD, dispensar servidor em estágio probatório ainda exigirá a edição de um ato motivado pela autoridade competente, como forma de garantia do contraditório e da ampla defesa.

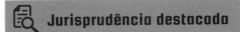

> É pacifico o entendimento neste Tribunal de que é desnecessária a instauração de processo administrativo disciplinar, com todas suas formalidades, para a apuração de inaptidão ou insuficiência no exercício das funções para fins de exoneração em estágio probatório, bastando que sejam asseguradas as garantias constitucionais da ampla defesa e do contraditório, mediante decisão fundamentada, tal como ocorrera na espécie (STJ, 5ª Turma, AgRg no RMS nº 13.984/SP, Rel. Min. Laurita Vaz, j. 26.06.2007).

Quanto à necessidade de constituição de advogado, devemos lembrar da Súmula Vinculante nº 5 que afasta a obrigatoriedade, dando a faculdade ao servidor de constituir ou não seu advogado em um procedimento administrativo.

A partir do momento em que a autoridade competente tomou conhecimento da ocorrência de infração, é obrigatório que se promova a sua imediata apuração, por meio de um dos dois instrumentos constituídos pela Lei nº 8.112/1990, que passaremos a estudar de forma mais detalhada a partir deste momento.

Lei nº 8.112/1990

Art. 143. A autoridade que tiver ciência de irregularidade no serviço público é obrigada a promover a sua apuração imediata, mediante sindicância ou processo administrativo disciplinar, assegurada ao acusado ampla defesa.

II.12.1 Sindicância

Configura um procedimento administrativo mais simples, mais célere, que poderá resultar na aplicação de penalidades menos graves, desde a advertência até a suspensão de até 30 (trinta) dias. Tal procedimento não será admitido quando estivermos diante do cometimento de uma infração grave pelo servidor. A sindicância aqui tratada não pode se confundir com a sindicância estudada na Lei nº 9.784/1999. A **sindicância meramente investigada na Lei nº 9.784/1999 não tem o condão de aplicação de penalidade, diferente da sindicância processual da Lei nº 8.112/1990.**

O prazo máximo de duração da sindicância será de 30 (trinta) dias, podendo ser prorrogado por mais 30 (trinta) dias. Tais prazos são considerados impróprios, ou seja, extrapolar os prazos inicialmente indicados não resultará na anulação do procedimento de imediato, salvo se demonstrado o prejuízo para a defesa.

Capítulo 11 • Agentes públicos **391**

Do procedimento de sindicância, resultará uma de três decisões: **arquivamento do procedimento**, quando não se identificar o cometimento de infração ou não for possível confirmar a autoria do ato pelo acusado; **aplicação de penalidade**, conforme vimos, advertência até suspensão por 30 (trinta) dias; **determinação de instauração do PAD**, quando se identificar durante a sindicância que a infração que se apura é mais grave do que se identificou inicialmente.

A sindicância não é indispensável para o processamento correto, visto que o PAD poderá ser diretamente instaurado e dele poderá resultar qualquer tipo de punição. O PAD, por sua vez, é dispensável sempre que estivermos diante de infração punível com advertência ou suspensão até 30 (trinta) dias.

> **Lei nº 8.112/1990**
>
> **Art. 145.** Da sindicância poderá resultar:
>
> I – arquivamento do processo;
>
> II – aplicação de penalidade de advertência ou suspensão de até 30 (trinta) dias;
>
> III – instauração de processo disciplinar.
>
> Parágrafo único. O prazo para conclusão da sindicância não excederá 30 (trinta) dias, podendo ser prorrogado por igual período, a critério da autoridade superior. (...)
>
> **Art. 146.** Sempre que o ilícito praticado pelo servidor ensejar a imposição de penalidade de suspensão por mais de 30 (trinta) dias, de demissão, cassação de aposentadoria ou disponibilidade, ou destituição de cargo em comissão, será obrigatória a instauração de processo disciplinar.

🧩 Decifrando a prova

(2019 – Fundep – DPE/MG – Defensor – Adaptada) Segundo a jurisprudência do Superior Tribunal de Justiça, é permitida a instauração de processo administrativo disciplinar com base em denúncia anônima, desde que devidamente motivada e com amparo em investigação ou sindicância.

( ) Certo ( ) Errado

Gabarito comentado: ensinamento apresentado na Súmula nº 611 do STJ, a denúncia anônima poderá servir de indício para início de investigação ou de uma sindicância, podendo resultar em punição direta aplicada pela autoridade que instaurou a sindicância, arquivamento por não confirmação dos indícios ou determinação de abertura de PAD para aplicação de penalidade mais severa. Portanto, a assertiva está certa.

11.12.2 Processo Administrativo Disciplinar

Procedimento essencial para apuração e aplicação de penalidades contra ilícitos que demandam penalidade superior a suspensão por até 30 (trinta) dias. Diferentemente da sin-

392 Direito Administrativo Decifrado

dicância, mais célere e simples, o procedimento do PAD é mais complexo e, por isso, demanda uma série concatenada de atos que respeitem a previsão procedimental legal. Assim, podemos identificar três fases do PAD:

- **Instauração:** ato de abertura do procedimento administrativo, momento em que autoridade competente além de informar o início do PAD também convoca a comissão processante que será responsável por conduzir a segunda fase do procedimento.

A comissão de que tratamos aqui será formada obrigatoriamente por 3 (três) servidores estáveis que não sejam parentes até o terceiro grau ou cônjuges do acusado. Entre os três membros da comissão, a autoridade competente para instauração deverá indicar também o presidente da comissão, que deverá necessariamente possuir nível de escolaridade igual ou superior ao do acusado. Para o Superior Tribunal de Justiça é imprescindível que o servidor ocupante de posição em comissão processante seja estável ou, pelo menos, tenha conquistado estabilidade em algum outro cargo dentro da Administração Pública. Assim, mesmo aquele que não seja estável no cargo atual, mas já tenha sido estável em outro cargo anteriormente ocupado, poderá compor a comissão.

> **Lei nº 8.112/1990**
>
> **Art. 149.** O processo disciplinar será conduzido por comissão composta de três servidores estáveis designados pela autoridade competente, observado o disposto no § 3º do art. 143, que indicará, dentre eles, o seu presidente, que deverá ser ocupante de cargo efetivo superior ou de mesmo nível, ou ter nível de escolaridade igual ou superior ao do indiciado.

Em 2020 o Superior Tribunal de Justiça publicou um documento contendo diversas teses aplicáveis ao procedimento administrativo disciplinar. Quanto à formação da comissão, determinou: "Na composição de comissão de processo administrativo disciplinar, é possível a designação de servidores lotados em órgão diverso daquele em que atua o servidor investigado, não existindo óbice nas legislações que disciplinam a apuração das infrações funcionais".

- **Inquérito administrativo:** fase conduzida completamente pela comissão processante, em que todos os atos garantidores de contraditório e ampla defesa estarão presentes. O inquérito administrativo se dividirá em três etapas, sendo: **instrução probatória, citação do acusado para apresentação de defesa e elaboração de relatório**.

A **instrução probatória** será ampla no processo administrativo, visto que qualquer meio de prova admitido em lei poderá ser apresentado. Em 2017, o STJ aprovou a Súmula nº 591 – que passou a permitir a utilização da "prova emprestada" no processo administrativo desde que seja autorizada pelo juízo original e seja garantido ao acusado o contraditório e a ampla defesa contra a prova. **Prova emprestada** é aquela que, embora produzida em outro processo, pretende-se que produza efeitos no processo em questão.

Capítulo 11 ◆ Agentes públicos **393**

> ### 🔍 Jurisprudência destacada
>
> **Súmula nº 591 do STJ.** É permitida a prova emprestada no processo administrativo discipli-nar, desde que devidamente autorizada pelo juízo competente e respeitados o contraditório e a ampla defesa.

Após a instrução probatória, será concedido ao réu um prazo de 10 (dez) dias para apresentação de sua defesa. Esse prazo poderá ser de 15 (quinze) dias, se o acusado não for encontrado e a citação ocorrer por edital, ou de 20 (vinte) dias, havendo dois ou mais acusa-dos no mesmo processo, sendo esse prazo comum para todos os acusados.

Não sendo apresentada a defesa pelo acusado, ocorrerá a **revelia**, que, no caso de proce-dimento administrativo, **não ensejará a presunção da veracidade dos fatos alegados pela parte contrária**, como ocorre nos procedimentos judiciais civis, por exemplo. No caso do procedimento administrativo, a revelia terá apenas o efeito de **designação de defensor dati-vo** para o acusado, visto que o procedimento não poderá prosseguir sem o registro de defesa pelo acusado ou seu representante. Apesar do nome, o defensor dativo não precisa necessa-riamente ser um advogado, mas sua escolha respeitará as mesmas regras estabelecidas para a determinação do presidente da comissão processante.

Apresentada a defesa, a comissão passará para a última etapa: a **elaboração de um rela-tório conclusivo**. Esse relatório terá natureza jurídica de parecer, não se restringindo apenas a relatar os acontecimentos dentro da fase de inquérito, mas devendo emitir opinião sobre a decisão a ser proferida pela autoridade competente.

◆ **Julgamento:** apresentado o relatório, a autoridade competente (já tratada quando apontamos as autoridades competentes para aplicar cada penalidade administrativa prevista na lei) deverá julgar o parecer elaborado pela comissão, decidindo pelo arquivamento ou pela aplicação de penalidade ao servidor.

Apesar de a legislação apontar que a autoridade competente deverá seguir o relatório, salvo se contrária às provas dos autos, o STF entende que tal determinação configura apenas uma orientação da lei, e não um mandamento. Assim, o parecer não terá caráter vinculante, podendo a autoridade competente pelo julgamento apresentar decisão diversa daquela de-terminada no relatório, apresentado a justificativa para tal decisão.

Lei nº 8.112/1990

Art. 168. O julgamento acatará o relatório da comissão, salvo quando contrário às pro-vas dos autos.

Parágrafo único. Quando o relatório da comissão contrariar as provas dos autos, a auto-ridade julgadora poderá, motivadamente, agravar a penalidade proposta, abrandá-la ou isentar o servidor de responsabilidade.

O PAD terá um prazo máximo de 60 (sessenta) dias, prorrogáveis por mais 60 (sessen-ta), até a elaboração do relatório pela comissão processante, sendo dado à autoridade julgadora o prazo de 20 (vinte) dias para proferir sua decisão. O somatório desses prazos atinge 140 (cento e quarenta) dias, prazo que vimos como máximo para a interrupção do prazo prescricional da aplicação da penalidade administrativa. Desse entendimento se extrai ainda a possibilidade de ocorrência da prescrição intercorrente, caso o processo fique parado sem decisão ou movimentação além do prazo prescricional determinado na lei.

Proferida a decisão, poderão ser interpostas as impugnações administrativas, por força da previsão do duplo grau de jurisdição adaptado ao processo administrativo.

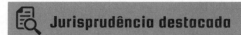

Súmula Vinculante nº 21. É inconstitucional a exigência de depósito ou arrolamento prévios de dinheiro ou bens para admissibilidade de recurso administrativo.

As impugnações administrativas cabíveis são:

- **Pedido de reconsideração:** deverá ser interposto no prazo de 30 (trinta) dias, sendo encaminhado e julgado pela mesma autoridade que proferiu a decisão impugnada. O pedido de reconsideração é como se fosse uma "segunda chance" para a autoridade apresentar a decisão que o recorrente considera correta. Do indeferimento do pedido de reconsideração ou da não apresentação de decisão no prazo de 30 (trinta) dias, caberá recurso.
  - **Recurso:** poderá ser proposto diretamente contra a decisão inicial ou contra decisão de pedido de reconsideração em um prazo máximo de 30 (trinta) dias. O recurso é encaminhado hierarquicamente, por via da autoridade à qual está subordinado o recorrente e dirigido à autoridade superior àquela que proferiu a decisão impugnada.

Importante ressaltar que, da decisão do pedido de reconsideração ou do recurso, poderá resultar uma situação mais gravosa ao recorrente, constituindo a chamada *reformatio in pejus*. Seria o caso, por exemplo, de um servidor que havia sofrido uma advertência e que, depois do recurso, sofreu uma suspensão por 90 (noventa) dias após verificação da inadequação da punição anterior.

Lei nº 9.784/1999

Art. 64. O órgão competente para decidir o recurso poderá confirmar, modificar, anular ou revogar, total ou parcialmente, a decisão recorrida, se a matéria for de sua competência.

Parágrafo único. Se da aplicação do disposto neste artigo puder decorrer gravame à situação do recorrente, este deverá ser cientificado para que formule suas alegações antes da decisão.

- **Revisão:** essa impugnação poderá ser apresentada a qualquer tempo, não havendo um prazo legal. Enquanto no pedido de reconsideração e no recurso basta o recorrente demonstrar sua insatisfação com a decisão recorrida, na revisão, é obrigatória a apresentação de **fatos novos que possam influenciar na decisão proferida originalmente**. Terá competência para julgar a revisão a mesma autoridade que proferiu a decisão original. Consideram-se fatos novos **os havidos ou conhecidos após a decisão proferida**, ou seja, fatos que não foram considerados durante o primeiro julgamento. Da revisão não poderá resultar a *reformatio in pejus*.

Apesar de não existir previsão de prazo para apresentação do pedido de revisão, entende-se que se aplica o prazo de prescrição contra o Estado na forma da lei.

> **Lei nº 8.112/1990**
>
> **Art. 110.** O direito de requerer prescreve:
>
> I – em 5 (cinco) anos, quanto aos atos de demissão e de cassação de aposentadoria ou disponibilidade, ou que afetem interesse patrimonial e créditos resultantes das relações de trabalho;
>
> II – em 120 (cento e vinte) dias, nos demais casos, salvo quando outro prazo for fixado em lei.
>
> **Art. 182.** (...)
>
> Parágrafo único. Da revisão do processo não poderá resultar agravamento de penalidade.

11.12.3 Processo sumário

Apesar de ser um rito processual muito criticado e até mesmo considerado inconstitucional, a Lei nº 8.112/1990 prevê uma o procedimento administrativo pelo **processo sumário**. A ideia por trás da criação desse "terceiro" tipo de procedimento administrativo é a suposta facilidade de comprovação da irregularidade do servidor, visto ser o processo sumário, como o nome já indica: mais rápido e célere do que as outras duas formas estudadas.

É cabível o processo sumário quando estivermos perante situações de demissão que decorram da **inassiduidade habitual, do abandono de cargo ou da acumulação ilegal de cargos**.

O prazo para realização do processo sumário é de 30 (trinta) dias, prorrogável por mais 15 (quinze) dias.

A comissão processante será composta por 2 (dois) servidores estáveis, não havendo aqui a fase de instrução, visto que a materialidade do fato e da autoria já estaria documentalmente comprovada. A defesa deverá ser apresentada no prazo de 5 (cinco) dias.

No caso de acumulação ilegal de cargos, não podemos esquecer que a legislação permite, antes, que o servidor faça escolha pelo cargo que pretende manter. Só será instaurado o PAD na forma do processo sumário no caso do servidor não se manifestar no prazo legal.

12 Bens públicos

12.1 Domínio público e bens públicos

Há uma grande divergência na doutrina quanto à conceituação de **domínio público**, sendo para uma parte um termo que se destina a apontar para todos os bens que façam parte do patrimônio público, por entenderem ser público aquilo que pertence ao Estado, e, para outra parte da doutrina, o termo destina-se a destacar todos os bens que não só fazem parte do patrimônio público, mas que estejam destinados à utilização da coletividade, entendendo ser público aquilo que se destina ao coletivo. Essa segunda conceituação é mais aceita pela doutrina de Direito Administrativo, pois abrange não só os bens patrimoniais efetivamente, como também aqueles bens aos quais não se possa identificar como patrimônio ou propriedade, por exemplo: **o ar e o meio ambiente**.

O conceito de domínio público pode ser apresentado com dois sentidos, sendo:

- ◆ **Domínio público em sentido amplo (domínio eminente):** o poder que o Estado exerce sobre todos os bens que se encontram em seu território, por meio da soberania exercida por ele, gerando a possibilidade de o Estado criar regras e restrições de uso dos bens, mesmo que particulares, de forma a garantir o atendimento ao interesse público. Logo, trata-se do poder de regulamentação do Poder Público sobre todos os bens públicos e privados, para que se assegure a **função social da propriedade**.

- ◆ **Domínio público em sentido estrito:** é o conjunto de bens que pertencem ao Poder Público, que exerce sobre eles todas as prerrogativas decorrentes do direito de propriedade. Aqui, encontramos a definição da nossa matéria em estudo a partir desse momento, os **bens públicos**.

Definir bens públicos nos exigirá uma dupla interpretação para perfeito entendimento de sua conceituação no Direito Administrativo. A primeira interpretação, que utiliza como base o **critério da titularidade do bem público**, extraímos da definição encontrada no Código Civil, que ensina:

398 Direito Administrativo Decifrado

CC/2002

Art. 41. São pessoas jurídicas de direito público interno:

I – a União;

II – os Estados, o Distrito Federal e os Territórios;

III – os Municípios;

IV – as autarquias, inclusive as associações públicas;

V – as demais entidades de caráter público criadas por lei.

Art. 98. São públicos os bens do domínio nacional pertencentes às pessoas jurídicas de direito público interno; todos os outros são particulares, seja qual for a pessoa a que pertencerem.

Podemos perceber que pela definição do Código Civil só serão considerados bens públicos aqueles bens que pertencerem necessariamente a uma pessoa jurídica de direito público interno, sendo um bem privado caso pertença a uma pessoa jurídica de direito privado ou a uma pessoa jurídica de direito público externo. Dessa conceituação podemos destacar três correntes doutrinárias que tentam explicar melhor a definição pretendida pelo Código Civil.

- ◆ **Corrente exclusivista:** para essa parte da doutrina, capitaneada por José dos Santos Carvalho Filho, o conceito de bem público deve estar necessariamente relacionado à ideia de ser um bem pertencente ao patrimônio da pessoa jurídica de direito público. Em suas palavras (CARVALHO FILHO, 2019, p. 1598), leciona que bens públicos são:

(...) todos aqueles que, de qualquer natureza e a qualquer título, pertençam às pessoas jurídicas de direito público, sejam elas federativas, como a União, os Estados, o Distrito Federal e os Municípios, sejam da Administração descentralizada, como as autarquias, nestas incluindo-se as fundações de direito público e as associações públicas.

- ◆ Apesar de essa corrente atender diretamente ao ditame da legislação civil e ser aceita por boa parte das bancas de concursos públicos, ela se apresenta como uma definição limitada, e deixa de explicar vários fatores sobre os quais se encontra explicação por outras correntes.

- ◆ **Corrente inclusivista:** defendida por Hely Lopes Meirelles e Maria Sylvia Zanella Di Pietro, entende que serão bens públicos todos os bens que pertençam à Administração Pública Direta e Indireta, mesmo no caso de pessoas jurídicas de direito privado. Tal corrente falha por não ser capaz de justificar a diferenciação de regime jurídico aplicado aos bens públicos, assunto que estudaremos melhor mais adiante.

- ◆ **Corrente mista:** adotada e defendida por Celso Antônio Bandeira de Mello, entende que serão bens públicos todos os bens de pessoas jurídicas de direito público e também todos os bens que estejam destinados à utilização coletiva, ou melhor, afetados à prestação de um serviço público. Em suas palavras (MELLO, 2009, p. 1157):

(...) todos os bens que estiverem sujeitos ao mesmo regime público deverão ser havidos como bens públicos. Ora, bens particulares quando afetados a uma atividade pública (enquanto estiverem) ficam submissos ao mesmo regime dos bens de propriedade pública. Logo, têm que estar incluídos no conceito de bem público.

* Essa conceituação se apresenta mais coerente e mais de acordo com a realidade do Direito Administrativo, ganhando muita força nas principais bancas do Brasil e nos concursos com característica mais jurídica. Será a corrente utilizada nesta obra.

Da corrente mista, extraímos a segunda interpretação essencial para entendimento do conceito pleno de bens públicos. Essa segunda interpretação deverá ser aplicada em conjunto com a primeira, sendo entendida como a conceituação com base no **critério da destinação do bem público**. Com essa interpretação, basta que o bem esteja afetado a uma prestação de serviço público que será automaticamente tratado como um bem público, seja ele de pessoa jurídica de direito público ou de direito privado. Assim, no caso dos bens de pessoas jurídicas de direito privado, continuaremos os chamando de **bens privados (critério da titularidade)**, mas passaremos a oferecer a eles tratamento de **bem público (critério da destinação)**. Ex.: o bem utilizado por uma sociedade de economia mista, que é uma pessoa jurídica de direito privado, continuará sendo chamado de bem privado, mas passará a gozar de prerrogativas exclusiva do bem público. Podemos dizer que estamos diante de um "bem público" mesmo não sendo efetivamente um bem público.

Como devida instrução para realização de concurso público, deve-se aplicar em um primeiro momento a corrente exclusivista, caso a questão apenas busque o conceito de bem público. Caso a questão apresente uma situação a ser avaliada pelo candidato de um bem que esteja atrelado a um serviço público, deve-se aplicar as duas interpretações apresentadas em conjunto para identificação da resposta correta.

 Jurisprudência destacada

Por isso, esta corte vem admitindo a penhora de bens de empresas públicas (em sentido lato) prestadoras de serviço público apenas se estes não estiverem afetados à consecução da atividade-fim (serviço público) ou se, ainda que afetados, a penhora não comprometer o desempenho da atividade. Essa lógica se aplica às empresas privadas que sejam concessionárias ou permissionárias de serviços públicos (STJ, 2ª Turma, AgRg no REsp nº 1.070.735/RS, Rel. Min. Mauro Campbell Marques, j. 18.11.2008).

O entendimento apresentado nos explica que, no caso de pessoa jurídica de direito privado que se enquadre como empresa estatal, só gozará de proteção de direito público o bem que estiver diretamente destacado (afetado) à prestação do serviço público, não sendo garantida proteção a todos os bens da entidade. Assim, podemos afirmar que os bens privados de pessoa jurídica de direito privado exploradora de atividade econômica ou os bens não afetados ao serviço público serão tratados como bens privados com aplicação da legislação de direito privado.

Uma "prova" de que esse entendimento de dupla interpretação tem sido adotado normalmente pelo ordenamento brasileiro é a Lei nº 11.284/2006. Em seu texto, deixa explícito que não importa exatamente a qual entidade está vinculado o bem, mas sim a sua utilização.

Lei nº 11.284/2006

Art. 3º Para os fins do disposto nesta Lei, consideram-se:

400 Direito Administrativo Decifrado

I – florestas públicas: florestas, naturais ou plantadas, localizadas nos diversos biomas brasileiros, em bens sob o domínio da União, dos Estados, dos Municípios, do Distrito Federal ou das entidades da administração indireta; (..)

Com relação à titularidade, importante observar que somente poderão ser titulares de bens as **pessoas jurídicas públicas**, nunca os órgãos de sua composição. Assim, mesmo que um bem seja registrado em nome de um tribunal de justiça, significa apenas que esse bem foi adquirido por aquele órgão com orçamento próprio, mas deve ser tratado como um bem do Estado-membro ao qual o tribunal de justiça está vinculado.

Decifrando a prova

(2019 – Consulplan – MPE/SC – Promotor – Adaptada) O atual entendimento do Superior Tribunal de Justiça, pertinente aos bens integrantes do acervo patrimonial de sociedade de economia mista, ainda que sujeitos a uma destinação pública, é de que não são considerados bens públicos.

( ) Certo ( ) Errado

Gabarito comentado: sendo o bem de uma pessoa jurídica de direito privado, quando destinado à prestação de um serviço público, esse bem continuará sendo qualificado como bem privado, mas se revestirá das características de um bem público, nunca se tornando efetivamente um bem público. No caso de pessoa jurídica de direito privado que explore atividade econômica, seus bens serão privados sem nenhuma prerrogativa de bem público garantida a eles. Portanto, a assertiva está errada.

12.2 Classificação dos bens públicos

Importante assunto na nossa matéria, visto que a classificação do bem público aponta para o regime jurídico a ser adotado com relação àquele bem em análise. Assim como ocorre em outras matérias de nossa disciplina, a classificação dos bens públicos encontra diversos parâmetros distintos de identificação, sendo dois deles muito importantes para nosso estudo.

- ◆ **Quanto à titularidade:** como o próprio nome já diz, a classificação do bem levará em consideração a pessoa jurídica que o tenha como propriedade. Sendo assim, bens da União se classificam como **bens federais**, bens dos Estados como **bens estaduais**, do Distrito Federal como **bens distritais** e dos Municípios como **bens municipais**. A Constituição Federal apresenta um rol de bens que pertencem à União, em seu art. 20. No art. 26, aponta os bens do Estados e do Distrito Federal. Com relação aos bens municipais, não há uma previsão constitucional, devendo-se identificar por exclusão.
- ◆ **Quanto à destinação:** classificação essencial de nosso estudo, tem como base a previsão do Código Civil.

Capítulo 12 ◆ Bens públicos **401**

CC/2002

Art. 99. São bens públicos:

I – os de uso comum do povo, tais como rios, mares, estradas, ruas e praças;

Bens de uso comum são todos aqueles bens conservados pelo Poder Público para livre utilização pelos particulares, sem nenhuma necessidade de autorização prévia. O uso poderá se dar de forma gratuita ou mediante a cobrança de uma taxa, quando a utilização do bem ocorre de forma **anormal ou privativa.**

Apesar de a utilização desses bens ser livre e não demandar autorização prévia, essa regra aponta para a utilização normal do bem. No caso de intenção de uso especial desses bens, será exigida autorização do ente proprietário na forma da regulamentação do ente estatal. A utilização normal do bem decorre de lei ou, em alguns casos, da própria natureza do bem, como ocorre com as praias e as praças.

CC/2002

Art. 99. (...)

II – os de uso especial, tais como edifícios ou terrenos destinados a serviço ou estabelecimento da administração federal, estadual, territorial ou municipal, inclusive os de suas autarquias; (...)

Bens de uso especial são aqueles conservados pela Administração Pública para utilização direta na prestação de um serviço público ou para uso relacionado à finalidade pública. Nesse caso, a utilização do bem deverá ser precedida de uma autorização, não se dando de forma livre como ocorre nos bens de uso comum.

O bem de uso especial poderá ser de **uso especial direto**, quando compõe o próprio Estado, como os hospitais públicos, por exemplo, ou ser de **uso especial indireto**, caso em que a conservação do bem pelo Poder Público se destina a garantir a proteção de determinado bem jurídico de interesse coletivo. Temos como exemplo as terras de proteção ambiental.

Mesmo que o bem de uso especial esteja sendo utilizado por um particular, como ocorre, por exemplo, com a concessão de energia elétrica, não perderá a qualidade de bem público, visto sua destinação ao interesse público.

CC/2002

Art. 99. (...)

III – os dominicais, que constituem o patrimônio das pessoas jurídicas de direito público, como objeto de direito pessoal, ou real, de cada uma dessas entidades.

Por fim, temos os **bens de uso dominial ou bens de uso dominical,** bens **desafetados,** ou seja, que compõem o patrimônio público, mas que não possuem destinação ou utilização pública. É o que ocorre, por exemplo, com os bens apreendidos pela Polícia Federal que ainda não tiveram sua destinação definida. Aqui, os bens recebem a qualidade de bens públicos pelo simples fato de pertencerem a uma pessoa jurídica de direito público. Esses bens não possuem tantas proteções como os bens públicos de uso. Trataremos melhor disso depois.

Atenção

Fique atento para uma questão que afirme que toda terra devoluta é um bem público dominial. Na realidade, em regra será um bem público dominial, salvo se estivermos falando de uma terra devoluta cuja finalidade é proteger o meio ambiente. Nesse caso, o bem será de uso especial e não dominial.

 Decifrando a prova

(2018 – FCC – DPE/RS – Defensor – Adaptada) A desafetação suprime a finalidade pública de um bem, eliminando algum de seus atributos, como o da disponibilidade, transformando, assim, um bem de uso comum do povo em um bem de uso especial.
( ) Certo ( ) Errado
Gabarito comentado: desafetação consiste na alteração da destinação do bem, de uso comum do povo ou de uso especial, para a categoria de dominicais, desonerando-o do gravame que o vinculava a determinada finalidade pública. Portanto, a assertiva está errada.

Interessante a possibilidade de reconhecimento de bem público dominial com relação ao direito de posse quanto a um particular. Para o STJ, quando o bem está desafetado pelo Estado e um particular passa a utilizá-lo, como forma de atendimento à sua função social, poderá ser concedida a posse ao particular.

 Jurisprudência destacada

A ocupação por particular de um bem público abandonado/desafetado – isto é, sem destinação ao uso público em geral ou a uma atividade administrativa –, confere justamente a função social da qual o bem está carente em sua essência (STJ, 4ª Turma, REsp nº 1.296.964/DF, Rel. Min. Luis Felipe Salomão, j. 18.10.2016).

Conforme precedentes do STJ, a ocupação irregular de terra pública não pode ser reconhecida como posse, mas como mera detenção, caso em que se afigura inadmissível o pleito da proteção possessória contra o órgão público (STJ. 2ª Turma, AgRg no REsp nº 1.200.736/DF, Rel. Min. Cesar Asfor Rocha, j. 24.05.2011).

Você deve ter notado que temos utilizado neste capítulo dois termos diferentes de nosso estudo normal: **afetação** e **desafetação**. Esses institutos se referem ao fato de bem-estar ou não em utilização pública. Assim, um bem público afetado é aquele de uso comum ou especial, disponível para utilização pela coletividade. Já um bem desafetado não é utilizável pelo coletivo. Imagine um prédio público no qual ficava a prefeitura da cidade e que agora está abandonado. Esse bem está desafetado, visto que não há utilização ou função para ele, no momento.

Todo bem desafetado poderá ser afetado, assim como todo bem afetado poderá sofrer desafetação. A questão é que os institutos possuem regras distintas. Lógico, se o bem está desafetado, ele está abandonado e não oferece nenhum valor para a sociedade. Logo, a legislação facilita ao máximo sua afetação. Agora, um bem afetado não deve ser facilmente desafetado, pois seu objetivo é atender demanda pública específica.

Para a doutrina majoritária, a afetação de um bem é livre, não dependendo de lei ou ato administrativo específico, bastando a utilização do bem para que este passe a ser um bem afetado (ou consagrado, como alguns doutrinadores gostam de chamar). A simples utilização do bem no atendimento do interesse público, seja de forma livre ou mediante uma autorização prévia, dará a esse bem a qualidade de afetação.

Por outro lado, a desafetação (ou desconsagração) demanda uma ação mais complexa. Até porque um bem desafetado poderá, inclusive, ser alienado pelo Poder Público, enquanto bens afetados nunca poderão sofrer alienação. A desafetação lícita, assim, demanda a autorização legal, ou pelo menos de um ato administrativo específico que manifeste a vontade de desafetação do bem pela Administração Pública, nunca se dando a desafetação pelo simples desuso do bem.

Um detalhe que pode fugir a essa regra é a possibilidade de **desafetação de um bem de uso especial por fato da natureza**. Uma biblioteca pública destruída por um incêndio deverá ser imediatamente considerada desafetada, uma vez que a destruição impede sua utilização.

Um terceiro critério de classificação apresentado aqui, que não possui tanta importância quanto os dois critérios destacados neste tópico, é o de **classificação quanto à disponibilidade**. Com esse critério, teremos os **bens indisponíveis, os bens patrimoniais indisponíveis e os bens patrimoniais disponíveis**.

Bem indisponível é aquele bem que não possui a característica tipicamente patrimonial, mas, por sua natureza, o ente público não poderá dispor livremente dele. Isso significa que tais bens não poderão ser alienados, onerados ou desvirtuados de sua função pública. Além disso, o Poder Público tem o **dever de preservação e melhoria do bem** para atendimento da finalidade pública. Nessa categoria, enquadram-se os bens de uso comum.

Bem patrimonial indisponível é aquele que, apesar de ser possível valorá-lo, ou seja, pode sofrer avaliação pecuniária, não poderá ser disposto pelo ente público por sua finalidade pública e destinação ao uso pelo Poder Público para atendimento dos fins estatais. Aqui, temos os bens de uso especial.

Bem patrimonial disponível é o bem que tem valoração possível e também poderá ser alienado pelo Poder Público, nas condições estabelecidas pela legislação específica.

Decifrando a prova

(2019 – FCC – MPE/MT – Promotor – Adaptada) Mares e rios, terrenos e edifícios destinados aos serviços da Administração Pública são exemplos de bens públicos, respectivamente, de uso especial.

( ) Certo ( ) Errado

404 Direito Administrativo Decifrado

> **Gabarito comentado:** mares e rios são bens de uso comum, pois estão disponíveis para utilização livre pela coletividade, ao passo que terrenos e edifícios destinados aos serviços da Administração Pública são classificados como bens de uso especial, destinados ao atendimento do interesse público e de acesso limitado. Portanto, a assertiva está errada.

12.3 Garantias dos bens públicos

A importância de se identificar o regime jurídico que rege o bem ficará muito clara a partir de agora. Ao identificar que determinado bem atende aos requisitos essenciais para que seja classificado como um **bem público**, o regime jurídico de direito público será aplicado a ele, e certas garantias que não são encontradas no regime jurídico de direito privado são oferecidas ao bem.

As garantias que estudaremos a partir de agora não devem ser entendidas como garantias reservadas ao bem público para assegurar o direito do ente público, mas sim para assegurar os direitos da coletividade. Resulta da supremacia do interesse público sobre o privado, já estudado por nós em diversos momentos até aqui.

12.3.1 Impenhorabilidade

Os bens públicos não poderão sofrer constrição judicial para garantia de uma execução contra a Fazenda Pública. Assim, não poderá o juiz de execução determinar a penhora de um bem público para garantir o crédito do autor da ação.

Fica claro o prejuízo que a coletividade sofreria se fosse possível definir a penhora e consequente arrematação do bem para pagamento de um débito constituído junto a determinado indivíduo. O interesse público seria afastado completamente para atendimento ao interesse individual, o que não encontra adequação com o sistema administrativo vigente. Além disso, a regra constitucional é que as dívidas da Fazenda sejam garantidas pelo orçamento público, com pagamento dado em ordem cronológica por meio de precatórios. Por ser o ente público solvente, a constrição judicial não se apresenta como uma necessidade. Interessa saber que mesmo os entes dominicais ou dominiais estão preservados de eventual penhora judicial.

Outro detalhe é que a impossibilidade de livre alienação do bem não é compatível com eventual penhora a ser determinada sobre o bem público, mais uma razão para não ser aceita tal ação contra o ente público. Conforme já estudamos, a alienação de um bem público demanda, entre outros requisitos, uma licitação prévia, sendo a penhora e arrematação do bem incompatível com esse regramento.

> **CF/1988**
>
> **Art. 100.** Os pagamentos devidos pelas Fazendas Públicas Federal, Estaduais, Distrital e Municipais, em virtude de sentença judiciária, far-se-ão exclusivamente na ordem cronológica de apresentação dos precatórios e à conta dos créditos respectivos, proibida a designação de casos ou de pessoas nas dotações orçamentárias e nos créditos adicionais abertos para este fim.

12.3.2 Não onerabilidade

Os bens públicos não poderão ser objetos de direito real de garantia, pois não poderão sofrer uma efetiva valoração patrimonial. Assim, um bem público não se sujeitará à instituição de **penhor, anticrese ou hipoteca** como garantia de débitos constituídos pelo ente público. Ora, mesmo que o Poder Público considere a possibilidade de oferta de um bem público como garantia de um débito constituído, por força da impenhorabilidade, a garantia não seria executável em nenhum momento.

Além disso, a legislação civil vigente determina que somente poderá ser dado em direito real de garantia o bem por quem possa aliená-lo. Como veremos, a alienação de bens públicos não é livre pelo ente público. Assim, se não se pode livremente alienar, não caberia livremente gravar o bem com direito real em favor de terceiro.

CC/2002

Art. 1.420. Só aquele que pode alienar poderá empenhar, hipotecar ou dar em anticrese; só os bens que se podem alienar poderão ser dados em penhor, anticrese ou hipoteca.

12.3.3 Imprescritibilidade

O bem público nunca poderá ser objeto de **usucapião**. Esta é a prerrogativa concedida pela imprescritibilidade, a qual é aplicada a todos os bens públicos, independentemente de sua categorização. O próprio texto da lei civil aponta para a imprescritibilidade de bens públicos, sem apontar para qualquer classificação específica.

CF/1988

Art. 183. Aquele que possuir como sua área urbana de até duzentos e cinquenta metros quadrados, por cinco anos, ininterruptamente e sem oposição, utilizando-a para sua moradia ou de sua família, adquirir-lhe-á o domínio, desde que não seja proprietário de outro imóvel urbano ou rural. (...)

§ 3º Os imóveis públicos não serão adquiridos por usucapião.

Art. 191. Aquele que, não sendo proprietário de imóvel rural ou urbano, possua como seu, por cinco anos ininterruptos, sem oposição, área de terra, em zona rural, não superior a cinquenta hectares, tornando-a produtiva por seu trabalho ou de sua família, tendo nela sua moradia, adquirir-lhe-á a propriedade.

Parágrafo único. Os imóveis públicos não serão adquiridos por usucapião.

CC/2002

Art. 102. Os bens públicos não estão sujeitos a usucapião.

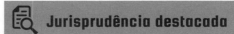

Jurisprudência destacada

Súmula nº 340 do STF. Desde a vigência do Código Civil, os bens dominicais, como os demais bens públicos, não podem ser adquiridos por usucapião.

A proteção ao bem público fica evidente ao apontarmos, entre vários outros dispositivos, algumas determinações constantes em texto constitucional, infraconstitucional e direito sumulado.

Desse modo, mesmo que o particular mantenha para si a posse do bem público pelo tempo determinado em lei, com ou sem boa-fé, na forma do Código Civil, não poderá converter tal posse em propriedade. Até mesmo a demonstração de omissão de uso do bem pelo Estado não poderá ser utilizada como base para propositura de pedido de usucapião contra o bem público, cabendo ao Estado o direito de propositura de ação reintegratória. Ademais, não caberá indenização por acessões ou benfeitorias realizadas pelo particular sem prévia notificação do Poder Público.

Decreto-lei nº 9.760/1946

Art. 90. As benfeitorias necessárias só serão indenizáveis pela União, quando o S.P.U. tiver sido notificado da realização das mesmas dentro de 120 (cento e vinte) dias contados da sua execução.

Em interessante julgado ficou determinado que o bem materialmente público, ou seja, aquele bem que esteja cumprindo sua função social no exercício da atividade estatal, também não poderá sofrer usucapião. Para melhor entendimento, o julgamento se deu na análise da usucapião de bens da Caixa Econômica Federal financiados pelo Sistema Financeiro de Habitação, ainda que se trate de pessoa de direito privado.

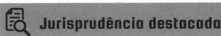

Jurisprudência destacada

Não obstante se trate de empresa pública, com personalidade jurídica de direito privado, a Caixa Econômica Federal, ao atuar como agente financeiro dos programas oficiais de habitação e órgão de execução da política habitacional, explora serviço público, de relevante função social, regulamentado por normas especiais previstas na Lei nº 4.380/1964. O imóvel da Caixa Econômica Federal vinculado ao Sistema Financeiro de Habitação, porque afetado à prestação de serviço público, deve ser tratado como bem público, sendo, pois, imprescritível (STJ, 3ª Turma, RE 1.448.026/PE, Rel. Min. Nancy Andrighi, j. 17.11.2016).

Decifrando a prova

(2019 – Vunesp – TJ/RJ – Juiz – Adaptada) Foi registrado um loteamento que, entretanto, nunca foi implantado. Judas e sua família construíram e começaram a morar numa área que seria destinada a ser um logradouro público. Após 10 anos de ocupação mansa e pacífica, mediante moradia com sua família, Judas ajuizou uma ação de usucapião. É correto afirmar que a usucapião não poderá ser reconhecida, pois os bens públicos são imprescritíveis.

( ) Certo ( ) Errado

Gabarito comentado: a partir do registro do loteamento, deverá ser implantado o parcelamento do solo como forma de resguardo da propriedade. No caso de não registro ou não im-

> plantação do parcelamento, a propriedade se torna irregular, sendo reconhecida como parte integrante do patrimônio do Município. Como sabemos, bens públicos não sofrem usucapião, sendo imprescritíveis. Portanto, a assertiva está certa.

12.3.4 Inalienabilidade relativa (alienabilidade condicionada)

Única característica que possui a relativização como característica, visto que a doutrina moderna tem entendido pela possibilidade excepcional de alienação de um bem público, na forma da lei. Por ser uma alienação condicionada, alguns requisitos legais devem ser atendidos, sendo os requisitos encontrados no art. 76 da Lei nº 14.133/2021, objeto de nosso estudo no capítulo sobre licitações, tópico de dispensa de licitação.

CC/2002

Art. 100. Os bens públicos de uso comum do povo e os de uso especial são inalienáveis, enquanto conservarem a sua qualificação, na forma que a lei determinar.

Art. 101. Os bens públicos dominicais podem ser alienados, observadas as exigências da lei.

Lei nº 14.133/2021

Art. 76. A alienação de bens da Administração Pública, subordinada à existência de interesse público devidamente justificado, será precedida de avaliação e obedecerá às seguintes normas:

I – tratando-se de bens imóveis, inclusive os pertencentes às autarquias e às fundações, exigirá autorização legislativa e dependerá de licitação na modalidade leilão, dispensada a realização de licitação nos casos de: (...)

II – tratando-se de bens móveis, dependerá de licitação na modalidade leilão, dispensada a realização de licitação nos casos de: (...)

Como primeiro requisito, encontramos a condição do bem-estar em qualidade de bem dominical ou dominial, ou seja, é exigida a desafetação do bem público a que se pretenda alienar. O segundo requisito é a necessidade de comprovação de interesse público no ato de alienação. O terceiro requisito é a avaliação prévia do bem, para evitar distorções de valores no procedimento alienatório, e, por último, exige-se a realização e um procedimento licitatório para determinar o vencedor do direito de alienação, como forma de preservação da isonomia no trato com o bem público. **No caso de alienação de bem imóvel existe um quinto requisito: a necessidade de autorização legislativa de alienação. Além disso, sendo o bem imóvel da União, além dos requisitos previamente apresentados, deverá existir autorização do Presidente da República.**

Lei nº 9.636/1998

Art. 23. A alienação de bens imóveis da União dependerá de autorização, mediante ato do Presidente da República, e será sempre precedida de parecer da SPU quanto à sua oportunidade e conveniência. (...)

408 Direito Administrativo Decifrado

§ 2º A competência para autorizar a alienação poderá ser delegada ao Ministro de Estado da Fazenda, permitida a subdelegação.

Apesar da aceitação geral da possibilidade de alienação de bem público na forma da lei, a Constituição Federal pode determinar que um bem público específico nunca seja alienado. Assim, o texto pretende preservar a destinação de certos bens, tornando-os insuscetíveis de disponibilidade por força de lei ordinária. Inclusive, o mesmo texto constitucional pode, mediante alteração legislativa, modificar a prerrogativa do bem, tornando-o suscetível de alienação. Apresento aqui um exemplo de bem público indisponibilizado por força do texto constitucional:

CF/1988

Art. 225. (...)

§ 5º São indisponíveis as terras devolutas ou arrecadadas pelos Estados, por ações discriminatórias, necessárias à proteção dos ecossistemas naturais.

> ### Decifrando a prova
>
> **(2019 – FCC – TJ/AL – Juiz – Adaptada)** Suponha que uma autarquia estadual pretenda alienar alguns imóveis de sua propriedade, objetivando a obtenção de receitas para a aquisição de um imóvel situado em região mais central da cidade e no qual pretende concentrar suas atividades. Considerando o regime jurídico aplicável aos bens públicos, bem como as disposições da Lei de Licitações, o caráter de inalienabilidade dos imóveis pertencentes à entidade de direito público impede a sua venda, salvo em se tratando de aquisição por meio de desapropriação.
> ( ) Certo ( ) Errado
> **Gabarito comentado:** a característica de inalienabilidade dos bens públicos é relativa, pois o texto infraconstitucional contido na Lei nº 14.133/2021 prevê possibilidade de alienação do bem a partir do momento em que se respeitem os requisitos estampados na lei, quais sejam desafetação do bem, comprovação de interesse público, avaliação prévia, procedimento licitatório e, no caso de bem imóvel, autorização legislativa. Portanto, a assertiva está errada.

O bem público poderá ser alienado mediante **doação, permuta, dação em pagamento, concessão de domínio, investidura, incorporação, retrocessão e legitimação de posse**.

A **doação**, conforme já estudado, é admitida de forma excepcional pelo art. 75 da Lei nº 14.133/2021, quando se tratar de procedimento dentro da própria estrutura administrativa, de qualquer esfera de governo. A cessão gratuita também será permitida nas situações de regularização fundiária, para imóveis comerciais, com terrenos de até 250 (duzentos e cinquenta) m², nas hipóteses de cessão para programas habitacionais e nas situações previstas no programa "Amazônia Legal".

Permuta ou troca é um ajuste feito entre entes públicos resultando na transferência mútua de patrimônio. Segue a mesma linha de raciocínio da doação, sendo a permuta realizada de maneira excepcional.

Capítulo 12 ◆ Bens públicos **409**

A **investidura** é uma modalidade de aquisição derivada da propriedade imobiliária em que o particular, em específicas condições de fato, precedida dos atos administrativos licitatórios concernentes, adquire diretamente do Poder Público a titularidade sobre determinado bem.

> **Lei nº 14.133/2021**
>
> **Art. 76. (...)**
>
> § 5º Entende-se por investidura, para os fins desta Lei, a:
>
> I – alienação, ao proprietário de imóvel lindeiro, de área remanescente ou resultante de obra pública que se tornar inaproveitável isoladamente, por preço que não seja inferior ao da avaliação nem superior a 50% (cinquenta por cento) do valor máximo permitido para dispensa de licitação de bens e serviços previsto nesta Lei;
>
> II – alienação, ao legítimo possuidor direto ou, na falta dele, ao poder público, de imóvel para fins residenciais construído em núcleo urbano anexo a usina hidrelétrica, desde que considerado dispensável na fase de operação da usina e que não integre a categoria de bens reversíveis ao final da concessão.

Dação em pagamento ocorre sempre que ente estatal celebra contrato com o credor que aceita receber seu pagamento de forma alternativa da pecuniária por meio da entrega de bens públicos. Para que seja possível essa transação, é exigida autorização legal (no caso de bem imóvel), avaliação prévia e declaração de interesse público.

Concessão de domínio ocorre quando uma entidade pública, de forma gratuita ou onerosa, transfere bem público diretamente a um particular, sendo necessário a autorização legislativa, concordância por parte do Congresso Nacional e que a área de concessão seja superior a 2.500 (dois mil e quinhentos) hectares.

Incorporação é o meio pelo qual, mediante autorização legal, o Estado integraliza o capital de entidade administrativa privada de natureza societária.

Retrocessão é o instituto pelo qual a expropriante oferece ao expropriado a devolução do bem desapropriado, por consequência de desistência da execução do projeto que fundamentou a desapropriação.

> **CC/2002**
>
> **Art. 519.** Se a coisa expropriada para fins de necessidade ou utilidade pública, ou por interesse social, não tiver o destino para que se desapropriou, ou não for utilizada em obras ou serviços públicos, caberá ao expropriado direito de preferência, pelo preço atual da coisa.

Legitimação de posse é modo excepcional de transferência de domínio de terra devoluta ou área pública sem utilização, ocupada por longo tempo por particular que nela se instala, cultivando-a ou levantando edificação para seu uso.

12.4 Formas de aquisição

Como meio de atingir as suas finalidades, o Estado precisará contar com um acervo amplo e diversificado de bens em seu patrimônio. Apesar de já possuir alguns desses bens incorporados ao seu patrimônio, haverá necessidade de busca de determinado bem por meio da aquisição de terceiros. Os entes federados, suas autarquias e fundações públicas de direito público contam com diversos mecanismos que permitem a aquisição lícita de bens de terceiros, podendo resultar de **causas contratuais**, por intermédio da realização de um negócio jurídico regulado pelo direito privado, ou de **causas jurídicas**, derivadas de efeitos especiais definidos na lei.

Esses bens adquiridos, em sua maioria, são bens privados, mas que após a aquisição serão convertidos em bens públicos. Assim entende-se que **aquisição de bem** significa transformação de bem em bem público.

A aquisição de bens pelo Poder Público pode ser dividida em duas categorias: **aquisição originária**, situação em que não há transmissão de propriedade resultante de manifestação de vontade, sendo a aquisição feita de forma direta. Nesse tipo, não há possibilidade de se levantar questões referentes a eventuais vícios de vontade ou ilegalidades na transição do bem. É o que ocorre, por exemplo, no acréscimo sucessivo de terras às margens de um curso de água, de maneira lenta e imperceptível, conhecida como **acessão por aluvião**.

Já na outra forma de aquisição, chamada **aquisição derivada**, há a necessidade de manifestação de vontades para a transferência do bem, podendo ser afastada a aquisição por motivos de ilegalidade ou vício de vontade. O exemplo clássico de aquisição derivada é o **contrato de compra e venda**.

Contrato. Como qualquer particular o faz, o Estado poderá adquirir bens por meio da celebração de contratos. Devemos lembrar que os entes públicos que compõem o Estado possuem personalidade jurídica, adquirindo assim direito e contraindo obrigações. Assim, não há nenhum impedimento em um ente público firmar contratos de compra e venda, doação, permuta ou, até mesmo, dação em pagamento. É comum vermos, por exemplo, entidades beneficentes doando bens para a Administração Pública, assim como propostas de contribuintes devedores para resolver sua dívida pecuniária por meio da dação em pagamento.

Importante observar que todos os contratos aqui citados terão natureza de direito privado, não sendo possível adotar a existência de cláusulas exorbitantes ou privilégios concedidos pela legislação que rege os contratos públicos. O Estado e o particular se encontram em "pé de igualdade" em condições e deveres contratuais a serem firmados. Exceção a essa regra é a **aquisição de bens móveis necessários aos fins administrativos** que, na forma da Lei nº 14.133/2021, resultará em celebração de um contrato administrativo.

Apesar de se tratar de um contrato privado, não podemos esquecer que a liberdade de estabelecimento contratual oferecida aos particulares não encontrará repouso nos contratos firmados pelo ente público, visto que tal ente obrigatoriamente deverá agir mediante previsão legal. Realização de licitação é exigida aqui, apesar de se tratar de contrato regido pelo direito privado. No Direito Brasileiro, a aquisição de bem imóvel sujeita-se a registro no cartório de Registro de Imóveis. Já a aquisição de bem móvel se consuma mediante a mera tradição, ou entrega efetiva do bem. Assim, não será o contrato que efetivará a transmissão do bem entre as partes, mas apenas determinará a instauração do procedimento de transferência.

Resgate de enfiteuse. Ocorre quando o Estado for proprietário de um bem sujeito à enfiteuse, caso o enfiteuta deixe de cumprir suas obrigações. O instituto da enfiteuse foi

Capítulo 12 ◆ Bens públicos **411**

extinto com a edição do Código Civil de 2002, mas ainda possui validade o instrumento de resgate das enfiteuses constituídas antes de sua extinção, uma vez que se trata de um instituto perpétuo.

Usucapião. É forma de aquisição de propriedade resultante da posse de um bem por determinado período nas condições estabelecidas na legislação. Interessa saber que não há nenhuma previsão explícita na lei de ser possível a usucapião pelos entes públicos, mas também não há nenhum impedimento. Assim, o entendimento é de que, atendidas as regras legais estampadas na usucapião particular, poderá o Poder Público se valer dessa forma de aquisição.

CC/2002

Art. 1.238. Aquele que, por quinze anos, sem interrupção, nem oposição, possuir como seu um imóvel, adquire-lhe a propriedade, independentemente de título e boa-fé; podendo requerer ao juiz que assim o declare por sentença, a qual servirá de título para o registro no Cartório de Registro de Imóveis.

Parágrafo único. O prazo estabelecido neste artigo reduzir-se-á a dez anos se o possuidor houver estabelecido no imóvel a sua moradia habitual, ou nele realizado obras ou serviços de caráter produtivo.

Art. 1.239. Aquele que, não sendo proprietário de imóvel rural ou urbano, possua como sua, por cinco anos ininterruptos, sem oposição, área de terra em zona rural não superior a cinquenta hectares, tornando-a produtiva por seu trabalho ou de sua família, tendo nela sua moradia, adquirir-lhe-á a propriedade.

Art. 1.240. Aquele que possuir, como sua, área urbana de até duzentos e cinquenta metros quadrados, por cinco anos ininterruptamente e sem oposição, utilizando-a para sua moradia ou de sua família, adquirir-lhe-á o domínio, desde que não seja proprietário de outro imóvel urbano ou rural.

Com a entrada em vigor do novo Código de Processo Civil, houve uma alteração importante na Lei nº 6.015/1973 (Lei de Registros Públicos), passando-se a admitir o reconhecimento do usucapião de forma extrajudicial (**usucapião administrativo**), podendo ser processado diretamente no cartório de registro de imóveis da comarca em que se encontra o imóvel usucapiendo, sendo em um primeiro momento dispensado o procedimento judicial, que será instaurado apenas em caso de não ocorrência do usucapião administrativo.

Lei nº 6.015/1973

Art. 216-A. Sem prejuízo da via jurisdicional, é admitido o pedido de reconhecimento extrajudicial de usucapião, que será processado diretamente perante o cartório do registro de imóveis da comarca em que estiver situado o imóvel usucapiendo, a requerimento do interessado, representado por advogado, instruído com: (...)

§ 9º A rejeição do pedido extrajudicial não impede o ajuizamento de ação de usucapião.

Desapropriação. Procedimento de intervenção do Estado em que haverá a perda da propriedade pelo particular e a incorporação do bem ao patrimônio público. Esse instrumento será estudado com mais detalhes no capítulo sobre intervenção do Estado na propriedade privada.

412 Direito Administrativo Decifrado

O bem desapropriado é convertido em bem público no exato momento em que passa a compor o patrimônio público do ente expropriante. Até mesmo nos casos de repasse a terceiros, como ocorre nas ações referentes à reforma agrária, o bem será mantido com a qualificação de bem público até que ocorra a efetiva transferência de propriedade.

Acessão. É a aquisição de bens em consequência de um acréscimo à propriedade original. Ocorre nos casos de **formação de ilhas, acessão por aluvião, acessão por avulsão, abandono de álveo e construções de obras ou plantações**.

Quanto à **formação de ilhas**, deve-se identificar primeiro em que águas ocorre essa formação. Sendo a formação em águas ou rios pertencentes à União, será um bem federal. Ao contrário, a aquisição será feita em favor do Estado.

Aluvião, já tratada aqui, é a acessão resultante do fenômeno pelo qual vagarosamente as águas aumentam a margem do rio, ampliando a extensão de propriedade. **Avulsão,** por sua vez, é o desprendimento repentino de determinada área de terra que passa a se anexar à outra propriedade. **Abandono de álveo** ocorre quando as águas do rio passam a não mais percorrer seu leito original. Como o rio seca, passa a existir solo comum.

Construção de obras ou plantações se entende como ônus próprio do proprietário, adquirindo-se, assim, o resultado da efetivação da atividade.

CC/2002

Art. 1.253. Toda construção ou plantação existente em um terreno presume-se feita pelo proprietário e à sua custa, até que se prove o contrário.

Art. 1.248. A acessão pode dar-se:

I – por formação de ilhas;

II – por aluvião;

III – por avulsão;

IV – por abandono de álveo;

V – por plantações ou construções.

Aquisição *causa mortis.* Apesar de o Código Civil vigente não elencar na sucessão hereditária os entes federados, não há óbice com relação à aquisição de um bem após não ter sobrevivido mais nenhum sucessor legal ou, mesmo se sobrevivido, tenha o sucessor renunciado ao seu direito, o bem será devolvido ao Município ou ao Distrito Federal, dependendo da localização daquele, ou até mesmo para a União, quando se tratar de território federal.

Assim, é reconhecido ao ente federado o direito subjetivo à herança, que resultará na transformação do bem herdado em um bem público. A mesma regra vale para o caso de herança jacente, hipótese de quando não há herdeiro certo e determinado, ou quando não se sabe da existência dele. Extrapolado o prazo de 5 (cinco) anos, legalmente previsto, haverá a entrega do bem em sucessão ao ente público detentor do direito.

CC/2002

Art. 1.822. A declaração de vacância da herança não prejudicará os herdeiros que legalmente se habilitarem; mas, decorridos cinco anos da abertura da sucessão, os bens

Capítulo 12 ♦ Bens públicos **413**

arrecadados passarão ao domínio do Município ou do Distrito Federal, se localizados nas respectivas circunscrições, incorporando-se ao domínio da União quando situados em território federal.

Art. 1.844. Não sobrevivendo cônjuge, ou companheiro, nem parente algum sucessível, ou tendo eles renunciado a herança, esta se devolve ao Município ou ao Distrito Federal, se localizada nas respectivas circunscrições, ou à União, quando situada em território federal.

Arrematação. É o meio de aquisição de bens mediante alienação de bem penhorado, em processo de execução, em praça ou leilão judicial (CARVALHO FILHO, 2019, p. 1620). Não há nenhuma previsão legal que impeça a participação das pessoas de direito público de procedimento arrematatório. Ofertando o lance vencedor, será expedida em favor da pessoa de direito público a carta de arrematação, que fará a função de instrumento de registro junto ao Registro de Imóveis. Lembrando que esse registro só é exigido no caso de bem imóvel, sendo a tradição o meio de efetivação da transferência de bem móvel.

Adjudicação. A adjudicação é um ato judicial, dentro da expropriação de bens, que tem como objetivo transferir a posse de um bem de um devedor a um credor, dentro de uma execução de dívida. Com a adjudicação, a dívida é quitada a partir da transferência do bem. Como pessoas jurídicas de direito público, podem figurar na posição de credoras e requerer que lhe seja adjudicado um bem, atendidos os ditames processuais legais, adquirindo-lhe a propriedade.

CPC/2015

Art. 876. É lícito ao exequente, oferecendo preço não inferior ao da avaliação, requerer que lhe sejam adjudicados os bens penhorados.

Reversão. Instituto previsto na Lei nº 8.987/1995 e já estudado em nossa obra em capítulo específico, determina que os bens concessionários indispensáveis à manutenção da prestação do serviço público após a extinção contratual, seja qual for o motivo da extinção, deverão ser revestidos ao poder concedente, revertendo-se em bens públicos.

Pena de perdimento de bens. Na forma do Código Penal, os bens utilizados como instrumentos de crime ou que sejam produtos de tal crime serão transferidos para a União após a condenação do acusado.[1]

Pena de bens. Previsto na Lei nº 8.429/1992 (LIA), também já estudada em capítulo específico, estabelece a perda de bens ilicitamente acrescidos ao patrimônio particular do agente público ou particular em conluio com o agente público que pratique ato de improbidade.

12.5 Utilização do bem público pelo particular

Ao Estado compete não só a conservação, manutenção e melhoria dos bens, mas também a gestão deles, direcionando-os para atendimento à determinada finalidade ou disponibilizando o bem para utilização coletiva na forma do interesse público. Trata-se de um

---

[1] Art. 91, II, do Código Penal.

414 Direito Administrativo Decifrado

poder-dever conferido ao Estado, que definirá a utilização dos bens que compõem seu patrimônio conforme a natureza e a destinação deles.

Normalmente, deparamos com o Estado utilizando os bens, por meio de seus agentes, no atendimento ao interesse público. Todavia, existem situações em que o Estado permite que o bem público seja utilizado pelo particular em geral. Essa utilização do bem pode se dar de forma **normal ou comum**, mas também de forma **anormal ou especial**. A utilização normal ou comum do bem se dá sempre que a coletividade usufrui do bem público no atendimento de sua finalidade original. Seria o caso das praias públicas, quando visitadas pelos particulares para apreciação. Já a utilização anormal ocorre quando o particular resolve dar uma destinação diferente da originalmente instituída para determinado bem. Seria o caso da realização de um evento musical na praia, por exemplo.

A utilização comum do bem pelo particular não demandará uma autorização ou consentimento específico do ente estatal, mas poderá se dar mediante condições impostas pelo proprietário para a devida adequação do uso do bem público à sua finalidade. Veja uma via pública, por exemplo: não se demanda uma autorização específica para cada via ou estrada que se trafegue em nosso território nacional, mas o Estado determina velocidade máxima de tráfego. Assim, a utilização não demanda consentimento, mas deve atender a regramentos específicos, sendo a utilização relativamente livre. Ex.: você lembra do direito de reunião, estudado no Direito Constitucional na análise de regras do art. 5º de nossa Constituição? A reunião é livre para todos, quando pacífica, não necessitando de uma autorização, mas exigindo aviso prévio por parte dos responsáveis pela reunião (inciso XVI). Essa regulamentação relativiza a liberdade da reunião em si. Isso acontece porque a utilização indevida do local de reunião poderá afetar o uso tradicional pelos demais particulares. O Poder Público recebe o poder de veto da reunião quando, fundamentadamente, identifica um conflito entre o uso comum e o uso especial do bem público.

Não estamos falando de utilização especificamente de bens de uso comum, visto que até mesmo os bens de uso especial podem estar disponíveis para livre utilização da sociedade. Os museus públicos, os mercados municipais e outros bens de mesma característica são de uso especial em que por parte do particular não demandará necessariamente uma autorização prévia na sua essência, mas uma autorização que decorrerá do atendimento aos requisitos de utilização do bem definidos pelo Estado.

O nosso estudo aqui se destinará a observar o uso especial dos bens, quando a utilização se distancia da finalidade original do bem público. Seria o caso de um dono de bar requerendo autorização para fechar uma rua e realizar um evento musical visando aumentar o movimento de clientes. Essa utilização especial do bem público poderá se dar de duas formas:

CC/2002

Art. 103. O uso comum dos bens públicos pode ser gratuito ou retribuído, conforme for estabelecido legalmente pela entidade a cuja administração pertencerem.

♦ **Utilização especial remunerada:** o particular sofre determinado tipo de ônus como requisito de validade de sua destinação especial ao bem público. O termo legal "**uso comum**" empregado no texto apresentado anteriormente não se deve entender como **bem de uso comum**, mas sim como o fato de o bem ser acessível à

Capítulo 12 ◆ Bens públicos **415**

coletividade em geral. A questão é que a utilização do bem específico, nesse caso, se dará mediante uma retribuição pecuniária, configurando, assim, o **uso especial** do bem público. Portanto, tanto os bens de uso comum quanto os bens de uso especial podem estar sujeitos ao uso remunerado do bem. Podemos então concluir que **bens de uso comum ou especial poderão ser utilizados de forma comum ou especial pela coletividade**. Ex.: museu público mantido, conservado e gerido pelo Estado, que cobra valor de entrada na forma de ingresso para sua utilização pelo particular.

◆ **Uso especial privativo:** é caracterizado por uma exclusividade de utilização do bem público pelo administrado que pagou ou que recebeu um ato administrativo de consentimento do ente estatal na utilização privativa do bem público. Sem tal consentimento a utilização se apresentará irregular, por tal motivo, não aceitamos na doutrina nacional usucapião ou mesmo pedidos de indenização por benfeitorias feitas no bem público.

O uso especial privativo do bem público pelo particular demanda um estudo mais aprofundado, que iniciaremos neste momento. Perceba que se trata de uma figura totalmente atípica no Direito Administrativo, visto que não há qualquer relação entre a destinação inicial do bem e a utilização do bem público em si pelo particular de forma exclusiva. Por isso, devemos avaliar com detalhes esse instituto.

Uso especial privativo é o direito de utilização de determinado bem público por pessoa física ou pessoa jurídica determinada mediante instrumento jurídico instituído com essa finalidade. Não há nenhum impeditivo de concessão de direito de uso especial privativo a um bem com relação à natureza do usuário, sendo importante para nosso estudo avaliar a destinação que se pretende dar ao bem. Isso porque, de acordo com a destinação, um instrumento jurídico específico será adotado.

Perceba que o uso especial privativo do bem público pode alcançar qualquer bem público, seja qual for sua classificação. Não há nada que impeça o Estado de conceder ao particular o direito de exploração de um prédio público desativado, logo de um bem público dominical ou dominial. A única exigência legal é que se trate necessariamente de um bem público, ou seja, não será possível permitir utilização privativa de um bem privado, ainda que pertencente a uma pessoa administrativa. Dessa forma, empresas estatais não poderão se utilizar de tais instrumentos para concessão de direito de uso especial privativo de seus bens, mesmo que destinados à finalidade pública.

Podemos destacar quatro características importantes do uso especial privativo de bem público.

◆ **Privatividade:** refere-se ao direito de utilização de forma isolada pelo interessado, não existindo possibilidade de utilização por outros interessados durante a validade da concessão dada pelo Estado.

◆ **Instrumentalidade Formal:** o uso especial privativo não é válido enquanto não estiver devidamente formalizado por meio de título jurídico específico, essencial para comprovação da manifestação positiva por parte do ente estatal. Esse título servirá, inclusive, para determinar as regras e condições de utilização privativa do bem público.

- **Precariedade:** sobrevindo interesse público, poderá a Administração Pública revogar a utilização privativa do bem público a qualquer momento. Por se tratar de uma revogação, em regra, não ensejará uma indenização ao particular, salvo em situações especiais em que o uso tenha sido autorizado por tempo determinado e a Administração decida por revogar o instrumento antes do prazo estabelecido.
- **Regime de Direito Público:** responsável direto por permitir ações especiais por parte da Administração Pública, como a revogação vista, ao levar em consideração alguns princípios administrativos aplicáveis ao interesse público.

Por se tratar de condição excepcional de uso de bem público, será sempre essencial que o Poder Público aponte os motivos de interesse público que fundamentarem a decisão de aceitação do uso privativo do bem em questão, sendo possível a propositura de uma ação civil pública pelo Ministério Público quando ficar evidente o abuso cometido pelo particular na utilização privativa desse bem.

O reconhecimento do direito de utilização privativa de um bem público não desfaz sua classificação, mesmo sendo utilizada privativamente por uma pessoa privada. Isso significa que devemos manter todas as prerrogativas concedidas aos bens públicos, como forma de garantia de sua proteção. A exceção que se destaca é com relação à imunidade tributária recíproca, que não deverá ser mantida, visto que apesar de o bem ser público a sua utilização se dá por um particular, afastando a lógica de incidência de tal prerrogativa.

Jurisprudência destacada

Incide o Imposto Predial e Territorial Urbano considerado bem público cedido à pessoa jurídica de direito privado, sendo esta a devedora (STF, Tribunal Pleno, RE n° 601.720/RJ, Rel. Min. Edson Fachin, j. 19.04.2017, Tema 437).

Decifrando a prova

(2019 – MPE/SP – Promotor – Adaptada) O uso privativo do bem público consentido pela Administração Pública não investe o particular de direito subjetivo público oponível a terceiros nem perante a própria Administração contra atos ilegais.
( ) Certo ( ) Errado
Gabarito comentado: o consentimento de uso privativo de bem público dado pelo Estado ao particular configura mera detenção, não sendo reconhecido direito subjetivo que possa resultar em usucapião ou mesmo pedido de indenização, salvo nos casos de autorização por prazo determinado e revogação da autorização antes do final do prazo, comprovado o prejuízo sofrido pelo particular. O erro principal da questão é que tal entendimento só se aplica perante a Administração Pública e seus bens, não sendo aplicável aos bens privados. Contra terceiros particulares haverá direito subjetivo ao detentor da posse da propriedade. Portanto, a assertiva está errada.

Capítulo 12 ◆ Bens públicos **417**

12.5.1 Autorização de uso de bem público

Ato administrativo pelo qual o Poder Público consente na utilização do bem público por um determinado particular privativamente, com a finalidade de atender a interesse próprio. Tal ato administrativo é unilateral, pois decorre de discricionariedade da Administração Pública na autorização do uso do bem público, que deverá valorar a conveniência e a oportunidade em conceder seu consentimento. Além disso, a autorização é precária, podendo ser desfeita a qualquer momento pelo Poder Público por meio da revogação da autorização, afastando qualquer direito de indenização, em regra, conforme já estudamos anteriormente.

A grande característica da autorização de uso de bem público é que a intenção de utilização do particular é primordialmente de interesse privado, que será o beneficiário da utilização do bem público. Como regra, a autorização não deverá se dar por tempo determinado, sendo comum a autorização ser revogada apenas quando a Administração Pública entender ser necessário. Porém, no caso de determinação de prazo para validade da autorização, o Estado criará uma autolimitação, momento em que eventual revogação antes do prazo ensejará uma indenização ao particular. Observe que a indenização não é automaticamente garantida ao particular, que deverá comprovar os prejuízos sofridos resultante da antecipação do final da autorização.

Por se tratar de um ato administrativo discricionário e precário, o consentimento dado pela Administração Pública não depende de lei nem de prévia licitação. Assim, não há nenhum instrumento administrativo que garanta ao particular o direito subjetivo de utilização do bem público, como também não há nenhum instrumento jurídico que seja capaz de forçar a Administração a consentir com a autorização solicitada pelo particular. O deferimento ou não do pedido **sempre será calcado nos critérios de conveniência e oportunidade**. Ex.: o pedido de fechamento de determinada rua para a realização de uma festa comunitária configura utilização especial privativa do bem público que atenderá necessariamente a um interesse próprio, distanciando-se muito da percepção de interesse público. O mesmo pode se dizer de eventual pedido de autorização de uso de determinada área para estacionamento.

A MP nº 2.220, de 2001, criou um novo tipo de autorização de uso de imóvel público conhecida como **autorização de uso de natureza urbanística**. Tal diploma legal trata de instrumentos de política urbana, com o intuito de instituir a **autorização de uso de imóvel público de natureza urbanística**.

> **MP nº 2.220/2001**
>
> **Art. 9º** É facultado ao Poder Público competente conceder autorização de uso àquele que, até 22 de dezembro de 2016, possuiu como seu, por cinco anos, ininterruptamente e sem oposição, até duzentos e cinquenta metros quadrados de imóvel público situado em área com características e finalidade urbanas para fins comerciais.
>
> § 1º A autorização de uso de que trata este artigo será conferida de forma gratuita.
>
> § 2º O possuidor pode, para o fim de contar o prazo exigido por este artigo, acrescentar sua posse à de seu antecessor, contanto que ambas sejam contínuas.

A nova modalidade de autorização apresentada pelo diploma em análise possui regime jurídico próprio, se destacando da autorização clássica de uso de bem público. Apesar de

418 Direito Administrativo Decifrado

ambos os instrumentos se formalizarem mediante mera edição de ato administrativo, algumas diferenças são importantes de se destacar.

Autorização comum	Autorização urbanística
O ato discricionário demandará avaliação apenas de critérios de conveniência e oportunidade pela Administração Pública.	Apresenta uma discricionariedade mais estrita, pois além da valoração essencial de conveniência e oportunidade, é necessário que se observe a existência dos pressupostos legais. Assim, ato se apresenta como discricionário em uma parte e vinculado em outra parte.
Precária, podendo ser revogada a qualquer momento pela Administração Pública.	Inexiste precariedade, por não comportar revogação pela Administração Pública.
O particular receberá mera detenção do bem público, estando ciente de que não é o verdadeiro possuidor desse bem.	Pressupõe que o particular possua o bem como seu, por meio de posse ininterrupta e inoponível.
Não tem qualquer limitação temporal para concessão.	Só pode ser conferida para aqueles que completaram os requisitos legais até 22.12.2016.
Não há restrição quanto à dimensão do território.	O uso só é autorizado para imóveis urbanos de até 250 m².
Admite qualquer tipo de uso pelo interessado.	Só se legitima se o ocupante utilizar o imóvel para fins comerciais.

Um último destaque com relação à autorização de natureza urbanística é a possibilidade de autorização de uso para local diverso daquele ocupado pelo interessado. Ocorre, por exemplo, quando o possuidor ocupa local destinado à preservação ambiental ou urbanização.

> **MP nº 2.220/2001**
>
> **Art. 4º** No caso de a ocupação acarretar risco à vida ou à saúde dos ocupantes, o Poder Público garantirá ao possuidor o exercício do direito de que tratam os arts. 1º e 2º em outro local.
>
> **Art. 5º** É facultado ao Poder Público assegurar o exercício do direito de que tratam os arts. 1º e 2º em outro local na hipótese de ocupação de imóvel:
>
> I – de uso comum do povo;
>
> II – destinado a projeto de urbanização;
>
> III – de interesse da defesa nacional, da preservação ambiental e da proteção dos ecossistemas naturais;
>
> IV – reservado à construção de represas e obras congêneres; ou
>
> V – situado em via de comunicação.

Capítulo 12 ◆ Bens públicos **419**

12.5.2 Permissão de uso de bem público

Ato administrativo no qual a Administração Pública consente que particular utilize determinado bem público atendendo simultaneamente aos interesses público e privado.

Muito parecido com a autorização de uso de bem público, o que inclusive costuma causar muitas dúvidas ao estudar esse instituto, a principal diferença entre os dois instrumentos é a predominância dos interesses tratados no consentimento de uso do bem público. Enquanto na autorização o interesse privado predomina, na permissão haverá um equilíbrio entre interesse público e privado na utilização do bem público. Acontece que na permissão a Administração Pública apresenta-se interessada na utilização do bem público pelo particular, que também se interessa pela utilização com finalidade lucrativa. De resto, os instrumentos são semelhantes nos requisitos para consentimento e características.

O detalhe que exigiu uma grande discussão foi com relação à possibilidade de revogação da permissão de uso de bem público. Apesar de ser considerada legítima e válida, os tribunais têm exigido que a revogação da permissão seja devidamente justificada pelo Poder Público, ao passo que na autorização não há essa exigência. A exigência de motivação se dá como forma de resguardar o direito do particular e evitar desvios da utilização do instrumento pelo Poder Público.

O ato de permissão de uso é qualificado como personalíssimo (*intuitu personae*), não podendo a permissão ser transferida a terceiros sem prévio consentimento da Administração Pública. Ocorrendo a transferência, estaremos diante de um novo ato de permissão, que não guardará relação com o ato anteriormente produzido.

A doutrina entende que, no caso de permissão de uso de determinado bem público com diversos interessados, será necessário realizar um procedimento licitatório prévio. Algumas situações, no entanto, como a permissão para utilização de uma calçada em frente a um bar, não demandarão licitação, sendo dispensável o procedimento. Ex.: clássico na doutrina para permissão de uso de bem público é a utilização de praças públicas para realização de feiras de artesanato.

12.5.3 Concessão de uso de bem público

Contrato administrativo pelo qual a Administração Pública confere à pessoa determinada o uso privativo de bem público independentemente do maior ou menor interesse público da pessoa concedente.

Mais uma vez deparamos com um instituto que se confunde em sua funcionalidade com todos os outros anteriores, mas que dessa vez possui características marcantes que o afastam consideravelmente dos outros instrumentos.

O primeiro destaque se dá no fato de a concessão de uso de bem público se formalizar por meio de um **contrato administrativo**, com evidente caráter de **bilateralidade** em sua formação.

Em segundo destaque, a **discricionariedade** se apresenta como um fator de comunicação com a permissão e a autorização, visto também ser característica deles. No caso da concessão, a discricionariedade se identifica na percepção de conveniência e oportunidade da concessão do uso de bem público ao particular.

Terceira característica que volta a distanciar a concessão dos outros instrumentos é a **não precariedade** do contrato. Como a concessão normalmente se destina a atividades de maior vulto econômico, o concessionário assume obrigações perante terceiros e encargos financeiros elevados, que somente se justificam se ele for beneficiado com a fixação de prazos mais prolongados, que assegurem um mínimo de estabilidade no exercício de suas atividades. Portanto é essencial a estabilidade do contrato, que ficaria prejudicada pela precariedade que poderia ser entendida como aplicável ao instrumento.

Ocorre que tal estabilidade não é absoluta, até porque isso faria com que o interesse privado se colocasse em posição de superioridade em relação ao interesse público. Existindo alguma razão grave superveniente, poderá a Administração Pública determinar a extinção do contrato unilateralmente, afastando a absoluta estabilidade do contrato.

Como citado, não importará para a concessão de uso de bem público o grau de interesse público identificado na utilização do bem pelo particular. Haverá concessões em que os interesses público e privado estarão no mesmo plano, mas outras serão ajustadas em que mais ostensivo será o interesse privado e mais remoto o interesse público. Por isso, entende-se o fato de a distinção primordial entre a concessão de uso e a permissão ou a autorização de uso ser a forma contratual de sua formalização.

Cumpre destacar que existe parte considerável da doutrina que entende que a concessão de uso de bem público deverá, sim, apresentar preponderância do interesse público. Essa visão não é adotada pelas bancas de concurso, por isso, nos atemos aqui à distinção principal feita pela formalização do instrumento.

A concessão de uso de bem público poderá ser **remunerada ou gratuita**. Em algumas situações, a concessão demandará um pagamento pelo concessionário de alguma importância à concedente. Em outros, não haverá essa previsão, sendo a concessão, como a própria expressão aponta, gratuita. Ex.: a concessão de uso de um box em determinado mercado municipal pelo particular poderá se dar de maneira gratuita ou remunerada, dependendo da vontade do poder concedente.

A concessão de uso remunerada, apesar de prever a necessidade de um pagamento pelo concessionário, nunca ensejará reconhecimento de posse do bem público, assim como também ocorrerá na concessão de uso gratuita, pois estamos diante de uma situação de mera detenção do bem e não de posse pelo concessionário. Dessa forma, não haverá formalização de concessão por omissão da Administração Pública, ou seja, não será celebrado o contrato "verbalmente". Assim, caso o concessionário dificulte a devolução do bem concedido, poderá o Estado propor ação específica para reintegração do bem.

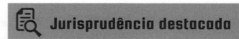

Em regra, não há falar em contrato verbal firmado com a Administração Pública, sobretudo quando diz respeito à autorização para ocupação de imóvel pertencente à Autarquia, visto que, pela natureza da relação jurídica, é inadmissível tal forma de pactuação (STJ, 4ª Turma, REsp nº 888.417/GO, Rel. Min. Luis Felipe Salomão, j. 07.06.2011).

Capítulo 12 ◆ Bens públicos **421**

Por se tratar de um instituto resultante da celebração de um contrato administrativo, às concessões de uso de bem público incidem todas as regras aplicáveis com relação a cláusulas exorbitantes decorrentes do direito público, claramente apresentando a desigualdade entre as partes do contrato. Além disso, será exigida a realização de procedimento licitatório prévio para que se escolha o concessionário que apresente melhores condições de uso do bem a ser concedido. Caberá também a aplicação, excepcional, das situações de inexigibilidade de licitação, quando não se comporta a possibilidade de normal competição entre eventuais interessados.

> ### ⚡ Decifrando a prova
>
> **(2018 – TRF/2ª Região – Juiz – Adaptada)** A concessão de uso de bem público é um contrato administrativo por meio do qual o particular tem uso exclusivo do bem, em geral para desenvolvimento de atividade pública de grande vulto. Assim, a administração, em nome do interesse público, pode escolher livremente o concessionário.
>
> ( ) Certo ( ) Errado
>
> **Gabarito comentado:** a afirmativa estava correta em seu início, visto realmente a concessão de uso de bem público ser um contrato administrativo que prevê utilização particular de grande vulto. O erro está na segunda parte, que afirma ser livre a escolha do detentor da concessão, quando estamos diante de uma situação que exige procedimento licitatório prévio. Portanto, a assertiva está errada.

12.5.4 Concessão de direito real de uso de bem público

Contrato administrativo pelo qual a Administração Pública transfere ao particular o direito real resolúvel de terreno público ou espaço aéreo que o recobre para finalidades determinadas e justificáveis. O instituto é regulado expressamente pelo Decreto-lei nº 271/1967:

Decreto-lei nº 271/1967

Art. 7º É instituída a concessão de uso de terrenos públicos ou particulares remunerada ou gratuita, por tempo certo ou indeterminado, como direito real resolúvel, para fins específicos de regularização fundiária de interesse social, urbanização, industrialização, edificação, cultivo da terra, aproveitamento sustentável das várzeas, preservação das comunidades tradicionais e seus meios de subsistência ou outras modalidades de interesse social em áreas urbanas.

Trata-se de contrato com finalidade eminentemente social, visto ter por objetivo a **regularização fundiária, o aproveitamento sustentável das várzeas e a preservação das comunidades tradicionais e seus meios de subsistência.**

Regularização fundiária. Conjunto de medidas jurídicas, urbanísticas, ambientais e sociais que visam à regularização de assentamentos irregulares e à titulação de seus ocupantes, de modo a garantir o direito social à moradia, o pleno desenvolvimento das funções

422 Direito Administrativo Decifrado

sociais da propriedade urbana e o direito ao meio ambiente ecologicamente equilibrado. Atende explicitamente aos ditames de política urbana regulados na Constituição Federal.[2]

Aproveitamento sustentável das várzeas. Tem finalidade eminentemente ambiental. Propõe ações para recuperação e utilização de áreas degradadas em prol da expansão e evolução do meio ambiente.

Preservação das comunidades tradicionais e seus meios de subsistência. Explicita a preocupação do Governo Federal em não causar prejuízos aos povos já assentados há longo tempo em certas áreas, de onde extraem sua subsistência. É o caso da proteção aos povos indígenas, por exemplo.

Apresentamos um quadro comparativo com a distinção entre a concessão de uso e a concessão de direito real de uso.

Concessão de uso de bem público	Concessão de direito real de uso de bem público
Configura relação de caráter pessoal, tendo as partes uma relação meramente contratual.	Outorga-se ao concessionário direito real.
Nem sempre a finalidade da concessão estará previamente fixada em uma legislação.	A finalidade da concessão possui prévia previsão legal, destinando-se o uso à urbanização, à edificação, à industrialização, ao cultivo ou a qualquer outro que traduza interesse social.

A concessão de direito real de uso é suscetível de direito real de garantia, que ficará limitado à duração do prazo da concessão. Além disso, o direto real de uso concedido poderá ser alvo de uma alienação fiduciária, desde que seja passível de alienação.

CC/2002

Art. 1.473. Podem ser objeto de hipoteca: (...)

IX – o direito real de uso; (...)

§ 2º Os direitos de garantia instituídos nas hipóteses dos incisos IX e X do *caput* deste artigo ficam limitados à duração da concessão ou direito de superfície, caso tenham sido transferidos por período determinado.

Lei nº 9.514/1997

Art. 22. A alienação fiduciária regulada por esta Lei é o negócio jurídico pelo qual o devedor, ou fiduciante, com o escopo de garantia, contrata a transferência ao credor, ou fiduciário, da propriedade resolúvel de coisa imóvel.

§ 1º A alienação fiduciária poderá ser contratada por pessoa física ou jurídica, não sendo privativa das entidades que operam no SFI, podendo ter como objeto, além da propriedade plena: (...)

---

[2] Arts. 182 e 183 da CF/1988.

Capítulo 12 ♦ Bens públicos **423**

III – o direito real de uso, desde que suscetível de alienação; (...)

§ 2º Os direitos de garantia instituídos nas hipóteses dos incisos III e IV do § 1º deste artigo ficam limitados à duração da concessão ou direito de superfície, caso tenham sido transferidos por período determinado.

O direito real de uso concedido ao particular é passível de transmissão por ato *inter vivos* ou mesmo *causa mortis*, desde que a finalidade original da concessão seja preservada. O instrumento de formalização poderá ser um termo administrativo ou a escritura pública, sendo o direito real registrado no Registro de Imóveis. Ex.: o Governo do Estado X pretende implantar região industrial em determinada área para desenvolver a economia em seu território. Assim, decide por conceder o direito real de uso de área estadual para interessados.

12.5.5 Concessão de uso especial para fins de moradia

Tem como objetivo principal atender ao direito à moradia, direito fundamental garantido a todos os indivíduos, foi um instrumento criado para permitir uma ação do Poder Público similar ao **usucapião especial urbano**. Como usucapião recai apenas sobre propriedade imóvel privada, na forma do texto constitucional, a Administração Pública não poderia se valer desse instrumento para atingir ao objetivo de aquisição de propriedade para fins de moradia.

Com isso, a MP nº 2.220 de 2001 passou a permitir tal ação. Lembrando que, dessa medida provisória, também extraímos a autorização para fins urbanísticos, estudada anteriormente. Os pressupostos legais da concessão são:

♦ Posse por cinco anos até 22.12.2016.

♦ Posse ininterrupta e pacífica (sem oposição).

♦ Imóvel urbano público de até 250 m².

♦ Uso do terreno para fins de moradia do possuidor ou de sua família.

♦ Não ter o possuidor a propriedade de outro imóvel urbano ou rural.

Na esfera federal, a concessão de uso especial para fins de moradia aplica-se às áreas de propriedade da União, alcançando, inclusive, os terrenos de marinha e acrescidos, desde que os ocupantes atendam aos requisitos estabelecidos na MP nº 2.220/2001. Porém a legislação veda a usucapião de imóvel funcional, sendo imóveis residenciais de propriedade da União cedidos para uso por agentes políticos e servidores públicos federais.

Fica claro na lei que foi instituída para a Administração Pública uma atividade vinculada que ensejará reconhecimento de direito subjetivo de moradia do ocupante do imóvel, desde que atendida toda a determinação legal. A lei não permite nenhuma margem de escolha pelo Poder Público, por isso ostenta a concessão de uso especial para fins de moradia a qualidade de **ato administrativo vinculado**.

Para evitar desvio de finalidade do instrumento, a lei vedou o reconhecimento do direito à concessão de uso especial para moradia mais de uma vez ao mesmo possuidor. A

424   Direito Administrativo Decifrado

concessão será gratuita. No caso de morte do possuidor, o herdeiro terá o direito legítimo de manutenção da posse do bem, desde que resida no local ao tempo da abertura da sucessão. Essa condição é imprescindível para configurar a continuidade da concessão.

MP nº 2.220/2001

Art. 1º Aquele que, até 22 de dezembro de 2016, possuiu como seu, por cinco anos, ininterruptamente e sem oposição, até duzentos e cinquenta metros quadrados de imóvel público situado em área com características e finalidade urbanas, e que o utilize para sua moradia ou de sua família, tem o direito à concessão de uso especial para fins de moradia em relação ao bem objeto da posse, desde que não seja proprietário ou concessionário, a qualquer título, de outro imóvel urbano ou rural. (...)

§ 3º Para os efeitos deste artigo, o herdeiro legítimo continua, de pleno direito, na posse de seu antecessor, desde que já resida no imóvel por ocasião da abertura da sucessão.

12.5.6 Cessão de uso

Meio pelo qual o Poder Público consente com o uso de bem público gratuitamente por órgão que compõe a mesma pessoa jurídica ou até mesmo que componha pessoa jurídica diversa, desde que incumbida em realizar atividade que represente, de algum modo, interesse da coletividade.

A grande diferença desse instrumento é o fato de o benefício coletivo decorrente da atividade realizada pelo concessionário ser a razão fundamental para a cessão de uso do bem público. Ex.: Tribunal de Justiça do Estado J cede uma sala do prédio onde está instalado para uso de órgão do Tribunal de Contas do mesmo Estado. Nada impede que ocorra entre órgãos de esferas distintas, como ocorreria na cessão de uma sala de uma Secretaria do Estado para o Ministério da Economia.

Para José dos Santos Carvalho Filho (2019, p. 1364):

(...) o uso pode ser cedido também, em certos casos especiais, a pessoas privadas, desde que desempenhem atividade não lucrativa que vise a beneficiar, geral ou parcialmente, a coletividade. Citamos, como exemplo, a cessão de uso de sala, situada em prédio público, que o Estado faz a uma associação de servidores. Ou a entidade beneficente de assistência social.

Essa visão é corroborada por algumas legislações específicas, como acontece com o Decreto-lei nº 9.760/1946, que regula regras sobre imóveis pertencentes à União, e com a Lei nº 9.636/1998, que dispõe sobre a regularização, administração, aforamento e alienação de bens imóveis de domínio da União.

Decreto-lei nº 9.760/1946

Art. 64. Os bens imóveis da União não utilizados em serviço público poderão, qualquer que seja a sua natureza, ser alugados, aforados ou cedidos. (...)

§ 3º A cessão se fará quando interessar à União concretizar, com a permissão da utilização gratuita de imóvel seu, auxílio ou colaboração que entenda prestar.

Lei nº 9.636/1998

Art. 18. A critério do Poder Executivo poderão ser cedidos, gratuitamente ou em condições especiais, sob qualquer dos regimes previstos no Decreto-lei nº 9.760, de 1946, imóveis da União a:

I – Estados, Distrito Federal, Municípios e entidades sem fins lucrativos das áreas de educação, cultura, assistência social ou saúde; (...)

A formalização da cessão se dará por meio da celebração de um **termo de cessão ou termo de cessão de uso.** A cessão poderá se dar por prazo determinado ou indeterminado, podendo o cedente a qualquer momento reaver a posse do bem público.

12.6 Bens públicos em espécie

A Constituição Federal elenca quais bens existentes no território nacional compõem o patrimônio de determinado ente federado. Faremos um estudo detalhado de alguns dispositivos.

Bens da União. Rol apresentado no art. 20 da Constituição Federal.

CF/1988

Art. 20. São bens da União:

I – os que atualmente lhe pertencem e os que lhe vierem a ser atribuídos; (...)

Como se pode perceber, trata-se de uma norma abrangente, que visa resguardar aqueles bens que já haviam sido adquiridos pela União antes da edição da Constituição Federal vigente, independentemente da forma de aquisição ocorrida, e revela o poder da Administração Pública em adquirir outros bens mediante mecanismos já estudados neste capítulo.

Terras devolutas são as "terras sem dono", ou seja, terras que ainda não foram apossadas por nenhum ente público detentor de direitos. Muito cuidado com esse dispositivo, pois não se trata de qualquer terra devoluta, mas sim daquelas **indispensáveis à defesa, fortificação, comunicação e preservação ambiental**, conforme destaca o texto constitucional. As outras terras devolutas que não façam parte desse elenco são garantidas ao Estados.[3]

CF/1988

Art. 20. (...)

II – as terras devolutas indispensáveis à defesa das fronteiras, das fortificações e construções militares, das vias federais de comunicação e à preservação ambiental, definidas em lei; (...)

---

[3] Art. 26, IV, da CF/1988.

426 Direito Administrativo Decifrado

Decifrando a prova

(2020 – MPE/CE – Promotor – Adaptada) As terras devolutas indispensáveis à preservação do meio ambiente são consideradas bens dominicais de titularidade dos estados.
( ) Certo ( ) Errado
Gabarito comentado: as terras devolutas, em regra, são bens dominicais que compõem o patrimônio público dos Estados, exceto quando se qualificam como indispensáveis para preservação do meio ambiente como informado no texto da questão, além de outras situações. Portanto, a assertiva está errada.

CF/1988

Art. 20. (...)

III – os lagos, rios e quaisquer correntes de água em terrenos de seu domínio, ou que banhem mais de um Estado, sirvam de limites com outros países, ou se estendam a território estrangeiro ou dele provenham, bem como os terrenos marginais e as praias fluviais;

Mesmo entendimento do dispositivo anterior – não se trata de toda e qualquer formação de água que será da União, mas somente aquelas com características específicas, como as que **banhem mais de um Estado, limitam território nacional e estrangeiro, estendam-se até ou provenham de território estrangeiro e terrenos marginais e praias fluviais.** As outras formações que não se encaixem nesse padrão também são de domínio dos Estados.[4]

CF/1988

Art. 20. (...)

IV – as ilhas fluviais e lacustres nas zonas limítrofes com outros países; as praias marítimas; as ilhas oceânicas e as costeiras, excluídas, destas, as que contenham a sede de Municípios, exceto aquelas áreas afetadas ao serviço público e a unidade ambiental federal, e as referidas no art. 26, II;

Mais um caso de posse por exclusão, por força do Decreto nº 24.643/1934 (Código de Águas), que, em seu art. 25, determina que tais bens elencados nesse dispositivo são classificados como **bens públicos dominicais** da União.

CF/1988

Art. 20. (...)

V – os recursos naturais da plataforma continental e da zona econômica exclusiva;

VI – o mar territorial; (...)

Esse dispositivo se refere aos recursos naturais provenientes da plataforma continental e da zona econômica exclusiva, mas não há domínio sobre esses territórios específicos. O

---

4   Art. 26, I, da CF/1988.

conceito de plataforma continental é extraído da Convenção das Nações Unidas sobre o Direito do Mar, que afirma:

> A plataforma continental de um Estado costeiro compreende o leito e o subsolo das áreas submarinas que se estendem além do seu mar territorial, em toda a extensão do prolongamento natural do seu território terrestre, até ao bordo exterior da margem continental, ou até uma distância de 200 milhas marítimas das linhas de base a partir das quais se mede a largura do mar territorial, nos casos em que o bordo exterior da margem continental não atinja essa distância.

Do mesmo texto, extraímos o conceito de mar territorial, definido como:

> Todo Estado tem o direito de fixar a largura do seu mar territorial até um limite que não ultrapasse 12 milhas marítimas, medidas a partir de linhas de base determinadas de conformidade com a presente Convenção.

Conforme o Decreto-lei nº 9.760/1946: "são terrenos de marinha, em uma profundidade de 33 (trinta e três) metros, medidos horizontalmente, para a parte da terra, da posição da linha do preamar-médio de 1831". Ou seja, todas as terras costeiras dentro desta faixa de terra de 33 metros pertencem à União. Como a medição da faixa foi feita em 1831, o Decreto-lei nº 9.760/1946 define terrenos acrescidos como aqueles que tiverem se formado de forma natural ou artificial em seguimento aos terrenos de marinha.

Mesmo os potenciais de energia hidráulica que estejam localizados em rios estaduais serão de domínio da União. A energia hidráulica ou energia hídrica é aquela obtida a partir da energia potencial de uma massa de água.

CF/1988

Art. 20. (...)

VIII – os potenciais de energia hidráulica; (...)

Conforme estabelece o art. 176 da Constituição Federal, as jazidas, em lavra ou não, e demais recursos naturais devem ser tratados como propriedade distinta da do solo. Logo, não serão de domínio do proprietário do solo, mas sim da União:

CF/1988

Art. 20. (...)

IX – os recursos minerais, inclusive os do subsolo;

X – as cavidades naturais subterrâneas e os sítios arqueológicos e pré-históricos;

XI – as terras tradicionalmente ocupadas pelos índios.

Jurisprudência destacada

Súmula nº 480 do STF. (Validade da inteligência do texto, adaptado para a atual CF/1988) Pertencem ao domínio e à administração da União, nos termos dos arts. 4º, IV, e 186, da Constituição Federal de 1967, as terras ocupadas por silvícolas.

CF/1988

Art. 20. (...)

§ 1º É assegurada, nos termos da lei, à União, aos Estados, ao Distrito Federal e aos Municípios a participação no resultado da exploração de petróleo ou gás natural, de recursos hídricos para fins de geração de energia elétrica e de outros recursos minerais no respectivo território, plataforma continental, mar territorial ou zona econômica exclusiva, ou compensação financeira por essa exploração.

§ 2º A faixa de até cento e cinquenta quilômetros de largura, ao longo das fronteiras terrestres, designada como faixa de fronteira, é considerada fundamental para defesa do território nacional, e sua ocupação e utilização serão reguladas em lei.

Regulamentada pela Lei nº 6.634/1979, a faixa de fronteira não é considerada um bem público, mas sim todos os bens que estejam localizados nela, públicos ou privados, que se considerem indispensáveis para a Segurança Nacional.

No art. 26, encontramos a indicação dos bens que pertencem aos Estados, já tratados neste estudo.

CF/1988

Art. 26. Incluem-se entre os bens dos Estados:

I – as águas superficiais ou subterrâneas, fluentes, emergentes e em depósito, ressalvadas, neste caso, na forma da lei, as decorrentes de obras da União;

II – as áreas, nas ilhas oceânicas e costeiras, que estiverem no seu domínio, excluídas aquelas sob domínio da União, Municípios ou terceiros;

III – as ilhas fluviais e lacustres não pertencentes à União;

IV – as terras devolutas não compreendidas entre as da União.

Com relação aos bens dos Municípios, não há expressa previsão constitucional, sendo entendido que são atribuídos a esses entes federados todos os bens que sejam de uso comum da sociedade local, como praças e vias públicas.

Decifrando a prova

(2020 – FCC – TJ/MS – Juiz – Adaptada) No tocante ao domínio público, considera-se faixa de segurança a faixa interna de 150 km (cento e cinquenta quilômetros) de largura, paralela à linha divisória terrestre do território nacional.

( ) Certo ( ) Errado

Gabarito comentado: o conceito apresentado é de **faixa de fronteira,** e não faixa de segurança. Portanto, a assertiva está errada.

13 Intervenção do Estado na propriedade privada

13.1 Perfil do Estado moderno e o direito de propriedade

A intervenção do Estado na propriedade privada representa uma das grandes facetas do evoluído Estado moderno, resultado da evolução histórica da sociedade e do Estado em si. O Estado do século XIX, por exemplo, regido pela ideia de liberalismo econômico amplo (*laissez faire*), dava total liberdade ao indivíduo e defendia que cada um possuía direitos intangíveis. O grande problema dessa filosofia foi que o Estado não atuava em prol dos menores, visto que as desigualdades sociais aumentavam em consequência direta do conflito entre as várias camadas da sociedade. Nomeado por alguns de Estado-polícia, não se adequou às novas condições políticas, econômicas e sociais que o mundo contemporâneo passou a enfrentar.

Surgiu, então, o Estado de Bem-Estar Social (*welfare state*), um tipo de organização política, econômica e sociocultural que coloca o Estado como agente da promoção social e organizador da economia. Aquele Estado "observador" é substituído por um Estado "interventor", na medida em que passa a produzir ações em nome dos mais afetados pelas desigualdades sociais impressas na sociedade vigente. A atuação do Estado passa a ser em nome de uma coletividade, já não mais se observando a sociedade como um somatório de vontades individuais. Passou, então, a ser reconhecido atuando diretamente nas relações privadas.

Como a relação moderna exige um equilíbrio entre sociedade e Estado, torna-se essencial o surgimento de mecanismos que permitam ao Estado afastar os interesses individuais como forma de atender às exigências da sociedade. Daí surge a importância da supremacia do interesse público sobre o privado, que constitui um dos fundamentos políticos da intervenção do Estado na propriedade.

O direito de propriedade está estampado no texto constitucional, sendo garantido a todo detentor de propriedade a livre fruição, utilização e disposição do bem, de forma absoluta, exclusiva e perpétua. A única grande exigência constitucional para que tal direito seja garantido e preservado perante a sociedade é que a propriedade atenda a sua **função social**.

430 Direito Administrativo Decifrado

CF/1988

Art. 5º (...)

XXII – é garantido o direito de propriedade;

XXIII – a propriedade atenderá a sua função social; (...)

CC/2002

Art. 1.231. A propriedade presume-se plena e exclusiva, até prova em contrário.

O **caráter exclusivo** da propriedade garante ao detentor o direito de livre utilização da propriedade, criando uma obrigação para a sociedade de aceitar a utilização da propriedade pelo dono. Oponível contra toda a sociedade (*erga omnes*), essa característica garante ao proprietário ou qualquer pessoa autorizada por ele a exercer de forma plena todas as faculdades inerentes ao direito de propriedade.

Caráter absoluto configura o direito de utilização da propriedade para a finalidade que melhor atenda às necessidades do proprietário. A utilização ampla da propriedade apenas exige que não ocorra violação de direitos ou prejuízo a terceiros resultante da utilização da propriedade. Por tal fato, diz-se o direito de propriedade ser absoluto, mas mesmo assim obrigatório será o atendimento à função social da propriedade. A lei poderá estipular limitações na utilização da propriedade de modo a proteger os direitos da sociedade sem que esteja ferindo o caráter absoluto do direito.

A **perpetuidade** do direito de propriedade decorre do fato de não existir prazo determinado para o exercício do direito, mantendo-se a qualidade de proprietário enquanto não ocorre uma transferência de titularidade. Para alguns doutrinadores, podemos dizer que o direito de propriedade é imprescritível.

Portanto, o direito moderno de propriedade ainda mantém suas características essenciais, mas permite a edição de leis e regulamentos capazes de limitar tal direito em prol da preservação da sociedade. Caberá ao Estado, por meio de instrumentos de intervenção, o papel de **agente fiscalizador** do cumprimento da função social dada à propriedade. Desatender aos requisitos de função social significa cometer um **ato ilícito**, sujeitando-se a punições aplicadas pelo Estado.

CC/2002

Art. 1.228. O proprietário tem a faculdade de usar, gozar e dispor da coisa, e o direito de reavê-la do poder de quem quer que injustamente a possua ou detenha.

§ 1º O direito de propriedade deve ser exercido em consonância com as suas finalidades econômicas e sociais e de modo que sejam preservados, de conformidade com o estabelecido em lei especial, a flora, a fauna, as belezas naturais, o equilíbrio ecológico e o patrimônio histórico e artístico, bem como evitada a poluição do ar e das águas.

§ 2º São defesos os atos que não trazem ao proprietário qualquer comodidade, ou utilidade, e sejam animados pela intenção de prejudicar outrem.

§ 3º O proprietário pode ser privado da coisa, nos casos de desapropriação, por necessidade ou utilidade pública ou interesse social, bem como no de requisição, em caso de perigo público iminente.

Capítulo 13 • Intervenção do Estado na propriedade privada **431**

Ocorre que a ação do Estado de modo a intervir na propriedade não demandará necessariamente um ilícito por parte do proprietário, podendo a intervenção acontecer mesmo que a utilização da propriedade se encontre em conformidade com a legislação, mas não em conformidade com o interesse público. Assim, por meio do uso do **poder de polícia**, poderá se determinar a limitação de uso da propriedade para adequação do bem ao interesse coletivo prevalente. Fora do poder de polícia, ainda assim, poderá o Estado determinar, mediante ação mais agressiva, a perda completa da propriedade, mesmo que tal propriedade esteja em perfeita sintonia com a sua função social e com o interesse público.

Resumidamente, podemos afirmar que a intervenção do Estado na Propriedade Privada configura qualquer atividade estatal que tenha por fim ajustar a propriedade aos ditames exigidos pela função social à qual está condicionada, sempre na forma determinada por legislação específica. Por ser um poder de império, sujeitará todos os particulares aos seus mandos.

13.2 Função social e Constituição Federal

A base legal de todo nosso estudo é, obviamente, a Constituição Federal, que prevê algumas formas de ação do ente estatal para intervenção na propriedade. Além disso, também é o texto constitucional que nos apresenta os elementos que determinam a função social da propriedade. Faremos uma análise mais "rasteira" desse assunto, como forma de introdução, para podermos nos próximos tópicos aprofundar melhor cada conteúdo aqui apresentado.

Intervenção do Estado e Constituição Federal. Diversos dispositivos constitucionais permitem a intervenção do Estado na propriedade privada por diversos motivos. Em um primeiro momento identificamos, logo no art. 5º do texto constitucional, os institutos da **requisição administrativa**, por razões de iminente perigo público, e da **desapropriação**, que se dará por razões de utilidade ou necessidade pública ou mesmo por motivo de interesse social.

Também encontramos na Constituição Federal algumas formas de intervenção chamadas **especiais**, como a **desapropriação de imóvel urbano ou rural** que não atenda sua função social e a **desapropriação como forma de sanção** àqueles que utilizam a propriedade para cometimento de ilícitos.

Função social da propriedade. A função social da propriedade é um conjunto de requisitos essenciais para adequação do interesse público ao direito de propriedade. Tais requisitos serão específicos para cada tipo de propriedade, sendo essencial saber identificar se tal propriedade é **urbana ou rural**. Para nós, no Direito Administrativo, a **destinação da propriedade** é a forma de identificação do tipo de propriedade. Caso a propriedade seja destinada à moradia, ao comércio, à indústria ou ao serviço, será uma **propriedade urbana**. Se a propriedade sofrer predomínio de utilização agrária, será uma **propriedade rural**.

No caso da propriedade urbana, a função social será identificada no **plano diretor municipal**, na forma da lei.

CF/1988

Art. 182. A política de desenvolvimento urbano, executada pelo Poder Público municipal, conforme diretrizes gerais fixadas em lei, tem por objetivo ordenar o pleno desenvolvimento das funções sociais da cidade e garantir o bem-estar de seus habitantes. (...)

432 Direito Administrativo Decifrado

§ 2º A propriedade urbana cumpre sua função social quando atende às exigências fundamentais de ordenação da cidade expressas no plano diretor.

Lei nº 10.257/2001

Art. 41. O plano diretor é obrigatório para cidades:

I – com mais de vinte mil habitantes;

II – integrantes de regiões metropolitanas e aglomerações urbanas;

III – onde o Poder Público municipal pretenda utilizar os instrumentos previstos no § 4º do art. 182 da Constituição Federal;

IV – integrantes de áreas de especial interesse turístico;

V – inseridas na área de influência de empreendimentos ou atividades com significativo impacto ambiental de âmbito regional ou nacional;

VI – incluídas no cadastro nacional de Municípios com áreas suscetíveis à ocorrência de deslizamentos de grande impacto, inundações bruscas ou processos geológicos ou hidrológicos correlatos.

Art. 42. O plano diretor deverá conter no mínimo:

I – a delimitação das áreas urbanas onde poderá ser aplicado o parcelamento, edificação ou utilização compulsórios, considerando a existência de infraestrutura e de demanda para utilização, na forma do art. 5º desta Lei;

II – disposições requeridas pelos arts. 25, 28, 29, 32 e 35 desta Lei;

III – sistema de acompanhamento e controle.

No caso da propriedade rural, o próprio texto constitucional apresenta os requisitos para atendimento de sua função social.

CF/1988

Art. 186. A função social é cumprida quando a propriedade rural atende, simultaneamente, segundo critérios e graus de exigência estabelecidos em lei, aos seguintes requisitos:

I – aproveitamento racional e adequado;

II – utilização adequada dos recursos naturais disponíveis e preservação do meio ambiente;

III – observância das disposições que regulam as relações de trabalho;

IV – exploração que favoreça o bem-estar dos proprietários e dos trabalhadores.

Apesar de tais requisitos serem destinados especificamente ao cumprimento da função social por bem imóvel, não há previsão legal sobre quais condições configuram atendimento da função social de bem móvel. Assim, entende-se que os mesmos requisitos de função social de bens imóveis deverão ser aplicados aos bens móveis. Com relação à **propriedade pública**, além dos requisitos apresentados até aqui, também haverá a necessidade de afetação exclusiva ou uso do bem pela coletividade para cumprimento de sua função social.

13.3 Modalidades de intervenção

Os instrumentos de intervenção na propriedade disponibilizados ao Estado poderão ser categorizados em dois grupos:

- **Intervenção supressiva:** o Estado retira o direito de propriedade anteriormente existente e traz a propriedade para dentro do seu domínio, passando a compor patrimônio público. Tal modalidade de intervenção pode se dar por caráter social ou como função punitiva, suprimindo o direito de propriedade do particular. Entende-se que, no Brasil, a única forma lícita de intervenção supressiva é a **desapropriação**.

- **Intervenção restritiva:** não há supressão do direito de propriedade do particular, mantendo-se a propriedade em seu poder, mas o Estado imporá restrições e limitações no uso da propriedade. Apesar da preservação do direito de propriedade, seu exercício perde a qualidade de plenitude, passando a ser exercido por meio do atendimento de regras e condições estabelecidas pelo Poder Público. São formas de intervenção restritiva: **requisição administrativa, limitação administrativa, ocupação temporária, servidão administrativa e tombamento.**

13.4 Desapropriação

Instrumento mais complexo e completo de intervenção do Estado, por gerar uma situação excepcional de perda total de propriedade, a desapropriação demandará uma análise extremamente detalhada de nossa parte.

Trata-se de uma forma de intervenção que se qualifica como **forma de aquisição originária de propriedade** pelo Estado. Isso significa que a propriedade chegará no acervo público **livre e desembaraçada**, de qualquer ônus de natureza real, como se a propriedade fosse nova e nunca tivesse sido utilizada ou possuída por ninguém. Assim, qualquer direito que recaia sobre o bem será sub-rogado no valor da indenização, uma vez que a simples desapropriação sem amparo financeiro ao ex-proprietário quanto a seus credores configuraria abuso de poder por parte do Estado. Em suma, não há aqui uma **transferência de propriedade**, mas sim a **retirada da propriedade original**, resultando no surgimento de um novo direito de propriedade.

A desapropriação é um procedimento administrativo, exigindo, assim, uma sequência de atos e atividades do Estado e do proprietário, que se desenrolam na esfera administrativa e, quando necessário, também na esfera judicial. Tal procedimento será regido por normas de direito público, visto se tratar de uma ação que representa a supremacia do interesse público sobre o privado.

A desapropriação poderá recair sobre qualquer bem com valor econômico, seja qual for sua classificação. Além disso, permite-se desapropriação de espaço aéreo ou área de subsolo quando sua utilização resulta em prejuízo patrimonial ao proprietário do solo. A desapropriação também poderá recair sobre créditos e ações referentes a cotas de sociedades em pessoas jurídicas.

434 Direito Administrativo Decifrado

> **Decreto-lei nº 3.365/1941**
>
> **Art. 1º (...)**
>
> § 1º A desapropriação do espaço aéreo ou do subsolo só se tornará necessária, quando de sua utilização resultar prejuízo patrimonial do proprietário do solo.

Por outro lado, alguns direitos nunca poderão sofrer desapropriação. Ocorre, por exemplo, com os **direitos personalíssimos**, como o direito à honra, intimidade, liberdade... Isso por que tais direitos não produzem uma qualidade econômica, mas sim expressam o *status* jurídico do indivíduo. Também não poderá sofrer desapropriação **a moeda corrente do país**, apesar de ser possível desapropriar dinheiro estrangeiro ou moedas raras. Não se poderá falar em **desapropriação de pessoas**, seja ela física ou jurídica, pois trata-se de sujeito de direito, e não um objeto. Assim, não poderá ocorrer a dissolução de uma pessoa jurídica por meio da desapropriação. Todas essas vedações se enquadram na categoria de **impossibilidades materiais de desapropriação**.

Existem também as **impossibilidades jurídicas de desapropriação**, quando a própria lei aponta para alguns bens que não poderão ser desapropriados. A Constituição Federal, por exemplo, aponta para a impossibilidade de desapropriação rural de **propriedade produtiva**. Outro exemplo seria a impossibilidade de desapropriação **por um Estado de bens situados em outro Estado**.

> **CF/1988**
>
> **Art. 185.** São insuscetíveis de desapropriação para fins de reforma agrária:
>
> I – a pequena e média propriedade rural, assim definida em lei, desde que seu proprietário não possua outra;
>
> II – a propriedade produtiva.

Por fim, temos a previsão de desapropriação quanto aos **bens públicos**. O Decreto-lei nº 3.365/1941 permite a desapropriação de bens públicos desde que seja respeitada a hierarquia federativa, sendo possível apenas a tomada de um bem de um ente por outro de maior abrangência. Assim, a União poderá desapropriar um bem de um Estado, mas um município nunca poderá desapropriar bem da União. Além disso, a desapropriação de bem público dependerá de previsão legal, expedida pela entidade expropriante.

> **Decreto-lei nº 3.365/1941**
>
> **Art. 2º. (...)**
>
> § 2º Os bens do domínio dos Estados, Municípios, Distrito Federal e Territórios poderão ser desapropriados pela União, e os dos Municípios pelos Estados, mas, em qualquer caso, ao ato deverá preceder autorização legislativa.

Com relação a bens das empresas estatais, importante lembrar que não se trata de bens públicos, logo não há impedimento quanto à sua desapropriação por qualquer ente federado. A única exigência é quanto à necessidade de uma autorização prévia emitida mediante decreto do Presidente da República.

Decreto-lei nº 3.365/1941

Art. 2º (...)

§ 3º É vedada a desapropriação, pelos Estados, Distrito Federal, Territórios e Municípios de ações, cotas e direitos representativos do capital de instituições e empresas cujo funcionamento dependa de autorização do Governo Federal e se subordine à sua fiscalização, salvo mediante prévia autorização, por decreto do Presidente da República.

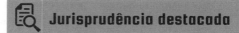

Súmula nº 479 do STF. As margens dos rios navegáveis são de domínio público, insuscetíveis de expropriação e, por isso mesmo, excluídas de indenização.

13.4.1 Pressupostos da desapropriação

Só se considerará legítima a desapropriação se estiverem presentes, cumulativamente, dois pressupostos essenciais: **interesse público e pagamento de indenização prévia à imissão na posse, quando cabível**. Essa forma de desapropriação é classificada pela doutrina como **desapropriação comum**.

CF/1988

Art. 5º (...)

XXIV – a lei estabelecerá o procedimento para desapropriação por necessidade ou utilidade pública, ou por interesse social, mediante justa e prévia indenização em dinheiro, ressalvados os casos previstos nesta Constituição; (...)

Utilidade pública se refere ao uso direto e imediato do bem pela Administração Pública, seja para a efetivação de uma obra ou para a prestação de um serviço público. O Decreto-lei nº 3.365/1941, em seu art. 5º, apresenta situações que se entende ser de utilidade pública, por exemplo: a assistência pública, as obras de higiene e decoração, casas de saúde, clínicas, estações de clima e fontes medicinais.

Necessidade pública se apresenta nas mesmas situações de utilidade pública, mas com o acréscimo de uma condição de **urgência** na solução do problema. A omissão do Estado no exercício dessa ação poderia resultar em prejuízos ao interesse público, o que clareia a sua urgência.

Interesse social se justifica pela necessidade de garantir a função social da propriedade. Aqui, o Estado pretende reduzir desigualdades sociais por meio da destinação social da propriedade expropriada. É o que ocorre na reforma agrária, por exemplo. A desapropriação por interesse social segue legislação própria, sendo a Lei nº 4.132/1962.

Lei nº 4.132/1962

Art. 2º Considera-se de interesse social:

436 Direito Administrativo Decifrado

I – o aproveitamento de todo bem improdutivo ou explorado sem correspondência com as necessidades de habitação, trabalho e consumo dos centros de população a que deve ou possa suprir por seu destino econômico;

II – a instalação ou a intensificação das culturas nas áreas em cuja exploração não se obedeça a plano de zoneamento agrícola, VETADO;

III – o estabelecimento e a manutenção de colônias ou cooperativas de povoamento e trabalho agrícola:

IV – a manutenção de posseiros em terrenos urbanos onde, com a tolerância expressa ou tácita do proprietário, tenham construído sua habilitação, formando núcleos residenciais de mais de 10 (dez) famílias;

V – a construção de casa populares;

VI – as terras e águas suscetíveis de valorização extraordinária, pela conclusão de obras e serviços públicos, notadamente de saneamento, portos, transporte, eletrificação armazenamento de água e irrigação, no caso em que não sejam ditas áreas socialmente aproveitadas;

VII – a proteção do solo e a preservação de cursos e mananciais de água e de reservas florestais;

VIII – a utilização de áreas, locais ou bens que, por suas características, sejam apropriados ao desenvolvimento de atividades turísticas.

Com relação ao pressuposto da **indenização prévia**, a Constituição Federal estabelece que seja feita em dinheiro, salvo em situações excepcionais apresentadas pelo próprio texto constitucional. Assim, nem toda desapropriação será executada com uma indenização **prévia, justa e em dinheiro**. Por ser uma excepcionalidade a um pressuposto essencial, tais condições só poderão estar previstas no texto constitucional, não sendo possível determinar novas situações em que a indenização não seguirá o regramento constitucional por meio de lei infraconstitucional. A doutrina é chamada de **desapropriação especial**.

13.4.2 Desapropriação comum

Consiste na desapropriação que tem como fundamento **utilidade pública, necessidade pública ou interesse social**, na forma do art. 5º, XXIV, da Constituição Federal. Trata-se de uma ação estatal em que se afasta o direito individual de propriedade do particular para atendimento ao interesse coletivo, sem que disso se identifique qualquer irregularidade ou ilicitude cometida pelo proprietário. Nessa forma de desapropriação, temos uma busca por utilização da propriedade de forma a beneficiar toda a coletividade, e não apenas o indivíduo proprietário original. Assim, nada mais justo do que o ex-proprietário ser devidamente indenizado por sua perda, tendo essa indenização caráter contraprestacional.

> **CF/1988**
>
> **Art. 5º** (...)
>
> XXIV – a lei estabelecerá o procedimento para desapropriação por necessidade ou utilidade pública, ou por interesse social, mediante justa e prévia indenização em dinheiro, ressalvados os casos previstos nesta Constituição; (...)

O grande debate desse ato sempre se assentou na questão da indenização. Conforme o texto reproduzido, a indenização deverá ser **prévia** (o ex-proprietário recebe antes de sua efetiva saída da propriedade), **em dinheiro** (não se aceitando, em regra, transação) e **justa** (valor compatível com o objeto expropriado). Quanto a ser prévia e em dinheiro, não há tanta discussão – a questão é **o que se entende por indenização justa**?

A doutrina majoritária tem se direcionado no sentido de **indenização justa** abarcar **valor de mercado do bem, danos emergentes decorrentes da perda da propriedade, lucros cessantes devidamente comprovados e correção monetária para preservação do valor da moeda**.

Quanto ao valor de mercado, aqui se considera valor da avaliação mais atual, sendo necessário proceder à avaliação no ato inicial, e também aspectos intrínsecos da propriedade, como eventual valor histórico ou artístico. Também deverá compor o cálculo indenizatório eventual benfeitoria ou acessão ocorrida **antes da declaração de desapropriação**, considerando-se apenas as benfeitorias necessárias e as úteis devidamente autorizadas pelo Estado após o ato expropriatório.

Para Celso Antônio Bandeira de Mello (2009, p. 832), indenização justa:

> (...) é aquela que corresponde real e efetivamente ao valor do bem expropriado, ou seja, aquela cuja importância deixe o expropriado absolutamente indene, sem prejuízo algum em seu patrimônio. Indenização justa é a que se consubstancia em importância que habilita o proprietário a adquirir outro bem perfeitamente equivalente e o exime de qualquer detrimento.

Para o STJ, havendo divergência entre a área real do imóvel e a área registrada, prevalecerá a informação do registro.

Jurisprudência destacada

> O pagamento da indenização em desapropriação direta restringe-se à área efetivamente registrada, constante do decreto expropriatório, incumbindo à parte o ingresso em via ordinária própria para a apuração de eventual esbulho de área excedente. Se o juiz verificar que há dúvida fundada sobre o domínio, o preço ficará em depósito, ressalvada aos interessados a ação própria para disputá-la (STJ, 1ª Turma, REsp nº 1.075.293/MT, Rel. Min. Luiz Fux, j. 04.11.2010).

Caso a propriedade imóvel a ser desapropriada possua área de cobertura vegetal identificada como utilizada para exploração econômica pelo proprietário, esta deverá ser avaliada de forma distinta da avaliação que se faria com relação à terra nua, mantendo-se o cálculo normal caso a área não seja explorada economicamente.

Jurisprudência destacada

> O STJ firmou a orientação de que, inexistindo prova de exploração econômica dos recursos vegetais, não há por que cogitar de indenização em separado da cobertura florística (STJ, 1ª Turma, AgRg no REsp nº 1.119.706/PR, Rel. Min. Benedito Gonçalves, j. 16.12.2010).

438 Direito Administrativo Decifrado

No caso de o proprietário deter débitos devidamente registrados junto à Fazenda Pública, seja por multa decorrente de inadimplemento de obrigações fiscais ou por dívidas fiscais específicas, é admitido que se faça a dedução do valor devido na indenização para efetivação do pagamento da dívida constituída.

Por fim, caso da desapropriação decorra um dano extraordinário, por exemplo, desvalorização da propriedade, a indenização por tal dano decorrerá da responsabilidade civil do Estado, na forma do art. 37, § 6º, da Constituição Federal, e poderá ser requerida de forma cumulada com a indenização decorrente da desapropriação.

13.4.3 Desapropriação especial urbana

Conforme já esclarecemos anteriormente, a propriedade urbana deverá sempre atender sua função social, entendida como atuação por meio da adequação da propriedade com o planejamento apresentado no plano diretor ou no regramento local específico. **Plano diretor** é o instrumento básico da política de desenvolvimento e expansão urbana de um município, que deverá ser aprovado por lei municipal, com revisão mínima a cada 10 (dez) anos. Tão importante é tal instrumento que as leis orçamentárias (Plano Plurianual, Lei de Diretrizes Orçamentárias e Lei Orçamentária Anual – PPA, LDO e LOA) deverão incorporar em seus textos diretrizes e projeções prioritárias apontadas no documento.

A constituição do plano diretor é regida pela Lei nº 10.257/2001 (Estatuto da Cidade) que prevê diversas ações para sua formulação, como realização de audiências públicas, debates públicos, publicidade de documentos e acesso geral.

> **Lei nº 10.257/2001**
>
> **Art. 1º** Na execução da política urbana, de que tratam os arts. 182 e 183 da Constituição Federal, será aplicado o previsto nesta Lei.
>
> Parágrafo único. Para todos os efeitos, esta Lei, denominada Estatuto da Cidade, estabelece normas de ordem pública e interesse social que regulam o uso da propriedade urbana em prol do bem coletivo, da segurança e do bem-estar dos cidadãos, bem como do equilíbrio ambiental. (...)
>
> **Art. 39.** A propriedade urbana cumpre sua função social quando atende às exigências fundamentais de ordenação da cidade expressas no plano diretor, assegurando o atendimento das necessidades dos cidadãos quanto à qualidade de vida, à justiça social e ao desenvolvimento das atividades econômicas, respeitadas as diretrizes previstas no art. 2º desta Lei.
>
> **Art. 40.** O plano diretor, aprovado por lei municipal, é o instrumento básico da política de desenvolvimento e expansão urbana. (...)
>
> § 4º No processo de elaboração do plano diretor e na fiscalização de sua implementação, os Poderes Legislativo e Executivo municipais garantirão:
>
> I – a promoção de audiências públicas e debates com a participação da população e de associações representativas dos vários segmentos da comunidade;
>
> II – a publicidade quanto aos documentos e informações produzidos;
>
> III – o acesso de qualquer interessado aos documentos e informações produzidos.

Capítulo 13 ◆ Intervenção do Estado na propriedade privada **439**

A partir do momento em que se identifica um proprietário urbano que não atende às especificidades da legislação com relação ao uso da propriedade, estamos diante de uma propriedade que não atende sua função social, o que poderá acarretar um procedimento de desapropriação por parte do ente estatal. Esse procedimento tem **caráter sancionatório** – característica que o distingue completamente da desapropriação comum. Aqui, identifica-se uma irregularidade por parte do proprietário, e a Administração Pública deverá agir para, em um primeiro momento, adequar a utilização da propriedade e, em um segundo momento, caso não se resolva a irregularidade, desapropriar e dar correta destinação ao bem expropriado.

Apesar desse caráter sancionatório, a perda de propriedade acarreta prejuízos ao ex--proprietário. Assim, a legislação constitucional exige, da mesma forma, que seja feita uma indenização para compensar as perdas do particular.

> **CF/1988**
>
> **Art. 182.** (...)
>
> § 4º É facultado ao Poder Público municipal, mediante lei específica para área incluída no plano diretor, exigir, nos termos da lei federal, do proprietário do solo urbano não edificado, subutilizado ou não utilizado, que promova seu adequado aproveitamento, sob pena, sucessivamente, de: (...)
>
> III – desapropriação com pagamento mediante títulos da dívida pública de emissão previamente aprovada pelo Senado Federal, com prazo de resgate de até dez anos, em parcelas anuais, iguais e sucessivas, assegurados o valor real da indenização e os juros legais.

Observe que o texto constitucional determina que a indenização se dê por meio da entrega de **títulos da dívida pública com prazo de resgate de até dez anos**, garantindo a indenização para o ex-proprietário, mas não gerando o acesso imediato ao montante total como acontece na desapropriação comum. A indenização justa deverá refletir o valor da base de cálculo do IPTU com desconto de valores referentes a obras realizadas pelo Poder Público na área em que se localiza, mas não entrará no cálculo eventual lucro cessante, dano emergente ou juros compensatórios.

O estudo referente a todo o procedimento para desapropriação especial urbana será feito em tópico específico.

13.4.4 Desapropriação especial rural

No caso de propriedades rurais, definidas no Direito Administrativo como aquelas destinadas ao desenvolvimento e produção agrária, seus critérios definidores de função social estão regulamentados pela Lei nº 4.504/1964 (Estatuto da Terra).

> **Lei nº 4.504/1964**
>
> **Art. 1º** Esta Lei regula os direitos e obrigações concernentes aos bens imóveis rurais, para os fins de execução da Reforma Agrária e promoção da Política Agrícola.
>
> **Art. 2º** É assegurada a todos a oportunidade de acesso à propriedade da terra, condicionada pela sua função social, na forma prevista nesta Lei.

Direito Administrativo Decifrado

§ 1º A propriedade da terra desempenha integralmente a sua função social quando, simultaneamente:

a) favorece o bem-estar dos proprietários e dos trabalhadores que nela labutam, assim como de suas famílias;

b) mantém níveis satisfatórios de produtividade;

c) assegura a conservação dos recursos naturais;

d) observa as disposições legais que regulam as justas relações de trabalho entre os que a possuem e a cultivem.

A legislação regulamentadora cria um sistema de equilíbrio entre a utilização da propriedade rural e a busca pelo emprego e o desenvolvimento do país. Com isso, a todos é assegurado o acesso à propriedade rural, desde que atendidas as especificações referentes à sua função social.

Ao contrário do que muitos acreditam, a produtividade não é o único requisito essencial para identificação do atendimento à função social da propriedade rural. Por isso, é muito comum nos depararmos com notícias de desapropriações ocorrendo em áreas rurais que, no primeiro olhar, são propriedades produtivas. Além do texto do Estatuto da Terra, a Constituição Federal também elenca os requisitos de atendimento à função social.

CF/1988

Art. 186. A função social é cumprida quando a propriedade rural atende, simultaneamente, segundo critérios e graus de exigência estabelecidos em lei, aos seguintes requisitos:

I – aproveitamento racional e adequado;

II – utilização adequada dos recursos naturais disponíveis e preservação do meio ambiente;

III – observância das disposições que regulam as relações de trabalho;

IV – exploração que favoreça o bem-estar dos proprietários e dos trabalhadores.

Perceba que nos dois textos legais um termo se apresenta essencial: **simultaneamente**. Assim, não basta que um ou outro requisito seja atendido, mas todos eles, para que se possa afirmar atendimento pleno à função social. Não sendo cumprida a função social, caberá ao Estado desapropriar para fins de reforma agrária, mediante prévia e justa indenização com a entrega de **títulos da dívida agrária com prazo de resgate de até 20 (vinte) anos**. Editado o decreto de declaração de interesse social sobre o imóvel rural, poderá a União propor a ação de desapropriação. Interessante que, apesar da determinação de indenização mediante entrega de títulos públicos, a Constituição Federal determina que eventuais benfeitorias úteis ou necessárias detectadas no ato da desapropriação deverão ser indenizadas em **dinheiro**.

CF/1988

Art. 184. Compete à União desapropriar por interesse social, para fins de reforma agrária, o imóvel rural que não esteja cumprindo sua função social, mediante prévia e justa indenização em títulos da dívida agrária, com cláusula de preservação do valor real, resgatáveis no prazo de até vinte anos, a partir do segundo ano de sua emissão, e cuja utilização será definida em lei.

§ 1º As benfeitorias úteis e necessárias serão indenizadas em dinheiro.

Capítulo 13 ◆ Intervenção do Estado na propriedade privada **441**

Com relação ao procedimento de desapropriação rural, não há um processo muito complexo como acontece com as desapropriações comum e especial urbana, sendo apenas estabelecido um **procedimento contraditório de rito especial** na Lei Complementar nº 76/1993, que também será analisado em momento oportuno.

A desapropriação especial rural tem como principal característica a **destinação vinculada do bem expropriado**, ou seja, a União não terá a discricionariedade de apontar a nova destinação do bem expropriado, sendo obrigatório que tal bem seja destinado à reforma agrária.

Diante de todas as regras estabelecidas na legislação, a Constituição Federal apontou para algumas propriedades rurais que, mesmo não atendendo sua função social, não poderão sofrer a desapropriação.

CF/1988

Art. 185. São insuscetíveis de desapropriação para fins de reforma agrária:

I – a pequena e média propriedade rural, assim definida em lei, desde que seu proprietário não possua outra;

II – a propriedade produtiva.

Lei nº 8.629/1993

Art. 4º Para os efeitos desta lei, conceituam-se: (...)

II – Pequena Propriedade – o imóvel rural:

a) de área até quatro módulos fiscais, respeitada a fração mínima de parcelamento; (...)

III – Média Propriedade – o imóvel rural:

a) de área superior a 4 (quatro) e até 15 (quinze) módulos fiscais; (...)

Art. 6º Considera-se propriedade produtiva aquela que, explorada econômica e racionalmente, atinge, simultaneamente, graus de utilização da terra e de eficiência na exploração, segundo índices fixados pelo órgão federal competente.

I3.4.5 Desapropriação confisco

Configura uma desapropriação específica em que **não haverá indenização** para o ex-proprietário, visto que aqui a razão da desapropriação é o **afastamento de atividade ilícita** cometida pelo proprietário. As situações permissivas da desapropriação confisco elencadas no texto constitucional são **plantação de psicotrópicos ou utilização da propriedade para exploração de trabalho escravo,** no caso de bens imóveis, **e utilização para o tráfico de drogas** no caso de bens móveis.

CF/1988

Art. 243. As propriedades rurais e urbanas de qualquer região do País onde forem localizadas culturas ilegais de plantas psicotrópicas ou a exploração de trabalho escravo na forma da lei serão expropriadas e destinadas à reforma agrária e a programas de habitação popular, sem qualquer indenização ao proprietário e sem prejuízo de outras sanções previstas em lei, observado, no que couber, o disposto no art. 5º.

442 Direito Administrativo Decifrado

Parágrafo único. Todo e qualquer bem de valor econômico apreendido em decorrência do tráfico ilícito de entorpecentes e drogas afins e da exploração de trabalho escravo será confiscado e reverterá a fundo especial com destinação específica, na forma da lei.

Plantação de psicotrópicos se refere à atividade de produção de plantas que permitem ao proprietário obter substâncias entorpecentes proscritas, elencadas por documento próprio expedido pelo órgão competente do Ministério da Saúde. Não se trata de toda e qualquer plantação de psicotrópicos, visto que, para finalidades terapêuticas, poderá o proprietário, mediante autorização específica emitida pelo Ministério da Saúde, cultivar tais plantas.

A definição de **trabalho escravo**, conforme ditado pela Constituição Federal, se dará por meio de edição de lei específica. Em 2003, foi editada a Lei nº 10.803 para suprir essa necessidade. Tal lei alterou artigo específico do Código Penal tratando desse assunto, e a interpretação do texto penal deve ser feita em combinação com portaria específica vigente, editada pelo Ministério do Trabalho.

Assim como acontece com a desapropriação especial rural, a desapropriação confisco também resultará em uma destinação vinculada ao bem expropriado. Em se tratando de bem móvel, o Poder Público deverá reverter tal bem para fundo especial de natureza específica. Já no caso de bens imóveis, a destinação do bem expropriado será: reforma agrária e programas de habitação popular. Com isso, tais bens não são incorporados ao patrimônio público, mas diretamente destinados a atender interesse público.

Com relação à desapropriação confisco por plantação ilegal de psicotrópicos, o STF tem decidido na direção de entender que a desapropriação deverá recair sobre **toda a propriedade,** e não somente sobre a área utilizada para a plantação. Isso decorreu de uma alteração feita no texto constitucional em 2014, por meio da Emenda Constitucional nº 81, que retirou a previsão de desapropriação das "glebas de plantação ou exploração de trabalho escravo" e passou a determinar "a propriedade urbana ou rural". Em outro julgado importante, o STF determinou a possibilidade do afastamento da punição por desapropriação quando for possível comprovar que não houve culpa do proprietário na plantação de psicotrópicos.

> ### 📑 Jurisprudência destacada
>
> A expropriação irá recair sobre a totalidade do imóvel, ainda que o cultivo ilegal ou a utilização de trabalho escravo tenham ocorrido em apenas parte dele (STF, Tribunal Pleno, RE nº 543.974/MG, Rel. Min. Eros Grau, j. 26.03.2009).
>
> A expropriação prevista no art. 243 da Constituição Federal pode ser afastada, desde que o proprietário comprove que não incorreu em culpa, ainda que *in vigilando* ou *in eligendo* (STF, Tribunal Pleno, RE nº 635.336/PE, Rel. Min. Gilmar Mendes, j. 26.05.2011, Tema 399).

O procedimento de desapropriação confisco está regulamentado na Lei nº 8.257/1991, que aponta procedimento por meio de rito especial. Assim como no caso das outras desapropriações, estudaremos todo o procedimento no próximo tópico.

Capítulo 13 ◆ Intervenção do Estado na propriedade privada **443**

Decifrando a prova

(2022 – CEBRASPE – DPE/TO– Defensor Público – Adaptada) No que tange ao instituto da desapropriação, conforme os mandamentos constitucionais e legais aplicáveis à espécie, podemos afirmar que a desapropriação é a transferência compulsória da propriedade do particular ao poder público, decorrente da supremacia do interesse público sobre o particular, de maneira tal que prescinde de indenização.

( ) Certo ( ) Errado

Gabarito comentado: o único caso em que a desapropriação será feita sem indenização ao proprietário será no caso definido como desapropriação confisco. Todas as outras formas deverão ser devidamente indenizadas. Portanto, a assertiva está errada.

I3.5 Procedimento de desapropriação

Por se tratar de um procedimento expropriatório, a desapropriação deverá seguir uma sequência predeterminada e interligada de atos para garantia da licitude e validade da ação do Estado. Como cada desapropriação vista até aqui possui finalidade e características próprias, também identificamos procedimento específico para cada uma. A partir desse momento, faremos o apontamento de todo o procedimento essencial administrativo, que deverá garantir contraditório e ampla defesa ao expropriado, e, também, do procedimento judicial, que acontecerá sempre que o procedimento administrativo não for capaz de dar resolução definitiva ao caso.

I3.5.I Competência para desapropriação

O estudo da competência para procedimento de desapropriação divide-se em: competência legislativa, competência declaratória e competência executória.

I3.5.I.I *Competência legislativa*

A competência para legislar sobre procedimentos e motivos de desapropriação é da União, privativamente, conforme estabelece o texto constitucional. Vale sempre lembrar que ao se tratar de competência legislativa privativa, a União pode, mediante lei complementar, autorizar os Estados a legislar sobre questões específicas referentes à desapropriação.

CF/1988

Art. 22. Compete privativamente à União legislar sobre: (...)

II – desapropriação; (...)

Parágrafo único. Lei complementar poderá autorizar os Estados a legislar sobre questões específicas das matérias relacionadas neste artigo.

444 Direito Administrativo Decifrado

13.5.1.2 Competência declaratória

É a competente necessária para **declarar utilidade pública ou interesse social** do bem que será desapropriado. Essa declaração tem a importante função de explicitar a razão pela qual determinado bem sofrerá, no futuro, uma desapropriação com a finalidade específica apontada no ato vinculada ao interesse público. Por isso, **declarar não é desapropriar**, visto que a declaração é apenas uma etapa do procedimento de desapropriação.

A competência para declarar procedimento expropriatório é, em regra, concorrente entre todos os entes federativos do Estado. Por isso, somente os entes políticos (União, Estados, Distrito Federal e Municípios) poderão editar o ato declaratório, não podendo ser feito por nenhum ente administrativo (Autarquia, Fundação Pública, Sociedade de Economia Mista e Empresa Pública). Também deve-se observar a limitação territorial que a declaração de desapropriação sofre. Logicamente, só poderá decretar a desapropriação aquele ente que tenha competência de gestão sobre o território. No caso de Estados, Distrito Federal e Municípios tal limitação é muito clara.

A legislação aponta para algumas situações em que essa regra será afastada, ou seja, situações em que **um ente poderá declarar sem que tenha competência inicial ou somente entes específicos poderão decretar a desapropriação**. Para ficar claro, vamos organizar o pensamento:

- ◆ **Exceção na desapropriação comum**
  - ◇ **Departamento Nacional de Infraestrutura de Transportes (DNIT):** trata-se de uma autarquia federal que, na forma da Lei nº 10.233/2001,[1] poderá promover a desapropriação para implantação do Sistema Nacional de Viação.
  - ◇ **Agência Nacional de Energia Elétrica (Aneel):** trata-se de uma autarquia em regime especial da União, que terá competência para declarar desapropriação para fins de instalação de empresas concessionárias e permissionárias do serviço de energia elétrica, na forma da Lei nº 9.074/1995.[2]
  - ◇ **Agência Nacional de Transportes Terrestres (ANTT):** mais uma autarquia federal que recebe a competência de executar desapropriação para realização de obras no âmbito de sua atuação.[3]
- ◆ **Exceção na desapropriação especial**
  - ◇ **Desapropriação especial urbana:** a declaração de desapropriação por não cumprimento da função social da propriedade urbana é de competência exclusiva do município que possua plano diretor instituído.
  - ◇ **Desapropriação especial rural:** a competência para declaração de desapropriação de propriedade rural para atendimento a fins de interesse social é exclusiva da União.
  - ◇ **Desapropriação confisco:** a competência de desapropriação de bens móveis ou imóveis utilizados para cometimento de ilícitos é exclusiva da União.

---

[1] Art. 82, IX, da Lei nº 10.233/2001.

[2] Art. 10 da Lei nº 9.074/1995.

[3] Art. 24, XIX, da Lei nº 10.233/2001.

Capítulo 13 ◆ Intervenção do Estado na propriedade privada **445**

13.5.1.3 Competência executória

É a atribuição para **promover** a desapropriação após a declaração feita pela entidade competente. Observe que a palavra **promover** é utilizada com a função de executar, e não iniciar o procedimento de desapropriação. Esse detalhe costuma atrapalhar muito na hora de observar a questão da prova. A competência executória abrange desde a negociação com o proprietário até a finalização do procedimento judicial expropriatório, quando necessária a propositura da ação. O Decreto-lei nº 3.365/1941, ao qual alguns doutrinadores se referem como Lei Geral Expropriatória, aponta as entidades que poderão promover a desapropriação. Outro dispositivo importante é a Lei nº 11.107/2005, que trata dos consórcios públicos.

> **Decreto-lei nº 3.365/1941**
>
> **Art. 3º** Podem promover a desapropriação, mediante autorização expressa constante de lei ou contrato:
>
> I – os concessionários, inclusive aqueles contratados nos termos da Lei nº 11.079, de 30 de dezembro de 2004;
>
> II – as entidades públicas;
>
> III – as entidades que exerçam funções delegadas do poder público; e
>
> IV – as autorizatárias para a exploração de ferrovias como atividade econômica.
>
> **Lei nº 11.107/2005**
>
> **Art. 2º** (...)
>
> § 1º Para o cumprimento de seus objetivos, o consórcio público poderá: (...)
>
> II – nos termos do contrato de consórcio de direito público, promover desapropriações e instituir servidões nos termos de declaração de utilidade ou necessidade pública, ou interesse social, realizada pelo Poder Público; (...)

Por uma questão de interpretação lógica, em um primeiro momento, será competente para executar a desapropriação aquele que deu início ao procedimento, editando o ato declaratório. As pessoas apontadas pela lei atuam no caso derivado, ou seja, quando o ente de declaração não for o mesmo ente de execução. Ex.: o Estado X declara a desapropriação de propriedades construídas às margens de uma rodovia que sofreu de concessão. A concessionária promoverá (executará) a desapropriação como etapa de execução do contrato.

Tais legitimados secundários ou derivados **somente possuem competência executória e nunca competência declaratória**. Assim, podemos afirmar que a competência executória pode ser classificada em **competência incondicionada**, quando não há condição prévia para exercício da desapropriação, visto haver previsão legal, **e competência condicionada**, quando será exigida a autorização expressa em lei ou no contrato para que se possa promover a desapropriação. O custo da desapropriação, ao ser executada por outras entidades que não os entes federativos, deverá ser coberto com recursos da própria entidade interessada.

13.5.2 Fases da desapropriação

O procedimento de desapropriação, conforme vimos anteriormente, se dará na via administrativa e, quando necessário, na via judicial. O procedimento correrá completo na via

446 Direito Administrativo Decifrado

administrativa sempre que for possível estabelecer um acordo quanto ao valor da indenização. No caso de Poder Público e particular não chegarem a tal acordo, aí será necessário buscar um procedimento judicial.

Para cada modalidade de desapropriação existirá um procedimento específico a ser seguido. O Decreto-lei nº 3.365/1941 regulamenta o procedimento das desapropriações comum e especial urbana. A LC nº 76/1993 regulamenta o procedimento da desapropriação especial rural. Por fim, a Lei nº 8.257/1991 determinará o procedimento da desapropriação confisco.

13.5.2.1 Fase declaratória

Consiste na etapa relacionada à expedição do ato de declaração de interesse expropriatório produzido por entidade competente. Nessa fase, a declaração de utilidade pública apontará as razões de interesse público que fundamentaram a decisão de desapropriar, além da destinação que será dada ao bem expropriado ao final do procedimento.

O conteúdo da declaração é um tema controverso, mas algumas informações essenciais deverão compor o ato. Em primeiro ponto, destaco a necessidade de **indicar, de forma precisa**, qual ou quais bens serão desapropriados naquele ato, não sendo possível formular ato expropriatório genérico. Todo e qualquer bem a sofrer a desapropriação deverá ser devidamente declarado, sob pena de invalidade do ato e consequente impossibilidade de produção de efeitos jurídicos. Um segundo ponto importante a ser apontado é a **destinação** que se dará ao bem expropriado após a sua aquisição pelo ente.

Como estamos falando de um ato do Estado que acarretará efeitos importantes no ordenamento jurídico e administrativo, por força do **princípio da publicidade,** o ato de desapropriação deverá seguir uma formalidade expressa na lei.

A regra geral é de que a desapropriação deverá ser formalizada por meio de um **decreto** expedido pelo chefe do Poder Executivo, o chamado **decreto expropriatório**. Excepcionalmente, é possível a declaração de desapropriação por intermédio da edição de **lei de efeitos concretos**, de iniciativa do Poder Legislativo, respeitando o processo legislativo constitucional. O dispositivo que permite essa ação excepcional deve ser entendido como a produção de uma **lei em sentido formal**, ou seja, deverá ser respeitado o procedimento legislativo necessário, mas a lei, em sentido material, terá efeito de ato administrativo, sujeitando-se inclusive ao controle jurisdicional. Um terceiro meio de formalização, não reconhecido pela doutrina majoritária, é mediante edição de mero ato administrativo pelos entes excepcionais, caso das autarquias que estudamos anteriormente.

> **Decreto-lei nº 3.365/1941**
>
> **Art. 6º** A declaração de utilidade pública far-se-á por decreto do Presidente da República, Governador, Interventor ou Prefeito.
>
> (...)
>
> **Art. 8º** O Poder Legislativo poderá tomar a iniciativa da desapropriação, cumprindo, neste caso, ao Executivo, praticar os atos necessários à sua efetivação.

Capítulo 13 • Intervenção do Estado na propriedade privada **447**

A declaração da desapropriação não tem o condão de retirada da propriedade do bem do particular, visto ser uma etapa de simples instauração do procedimento, mas resultará do decreto o surgimento de certas restrições ao particular. A doutrina costuma chamar esse efeito restritivo de **força expropriatória do Estado**. O ato declaratório poderá sofrer controle administrativo e judicial. Importa observar que, no caso de controle judicial, apenas será possível se identificada alguma ilegalidade em sua produção, visto que, conforme já estudado, o Poder Judiciário não poderá analisar o mérito da ação do Estado.

> **Decreto-lei nº 3.365/1941**
>
> **Art. 9º** Ao Poder Judiciário é vedado, no processo de desapropriação, decidir se se verificam ou não os casos de utilidade pública.

Para que possamos afirmar que o ato declaratório está em conformidade com o padrão legal, alguns elementos indispensáveis devem ser identificados no ato, conforme aponta a doutrina majoritária:

- Identificação detalhada do bem objeto da desapropriação, inclusive apontando as condições em que se encontra o bem e as eventuais benfeitorias que se identifique no ato de declaração, para fins de cálculo indenizatório.

- Destacamento de recursos orçamentários que serão utilizados para pagamento da indenização, conforme Lei Complementar nº 101/2000.

- O motivo e a motivação da desapropriação, demonstrando fundamento legal e pressuposto de fato que levou a consideração do ato, visto se tratar de um ato administrativo que restringe direitos individuais.[4]

- Demonstração da finalidade e destinação do bem expropriado.

- Identificação do proprietário do bem móvel ou imóvel a ser desapropriado, para fins de indenização.

13.5.2.2 Efeitos da declaração

Além do efeito óbvio do ato declaratório, qual seja dar início ao procedimento de desapropriação para efetivação da transferência do bem particular para o patrimônio público, outros efeitos importantes decorrem desse ato. Vamos a eles:

- **Direito de penetração na propriedade:** a partir da declaração do interesse expropriatório, às autoridades administrativas estará autorizado o acesso nas áreas apontadas na declaração, para fins de fiscalização, registro de informações, inspeções e levantamentos de campo. Caso o proprietário se oponha a conceder o direito de acesso garantido pelo ato, poderá a autoridade pública utilizar-se, inclusive, de força policial para efetivar o acesso. Logicamente, esse direito de uso de força policial não poderá ser utilizado de modo a representar prejuízos ao particular ou abuso de poder por parte da autoridade administrativa.

---

4 Art. 50 da Lei nº 9.784/1999.

Decreto-lei nº 3.365/1941

Art. 7º Declarada a utilidade pública, ficam as autoridades administrativas autorizadas a penetrar nos prédios compreendidos na declaração, podendo recorrer, em caso de oposição, ao auxílio de força policial.

Àquele que for molestado por excesso ou abuso de poder, cabe indenização por perdas e danos, sem prejuízo da ação penal.

- **Fixação do Estado da propriedade:** o Poder Público informa que todos os direitos decorrentes da desapropriação, com relação ao cálculo indenizatório, utilizarão como base o estado do bem como foi encontrado no momento da declaração. Por isso, qualquer melhoria ou benfeitoria realizada pelo particular após a decretação da desapropriação será ignorada para fins de cálculo indenizatório.

Não custa lembrar que, conforme comentado anteriormente, após a fixação do estado da propriedade, caso o particular precise realizar uma benfeitoria necessária, esta entrará no cálculo, obrigatoriamente. No caso das benfeitorias úteis, para que possa se considerar o valor da benfeitoria no momento do cálculo indenizatório, o particular deve requerer autorização expressa do Poder Público. Benfeitorias voluptuárias feitas após a declaração nunca serão consideradas no cálculo.

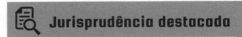

Súmula nº 23 do STF. Verificados os pressupostos legais para o licenciamento da obra, não o impede a declaração de utilidade pública para desapropriação do imóvel, mas o valor da obra não se incluirá na indenização, quando a desapropriação for efetivada.

Decreto-lei nº 3.365/1941

Art. 26. (...)

§ 1º Serão atendidas as benfeitorias necessárias feitas após a desapropriação; as úteis, quando feitas com autorização do expropriante.

§ 2º Decorrido prazo superior a um ano a partir da avaliação, o Juiz ou Tribunal, antes da decisão final, determinará a correção monetária do valor apurado, conforme índice que será fixado, trimestralmente, pela Secretaria de Planejamento da Presidência da República.

- **Início da contagem do prazo para execução:** claramente uma obrigação criada para o Estado, e não para o particular, visto que configuraria abuso de poder a declaração de desapropriação sem determinação de prazo para que se finalize o procedimento, submetendo o particular à força expropriatório do Estado por prazo indeterminado. Assim, a legislação estabelece um prazo de **caducidade** para que a Administração Pública ou o ente autorizado no ato declaratório proceda a efetivação da desapropriação.

Por se tratar de um prazo de caducidade, extrapolado o prazo legal para início da execução da desapropriação, o ato se tornará sem efeito, não se admitindo mais sua execução. Por isso, a Administração Pública deverá editar **novo ato declaratório após o prazo de carência de 1 (um) ano.** Esse prazo não está expressamente previsto na lei que trata da desapropriação por interesse social, mas aplicamos por analogia a sua previsão na lei da desapropriação por necessidade ou utilidade pública.

A caducidade é contada a partir da data da expedição do ato declaratório, e o prazo de caducidade será definido de acordo com a finalidade declarada no ato. Caso a declaração aponte como finalidade do ato **utilidade ou necessidade pública**, o prazo será de 5 (cinco) anos. Caso o ato se fundamente em **interesse social**, o prazo será de 2 (dois) anos.

> **Decreto-lei nº 3.365/1941**
>
> **Art. 10.** A desapropriação deverá efetivar-se mediante acordo ou intentar-se judicialmente, dentro de cinco anos, contados da data da expedição do respectivo decreto e findos os quais este caducará.
>
> Neste caso, somente decorrido um ano, poderá ser o mesmo bem objeto de nova declaração.
>
> **Lei nº 4.132/1962**
>
> **Art. 3º** O expropriante tem o prazo de 2 (dois) anos, a partir da decretação da desapropriação por interesse social, para efetivar a aludida desapropriação e iniciar as providências de aproveitamento do bem expropriado. (...)
>
> **Art. 5º** No que esta lei for omissa aplicam-se as normas legais que regulam a desapropriação por unidade pública, inclusive no tocante ao processo e à justa indenização devida ao proprietário.

13.5.3 Fase executória

Após a declaração da utilidade pública do bem a ser desapropriado, o início da efetivação da desapropriação coincidirá com o início da execução da desapropriação. Lembre-se de que, até aqui, o que a Administração Pública fez foi declarar o interesse em desapropriar, mas nada concreto com relação ao próprio ato de transferência do bem particular para o patrimônio público. Basicamente, a execução da desapropriação se efetiva com o pagamento da indenização e consequente transferência da propriedade do bem. A execução da desapropriação poderá se dar **pela via administrativa ou pela via judicial.**

13.5.3.1 Desapropriação pela via administrativa

A efetivação da desapropriação se dará por meio de acordo firmado entre o Poder Público e o particular, resultado de negociações estabelecidas entre as partes em que se deu fim a qualquer possibilidade de conflito de interesse entre elas. É o caminho preferencial para execução do ato expropriatório, uma vez que se afastará qualquer possibilidade de interlocução judicial. A bilateralidade de vontades que se busca nesse evento é com relação à propriedade e ao valor indenizatório, dando fim a qualquer eventual desentendimento que possa resultar o procedimento.

450 Direito Administrativo Decifrado

Conforme leciona José dos Santos Carvalho Filho (2009, p. 1199), "trata-se de negócio jurídico bilateral resultante de consenso entre as partes e retrata a vontade do proprietário de alienar bem de sua propriedade a terceiro, e do adquirente, que por sua vez intenta transferir o bem a seu patrimônio". É a essência de um contrato de compra e venda simples, mesmo que tenha sido esse contrato iniciado por um ato declaratório com força legal contra a vontade do particular. O interesse por parte do proprietário em proceder à desapropriação deve ser respeitado, visto que até aqui o ato declaratório não produz uma obrigação de celebração de ajuste com o Poder Público. Que fique claro, o ato determina a perda da propriedade do particular, que não poderá questionar esse efeito, salvo se identificado vício de legalidade no ato administrativo. O que não se impõe ao particular nesse momento é a **obrigação de firmar acordo nos moldes da proposta feita pelo Poder Público**, sendo garantido ao particular o direito de questionar valores. É conhecida como **desapropriação amigável**.

Chegando a um acordo, estaremos diante de um negócio jurídico **bilateral, translativo e oneroso**, suscetível de registro no Ofício de Registro de Imóveis,[5] que se formalizará por meio de **escritura pública ou qualquer outro meio determinado em lei**.

Acordo celebrado, o poder Público ou o ente autorizado procederá ao pagamento da indenização **antes** da efetivação da transferência do bem expropriado. Como a execução se deu por intermédio de um acordo administrativo, o pagamento da indenização se dará em dinheiro, uma vez que não se trata de uma decisão judicial, que exigiria o pagamento em precatórios.

Decifrando a prova

(2020 – FCC – TJ/MS – Juiz – Adaptada) A propósito do procedimento da desapropriação, a redação vigente do Decreto-lei nº 3.365/1941 estatui que notificado administrativamente o expropriado, ele terá o prazo de 15 (quinze) dias para aceitar ou rejeitar a oferta de indenização, sendo que o silêncio será considerado aceitação.

( ) Certo ( ) Errado

Gabarito comentado: na forma do art. 10-A, § 1º, IV, do Decreto-lei nº 3.365/1941, silencia-o do expropriado comportará a **rejeição** da proposta, e não sua aceitação. Portanto, a assertiva está errada.

13.5.3.2 Desapropriação pela via judicial

Na ocasião de não se chegar a um acordo quanto aos termos finais da desapropriação, será necessário buscar a atuação do Poder Judiciário. Como se trata de uma **ação de desapropriação** que visa a atender ao interesse do Poder Público, qual seja determinar o valor indenizatório para processamento da desapropriação, essa ação terá como legitimado aquele ente que

---

[5] Art. 167, I, da Lei nº 6.015/1973.

Capítulo 13 • Intervenção do Estado na propriedade privada **451**

detenha a **competência executória**. Significa que, no polo ativo da ação, sempre estará o Poder Público ou quem exerça função delegada por ele. Vale destacar que a desapropriação pela via judicial também poderá ocorrer no caso de o ente expropriante não conseguir identificar ou comunicar o proprietário do bem, quando deverá ocorrer a citação por edital.

Conforme já destacamos, a ação de desapropriação não poderá ser o meio de avaliação do mérito do ato declaratório, não se admitindo intervenção do Judiciário que não seja para verificação de ilegalidade ou vício no procedimento, além da solução do conflito entre as partes do procedimento. Em outras palavras, não poderá se arguir em sede de defesa durante a ação a existência efetiva ou não de interesse público para a desapropriação. Tal questionamento deverá ser apresentado em ação autônoma, mas nunca no bojo de uma ação de desapropriação.

> **Decreto-lei nº 3.365/1941**
>
> **Art. 20.** A contestação só poderá versar sobre vício do processo judicial ou impugnação do preço; qualquer outra questão deverá ser decidida por ação direta.

A contestação deverá ser apresentada pelo réu da ação no prazo de 15 (quinze) dias da efetivação da sua citação, na forma da lei processual. O particular também poderá optar por resolver a lide por meio de mediação ou arbitragem, momento em que deverá indicar um órgão especializado devidamente cadastrado pelo órgão responsável pela desapropriação.

Muito cuidado com a avaliação do caso concreto nesse caso. Se for apresentada a vontade do expropriado em questionar o conteúdo da vontade administrativa, ou seja, apresentar argumentos que apontem para eventual desvio de finalidade, essa questão deverá ser levantada em ação própria. No entanto, se o expropriado quiser apresentar uma defesa embasada na **inexistência de previsão legal para desapropriação com fundamento na atividade apresentada**, essa arguição poderá ser proposta durante o próprio procedimento judicial de desapropriação, visto tratar-se de clara ilegalidade. Ex.: caso o ex-proprietário decida enfrentar o motivo da desapropriação sob o argumento de que não se trata de nada mais do que uma perseguição cometida pelo administrador, por motivação pessoal, essa condição deverá ser apresentada em ação própria, não cabendo tal contestação no bojo da ação de desapropriação.

A ação seguirá rito especial, na forma do Decreto-lei nº 3.365/1941, e deverá ser proposta, quando a autoria for da União, no Distrito Federal ou no foro da capital do Estado onde for domiciliado o réu. No caso de propositura da ação por outro ente federado ou por particular, no foro da situação dos bens. A petição inicial obrigatoriamente deverá atender aos ditames de uma petição inicial comum, previstos no Código de Processo Civil, acrescidos dos requisitos específicos de **demonstração de um exemplar do contrato ou do diário oficial contendo a publicação do decreto expropriatório, a apresentação do valor proposto e apresentação da planta ou descrição do bem a ser expropriado**.

> **Decreto-lei nº 3.365/1941**
>
> **Art. 13.** A petição inicial, além dos requisitos previstos no Código de Processo Civil, conterá a oferta do preço e será instruída com um exemplar do contrato, ou do jornal oficial que houver publicado o decreto de desapropriação, ou cópia autenticada dos mesmos, e a planta ou descrição dos bens e suas confrontações.

452 Direito Administrativo Decifrado

Após o despacho da inicial, o juiz deverá designar um perito, de sua livre escolha, sendo preferencial um perito técnico, para avaliação do bem ou bens objeto da ação. Autor e réu poderão indicar assistente técnico do perito. O perito deverá apresentar seu laudo até 5 (cinco) dias antes da data marcada para a audiência de instrução e julgamento, sendo admitido que o perito peça prorrogação desse prazo por motivos justificáveis.

Se durante a tramitação da ação, o réu manifestar vontade de firmar um acordo formalizando a aceitação do valor proposto, caberá ao juiz homologar o acordo por sentença. Caso não se manifeste nessa direção, a ação seguirá sua tramitação na forma da lei processual vigente, tendo como objetivo final a sentença do juiz, que determinará o valor indenizatório justo para a efetivação da desapropriação. Obviamente, tal decisão deverá ser fundamentada, apontando a lei todas as informações que deverão estar contidas na sentença.

> **Decreto-lei nº 3.365/1941**
>
> **Art. 27.** O juiz indicará na sentença os fatos que motivaram o seu convencimento e deverá atender, especialmente, à estimação dos bens para efeitos fiscais; ao preço de aquisição e interesse que deles aufere o proprietário; à sua situação, estado de conservação e segurança; ao valor venal dos da mesma espécie, nos últimos cinco anos, e à valorização ou depreciação de área remanescente, pertencente ao réu.

Da sentença proferida em sede de ação de desapropriação caberá apelação, no prazo de 15 (quinze) dias, tendo esse recurso efeito **meramente devolutivo**, quando interposta pelo expropriado, e **com efeitos completos** quando interposta pelo ente expropriante.

I3.5.3.2.I Imissão provisória na posse

Como vimos, o procedimento comum e esperado pela legislação é que a desapropriação resulte na transferência do bem expropriado **após** a realização do pagamento da indenização devida ao expropriado. Ocorre que, nem sempre, a situação segue o curso desejado pelo Poder Público. O não acordo administrativo, que resulta em um procedimento judicial, acarretará um tempo maior para que a Administração Pública tenha acesso ao bem de seu interesse e dê a destinação que o interesse público aguarda. Logicamente essa demora poderá trazer prejuízos ao uso efetivo do bem e ao atendimento do interesse público.

Como o procedimento judicial de desapropriação não permite que seja revista a intenção expropriatória do Estado, mas apenas questão de valor ou eventual ilegalidade a ser destacada, a decisão judicial sempre determinará a efetiva entrega do bem ao Poder Público. Como esse resultado decisório é o esperado, não configuraria irregularidade nenhuma uma previsão excepcional de **entrega do bem expropriado antes de a indenização ser paga**.

Em razão dessa realidade, a lei permite o acesso do ente expropriante ao bem antes do final da ação de desapropriação por meio de **posse provisória**. Tal instituto está previsto no Decreto-lei nº 3.365/1941, quando se tratar de imissão provisória na posse de imóvel residencial em zona rural ou prédio urbano não residencial, e no Decreto-lei nº 1.075/1970, quando se tratar de prédio residencial urbano. Para que lhe seja concedida a **imissão provisória na posse**, basta que o Estado atenda a dois requisitos legais:

* **Declaração de urgência:** o ente expropriante deverá apresentar justificativa para acesso antecipado ao bem, podendo tal declaração ser produzida no momento do pedido ou já constar no ato declaratório que instaurou o procedimento expropriatório.

Os fatos administrativos que possam caracterizar a urgência do acesso ao bem expropriado são de avaliação exclusiva do ente expropriante, que deverá formalizar suas razões na declaração de urgência. A doutrina majoritária entende que, quanto à exigência de explicação do motivo da urgência, não haverá necessidade de tal ação, pois a declaração de urgência configura mero ato de formalização da urgência, visto que as razões da desapropriação já constam do ato inicial de declaração da desapropriação.

Declarada a urgência pelo expropriante, a lei determina um prazo de 120 (cento e vinte) dias para efetivo requerimento judicial de decretação da imissão provisória na posse. Não sendo respeitado esse prazo, o juiz não mais poderá conceder a imissão ao ente expropriante.

Decreto-lei nº 3.365/1941

Art. 15. Se o expropriante alegar urgência e depositar quantia arbitrada de conformidade com o art. 685 do Código de Processo Civil, o juiz mandará imiti-lo provisoriamente na posse dos bens; (...)

§ 2º A alegação de urgência, que não poderá ser renovada, obrigará o expropriante a requerer a imissão provisória dentro do prazo improrrogável de 120 (cento e vinte) dias.

* **Depósito do valor incontroverso:** como forma de garantia do pagamento mínimo, o valor ofertado pelo Poder Público (considerado incontroverso, visto que será o valor mínimo a ser recebido pelo expropriado) deverá ser depositado em juízo.

Com relação ao valor que deverá ser depositado, o Decreto-lei nº 3.365/1941 estabelece em seu art. 15, § 1º, vários critérios para determinação do valor a ser depositado em juízo. O problema é que, na maioria das vezes, o resultado desse cálculo exigido pela legislação era um valor inferior ao valor real do bem a ser expropriado. Para afastar essa injustiça, os tribunais passaram a entender que esse dispositivo não foi acolhido pela Constituição Federal, sendo exigido o depósito do valor que mais se aproxime do valor real do bem, que configuraria o valor oferecido pelo Poder Público. Claro que o juízo fará sua própria perícia para definir o valor final a ser pago, por isso, o valor da perícia realizada pelo expropriante servirá apenas como uma base para determinação do valor do depósito em juízo, sendo considerado um valor provisório. A questão foi levada até o STF, que, após algumas decisões proferidas no caminho contrário ao que os tribunais adotaram como entendimento, inclusive o STJ, firmou o seguinte entendimento:

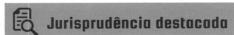

Súmula nº 652 do STF. Não contraria a Constituição o art. 15, § 1º, do Decreto-lei nº 3.365/1941 (Lei da desapropriação por utilidade pública).

454 Direito Administrativo Decifrado

Assim, é preciso entender que a lei deve ser aplicada para definir o valor do depósito a ser realizado. Perceba-se que esse depósito é um requisito essencial, ao lado da declaração de urgência, pois considera atendido o mandamento constitucional da **prévia e justa indenização**, mesmo que não sendo em dinheiro.

Decreto-lei nº 3.365/1941

Art. 15. (...)

§ 1º A imissão provisória poderá ser feita, independente da citação do réu, mediante o depósito:

a) do preço oferecido, se este for superior a 20 (vinte) vezes o valor locativo, caso o imóvel esteja sujeito ao imposto predial;

b) da quantia correspondente a 20 (vinte) vezes o valor locativo, estando o imóvel sujeito ao imposto predial e sendo menor o preço oferecido;

c) do valor cadastral do imóvel, para fins de lançamento do imposto territorial, urbano ou rural, caso o referido valor tenha sido atualizado no ano fiscal imediatamente anterior;

d) não tendo havido a atualização a que se refere o inciso c, o juiz fixará independente de avaliação, a importância do depósito, tendo em vista a época em que houver sido fixado originalmente o valor cadastral e a valorização ou desvalorização posterior do imóvel.

Atendendo aos requisitos para imissão provisória na posse, o expropriante passa a ter direito subjetivo à imissão, não sendo possível decisão denegatória proferida pelo juiz. Após a concessão da imissão provisória na posse, que deverá ser registrada no Registro de Imóveis competente, o expropriado passará a ter o direito de levantar até 80% (oitenta por cento) do valor depositado em juízo, mediante alvará judicial, sem que isso configure aceitação do valor depositado como indenização final. O valor restante servirá para garantir o juízo, sendo liberado para retirada apenas após a sentença proferida. O levantamento antecipado será negado pelo juízo em caso de dúvida fundada quanto à propriedade do bem.

Por outro lado, caso o expropriado decida levantar um valor referente a **mais de 80% (oitenta por cento)** do valor depositado, considera-se que ocorreu aceitação expressa do valor oferecido inicialmente, e o juiz deverá homologar o acordo por sentença, não podendo mais haver questionamento com relação ao valor da indenização.

Como uma medida de desburocratização, em 2017, foi editada a Lei nº 13.465 que acrescentou o art. 34-A ao Decreto-lei nº 3.365/1941. A novidade introduzida pela lei foi a possibilidade de a imissão provisória na posse ser concedida por meio de concordância direta do expropriado que, após reduzida a termo, garantirá ao particular o direito de levantar 100% (cem por cento) do valor depositado, sem que isso retire o seu direito de questionamento do valor e resulte em aceitação expressa da indenização.

Para levantamento de parte do valor depositado, o expropriado deverá fazer prova de propriedade, quitação de dívidas fiscais e publicação de editais, pelo prazo de 10 (dez) dias.

Decreto-lei nº 3.365/1941

Art. 33. O depósito do preço fixado por sentença, à disposição do juiz da causa, é considerado pagamento prévio da indenização. (...)

Capítulo 13 • Intervenção do Estado na propriedade privada **455**

§ 2º O desapropriado, ainda que discorde do preço oferecido, do arbitrado ou do fixado pela sentença, poderá levantar até 80% (oitenta por cento) do depósito feito para o fim previsto neste e no art. 15, observado o processo estabelecido no art. 34.

Art. 34. O levantamento do preço será deferido mediante prova de propriedade, de quitação de dívidas fiscais que recaiam sobre o bem expropriado, e publicação de editais, com o prazo de 10 dias, para conhecimento de terceiros.

Parágrafo único. Se o juiz verificar que há dúvida fundada sobre o domínio, o preço ficará em depósito, ressalvada aos interessados a ação própria para disputá-lo.

Art. 34-A. Se houver concordância, reduzida a termo, do expropriado, a decisão concessiva da imissão provisória na posse implicará a aquisição da propriedade pelo expropriante com o consequente registro da propriedade na matrícula do imóvel.

§ 1º A concordância escrita do expropriado não implica renúncia ao seu direito de questionar o preço ofertado em juízo.

§ 2º Na hipótese deste artigo, o expropriado poderá levantar 100% (cem por cento) do depósito de que trata o art. 33 deste Decreto-lei.

§ 3º Do valor a ser levantado pelo expropriado devem ser deduzidos os valores dispostos nos §§ 1º e 2º do art. 32 deste Decreto-lei, bem como, a critério do juiz, aqueles tidos como necessários para o custeio das despesas processuais.

Com a efetivação da imissão provisória na posse, o particular ficará impedido de usufruir do bem expropriado, estando excluído da obrigação do pagamento do Imposto Predial e Territorial Urbano (IPTU). Caso haja desistência da desapropriação pelo Poder Público, após a concessão da imissão provisória na posse e antes da sentença proferida pelo juízo, qualquer dano causado ao bem deverá ser reparado ao particular.

🔍 Jurisprudência destacada

Valendo-se o município da vertente mais larga de proteção do patrimônio cultural – a desapropriação, com imissão provisória na posse – cumpre-lhe o dever de reparar eventuais danos causados no imóvel (STF, 2ª Turma, RE nº 168.917/RJ, Rel. Min. Francisco Rezek, j. 19.12.1996).

A decisão final do juiz sempre será feita com base nas provas que foram apresentadas durante o procedimento judicial de desapropriação. Temos por base um princípio processual geral que garante às partes o direito de apresentação de todos os meios de prova lícitos e disponíveis, mesmo que não previstos na legislação específica, com o único e exclusivo objetivo de obter a verdade dos fatos. O princípio da produção probatória das partes possui previsão na Constituição Federal[6] e no Código de Processo Civil,[7] amparado pelo contraditório e ampla

---

[6] Art. 5º, LV, da CF/1988.

[7] Art. 369 do CPC.

456 Direito Administrativo Decifrado

defesa destinados às partes, tanto em processo judicial quanto em procedimento administrativo. No caso da ação de desapropriação, todas as provas serão apresentadas com foco na principal razão da contestação, qual seja o valor indenizatório. Apesar de todos os meios de provas serem aceitos no bojo do processo, sem dúvida a técnica probatória que mais se destaca é a prova pericial. Por isso a legislação, como já visto, exige participação de perito, de preferência técnico, para afirmação mais correta dos valores a serem utilizados como base de avaliação.

> ### Decifrando a prova
>
> **(2019 – Vunesp – TJ/RS – Notário – Adaptada)** A servidão administrativa pode não precisar da existência de um prédio dominante, pois a restrição imposta ao prédio serviente pode se fundar exclusivamente pela necessidade de serviços de utilidade pública.
> ( ) Certo ( ) Errado
> **Gabarito comentado:** ao contrário da servidão civil ou privada, na servidão administrativa, o **dominante** poderá ser caracterizado pela simples existência comprovada de interesse público, ficando o prédio serviente ao uso de interesse coletivo. Portanto, a assertiva está certa.

13.5.4 Efeitos da sentença judicial

A sentença deverá ser proferida pelo juiz de forma motivada, e apontará o valor indenizatório considerado justo para efetivação da desapropriação. Caso seja determinado que o valor depositado reflete o valor correto da indenização, o expropriado poderá levantar valor depositado de forma imediata, em dinheiro, e o restante caso tenha adiantado um percentual de até 80% (oitenta por cento) do valor depositado, ou, se a imissão provisória se deu por meio de acordo, pode não haver mais valor a ser levantado, visto o direito inicial de retirada de até 100% (cem por cento).

A decisão do juiz deverá sempre apontar o valor **justo** da indenização, não estando, assim, vinculada à fixação da indenização, nem ao valor da oferta, nem ao valor pretendido pelo expropriado. Não caberá, nesse caso, a vedação de julgamento *extra petita* ou *ultra petita*, podendo ser fixado valor inferior à oferta inicial, quando assim ficar definido após avaliações técnicas.

Ocorre que, em certas situações, o juiz determinará o pagamento de um valor maior do que aquele depositado e oferecido inicialmente pelo Poder Público. Como esse valor adicional foi conquistado mediante decisão judicial contra a Fazenda Pública, será pago mediante precatórios. Assim, o valor depositado será retirado em espécie (pois se refere ao valor oferecido antes da perda da propriedade) e a diferença concedida pelo juízo será paga em precatórios, respeitando a ordem cronológica de pagamento na forma do art. 100 da Constituição Federal.

Claro que, no caso de um procedimento judicial em que não tenha ocorrido pedido de imissão provisória na posse pelo ente expropriante, a decisão judicial também determinará a desocupação ou a liberação do bem expropriado em favor do expropriante e sua imediata transferência. No caso de imissão provisória na posse concedida, apenas haverá necessidade de determinação da efetivação da transferência do bem, visto que o que foi antecipado foi a posse, mas não é possível antecipar a propriedade.

O que acontece a partir de agora é uma espera pelo expropriado para que seu montante de crédito seja previsto para pagamento no próximo ciclo orçamentário, para aí sim poder receber o valor adicional da indenização. Esse procedimento costuma demorar, e muito, em alguns casos, gerando uma enorme injustiça com relação ao expropriado, pois o decurso do tempo produzirá efeitos impactantes no valor efetivo que receberá no futuro.

Para evitar tais prejuízos ao expropriado, em razão da demora na execução do pagamento resultante da ordem judicial, sobre os valores de indenização bloqueados durante o procedimento incidirão algumas parcelas acessórias, que serão estudadas a partir deste momento.

13.5.4.1 Correção monetária

A correção monetária é o ato de corrigir valores pela variação da inflação do período. Também chamada de **atualização monetária**, visa a proteger o valor da moeda perante a corrosão resultante da inflação ao longo do tempo. Caso a correção não seja feita, o valor real a ser recebido pelo expropriado de indenização será menor do que aquele previsto na época da decisão judicial, visto que o montante será o mesmo, mas o poder aquisitivo advindo desse montante será menor. A correção monetária recairá sobre **todo o valor que não estava disponível para levantamento imediato pelo particular na data da instauração do procedimento judicial.**

> **Lei nº 6.899/1981**
>
> **Art. 1º** A correção monetária incide sobre qualquer débito resultante de decisão judicial, inclusive sobre custas e honorários advocatícios.
>
> § 1º Nas execuções de títulos de dívida líquida e certa, a correção será calculada a contar do respectivo vencimento.
>
> **CF/1988**
>
> **Art. 100.** (...)
>
> § 12. A partir da promulgação desta Emenda Constitucional, a atualização de valores de requisitórios, após sua expedição, até o efetivo pagamento, independentemente de sua natureza, será feita pelo índice oficial de remuneração básica da caderneta de poupança, e, para fins de compensação da mora, incidirão juros simples no mesmo percentual de juros incidentes sobre a caderneta de poupança, ficando excluída a incidência de juros compensatórios.

Apesar da redação dada ao texto constitucional pela Emenda Constitucional nº 62/2009, estabelecendo "índice oficial de remuneração básica da caderneta de poupança" como base de cálculo da correção monetária, o STF considerou o dispositivo inconstitucional, visto que o índice indicado não é suficiente para cobrir as perdas inflacionárias.

458 Direito Administrativo Decifrado

> ### 🔍 Jurisprudência destacada
>
> A atualização monetária dos débitos fazendários inscritos em precatórios segundo o índice oficial de remuneração da caderneta de poupança viola o direito fundamental de propriedade (CF, art. 5º, XXII) na medida em que é manifestamente incapaz de preservar o valor real do crédito de que é titular o cidadão. A inflação, fenômeno tipicamente econômico-monetário, mostra-se insuscetível de captação apriorística (*ex ante*), de modo que o meio escolhido pelo legislador constituinte (remuneração da caderneta de poupança) é inidôneo a promover o fim a que se destina (traduzir a inflação do período) (STF, Tribunal Pleno, ADI nº 4.425/DF, Rel. Min. Ayres Britto, j. 14.03.2013).

Com essa decisão, passou-se a aplicar índices oficiais de inflação, como o IPCA, no momento da realização da correção monetária. Atualmente, o IPCA-E está sendo utilizado por força de decisão com repercussão geral proferida pelo STF.

> ### 🔍 Jurisprudência destacada
>
> O art. 1º-F da Lei nº 9.494/1997, com a redação dada pela Lei nº 11.960/2009, na parte em que disciplina a atualização monetária das condenações impostas à Fazenda Pública segundo a remuneração oficial da caderneta de poupança, revela-se inconstitucional ao impor restrição desproporcional ao direito de propriedade (CRFB, art. 5º, XXII), uma vez que não se qualifica como medida adequada a capturar a variação de preços da economia, sendo inidônea a promover os fins a que se destina (STF, Tribunal Pleno, RE nº 870.947/SE, Rel. Min. Luiz Fux, j. 20.09.2017, Tema 810).
>
> **Súmula nº 561 do STF.** Em desapropriação, é devida a correção monetária até a data do efetivo pagamento da indenização, devendo proceder-se à atualização do cálculo, ainda que por mais de uma vez.

13.5.4.2 Juros compensatórios

O pagamento de juros compensatórios visa a corrigir a distorção resultante do deferimento da imissão provisória na posse, uma vez que houve a perda da propriedade **antes** do recebimento do valor da indenização. Os juros compensatórios recairão sobre todo o valor que não estava disponível para retirada no momento da perda da propriedade, ou seja, os 20% (vinte por cento) bloqueados na imissão provisória na posse somados ao valor adicional, caso exista, dado pelo juiz em sentença.

Os juros compensatórios começam a incidir na data em que ocorre a perda efetiva da posse do bem expropriado, ou seja, na data da imissão provisória na posse. O percentual de juros será de 12% (doze por cento) ao ano, na forma de súmula do Supremo Tribunal Federal.

Muito cuidado com esse detalhe, pois o Decreto-lei nº 3.365/1941,[8] ao ser alterado pela Medida Provisória nº 2.183/2001, passou a determinar que os juros seriam de 6% (seis por cento) ao ano. Posteriormente, o STJ cancelou a súmula 408, e foi considerada superada a súmula 618 do STF, as quais traziam entendimento diverso do previsto no decreto-lei, definindo assim a taxa de juros em 6% ao ano.

Acontece que, em 2018, ao retomar o julgamento da ADI 2.332, o STF apresentou uma mudança expressiva quanto ao seu próprio entendimento, voltando a reconhecer a validade do texto legal inicial e afastando a incidência de suas súmulas editadas anteriormente. Além disso, o Supremo estabeleceu a necessidade de comprovação de perda de renda para que se faça jus a tais juros. Por fim, alterou a base de cálculo dos juros compensatórios para 80% (oitenta por cento) da diferença entre valor ofertado e valor determinado na sentença.

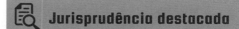

I – É constitucional o percentual de juros compensatórios de 6% (seis por cento) ao ano para a remuneração pela imissão provisória na posse de bem objeto de desapropriação; II – A base de cálculo dos juros compensatórios em desapropriações corresponde à diferença entre 80% do preço ofertado pelo ente público e o valor fixado na sentença; III – São constitucionais as normas que condicionam a incidência de juros compensatórios à produtividade da propriedade; IV – É constitucional a estipulação de parâmetros mínimo e máximo para a concessão de honorários advocatícios em desapropriações, sendo, contudo, vedada a fixação de um valor nominal máximo de honorários (STF, Tribunal Pleno, ADI nº 2.332/DF, Rel. Min. Roberto Barroso, j. 17.05.2018).

13.5.4.3 Juros de mora

Como o próprio nome já informa, são juros pagos pela **demora** no pagamento de valores devidos ao particular. Incidirá sobre o montante que não estava disponível para levantamento em dinheiro, após a decisão judicial. Assim, só existirá juros de mora quando houver decisão judicial na direção de elevação do valor indenizatório, que será paga em precatórios, sobre os quais incidirão tais juros.

Ocorre que a incidência dos juros de mora, que antes se dava já a partir da data da decisão judicial, na forma da Súmula nº 70 do Superior Tribunal de Justiça, passou a acontecer no período em que se configura o **vencimento do precatório**. Esse foi o resultado da inserção do art. 15-B no Decreto-lei nº 3.365/1941, por força da Medida Provisória nº 2.183-56/2001.

---

[8] Art. 15-A do Decreto-lei nº 3.365/1941.

Decreto-lei nº 3.365/1941
Art. 15-B. Nas ações a que se refere o art. 15-A, os juros moratórios destinam-se a recompor a perda decorrente do atraso no efetivo pagamento da indenização fixada na decisão final de mérito, e somente serão devidos à razão de até seis por cento ao ano, a partir de 1º de janeiro do exercício seguinte àquele em que o pagamento deveria ser feito, nos termos do art. 100 da Constituição.

Por força dessa alteração, passou-se a respeitar em um primeiro momento o prazo constitucional determinado para pagamento do precatório lançado e, após o prazo sem pagamento, passará a incidir efetivamente os juros de mora. Para ser considerado um precatório vencido, deve-se atingir a data de 1º de janeiro do ano seguinte àquele em que o precatório deveria ter sido pago. A partir dessa data, começará a correr os juros de mora.

CF/1988
Art. 100. (...)
§ 5º É obrigatória a inclusão no orçamento das entidades de direito público de verba necessária ao pagamento de seus débitos oriundos de sentenças transitadas em julgado constantes de precatórios judiciários apresentados até 2 de abril, fazendo-se o pagamento até o final do exercício seguinte, quando terão seus valores atualizados monetariamente.

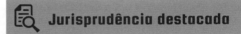

Jurisprudência destacada

Súmula Vinculante nº 17. Durante o período previsto no parágrafo 1º do art. 100 da Constituição, não incidem juros de mora sobre os precatórios que nele sejam pagos.

Apesar de a súmula vinculante apresentada apontar para um texto da Constituição Federal que foi alterado posteriormente, a sua inteligência deverá ser mantida para entendimento do exato momento de incidência dos juros de mora. No caso de precatórios registrados para pagamento até o dia 2 de abril do ano X, o pagamento deverá ser feito até 31 de dezembro do ano seguinte, X+1. Caso o precatório seja registrado após 2 de abril do ano X, o pagamento se dará até 31 de dezembro do próximo ano ao seguinte, ou seja, no ano X+2. Ex.: um precatório registrado até 2 de abril de 2021 deverá ser pago até dia 31 de dezembro de 2022. Caso não seja pago, incidirão juros de mora a partir de 1º de janeiro de 2023. Ex. 2: um precatório registrado após 2 de abril de 2021 deverá ser pago até dia 31 de dezembro de 2023. Caso não seja pago, incidirão juros de mora a partir de 1º de janeiro de 2024.

Uma discussão que dura muitos anos na doutrina e na jurisprudência é da possibilidade de cumulação de juros compensatórios e moratórios dentro do mesmo processo. Em um primeiro momento, o STJ editou uma súmula reconhecendo a viabilidade de acumulação de juros, contrariando uma previsão expressa do Decreto-lei nº 3.365/1941 que determinava a vedação do cálculo de juros sobre juros.

Decreto-lei nº 3.365/1941

Art. 15-A. No caso de imissão prévia na posse, na desapropriação por necessidade ou utilidade pública e interesse social, inclusive para fins de reforma agrária, havendo divergência entre o preço ofertado em juízo e o valor do bem, fixado na sentença, expressos em termos reais, incidirão juros compensatórios de até seis por cento ao ano sobre o valor da diferença eventualmente apurada, a contar da imissão na posse, vedado o cálculo de juros compostos.

Jurisprudência destacada

Súmula nº 12 do STJ. Em desapropriação, são cumuláveis juros compensatórios e moratórios.
Súmula nº 102 do STJ. A incidência dos juros moratórios sobre os compensatórios, nas ações expropriatórias, não constitui anatocismo vedado em lei.

Ocorre que, em 2010, o STJ apresentou uma decisão revendo seu posicionamento, passando a acatar o entendimento de que não haverá acumulação de juros por incompatibilidade com as normas vigentes.

Jurisprudência destacada

Segundo a jurisprudência assentada por ambas as Turmas da 1ª Seção, os juros compensatórios, em desapropriação, somente incidem até a data da expedição do precatório original. Tal entendimento está agora também confirmado pelo § 12 do art. 100 da CF/1988, com a redação dada pela EC nº 62/2009. Sendo assim, não ocorre, no atual quadro normativo, hipótese de cumulação de juros moratórias e juros compensatórios, eis que se tratam de encargos que incidem em períodos diferentes: os juros compensatórios têm incidência até a data da expedição de precatório, enquanto que as moratórias somente incidirão se o precatório expedido não for pago no prazo constitucional (STJ, 1ª Seção, REsp nº 1.118.103/SP, Rel. Min. Teori Zavascki, j. 24.02.2010).

Ocorre que a interpretação da decisão do STJ deve ser feita com base na inteligência da Súmula nº 102 do STJ. A Súmula nº 12 do STJ se considera ultrapassada, visto que a sua intenção era vedar a acumulação **simultânea** dos juros compensatórios com os juros de mora. O que ocorre é que, conforme a decisão aponta, não há mais como incidirem **ao mesmo tempo na atualidade os dois juros sobre o mesmo valor**. Na realidade, os juros compensatórios **param de incidir sobre o valor a receber no exato momento em que os precatórios são registrados**. A partir daí, começa a correr o prazo constitucional em que não ocorrerá incidência de nenhum dos tipos de juros. Caso o precatório não seja pago dentro do prazo constitucional, passará a incidir os juros de mora. Assim, somente a Súmula nº 102 apresenta literatura de acordo com esse entendimento.

462 Direito Administrativo Decifrado

13.5.4.4 Honorários advocatícios

Os honorários advocatícios, que deverão ser pagos pela parte sucumbente da ação de desapropriação, têm base de cálculo distinta das ações em geral. No caso da ação de desapropriação, o cálculo dos honorários levará em consideração **o valor da indenização diferencial, ou seja, a diferença entre o valor indenizatório fixado em sentença e o valor oferecido pelo ente expropriante**. A sucumbência é referente exatamente ao valor diferencial, e não ao valor total recebido como indenização pelo expropriado. Dessa forma, se a decisão do juiz for pela aceitação do valor ofertado inicialmente como justo para indenização, não haverá honorário advocatício a ser pago no processo. Se ocorrer sucumbência recíproca, deverá ser feita a compensação.

> **Decreto-lei nº 3.365/1941**
>
> **Art. 27.** (...)
>
> § 1º A sentença que fixar o valor da indenização quando este for superior ao preço oferecido condenará o desapropriante a pagar honorários do advogado, que serão fixados entre meio e cinco por cento do valor da diferença, observado o disposto no § 4º do art. 20 do Código de Processo Civil, ~~não podendo os honorários ultrapassar R$ 151.000,00 (cento e cinquenta e um mil reais)~~.

🔍 Jurisprudência destacada

Súmula nº 131 do STJ. Nas ações de desapropriação incluem-se no cálculo da verba advocatícia as parcelas relativas aos juros compensatórios e moratórios, devidamente corrigidas.

Súmula nº 306 do STJ. Os honorários advocatícios devem ser compensados quando houver sucumbência recíproca, assegurado o direito autônomo do advogado à execução do saldo sem excluir a legitimidade da própria parte.

Alguns detalhes que devem ser observados quanto ao texto legal: **o honorário será fixado entre 0,5 (meio) e 5 (cinco) por cento** do valor diferencial, quando houver, diferente dos percentuais estabelecidos pelo Código de Processo Civil.[9] Para fixação de tais valores, aplicam-se os mesmos critérios previstos na legislação processual.

> **CPC/2015**
>
> **Art. 85.** (...)
>
> § 2º Os honorários serão fixados entre o mínimo de dez e o máximo de vinte por cento sobre o valor da condenação, do proveito econômico obtido ou, não sendo possível mensurá-lo, sobre o valor atualizado da causa, atendidos:
>
> I – o grau de zelo do profissional;

---

[9] Art. 85. § 2º, do CPC.

II – o lugar de prestação do serviço;
III – a natureza e a importância da causa;
IV – o trabalho realizado pelo advogado e o tempo exigido para o seu serviço.

Além disso, o texto legal também indica um **valor máximo de recebimento a título de honorário advocatício**, no montante limite de R$ 151.000,00 (cento e cinquenta e um mil reais). Esse valor limite chegou a ser suspenso de forma cautelar, também no julgamento da ADI 2.332/DF que vimos durante o estudo dos juros compensatórios, mas voltou a ser válido quando do julgamento definitivo, em 2018.

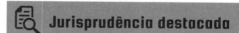

I – É constitucional o percentual de juros compensatórios de 6% (seis por cento) ao ano para a remuneração pela imissão provisória na posse de bem objeto de desapropriação; II – A base de cálculo dos juros compensatórios em desapropriações corresponde à diferença entre 80% do preço ofertado pelo ente público e o valor fixado na sentença; III – São constitucionais as normas que condicionam a incidência de juros compensatórios à produtividade da propriedade; IV – É constitucional a estipulação de parâmetros mínimo e máximo para a concessão de honorários advocatícios em desapropriações, sendo, contudo, vedada a fixação de um valor nominal máximo de honorários (STF, Tribunal Pleno, ADI nº 2.332/DF, Rel. Min. Roberto Barroso, j. 17.05.2018).

Decifrando a prova

(2019 – Vunesp – TJ/AC – Juiz – Adaptada) Os juros compensatórios são devidos, na desapropriação direta, desde a imissão antecipada na posse e, na indireta, da efetiva ocupação do imóvel.
( ) Certo ( ) Errado
Gabarito comentado: Súmula nº 69 do STJ. "Na desapropriação direta, os juros compensatórios são devidos desde a antecipada imissão na posse e, na desapropriação indireta, a partir da efetiva ocupação do imóvel." Portanto, a assertiva está certa.

13.5.5 Ação de desapropriação especial urbana

Por se tratar de um procedimento de desapropriação que se fundamenta em uma sanção a ser aplicada ao proprietário que não atende à função social da propriedade, o cerne do procedimento não será o valor da indenização eventual, mas sim a comunicação ao proprietário de que, se nada for feito com relação à utilização da propriedade, o resultado final poderá ser a determinação de transferência da propriedade para o ente público.

464 Direito Administrativo Decifrado

Como a política urbana é uma das funções centrais de ação do Município, caberá privativamente a ele promover a desapropriação. Por meio do plano diretor ou de documento equivalente, o município comunica a todos os moradores de seu território a destinação mínima a ser dada à propriedade urbana para que se considere atendida a função social. Não sendo atendida corretamente a instrução do município, uma sequência de providências deverá ser tomada pelo ente público:

> **Lei nº 10.257/2001**
>
> **Art. 5º** Lei municipal específica para área incluída no plano diretor poderá determinar o parcelamento, a edificação ou a utilização compulsórios do solo urbano não edificado, subutilizado ou não utilizado, devendo fixar as condições e os prazos para implementação da referida obrigação. (...)
>
> **Art. 7º** Em caso de descumprimento das condições e dos prazos previstos na forma do *caput* do art. 5º desta Lei, ou não sendo cumpridas as etapas previstas no § 5º do art. 5º desta Lei, o Município procederá à aplicação do imposto sobre a propriedade predial e territorial urbana (IPTU) progressivo no tempo, mediante a majoração da alíquota pelo prazo de cinco anos consecutivos.
>
> **Art. 8º** Decorridos cinco anos de cobrança do IPTU progressivo sem que o proprietário tenha cumprido a obrigação de parcelamento, edificação ou utilização, o Município poderá proceder à desapropriação do imóvel, com pagamento em títulos da dívida pública.

As providências a serem adotadas pelo município devem seguir essa rígida sequência, conforme apresentado, sendo a punição de perda de propriedade o último ato a ser produzido, após ter sido dada uma quantidade considerável de tempo e oportunidades para que o proprietário fizesse a adequação da propriedade aos ditames legais.

Parcelamento ou edificação compulsórios. Como primeira ação, o ente público irá notificar o proprietário sobre a necessidade de se realizar o parcelamento ou edificação mínimos, na forma do plano diretor, como forma de atendimento da função social da propriedade. Essa notificação deverá ser averbada no cartório de Registro de Imóveis, sendo atribuição do órgão competente municipal, e deverá ser feita diretamente na figura do proprietário do imóvel ou, caso a comunicação pessoal seja frustrada após três tentativas, por edital.

Notificado, o proprietário passará a sofrer a incidência de dois prazos de ação: 1 (um) ano para protocolar junto ao órgão competente o projeto de edificação ou parcelamento e, a partir da apresentação do projeto, passará a correr um prazo de 2 (dois) anos para dar início às obras do empreendimento, com o objetivo de efetivamente dar função social à propriedade.

> **Lei nº 10.257/2001**
>
> **Art. 5º** Lei municipal específica para área incluída no plano diretor poderá determinar o parcelamento, a edificação ou a utilização compulsórios do solo urbano não edificado, subutilizado ou não utilizado, devendo fixar as condições e os prazos para implementação da referida obrigação. (...)
>
> § 2º O proprietário será notificado pelo Poder Executivo municipal para o cumprimento da obrigação, devendo a notificação ser averbada no cartório de registro de imóveis. (...)

Capítulo 13 ◆ Intervenção do Estado na propriedade privada **465**

§ 4º Os prazos a que se refere o *caput* não poderão ser inferiores a:

I – um ano, a partir da notificação, para que seja protocolado o projeto no órgão municipal competente;

II – dois anos, a partir da aprovação do projeto, para iniciar as obras do empreendimento.

No caso de transmissão do imóvel durante a incidência dos prazos citados, seja por ato *inter vivos* **ou** *causa mortis*, tais prazos não serão interrompidos, sub-rogando-se o novo proprietário em todas as obrigações resultantes do ato administrativo. No caso de empreendimentos de grande porte, após o registro do projeto, caso exista previsão em lei municipal específica, o projeto poderá ser cumprido em etapas distintas.

IPTU progressivo no tempo. Se, após a notificação, o proprietário deixar de registrar o projeto dentro do prazo ou após registrado não tiver dado início ao empreendimento no prazo, o ente municipal poderá determinar a aplicação do **imposto sobre propriedades predial e territorial urbana progressivo no tempo**, majorando a alíquota do imposto pelo prazo de 5 (cinco) anos consecutivos.

A aplicação desse sistema de imposto não terá o condão arrecadatório, como em qualquer tributação normal, mas se configura como **tributo extrafiscal**, pois tem a função de coação e sanção em razão da inércia ao atendimento da notificação realizada. A alíquota progressiva será aplicada pelo tempo que for necessário, ou seja, até que o proprietário realize a apresentação do projeto junto ao órgão municipal, tendo como limite de incidência de 5 (cinco) anos. Durante esses 5 (cinco) anos, o máximo de acréscimo da alíquota será de 100% (100 por cento) de um ano para o outro, nunca podendo ao final a alíquota ultrapassar limite máximo de 15% (quinze por cento).

Atenção

O proprietário não estará isento de penalidades somente pelo fato de estar pagando o IPTU em dia, mesmo com alíquota majorada, mas será necessário, além do pagamento, o atendimento ao registro do projeto de edificação ou parcelamento da etapa anterior.

Em uma interpretação feita pela doutrina majoritária quanto aos ditames constitucionais com relação à aplicação do IPTU progressivo no tempo, ficou estabelecido que a Constituição Federal proíbe a majoração do imposto por mais de 5 (cinco) anos, mas não veda que se mantenha a alíquota máxima após esse prazo. O texto do Estatuto da Cidade também deixa isso claro.

Lei nº 10.257/2001

Art. 7º Em caso de descumprimento das condições e dos prazos previstos na forma do *caput* do art. 5º desta Lei, ou não sendo cumpridas as etapas previstas no § 5º do art. 5º desta Lei, o Município procederá à aplicação do imposto sobre a propriedade predial e territorial urbana (IPTU) progressivo no tempo, mediante a majoração da alíquota pelo prazo de cinco anos consecutivos.

466 Direito Administrativo Decifrado

§ 1º O valor da alíquota a ser aplicado a cada ano será fixado na lei específica a que se refere o *caput* do art. 5º desta Lei e não excederá a duas vezes o valor referente ao ano anterior, respeitada a alíquota máxima de quinze por cento.

§ 2º Caso a obrigação de parcelar, edificar ou utilizar não esteja atendida em cinco anos, o Município manterá a cobrança pela alíquota máxima, até que se cumpra a referida obrigação, garantida a prerrogativa prevista no art. 8º.

Desapropriação especial urbana. Se nenhuma das ações anteriores for suficiente para conduzir o proprietário ao pleno atendimento de suas obrigações quanto ao uso da propriedade, não há nada mais a fazer a não ser determinar a desapropriação da propriedade urbana, com pagamento da indenização mediante títulos da dívida pública resgatáveis em até 10 (dez) anos com prestações anuais, iguais e sucessivas, após aprovação pelo Senado Federal.

A indenização por desapropriação especial urbana garantirá ao proprietário **valor real da indenização e juros legais de 6% (seis por cento) ao ano**.

Lei nº 10.257/2001

Art. 8º Decorridos cinco anos de cobrança do IPTU progressivo sem que o proprietário tenha cumprido a obrigação de parcelamento, edificação ou utilização, o Município poderá proceder à desapropriação do imóvel, com pagamento em títulos da dívida pública.

§ 1º Os títulos da dívida pública terão prévia aprovação pelo Senado Federal e serão resgatados no prazo de até dez anos, em prestações anuais, iguais e sucessivas, assegurados o valor real da indenização e os juros legais de seis por cento ao ano.

§ 2º O valor real da indenização:

I – refletirá o valor da base de cálculo do IPTU, descontado o montante incorporado em função de obras realizadas pelo Poder Público na área onde o mesmo se localiza após a notificação de que trata o § 2º do art. 5º desta Lei;

II – não computará expectativas de ganhos, lucros cessantes e juros compensatórios.

§ 3º Os títulos de que trata este artigo não terão poder liberatório para pagamento de tributos.

13.5.6 Ação de desapropriação especial rural

Mais uma modalidade de desapropriação fundada em não atendimento de função social pela propriedade, essa modalidade de desapropriação também poderá ser adotada como forma de movimentação de interesse social, voltado especificamente para fins compatíveis com reforma agrícola e fundiária. Apesar de o objetivo principal ser a reforma agrária, qualquer outra ação que vise a atender a políticas agrícolas e fundiárias é aceita, não de forma expressa, mas por não serem vedadas pelo texto constitucional. O importante mesmo é que, no final, a desapropriação tenha por finalidade atender um interesse social. Lembramos que a desapropriação especial rural é de competência exclusiva da União, visto que matéria rural ostenta caráter nacional.

Essa modalidade de desapropriação seguirá um rito especial, estabelecido pela Lei Complementar nº 76/1993, alterada pela Lei Complementar nº 88/1996. Por ser a desapropriação

Capítulo 13 ◆ Intervenção do Estado na propriedade privada **467**

rural de competência da União, a tramitação do procedimento judicial de desapropriação será na Justiça Federal. Por se tratar de uma desapropriação que terá como finalidade atendimento ao interesse social, o primeiro ato necessário para o correto processamento da desapropriação é a edição do ato administrativo declaratório. A partir da declaração de interesse social, passará a correr um prazo de 2 (dois) anos para a propositura da ação de desapropriação.

LC nº 76/1993

Art. 1º O procedimento judicial da desapropriação de imóvel rural, por interesse social, para fins de reforma agrária, obedecerá ao contraditório especial, de rito sumário, previsto nesta lei Complementar.

Art. 2º A desapropriação de que trata esta lei Complementar é de competência privativa da União e será precedida de decreto declarando o imóvel de interesse social, para fins de reforma agrária.

§ 1º A ação de desapropriação, proposta pelo órgão federal executor da reforma agrária, será processada e julgada pelo juiz federal competente, inclusive durante as férias forenses. (...)

Art. 3º A ação de desapropriação deverá ser proposta dentro do prazo de dois anos, contado da publicação do decreto declaratório.

A petição inicial deverá conter todos os requisitos essenciais previstos no CPC, acrescidos de elementos apontados na legislação. Após recebida a petição, o juiz deverá despachá--la de plano ou em até 48 (quarenta e oito) horas, com a possibilidade de determinação da imissão provisória na posse. No despacho, o juiz determinará citação do proprietário para contestação e indicação de assistente técnico, determinando a averbação da ação no Registro de Imóveis como forma de publicidade. A legislação exige que, nessa desapropriação específica, o Ministério Público participe diretamente, em sua função de fiscal da lei.

LC nº 76/1993

Art. 5º A petição inicial, além dos requisitos previstos no Código de Processo Civil, conterá a oferta do preço e será instruída com os seguintes documentos:

I – texto do decreto declaratório de interesse social para fins de reforma agrária, publicado no *Diário Oficial da União*;

II – certidões atualizadas de domínio e de ônus real do imóvel;

III – documento cadastral do imóvel;

IV – laudo de vistoria e avaliação administrativa, que conterá, necessariamente:

a) descrição do imóvel, por meio de suas plantas geral e de situação, e memorial descritivo da área objeto da ação;

b) relação das benfeitorias úteis, necessárias e voluptuárias, das culturas e pastos naturais e artificiais, da cobertura florestal, seja natural ou decorrente de florestamento ou reflorestamento, e dos semoventes;

c) discriminadamente, os valores de avaliação da terra nua e das benfeitorias indenizáveis.

V – comprovante de lançamento dos Títulos da Dívida Agrária correspondente ao valor ofertado para pagamento de terra nua;

468 Direito Administrativo Decifrado

VI – comprovante de depósito em banco oficial, ou outro estabelecimento no caso de inexistência de agência na localidade, à disposição do juízo, correspondente ao valor ofertado para pagamento das benfeitorias úteis e necessárias.

Deverá ser promovida uma audiência de conciliação, a ser realizada nos primeiros 10 (dez) dias após a citação, com a presença do autor, do réu e do Ministério Público. Ressalto que a realização dessa audiência não interromperá o andamento do processo. Não havendo acordo, a contestação deverá ser apresentada em até 15 (quinze) dias, versando especificamente sobre o valor da indenização.

Proferida a sentença judicial, com a definição do valor indenizatório, o expropriante deverá depositar **em dinheiro** as benfeitorias úteis e necessárias, e o restante do valor da indenização em **títulos da dívida agrária**.

LC nº 76/1993

Art. 19. As despesas judiciais e os honorários do advogado e do perito constituem encargos do sucumbente, assim entendido o expropriado, se o valor da indenização for igual ou inferior ao preço oferecido, ou o expropriante, na hipótese de valor superior ao preço oferecido.

§ 1º Os honorários do advogado do expropriado serão fixados em até vinte por cento sobre a diferença entre o preço oferecido e o valor da indenização.

§ 2º Os honorários periciais serão pagos em valor fixo, estabelecido pelo juiz, atendida à complexidade do trabalho desenvolvido.

⟨⟩ Decifrando a prova

(2019 – MPE/GO – Promotor – Adaptada) Compete à União desapropriar por interesse social, para fins de reforma agrária, o imóvel rural que não esteja cumprindo sua função social, mediante prévia e justa indenização em títulos da dívida agrária, resgatáveis no prazo de até dez anos.

( ) Certo ( ) Errado

Gabarito comentado: a indenização por desapropriação especial rural para fins de reforma agrária será em títulos da dívida agrária resgatáveis em até 20 (vinte) anos. Portanto, a assertiva está errada.

I3.5.7 Ação de desapropriação confisco

Ação de desapropriação que tem como finalidade punir proprietários que cometem ilícitos específicos com seus bens, quais sejam: **plantação ilegal de psicotrópicos e exploração de trabalho escravo, no caso de bem imóvel, e tráfico ilícito de entorpecentes, no caso de bem móvel.** Por se tratar de uma desapropriação diferenciada, que não resultará em indenização ao expropriado, segue um rito especial determinado na Lei nº 8.257/1991.

Capítulo 13 ◆ Intervenção do Estado na propriedade privada **469**

A ação de desapropriação confisco é de competência exclusiva da União, tramitando na Justiça Federal. Após a propositura da ação, o juiz terá o prazo máximo de 5 (cinco) dias para citar o expropriado e, no mesmo ato, nomear perito para apresentação de laudo técnico em no máximo 8 (oito) dias, que deverá ser entregue em cartório. O prazo para a contestação e indicação de assistentes técnicos será de 10 (dez) dias, contados a partir da juntada do mandado de citação. A contar da data da contestação, o juiz determinará realização de audiência de conciliação no prazo máximo de 15 (quinze) dias, podendo o juiz determinar a imissão provisória na posse, garantido o contraditório posterior.

Na realização de audiência de conciliação, cada parte poderá apresentar até 5 (cinco) testemunhas, vedado o adiamento da audiência, salvo em casos de extrema necessidade. Caso a oitiva das testemunhas extrapole o horário da audiência, deverá ser marcada a continuação da audiência para no máximo 3 (três) dias depois.

Encerrada a instrução, o juiz proferirá decisão no prazo de 5 (cinco) dias, abrindo prazo de 15 (quinze) dias para recurso de apelação. Com o trânsito em julgado, o bem será incorporado ao patrimônio público para que se possa dar a destinação prevista na Constituição Federal.

> **Lei nº 8.257/1991**
>
> **Art. 2º** Para efeito desta lei, plantas psicotrópicas são aquelas que permitem a obtenção de substância entorpecente proscrita, plantas estas elencadas no rol emitido pelo órgão sanitário competente do Ministério da Saúde.
>
> Parágrafo único. A autorização para a cultura de plantas psicotrópicas será concedida pelo órgão competente do Ministério da Saúde, atendendo exclusivamente a finalidades terapêuticas e científicas. (...)
>
> **Art. 6º** A ação expropriatória seguirá o procedimento judicial estabelecido nesta lei. (...)
>
> **Art. 17.** A expropriação de que trata esta lei prevalecerá sobre direitos reais de garantia, não se admitindo embargos de terceiro, fundados em dívida hipotecária, anticrética ou pignoratícia. (...)
>
> **Art. 20.** O não cumprimento dos prazos previstos nesta lei sujeitará o funcionário público responsável ou o perito judicial a multa diária, a ser fixada pelo Juiz.

I3.5.8 Situações específicas de desapropriação

Existem formas de desapropriação diferenciadas que podem ser encontradas no Código Civil, como a desapropriação privada, e em outras leis e até mesmo na doutrina. Estudaremos cada situação.

I3.5.8.I Direito de extensão

A desapropriação poderá ser executada pela autoridade competente de forma **parcial ou total**. Isso significa que poderá ocorrer desapropriação de **parte da propriedade**, e não de sua totalidade. Isso ocorrerá de acordo com o interesse público específico, e poderá resultar em uma situação de prejuízo ao proprietário.

470 Direito Administrativo Decifrado

Esse prejuízo resulta da ação de desapropriação parcial promovida pelo Estado que acaba por deixar uma área remanescente inaproveitável. Também poderá ocorrer prejuízo ao proprietário quando a desapropriação de parte da propriedade esvazia conteúdo econômico da área remanescente. Comprovado o prejuízo, o proprietário passará a deter o direito de exigência de extensão da desapropriação, com a atualização do valor indenizatório com o acréscimo da nova área desapropriada.

O direito de extensão é apontado por muitos doutrinadores como um instrumento sem regulamentação específica, visto que nem o Decreto-lei nº 3.365/1941 nem a Lei nº 4.132/1962 fazem referência a tal direito. Assim, o direito de extensão seria apenas um reconhecimento do direito de compensação indenizatória por área inutilizável, não sendo necessariamente essa compensação um resultado do direito de extensão.

Tal questão é enfrentada dessa maneira porque o Decreto nº 4.956/1903 previa o direito de extensão em seu texto, mas foi revogado pelo Decreto-lei nº 3.365/1941, que não mais fez referência a esse instituto.

Além disso, leis editadas depois do Decreto-lei nº 3.365/1941 passaram a prever expressamente esse direito, como é o caso da LC nº 76/1993 e da Lei nº 4.504/1964. Essa é a evidência necessária para entendermos e aplicarmos a doutrina majoritária, entendendo a plena aplicabilidade do direito de extensão ao sistema de desapropriação vigente na legislação brasileira.

Lei nº 4.504/1964

Art. 19. A desapropriação far-se-á na forma prevista na Constituição Federal, obedecidas as normas constantes da presente Lei.

§ 1º Se for intentada desapropriação parcial, o proprietário poderá optar pela desapropriação de todo o imóvel que lhe pertence, quando a área agricultável remanescente, inferior a cinquenta por cento da área original, ficar:

a) reduzida a superfície inferior a três vezes a dimensão do módulo de propriedade; ou

b) prejudicada substancialmente em suas condições de exploração econômica, caso seja o seu valor inferior ao da parte desapropriada.

LC nº 76/1993

Art. 4º Intentada a desapropriação parcial, o proprietário poderá requerer, na contestação, a desapropriação de todo o imóvel, quando a área remanescente ficar:

I – reduzida a superfície inferior à da pequena propriedade rural; ou

II – prejudicada substancialmente em suas condições de exploração econômica, caso seja o seu valor inferior ao da parte desapropriada.

Em se tratando de desapropriação de imóvel rural, a jurisprudência vem firmando entendimento de que não haverá necessidade de comprovação da inutilização do imóvel no caso de o terreno remanescente ser menor do que um **módulo fiscal**. Módulo fiscal é uma unidade de medida, em hectares, cujo valor é fixado pelo Incra para cada município, levando-se em conta: (a) o tipo de exploração predominante no município (hortifrutigranjeira, cultura permanente, cultura temporária, pecuária ou florestal); (b) a renda obtida no tipo de exploração predominante; (c) outras explorações existentes no município que, embora não predominantes, sejam expressivas em função da renda ou da área utilizada; (d) o conceito de "propriedade familiar".

Capítulo 13 ◆ Intervenção do Estado na propriedade privada **471**

A dimensão de um módulo fiscal varia de acordo com o município onde está localizada a propriedade. O valor do módulo fiscal no Brasil varia de 5 a 110 hectares.[10]

O requerimento de extensão da desapropriação deverá ser feito pelo particular na via administrativa e, caso não se consiga um acordo, deverá ser intentada ação de procedimento comum, na forma do CPC. De forma excepcional, a doutrina tem permitido o requerimento de direito de extensão no bojo da defesa da ação de desapropriação proposta pelo ente expropriante.

Decifrando a prova

(2019 – Cespe/Cebraspe – DPE/DF – Defensor – Adaptada) O proprietário de imóvel rural para o qual tenha sido intentada ação de desapropriação parcial, restando área remanescente reduzida a superfície inferior à de pequena propriedade rural, tem direito de requerer, na contestação, que todo o imóvel seja desapropriado, salvo se a finalidade da desapropriação for a reforma agrária.

( ) Certo ( ) Errado

Gabarito comentado: não há nenhuma ressalva na legislação quanto do direito de extensão, que sempre poderá ser invocado quando se tratar de uma desapropriação parcial que inutilize a área remanescente da propriedade. Portanto, a assertiva está errada.

13.5.8.2 Desapropriação por zona

É um procedimento de desapropriação resultante de uma obra pública. O Poder Público realiza no mesmo ato a desapropriação da área necessária para efetivação da obra pública e de área subjacente. Assim, a desapropriação acaba acontecendo em terreno maior do que o necessário para a realização da obra, em razão de que deverão ser devidamente apresentados no próprio ato declaratório.

Decreto-lei nº 3.365/1941

Art. 4º A desapropriação poderá abranger a área contígua necessária ao desenvolvimento da obra a que se destina, e as zonas que se valorizarem extraordinariamente, em consequência da realização do serviço. Em qualquer caso, a declaração de utilidade pública deverá compreendê-las, mencionando-se quais as indispensáveis à continuação da obra e as que se destinam à revenda.

Parágrafo único. Quando a desapropriação destinar-se à execução de planos de urbanização, de renovação urbana ou de parcelamento ou reparcelamento do solo, a receita decorrente da revenda ou da exploração imobiliária dos imóveis produzidos poderá compor a remuneração do agente executor.

---

[10] Disponível em: <https://www.embrapa.br/codigo-florestal/area-de-reserva-legal-arl/modulo-fiscal>. Acesso em: 12 out. 2020.

Do texto legal conseguimos extrair as razões que podem ser apontadas como fundamentais para a determinação da desapropriação em térreo superior ao necessário: **necessidade de posterior extensão da obra ou se beneficiar de eventual valorização resultante da obra realizada**.

A primeira situação é bem simples e aceita amplamente. O Estado, prevendo uma obra mais abrangente e complexa, poderá em um mesmo ato apontar o bem de utilização **imediata** e as áreas de utilização **mediata**, que serão utilizadas após o término da obra inicial. Imagine a construção de um hospital público, em que o Estado pretende ir construindo os setores aos poucos, iniciando com uma emergência e, mais para o futuro, implementando um centro cirúrgico, centro de exames mais complexos etc.

A segunda razão é a causa controversa na doutrina. O Estado pode, na forma da lei, desapropriar área que se valorizará com a obra finalizada, para que possa realizar uma venda e se beneficiar da valorização da propriedade. Duas críticas são apontadas pela doutrina: em primeiro lugar, estaríamos diante de um Estado realizando **especulação imobiliária**, o que contraria completamente o texto constitucional. Outro ponto apontado como impeditivo desse instrumento é o fato de já existir no ordenamento nacional uma forma de o Estado se beneficiar de valorização de propriedades, decorrente de suas obras, por meio da arrecadação do tributo de **contribuição de melhoria**. Para essa parte da doutrina não há compatibilidade entre essa forma de desapropriação por zona e o texto constitucional, somente sendo possível essa desapropriação no caso de extensão futura da obra.

A jurisprudência do STF entende ser viável a desapropriação por zona nos dois casos, visto que o instituto aponta para uma valorização **extraordinária** da propriedade, ou seja, uma valorização diferenciada e superior à experimentada pelas outras propriedades próximas. Entende o Supremo que a melhor forma de garantir a arrecadação do Estado é por meio da alienação direta.

> Na hipótese de valorização geral ordinária, o Poder Público tem em mão o instrumento legal da contribuição de melhoria e, diante da valorização geral extraordinária, tem a desapropriação por zona ou extensiva (art. 4º do Decreto-lei nº 3.365/1941) (STJ, 2ª Turma, REsp nº 1.092.010/SC, Rel. Min. Castro Meira, j. 12.04.2011).

Decifrando a prova

(2019 – Ieses – TJ/SC – Notário – Adaptada) A desapropriação de área contígua necessária ao desenvolvimento da obra a que se destina, caracteriza desapropriação indireta.
( ) Certo ( ) Errado
Gabarito comentado: em se tratando de desapropriação de área do entorno de propriedade desapropriada para extensão de obra ou alienação futura, deverá ser processada a desapropriação por zona. Portanto, a assertiva está errada.

Capítulo 13 ◆ Intervenção do Estado na propriedade privada **473**

13.5.8.3 Tredestinação e retrocessão

Conforme citado em várias passagens deste capítulo, o ato declaratório de desapropriação deverá conter, entre outros elementos, a identificação da destinação do bem expropriado após sua transferência para o patrimônio público. No caso de o Poder Público apontar uma finalidade específica para determinado bem e, após a transferência do bem, dar uma destinação diferente da apontada no ato declaratório, estaremos diante do instituto da **tredestinação**. O que ocorre é que tal tredestinação não é, necessariamente, um ilícito ou um desvio cometido pela Administração Pública. Deve-se observar a nova destinação dada ao bem para identificar se a tredestinação é válida ou não.

Devemos lembrar que sempre que a Administração Pública produz um ato administrativo, deverá apresentar a finalidade do ato, sendo uma **finalidade genérica (interesse público) e uma finalidade específica (relativa ao ato produzido)**. Sendo mantida a finalidade genérica do ato, o atendimento ao interesse público, estaremos diante de uma **tredestinação lícita**. Já no caso da alteração da destinação com mudança na finalidade genérica, identificaremos a **tredestinação ilícita (adestinação)**. Ex.: o Poder Público determina a desapropriação de imóvel urbano para construção de um hospital público. Após o procedimento, tendo o bem sido transferido para o patrimônio público, identifica-se uma urgência maior em atender necessidades na área da educação, tendo a urgência de saúde existente à época do início da desapropriação ter sido controlada por outras ações do Governo. Por isso, o Poder Público decide utilizar o bem desapropriado para construção de um colégio, e não mais um hospital. Está mantida a finalidade genérica do ato.

A tredestinação ilícita ocorrerá sempre que o bem sofrer mudança em sua finalidade genérica, seja por ter sido abandonado ou subaproveitado pelo Poder Público. O desvio de finalidade ilícito ensejará direito de **retrocessão** para o ex-proprietário. Esse direito é muito controverso nas suas características, mas é amplamente reconhecido pela doutrina.

> **CC/2002**
>
> **Art. 519.** Se a coisa expropriada para fins de necessidade ou utilidade pública, ou por interesse social, não tiver o destino para que se desapropriou, ou não for utilizada em obras ou serviços públicos, caberá ao expropriado direito de preferência, pelo preço atual da coisa.

A retrocessão resultará do desinteresse superveniente do Poder Público pelo bem expropriado, e acarretará a **devolução do bem mediante reembolso do valor indenizado**. Assim, o expropriante devolverá o bem e o expropriado devolverá a indenização recebida.

A controvérsia citada anteriormente reside na identificação da **natureza jurídica da retrocessão**. Para alguns especialistas, trata-se de um **direito real, oponível** *erga omnes*. Para outros, configura **direito pessoal**, cabendo ao expropriado apenas a indenização pelos prejuízos causados pelo expropriante. Essa identificação é essencial para que se possa confirmar a obrigação de devolução do bem expropriado. Entenda: caso estejamos diante de um direito real, o proprietário terá direito de reaver o bem expropriado. Caso optemos por reconhecer seu caráter de direito pessoal, a retrocessão se resolverá em simples perdas e danos, não sendo possível opor a garantia a terceiros adquirentes do bem.

Outro ponto que será afetado por essa caracterização é no que tange à prescrição do direito: ao reconhecer a retrocessão como direito real, aplica-se o prazo geral de prescrição de 10 (dez) anos, mesmo que o Código Civil atual não faça distinção entre prazos para direitos real ou pessoal. Na retrocessão fará diferença porque, caso seja reconhecida como um direito pessoal, a pretensão terá caráter indenizatório, aplicando-se a regra de prescrição específica, sendo o prazo de 3 (três) anos.

CC/2002

Art. 205. A prescrição ocorre em dez anos, quando a lei não lhe haja fixado prazo menor.

Art. 206. Prescreve:

§ 3º Em três anos: (...)

V – a pretensão de reparação civil; (...)

Observando o lado legal, o Código introduziu a retrocessão no capítulo que trata de **direitos pessoais**, por meio da redação do art. 519, reproduzido anteriormente. Observando o lado jurídico, encontramos jurisprudência nos tribunais superiores apontando para o entendimento de se tratar de um direito real, garantido ao ex-proprietário reaver o bem expropriado, mesmo que esse já tenha sido alienado a terceiros.

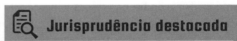

A retrocessão é o instituto por meio do qual ao expropriado é lícito pleitear as consequências pelo fato de o imóvel não ter sido utilizado para os fins declarados no decreto expropriatório. Nessas hipóteses, a lei permite que a parte, que foi despojada do seu direito de propriedade, possa reivindicá-lo e, diante da impossibilidade de fazê-lo (*ad impossibilia nemo tenetur*), venha postular em juízo a reparação pelas perdas e danos sofridos. A retrocessão constitui-se direito real do ex-proprietário de reaver o bem expropriado, mas não preposto a finalidade pública (STJ, 1ª Turma, AgRg nos EDcl no Ag nº 1.069.903/MS, Rel. Min. Luiz Fux, j. 03.09.2009).

A retomada do bem pelo ex-proprietário só será possível nos casos de tredestinação ilícita decorrente de abandono do bem pelo ente expropriante. Sendo o bem expropriado incorporado ao patrimônio público e afetado a uma utilização de caráter social, a retrocessão se resolverá em perdas e danos. Dessa forma, houve uma adequação do instituto, sendo reconhecido como um direito pessoal, uma vez que consta no rol de direitos dessa categoria no Código Civil, mas com direito real facultativo, uma vez que se pretende reaver um bem irregularmente concedido a terceiro.

Decreto-lei nº 3.365/1941

Art. 35. Os bens expropriados, uma vez incorporados à Fazenda Pública, não podem ser objeto de reivindicação, ainda que fundada em nulidade do processo de desapropriação. Qualquer ação, julgada procedente, resolver-se-á em perdas e danos.

Importante ponto a se observar é com relação ao possível direito de retrocessão resultante da demora na utilização do bem. Uma parte da doutrina defende que, caso o bem não seja utilizado dentro do prazo previsto na legislação, deve-se considerar uma desistência de utilização do bem pelo Poder Público, ensejando direito de retrocessão ao ex-proprietário. Esse entendimento tem sido defendido por doutrina minoritária, inclusive não encontrando berço nas decisões de diversos Tribunais do Brasil.

Jurisprudência destacada

A simples não utilização do terreno em cinco anos contados do decreto que o declarou de utilidade pública não gera ao expropriado o direito de retrocessão, uma vez que esta só é justificável quando o expropriante demonstra, inequivocamente, a sua intenção de não se utilizar do terreno expropriado, o que somente se dá pela sua alheação, venda ou doação a terceiro (TJMG, 5ª CCív, ApCív nº 6.401, Rel. Des. Campos Oliveira, 1995, *apud ADCOAS* 147.700).

Por fim, não caberá direito de retrocessão quando ocorrer a **desapropriação amigável**, aquela que se finaliza por meio de um acordo formalizado nas vias administrativa ou judicial. Nesse caso, o particular não terá direito a indenização por destinação ilícita do bem expropriado, uma vez que o acordo afasta o caráter coercitivo original da desapropriação.

Jurisprudência destacada

Tendo existido alienação voluntaria, o recorrente, nos fundamentos da irresignação, procura demonstrar, com arrimo ao reestudo dos elementos de prova do processo, a ocorrência de desapropriação, em ordem a justificar a retrocessão pugnada o que, encontra óbice na jurisprudência cristalizada (STJ, 1ª Turma, REsp nº 46.336/GO, Rel. Min. Demócrito Reinaldo, j. 06.06.1994).

13.5.8.4 Desapropriação privada (judicial)

Desapropriação é um ato administrativo, conforme já identificamos neste estudo. Logo é ato inerente à função do Estado, se valendo das prerrogativas do interesse público sobre o privado. Dessa forma, parece inviável reconhecermos a existência de desapropriação privada. Mas o Código Civil de 2002 criou esse instrumento, permitindo a determinação de transferência compulsória de propriedade de um particular para outro, sem necessitar de uma intervenção estatal. Não se apresenta como uma forma de intervenção do Estado por se tratar de um instrumento regido pelo direito privado.

CC/2002

Art. 1.228. O proprietário tem a faculdade de usar, gozar e dispor da coisa, e o direito de reavê-la do poder de quem quer que injustamente a possua ou detenha. (...)

§ 4º O proprietário também pode ser privado da coisa se o imóvel reivindicado consistir em extensa área, na posse ininterrupta e de boa-fé, por mais de cinco anos, de considerável número de pessoas, e estas nela houverem realizado, em conjunto ou separadamente, obras e serviços considerados pelo juiz de interesse social e econômico relevante.

476 Direito Administrativo Decifrado

§ 5º No caso do parágrafo antecedente, o juiz fixará a justa indenização devida ao proprietário; pago o preço, valerá a sentença como título para o registro do imóvel em nome dos possuidores.

Observe que o instituto caracteriza **perdimento de bens e gera ônus ao proprietário**, afastando-se de qualquer confusão que se possa fazer com relação a usucapião. O instrumento torna expressa a hipótese de perda da propriedade reivindicada, a fim de preservar a permanência no imóvel das pessoas que o possuam de boa-fé há mais de cinco anos. Essa perda da propriedade corresponde à sua retirada compulsória por meio de ação expropriatória a cargo do Poder Público mediante pagamento da justa indenização.

13.5.8.5 Desapropriação indireta (apossamento administrativo)

Decorre de situações em que o Estado invade o bem privado sem realização do procedimento administrativo ou judicial de desapropriação. Caracteriza esbulho ao direito de propriedade do particular, sendo uma desapropriação realizada de forma ilícita e irregular. Ex.: imagine que você, ao retornar de uma temporada na Europa (por que não?), se depara com um aeroporto construído na região exata em que, um dia, ficava sua casa. Você busca informações obre eventual comunicação de desapropriação ou notificação para ação e não encontra nada. O Estado simplesmente assumiu sua propriedade como dele e já deu início às obras.

Certamente, você ficaria extremamente revoltado com uma ocorrência dessas e buscaria todas as formas possíveis de responsabilizar o Estado e reverter o procedimento para recuperar sua propriedade. A questão é que, apesar de ilícito o ato administrativo, ele foi produzido com o intuito claro de atender a uma necessidade pública ou prestação de serviço público. Por tal razão, o ex-proprietário não contará com nenhum mecanismo que o permita reverter a situação, buscando a recuperação da propriedade, restando apenas o direito de pleitear indenização justa por meio da **ação de desapropriação indireta**. Diferentemente das outras ações de desapropriação, essa terá como legitimado o particular que sofreu o esbulho administrativo e como réu estará o ente expropriante.

Por intermédio dessa ação, o ex-proprietário poderá requerer que o juiz reconheça o apossamento administrativo cometido pelo Estado e defina um valor indenizatório justo para compensar todo o seu prejuízo resultante da ação do Estado. Não haverá pedido de recuperação da propriedade, visto que tal pedido seria uma afronta ao princípio da supremacia do interesse público sobre o privado e ensejaria claro prejuízo à toda coletividade.

Decreto-lei nº 3.365/1941

Art. 35. Os bens expropriados, uma vez incorporados à Fazenda Pública, não podem ser objeto de reivindicação, ainda que fundada em nulidade do processo de desapropriação. Qualquer ação, julgada procedente, resolver-se-á em perdas e danos.

O fato de a ação do Estado ter impedido o uso do bem pelo particular é a razão do motivo pelo qual se considera essa situação como uma forma de desapropriação. Para a jurisprudência, são necessários três requisitos para a configuração da desapropriação indireta:

apossamento irregular da propriedade pelo Poder Público; destinação pública do bem; impossibilidade de se reverter a situação sem que isso cause um prejuízo à coletividade.[11]

O proprietário, caso se depare com o esbulho estatal em pleno acontecimento, poderá se utilizar de instrumento processual próprio para afastar a atuação do Estado, qual seja o interdito proibitório e até mesmo a reintegração de posse, no caso de o esbulho do bem já ter sido efetivado pela Administração Pública. Somente perderá o direito de requerer a retomada do bem se este já estiver afetado ao interesse público de alguma forma.

No caso da propositura de alguma ação possessória e, no curso do processamento, o bem seja incorporado ao patrimônio público, poderá ser convertida diretamente a ação em uma ação indenizatória por desapropriação indireta ou por apossamento administrativo. Caso o juiz entenda pelo reconhecimento da irregularidade da ação do Estado, determinará a indenização a ser paga. Como essa indenização foi definida pela via judicial, será paga na forma do art. 100 da Constituição Federal, mediante precatório.

Como o pagamento se dará por precatório, deverá incidir sobre o valor da indenização os **juros compensatórios** desde o esbulho, que considerará o valor do bem como base de definição, visto que aqui não ocorreu nenhum pagamento prévio ao ex-proprietário. No caso de precatório vencido, também incidirá **juros de mora**.

Com relação ao prazo prescricional da ação de desapropriação, alguns apontamentos devem ser feitos para entendermos a discussão doutrinária aqui existente levando, por força o previsto no texto do Decreto-lei nº 3.365/1941, o prazo para ação seria de 5 (cinco) anos.

Decreto-lei nº 3.365/1941

Art. 10. (...)

Parágrafo único. Extingue-se em cinco anos o direito de propor ação que vise a indenização por restrições decorrentes de atos do Poder Público.

Esse prazo é explicitamente relacionado ao eventual prejuízo sofrido pelo particular em decorrência de atos administrativos. O esbulho estatal não é um ato administrativo, mas sim uma situação fática de invasão de propriedade por parte do Estado. Esse entendimento afasta completamente a aplicação desse dispositivo. Para resolver a celeuma, o Superior Tribunal de Justiça editou, em 1998, a Súmula nº 119.

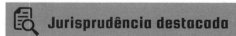

Súmula nº 119 do STJ. A ação de desapropriação indireta prescreve em vinte anos.

A questão é que essa súmula foi editada com base na previsão existente no Código Civil vigente à época, o Código Civil de 1916, que determinava o prazo de 20 (vinte) anos para a

---

[11] EREsp nº 922.786/SC, j. 09.09.2009.

usucapião extraordinária. Fica claro que o STJ decidiu igualar o esbulho estatal a um procedimento de usucapião extraordinária. Passado o prazo previsto, o Estado ficaria com o bem em seu patrimônio por usucapião de bem, não configurando uma espécie de desapropriação.

Como a mudança do prazo de usucapião extraordinária pelo Código Civil de 2002, em seu art. 1.238, definiu o prazo de 15 (quinze) anos, a súmula passou a ser aplicada com a manutenção de sua inteligência, mas sem respeitar a sua literalidade. Ficou definido, então, o prazo de 15 (quinze) anos para propositura da ação de desapropriação indireta.

Recentemente, o STJ passou a entender que não se deveria utilizar como parâmetro a usucapião extraordinária, mas sim a usucapião ordinária, uma vez que a ação do Estado foi na direção de atender a um reclame da sociedade, dando função social à propriedade esbulhada. Na forma da legislação civil, o prazo para usucapião ordinária é de 10 (dez) anos, sendo esse o atual prazo aceito para propositura da ação de desapropriação indireta.

> O prazo prescricional aplicável à desapropriação indireta, na hipótese em que o Poder Público tenha realizado obras no local ou atribuído natureza de utilidade pública ou de interesse social ao imóvel, é de 10 anos, conforme parágrafo único do art. 1.238 do CC (STJ, Tema Repetitivo 1.019).

13.6 Intervenção restritiva

Trata-se de modalidades de intervenção que não resultam na perda da propriedade pelo proprietário, mas em determinação de limitações ou restrições do exercício do direito de propriedade. Não haverá transferência da propriedade para o patrimônio público, tanto que, caso alguma ação de intervenção restritiva resulte em um impedimento de utilização comum pelo proprietário, estará configurada **desapropriação indireta**, que será processada na forma estudada no tópico específico.

13.6.1 Limitação administrativa

Características. Restrição de caráter geral, criando regras e limitações de uso de propriedade para todos aqueles que se encontrem na situação descrita na norma, e não apenas proprietários específicos. A imposição de obrigações recairá sempre sobre proprietários indeterminados, podendo essas obrigações serem **positivas, negativas ou permissivas**.

Limitação administrativa é um instrumento que decorre do poder de polícia do Estado. Por isso, o proprietário **não possui qualquer medida judicial ou administrativa** que possa impedir a imposição de limitações sobre sua propriedade. Por seu caráter geral, limitação administrativa **não enseja indenização** ao proprietário. Não se trata de um prejuízo individual causado pelo ato, que terá como alvo uma coletividade indeterminada, mas o sacrifício geral ao qual os membros estão obrigados a suportar. Não incidirá responsabilidade civil do Estado ou qualquer outro instrumento que vise a resguardar o direito indenizatório, **salvo se a ação do Estado tiver como resultado prejuízos específicos**.

Capítulo 13 ◆ Intervenção do Estado na propriedade privada **479**

🔍 Jurisprudência destacada

É possível, contudo, que o tombamento de determinados bens, ou mesmo a imposição de limitações administrativas, traga prejuízos aos seus proprietários, gerando, a partir de então, a obrigação de indenizar (STJ, 1ª Turma, REsp nº 1.100.563/RS, Rel. Min. Denise Arruda, j. 02.06.2009).

Tipos de obrigações

Obrigação positiva é aquela que impõe um dever de ação por parte do proprietário. Seria a norma que determina a obrigação de limpeza do terreno pelo proprietário. **Obrigação negativa** é aquela que impede a realização de algum ato pelo proprietário como, por exemplo, quando a norma proíbe a construção de um prédio além do número de andares especificado. Por último, **obrigação permissiva** é aquela que determina a tolerância do proprietário a determinados atos do Estado. Seria o caso da norma que determina a permissão de ingresso de agentes de fiscalização sanitária em restaurantes.

A limitação administrativa afeta diretamente o caráter absoluto da propriedade, visto que limita a forma de utilização do bem pelo proprietário. Por ser uma forma de restrição de caráter geral, terá efeito *ex tunc*, não atingindo pessoas e propriedades devidamente adequadas às regras anteriores. Ex.: durante a vigência e norma anterior, um proprietário construiu uma casa de 5 (cinco) andares para sua família. Norma subsequente passou a determinar a vedação de construções residenciais com mais de 4 (quatro) andares, como forma de proteção paisagística da cidade. A construção não será atingida por norma superveniente, visto estar adequada à norma que vigia à época da obra.

Instituição da limitação administrativa. A limitação administrativa normalmente decorre de leis e atos de natureza urbanística. A Constituição Federal[12] destacou capítulo específico para políticas urbanas e apontou instrumentos para sua execução. A Lei nº 10.257/2001 (Estatuto da Cidade) também apresentou diversos institutos de limitação administrativa. Além da determinação de edificação e parcelamento compulsórios aplicáveis aos proprietários que não atendem à função social da propriedade, vale destacarmos outros instrumentos da lei.

Lei nº 10.257/2001

Art. 25. O direito de preempção confere ao Poder Público municipal preferência para aquisição de imóvel urbano objeto de alienação onerosa entre particulares.

§ 1º Lei municipal, baseada no plano diretor, delimitará as áreas em que incidirá o direito de preempção e fixará prazo de vigência, não superior a cinco anos, renovável a partir de um ano após o decurso do prazo inicial de vigência. (...)

Art. 36. Lei municipal definirá os empreendimentos e atividades privados ou públicos em área urbana que dependerão de elaboração de estudo prévio de impacto de vizinhança (EIV) para obter as licenças ou autorizações de construção, ampliação ou funcionamento a cargo do Poder Público municipal.

---

[12] Arts. 182 e 183 da CF/1988.

Direito de preempção municipal. O primeiro artigo apresentado estabelece o direito de preempção municipal, determinado ao proprietário que pretenda realizar alienação onerosa de sua propriedade para dar preferência ao município. Essa determinação legal deverá estipular as áreas abrangidas pelo direito de preempção, com prazo máximo de incidência de 5 (cinco) anos, respeitando-se prazo de carência de 1 (um) ano para edição de nova norma instituidora de direito de preempção sobre a mesma área.

O proprietário que pretenda alienar propriedade localizada em área apontada dentro do direito de preempção deverá comunicar o Poder Público sobre sua intenção, concedendo-lhe prazo de 30 (trinta) dias para decidir se possui ou não interesse de exercer seu direito, nos termos de proposta formulada pelo particular. Junto à notificação enviada ao Poder Público deverá constar cópia da proposta feita por terceiro interessado, constando preço, prazo e condições de pagamento.

Findo o prazo sem manifestação do Estado ou se o Estado se recusar a exercer seu direito, o particular estará livre para alienar o bem para qualquer interessado nos moldes da proposta feita ao Estado. Havendo alteração na proposta, o particular estará obrigado a apresentar a nova proposta ao Poder Público, abrindo novamente prazo de manifestação, sob pena de violar o direito de preempção municipal. Concretizada a venda a terceiros, o proprietário deverá apresentar ao Poder Público, no prazo de 30 (trinta) dias, cópia do instrumento público de registro da alienação. Caso não seja respeitado o prazo legal, o Poder Público anulará a alienação feita pelo particular a terceiro, podendo adquirir a propriedade pelo valor da transação ou pelo valor venal do bem, dependendo do que for mais baixo no momento da aquisição.

Preempção administrativa e preempção civil. Não se deve confundir o direito de preempção municipal (preempção administrativa) previsto na Lei nº 10.257/2001 com o direito de preferência (preempção civil) previsto no Código Civil. A preempção civil configura acordo entre particulares, sob livre manifestação de suas vontades, direcionado a interesses específicos deles. A preempção administrativa é uma imposição unilateral do Poder Público, feita mediante lei, visando a satisfazer interesse público.

Estudo de impacto de vizinhança. O segundo artigo de destaque apresentado anteriormente confere à lei municipal a possibilidade de definir os empreendimentos e as atividades, privadas ou públicas, em área urbana que dependerão da elaboração de estudo prévio de impacto de vizinhança para o fim de serem obtidas licenças ou autorizações de construção, ampliação ou funcionamento de competência do governo municipal. Pretende-se, aqui, avaliar os impactos positivos e negativos de certos empreendimentos na qualidade de vida da população.

A atuação do Estado por meio da imposição de limitação administrativa deverá sempre se valer do interesse público no afastamento de direitos subjetivos de pessoas indeterminadas. Mas em algumas situações pode acontecer da limitação administrativa resultar em inutilização do bem pelo proprietário. Nesse caso, já é pacificado o entendimento de que estaremos diante de uma situação de **desapropriação indireta**, e não de limitação administrativa.

Capítulo 13 ◆ Intervenção do Estado na propriedade privada **481**

> ### 📑 Jurisprudência destacada
>
> Na espécie, como bem asseverou o d. Ministério Público Federal, "a Administração Federal impôs, ainda que de caráter de proteção ambiental, restrições ao uso e gozo da propriedade do recorrente, restando configurados os requisitos da desapropriação indireta" (STJ, 2ª Turma, REsp nº 752.813/SC, Rel. Min. Franciulli Netto, j. 23.08.2005).

13.6.2 Servidão administrativa

Servidão administrativa é o direito real público que permite a utilização de propriedade imóvel pelo Poder Público como forma de auxiliar a execução de obras e serviços de interesse público. Trata-se de direito real público por ser um instituto disponível ao Estado que encontra núcleo semelhante com a servidão privada, instituída no Código Civil, tendo por diferença as partes da relação jurídica, que na servidão administrativa serão pessoas privadas. Além disso, a servidão administrativa tem como objetivo o atendimento ao interesse público, tendo a servidão privada o condão de atender interesses particulares.

> **CC/2002**
>
> **Art. 1.378.** A servidão proporciona utilidade para o prédio dominante, e grava o prédio serviente, que pertence a diverso dono, e constitui-se mediante declaração expressa dos proprietários, ou por testamento, e subsequente registro no Cartório de Registro de Imóveis.

Os exemplos de servidão administrativa que mais encontramos são: a **colocação de placas de identificação de rua no muro de uma construção privada, instalação de redes de transmissão de energia elétrica e passagem de gasodutos e oleodutos para exercício de serviços públicos.**

Na servidão administrativa, o Poder Público se limita ao uso da parte necessária da propriedade para execução do serviço público ou da obra, reduzindo, portanto, a área útil do imóvel do proprietário. O **dominante** será o interesse público e o **serviente** será o bem imóvel indicado no ato.

> **Decreto-lei nº 3.365/1941**
>
> **Art. 40.** O expropriante poderá constituir servidões, mediante indenização na forma desta lei.
>
> **Lei nº 8.987/1995**
>
> **Art. 18.** O edital de licitação será elaborado pelo poder concedente, observados, no que couber, os critérios e as normas gerais da legislação própria sobre licitações e contratos e conterá, especialmente: (...)

482 Direito Administrativo Decifrado

XII – a expressa indicação do responsável pelo ônus das desapropriações necessárias à execução do serviço ou da obra pública, ou para a instituição de servidão administrativa; (...)

Características. A servidão sempre recairá sobre **bens imóveis determinados** e possui caráter **permanente**, sendo necessário o devido registro no cartório de Registro de Imóveis para que produza efeitos *erga omnes*, que resultará em obrigação de pagamento de **indenização** ao proprietário, no caso de prejuízo resultante da ação do Estado. Afeta o **caráter exclusivo** da propriedade, ao impor obrigação de suportar a utilização do bem pelo ente público ao proprietário, independentemente de sua concordância.

Lei nº 6.015/1973

Art. 167. No Registro de Imóveis, além da matrícula, serão feitos.

I – o registro: (...)

6) das servidões em geral.

Parcela minoritária da doutrina considera possível a servidão administrativa sobre bens móveis, enquanto uma parcela menor ainda defende, inclusive, a possibilidade de servidão sobre serviços. Esse posicionamento não é adotado por tribunais superiores e, portanto, não será dotado por nós em nossa preparação.

Assim como a limitação administrativa, a servidão administrativa decorre do poder de polícia e, se utilizada de forma a impossibilitar a utilização normal do bem, será convertida em **desapropriação indireta**. Também se garante, como no caso das limitações administrativas, o pagamento de indenização ao proprietário no caso de a instituição da servidão causar prejuízos ao particular.

Admite-se a servidão administrativa com base na hierarquia federativa, podendo um ente federativo instituir servidão sobre bem de outro ente federativo, desde que de hierarquia superior. É o mesmo caso estudado na desapropriação. Esse entendimento resulta da interpretação do Decreto-lei nº 3.365/1941,[13] que determina a aplicação de regras compatíveis da desapropriação nos atos de servidão administrativa.

Instituição da servidão. A instituição da servidão administrativa poderá ocorrer de duas formas: por meio de um **acordo** firmado entre o particular e o Poder Público após a declaração de necessidade pública de instituição da servidão por parte do ente público. O acordo deverá ser formalizado por escritura pública, para fins de registro do direito real consequente. Outra forma de instituição da servidão administrativa é mediante **sentença judicial**. Caso não se consiga um acordo entre as partes, o Poder Público deverá promover a ação contra o proprietário, indicando a existência do decreto declaratório.

Parte da doutrina defende a possibilidade de a servidão administrativa ser instituída por intermédio de lei, dando como exemplos a servidão imposta aos imóveis vizinhos a bens tombados, os quais não podem impedir a visualização ou o acesso ao bem dominante.

---

[13] Arts. 40 c/c 2º, § 2º, do Decreto-lei nº 3.365/1941.

A questão é que tal instituição legal possui caráter geral, e não individual, e não ensejará indenização ao proprietário do imóvel atingido pela lei, aproximando-se demais da limitação administrativa e se afastando das regras da servidão administrativa. O problema é que essa parcela de doutrina que defende essa possibilidade é grande, tendo, inclusive, alguns juízes apontados para a aceitação desse entendimento. Não há, contudo, uma posição pacífica quanto ao tema.

No caso de servidão administrativa aparente não registrada, o entendimento é pela garantia da proteção, em decorrência das obras realizadas. Servidão aparente é aquela que se apresenta por obras exteriores visíveis, que se destinam e são indispensáveis ao seu exercício. Podem-se citar, entre as servidões aparentes, a servidão de passagem por estrada pavimentada e a servidão de aqueduto.

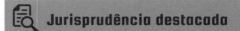

Súmula nº 415 do STF. Servidão de trânsito não titulada, mas tornada permanente, sobretudo pela natureza das obras realizadas, considera-se aparente, conferindo direito à proteção possessória.

Extinção da servidão. Apesar do caráter perpétuo (permanente) da servidão administrativa, algumas situações fáticas supervenientes poderão acarretar na extinção da servidão instituída. São hipóteses de extinção da servidão administrativa:

- **Desaparecimento da coisa gravada:** ocorre, por exemplo, quando uma enchente destrói totalmente o bem imóvel gravado com a servidão administrativa.
- **Incorporação do bem:** resulta da transferência do bem do patrimônio privado para o patrimônio público caso haja aquisição do bem imóvel.
- **Desinteresse do Estado:** assim como acontece na desafetação, o interesse público que fundamentava a servidão administrativa não mais subsiste, tendo como efeito natural a extinção da servidão.

Em todos os casos apresentados, a extinção da servidão deverá ser formalizada mediante registro da extinção no respectivo Registro de Imóveis, salvo quando a servidão tenha decorrido de determinação legal, uma vez que não haverá necessidade de registro formal.

13.6.3 Requisição administrativa

Características. Modalidade de intervenção estatal que recai sobre **bens móveis, imóveis ou serviços**, quando diante de uma situação de iminente perigo público. Também é conhecida como **requisição civil**, pois a requisição antes da Constituição Federal só era possível nos casos de guerra ou graves movimentos de origem política, sendo conhecida como **requisição militar**. A requisição que trataremos aqui é, logicamente, a requisição administrativa civil. A requisição é temporária (transitória), extinguindo-se a partir do desaparecimento da situação de perigo público iminente.

CF/1988

Art. 5º (...)

XXV – no caso de iminente perigo público, a autoridade competente poderá usar de propriedade particular, assegurada ao proprietário indenização ulterior, se houver dano;

No ensinamento de Carvalho Filho (2019, p. 1138), na requisição administrativa (...) "o administrador público não é livre para requisitar bens e serviços. Para que possa fazê-lo, é necessário que esteja presente situação de perigo público iminente, vale dizer, aquele perigo que não somente coloque em risco a coletividade, como também que esteja prestes a se consumar ou a expandir-se de forma irremediável se alguma medida não for adotada". Ex.: o Poder Público requisita um galpão de uma empresa privada para realocar famílias que perderam suas moradias em razão de um deslizamento de terra.

Decifrando a prova

(2022 – MPE/SP – MPE/SP – Promotor de Justiça – Adaptada) A requisição administrativa recai sobre bens, móveis ou imóveis, ou serviços, particulares ou públicos, para atender a necessidades coletivas.
( ) Certo ( ) Errado
Gabarito comentado: requisição administrativa é um instrumento público que recai necessariamente sobre a propriedade privada, não sendo necessária sua utilização quando se trata de bem público, já disponível ao interesse público. Portanto, a assertiva está errada.

Competência. Na forma da Constituição Federal, somente lei federal poderá regular a requisição. Ou seja, a União possui **competência legislativa** sobre o assunto. Os demais entes políticos possuirão **competência administrativa**, podendo praticar todos os atos de requisição presentes na legislação constitucional e infraconstitucional. Nessa seara, podemos destacar o Decreto-lei nº 4.812/1942, que regulamenta a requisição de bens móveis e imóveis necessários às forças armadas e à defesa da população, a Lei nº 7.565/1986 (Código Brasileiro de Aeronáutica), que regula requisição de aeronaves, e a Lei nº 8.080/1990 (Sistema Único de Saúde), que regula os serviços de saúde.

Em relação a Lei nº 8.080/1990 (Lei do SUS), o STF destacou a impossibilidade de requisição administrativa aplicada sobre entes públicos, mesmo que em situação de calamidade pública. Esse posicionamento só confirma que a requisição administrativa é instituto **necessariamente** aplicável pelo Poder Público sobre o patrimônio particular.

Jurisprudência destacada

Informativo nº 1.059, STF. A requisição administrativa "para atendimento de necessidades coletivas, urgentes e transitórias, decorrentes de situações de perigo iminente, de calamidade pública ou de irrupção de epidemias" – prevista na Lei Orgânica do Sistema Único de Saúde

(Lei 8.080/1990) – não recai sobre bens e/ou serviços públicos de outro ente federativo (STF, Tribunal Pleno, ADI nº 3.454/DF, Rel. Min. Dias Toffoli, j. 20.06.2022).

CF/1988

Art. 22. Compete privativamente à União legislar sobre: (...)

III – requisições civis e militares, em caso de iminente perigo e em tempo de guerra; (...)

Jurisprudência destacada

No caso de estado de calamidade pública reconhecido por decreto municipal, há possibilidade de requisição de bens particulares assegurada pela CF/1988 – art. 5º, XXV –, já que o interesse público se sobrepõe ao privado em situações de iminente perigo para a comunidade, ensejando a requisição de bens, sem pagamento pela utilização dos mesmos, salvo se houver dano (TJRJ, 17ª CCív, AI nº 99.001.1197, Rel. Des. Fabricio Paulo Bandeira Filho, j. 10.03.1999).

Indenização. A indenização pelo uso de bens particulares pelo Poder Público é condicionada à ocorrência de efetivo dano ao bem. Inexistindo dano, não haverá nenhuma indenização, assim como acontece nas servidões administrativas. Na forma do texto constitucional, a indenização sempre acontecerá **em momento posterior ao uso do bem**, visto se tratar de um ato público voltado a atender necessidade urgente da coletividade. Se fosse exigido indenizar antes da utilização do bem, a ação perderia seu efeito imediato e não seria a mais indicada para solução de iminente perigo público. O prazo para postular eventual direito indenizatório é de 5 (cinco) anos, contados a partir do efetivo uso do bem pelo Poder Público, assim como acontece nas servidões administrativas.

Decreto-lei nº 3.365/1941

Art. 10. (...)

Parágrafo único. Extingue-se em cinco anos o direito de propor ação que vise a indenização por restrições decorrentes de atos do Poder Público.

Instituição. A requisição administrativa é um ato do Estado que demanda celeridade em sua formalização. Por isso, verificada a situação de iminente perigo público, a requisição será declarada de forma imediata, por meio de um **ato administrativo autoexecutório que não demanda decisão judicial para sua efetivação**. O ato administrativo de requisição será **vinculado** quanto à existência de situação de iminente perigo público e **discricionário** quanto ao grau de perigo identificado, que demandará ou não sua ação. Em outras palavras, o agente competente só poderá se valer da requisição administrativa quando estiver diante de uma situação de iminente perigo público, mas dependerá de uma avaliação subjetiva ao entendimento do grau de perigo a ser confrontado e a necessidade de ação do Estado. Por isso, na inexistência do elemento permissivo de agir, o ato poderá sofrer controle judicial por **ilegalidade, especificamente com vício no motivo e no objeto**.

486 Direito Administrativo Decifrado

Discute-se na doutrina a possibilidade de a requisição administrativa recair sobre **bens consumíveis**, o que para boa parte configuraria um ato de desapropriação e não de requisição. Bens consumíveis, devemos lembrar, são aqueles que perdem sua utilidade após o simples uso. O entendimento que prevalece é: se o bem consumível for **fungível** (pode ser substituído por outro de mesma qualidade), trata-se de **requisição administrativa**. No caso de bem **infungível** (insubstituível), estaremos diante de uma desapropriação.

> ### 🧩 Decifrando a prova
>
> **(2019 – FGV – MPE/RJ – Analista – Adaptada)** O Prefeito do Município Alfa editou decreto no qual informava que o Poder Público utilizaria, por seis meses, os serviços e as instalações do único hospital privado da região. A decisão decorreu do fato de o nosocômio ter informado que cessaria o atendimento dos pacientes do Sistema Único de Saúde, o que comprometeria o serviço de saúde no Município. À luz da sistemática legal, a situação narrada caracteriza requisição administrativa, que não exige autorização do Poder Judiciário e acarreta o dever de indenização posterior.
> ( ) Certo ( ) Errado
> **Gabarito comentado:** estando diante de situação de iminente perigo público, o Estado poderá requerer o serviço e os bens de instituição de saúde privada para a proteção da saúde, conforme previsto na Lei nº 8.080/1990. A requisição administrativa é ato de urgência e não demanda autorização do Poder Judiciário, gerando direito de indenização ao particular em caso de ocorrência de dano ao patrimônio, sendo a indenização paga em ato posterior. Portanto, a assertiva está certa.

13.6.4 Ocupação temporária

Características. Intervenção **de caráter temporário** que recai sobre bem **imóvel** particular necessário para atendimento de interesse público, de forma **gratuita ou remunerada**. Não se deve confundir com a servidão, que possui um caráter permanente, nem com a requisição, que demanda situação de urgência. Diversos dispositivos legais estabelecem situações de adequação da ocupação temporária. Observe:

Decreto-lei nº 3.365/1941

Art. 36. É permitida a ocupação temporária, que será indenizada, afinal, por ação própria, de terrenos não edificados, vizinhos às obras e necessários à sua realização.

O expropriante prestará caução, quando exigida.

Lei nº 3.924/1961

Art. 14. No caso de ocupação temporária do terreno, para realização de escavações nas jazidas declaradas de utilidade pública, deverá ser lavrado um auto, antes do início dos estudos, no qual se descreva o aspecto exato do local.

§ 1º Terminados os estudos, o local deverá ser restabelecido, sempre que possível, na sua feição primitiva.

Capítulo 13 • Intervenção do Estado na propriedade privada **487**

§ 2º Em caso de escavações produzirem a destruição de um relevo qualquer, essa obrigação só terá cabimento quando se comprovar que, desse aspecto particular do terreno, resultavam incontestáveis vantagens para o proprietário.

Lei nº 14.133/2021

Art. 104. (...)

V – ocupar provisoriamente bens móveis e imóveis e utilizar pessoal e serviços vinculados ao objeto do contrato nas hipóteses de:

a) risco à prestação de serviços essenciais; (...)

Lei nº 8.987/1995

Art. 35. (...)

§ 3º A assunção do serviço autoriza a ocupação das instalações e a utilização, pelo poder concedente, de todos os bens reversíveis.

Indenização. Não há previsão de pagamento de verbas indenizatórias nos dispositivos referentes ao instituto da ocupação temporária. Deve-se, porém, aplicar o entendimento de que deverá ser indenizado o particular se da ocupação temporária resultarem danos ou prejuízos ao proprietário do bem ocupado. Surgindo o direito indenizatório, passará a correr o prazo de 5 (cinco) anos para propositura da ação adequada, contados a partir da efetiva ocupação do bem pelo Poder Público.

> ### Decifrando a prova
>
> **(2019 – Cespe/Cebraspe – MPE/PI – Promotor – Adaptada)** Na hipótese de rescisão unilateral de contrato administrativo, a administração pública poderá promover a apropriação provisória dos bens e do serviço vinculado ao objeto do contrato para evitar a interrupção de sua execução. Essa medida representa uma cláusula exorbitante que se materializa em intervenção do Estado na propriedade privada na modalidade denominada limitação administrativa.
>
> ( ) Certo ( ) Errado
>
> **Gabarito comentado:** em se tratando de intervenção do Estado que resultará na utilização direta dos bens pelo Estado para atendimento de necessidade específica, no caso de prestação de serviço público, em que não existe perigo público iminente, o Estado promoverá a ocupação temporária ou provisória. Portanto, a assertiva está errada.

13.6.5 Tombamento

Características. Forma de intervenção do Estado que tem por objetivo **proteger o meio ambiente em seu aspecto de patrimônio histórico, cultural, artístico, arqueológico, turístico ou paisagístico.** O instituto pretende **conservar história, arte e cultura** de determinado povo. Essa modalidade de intervenção atinge o **caráter absoluto** da propriedade, uma vez que reduzirá a liberdade de utilização do bem pelo proprietário. As regras definidas pelo ato de

488 Direito Administrativo Decifrado

tombamento devem sempre ter o condão de **evitar a deterioração do bem**. Assim, o proprietário não poderá se valer da própria vontade no trato com o bem tombado, não podendo utilizar livremente da propriedade. Ex.: bem imóvel tombado para a preservação da arquitetura da época de sua construção, configurando um bem com valor histórico inestimável.

O tombamento poderá **incidir sobre bens móveis e imóveis**, desde que tais bens apresentem características de importância para a cultura e a história. Parte da doutrina, capitaneada por Maria Sylvia Zanella Di Pietro (2008, p. 225) entende que "o tombamento pode atingir bens de qualquer natureza: móveis ou imóveis, materiais ou imateriais, públicos ou privados", sendo essa corrente muito criticada pela doutrina majoritária por apontar a possibilidade de tombamento de **bens incorpóreos**. A crítica aponta a impossibilidade de certos institutos decorrentes da decretação de tombamento de um bem não serem compatíveis com a característica essencial dos bens incorpóreos tendo, por exemplo, a necessidade de autorização para retirada do bem do país, que não tem como ser projetado sobre um bem incorpóreo. Assim, para essa parte da doutrina o instrumento correto para proteção dos bens incorpóreos seria o **registro** nos órgãos de proteção ao Patrimônio Histórico Artístico e Cultural, e não o tombamento. Esse é o posicionamento principal para fins de concursos públicos. É o que podemos extrair da lei que regulamenta o registro junto ao Iphan.

> **Decreto nº 3.551/2000**
>
> **Art. 1º** Fica instituído o Registro de Bens Culturais de Natureza Imaterial que constituem patrimônio cultural brasileiro.

Outra discussão doutrinária importante a ser destacada é com relação à possibilidade de tombamento de **bens públicos**. Parte acredita ser possível, aplicando por analogia o determinado no art. 2º, § 2º, do Decreto-lei nº 3.365/1941, estudado anteriormente, enquanto outra parte defende ser impossível tal determinação. A doutrina majoritária segue o entendimento de ser possível o tombamento de bens públicos com respeito à **hierarquia federativa**, visto se tratar de uma ação que restringe, mas não retira a propriedade do detentor original. Esse posicionamento também encontra aceitação no STF.

🔍 Jurisprudência destacada

O Município, por competência constitucional comum – art. 23, III, deve proteger os documentos, as obras e outros bens de valor histórico, artístico e cultural, os monumentos, as paisagens naturais notáveis e os sítios arqueológicos. Como o tombamento não implica em transferência da propriedade, inexiste a limitação constante no art. 1º, § 2º, do Decreto-lei nº 3.365/1941 que proíbe o Município de desapropriar bem do Estado (STJ, 2ª Turma, RMS nº 18.952/RJ, Rel. Min. Eliana Calmon, j. 26.04.2005).

Ainda sobre objeto do tombamento, estarão **excluídas** as obras de origem estrangeira que pertençam às representações consulares ou diplomáticas, que adornem veículos de empresas estrangeiras, pertencentes às casas de comércio ou aos bens importados por empresas estrangeiras para simples decoração de seu estabelecimento.

Capítulo 13 • Intervenção do Estado na propriedade privada **489**

Decifrando a prova

(2019 – MPE/SP – Promotor – Adaptada) Ao instituto do tombamento, por que possui disciplina própria, não se aplica o princípio da hierarquia verticalizada prevista no Decreto-lei nº 3.365/1941, que excepciona os bens da União do rol dos que podem ser desapropriados.

( ) Certo ( ) Errado

Gabarito comentado: apesar de parte da doutrina defender a aplicação da impossibilidade de tombamento de bens públicos, a doutrina majoritária e o STJ apontam para a aceitação dessa possibilidade. O entendimento decorre do fato de o instituto do tombamento possuir regulamentação própria, não havendo em seu texto nenhum impedimento com relação à sua decretação sobre bens públicos. Portanto, a assertiva está certa.

Regulamentação. No âmbito federal, o tombamento é regulamentado pelo Decreto-lei nº 25/1937, determinando as regras básicas de decretação do tombamento e seu registro. Além do Decreto-lei, a Constituição Federal, evidentemente, apresenta diversos dispositivos que obrigam o Estado a preservar os direitos culturais, criando um mecanismo de acesso às fontes de cultura nacional. Com relação à **competência legislativa**, esta será **concorrente**, devendo a União expedir as regras gerais para que os demais entes federativos editem normas específicas. Lembrando que competência concorrente legislativa não prevê atuação dos Municípios, logo deverá observar as leis federais e estaduais, na forma do art. 30, IX, da Constituição Federal.

CF/1988

Art. 215. O Estado garantirá a todos o pleno exercício dos direitos culturais e acesso às fontes da cultura nacional, e apoiará e incentivará a valorização e a difusão das manifestações culturais.

Art. 216. Constituem patrimônio cultural brasileiro os bens de natureza material e imaterial, tomados individualmente ou em conjunto, portadores de referência à identidade, à ação, à memória dos diferentes grupos formadores da sociedade brasileira, nos quais se incluem:

I – as formas de expressão;

II – os modos de criar, fazer e viver;

III – as criações científicas, artísticas e tecnológicas;

IV – as obras, objetos, documentos, edificações e demais espaços destinados às manifestações artístico-culturais;

V – os conjuntos urbanos e sítios de valor histórico, paisagístico, artístico, arqueológico, paleontológico, ecológico e científico.

§ 1º O Poder Público, com a colaboração da comunidade, promoverá e protegerá o patrimônio cultural brasileiro, por meio de inventários, registros, vigilância, tombamento e desapropriação, e de outras formas de acautelamento e preservação.

Espécies de tombamento. Podemos agrupar as espécies de tombamento de acordo com a eficácia do ato ou da necessidade de manifestação de vontade.

Com relação à manifestação de vontade, podemos classificar o tombamento como **voluntário ou compulsório**. O tombamento voluntário resulta da aceitação direta pelo proprietário, seja por meio da oferta direta ao ente público do bem a ser tombado, seja por se manifestar favorável com relação à notificação recebida para inscrição do bem. Já o tombamento compulsório ocorre quando a inscrição do bem como tombado se dá diretamente pelo Poder Público, apesar da discordância expressa do proprietário.

Quanto à eficácia do ato, poderá o tombamento ser classificado como **provisório ou definitivo**. Essa classificação não se refere ao efeito do tombamento, visto que esse será sempre permanente, mas ao procedimento de tombamento. Enquanto o processo estiver em curso, após a notificação de inscrição do proprietário, o bem sofrerá tombamento provisório. Após o procedimento, receberá o bem o status de definitivo.

O Superior Tribunal de Justiça explica que o tombamento provisório **não é etapa do procedimento de tombamento, mas medida assecuratória dos efeitos do ato**.

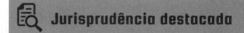

O instituto do tombamento provisório não é uma fase procedimental antecedente do tombamento definitivo, mas uma medida assecuratória da eficácia que este último poderá, ao final, produzir (STJ, 2ª Turma, RMS nº 8.252/SP, Rel. Min. Laurita Vaz, j. 22.10.2002).

Uma terceira classificação defendida por uma parte da doutrina que pode ser adotada em concursos, pois não se trata de discussão doutrinária, mas sim de classificação adotada por alguns doutrinadores, é a de tombamento **individual ou geral**. Tombamento individual incide sobre bem especificamente apontado no ato de tombamento, enquanto o geral atingirá uma quantidade indeterminada de bens, sendo possível até mesmo decretar o tombamento de um bairro ou uma cidade.

Outra classificação também não adotada por todos os doutrinadores, mas que não se apresenta como "problemática" é quanto ao tombamento **total ou parcial**, pois o tombamento poderá se dar apenas sobre parte do bem (fachada de um casarão) e em todo o bem.

Efeitos do tombamento. A decretação do tombamento sobre determinado bem resultará em algumas obrigações que recairão sobre o proprietário do bem inscrito. Essas obrigações se dividem em: **obrigações de fazer, obrigações de não fazer e obrigações de suportar**.

- **Obrigação de fazer**
  - ◊ **Direito de preferência:** caso o proprietário decida alienar o bem inscrito, deverá oferecer o bem ao Poder Público. O CPC extinguiu essa obrigação quando se trata de alienação extrajudicial, mas manteve nos casos de alienação judicial.

CPC/2015

Art. 892. (...)

§ 3º No caso de leilão de bem tombado, a União, os Estados e os Municípios terão, nessa ordem, o direito de preferência na arrematação, em igualdade de oferta.

Capítulo 13 ◆ Intervenção do Estado na propriedade privada **491**

O tombamento não torna o bem inutilizável pelo proprietário com relação à sua indicação como **direito real de garantia**, podendo ser gravado de penhor, anticrese e hipoteca. Além disso, **bens públicos tombados** são inalienáveis, visto se tratar de bens de uso especial.

◇ **Dever de conservação:** por se tratar de uma medida que pretende manter a estrutura e característica distintiva do bem, o tombamento cria obrigação de conservação do bem na forma em que se encontrava à época da inscrição. A princípio, essa obrigação correrá por conta do proprietário, que poderá requerer ajuda do Estado quando não possuir condições financeiras para atender a essa obrigação.

Decreto-lei nº 25/1937

Art. 19. O proprietário de coisa tombada, que não dispuser de recursos para proceder às obras de conservação e reparação que a mesma requerer, levará ao conhecimento do Serviço do Patrimônio Histórico e Artístico Nacional a necessidade das mencionadas obras, sob pena de multa correspondente ao dobro da importância em que for avaliado o dano sofrido pela mesma coisa.

◇ **Dever de comunicação:** caso o bem tombado seja extraviado ou furtado, caberá ao proprietário dar conhecimento do fato ao Serviço do Patrimônio Histórico e Artístico Nacional (SPHAN) no prazo de 5 (cinco) dias, sob pena de multa de 10% (dez por cento) sobre o valor do bem.

◇ **Registro especial.** em se tratando de negociantes de antiguidades, obras de arte, manuscritos e livros antigos ou raros, cumpri-lhes realizar um registro junto ao SPHAN e apresentar semestralmente ao órgão a relação completa de bens históricos que possuam em seu acervo.

◆ **Obrigação de não fazer**

◇ **Não destruição:** o proprietário do bem tombado não poderá alterá-lo, modificá-lo ou destruí-lo, dependendo de autorização do Estado para a realização de qualquer reforma no bem, sob pena de multa de 50% (cinquenta por cento) do dano causado.

◇ **Retirada do bem:** o bem tombado não poderá ser retirado do país pelo proprietário, salvo se for por um período curto, com a finalidade de realização de intercâmbio cultural, a juízo do Conselho Consultivo do Serviço do Patrimônio Histórico e Artístico Nacional. O não respeito a essa ordem dará permissão de sequestro do bem pelo Estado, podendo ser imposta uma multa de 50% (cinquenta por cento) do valor da coisa, caso seja confirmada a responsabilidade do proprietário. Além disso, sua ação poderá resultar em uma penalidade criminal pelo cometimento de **crime de contrabando**.

◇ **Servidão administrativa:** essa obrigação de não fazer recairá diretamente sobre os vizinhos do prédio tombado, pois determina a vedação de qualquer construção que impeça ou reduza a visibilidade do bem tombado sem a autorização do Estado.

◆ **Obrigação de suportar**

◇ **Fiscalização.** O proprietário do bem deverá tolerar os atos fiscalizatórios do Poder Público sobre o bem.

492 Direito Administrativo Decifrado

Decreto-lei nº 25/1937

Art. 20. As coisas tombadas ficam sujeitas à vigilância permanente do Serviço do Patrimônio Histórico e Artístico Nacional, que poderá inspecioná-los sempre que for julgado conveniente, não podendo os respectivos proprietários ou responsáveis criar obstáculos à inspeção, sob pena de multa de cem mil réis, elevada ao dobro em caso de reincidência.

Indenização. Como do tombamento não resulta nenhum dano patrimonial, sendo um ato que apenas obriga o proprietário a manter o bem nas condições de interesse do Poder Público, não há direito de indenização patrimonial garantido ao proprietário. A única possibilidade de indenização identificada no tombamento é se o proprietário comprovar que o ato de tombamento lhe causou prejuízo. Também será possível requerer indenização quando a manutenção do bem tombado representar encargos extraordinários ao proprietário, visto não possuir tantos encargos quando o bem não era tombado. Havendo prejuízo e sendo possível sua comprovação, o proprietário terá o prazo de 5 (cinco) anos para formulação do pedido indenizatório, contado a partir do ato de efetivação do tombamento.

Extinção do tombamento. Por se tratar de um ato discricionário do Poder Público, a forma mais comum de extinção do tombamento é a **revogação** por motivos de desinteresse público na conservação do bem. Caso o ato de tombamento apresente algum vício em sua determinação, ocorrerá a extinção por **anulação**. O tombamento também poderá ser extinto por **desaparecimento do bem tombado**. Por fim, permite-se o **cancelamento** do tombamento.

Decreto-lei nº 25/1937

Art. 19. (...)

§ 2º À falta de qualquer das providências previstas no parágrafo anterior, poderá o proprietário requerer que seja cancelado o tombamento da coisa.

🧩 Decifrando a prova

(2019 – Cespe/Cebraspe – TJ/DFT – Notário – Adaptada) Em se tratando de bens de propriedade particular integrantes do patrimônio histórico e artístico nacional, o Decreto-lei nº 25/1937 prevê que o tombamento definitivo deve ser transcrito no registro de imóveis, se o bem tombado for imóvel, ou no registro de títulos e documentos, se bem móvel, devendo ser averbado ao lado da transcrição do domínio.

( ) Certo ( ) Errado

Gabarito comentado: art. 13 do Decreto-lei nº 25/1937 – O tombamento definitivo dos bens de propriedade particular será, por iniciativa do órgão competente do Serviço do Patrimônio Histórico e Artístico Nacional, transcrito para os devidos efeitos em livro a cargo dos oficiais do registro de imóveis e averbado ao lado da transcrição do domínio. Portanto, a assertiva está errada.

Intervenção do Estado no domínio econômico

14.1 Introdução

Conforme já estudamos detalhadamente nesta obra, a evolução do Estado condicionou a existência de funções precípuas a serem realizadas pela Administração Pública como forma de atendimento ao interesse público. Uma dessas funções é a **prestação de serviços públicos**, realizada sob normas de direito público e com todas as prerrogativas compatíveis com o interesse coletivo. Política e economia andam lado a lado em nossa história, vivenciando certos momentos de influência maior entre elas. A questão é que não se pode negar que alterações políticas afetam o sistema econômico – e também o contrário. E essa alteração no paradigma das relações afeta diretamente a forma de ação do Estado, determinando suas funções e áreas de atuação.

Por influência da obra *A riqueza das nações*, de Adam Smith, a partir do final do século XVIII, adotou-se uma forma de política em que o Estado não teria o poder de intervir ou influenciar a economia, agindo como mero espectador da organização praticada pelos particulares. Essa passividade do Estado marcou a época do **Estado Liberal de Direito** ou **Estado Abstencionista**. O problema encontrado nessa forma de agir do Estado é que o controle das atividades ficava na mão dos "poderosos", o que contribuiu agressivamente para um aumento nas desigualdades sociais e na distância entre as classes.

A filosofia mais voltada para o pensamento social começou a apresentar ao mundo, por meio de seus representantes, novas diretivas de ação do Estado, em confrontamento direto com a excessiva liberdade decorrente da forma de ação vigente. Entre os filósofos sociais de maior destaque, estava Karl Marx, defendendo uma alteração agressiva no sistema, criando o conceito de "governo da sociedade" e defendendo a eliminação de classes. Essa nova filosofia ganhou força e passou a influenciar a criação do **Estado Social de Direito ou Estado Intervencionista**, passando o Estado de mero espectador à parte integrante da economia. A passividade estatal se tornava uma atuação estatal.

Com essas mudanças introduzidas na forma de percepção da relação Estado-economia passou a vigorar o sistema do **dirigismo econômico**, caracterizado por um Estado regulador

494 Direito Administrativo Decifrado

da economia e, em alguns casos, participante ativo da atividade econômica. Por isso nossa Constituição é marcada, como vimos, por uma divisão de normas, parte apontando para **serviço público como campo de atuação próprio do Estado** e parte das normas regendo **o domínio das atividades econômicas pelos particulares com excepcional participação do Estado**. Em outras palavras, o legislador constitucional percebeu que algumas atividades exigiam uma atuação direta do Estado, ao passo que a atividade econômica deveria ser praticada pelos particulares com o distanciamento inicial necessário para a existência do livre comércio. A constitucionalização normativa resultante da evolução do Estado o colocou como um agente **regulador** e **fiscalizador** quanto à ordem econômica. São normas formalmente constitucionais, definindo limites de intervenção e formas de ingerência.

14.2 Ordem econômica

Antes de adentrarmos ao estudo da ordem econômica, vale deixar aqui a conceituação de duas terminologias que podem causar confusão. **Domínio econômico** – que se refere ao conjunto de atividades que a Constituição Federal reservou à iniciativa privada –, enquanto **ordem econômica** aponta para o conjunto de princípios e normas jurídicas que disciplinam as atividades econômicas.

As atividades integrantes do domínio econômico podem se dividir em **atividades de produção, atividades de comercialização e prestação de serviços**.

> **CF/1988**
>
> **Art. 170.** A ordem econômica, fundada na valorização do trabalho humano e na livre iniciativa, tem por fim assegurar a todos existência digna, conforme os ditames da justiça social, observados os seguintes princípios:
>
> I – soberania nacional;
>
> II – propriedade privada;
>
> III – função social da propriedade;
>
> IV – livre concorrência;
>
> V – defesa do consumidor;
>
> VI – defesa do meio ambiente, inclusive mediante tratamento diferenciado conforme o impacto ambiental dos produtos e serviços e de seus processos de elaboração e prestação;
>
> VII – redução das desigualdades regionais e sociais;
>
> VIII – busca do pleno emprego;
>
> IX – tratamento favorecido para as empresas de pequeno porte constituídas sob as leis brasileiras e que tenham sua sede e administração no País.
>
> Parágrafo único. É assegurado a todos o livre exercício de qualquer atividade econômica, independentemente de autorização de órgãos públicos, salvo nos casos previstos em lei.

Capítulo 14 ♦ Intervenção do Estado no domínio econômico **495**

> ### ▣ Decifrando a prova
>
> **(2015 – TRT/2ª Região – Juiz – Adaptada)** A ordem econômica constitucional assegura a todos o livre exercício de qualquer atividade econômica, independentemente de autorização de órgãos públicos, salvo nas hipóteses previstas em lei.
> ( ) Certo ( ) Errado
> **Gabarito comentado:** previsão expressa no art. 170, parágrafo único, da CF/1988. Portanto, a assertiva está certa.

14.2.1 Fundamentos da ordem econômica

A **valorização do trabalho** e a **livre-iniciativa** são dois postulados essenciais da ordem econômica, além de fundamentos da república constantes do art. 1º da Carta Constitucional, e determinam que a atividade econômica praticada pelo particular será livre mas deverá se compatibilizar com essas regras, sendo consideradas ilegais todas as ações que venham a afastar, restringir ou afetar os referidos fundamentos. A intenção do legislador foi determinar uma forma de conciliar os fatores de capital e trabalho adequados aos preceitos da justiça social. Vale lembrar que justiça social é uma construção moral e política baseada na igualdade de direitos e na solidariedade coletiva. Em termos de desenvolvimento, a justiça social é vista como o cruzamento entre o pilar econômico e o pilar social.

Por meio do fundamento da **valorização do trabalho**, determina-se a não aceitação social de comportamentos que coloquem em risco a vida ou a saúde dos trabalhadores. O texto constitucional é essencial nesse momento ao apontar diversos dispositivos para proteção do trabalhador e garantia de acesso à justiça social.[1] Inclusive, uma das preocupações do texto constitucional foi proteger o trabalhador humano da automação industrial, reconhecendo a importância da evolução tecnológica para o empresariado, mas determinando a impossibilidade de automação plena com fulcro exclusivo na lucratividade da atividade.

A **liberdade de iniciativa** configura a possibilidade de qualquer pessoa ingressar no mercado de produção de bens e prestação de serviços, por sua conta e risco, para explorar a atividade econômica como forma de obtenção de lucro. A atuação do Estado aqui é afastada, não sendo exigido que o interessado na realização da atividade econômica recorra ao Estado ou receba autorização dele, salvo nos casos em que a lei determinar essa necessidade específica. Aqui entra a principal forma de atuação do novo Estado fiscalizador e regulador. Não mais encontramos aquele Estado espectador, observador, que apenas acompanhava a evolução da econômica, mas sim um Estado que deverá atuar para garantir a livre iniciativa, por meio da punição a ação de concentração de poder. A intervenção do Estado deverá sempre atentar aos limites constitucionais, sujeitando o Estado à eventual reparação de dano

---

[1] Art. 7º da CF/1988.

com base na responsabilidade civil deste, caso essa intervenção se configure como abusiva ou prejudicial ao particular.

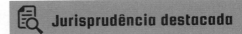

> O dever de indenizar, por parte do Estado, no caso, decorre do dano causado e independe do fato de ter havido ou não desobediência à lei específica. A intervenção estatal na economia encontra limites no princípio constitucional da liberdade de iniciativa, e o dever de indenizar (responsabilidade objetiva do Estado) é decorrente da existência do dano atribuível à atuação do Estado (STF, 2ª Turma, RE nº 422.941/DF, Rel. Min. Carlos Velloso, j. 06.12.2005).

14.2.2 Princípios gerais da ordem econômica

O texto constitucional nos apresenta princípios essenciais a serem observados pelo Estado em sua atuação interventiva. Destacamos aqui os principais:

Soberania nacional. As decisões tomadas pelo Estado devem sempre atentar para a manutenção da soberania nacional, visto que o desenvolvimento da ordem econômica não poderá colocar tal soberania em risco em face de interesses externos. Além disso, configura uma atuação do Estado pautada na vontade absoluta deste, mas sem que se configure uma ação abusiva ou que desrespeite a autonomia dos entes federativos.

Propriedade privada e função social da propriedade. Reconhece os direitos inerentes ao domínio do objeto explorado pelo indivíduo, sendo assim há a possibilidade de empregar bens próprios na realização da atividade econômica tendo total direito de apropriar-se dos resultados da atividade de prestada. Em contrapartida, o proprietário não poderá se valer de forma plena e ilimitada de sua propriedade, quando esta deverá se adequar ao interesse social quanto à sua destinação.

Livre concorrência. O Estado deve garantir a livre atuação dos agentes do mercado, mas ao mesmo tempo prevenir e reprimir ações que possam constituir abuso do poder econômico, prejudicando aos mais desfavorecidos. A exploração da atividade econômica não pode ser limitada a determinado número de agentes, sendo livre a entrada de interessados, o que, inclusive, resulta em maior benefício para a sociedade, que poderá escolher o que quer e por quanto está disposto a adquirir aquele bem ou serviço.

Defesa do consumidor. Reconhece a hipossuficiência do destinatário final e visa a equilibrar a relação jurídica entre fornecedor e consumidor.

Defesa do meio ambiente. Prioriza o desenvolvimento nacional sustentável, não se permitindo a destruição do meio ambiente a favor do empresariado que busca formas de redução de gastos ou de aumento de receitas.

Redução das desigualdades regionais e sociais. Impõe que o desenvolvimento econômico e as estruturas normativas (liberais) criadas para fundamentar o crescimento econômico devam estar voltados à redução das desigualdades em todas as regiões do país, bem como ao desenvolvimento social.

Capítulo 14 ♦ Intervenção do Estado no domínio econômico **497**

Busca do pleno emprego. Uma das consequências da economia em pleno e eficiente funcionamento. O Estado, por intermédio de uma estrutura administrativa, deve intervir e criar medidas para proporcionar o maior nível de emprego possível.

Tratamento diferenciado para empresas de pequeno porte. Representa a aplicação do princípio da isonomia material, visto que projeta uma igualdade jurídica das microempresas e empresas de pequeno porte por meio de benefícios e subvenções. Por meio de ações nessa direção, o pequeno empresário passa a deter condições de disputa leal com os grandes do mercado.

Decifrando a prova

(2015 – Faurgs – TJ/RS – Notário – Adaptada) Com base nos incisos do art. 170, constam, entre os princípios a serem observados na Ordem Econômica, a função social da propriedade, a erradicação da pobreza e a defesa do consumidor.
( ) Certo ( ) Errado
Gabarito comentado: não podemos confundir princípio da atividade econômica com objetivo fundamental da república, previsto no art. 3º da CF/1988. A erradicação da pobreza não guarda nenhuma relação com atuação do Estado na economia. Portanto, a assertiva está errada.

14.2.3 Formas de atuação do Estado

Observa-se que o Estado pode ser tanto um agente econômico como um agente disciplinador da economia, logo, de acordo com a atual Constituição brasileira, reconhecemos duas formas de ingerência do Estado na ordem econômica.

14.2.3.1 Estado regulador

Forma de atuação do ente público no domínio econômico por intermédio da regulação das atividades exercidas pelos particulares. A atuação do Estado se dará mediante edição de normas de atuação, reprimindo abuso do poder econômico e fiscalizando atividades lucrativas exercidas por particulares. Caberá também ao Estado formular políticas públicas voltadas ao setor econômico visando ao desenvolvimento do país.

Decifrando a prova

(2019 – NC/UFPR – TJ/PR – Notário – Adaptada) Exploração direta de atividade econômica pelo Estado pode ser realizada por intermédio de diferentes institutos, tais como a regulação.
( ) Certo ( ) Errado
Gabarito comentado: o Estado Regulador atua na fiscalização da ordem econômica conduzida pelos particulares. Não há nele uma participação direta no mercado entre os agentes. Portanto, a assertiva está errada.

498 Direito Administrativo Decifrado

Vale observar o conceito de **poder econômico** para melhor entendimento dessa atuação do Estado. **Poder econômico** é aquele exercido por quem tem posse dos bens materiais e do dinheiro. A concentração do poder econômico em um único agente ou grupo pequeno de agentes de mercado, fere diretamente a livre concorrência e prejudica a entrada de novos empresários no quadro econômico.

> **CF/1988**
>
> **Art. 174.** Como agente normativo e regulador da atividade econômica, o Estado exercerá, na forma da lei, as funções de fiscalização, incentivo e planejamento, sendo este determinante para o setor público e indicativo para o setor privado.
>
> § 1º A lei estabelecerá as diretrizes e bases do planejamento do desenvolvimento nacional equilibrado, o qual incorporará e compatibilizará os planos nacionais e regionais de desenvolvimento.
>
> § 2º A lei apoiará e estimulará o cooperativismo e outras formas de associativismo.
>
> § 3º O Estado favorecerá a organização da atividade garimpeira em cooperativas, levando em conta a proteção do meio ambiente e a promoção econômico-social dos garimpeiros.
>
> § 4º As cooperativas a que se refere o parágrafo anterior terão prioridade na autorização ou concessão para pesquisa e lavra dos recursos e jazidas de minerais garimpáveis, nas áreas onde estejam atuando, e naquelas fixadas de acordo com o art. 21, XXV, na forma da lei.

Do fundamento constitucional da atividade fiscalizatória do Estado, podemos identificar três formas de ação permitidas: **fiscalização**, **incentivo** e **planejamento**.

Fiscalização quanto à atuação dos agentes de mercado, a fim de evitar formas abusivas de comportamento de grupos ou indivíduos que prejudiquem e afetem diretamente os hipossuficientes da relação econômica.

Incentivo por meio de estímulos oferecidos pelo Estado, como isenções fiscais ou aumento de alíquotas de importação, como forma de desenvolvimento econômico e social do país.

O Estado dispõe de diversos mecanismos efetivos para fomentar o desenvolvimento econômico, podendo valer-se de **benefícios tributários, isenções fiscais, subsídios, garantias, facilitação de empréstimos, a proteção aos meios nacionais de produção, a assistência tecnológica** e outros mecanismos semelhantes que se preordenem ao mesmo objetivo.

Planejamento se dará mediante determinação de planos e metas a serem alcançadas pelo governo no ramo econômico em um determinado momento futuro.

Claro que, por força da globalização e da evolução das relações entre nações, a atuação do Estado na ordem econômica também demandará a observação e a adequação de métricas nacionais ao sistema de relações internacionais. Assim, o Brasil tem desenvolvido diversas relações internacionais, formando alianças e assinando tratados, como ocorreu no caso de Itaipu.

Observe que a atuação do Estado Regulador não se afasta de sua natureza interventiva. A intervenção se dá por meio das imposições normativas determinadas sobre os particulares. A atuação do Estado será considerada direta pois não há intermediação, cabendo ao Estado diretamente determinar as regras a serem respeitadas pelo particular. Por isso a doutrina classifica essa forma de atuação como **intervenção direta**.

Capítulo 14 ♦ Intervenção do Estado no domínio econômico **499**

Competências. A competência para atuação do Estado regulador é pouco compartilhada pelos entes federados, estando quase toda concentrada na figura da União. Encontramos no texto constitucional dispositivos específicos sobre essa forma de atuação. Com relação à competência administrativa, destacamos:

CF/1988

Art. 21. Compete à União: (...)

VIII – administrar as reservas cambiais do País e fiscalizar as operações de natureza financeira, especialmente as de crédito, câmbio e capitalização, bem como as de seguros e de previdência privada;

IX – elaborar e executar planos nacionais e regionais de ordenação do território e de desenvolvimento econômico e social;

X – manter o serviço postal e o correio aéreo nacional;

XI – explorar, diretamente ou mediante autorização, concessão ou permissão, os serviços de telecomunicações, nos termos da lei, que disporá sobre a organização dos serviços, a criação de um órgão regulador e outros aspectos institucionais;

XII – explorar, diretamente ou mediante autorização, concessão ou permissão:

a) os serviços de radiodifusão sonora, e de sons e imagens;

b) os serviços e instalações de energia elétrica e o aproveitamento energético dos cursos de água, em articulação com os Estados onde se situam os potenciais hidroenergéticos;

c) a navegação aérea, aeroespacial e a infraestrutura aeroportuária;

d) os serviços de transporte ferroviário e aquaviário entre portos brasileiros e fronteiras nacionais, ou que transponham os limites de Estado ou Território;

e) os serviços de transporte rodoviário interestadual e internacional de passageiros;

f) os portos marítimos, fluviais e lacustres; (...)

Ainda na seara de competências administrativas, algumas atividades saem do bojo exclusivo da União e passam a ser reguladas por meio da ação conjunta dos entes federados.

CF/1988

Art. 23. É competência comum da União, dos Estados, do Distrito Federal e dos Municípios: (...)

VI – proteger o meio ambiente e combater a poluição em qualquer de suas formas; (...)

VIII – fomentar a produção agropecuária e organizar o abastecimento alimentar;

IX – promover programas de construção de moradias e a melhoria das condições habitacionais e de saneamento básico; (...)

Já com relação à competência legislativa quanto ao sistema interventivo na ordem econômica, determina a Constituição Federal:

CF/1988

Art. 22. Compete privativamente à União legislar sobre: (...)

500 Direito Administrativo Decifrado

VIII – comércio exterior e interestadual;

IX – diretrizes da política nacional de transportes; (...)

XII – jazidas, minas, outros recursos minerais e metalurgia; (...)

XVI – organização do sistema nacional de emprego e condições para o exercício de profissões; (...)

XIX – sistemas de poupança, captação e garantia da poupança popular; (...)

A forma interventiva de atuação da União atualmente se evidencia por meio da instituição das **agências reguladoras**, autarquias em regime especial criadas para essa exata finalidade.

Vale sempre lembrar que, por se tratar de competência legislativa privativa, poderá a União delegar aos Estados, mediante lei complementar a edição de normas específicas sobre matérias reservadas a ela. Além disso, a Constituição Federal também aponta para alguns assuntos relacionados à intervenção econômica que deverão ser legislados de forma concorrente, cabendo à União editar as normas gerais e aos outros entes editar as normas supletivas.

CF/1988

Art. 24. Compete à União, aos Estados e ao Distrito Federal legislar concorrentemente sobre:

I – direito tributário, financeiro, penitenciário, econômico e urbanístico; (...)

IV – custas dos serviços forenses;

V – produção e consumo; (...)

§ 1º No âmbito da legislação concorrente, a competência da União limitar-se-á a estabelecer normas gerais.

§ 2º A competência da União para legislar sobre normas gerais não exclui a competência suplementar dos Estados.

Repressão ao abuso do poder econômico. Já vimos que poder econômico se refere a uma concentração de riquezas que poderá resultar em um desequilíbrio do plano econômico, prejudicando os mais desfavorecidos da coletividade. Assim, caberá ao Estado combater frontalmente tais condições maléficas de mercado. Normalmente cometido por alguns particulares que atuam no mercado com excessiva intenção lucrativa e nenhuma preocupação com a justiça social, o abuso do poder econômico também pode ser cometido pelo Poder Público, principalmente quando atua por intermédio das entidades paraestatais a ele vinculadas ou por ele controladas.

Assim, a repressão ao abuso do poder econômico se dará mediante criação de estratégias adotadas pelo Estado para neutralizar comportamentos que podem resultar na ação abusiva, distorcendo as condições normais de mercado.

CF/1988

Art. 173. (...)

§ 4º lei reprimirá o abuso do poder econômico que vise à dominação dos mercados, à eliminação da concorrência e ao aumento arbitrário dos lucros. (...)

Capítulo 14 ◆ Intervenção do Estado no domínio econômico **501**

Art. 146-A. Lei complementar poderá estabelecer critérios especiais de tributação, com o objetivo de prevenir desequilíbrios da concorrência, sem prejuízo da competência de a União, por lei, estabelecer normas de igual objetivo.

Conduta anticompetitiva. Uma conduta anticompetitiva é qualquer prática adotada por um agente econômico que possa, ainda que potencialmente, causar danos à livre concorrência, mesmo que o infrator não tenha tido intenção de prejudicar o mercado. O art. 36 da Lei nº 12.529/2011 elenca algumas condutas que podem caracterizar infração à ordem econômica, na medida em que tenham por objeto ou possam produzir efeitos anticoncorrenciais.

Várias são as formas reconhecidas pelo texto constitucional de cometimento de abuso do poder econômico, sendo:

Dominação de mercado. A atuação regular do mercado depende dos tradicionais fatores resultantes do equilíbrio da oferta e da procura, fornecimento e consumo. Ocorrendo dominação de mercado por uma ou algumas empresas, tal equilíbrio será afetado de modo a permitir a empresa dominante impor regras e condições que sejam somente favoráveis a ela.

Eliminação da concorrência. Consequência natural da dominação de mercado, visto ser praticamente impossível uma nova entrante no sistema econômico se manter ativa ao se submeter às condições desfavoráveis impostas pelo dominante. Apesar de ser muito difícil afirmarmos existir uma concorrência perfeita no mercado, o equilíbrio concorrencial ainda é muito fácil de se conquistar, por meio do regime de competição.

Aumento arbitrário dos lucros. Reconhecida a dominação de mercado e com a diminuição da concorrência, o objetivo principal da empresa dominante é aumentar de forma desproporcional e despropositada seus lucros. Sendo o lucro arbitrário, retira-se da coletividade o direito de adquirir determinado bem ou contratar determinado serviço de acordo com valores praticados normalmente em um mercado com competição efetiva.

🧩 Decifrando a prova

(2015 – Cespe/Cebraspe – TRF/1ª Região – Juiz – Adaptada) A CF/1988 prevê expressamente a edição de lei que reprima o abuso do poder econômico que vise à dominação dos mercados, à eliminação da concorrência e ao aumento arbitrário dos lucros.
( ) Certo ( ) Errado
Gabarito comentado: previsão expressa no art. 173, § 4º, da CF/1988. Portanto, a assertiva está certa.

Domínio abusivo do mercado. A dominação de mercado por um ou alguns agentes se dá por meio de diversas espécies, com destaque para as que trago a seguir:

Truste. A empresa dominante se solidifica na posição de controladora do mercado mediante aquisição de outras empresas ou da imposição de estratégias que deverão ser seguidas pelos outros agentes do mercado. Essa espécie de abuso é cometida por grandes empresas, que subjugam pequenos empresários e aumentam agressivamente seu lucro em detrimento dos

502 Direito Administrativo Decifrado

interesses dos consumidores. Ex.: imagine uma rede de magazine que adquire todos os seus concorrentes para que seja a única opção disponível para os moradores de determinada região.

Cartel. Resulta da conjugação de interesses de grandes empresas, que criam condições de mercado impossíveis de serem atendidas por novos empresários e pequenas empresas, que acabam falindo, mantendo, assim, o poder econômico concentrado na mão de pessoas determinadas. Ex.: um grupo de proprietários de postos de gasolina que, em determinada região, controla o preço do seu produto para que não haja grande concorrência e, consequentemente, perda de lucratividade na venda de combustíveis.

Dumping. Conhecido como abuso de poder econômico de caráter internacional. Ocorre sempre que uma empresa recebe subsídio oficial de seu país de origem como forma de baratear excessivamente a sua atividade produtiva. Assim, tal empresa poderá oferecer ao mercado produtos e serviços com um valor bem mais baixo do que o normalmente praticado, tornando a competição inviável e propiciando elevação de lucros. Ex.: um dos grandes exemplos de *dumping* que ocorre normalmente em nosso país é o ligado à importação de produtos da China, que geralmente se apresentam mais baratos para o consumidor brasileiro.

Práticas restritivas verticais. Práticas cometidas por produtores de bens ou serviços sobre mercados verticalmente relacionados ao longo da cadeia produtiva.

Venda casada. Um fornecedor exige que, para aquisição de um bem ou contratação de um serviço, o consumidor adquira outro. Assim, mesmo não sendo de seu interesse, o consumidor se vê obrigado a adquirir mais de um bem do fornecedor. Essa prática é constante em diversos fornecedores pelo Brasil, inclusive resultando em decisões do Superior Tribunal de Justiça vedando essa prática.

> ### 🔍 Jurisprudência destacada
>
> Afastadas as preliminares, no mérito permanece inalterado a r. sentença, entendendo este relator acertada a conceituação da E. Juíza, no sentido de que a ré ao impedir os consumidores de terem acesso às suas salas de exibição portando produtos adquiridos em outros estabelecimentos comerciais, que não na sua própria lanchonete, o que não é negado por ela, pratica ato abusivo a direito dos consumidores, com violação do art. 6º, inciso II, e art. 39, inciso I, do Código de Defesa do Consumidor, com cerceamento ao direito de liberdade de escolha (STJ, 3ª Turma, REsp nº 1.331.948/SP, Rel. Min. Ricardo Villas Bôas Cueva, j. 14.06.2016).

Acordo de exclusividade. Ocorre quando um fornecedor celebra um acordo de relação exclusiva com um produtor, ou vice-versa, afastando a possibilidade de outros agentes de mercado acessarem determinados produtos para oferta ao público.

Um caso célebre ocorrido no Brasil de acordo de exclusividade versou sobre as "cláusulas de raio" que o Shopping Iguatemi inseriu em seus contratos com lojistas em São Paulo. No caso, a rede de shoppings estaria incluindo em seus contratos de locação uma cláusula que proibia o lojista de ter outro estabelecimento no mesmo ramo de atividade em um raio de 2.500 metros.

Fixação de preços de revenda. Ocorre quando o produtor ou fornecedor estabelece o preço que deve ser praticado pelos revendedores. Aqui não importa se a fixação é de preço fixo, preço mínimo ou preço máximo, sempre haverá um ato anticompetitivo.

Capítulo 14 ◆ Intervenção do Estado no domínio econômico **503**

Caso emblemático no Brasil foi a condenação da SKF por prática de fixação de preços em 2013 pelo Cade. Em documentos celebrados com seus distribuidores, a SKF determinava o *mark-up* mínimo que deveria ser praticado na revenda de diversos produtos fabricados pela empresa, bem como estabelecia mecanismos para o monitoramento dos preços cobrados pelos distribuidores e as sanções aplicáveis àqueles que praticassem preços de revenda inferiores aos estabelecidos.

Restrições territoriais. O produtor define limitação de área de atuação dos distribuidores, restringindo a concorrência.

Em 2019, o Conselho Administrativo de Defesa Econômica (Cade) condenou duas empresas e 17 pessoas físicas por formação de cartel no mercado internacional, com efeitos no Brasil, de componente de monitores e notebooks de LCD. Entre outras condutas destacadas, estava a prática de divisão de mercado.

Normas de repressão ao abuso. O Sistema Brasileiro de Defesa da Concorrência (SBDC), instituído pela Lei nº 8.884/1994 com alteração pela Lei nº 12.529/2011, é formado pelo Cade – que possui natureza jurídica de autarquia, vinculada ao Ministério da Justiça –, e pela Secretaria de Acompanhamento Econômico do Ministério da Fazenda (Seae), e tem como função principal realizar a promoção de uma economia competitiva no Brasil, por meio da prevenção e da repressão de ações que possam limitar ou prejudicar a livre concorrência.

> **Lei nº 12.529/2011**
>
> **Art. 5º** O Cade é constituído pelos seguintes órgãos:
>
> I – Tribunal Administrativo de Defesa Econômica;
>
> II – Superintendência-Geral; e
>
> III – Departamento de Estudos Econômicos. (...)
>
> **Art. 15.** Funcionará junto ao Cade Procuradoria Federal Especializada, competindo-lhe: (...)

Essa norma, além de organizar o SBDC, também passou a determinar quais condutas configuram infrações e quais penalidades podem ser aplicadas nesses casos. A Lei nº 12.529/2011 é aplicável tanto a pessoas físicas quanto a pessoas jurídicas, de direito público ou privado, além das associações de entidades ou pessoas, de fato ou de direito, mesmo que sem personalidade jurídica ou de caráter temporário. A responsabilização tratada nessa lei será **objetiva**, ou seja, independe de comprovação de dolo ou culpa do infrator.

> **Lei nº 12.529/2011**
>
> **Art. 36.** Constituem infração da ordem econômica, independentemente de culpa, os atos sob qualquer forma manifestados, que tenham por objeto ou possam produzir os seguintes efeitos, ainda que não sejam alcançados:
>
> I – limitar, falsear ou de qualquer forma prejudicar a livre concorrência ou a livre-iniciativa;
>
> II – dominar mercado relevante de bens ou serviços;
>
> III – aumentar arbitrariamente os lucros; e
>
> IV – exercer de forma abusiva posição dominante.

504 Direito Administrativo Decifrado

Entre as sanções aplicáveis ao agente infrator cometedor de conduta anticompetitiva, destacamos a **multa, determinação de publicação da decisão condenatória, a proibição de contratar com entidades oficiais, a cisão da sociedade, a transferência de controle acionário e a cessação parcial da atividade, bem como a pena de proibição de exercer o comércio pelo prazo de até 5 anos e a inscrição do infrator no Cadastro Nacional de Defesa do Consumidor**.

Com relação à multa, é essencial observar o cometedor do ato infracional, pois para cada situação a lei determina uma possibilidade de aplicação de multa diferente.

> **Lei nº 12.529/2011**
>
> **Art. 37.** A prática de infração da ordem econômica sujeita os responsáveis às seguintes penas:
>
> I – no caso de empresa, multa de 0,1% (um décimo por cento) a 20% (vinte por cento) do valor do faturamento bruto da empresa, grupo ou conglomerado obtido, no último exercício anterior à instauração do processo administrativo, no ramo de atividade empresarial em que ocorreu a infração, a qual nunca será inferior à vantagem auferida, quando for possível sua estimação;
>
> II – no caso das demais pessoas físicas ou jurídicas de direito público ou privado, bem como quaisquer associações de entidades ou pessoas constituídas de fato ou de direito, ainda que temporariamente, com ou sem personalidade jurídica, que não exerçam atividade empresarial, não sendo possível utilizar-se o critério do valor do faturamento bruto, a multa será entre R$ 50.000,00 (cinquenta mil reais) e R$ 2.000.000.000,00 (dois bilhões de reais);
>
> III – no caso de administrador, direta ou indiretamente responsável pela infração cometida, quando comprovada a sua culpa ou dolo, multa de 1% (um por cento) a 20% (vinte por cento) daquela aplicada à empresa, no caso previsto no inciso I do *caput* deste artigo, ou às pessoas jurídicas ou entidades, nos casos previstos no inciso II do *caput* deste artigo.
>
> § 1º Em caso de reincidência, as multas cominadas serão aplicadas em dobro.
>
> § 2º No cálculo do valor da multa de que trata o inciso I do *caput* deste artigo, o Cade poderá considerar o faturamento total da empresa ou grupo de empresas, quando não dispuser do valor do faturamento no ramo de atividade empresarial em que ocorreu a infração, definido pelo Cade, ou quando este for apresentado de forma incompleta e/ou não demonstrado de forma inequívoca e idônea.

A pretensão punitiva da Administração prescreve em 5 (cinco) anos, contados a partir da prática do ato ilícito ou, tratando-se de infração permanente ou continuada, do dia em que ocorrer a cessação do ilícito. É possível aplicar aqui a **prescrição intercorrente**, caso o procedimento fique parado por mais de 3 (três) anos após sua instauração.

Uma grande inovação da lei foi prever que o Cade, por meio da Superintendência-Geral, pode celebrar **acordo de leniência** com pessoas físicas e jurídicas que forem autoras de infração à ordem econômica, mostrem-se dispostas a colaborar efetivamente com as investigações e ajudem na identificação dos demais envolvidos na infração, além de fornecimento de documentos e informações que comprovem a infração. O acordo de leniência é um instituo muito semelhante ao da **colaboração premiada**, do Direito Penal.

Lei nº 12.529/2011

Art. 86. O Cade, por intermédio da Superintendência-Geral, poderá celebrar acordo de leniência, com a extinção da ação punitiva da administração pública ou a redução de 1 (um) a 2/3 (dois terços) da penalidade aplicável, nos termos deste artigo, com pessoas físicas e jurídicas que forem autoras de infração à ordem econômica, desde que colaborem efetivamente com as investigações e o processo administrativo e que dessa colaboração resulte:

I – a identificação dos demais envolvidos na infração; e

II – a obtenção de informações e documentos que comprovem a infração noticiada ou sob investigação.

§ 1º O acordo de que trata o *caput* deste artigo somente poderá ser celebrado se preenchidos, cumulativamente, os seguintes requisitos:

I – a empresa seja a primeira a se qualificar com respeito à infração noticiada ou sob investigação;

II – a empresa cesse completamente seu envolvimento na infração noticiada ou sob investigação a partir da data de propositura do acordo;

III – a Superintendência-Geral não disponha de provas suficientes para assegurar a condenação da empresa ou pessoa física por ocasião da propositura do acordo; e

IV – a empresa confesse sua participação no ilícito e coopere plena e permanentemente com as investigações e o processo administrativo, comparecendo, sob suas expensas, sempre que solicitada, a todos os atos processuais, até seu encerramento.

Microempresas e empresas de pequeno porte. O setor econômico nacional é formado não só por grandes grupos empresariais, mas também por empresas menores que, por existirem em grande número, contribuem muito para o desenvolvimento econômico do país. Por isso, a Constituição Federal determinou um tratamento diferenciado para essas empresas, exigindo que seja desenvolvido um sistema de proteção para elas.

CF/1988

Art. 179. A União, os Estados, o Distrito Federal e os Municípios dispensarão às microempresas e às empresas de pequeno porte, assim definidas em lei, tratamento jurídico diferenciado, visando a incentivá-las pela simplificação de suas obrigações administrativas, tributárias, previdenciárias e creditícias, ou pela eliminação ou redução destas por meio de lei.

A intenção do legislador constitucional foi determinar a criação de um sistema que propicie uma participação mais efetiva dessas empresas menores, dando a elas mais possibilidades de competição perante as empresas já firmadas no setor econômico. Com a Reforma Tributária de 2003, resultado da Emenda Constitucional nº 42, também passaram a ficar previstos na lei dispositivos de simplificação e facilitação tributária para essas novas entrantes do mercado.

Direito Administrativo Decifrado

CF/1988

Art. 146. (...)

III – (...)

d) definição de tratamento diferenciado e favorecido para as microempresas e para as empresas de pequeno porte, inclusive regimes especiais ou simplificados no caso do imposto previsto no art. 155, II, das contribuições previstas no art. 195, I e §§ 12 e 13, e da contribuição a que se refere o art. 239. (...)

Art. 155. (...)

II – operações relativas à circulação de mercadorias e sobre prestações de serviços de transporte interestadual e intermunicipal e de comunicação, ainda que as operações e as prestações se iniciem no exterior; (...)

Ficou instituída também competência concorrente a todas as entidades federativas com relação a ações protetivas das microempresas e empresas de pequeno porte, além de ter sido editada a Lei Complementar nº 123, de 2006, criando o Estatuto dessas entidades menores.

🧩 Decifrando a prova

(2014 – Cespe/Cebraspe – TJ/DFT – Juiz – Adaptada) Assegura-se tratamento favorecido para as empresas de pequeno porte constituídas sob as leis brasileiras, ainda que sua sede e administração estejam estabelecidas no exterior.

( ) Certo ( ) Errado

Gabarito comentado: a exigência constitucional é de que a empresa de pequeno porte somente tenha acesso ao tratamento diferenciado oferecido pela lei específica quando for constituída sob a lei brasileira e tenha sua sede e administração no país. Portanto, a assertiva está errada.

14.2.3.2 Estado executor

Atuação excepcional do Estado, em que passará a ser **um dos agentes de mercado**, explorando diretamente as atividades econômicas. Aqui, o Estado deixa de ser o controlador e passa a ser mais um dos controlados do mercado.

Como já estudado em capítulo anterior, a atuação do Estado por meio da exploração da atividade econômica se dará por órgãos internos ou por via de entidades da Administração Indireta, integrantes da estrutura da organização administrativa, vinculadas aos entes federativos. No exercício de tais atividades, algumas limitações constitucionais foram impostas para que se possa preservar a liberdade de iniciativa.

CF/1988

Art. 173. Ressalvados os casos previstos nesta Constituição, a exploração direta de atividade econômica pelo Estado só será permitida quando necessária aos imperativos da segurança nacional ou a relevante interesse coletivo, conforme definidos em lei.

Capítulo 14 ◆ Intervenção do Estado no domínio econômico **507**

Art. 170. (...)

IV – livre concorrência; (...)

Parágrafo único. É assegurado a todos o livre exercício de qualquer atividade econômica, independentemente de autorização de órgãos públicos, salvo nos casos previstos
em lei.

🧩 Decifrando a prova

(2018 – Comperve – TJ/RN – Juiz Leigo – Adaptada) A Constituição Federal de 1988 apresenta, de maneira expressa, diretrizes normativas para a conformação da atividade econômica
no país. Elias, governador de um estado brasileiro, sabendo de tal previsão normativa, decidiu
analisar a possibilidade de o ente federado por ele dirigido atuar em algum segmento econômico com o intuito de aferir receita e de incrementar o orçamento estatal. A ideia de Elias
é investir dinheiro público em alguma atividade econômica muito lucrativa para, a partir do
acúmulo de capital por ela gerado, dispor de recursos financeiros extras capazes de sustentar
investimentos altos em demandas sociais de interesse regional. De acordo com o que diz a
Constituição Federal de 1988 a respeito desse assunto, Elias poderá envidar esforços para que
o estado empreenda atividade econômica lucrativa, desde que caracterizado em lei relevante
interesse coletivo ou imperativo de segurança nacional.

( ) Certo ( ) Errado

Gabarito comentado: dois detalhes merecem destaque nessa questão. Primeiro que a doutrina majoritária entende que a exploração da atividade econômica com fundamento em **imperativo de segurança nacional** é de competência exclusiva da União. Além disso, mesmo
que esteja atuando como agente de mercado, não poderá o Estado perseguir lucro em sua
prestação de atividade. Portanto, a assertiva está errada.

Fica muito claro no texto constitucional um detalhe o qual tentamos destacar para você:
a atuação do Estado por meio da exploração da atividade econômica deve ser considerada
de **caráter excepcional**. Por isso, a regra é que o Estado **não explore tais atividades**, fazen-
do-o apenas quando estiverem presentes os pressupostos apontados no texto.

Cabe destacar que o Estado, mesmo que atue na exploração de uma atividade econômica, deverá estar imbuído da vontade pública, traduzindo, assim, um benefício para a coletividade. Isso se dá pelo simples fato de que não há nenhuma possibilidade lógica que
explique um Estado como um sujeito capaz de perseguir o interesse lucrativo. Além disso,
é muito difícil reconhecer que o Estado consiga prestar a atividade econômica em mesmo
nível de qualidade que os agentes da iniciativa privada. Muito complicado para o Estado in-
cutir uma mentalidade empresarial em suas entidades exploratórias de atividade econômica,
pois a atuação dessas entidades normalmente acaba se dirigindo aos interesses dos agentes
diretores do Estado, e não da própria coletividade, configurando, assim, instituições de baixa qualidade e problemáticas.

O primeiro pressuposto é a **segurança nacional**. No momento em que for possível perceber que a condução da atividade econômica pelos particulares está ameaçando ou cau-

508 Direito Administrativo Decifrado

sando riscos à soberania nacional, o Estado poderá intervir na economia para restabelecer a paz e a ordem social.

O segundo pressuposto é o **interesse coletivo relevante**. Trata-se de um conceito jurídico indeterminado, demandando legislação específica que defina tal termo. Enquanto tal lei não é editada, deve-se avaliar a justificativa da ação para verificar se há real interesse coletivo ou benefício coletivo na ação interventiva do Estado.

O último pressuposto legal, implícito na Constituição, é o de **legalidade constitucional**. Isso significa que, fora as situações que se enquadrem nos pressupostos anteriores, a simples previsão constitucional de setor de atuação do Estado será considerada uma permissão interventiva. Assim, mesmo que não se trate de uma situação de **segurança nacional ou relevante interesse coletivo**, estando previsto na Constituição Federal, o Estado poderá intervir, considerando-se o **interesse público presumido**.

> ## 🧩 Decifrando a prova
>
> **(2018 – Vunesp – TJ/SP – Juiz – Adaptada)** É correto afirmar que, em seu Título VII (Da Ordem Econômica e Financeira), a Constituição dispõe que é permitida, nos termos da lei, a exploração direta de atividade econômica pelo Estado, entre outras hipóteses, quando necessária aos imperativos da segurança nacional ou relevante interesse coletivo.
>
> ( ) Certo ( ) Errado
>
> **Gabarito comentado:** não é possível determinar atuação atípica do Estado na atividade econômica por meio de lei, somente mediante previsão constitucional. Portanto, a assertiva está errada.

Exploração indireta da atividade econômica. Uma das formas mais comuns de atuação do Estado é por intermédio de suas empresas estatais, autorizadas por lei a atuarem em representação aos interesses coletivos e estatais na atividade mercantil e comercial. A exploração indireta da atividade econômica se dá na forma da Constituição, com regramento determinado na Lei nº 13.303/2016, que instituiu o Estatuto das Empresas Estatais, que procura disciplinar o regime jurídico que deve reger as empresas públicas e as sociedades de economia mista, bem como suas subsidiárias. Assim, fica claro que quando o Estado não está agindo por meio de seus próprios órgãos (intervenção direta), estará atuando por meio de outras entidades em representação (intervenção indireta). Da análise do texto constitucional fica claro que a exploração indireta da atividade econômica poderá se dar por intermédio de **empresas públicas, sociedades de economia mista, subsidiárias de ambas e sociedades empresariais privadas das quais participe o Estado sem controle acionário**.

Com relação ao regime jurídico, fica claro que, mesmo em se tratando de entidades com personalidade jurídica de direito privado e por executarem atividades econômica e empresariais, nunca tais entidades sofrerão a aplicação integral da fisionomia jurídica das entidades privadas. Destaca-se, então, o **hibridismo** de seu regime jurídico, sofrendo influência das normas de direito público e das de direito privado. Por um lado, tal hibridismo se apresenta muito positivo para o Estado, que poderá se afastar da burocracia imposta pelo

Capítulo 14 • Intervenção do Estado no domínio econômico **509**

direito público para ingerir no setor econômico com maior autonomia. Por outro lado, o fator negativo que se percebe é que tais entidades deverão sempre perseguir o interesse coletivo em suas ações.

Em razão desse hibridismo, as empresas estatais sofrem muitas "pressões" da lei pública, no que tange à obrigatoriedade de licitação, prestação de contas, realização de concursos públicos, e ao mesmo tempo não goza de prerrogativas essenciais para a concretização mais prática da vontade pública. Inclusive o texto constitucional deixa claro que não haverá acesso aos principais benefícios e privilégios dos entes públicos do Estado.

CF/1988

Art. 173. (...)

§ 2º As empresas públicas e as sociedades de economia mista não poderão gozar de privilégios fiscais não extensivos às do setor privado.

Assim, para que seja possível conceder às empresas estatais algum privilégio ou benefício não advindo do direito privado, o poder Público deverá garantir acesso a todos os agentes atuantes no setor econômico específico, sob pena de quebra da isonomia e afastamento da concorrência leal.

🧩 Decifrando a prova

(2015 – TRT/21ª Região – Juiz do Trabalho – Adaptada) É possível afirmar que as empresas públicas e sociedades de economia mista poderão gozar de privilégios fiscais não extensivos ao setor privado.
( ) Certo ( ) Errado
Gabarito comentado: a atuação direta na economia do Estado Executor deverá sempre observar a manutenção do equilíbrio e da competitividade no setor. Conceder benefícios específicos para as empresas estatais em detrimento das empresas particulares automaticamente afastará o equilíbrio do sistema. Portanto, a assertiva está errada.

14.3 Monopólio estatal

Monopólio configura situação na qual existe apenas um fornecedor de determinado bem ou serviço, não havendo preço de mercado – haja vista a imposição do preço pelo monopolista. Apesar de vedado o monopólio privado pelo texto constitucional, visto que do monopólio resulta dominação de mercado e consequente eliminação de concorrência, o monopólio estatal é permitido pelo mesmo texto constitucional. Ora, precisamos entender que o monopólio feito pelo Estado nunca terá finalidade lucrativa, sendo executado apenas em situações nas quais o poder Público esteja atuando para proteger o interesse público, ou seja, caráter protetivo. Assim, podemos dizer que o monopólio estatal encerra uma forma de intervenção do Estado no domínio econômico, afastando a possibilidade de atuação privada em determinado setor de extrema importância para a coletividade.

510 Direito Administrativo Decifrado

Decifrando a prova

(2018 – Consulpan – TJ/MG – Notário – Adaptada) Sobre os tipos de atividade administrativa, no âmbito da intervenção econômica estatal, é correto afirmar que o monopólio estatal não se confunde com o serviço público, porque não se destina a satisfazer de modo direito e imediatos direitos fundamentais.

( ) Certo ( ) Errado

Gabarito comentado: a prestação de serviços públicos é uma função precípua da Administração Pública, ou seja, uma atividade que se espera da atuação natural do Estado. Já a exploração da atividade econômica, mediante monopólio ou não, apresenta função atípica do Estado, só ocorrendo como forma de manutenção do equilíbrio nas atividades praticadas pelos particulares como defesa do interesse coletivo. Portanto, a assertiva está certa.

Devemos diferenciar nesse ponto os termos **monopólio** e **privilégio**. Como vimos, monopólio é o fato econômico que retrata a reserva, a uma pessoa específica, da exploração de atividade econômica. Já o privilégio se refere à delegação do direito de exploração da atividade econômica a outra pessoa. Assim, somente aquele que detenha o monopólio poderá conceder o privilégio de exploração da atividade.

A doutrina costuma categorizar a forma de monopólio exercida pelo Estado em **monopólio explícito** e **monopólio implícito**. Configura monopólio expresso:

CF/1988

Art. 177. Constituem monopólio da União:

I – a pesquisa e a lavra das jazidas de petróleo e gás natural e outros hidrocarbonetos fluidos;

II – a refinação do petróleo nacional ou estrangeiro;

III – a importação e exportação dos produtos e derivados básicos resultantes das atividades previstas nos incisos anteriores;

IV – o transporte marítimo do petróleo bruto de origem nacional ou de derivados básicos de petróleo produzidos no País, bem assim o transporte, por meio de conduto, de petróleo bruto, seus derivados e gás natural de qualquer origem;

V – a pesquisa, a lavra, o enriquecimento, o reprocessamento, a industrialização e o comércio de minérios e minerais nucleares e seus derivados, com exceção dos radioisótopos cuja produção, comercialização e utilização poderão ser autorizadas sob regime de permissão, conforme as alíneas *b* e *c* do inciso XXIII do *caput* do art. 21 desta Constituição Federal.

Basicamente, a Constituição Federal apontou para duas atividades de monopólio do Estado, uma relativa ao exercício petrolífero e outra relacionada a materiais nucleares.

Em 1995, com a edição da Emenda Constitucional nº 09, o monopólio estatal da atividade petrolífera sofreu uma mitigação, pois o dispositivo constitucional passou a prever a possibilidade, até então vedada, de a União contratar empresas estatais ou privadas para a

Capítulo 14 ◆ Intervenção do Estado no domínio econômico **511**

realização de tais atividades. Assim, o monopólio continuou na mão do Estado, mas passou a ser previsto constitucionalmente o poder de concessão de privilégio de exploração da atividade petrolífera a outros entes.

CF/1988

Art. 177. (...)

§ 1º A União poderá contratar com empresas estatais ou privadas a realização das atividades previstas nos incisos I a IV deste artigo observadas as condições estabelecidas em lei.

Em 1997, com a edição da Lei nº 9.478 (Marco Regulatório da Exploração de Petróleo), foi instituído o **regime de concessão**, cujo contrato delega à sociedade privada o direito de exploração da atividade petrolífera. A característica principal desse regime é que a atividade corre por conta e risco da concessionária, mas no caso de descoberta do produto o resultado da produção será da concessionária, que deverá pagar *royalties* (compensação financeira) ao Governo. Em 2018, a Lei nº 13.609, complementando a legislação anterior, criou uma nova forma de distribuição dos recursos provenientes dos *royalties* pagos em favor de Estados e Municípios.

Com a descoberta do pré-sal (camada de rochas formadas preferencialmente por rochas carbonáticas, localizada abaixo de uma camada de sal), foi editada a Lei nº 12.351/2010, que passou a prever um novo regime regulatório, denominado **partilha de produção**. Esse tipo de contrato determina a exploração da atividade pelo concessionário por sua conta e risco, sendo o montante produzido, após serem descontados o custo operacional da sociedade e o total dos *royalties*, partilhado entre o governo e o contratado nas condições contratuais. Trata-se de regime muito mais vantajoso para o Estado, mas com fundamento na percepção de haver baixo risco exploratório e alto potencial de produção de petróleo nas áreas do pré-sal.

Em 2006, com a Emenda Constitucional nº 49, nova alteração foi feita no texto constitucional, atenuando mais ainda o monopólio estatal, dessa vez tratando do monopólio referente à pesquisa, enriquecimento, reprocessamento, industrialização e comércio de minérios e minerais nucleares e seus derivados, passando a admitir a produção, comercialização e utilização de radioisótopos por particulares sob regime de permissão. Com essa nova mudança, passou-se a entender que o monopólio estatal não mais existe, por não encontrar fundamentação no texto constitucional atualizado.

CF/1988

Art. 177. (...)

V – a pesquisa, a lavra, o enriquecimento, o reprocessamento, a industrialização e o comércio de minérios e minerais nucleares e seus derivados, com exceção dos radioisótopos cuja produção, comercialização e utilização poderão ser autorizadas sob regime de permissão, conforme as alíneas b e c do inciso XXIII do *caput* do art. 21 desta Constituição Federal.

Também há uma previsão constitucional de monopólio expresso desenvolvido pelo Estado.

CF/1988

Art. 25. Os Estados organizam-se e regem-se pelas Constituições e leis que adotarem, observados os princípios desta Constituição. (...)

§ 2º Cabe aos Estados explorar diretamente, ou mediante concessão, os serviços locais de gás canalizado, na forma da lei, vedada a edição de medida provisória para a sua regulamentação.

Com relação ao **monopólio implícito**, está previsto no art. 21 da Constituição Federal, apontado como atividade administrativa exclusiva da União e, por isso, entendido como um monopólio, apesar de o texto não fazer nenhuma referência a esse detalhe.

CF/1988

Art. 21. Compete à União: (...)

VII – emitir moeda; (...)

X – manter o serviço postal e o correio aéreo nacional;

XI – explorar, diretamente ou mediante autorização, concessão ou permissão, os serviços de telecomunicações, nos termos da lei, que disporá sobre a organização dos serviços, a criação de um órgão regulador e outros aspectos institucionais;

XII – explorar, diretamente ou mediante autorização, concessão ou permissão:

a) os serviços de radiodifusão sonora, e de sons e imagens;

b) os serviços e instalações de energia elétrica e o aproveitamento energético dos cursos de água, em articulação com os Estados onde se situam os potenciais hidroenergéticos;

c) a navegação aérea, aeroespacial e a infraestrutura aeroportuária;

d) os serviços de transporte ferroviário e aquaviário entre portos brasileiros e fronteiras nacionais, ou que transponham os limites de Estado ou Território;

e) os serviços de transporte rodoviário interestadual e internacional de passageiros;

f) os portos marítimos, fluviais e lacustres; (...)

Controle da Administração Pública

15.1 INTRODUÇÃO

A base de atuação de toda a organização administrativa e seus agentes é pautada e dirigida pelo **princípio da legalidade**. Por isso, nem mesmo a Administração Pública no máximo de suas competências estará isenta de respeito aos limites determinados pela lei. Toda a sociedade e toda organização do Estado devem se submeter à legislação, por força de nossa consolidação como **República**, que nos remete ao conceito de titularidade patrimonial na mão do povo e não da Administração Pública. Para que se consiga atingir a efetiva atuação do Estado dentro do interesse público, devemos submeter a atuação do Estado em sua integralidade ao controle de atividades. Tal controle, segundo a lei, poderá ser exercido tanto pelos cidadãos quanto pelos mais diversos órgãos orientados a essa função, inclusive pelos que integram os Poderes Judiciário e Legislativo.

> **Decreto-lei nº 200/1967**
>
> **Art. 6º** As atividades da Administração Federal obedecerão aos seguintes princípios fundamentais: (...)
>
> V – Controle.

Para exercer de modo mais adequado esse controle e garantir adequação da atuação estatal com o interesse público, a Emenda Constitucional nº 45 de 2004 criou dois órgãos com atribuição de controle da atuação estatal, o **Conselho Nacional de Justiça (CNJ) e o Conselho Nacional do Ministério Público (CNMP)**, em seus arts. 103-B e 130-A, respectivamente.

O controle do Estado pode ser exercido de duas formas distintas, **controle político e controle administrativo**.

Controle político. Baseado na busca pelo perfeito equilíbrio dos Poderes estruturais da República (Executivo, Legislativo e Judiciário), na forma determinada pelo texto constitucional, por meio do **sistema de freios e contrapesos**, que estabelece uma atuação nivelada pelos Poderes, sem que um Poder possa se sobressair em detrimento de outro, equilibrando pontos em que um Poder se destaca do outro.

514 Direito Administrativo Decifrado

Controle administrativo. Não se preocupa com a busca de equilíbrio entre Poderes, visto que ele é exercido por órgãos e entidades da própria Administração Pública. Para Matheus Carvalho (2017, p. 386),

> (...) pode-se conceituar controle administrativo como o conjunto de instrumentos definidos pelo ordenamento jurídico a fim de permitir a fiscalização da atuação estatal por órgãos e entidades da própria Administração Pública, dos Poderes Legislativo e Judiciário, assim como pelo povo diretamente, compreendendo ainda a possibilidade de orientação e revisão da atuação administrativa de todas as entidades e agentes públicos, em todas as esferas de poder.

O **controle político** é resultado da clássica **teoria da separação de poderes** desenvolvida por Locke e Montesquieu nos séculos XVII e XVIII. A ideia versava sobre a existência de um poder soberano uno e indivisível, mas com diversificação de suas atuações por meio da criação de entidades próprias para cada uma delas. Daí a célebre previsão constitucional: "São Poderes da União, independentes e harmônicos entre si, o Legislativo, o Executivo e o Judiciário".[1]

O controle político é exercido por meio de diversos mecanismos espalhados pelo texto constitucional. O Poder Executivo, por exemplo, controla a atuação do Poder Legislativo mediante veto imposto pelo chefe do Executivo a uma determinada lei,[2] enquanto o Poder Legislativo controla o Poder Judiciário por intermédio do controle financeiro e orçamentário.[3] Fica evidente nesses exemplos apresentados que a intenção por trás do sistema de controle político é a preservação e o equilíbrio das instituições do país.

Com relação ao **controle administrativo**, sua atuação pode ser exemplificada pela verificação de conveniência ou oportunidade dos atos administrativos ou da apresentação de pedido administrativo por um cidadão, visando a afastar a prática de uma conduta administrativa irregular. Os métodos de controle administrativo pretendem preservar a própria função administrativa, seus órgãos e agentes. É o exercício de controle da própria atividade emana da própria matéria do Direito Administrativo, enquanto o controle político resulta da previsão constitucional.

O controle administrativo se sustenta no **princípio da legalidade**, visto que os agentes não podem atuar de forma livre, sujeitando-se sempre ao determinado em lei, e nas **políticas administrativas**, uma vez que a Administração Pública detém a autonomia de estabelecer metas, diretrizes, programas, prioridades e planejamento para que a atividade administrativa ocorra de forma mais célere e eficiente.

Como pudemos ver até aqui, os mecanismos de controle oferecidos podem ser de ordem judicial ou administrativa. A atuação desse controle se dará, basicamente, por meio da **fiscalização** e **da revisão**. Fiscalização com relação à adequação das atividades exercidas pelos órgãos e agentes com o interesse público, revisão na forma de correção de condutas administrativas para melhor atendimento ao interesse público.

---

[1] Art. 2º da CF/1988.

[2] Art. 66, § 1º, da CF/1988.

[3] Art. 70 da CF/1988.

Capítulo 15 ◆ Controle da Administração Pública **515**

O controle é exercido sobre **toda a atividade administrativa, atingindo, assim, todas as esferas de Poder**. Devemos lembrar que, mesmo que não seja sua atividade precípua, todos os Poderes exercem atividade administrativa, produzindo-se, por exemplo, atos administrativos dentro de todos os entes da composição do Estado.

Evidente que a grande intenção do instituto do controle da Administração Pública é assegurar os direitos dos administrados e da própria Administração quando em atuação com foco nos objetivos de sua atividade administrativa. Assim, mediante o controle será possível aferir a legalidade ou conveniência das condutas administrativas.

15.2 CLASSIFICAÇÃO DO CONTROLE

◆ **Quanto ao órgão controlador:**

◇ **Controle Legislativo:** realizado pelo parlamento com o auxílio do **Tribunal de Contas**. Ex.: Comissões Parlamentares de Inquérito (CPIs).

◇ **Controle Judicial:** promovido por meios de ações constitucionais perante o Poder Judiciário. Sempre realizado mediante provocação do interessado, o controle poderá ocorrer *a priori* **(antes) ou** *a posteriori* **(depois)** em relação aos efeitos do ato controlado. Ex.: ação civil pública, ação popular, mandado de segurança.

◇ **Controle administrativo:** controle realizado dentro da estrutura administrativa, sendo um controle interno. Pode se dar **de ofício ou mediante provocação**. Ex.: recurso administrativo, revisão.

◆ **Quanto à extensão:**

◇ **Controle interno:** realizado por um Poder dentro de sua própria estrutura, sobre seus órgãos e agentes.

CF/1988

Art. 74. Os Poderes Legislativo, Executivo e Judiciário manterão, de forma integrada, sistema de controle interno com a finalidade de:

I – avaliar o cumprimento das metas previstas no plano plurianual, a execução dos programas de governo e dos orçamentos da União;

II – comprovar a legalidade e avaliar os resultados, quanto à eficácia e eficiência, da gestão orçamentária, financeira e patrimonial nos órgãos e entidades da administração federal, bem como da aplicação de recursos públicos por entidades de direito privado;

III – exercer o controle das operações de crédito, avais e garantias, bem como dos direitos e haveres da União;

IV – apoiar o controle externo no exercício de sua missão institucional.

◇ **Controle externo:** o órgão fiscalizador se situa fora da organização administrativa do Poder. Ex.: anulação judicial de ato administrativo do Poder Executivo.

◇ **Controle popular:** forma de controle externo, exercido diretamente pelos cidadãos, diretamente ou por meio de órgãos específicos. Visa a verificar a regularidade da ação administrativa e impedir a prática de atos ilegítimos, com base no princípio da indisponibilidade do interesse público.

CF/1988

Art. 5º (...)

LXXIII – qualquer cidadão é parte legítima para propor ação popular que vise a anular ato lesivo ao patrimônio público ou de entidade de que o Estado participe, à moralidade administrativa, ao meio ambiente e ao patrimônio histórico e cultural, ficando o autor, salvo comprovada má-fé, isento de custas judiciais e do ônus da sucumbência; (...)

Art. 31. A fiscalização do Município será exercida pelo Poder Legislativo Municipal, mediante controle externo, e pelos sistemas de controle interno do Poder Executivo Municipal, na forma da lei. (...)

§ 3º As contas dos Municípios ficarão, durante sessenta dias, anualmente, à disposição de qualquer contribuinte, para exame e apreciação, o qual poderá questionar-lhes a legitimidade, nos termos da lei.

Decifrando a prova

(2019 – MPE/SP – Promotor de Justiça – Adaptada) Como uma das formas de participação popular no processo administrativo, a Lei Federal prevê que quem comparecer à consulta pública passará a figurar na condição de interessado no processo, podendo examinar os autos, participar de debates e oferecer alegações escritas.

( ) Certo ( ) Errado

Gabarito comentado: de acordo com o art. 31 da Lei nº 9.784/1999, quando a matéria do processo administrativo envolver assunto de interesse geral, o órgão competente poderá, se não houver prejuízo para a parte interessada, mediante despacho motivado, abrir período de consulta pública para manifestação de terceiros, antes da decisão do pedido. O simples comparecimento ao evento público não confere condição de interessado no processo, mas garante ao participante direito de obtenção de informações e respostas fundamentadas do Poder Público. Portanto, a assertiva está errada.

◆ **Quanto à natureza:**

◇ **Controle de legalidade:** garante compatibilidade entre o ato produzido e a previsão legislativa. Pode ser dada pela **própria Administração Pública ou pelo Poder Judiciário**. Ex.: anulação judicial de decreto do Poder Executivo.

Importante

No Brasil não há necessidade de exaurimento da esfera administrativa para propositura de ação judicial de controle. Exceção se encontra nas questões envolvendo a justiça desportiva, na forma do art. 217, § 1º, da CF/1988 e na reclamação constitucional contra ato da administração pública, conforme art. 7º, § 1º, da Lei nº 11.417/2006.

Capítulo 15 ◆ Controle da Administração Pública **517**

◇ **Controle de mérito:** baseado nos juízos de conveniência e oportunidade de seus atos, só podendo ser exercido pela própria Administração. Observe que tal controle poderá ser exercido pelo Poder Judiciário caso se trate de uma situação de controle de ato dentro do próprio Judiciário resultante da função atípica administrativa. Não haverá um controle de legalidade, mas sim um controle de mérito. O Judiciário nunca poderá realizar controle de mérito quando o ato for produzido fora de sua atuação administrativo ou de sua esfera de poder. Ex.: revogação de atos administrativos inconvenientes ou inoportunos.

◆ **Quanto ao âmbito:**

◇ **Controle por subordinação:** realizado por autoridade superior com relação a ato praticado por seus subordinados. Resulta do Poder Hierárquico. Por isso, não se admite esse tipo de controle sendo exercido entre entes da Administração Pública Direta e Indireta. Ex.: anulação pelo Prefeito de ato produzido por Secretário.

◇ **Controle por vinculação:** resulta da descentralização administrativa, permitindo uma supervisão eficiente entre entidades que não se encontram hierarquicamente relacionadas. Mesmo sendo exercido por entidades diversas, é considerado um controle interno por essas entidades estarem no âmbito da Administração Pública. Ex.: fiscalização exercida pela União sobre uma Autarquia Federal.

Decreto-lei nº 200/1967

Art. 19. Todo e qualquer órgão da Administração Federal, direta ou indireta, está sujeito à supervisão do Ministro de Estado competente, excetuados unicamente os órgãos mencionados no art. 32, que estão submetidos à supervisão direta do Presidente da República.

◆ **Quanto ao momento:**

◇ **Controle prévio (*a priori*):** realizado antes do ato ser praticado. Ex.: mandado de segurança preventivo interposto contra ato em produção.

◇ **Controle concomitante:** controle e execução do ato ocorrem simultaneamente. Ex.: fiscalização na execução de um contrato administrativo.

◇ **Controle posterior (*a posteriori*):** realizado após a prática do ato. Ex.: ação popular para anular ato lesivo ao meio ambiente.

◆ **Quanto à iniciativa:**

◇ **Controle de ofício:** não necessita de provocação pelo interessado, cabendo à autoridade competente exercê-lo ao tomar conhecimento de ato praticado. Ex.: instauração de PAD para apuração de falta administrativa cometida por servidor público.

◇ **Controle provocado:** depende da iniciativa do interessado. Ex.: ação constitucional oferecida ao Judiciário.

> **Decifrando a prova**
>
> **(2019 – Cespe/Cebraspe – TJ/PR – Juiz – Adaptada)** Determinado magistrado, no exercício regular de suas funções, proferiu decisão em processo judicial e, em outra ocasião, exarou ato administrativo regulando a organização do trabalho dos servidores lotados na vara de sua competência. A respeito do controle de tais atos, é correto afirmar que tanto o primeiro ato quanto o segundo são passíveis de controle administrativo interno.
> ( ) Certo ( ) Errado
> **Gabarito comentado:** o CNJ, embora integrando a estrutura constitucional do Poder Judiciário como órgão interno de controle administrativo, financeiro e disciplinar da magistratura – excluídos, no entanto, do alcance de referida competência, o próprio STF e seus ministros (ADI nº 3.367/DF) –, qualifica-se como instituição de caráter eminentemente administrativo, não dispondo de atribuições funcionais que lhe permitam, quer colegialmente, quer mediante atuação monocrática de seus conselheiros ou, ainda, do corregedor nacional de justiça, fiscalizar, reexaminar e suspender os efeitos decorrentes de atos de conteúdo jurisdicional emanados de magistrados e tribunais em geral, razão pela qual se mostra arbitrária e destituída de legitimidade jurídico-constitucional a deliberação do corregedor nacional de justiça que, agindo *ultra vires*, paralise a eficácia de decisão que tenha concedido mandado de segurança (STF, MS nº 28.611 MC-AgR, Rel. Min. Celso de Mello). Portanto, a assertiva está errada.

15.3 CONTROLE ADMINISTRATIVO

Controle exercido pelo Poder Executivo e pelos órgãos administrativos dos Poderes Legislativo e Judiciário, tem por finalidade confirmar, rever ou alterar condutas internas com parâmetro de legalidade ou conveniência. Trata-se de um **controle interno**, podendo ocorrer de forma **prévia, concomitante ou posterior**, mediante **provocação ou de ofício**.

O controle administrativo tem três objetivos: **confirmação**, momento em que se dá legitimidade e se reconhece adequação de atos e condutas administrativas; **correção**, quando os órgãos de controle, ao verificar ilegalidade ou inconveniência dos atos e condutas, providencia a sua retirada do mundo jurídico produzindo um novo ato dentro da legalidade e da conveniência pretendida; **alteração**, por meio do qual a Administração ratifica parte do ato, substituindo outra parte. Ex.: se o Poder Público revoga um ato, estamos diante da correção; quando se decide por alterar o local de atendimento ao público de um órgão mantendo o horário determinado anteriormente, identificamos a alteração; por último, o ato de confirmação de uma autuação fiscal, como o nome já informa, exterioriza a confirmação do ato.

> **Decifrando a prova**
>
> **(2018 – Fumarc – PC/MG – Delegado – Adaptada)** Sobre o controle administrativo da Administração Pública, **não** é correto afirmar que pode ocorrer por iniciativa da própria administração, mas não pode ser deflagrado mediante provocação dos administrados.

Capítulo 15 ◆ Controle da Administração Pública **519**

> ( ) Certo ( ) Errado
>
> **Gabarito comentado:** o controle administrativo poderá ser instaurado de ofício ou mediante provocação do interessado, que se valerá dos meios legalmente instituídos para manifestação. Portanto, a assertiva está certa.

15.3.1 Meios de controle

Os meios de controle são instrumentos jurídicos que concretizam, efetivamente, a possibilidade de ser efetuado o controle administrativo.

Controle ministerial. Meio de controle exercido pelos Ministérios sobre os órgãos de sua estrutura administrativa. Também representa uma forma de controle desses Ministérios sobre os entes da Administração Indireta Federal vinculados a eles. No caso de estados e municípios, aponta-se como um controle exercido pelas secretarias, que desempenham idêntico papel em suas esferas aos desempenhados pelos ministérios.

Hierarquia orgânica. Resulta do escalonamento de cargos e funções existentes em um sistema organizado. Normalmente citado como via administrativa de controle. Representa o poder fiscalizatório e revisional exercido pelos superiores sobre os atos e as condutas dos subordinados.

Direito de petição. Consiste no direito que os indivíduos detêm de postular junto aos órgãos públicos. Trata-se de uma garantia constitucional[4] assegurada a todos. Abrange a proteção de direitos individuais e coletivos, próprios ou de terceiros.

Revisão recursal. Representa o direito de interessados se posicionarem contrários a certos atos da Administração, sendo processada por meio da interposição de **recursos administrativos.**

Controle social. Interessante instrumento que vem se desenvolvendo com a evolução da sociedade, configura uma forma de participação do povo no processo de exercício do poder. A vontade social passa a ser um fator de avaliação para as políticas públicas instituídas pelo Poder Público. Diversas são as espécies legislativas que apontam para o controle social, com destaque:

- ◆ Possibilidade de propositura de iniciativa popular (art. 61, § 2º, da CF/1988).
- ◆ Participação da comunidade nos sistemas de saúde (art. 198, III, da CF/1988).
- ◆ Participação social no sistema de seguridade social (art. 194, VII, da CF/1988).
- ◆ Gestão democrática na formulação, execução e acompanhamento dos planos de desenvolvimento urbano (art. 2º, II, da Lei nº 10.257/2001).
- ◆ Participação social na formulação, planejamento e avaliação dos serviços de saneamento básico (art. 3º, IV, da Lei nº 11.445/2007).

---

4   Art. 5º, XXXIV, *a*, da CF/1988.

520 Direito Administrativo Decifrado

♦ Participação da sociedade civil no planejamento, fiscalização e avaliação da Política Nacional de Mobilidade Urbana (art. 15 da Lei nº 12.587/2012).

A doutrina costuma apontar que o controle social poderá ser efetivado de duas formas: ou será efetivado por meio do **controle natural**, executado pelos próprios indivíduos que integram as comunidades ou por entidades representativas (associações, fundações e outras), e o **controle institucional**, que será exercido por entidades e órgãos do Poder Público com essa finalidade principal, como ocorre com a Defensoria Pública, o Ministério Público e outros de mesma instituição.

Instrumentos legais. Em atendimento ao regramento estabelecido na Constituição por meio da qual devem ser editadas leis que apontem para um maior controle sobre as atividades administrativas que causem prejuízo à Administração, os legisladores têm editado diversos dispositivos legais com esse propósito. Podemos apontar alguns deles:

♦ LC nº 101/2000, que determina limites e condições para a geração de despesa com pessoal e com a seguridade social, renúncia fiscal, equilíbrio das contas públicas por meio da prevenção de atos ilícitos e desvios cometidos pelos agentes públicos;

♦ EC nº 40/2003, permitindo a instituição, por lei complementar, de novos mecanismos de controle relacionados à atividade financeira.

15.3.2 Provocação da Administração Pública

Como visto, o controle administrativo poderá ser feito de ofício ou mediante provocação. A provocação da Administração Pública é um direito de todos, e decorre do direito de petição, previsto na Constituição Federal.

CF/1988

Art. 5º (...)

XXXIV – são a todos assegurados, independentemente do pagamento de taxas:

a) o direito de petição aos Poderes Públicos em defesa de direitos ou contra ilegalidade ou abuso de poder; (...)

Entende-se como direito de petição não só o direito de provocar a Administração, mas também como uma garantia de se receber uma resposta dos pedidos formulados. Por essa razão, o entendimento prevalente na doutrina e na jurisprudência é de que, não havendo previsão legal, o silêncio da Administração perante solicitações formuladas pelos interessados não produz qualquer efeito. A provocação aos entes da Administração Pública poderá se dar por meio de:

Representação. Ato pelo qual um particular requer a anulação de um ato lesivo ao interesse público. Não há um prejuízo direto causado ao indivíduo responsável pela representação, mas um prejuízo à coletividade que ele representa. Ex.: impugnação de edital de procedimento licitatório.

CF/1988

Art. 74. (...)

§ 2º Qualquer cidadão, partido político, associação ou sindicato é parte legítima para, na forma da lei, denunciar irregularidades ou ilegalidades perante o Tribunal de Contas da União.

Reclamação. Ato pelo qual se pretende a retirada de um ato administrativo que causou prejuízo à direito preexistente do peticionante. Aqui, há prejuízo direto ao indivíduo que provoca a administração. Ex.: impugnação de edital de concurso público que apresenta regras restritivas que o impedem de participar do certame público.

Decreto nº 20.910/1932

Art. 6º O direito à reclamação administrativa, que não tiver prazo fixado em disposição de lei para ser formulada, prescreve em um ano a contar da data do ato ou fato do qual a mesma se originar.

Lei nº 11.417/2006

Art. 7º Da decisão judicial ou do ato administrativo que contrariar enunciado de súmula vinculante, negar-lhe vigência ou aplicá-lo indevidamente caberá reclamação ao Supremo Tribunal Federal, sem prejuízo dos recursos ou outros meios admissíveis de impugnação. (...)

§ 2º Ao julgar procedente a reclamação, o Supremo Tribunal Federal anulará o ato administrativo ou cassará a decisão judicial impugnada, determinando que outra seja proferida com ou sem aplicação da súmula, conforme o caso.

Pedido de reconsideração: visa a conseguir uma retratação da autoridade pública diante de uma conduta previamente praticada. Caracteriza-se por ser dirigido à mesma autoridade que praticou o ato que se questiona, e não ao superior da autoridade.

Por analogia ao sistema legal da reclamação, entende-se ser de 1 (um) ano o prazo para interposição do pedido de reconsideração. Ex.: pedido de reconsideração interposto contra decisão administrativa punível ao servidor público.

Lei nº 14.133/2021

Art. 109. Dos atos da Administração decorrentes da aplicação desta Lei cabem: (...)

II – pedido de reconsideração, no prazo de 3 (três) dias úteis, contado da data de intimação, relativamente a ato do qual não caiba recurso hierárquico.

Seja qual for o meio de provocação adotado pelo interessado, a petição demandará a instauração de um procedimento administrativo no qual o Poder Público deverá chegar a uma resposta efetiva à solicitação apresentada. Por se tratar de um processo administrativo, a lei também permitirá a possibilidade de interposição de recursos administrativos que visem à revisão da decisão anteriormente proferida por autoridade de nível hierárquico inferior. Com relação ao **recurso administrativo**, é instrumento reconhecido pelos tribunais superiores como suficiente para preservar o duplo grau de jurisdição na esfera administrativa, devidamente regulamentado na Lei nº 9.784/1999.

522 Direito Administrativo Decifrado

Lei nº 9.784/1999

Art. 56. Das decisões administrativas cabe recurso, em face de razões de legalidade e de mérito.

§ 1º O recurso será dirigido à autoridade que proferiu a decisão, a qual, se não a reconsiderar no prazo de cinco dias, o encaminhará à autoridade superior.

§ 2º Salvo exigência legal, a interposição de recurso administrativo independe de caução.

§ 3º Se o recorrente alegar que a decisão administrativa contraria enunciado da súmula vinculante, caberá à autoridade prolatora da decisão impugnada, se não a reconsiderar, explicitar, antes de encaminhar o recurso à autoridade superior, as razões da aplicabilidade ou inaplicabilidade da súmula, conforme o caso.

Art. 57. O recurso administrativo tramitará no máximo por três instâncias administrativas, salvo disposição legal diversa.

A legislação também aponta a legitimidade para propositura de recurso administrativo,[5] imputando ao recurso efeito **meramente devolutivo**, visto que no Direito Administrativo recursos só possuem efeito suspensivo se existir **previsão legal ou a autoridade receber o recurso com esse efeito**. Além disso, a lei estabelece a possibilidade da *reformatio in pejus*, que consiste em um reconhecimento de que a decisão proferida em grau de recurso administrativo poderá reformar a decisão propondo uma situação pior ao recorrente.

Importa fazermos agora uma distinção importante: a Lei nº 9.784/1999 regulamenta o Processo Administrativo Federal e prevê, além do recurso administrativo, a possibilidade de propositura de **pedido de revisão**. A revisão nada mais é do que um pedido de reapreciação que tem como fundamento o surgimento de novas provas não apresentados durante o procedimento administrativo original. Por seu turno, o **recurso administrativo** é proposto apenas com base na insatisfação do recorrente, sem que se determine a necessidade de apresentação de novas provas. Na revisão, não caberá o instituto da *reformatio in pejus*. Cumpre comparar os institutos, na forma da lei:

Revisão da decisão administrativa	Recurso administrativo
Novo procedimento que será apensado ao procedimento administrativo principal.	Dirigido à autoridade que proferiu a decisão e julgado por autoridade superior, dentro do mesmo procedimento administrativo.
Não tem prazo para propositura, sendo aceito o pedido, inclusive, depois do trânsito em julgado.	Prazo de 10 dias a contar da data em que se tomou conhecimento da decisão recorrida.
Proposto mediante surgimento de novas provas.	Configura a insatisfação do recorrente.
Não aceita aplicação da *reformatio in pejus*.	Permite a *reformatio in pejus*.

---

[5] Art. 58 da Lei nº 9.784/1999.

Capítulo 15 ◆ Controle da Administração Pública **523**

Lei nº 9.784/1999

Art. 56. Das decisões administrativas cabe recurso, em face de razões de legalidade e de mérito. (...)

Art. 64. O órgão competente para decidir o recurso poderá confirmar, modificar, anular ou revogar, total ou parcialmente, a decisão recorrida, se a matéria for de sua competência.

Parágrafo único. Se da aplicação do disposto neste artigo puder decorrer gravame à situação do recorrente, este deverá ser cientificado para que formule suas alegações antes da decisão.

Art. 65. Os processos administrativos de que resultem sanções poderão ser revistos, a qualquer tempo, a pedido ou de ofício, quando surgirem fatos novos ou circunstâncias relevantes suscetíveis de justificar a inadequação da sanção aplicada.

Parágrafo único. Da revisão do processo não poderá resultar agravamento da sanção.

Após a tramitação do processo em todas as instâncias (máximo de três, na forma da lei), ocorre a **coisa julgada administrativa**. Essa expressão aponta tão somente que a esfera administrativa não mais permite discussão sobre a causa, mas não impede a propositura de uma ação judicial para revisão do processo administrativo quando a decisão estiver eivada de ilegalidade. Esse entendimento resulta do **princípio da inafastabilidade do Poder Judiciário**.

CF/1988

Art. 5º (...)

XXXV – a lei não excluirá da apreciação do Poder Judiciário lesão ou ameaça a direito; (...)

Decifrando a prova

(2019 – Consulplan – TJ/MG– Notário – Adaptada) O processo administrativo rege-se por normas de cunho constitucional, sendo balizado, ainda, por normativos infra, aplicáveis ao órgão e esfera respectivos. No que se refere aos princípios e normas aplicáveis ao processo administrativo, é correto concluir que a ocorrência de coisa julgada formal no processo administrativo não implica a existência de coisa julgada material.

( ) Certo ( ) Errado

Gabarito comentado: o exaurimento dos recursos na via administrativa não afastará a possibilidade de propositura de ação específica pela via judicial pretendendo atingir objeto com coisa julgada administrativa. Portanto, a assertiva está certa.

Vale ressaltar que a Lei nº 9.784/1999 não é a única legislação que trata de recursos administrativos no ordenamento nacional. Na realidade, não existe para nós uma legislação única sobre o tema, sendo tratado sempre que necessário dentro das formulações legais, como vimos no caso dos recursos administrativos interpostos dentro do procedimento licitatório, devidamente previstos e regulamentados na própria lei de licitações, a Lei nº 14.133/2021.

15.3.3 Classificação do recurso administrativo

A principal classificação adotada pela doutrina é a que divide os recursos administrativos em **recurso hierárquicos próprios e recursos hierárquicos impróprios**.

Recurso hierárquico próprio é um recurso que vai tramitar necessariamente dentro da estrutura administrativa do órgão ou da entidade. Por se tratar de uma forma de recurso que decorre do controle hierárquico encontrado na Administração Pública, entende-se que **não há necessidade de previsão legal** para que seja possível sua interposição. Assim, mesmo sem uma fundamentação legal, o interessado poderá requerer a revisão da decisão proferida pela autoridade pública diretamente ao superior dele. A autoridade competente para julgar tal recurso contará com **amplo poder revisional**, podendo decidir até mesmo além do que foi solicitado no recurso. Ex.: servidor público requer licença para tratamento de interesses particulares e recebe uma resposta negativa. Para tentar fazer com que seu desejo seja respeitado, poderá requerer ao superior da autoridade que decidiu uma revisão.

Recurso hierárquico impróprio é um tipo de recurso dirigido a autoridades ou órgãos que sejam estranhos à organização da entidade de onde originou o ato recorrido.

Não haverá aqui uma relação de hierarquia ou subordinação entre o órgão controlado e o órgão controlador, mas sim uma relação de **vinculação** entre eles. Ex.: recurso apresentado ao Secretário Estadual contra decisão proferida pelo Presidente de uma Fundação Pública do Estado.

Diferente do que se viu no recurso hierárquico próprio, a possibilidade de interposição de recurso hierárquico impróprio demandará prévia previsão legal, uma vez que que tal ato recursal não decorre de relação hierárquica administrativa. Por isso, no caso da interposição de um recurso contra uma decisão proferida por autoridade de órgão ou entidade distinta da que se apresentou o recurso sem previsão legal, estaremos diante do exercício do direito de petição clássico, e não da propositura de um recurso hierárquico impróprio.

Não é admitido no Direito Administrativo brasileiro interposição de recurso a um Poder contra ato de outro Poder, consequência da independência dos Poderes.

Uma segunda classificação, menos importante, mas que vale considerarmos em nosso estudo é a que divide o recurso em **recurso incidental e recurso deflagrador**.

Recurso incidental é interposto pelo interessado **no curso do processo administrativo**, contra ato praticado dentro do processo. **Recurso deflagrador** é aquele que importa na própria instauração formal do processo, sendo interposto sem que tenha ocorrido anterior análise do ato que se pretende atacar. Ex.: uma representação contra uma conduta arbitrária do administrador público configura um recurso deflagrador. Um recurso interposto contra decisão que determinou a suspensão de um servidor configura um recurso incidental.

🧩 Decifrando a prova

(2018 – FCC – DPE/MA – Defensor – Adaptada) O recurso administrativo é meio hábil para propiciar o reexame da atividade da Administração por razões de legalidade ou de mérito. O recurso hierárquico impróprio é aquele dirigido pela parte, à autoridade ou órgão estranho à repartição que expediu o ato recorrido, mas com competência julgadora expressa.

> ( ) Certo ( ) Errado
>
> **Gabarito comentado:** o recurso hierárquico impróprio não demanda hierarquia entre os agentes julgadores, visto que estamos diante de pessoas jurídicas distintas, mas sua possibilidade de propositura deverá estar expressamente prevista em lei. Portanto, a assertiva está certa.

15.3.4 Arbitragem e mediação

Instrumentos alternativos de solução de conflitos, desenvolvidos com o intuito de dar celeridade ao questionamento das partes ao se afastar da realização de um procedimento judicial. Até poderá haver em algum caso a participação do Judiciário, mas a decisão final sobre como resolver o litígio não se dará por meio do entendimento de um magistrado, mas pelo acordo instituído pelas partes.

Arbitragem. A Lei nº 9.307/1996 regulamenta o instituto da arbitragem, que poderá ser utilizada por qualquer pessoa para dirimir litígios relativos a **direitos patrimoniais disponíveis** (aqueles que possuem expressão econômica e de que as partes podem livremente dispor). A convenção da arbitragem será firmada por meio da **cláusula compromissória**, prevendo que litígios supervenientes sejam submetidos à arbitragem, e do **compromisso arbitral**, oficializando a submissão do litígio ao crivo de uma ou mais pessoas para arbitragem, podendo se dar na esfera judicial ou extrajudicial. Em resumo, as partes aceitam que um terceiro determine a forma de solução do conflito sem que ocorra intervenção estatal.

Coma edição da Lei nº 13.129/2015, a arbitragem passou a ser expressamente prevista como instrumento legal disponível para uso pela Administração Pública Direta e Indireta. Mostrando-se arbitragem como um instrumento semelhante aos acordos ou transações, a competência para sua utilização será da mesma autoridade, podendo ser **originária ou delegada**.

Como requisitos de validade, a arbitragem deverá ser **sempre de direito**, enquanto na arbitragem privada poder-se-á adotar critérios de equidade, devendo-se observar o **princípio da publicidade**.

> **Lei nº 9.307/1996**
>
> **Art. 1º** As pessoas capazes de contratar poderão valer-se da arbitragem para dirimir litígios relativos a direitos patrimoniais disponíveis.
>
> § 1º A administração pública direta e indireta poderá utilizar-se da arbitragem para dirimir conflitos relativos a direitos patrimoniais disponíveis.
>
> § 2º A autoridade ou o órgão competente da administração pública direta para a celebração de convenção de arbitragem é a mesma para a realização de acordos ou transações.
>
> **Art. 2º** A arbitragem poderá ser de direito ou de equidade, a critério das partes. (...)
>
> § 3º A arbitragem que envolva a administração pública será sempre de direito e respeitará o princípio da publicidade.

526 Direito Administrativo Decifrado

Outros dispositivos legais já previam antes dessa mudança a aplicabilidade da arbitragem na Administração Pública, como as Leis nº 9.472/1997 (telecomunicações), nº 9.478/1997 (lei do petróleo) e nº 8.987/1995 (concessão e permissão de serviços públicos).

Decifrando a prova

(2011 – CESPE – TRF 2ª Região – Juiz Federal – Adaptada) A arbitragem constitui-se em método previsto no direito internacional e no direito brasileiro para a resolução de controvérsias. A legislação brasileira que trata da arbitragem foi elaborada tendo como parâmetro o modelo de arbitragem internacional das Nações Unidas. Com relação ao seu procedimento, é correto afirmar que a arbitragem pode ser compulsória, nos casos previstos em lei.

( ) Certo ( ) Errado

Gabarito comentado: a arbitragem como forma de solução de conflito é uma faculdade das partes contratuais, não havendo imposição da lei de sua utilização em casos específicos. Portanto, a assertiva está errada.

Mediação. Regulamentada pela Lei nº 13.140/2015, é uma atividade técnica executada por pessoa imparcial, na figura do mediador, sem poder de decisão, que auxiliará e incentivará uma forma de resolução de conflito entre as partes. A mediação poderá se dar judicial ou extrajudicialmente. Cabe mediação para solução de conflitos relativos a **direitos patrimoniais disponíveis** e **indisponíveis.** No caso de direitos patrimoniais indisponíveis, a mediação deverá obrigatoriamente ser **judicial**, exigida a presença do Ministério Público.

Lei nº 13.140/2015

Art. 30. Toda e qualquer informação relativa ao procedimento de mediação será confidencial em relação a terceiros, não podendo ser revelada sequer em processo arbitral ou judicial salvo se as partes expressamente decidirem de forma diversa ou quando sua divulgação for exigida por lei ou necessária para cumprimento de acordo obtido pela mediação. (...)

Art. 32. A União, os Estados, o Distrito Federal e os Municípios poderão criar câmaras de prevenção e resolução administrativa de conflitos, no âmbito dos respectivos órgãos da Advocacia Pública, onde houver, com competência para:

I – dirimir conflitos entre órgãos e entidades da administração pública;

II – avaliar a admissibilidade dos pedidos de resolução de conflitos, por meio de composição, no caso de controvérsia entre particular e pessoa jurídica de direito público;

III – promover, quando couber, a celebração de termo de ajustamento de conduta. (...)

§ 5º Compreendem-se na competência das câmaras de que trata o *caput* a prevenção e a resolução de conflitos que envolvam equilíbrio econômico-financeiro de contratos celebrados pela administração com particulares.

Caso se chegue a um acordo por intermédio da mediação, será reduzido a termo na qualidade de **título executivo extrajudicial**. Instaurado o processo de mediação, a prescri-

Capítulo 15 • Controle da Administração Pública **527**

ção será suspensa, entendendo-se o momento em que o órgão se manifesta pela admissibilidade do pedido de resolução por meio de mediação como instauração do processo.

Entre os dispositivos da lei que tratam especificamente da mediação no âmbito da Administração Pública Federal,[6] o destaque fica para a previsão da **transação por adesão**, pela qual o interessado postula a aplicação de solução já acertada e definida previamente em resolução administrativa. Se houver algum recurso pendente na via judicial ou administrativa, a adesão resultará na renúncia ao direito de ação ou recurso.

A resolução extrajudicial de conflitos entre entidades públicas será de competência da **Advocacia-Geral da União**. Caso não se consiga o consenso na resolução do litígio, a decisão será dada pelo **Advogado-Geral da União**.[7]

Se a matéria for objeto de ação de improbidade ou necessitar de apreciação do Tribunal de Contas, só será possível proceder à mediação se houver anuência do juiz ou do Ministro Relator.[8]

> **Lei nº 13.140/2015**
>
> **Art. 37.** É facultado aos Estados, ao Distrito Federal e aos Municípios, suas autarquias e fundações públicas, bem como às empresas públicas e sociedades de economia mista federais, submeter seus litígios com órgãos ou entidades da administração pública federal à Advocacia-Geral da União, para fins de composição extrajudicial do conflito. (...)
>
> **Art. 39.** A propositura de ação judicial em que figurem concomitantemente nos polos ativo e passivo órgãos ou entidades de direito público que integrem a administração pública federal deverá ser previamente autorizada pelo Advogado-Geral da União.

15.4 CONTROLE LEGISLATIVO

Realizado no âmbito do parlamento e dos órgãos de auxílio sobre atos da Administração Pública. Sua atuação está restrita aos casos previstos na Constituição Federal, que se resumem ao exercício do controle político sobre o próprio exercício da função atípica administrativa (controle interno) e do controle financeiro sobre a gestão de recursos no âmbito dos Três Poderes (controle externo). O controle legislativo poderá se dar **mediante provocação do interessado ou de ofício, ocorrendo de forma prévia, concomitante ou posterior.**

15.4.1 Controle político

Refere-se ao controle exercido por meio da fiscalização e decisão do Poder Legislativo sobre as atuações dentro da função administrativa e de organização dos Poderes Executivo e Judiciário.

---

6   Arts. 35 a 40 da Lei nº 13.140/2015.

7   Art. 36, § 1º, da Lei nº 13.140/2015.

8   Art. 36, § 4º, da Lei nº 13.140/2015.

528 Direito Administrativo Decifrado

CF/1988

Art. 49. É da competência exclusiva do Congresso Nacional: (...)

X – fiscalizar e controlar, diretamente, ou por qualquer de suas Casas, os atos do Poder Executivo, incluídos os da administração indireta; (...)

Por esse dispositivo, o Poder Legislativo na figura do Congresso Nacional ganha controle sobre atos especificamente do Poder Executivo. Observe que não há uma identificação de quais atos sofreriam esse contrato, sendo uma imputação genérica de competência. Por isso, entende-se ser um poder de controle amplo, submetendo qualquer ato do Poder Executivo ao controle legislativo. Outras previsões de controle realizado pelo Congresso Nacional:

CF/1988

Art. 49. (...)

III – autorizar o Presidente e o Vice-Presidente da República a se ausentarem do País, quando a ausência exceder a quinze dias; (...)

XII – apreciar os atos de concessão e renovação de concessão de emissoras de rádio e televisão; (...)

A Constituição Federal também aponta para algumas situações em que o controle será feito pelo Senador Federal ou pela Câmara dos Deputados. Destaque inicial para o **poder convocatório** que essas entidades recebem.

CF/1988

Art. 50. A Câmara dos Deputados e o Senado Federal, ou qualquer de suas Comissões, poderão convocar Ministro de Estado ou quaisquer titulares de órgãos diretamente subordinados à Presidência da República para prestarem, pessoalmente, informações sobre assunto previamente determinado, importando crime de responsabilidade a ausência sem justificação adequada. (...)

§ 2º As Mesas da Câmara dos Deputados e do Senado Federal poderão encaminhar pedidos escritos de informações a Ministros de Estado ou a qualquer das pessoas referidas no *caput* deste artigo, importando em crime de responsabilidade a recusa, ou o não – atendimento, no prazo de trinta dias, bem como a prestação de informações falsas.

Art. 51. Compete privativamente à Câmara dos Deputados: (...)

II – proceder à tomada de contas do Presidente da República, quando não apresentadas ao Congresso Nacional dentro de sessenta dias após a abertura da sessão legislativa; (...)

Art. 52. Compete privativamente ao Senado Federal: (...)

V – autorizar operações externas de natureza financeira, de interesse da União, dos Estados, do Distrito Federal, dos Territórios e dos Municípios; (...)

Uma das funções de controle mais importante exercido pelo Poder Legislativo está explícita no art. 49, V, da CF/1988, sendo possível o Congresso "sustar os atos normativos do Poder Executivo que exorbitem do poder regulamentar ou dos limites de delegação legislativa". Assim, o Poder Legislativo garante que o Executivo não extrapole os limites de sua

Capítulo 15 • Controle da Administração Pública **529**

atuação quando edita normas regulamentares. Caso o poder regulamentar seja utilizado de forma abusiva, extrapolando suas limitações legais, o Congresso determinará a paralisação dos efeitos do poder exorbitante. Observe que não se trata de uma **anulação ou revogação do ato**, que seria competência do próprio Poder Executivo, mas sim uma forma de prevenir a produção de efeitos ilegítimos pelo ato.

Outro destaque é com relação a atuação das **CPIs**, previstas no art. 58, § 3º, da CF/1988. Tais comissões detêm poder investigatório semelhante ao exercido pelos órgãos judiciais, tendo a prerrogativa de apurar infrações administrativas, podendo encaminhar suas conclusões ao Ministério Público com o objetivo de fundamentar a responsabilização civil e criminal dos responsáveis.

15.4.2 Controle financeiro

Exercido sobre os Poderes Executivo, Judiciário e sobre sua própria administração em tudo relacionado à gestão dos recursos públicos. Assim, haverá exercício do controle externo e também de autotutela, por meio do controle interno. A abrangência desse controle é ampla, recaindo sobre tudo que diga respeito às finanças públicas, termo que abrange receitas, despesas e gestão do erário. Tal controle possui a função de prevenir uma atuação ilícita e depredatória do erário.

> **CF/1988**
>
> **Art. 31.** A fiscalização do Município será exercida pelo Poder Legislativo Municipal, mediante controle externo, e pelos sistemas de controle interno do Poder Executivo Municipal, na forma da lei. (...)
>
> **Art. 70.** A fiscalização contábil, financeira, orçamentária, operacional e patrimonial da União e das entidades da administração direta e indireta, quanto à legalidade, legitimidade, economicidade, aplicação das subvenções e renúncia de receitas, será exercida pelo Congresso Nacional, mediante controle externo, e pelo sistema de controle interno de cada Poder. (...)
>
> **Art. 75.** As normas estabelecidas nesta seção aplicam-se, no que couber, à organização, composição e fiscalização dos Tribunais de Contas dos Estados e do Distrito Federal, bem como dos Tribunais e Conselhos de Contas dos Municípios.

Conforme explicita o texto constitucional, o controle financeiro exercido pelo Poder Legislativo abrangerá todos os Poderes e todas as pessoas políticas da Federação, preservando-se a autonomia constitucional conferida a cada um deles. Além disso, o controle também recairá sobre as pessoas jurídicas de direito público ou privado, incluindo-se todas as entidades da Administração Pública Federal e até aquelas empresas que detenham algum vínculo com o Estado, mediante utilização, arrecadação, guarda, gestão ou administração de recursos públicos.

O controle financeiro poderá se dar de duas formas:

Controle interno. Cada Poder deverá possuir um órgão especialmente criado para fiscalizar os recursos do erário dentro de sua estrutura administrativa. Esse tipo de controle interno não demanda necessariamente uma relação entre o órgão controlador e o órgão

530 Direito Administrativo Decifrado

controlado. Assim, um órgão de controle interno criado pela Administração Pública Federal poderá exercer fiscalização sobre a aplicação de verbas públicas federais repassados a Estados e Municípios. Perceba que o controle não será sobre as verbas próprias dos entes autônomos, mas sim sobre as verbas pertencentes à pessoa que repassou.

Controle externo. Exercido pelo Congresso Nacional com o auxílio do Tribunal de Contas, órgão que compõe a estrutura do Poder Legislativo.

> **CF/1988**
>
> **Art. 71.** O controle externo, a cargo do Congresso Nacional, será exercido com o auxílio do Tribunal de Contas da União, ao qual compete: (...)

O controle financeiro, conforme vimos na leitura do art. 70 da Constituição Federal, será exercido sobre as áreas **contábil, financeira, orçamentária, operacional e patrimonial**.

Área contábil é aquela em que se encontram devidamente registradas as receitas e despesas. **Área financeira em sentido estrito** ocorre sobre os depósitos bancários, empenhos, pagamento e recebimento de valores. **Área orçamentária** fiscaliza o registro das rubricas adequadas em comparação com o planejamento orçamentário constituído. **Área operacional** se refere à observância da adequação entre os procedimentos e as finalidades das atividades administrativas, em busca de celeridade, eficiência e economicidade. **Área patrimonial**, por fim, abarca bens do patrimônio público.

Além disso, ainda se tratando do art. 70 da Constituição, o controle deverá ser exercido sob os aspectos de **legalidade, legitimidade, economicidade, aplicação das subvenções e renúncia das receitas**.

O controle de legalidade é o principal sistema de controle adotado, visto ser a atividade administrativa sempre subjacente à lei. A atuação do administrador sem estar em conformidade com a lei afronta diretamente os comandos normativos que regem sua atividade. Assim, como forma de garantir o respeito ao princípio constitucional da legalidade, o controle financeiro deverá garantir que os atos praticados pela Administração estão de acordo com os seus ditames legais.

O controle de legitimidade ocorre quando se observa não os dispositivos legais, mas sim o mérito dos atos produzidos. Ao estampar no texto constitucional o controle financeiro sob o aspecto da legitimidade, o legislador permitiu a atuação de controle de mérito tanto no controle interno quanto no controle externo.

O controle de economicidade exige do controlar a identificação da aplicação dos princípios da adequação e da compatibilidade nas despesas públicas. Esse tipo de controle verifica se o órgão conseguiu aplicar uma boa relação custo-benefício na sua atuação, ao proceder de modo mais econômico na aplicação da despesa pública.

A aplicação das subvenções se refere ao controle da efetiva destinação formal das verbas observou os critérios de legalidade e economicidade. Com isso, pode-se identificar se os gastos efetuados pelo administrador público estão de acordo com a "normalidade", não tendo sido, por exemplo, aplicado um preço do mercado na aquisição de determinado bem.

Por fim, **renúncia das receitas** é uma exceção na atuação do administrador, visto que o recebimento de receitas é essencial para atendimento das necessidades coletivas. Por isso, ao decidir pela renúncia de receitas, deve-se fiscalizar a intenção da renúncia. Caso ela traduza interesse público, será considerada uma renúncia lícita, caso atenda interesses particulares, ilícita. A renúncia sem causa configura desvio de finalidade e sujeitará o administrador a eventuais responsabilizações civil, administrativa e criminal.

> **Decifrando a prova**
>
> **(2018 – FCC – DPE/AM – Defensor – Adaptada)** O controle legislativo da Administração pública, exercido com o auxílio dos Tribunais de Contas, autoriza a anulação de contratos que envolvam despesas de custeio e investimentos, quando atingido o limite máximo de comprometimento fixado pela Lei de Responsabilidade Fiscal.
> ( ) Certo ( ) Errado
> **Gabarito comentado:** não há previsão legal para a anulação de contratos que envolvam despesas de custeio e investimentos. Além disso, o Congresso Nacional poderá sustar contratos diretamente, solicitando ao Executivo a tomada de medidas necessárias. Portanto, a assertiva está errada.

15.4.3 Tribunal de Contas

Órgão que integra o Congresso Nacional e que possui a competência de auxiliá-lo no controle financeiro externo da Administração Pública. É um órgão que detém uma parcela de autonomia, tendo em vista que possui quadro próprio, Ministros e Conselheiros possuem prerrogativas provindas da magistratura nacional e tem poder de auto-organização por meio de lei.

CF/1988

Art. 73. O Tribunal de Contas da União, integrado por nove Ministros, tem sede no Distrito Federal, quadro próprio de pessoal e jurisdição em todo o território nacional, exercendo, no que couber, as atribuições previstas no art. 96. (...)

§ 3º Os Ministros do Tribunal de Contas da União terão as mesmas garantias, prerrogativas, impedimentos, vencimentos e vantagens dos Ministros do Superior Tribunal de Justiça, aplicando-se-lhes, quanto à aposentadoria e pensão, as normas constantes do art. 40.

Jurisprudência destacada

> Conforme reconhecido pela Constituição de 1988 e por esta Suprema Corte, as Cortes de Contas do país gozam das prerrogativas da autonomia e do autogoverno, o que inclui, essencialmente, a iniciativa reservada para instaurar processo legislativo que pretenda alterar sua organização e seu funcionamento, como resulta da interpretação sistemática dos arts. 73, 75 e 96, II, *d*, da Constituição Federal (STF, Tribunal Pleno, ADI nº 4.643/RJ, Rel. Min. Luiz Fux, j. 15.05.2019).

O Tribunal de Contas tem diversas atribuições relacionadas ao controle financeiro. Vamos apontar alguns destaques da Constituição:

CF/1988

Art. 71. (...)

I – apreciar as contas prestadas anualmente pelo Presidente da República, mediante parecer prévio que deverá ser elaborado em sessenta dias a contar de seu recebimento;

II – julgar as contas dos administradores e demais responsáveis por dinheiros, bens e valores públicos da administração direta e indireta, incluídas as fundações e sociedades instituídas e mantidas pelo Poder Público federal, e as contas daqueles que derem causa a perda, extravio ou outra irregularidade de que resulte prejuízo ao erário público;

A competência oferecida no inciso I ao Tribunal de Contas não pode ser confundida com competência para **julgar as contas**. Na forma do texto constitucional, o Tribunal de Contas **apreciará** as contas do Presidente da República e **elaborará um parecer** que deverá ser analisado pelo Congresso Nacional. A função aqui é de produção de ato opinativo, igualmente aplicado pelo princípio da simetria, aos municípios e estados.

Jurisprudência destacada

Compete à Câmara Municipal o julgamento das contas do chefe do Poder Executivo municipal, com o auxílio dos Tribunais de Contas, que emitirão parecer prévio, cuja eficácia impositiva subsiste e somente deixará de prevalecer por decisão de dois terços dos membros da casa legislativa (CF, art. 31, § 2º). O Constituinte de 1988 optou por atribuir, indistintamente, o julgamento de todas as contas de responsabilidade dos prefeitos municipais aos vereadores, em respeito à relação de equilíbrio que deve existir entre os Poderes da República (*checks and balances*) (STF, Tribunal Pleno, RE nº 848.826/DF, Rel. Min Roberto Barroso, j. 10.08.2016).

A competência para **julgar contas** se restringe aos administradores públicos, na forma do inciso II. O julgamento a ser realizado aqui não deve se confundir com o julgamento no exercício da função jurisdicional, visto o Tribunal de Contas deter competência administrativa de ação. Portanto, o julgamento que se trata na Constituição é uma **apreciação com consequente decisão sobre o ato**, que poderá se sujeitar ao controle do Poder Judiciário no caso de identificado vício de legalidade.

Apesar desse afastamento da função jurisdicional com relação ao ato de julgamento do Tribunal de Contas, o STF editou súmula na direção de entender ser possível o Tribunal de Contas, de forma incidental, durante seus julgamentos, declarar uma lei ou norma inconstitucional.

Jurisprudência destacada

Súmula nº 347 do STF. O Tribunal de Contas, no exercício de suas atribuições, pode apreciar a constitucionalidade das leis e dos atos do poder público.

CF/1988

Art. 71. (...)

III – apreciar, para fins de registro, a legalidade dos atos de admissão de pessoal, a qualquer título, na administração direta e indireta, incluídas as fundações instituídas e mantidas pelo Poder Público, excetuadas as nomeações para cargo de provimento em comissão, bem como a das concessões de aposentadorias, reformas e pensões, ressalvadas as melhorias posteriores que não alterem o fundamento legal do ato concessório;

IV – realizar, por iniciativa própria, da Câmara dos Deputados, do Senado Federal, de Comissão técnica ou de inquérito, inspeções e auditorias de natureza contábil, financeira, orçamentária, operacional e patrimonial, nas unidades administrativas dos Poderes Legislativo, Executivo e Judiciário, e demais entidades referidas no inciso II; (...)

Importante observar que a competência de fiscalização citada no inciso IV não poderá ser executada sobre as entidades administrativas que se vinculem a ente federativo diverso daquele ao qual o Tribunal de Contas está ligado, pois isso feriria a previsão de competências da Constituição Federal.

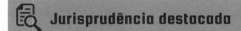

O Tribunal de Contas da União não tem competência para fiscalizar as contas da Companhia Imobiliária de Brasília (Terracap), empresa pública controlada pelo Distrito Federal, com 51%, mas de cujo capital a União participa com 49% (STF, Tribunal Pleno, MS nº 24.432/DF, Rel. Min. Gilmar Mendes, j. 10.09.2008).

CF/1988

Art. 71. (...)

V – fiscalizar as contas nacionais das empresas supranacionais de cujo capital social a União participe, de forma direta ou indireta, nos termos do tratado constitutivo;

VI – fiscalizar a aplicação de quaisquer recursos repassados pela União mediante convênio, acordo, ajuste ou outros instrumentos congêneres, a Estado, ao Distrito Federal ou a Município; (...)

Para alguns doutrinadores, a competência constante do inciso VI permite o controle de políticas públicas em algumas situações. Esse posicionamento não é aceito pela doutrina majoritária de forma absoluta, visto que a sua aplicação sem limitações poderá resultar em excesso de competência.

CF/1988

Art. 71. (...)

VII – prestar as informações solicitadas pelo Congresso Nacional, por qualquer de suas Casas, ou por qualquer das respectivas Comissões, sobre a fiscalização contábil, financeira, orçamentária, operacional e patrimonial e sobre resultados de auditorias e inspeções realizadas;

VIII – aplicar aos responsáveis, em caso de ilegalidade de despesa ou irregularidade de contas, as sanções previstas em lei, que estabelecerá, entre outras cominações, multa proporcional ao dano causado ao erário; (...)

§ 3º As decisões do Tribunal de que resulte imputação de débito ou multa terão eficácia de título executivo.

A leitura do inciso VIII combinado com o § 3º aponta que a multa aplicada pelo Tribunal de Contas terá natureza de **título executivo extrajudicial**. Ocorre que o texto constitucional não estabeleceu a competência para execução da multa, o que por muito tempo se entendeu ser do próprio Tribunal de Contas, existindo, inclusive, dispositivos em legislações estaduais concedendo ao Tribunal de Contas essa competência. Ocorre que o Supremo Tribunal Federal afastou esse entendimento ao afirmar que não havia essa previsão constitucional e que não deveria ampliar competência por simples interpretação do texto. Deve-se lembrar que o Tribunal de Contas é um órgão público, logo não dotado de personalidade jurídica, cabendo ao ente público ao qual estiver vinculado o Tribunal de Contas executar a multa aplicada por ele. Ainda, tendo sido aplicada multa contra autoridade municipal, será do Município a competência para sua execução, por se tratar de crédito municipal. Por fim, foi reconhecida a legitimidade extraordinária do Ministério Público pela 1ª Turma do Superior Tribunal de Justiça na propositura da execução, por força de sua competência de defesa do patrimônio público prevista na Constituição Federal.[9] Ocorre que essa decisão foi confrontada pelo Supremo Tribunal Federal, que considerou ilegítima essa competência. Essa decisão gerou repercussão geral, logo devemos seguir esse último entendimento.

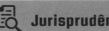

Jurisprudência destacada

A jurisprudência desta Corte é no sentido de que a ação de execução de penalidade imposta por Tribunal de Contas somente pode ser ajuizada pelo ente público beneficiário da condenação (STF, 2ª Turma, AgRg no RE nº 687.756/MA, Rel. Min. Teori Zavascki, j. 30.06.2015).

O Estado-Membro não tem legitimidade para promover execução judicial para cobrança de multa imposta por tribunal de contas estadual à autoridade municipal, uma vez que a titularidade do crédito é do próprio ente público prejudicado, a quem compete a cobrança, por meio de seus representantes judiciais (STF, 1ª Turma, RE nº 580.943, Rel. Min. Ricardo Lewandowski, j. 18.06.2013).

Entretanto, o Supremo Tribunal Federal, em julgamento de recurso submetido ao rito de repercussão geral, estabeleceu que a execução de multa aplicada pelo Tribunal de Contas pode ser proposta apenas pelo ente público beneficiário da condenação, bem como expressamente afastou a legitimidade ativa do Ministério Público para a referida execução (STF, Tribunal Pleno, ARE nº 823.347 RG/MA, Rel. Min. Gilmar Mendes, j. 02.10.2014).

---

[9] Art. 129, III, da CF/1988.

Capítulo 15 • Controle da Administração Pública **535**

CF/1988

Art. 71. (...)

IX – assinar prazo para que o órgão ou entidade adote as providências necessárias ao exato cumprimento da lei, se verificada ilegalidade;

X – sustar, se não atendido, a execução do ato impugnado, comunicando a decisão à Câmara dos Deputados e ao Senado Federal; (...)

§ 1º No caso de contrato, o ato de sustação será adotado diretamente pelo Congresso Nacional, que solicitará, de imediato, ao Poder Executivo as medidas cabíveis.

§ 2º Se o Congresso Nacional ou o Poder Executivo, no prazo de noventa dias, não efetivar as medidas previstas no parágrafo anterior, o Tribunal decidirá a respeito.

Observe que o mandamento constitucional é pela possibilidade de o Tribunal de Contas sustar **atos administrativos**, não havendo previsão de esse órgão sustar contratos. A atribuição de sustar contratos administrativos é do Congresso Nacional. O Tribunal de Contas só passará a deter tal competência no caso do Congresso Nacional ou do Poder Executivo, no prazo de 90 (noventa) dias, não efetivar a sustação.

CF/1988

Art. 71. (...)

XI – representar ao Poder competente sobre irregularidades ou abusos apurados.

🧩 Decifrando a prova

(2019 – FGV – MPE/RJ – Analista – Adaptada) O Tribunal de Contas do Estado Alfa, ao analisar o ato de concessão inicial de aposentadoria do servidor público João, o que ocorreu no ano seguinte à sua prática, entendeu que o tempo de serviço exigido pela ordem jurídica não fora corretamente integralizado. Com isso, sem a prévia oitiva de João, decidiu que o benefício foi irregularmente concedido, comunicando a sua decisão, logo em seguida, ao órgão competente. À luz da sistemática constitucional, é correto afirmar que o Tribunal de Contas atuou no estrito exercício de suas competências, não sendo necessária a prévia oitiva de João.

( ) Certo ( ) Errado

Gabarito comentado: por se tratar de um procedimento de concessão de aposentadoria, reconhecido na jurisprudência como um ato complexo, não há exigência de oferta de contraditório e ampla defesa durante o processamento do pedido inicial. A possibilidade de contraditório só se abrirá depois da manifestação do Tribunal de Contas. Inteligência da parte final da Súmula Vinculante nº 3. Portanto, a assertiva está certa.

15.5 CONTROLE JUDICIAL

É o poder de fiscalização exercido pelo Poder Judiciário sobre os atos administrativos dos Poderes Executivo, Legislativo e, claro, Judiciário. No sistema de freios e contrapesos, o

536 Direito Administrativo Decifrado

Poder Judiciário é o ente com o poder de controle principal, haja vista possuir a competência de avaliar ilegalidades ou inconstitucionalidades de lei ou normas. Essa visão de importância dada ao Judiciário advém do entendimento de que é o Poder que mais se distancia dos interesses, sejam privados ou públicos, mantendo-se apenas filiado aos anseios legais estabelecidos.

O sistema administrativo brasileiro adotou o **sistema de jurisdição ou sistema inglês de jurisdição**. Esse sistema é organizado de modo a determinar que todos os litígios, sejam administrativos ou privados, deverão ser submetidos ao crivo do sistema judiciário, reconhecendo tal Poder como o único capaz de dizer, de forma definitiva, o direito aplicável nos casos concretos analisados. Por isso, dizemos que só ao Poder Judiciário é concedida a **jurisdição**.

Importante observar que a adoção a esse sistema não impede a existência de uma organização administrativa para solução de conflitos próprios. Como vimos diversas vezes, a Administração Pública detém a autotutela, competindo a ela definir conflitos de ordem interna. A questão é que, mesmo que decidindo internamente, o Poder Judiciário sempre poderá rever tais decisões, sob o aspecto da legalidade do procedimento. Lembrando que não há necessidade de exaurimento da esfera administrativa para propositura da ação judicial, salvo nos casos destacados anteriormente.

O controle judicial somente ocorrerá mediante **provocação**, sendo um controle **prévio ou posterior**, com capacidade de revisão **de legalidade**.

> ### Decifrando a prova
>
> **(2019 – Consulplan – TJ/CE – Juiz Leigo – Adaptada)** Quanto ao controle judicial dos atos administrativos discricionários, no âmbito dos juizados especiais, podemos afirmar que o Juiz não pode revogar ato administrativo discricionário eivado de vício de legalidade.
> ( ) Certo ( ) Errado
> **Gabarito comentado:** o Poder Judiciário só poderá revogar atos próprios, produzindo na função atípica administrativa. Não há possibilidade de controle externo de mérito de atos administrativos pelo Poder Judiciário. Além disso, o texto trata da possibilidade de revogação de ato com vício de legalidade, que não poderá ocorrer, sendo a anulação o meio correto para extinção do ato viciado. Portanto, a assertiva está certa.

Apesar de reconhecermos a ampla atuação do Poder Judiciário sobre os atos administrativos, visto não poder existir no sistema nacional um poder absoluto, alguns atos sofrerão um **controle especial**. São eles:

Atos políticos: são atos produzidos por certos agentes da cúpula diretiva do país, no uso de sua competência constitucional.

Tais atos não são considerados atos propriamente administrativos, mas sim **atos de governo**. Por isso, sua fundamentação está contida no próprio texto constitucional, não podendo, assim, sofrer controle prévio. Atos de governo são aqueles que permitem a exe-

Capítulo 15 ◆ Controle da Administração Pública **537**

cução das estratégias e políticas do governo, oferecendo ao administrador público maior discricionariedade na forma da lei. Podemos destacar alguns atos de governo previstos na Constituição Federal:

CF/1988

Art. 49. É da competência exclusiva do Congresso Nacional: (...)

III – autorizar o Presidente e o Vice-Presidente da República a se ausentarem do País, quando a ausência exceder a quinze dias; (...)

Art. 84. Compete privativamente ao Presidente da República: (...)

XII– conceder indulto e comutar penas, com audiência, se necessário, dos órgãos instituídos em lei; (...)

XXII – permitir, nos casos previstos em lei complementar, que forças estrangeiras transitem pelo território nacional ou nele permaneçam temporariamente; (...)

A característica que torna o controle sobre tais atos especial resulta da impossibilidade de o Poder Judiciário apontar uma decisão que poderia ser considerada mais adequada pelo administrador público. Observe que, por tratarmos de atos com maior margem de discricionariedade, as opções de ação são diversas, não podendo o Poder Judiciário apontar que outra decisão diversa da adotada pelo agente público seria a melhor ou mais eficiente. Assim, tais atos só serão passíveis de controle pelo Poder Judiciário quando ofenderem direitos individuais ou coletivos, ao se apresentarem com vícios de legalidade ou constitucionalidade.

Atos legislativos típicos: são aqueles que dispõem de conteúdo **normativo, abstrato e geral**, chamados de **leis em tese**. Esses atos originam da atuação típica do Poder Legislativo, conforme previsão constitucional.

CF/1988

Art. 59. O processo legislativo compreende a elaboração de:

I – emendas à Constituição;

II – leis complementares;

III – leis ordinárias;

IV – leis delegadas;

V – medidas provisórias;

VI – decretos legislativos;

VII – resoluções.

O controle desses atos é considerado um **controle especial,** por depender de ações específicas para que seja exercido, não podendo tal controle acontecer pelas vias judiciais tradicionais. Além disso, o controle judicial realizado sobre os atos legislativos típicos não será de legalidade, mas sim de constitucionalidade.

O controle de constitucionalidade dos atos legislativos típicos poderá se dar por meio do **controle concentrado ou do controle difuso.** Desses modelos, somente o controle especial recebe a qualidade de controle especial dos atos, visto que o controle difuso é aquele que

538 Direito Administrativo Decifrado

acontece de forma incidental em uma ação judicial, não tendo como intenção o afastamento definitivo de lei ou ato normativo por inconstitucionalidade. A Constituição Federal prevê diversos mecanismos para que o controle judicial seja realizado de forma legítima, concentrados dos atos legislativos típicos:

> **CF/1988**
>
> **Art. 102.** (...)
>
> I – processar e julgar, originariamente:
>
> *a)* a ação direta de inconstitucionalidade de lei ou ato normativo federal ou estadual e a ação declaratória de constitucionalidade de lei ou ato normativo federal; (...)
>
> *p)* o pedido de medida cautelar das ações diretas de inconstitucionalidade; (...)
>
> § 1º A arguição de descumprimento de preceito fundamental, decorrente desta Constituição, será apreciada pelo Supremo Tribunal Federal, na forma da lei.
>
> **Art. 125.** Os Estados organizarão sua Justiça, observados os princípios estabelecidos nesta Constituição. (...)
>
> § 2º Cabe aos Estados a instituição de representação de inconstitucionalidade de leis ou atos normativos estaduais ou municipais em face da Constituição Estadual, vedada a atribuição da legitimação para agir a um único órgão.

Atos *interna corporis*: são atos internos praticados pelos Poderes Legislativo e Judiciário em suas atividades típicas, na forma da Constituição Federal. Como são atos **internos e exclusivos**, o controle não poderá ser praticado com relação ao mérito da produção do ato, sendo possível apenas o **controle especial de legalidade ou constitucionalidade**. Alguns exemplos:

> **CF/1988**
>
> **Art. 47.** Salvo disposição constitucional em contrário, as deliberações de cada Casa e de suas Comissões serão tomadas por maioria dos votos, presente a maioria absoluta de seus membros. (...)
>
> **Art. 52.** Compete privativamente ao Senado Federal: (...)
>
> XII – elaborar seu regimento interno; (...)
>
> **Art. 96.** Compete privativamente:
>
> I – aos tribunais:
>
> *a)* eleger seus órgãos diretivos e elaborar seus regimentos internos, com observância das normas de processo e das garantias processuais das partes, dispondo sobre a competência e o funcionamento dos respectivos órgãos jurisdicionais e administrativos; (...)

Essa possibilidade de controle é tão específica que o Supremo Tribunal Federal tem decidido de modo a apontar a excepcionalidade do controle dos atos *interna corporis*, como num julgamento recente em que ficou definida a incompatibilidade do controle judicial em relação a atos de Presidente da Câmara dos Deputados que supostamente ofenderia normas do regimento interno. Para o Supremo, tratando-se de controle de ato em face do regimento interno, cabe ao próprio Poder exercer tal controle.

Capítulo 15 • Controle da Administração Pública **539**

> ### 🔍 Jurisprudência destacada
>
> A decisão agravada possui os seguintes fundamentos: (i) não está evidenciada ofensa ao direito líquido e certo afirmado na petição inicial, pois os fatos da causa não estão demonstrados; (ii) a questão envolvendo interpretação e aplicação de normas do Regimento Comum do Congresso Nacional (e, subsidiariamente, nas dos Regimentos Internos do Senado Federal e da Câmara dos Deputados, nesta ordem), notadamente as que dizem respeito ao processo de votação, não é passível de discussão em mandado de segurança (STF, Tribunal Pleno, MS em AgRg nº 34.040/DF, Rel. Min. Teori Zavascki, j. 17.03.2016).

15.5.1 Ações judiciais

Os mecanismos de controle judicial disponíveis no ordenamento jurídico podem ser divididos em **meios inespecíficos e meios específicos de controle**.

Meios inespecíficos referem-se às ações que não exigem a participação do Estado em qualquer polo da ação, podendo ser executados por qualquer do povo. Temos como exemplos: **ação penal, consignação em pagamento, os interditos possessórios, ações ordinárias e outras com mesma característica**.

Meios específicos são aqueles que exigem a presença do Estado como parte do procedimento judicial por meio de suas entidades administrativas ou agentes. São meios que se desenvolvem contra atos praticados por autoridades que ofendem direitos individuais ou coletivos. São meios específicos: **mandado de segurança, mandado de injunção, ação popular, *habeas corpus*, *habeas data* e ação civil pública**. Esta, apesar de nem sempre exigir presença de uma autoridade pública, é considerado pela doutrina majoritária como meio específico de controle judicial.

> ### 🧩 Decifrando a prova
>
> **(2018 – Vunesp – TJ/SP – Notário – Adaptada)** Quanto ao controle da Administração Pública, é correto afirmar que o mandado de segurança e a ação popular são meios de controle judicial da Administração.
> ( ) Certo ( ) Errado
> **Gabarito comentado:** os remédios constitucionais em geral são considerados meios de controle judicial da Administração Pública. Portanto, a assertiva está certa.

15.5.1.1 *Habeas corpus*

Ação constitucional que visa a proteger direito líquido e certo de locomoção dentro do território nacional contra atos eivados de ilegalidade. Caracteriza-se pela formação de uma

540 Direito Administrativo Decifrado

estrutura judicial em que o impetrante aponta ato produzido por autoridade como ilegal, entregando ao juiz o poder de decidir o conflito. O instrumento está regulamentado no Código de Processo Penal, entre os arts. 647 a 667, no título dos recursos da lei. Apesar de localizado como recurso no CPP, trata-se de uma ação comum.

CF/1988

Art. 5º (...)

LXVIII – conceder-se-á *habeas corpus* sempre que alguém sofrer ou se achar ameaçado de sofrer violência ou coação em sua liberdade de locomoção, por ilegalidade ou abuso de poder; (...)

CPP/1941

Art. 647. Dar-se-á *habeas corpus* sempre que alguém sofrer ou se achar na iminência de sofrer violência ou coação ilegal na sua liberdade de ir e vir, salvo nos casos de punição disciplinar.

As partes da ação de *habeas corpus* são: **impetrante, autoridade coatora e paciente**. Na forma da Constituição, não há exigência de a autoridade coatora ser necessariamente um agente público, podendo ser proposto *habeas corpus* contra ato praticado por particular.

O *habeas corpus* é instrumento que poderá ser proposto de forma **preventiva** (ameaça de lesão) **ou repressiva** (efetivação da lesão ao direito), sendo a competência para seu julgamento definida por meio da determinação da autoridade coatora ou do paciente.

CF/1988

Art. 102. Compete ao Supremo Tribunal Federal, precipuamente, a guarda da Constituição, cabendo-lhe:

I – processar e julgar, originariamente: (...)

d) o *habeas corpus*, sendo paciente qualquer das pessoas referidas nas alíneas anteriores; o mandado de segurança e o *habeas data* contra atos do Presidente da República, das Mesas da Câmara dos Deputados e do Senado Federal, do Tribunal de Contas da União, do Procurador-Geral da República e do próprio Supremo Tribunal Federal; (...)

i) o *habeas corpus*, quando o coator for Tribunal Superior ou quando o coator ou o paciente for autoridade ou funcionário cujos atos estejam sujeitos diretamente à jurisdição do Supremo Tribunal Federal, ou se trate de crime sujeito à mesma jurisdição em uma única instância; (...)

Com relação ao modelo de competência do STF, um destaque fica por conta dos atos praticados por **Ministros de Estado**. Caso esses agentes sejam os pacientes do *habeas corpus*, a competência para julgamento será do STF. Caso sejam os coatores, competência será do STJ, conforme veremos a seguir.

CF/1988

Art. 105. Compete ao Superior Tribunal de Justiça: (...)

I – processar e julgar, originariamente: (...)

c) os *habeas corpus,* quando o coator ou paciente for qualquer das pessoas mencionadas na alínea *a,* ou quando o coator for tribunal sujeito à sua jurisdição, Ministro de Estado ou Comandante da Marinha, do Exército ou da Aeronáutica, ressalvada a competência da Justiça Eleitoral.

Art. 108. Compete aos Tribunais Regionais Federais: (...)

I – processar e julgar, originariamente: (...)

d) os *habeas corpus,* quando a autoridade coatora for juiz federal.

Art. 109. Aos juízes federais compete processar e julgar: (...)

VII – os *habeas corpus,* em matéria criminal de sua competência ou quando o constrangimento provier de autoridade cujos atos não estejam diretamente sujeitos a outra jurisdição.

Atos praticados por demais autoridades não atendidas pelos dispositivos anteriores confrontados por *habeas corpus* serão julgados na forma das constituições estaduais, regimentos internos e códigos de organização judiciária.

15.5.1.2 *Habeas data*

Instrumento constitucional destinado a proteger o direito à informação. O *habeas data* é instrumentos constitucional[10] que possui sua regulamentação na Lei nº 9.507/1997, tendo como objetivo tutelar o acesso às informações em geral ou informações dos órgãos públicos de cunho pessoal. Sempre devemos lembrar que não deve ser apresentado pedido de *habeas data* quando se tratar de **informação de interesse pessoal**, somente caberá *habeas data* quando tratamos de **informação pessoal**. O *habeas data* pode ser proposto com vistas a **acessar, ratificar** ou **acrescentar informação** aos bancos de dados públicos ou privados de caráter público. Não caberá *habeas data* quando a entidade for detentora de dados em caráter privado e reservado.

Lei nº 9.507/1997

Art. 7º Conceder-se-á *habeas data*:

I – para assegurar o conhecimento de informações relativas à pessoa do impetrante, constantes de registro ou banco de dados de entidades governamentais ou de caráter público;

II – para a retificação de dados, quando não se prefira fazê-lo por processo sigiloso, judicial ou administrativo;

III – para a anotação nos assentamentos do interessado, de contestação ou explicação sobre dado verdadeiro mas justificável e que esteja sob pendência judicial ou amigável.

---

[10] Art. 5º, LXXII, da CF/1988.

Direito Administrativo Decifrado

> ### 🔍 Jurisprudência destacada
>
> O Tribunal conheceu e deu provimento a recurso extraordinário para indeferir *habeas data* impetrado por ex-empregada do Banco do Brasil que, tendo seu pedido de readmissão negado, pretendia obter informações sobre sua ficha funcional. Considerou-se que o Banco do Brasil não tem legitimidade passiva *ad causam* para responder ao *habeas data* uma vez que não figura como entidade governamental – mas sim como explorador de atividade econômica –, nem se enquadra no conceito de registros de caráter público a que se refere o art. 5º, LXXII, *a*, da CF/1988, porquanto a ficha funcional de empregado não é utilizável por terceiros (STF, Tribunal Pleno, RE nº 165.304/MG, Rel. Min. Octavio Gallotti, j. 19.10.2000).

Sobre competência de julgamento do *habeas data*, a sua fixação se dará de acordo com o grau de hierarquia do agente responsável pela conduta impugnada.

CF/1988

Art. 102. Compete ao Supremo Tribunal Federal, precipuamente, a guarda da Constituição, cabendo-lhe:

I – processar e julgar, originariamente: (...)

d) o *habeas corpus*, sendo paciente qualquer das pessoas referidas nas alíneas anteriores; o mandado de segurança e o *habeas data* contra atos do Presidente da República, das Mesas da Câmara dos Deputados e do Senado Federal, do Tribunal de Contas da União, do Procurador-Geral da República e do próprio Supremo Tribunal Federal; (...)

Art. 105. Compete ao Superior Tribunal de Justiça:

I – processar e julgar, originariamente: (...)

b) os mandados de segurança e os *habeas data* contra ato de Ministro de Estado, dos Comandantes da Marinha, do Exército e da Aeronáutica ou do próprio Tribunal; (...)

Art. 108. Compete aos Tribunais Regionais Federais:

I – processar e julgar, originariamente: (...)

c) os mandados de segurança e os *habeas data* contra ato do próprio Tribunal ou de juiz federal; (...)

Art. 109. Aos juízes federais compete processar e julgar: (...)

VIII – os mandados de segurança e os *habeas data* contra ato de autoridade federal, excetuados os casos de competência dos tribunais federais.

A fixação da competência com base na qualificação da autoridade é obrigatória, como ficou claro em julgamento que se determinou a Justiça Federal ser competente para julgar *habeas data* contra ato de entidade previdenciária federal, mesmo que as ações previdenciárias tenham seu julgamento fixado na Justiça Estadual.[11]

---

[11]   TRF-1ª Região, Rec. em HD nº 1998.01.00053624-6.

Capítulo 15 ◆ Controle da Administração Pública **543**

15.5.1.3 Mandado de segurança

Ação constitucional[12] regulamentada pela Lei nº 12.016/2009, visa proteger direito líquido e certo (aquele direito cuja prova está pré-constituída) individual ou coletivo contra ato comissivo ou omissivo ilegal de autoridade pública. Poderá ser proposto nas modalidades **preventiva ou repressiva**, existindo o mandado **individual ou coletivo**. O mandado de segurança preventivo deferido será automaticamente convertido em mandado de segurança repressivo quando a ameaça se efetivar. O mandado será individual quando atingir direito próprio, mesmo que proposto por diversas pessoas em um litisconsórcio ativo. Será coletivo quando proposto por autoridades específicas que atuam na proteção de direitos coletivos **transindividuais de natureza indivisível**. Tais autoridades funcionam como **substitutos processuais** dos verdadeiros detentores do direito.

> **Lei nº 12.016/2009**
>
> **Art. 1º** Conceder-se-á mandado de segurança para proteger direito líquido e certo, não amparado por *habeas corpus* ou *habeas data*, sempre que, ilegalmente ou com abuso de poder, qualquer pessoa física ou jurídica sofrer violação ou houver justo receio de sofrê-la por parte de autoridade, seja de que categoria for e sejam quais forem as funções que exerça.
>
> (...)
>
> **Art. 21.** O mandado de segurança coletivo pode ser impetrado por partido político com representação no Congresso Nacional, na defesa de seus interesses legítimos relativos a seus integrantes ou à finalidade partidária, ou por organização sindical, entidade de classe ou associação legalmente constituída e em funcionamento há, pelo menos, 1 (um) ano, em defesa de direitos líquidos e certos da totalidade, ou de parte, dos seus membros ou associados, na forma dos seus estatutos e desde que pertinentes às suas finalidades, dispensada, para tanto, autorização especial.
>
> Parágrafo único. Os direitos protegidos pelo mandado de segurança coletivo podem ser:
>
> I – coletivos, assim entendidos, para efeito desta Lei, os transindividuais, de natureza indivisível, de que seja titular grupo ou categoria de pessoas ligadas entre si ou com a parte contrária por uma relação jurídica básica;
>
> II – individuais homogêneos, assim entendidos, para efeito desta Lei, os decorrentes de origem comum e da atividade ou situação específica da totalidade ou de parte dos associados ou membros do impetrante.

A competência para julgamento do mandado de segurança se assemelha ao que vimos em relação ao *habeas data*.

> **CF/1988**
>
> **Art. 102.** Compete ao Supremo Tribunal Federal, precipuamente, a guarda da Constituição, cabendo-lhe:

---

[12] Art. 5º, LXIX e LXX, da CF/1988.

I – processar e julgar, originariamente: (...)

d) o *habeas corpus*, sendo paciente qualquer das pessoas referidas nas alíneas anteriores; o mandado de segurança e o *habeas data* contra atos do Presidente da República, das Mesas da Câmara dos Deputados e do Senado Federal, do Tribunal de Contas da União, do Procurador-Geral da República e do próprio Supremo Tribunal Federal; (...)

Não será de competência do STF conhecer de forma originária mandado de segurança proposto contra ato de outros tribunais ou de turmas recursais.

Jurisprudência destacada

Súmula nº 624 do STF. Não compete ao Supremo Tribunal Federal conhecer originariamente de mandado de segurança contra atos de outros tribunais.

A competência originária para conhecer de mandado de segurança contra coação imputada a Turma Recursal dos Juizados Especiais é dela mesma e não do Supremo Tribunal Federal (STF, Tribunal Pleno, MS nº 24.691QO/MG, Rel. Min. Marco Aurélio, j. 04.12.2003).

CF/1988

Art. 105. Compete ao Superior Tribunal de Justiça:

I – processar e julgar, originariamente: (...)

b) os mandados de segurança e os *habeas data* contra ato de Ministro de Estado, dos Comandantes da Marinha, do Exército e da Aeronáutica ou do próprio Tribunal; (...)

Jurisprudência destacada

Súmula nº 41 do STJ. O Superior Tribunal de Justiça não tem competência para processar e julgar, originariamente, mandado de segurança contra ato de outros Tribunais ou dos respectivos órgãos.

Súmula nº 177 do STJ. O Superior Tribunal de Justiça é incompetente para processar e julgar, originariamente, mandado de segurança contra ato de órgão colegiado presidido por Ministro de Estado.

CF/1988

Art. 108. Compete aos Tribunais Regionais Federais:

I – processar e julgar, originariamente: (...)

c) os mandados de segurança e os *habeas data* contra ato do próprio Tribunal ou de juiz federal; (...)

Art. 109. Aos juízes federais compete processar e julgar: (...)

VIII – os mandados de segurança e os *habeas data* contra ato de autoridade federal, excetuados os casos de competência dos tribunais federais; (...)

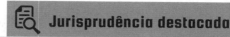

Súmula nº 376 do STJ. Compete à turma recursal processar e julgar o mandado de segurança contra ato de juizado especial.

A Lei aponta para algumas **hipóteses de não cabimento** do mandado de segurança.

Lei nº 12.106/2009

Art. 1º (...)

§ 2º Não cabe mandado de segurança contra os atos de gestão comercial praticados pelos administradores de empresas públicas, de sociedade de economia mista e de concessionárias de serviço público.

Art. 5º Não se concederá mandado de segurança quando se tratar:

I – de ato do qual caiba recurso administrativo com efeito suspensivo, independentemente de caução;

II – de decisão judicial da qual caiba recurso com efeito suspensivo;

III – de decisão judicial transitada em julgado.

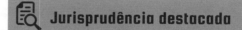

Súmula nº 269 do STF. O Mandado de Segurança não é substitutivo de ação de cobrança.

Súmula nº 333 do STJ. Cabe mandado de segurança contra ato praticado em licitação promovida por sociedade de economia mista ou empresa pública.

15.5.1.4 Mandado de injunção

Ação constitucional[13] regulamentado pela Lei nº 13.300/2016 com aplicação subsidiária da Lei nº 12.016/2009,[14] pretende viabilizar o exercício de direitos e liberdades previstos na Constituição Federal quando ausente ou insuficiência norma regulamentadora (norma de eficácia limitada), bem como das prerrogativas inerentes à nacionalidade, à soberania e à cidadania. Pode ser proposto na modalidade **individual ou coletiva**, no mesmo molde do mandado de segurança.

Lei nº 13.300/2016

Art. 2º Conceder-se-á mandado de injunção sempre que a falta total ou parcial de norma regulamentadora torne inviável o exercício dos direitos e liberdades constitucionais e das prerrogativas inerentes à nacionalidade, à soberania e à cidadania.

---

[13] Art. 5º, LXXI, da CF/1988.
[14] Art. 14 da Lei nº 13.300/2016.

546 Direito Administrativo Decifrado

Parágrafo único. Considera-se parcial a regulamentação quando forem insuficientes as normas editadas pelo órgão legislador competente.

A competência para julgamento das ações de mandado de injunção também é fixada pelo texto constitucional.

CF/1988

Art. 102. Compete ao Supremo Tribunal Federal, precipuamente, a guarda da Constituição, cabendo-lhe:

I – processar e julgar, originariamente: (...)

q) o mandado de injunção, quando a elaboração da norma regulamentadora for atribuição do Presidente da República, do Congresso Nacional, da Câmara dos Deputados, do Senado Federal, das Mesas de uma dessas Casas Legislativas, do Tribunal de Contas da União, de um dos Tribunais Superiores, ou do próprio Supremo Tribunal Federal; (...)

Art. 105. Compete ao Superior Tribunal de Justiça:

I – processar e julgar, originariamente: (...)

h) o mandado de injunção, quando a elaboração da norma regulamentadora for atribuição de órgão, entidade ou autoridade federal, da administração direta ou indireta, excetuados os casos de competência do Supremo Tribunal Federal e dos órgãos da Justiça Militar, da Justiça Eleitoral, da Justiça do Trabalho e da Justiça Federal; (...)

Não houve previsão expressa de competência dos tribunais regionais federais e da Justiça Federal, como aconteceu no caso das outras ações constitucionais. O entendimento que prevalece na doutrina e é aceito pelo STF é de que se tratando de autoridade federal, a competência será da Justiça Federal.

📄 Jurisprudência destacada

O STF não tem competência originária para julgar mandado de injunção quando a elaboração da norma regulamentadora for atribuição do Banco Central do Brasil. Com esse entendimento, o Tribunal, resolvendo questão de ordem suscitada pelo Min. Sepúlveda Pertence, relator, declinou da competência para a Justiça Federal de 1ª instância, competente para julgar o mandado de injunção contra a referida autarquia federal, nos termos do art. 105, I, *h*, da CF/1988 (STF, Tribunal Pleno, MI nº 571QO/SP, Rel. Min. Sepúlveda Pertence, j. 08.10.1998).

15.5.1.5 Ação popular

Remédio constitucional[15] destinado a todo **cidadão** que pretenda anular um ato administrativo lesivo ao interesse coletivo. Não se trata de uma ação proposta para afastar lesão

---

[15] Art. 5º, LXXIII, da CF/1988.

Capítulo 15 • Controle da Administração Pública **547**

a direito individual, mas para enfrentar ato que lesou ou pode lesar direito da coletividade. Regulamentado pela Lei nº 4.717/1965, a legitimidade para sua propositura é de todo cidadão, ou seja, aquele que se encontra em pleno gozo de seus direitos políticos, condição comprovada mediante juntada do título de eleitor.

Lei nº 4.717/1965

Art. 1º Qualquer cidadão será parte legítima para pleitear a anulação ou a declaração de nulidade de atos lesivos ao patrimônio da União, do Distrito Federal, dos Estados, dos Municípios, de entidades autárquicas, de sociedades de economia mista (Constituição, art. 141, § 38), de sociedades mútuas de seguro nas quais a União represente os segurados ausentes, de empresas públicas, de serviços sociais autônomos, de instituições ou fundações para cuja criação ou custeio o tesouro público haja concorrido ou concorra com mais de cinquenta por cento do patrimônio ou da receita ânua, de empresas incorporadas ao patrimônio da União, do Distrito Federal, dos Estados e dos Municípios, e de quaisquer pessoas jurídicas ou entidades subvencionadas pelos cofres públicos.

(...)

Art. 6º A ação será proposta contra as pessoas públicas ou privadas e as entidades referidas no art. 1º, contra as autoridades, funcionários ou administradores que houverem autorizado, aprovado, ratificado ou praticado o ato impugnado, ou que, por omissas, tiverem dado oportunidade à lesão, e contra os beneficiários diretos do mesmo.

Na ação popular não existe o **foro por prerrogativa de função**, ou seja, a tramitação da ação não terá sua competência fixada em decorrência do agente cometedor do ato infracional. A ação em regra tramitará na primeira instância da Justiça comum – excepcionalidade tramitando na Justiça Federal na forma da Constituição Federal.

CF/1988

Art. 109. Aos juízes federais compete processar e julgar:

I – as causas em que a União, entidade autárquica ou empresa pública federal forem interessadas na condição de autoras, rés, assistentes ou oponentes, exceto as de falência, as de acidentes de trabalho e as sujeitas à Justiça Eleitoral e à Justiça do Trabalho; (...)

15.5.1.6 Ação civil pública

Instrumento judicial destinado à proteção dos direitos e interesses coletivos e difusos. Diferentemente das outras ações vistas até aqui, não se trata de um meio específico e exclusivo de controle da Administração, visto que a ação civil pública pode ser proposta tanto contra pessoa pública quanto contra pessoa privada. Sua grande característica que a faz ser tratada como ação de controle judicial é quanto aos bens tutelados por ela. Prevista na Constituição Federal,[16] possui sua regulamentação na Lei nº 7.347/1985.

---

[16] Art. 129, III, da CF/1988.

Dependendo da natureza dos bens tutelados na ação, poderá ser proposta na Justiça Estadual ou na Justiça Federal, cabendo ao Ministério Público específico a sua oferta.

Lei nº 7.347/1985

Art. 1º Regem-se pelas disposições desta Lei, sem prejuízo da ação popular, as ações de responsabilidade por danos morais e patrimoniais causados:

I – ao meio-ambiente;

II – ao consumidor;

III – a bens e direitos de valor artístico, estético, histórico, turístico e paisagístico;

IV – a qualquer outro interesse difuso ou coletivo;

V – por infração da ordem econômica;

VI – à ordem urbanística;

VII – à honra e à dignidade de grupos raciais, étnicos ou religiosos;

VIII – ao patrimônio público e social.

Parágrafo único. Não será cabível ação civil pública para veicular pretensões que envolvam tributos, contribuições previdenciárias, o Fundo de Garantia do Tempo de Serviço – FGTS ou outros fundos de natureza institucional cujos beneficiários podem ser individualmente determinados.

A legitimidade para propositura da ação civil pública não será apenas do Ministério Público, mas também da Defensoria Pública, da União, dos Estados, do Distrito Federal e dos Municípios – entidades da Administração Pública Indireta e associação que, concomitantemente, estejam constituídas há pelo menos 1 (um) ano nos termos da lei civil e inclua, entre suas finalidades institucionais, a proteção ao meio ambiente, ao consumidor, à ordem econômica, aos direitos de grupos raciais, étnicos ou religiosos, à livre concorrência ou ao patrimônio artístico, estético, histórico, turístico e paisagístico.

Por outro lado, serão legitimados passivos todos aqueles que, sendo pessoa física ou jurídica, derem causa a qualquer conduta que ensejar prejuízos ao meio ambiente, ao direito do consumidor, à ordem econômica ou urbanística, a bens e direitos de valor estético, histórico, turístico e paisagístico ou a qualquer outro interesse difuso ou coletivo.

Lei nº 9.784/1999 — Processo administrativo federal

16.1 Introdução

No último capítulo de nosso trabalho, traremos um estudo mais detalhado de uma legislação que já nos ajudou bastante até aqui. Lembre-se dos capítulos sobre atos, licitação, agentes públicos... Em diversos momentos nesta obra nos inclinamos ao estudo da Lei nº 9.784/1999 para melhor entendimento de diversos assuntos, tamanha importância dessa legislação. Como muita coisa já foi trabalhada antes (regras sobre atos administrativos e recursos administrativos, por exemplo), focaremos, neste capítulo, apenas nos dispositivos que não foram alvo de nossa atenção até o momento.

Antes de iniciarmos, uma ressalva: vários doutrinadores apontam a distinção entre **processo administrativo e procedimento administrativo**. Apesar de tecnicamente ser um assunto interessante, para fins de preparação em concursos não há nenhuma relevância prática para estudá-lo. Por isso, vamos nos omitir de apontar as distinções, tratando o assunto como as bancas de concursos tratam: processo e procedimento administrativo sem distinção, como se fossem sinônimos.

Processo administrativo é uma sequência lógica e predeterminada de atos praticados pelos agentes da Administração Pública com o objetivo de atingir finalidades diversas, desde aplicação de uma punição até a contratação de um serviço. Devemos lembrar que toda ação da Administração, salvo exceções legais, deverá ser precedida de um procedimento administrativo sobre o qual se assegure validade e efetividade.

A Lei nº 9.784/1999 define as regras gerais aplicadas a todos os processos no âmbito da União, podendo ser adotada pelos outros entes federativos. Outras legislações apontam características específicas dos seus procedimentos, como vimos no caso da Lei nº 14.133/2021 e da Lei nº 8.112/1990.

Por ser uma lei de caráter **federal**, apenas vincula a União aos seus dispositivos. Grande parte dessa lei tratará diretamente das situações referentes ao ato administrativo, que estudamos anteriormente.

Essa lei atuará com a Administração Direta (União) e com a Administração Indireta Federal (autarquias federais, fundações públicas federais, sociedades de economia mista federal e empresas públicas federais), além dos Poderes Legislativo e Judiciário quando atuando com função atípica de administração.

Lei nº 9.784/1999

Art. 1º Esta Lei estabelece normas básicas sobre o processo administrativo no âmbito da Administração Federal direta e indireta, visando, em especial, à proteção dos direitos dos administrados e ao melhor cumprimento dos fins da Administração.

§ 1º Os preceitos desta Lei também se aplicam aos órgãos dos Poderes Legislativo e Judiciário da União, quando no desempenho de função administrativa.

A Lei nº 9.784/1999 deve ser tratada como uma lei subsidiária, ou seja, havendo legislação específica na esfera de ocorrência do processo administrativo, a Lei nº 9.784/1999 deve ser aplicada apenas nos momentos em que existir omissão da lei específica.

Jurisprudência destacada

A jurisprudência do Superior Tribunal de Justiça firmou-se no sentido de que, ausente lei específica, a Lei nº 9.784/1999 pode ser aplicada de forma subsidiária no âmbito dos Estados-membros, tendo em vista que se trata de norma que deve nortear toda a Administração Pública, servindo de diretriz aos seus demais órgãos (STJ, 6ª Turma, AgRg no Ag nº 935.624/RJ, Rel. Min. Paulo Gallotti, j. 21.02.2008).

Segundo a doutrina majoritária, as finalidades do processo administrativo são quatro: **o controle da atuação estatal, a realização da democracia, a redução dos encargos do Poder Judiciário e a garantia de uma atuação eficiente e menos defeituosa.**

Controle da atuação estatal. Como o processo administrativo segue uma sequência de atos que se divide entre diversos agentes públicos, o controle se dá pela não concentração dos atos na mão de apenas um ou de poucos indivíduos. Além disso, o controle se formaliza por meio da transparência resultante das regras do procedimento, que permite a qualquer interessado acompanhar a validade do procedimento e, até mesmo, impugnar irregularidades identificadas. Além disso, a prática de um ato torna o agente competente para produzir o ato seguinte responsável pela fiscalização da validade dos atos até ali produzidos.

Garantia da democracia. O procedimento administrativo afasta a possibilidade de decisões arbitrárias por parte do Estado. Essa garantia se observa na necessidade de motivação e justificativa de cada ato produzido pelos agentes, como forma de demonstração do efetivo atendimento ao interesse público no ato produzido.

Redução dos encargos do Judiciário. Como o procedimento administrativo admite a participação dos interessados criando, inclusive, mecanismos eficientes de defesa e produção de provas, há uma natural redução dos litígios que, normalmente, acabariam em uma ação judicial. Lembramos que não há aqui afastamento da atuação judicial, visto que mesmo atingindo uma resolução pela via administrativa a possibilidade de uma ação própria se mantém.

Capítulo 16 ◆ Lei nº 9.784/1999 — Processo administrativo federal **551**

Melhoria da atuação administrativa. A determinação prévia de etapas e regras do procedimento administrativo influencia consideravelmente uma atuação mais eficiente e, consequentemente, econômica para o Estado. Além disso, a documentação resultante do procedimento servirá como parâmetro de avaliação de eventuais melhorias ao processo, além da garantia de adequação dos atos com o interesse público.

16.2 Princípios do processo administrativo

É claro que todos os princípios gerais da Administração Pública e da Constituição Federal serão aplicados ao procedimento administrativo. A questão importante neste momento é fazer uma análise dos princípios que possuem uma caracterização mais específica com relação ao processo. Por isso, aponto aqui apenas aqueles princípios que merecem uma atenção por sua qualidade relacionada ao procedimento.

16.2.1 Princípio do impulso oficial

Também chamado de **princípio da oficialidade**, permite a instauração do procedimento administrativo sem que qualquer pessoa venha a provocar a Administração Pública. Assim, o início do procedimento administrativo poderá resultar de uma atuação de ofício da autoridade competente. Claro que isso não significa que a provocação resultante do direito de petição é também uma forma de instauração do processo.

> **Lei nº 9.784/1999**
>
> **Art. 2º** A Administração Pública obedecerá, dentre outros, aos princípios da legalidade, finalidade, motivação, razoabilidade, proporcionalidade, moralidade, ampla defesa, contraditório, segurança jurídica, interesse público e eficiência.
>
> Parágrafo único. Nos processos administrativos serão observados, entre outros, os critérios de: (...)
>
> XII – impulsão, de ofício, do processo administrativo, sem prejuízo da atuação dos interessados; (...)
>
> **Art. 5º** O processo administrativo pode iniciar-se de ofício ou a pedido de interessado.

Mesmo que o processo administrativo tenha resultado da provocação de um particular, a movimentação do processo dependerá do Poder Público, não aguardando manifestação do particular interessado para que o processo siga seu turno. Os atos do processo estão apontados na lei, por isso não se exige que o manifestante inicial seja responsável por sua condução. Isso ocorre porque o processo, independentemente de quem tenha início a ele, sempre terá finalidade pública, exigindo-se dos agentes públicos a atuação típica dentro do processo. Os agentes poderão, inclusive, determinar diligências, solicitar perícias, pareceres e laudos e outros procedimentos próprios para a produção do processo.

> **Lei nº 9.784/1999**
>
> **Art. 29.** As atividades de instrução destinadas a averiguar e comprovar os dados necessários à tomada de decisão realizam-se de ofício ou mediante impulsão do órgão

552 Direito Administrativo Decifrado

responsável pelo processo, sem prejuízo do direito dos interessados de propor atuações probatórias.

(...)

Art. 51. O interessado poderá, mediante manifestação escrita, desistir total ou parcialmente do pedido formulado ou, ainda, renunciar a direitos disponíveis. (...)

§ 2º A desistência ou renúncia do interessado, conforme o caso, não prejudica o prosseguimento do processo, se a Administração considerar que o interesse público assim o exige.

16.2.2 Instrumentalidade das formas

A forma prevista em lei para a produção do ato administrativo é um instrumento essencial para garantia do atendimento ao interesse público. A intenção do legislador foi estabelecer que a prática de determinado ato administrativo deverá seguir uma forma específica, como meio de preservação de sua finalidade inicial, qual seja: atender interesse público. Entende-se que aquela forma apontada na lei é a mais eficiente para sua finalidade. Sendo outra forma adotada, o risco de desvio de finalidade seria muito grande.

Como a forma do ato é o instrumento perfeito para alcançar o objetivo determinado, existe a previsão de convalidação de atos que sofram de vício em sua forma (salvo, como você deve lembrar, se essa forma viciada for obrigatória pela lei).

Lei nº 9.784/1999

Art. 55. Em decisão na qual se evidencie não acarretarem lesão ao interesse público nem prejuízo a terceiros, os atos que apresentarem defeitos sanáveis poderão ser convalidados pela própria Administração.

16.2.3 Formalismo necessário

Também chamado **princípio do informalismo**, visa evitar prejuízos aos particulares por uma formalidade muito grande por parte do Estado. Como regra, atos praticados por particulares dentro do processo administrativo não exigem formalidade prescrita em lei, estabelecendo-se uma forma simples do processo. Fica claro que a estipulação de formalidades exageradas ao particular dificultaria muito seu acesso ao direito, o que não pode se considerar uma boa atuação por parte do Estado.

O detalhe é que esse informalismo vale apenas para o particular. No caso da Administração Pública, para que se possa garantir a segurança do particular dentro do processo, a formalidade se torna necessária. Por isso, devemos observar o processo por dois prismas: um lado informal (particular) e outro lado formal, quando necessário (Administração Pública).

Lei nº 9.784/1999

Art. 2º (...)

Parágrafo único. Nos processos administrativos serão observados, entre outros, os critérios de: (...)

Capítulo 16 ◆ Lei nº 9.784/1999 — Processo administrativo federal **553**

VIII – observância das formalidades essenciais à garantia dos direitos dos administrados;

IX – adoção de formas simples, suficientes para propiciar adequado grau de certeza, segurança e respeito aos direitos dos administrados; (...)

Art. 22. Os atos do processo administrativo não dependem de forma determinada senão quando a lei expressamente a exigir. (...)

§ 2º Salvo imposição legal, o reconhecimento de firma somente será exigido quando houver dúvida de autenticidade. (...)

§ 4º O processo deverá ter suas páginas numeradas sequencialmente e rubricadas.

Art. 23. Os atos do processo devem realizar-se em dias úteis, no horário normal de funcionamento da repartição na qual tramitar o processo.

Parágrafo único. Serão concluídos depois do horário normal os atos já iniciados, cujo adiamento prejudique o curso regular do procedimento ou cause dano ao interessado ou à Administração.

Decifrando a prova

(2019 – MPE/GO – Promotor – Adaptada) Os atos do processo administrativo não dependem de forma determinada, salvo nas hipóteses em que houver expressa exigência legal.

( ) Certo ( ) Errado

Gabarito comentado: literalidade do art. 22 da Lei nº 9.784/1999. Portanto, a assertiva está certa.

16.2.4 Devido processo legal

Durante muito tempo entendido como um princípio próprio e exclusivo dos procedimentos judiciais, a doutrina passou a defender que tal regra constitucional possui eficácia plena, devendo ser adotada, inclusive, nos procedimentos administrativos. A transparência dos procedimentos é essencial para que se afaste a possibilidade de atuação abusiva ou arbitrária por parte da Administração Pública. Sendo o processo administrativo uma sequência lógica de atos, essa sequência deve sempre ser preservada para que se oportunize a perfeita atuação do Estado. As fases do processo não poderão ser alteradas ou dispensadas livremente pelo administrador público, sendo essencial que cada ato seja devidamente justificado, resultado do Estado Democrático de Direito.

O devido processo legal também preserva a sociedade da ação abusiva por parte do próprio particular no momento de fruição de seus direitos individuais. Imagine como seria se qualquer pessoa pudesse simplesmente acordar um dia e se autoproclamar apto a dirigir um carro pelas vias da cidade. Sem um devido procedimento administrativo que assegure a qualificação do particular para fruir de seu direito, a sociedade passa a se expor a riscos incalculáveis.

Outro momento de extrema importância do atendimento ao devido processo legal é no exercício da autotutela pela Administração Pública. A anulação ou revogação de atos poderá acarretar situações específicas de prejuízo ao direito do particular. Por isso, não é viável a simples decisão de retirada do ato sem o devido processo legal.

CF/1988

Art. 5º (...)

LIV – ninguém será privado da liberdade ou de seus bens sem o devido processo legal.

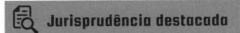

Ao Estado é facultada a revogação de atos que repute ilegalmente praticados; porém, se de tais atos já tiverem decorrido efeitos concretos, seu desfazimento deve ser precedido de regular processo administrativo (STF, Tribunal Pleno, RE nº 594.296/ MG, Rel. Min. Dias Toffoli, j. 21.09.2011, Tema 138).

16.2.5 Contraditório e ampla defesa

Representa o direito garantido ao particular de tomar conhecimento do conteúdo de um procedimento administrativo ou judicial de seu interesse, assim como o de se manifestar por meio da produção de provas e do requerimento de movimentação do processo.

CF/1988

Art. 5º (...)

LV – aos litigantes, em processo judicial ou administrativo, e aos acusados em geral são assegurados o contraditório e ampla defesa, com os meios e recursos a ela inerentes.

Trata-se de uma relação bilateral, em que se deve garantir às partes o acesso a toda informação e todos os instrumentos legais para efetiva influência no andamento do processo e na decisão final. Não se pode devidamente responder e se defender dentro de um processo se não se tem o conhecimento do conteúdo do que está sendo imputado ao acusado, assim como não se deve negar ao autor o acesso aos instrumentos de defesa do réu. Respeita-se, assim, o **princípio da igualdade na relação processual**. Perceba que o contraditório assegurado ao particular não se limita apenas a "tomar conhecimento", mas estende ao particular o direito de participar ativamente do procedimento, produzindo e acompanhando a produção de provas, sendo essencial a notificação do particular em todos os atos realizados no processo.

Esse princípio não dá ao particular, por outro lado, direito de apresentação de provas ilícitas ou procrastinatórias, sendo essencial que se mantenha dentro de sua regular atuação legal. A ideia é de igualdade entre as partes, e não preferência a uma delas. A prova produzida por qualquer parte do processo deverá ter a mesma importância e poder de influência para a autoridade processante.

Capítulo 16 ◆ Lei nº 9.784/1999 — Processo administrativo federal **555**

Com relação à ampla defesa, esta deverá ser ampla, garantindo-se ao particular diversos meios de defesa, como **defesa prévia, defesa técnica e duplo grau de jurisdição**.

Defesa prévia: garante ao particular o direito de se manifestar **antes que a decisão seja proferida**. Por isso todo o procedimento a ser seguido naquele determinado procedimento, além das possibilidades de penalidades ao final do processo devem ser apresentadas de forma plena ao particular, para que possa se articular e planejar sua defesa de forma eficiente.

Ocorre que, no caso do Direito Administrativo, reconhecemos que algumas situações demandam uma atuação emergencial e célere por parte do Estado, sendo sua omissão ou apatia no agir um grande risco ao interesse público. Nesses casos específicos, a atuação decisiva da Administração será **prévia** ao direito de manifestação do particular, sem que isso caracterize uma ilegalidade ou irregularidade no processo. É o que chamamos de **contraditório diferido** e decorre da supremacia do interesse público sobre o privado. Não se afasta o direito de defesa, mas se prevê o adiamento do direito para etapa **posterior ao ato administrativo**. Ex.: um particular estaciona seu carro na saída de ambulâncias de um hospital. Obviamente nesse caso poderá o Estado tomar antes uma atitude para retirada do veículo do particular, que poderá posteriormente suscitar eventual irregularidade ou prejuízo sofrido pelo ato do Estado.

Defesa técnica: na forma da Constituição Federal,[1] o advogado é o responsável por garantir a defesa técnica em processos, sendo inclusive apontado como parte indispensável dos procedimentos em geral. Na mesma seara, o Superior Tribunal de Justiça editou súmula[2] determinando ser indispensável a presença de advogado em todas as etapas do processo administrativo disciplinar. Essa súmula é vista como garantista pela doutrina, uma vez que prevê uma proteção maior ao particular que, normalmente, não detém conhecimento técnico suficiente para tingir uma defesa eficiente.

Essa previsão sumulada perdeu validade a partir do momento em que o Supremo Tribunal Federal editou a Súmula Vinculante nº 5 determinando a não obrigatoriedade de presença de advogado em processo administrativo disciplinar, sendo o entendimento que obviamente prevalece e deve ser seguido atualmente.

Lei nº 9.784/1999

Art. 3º O administrado tem os seguintes direitos perante a Administração, sem prejuízo de outros que lhe sejam assegurados: (...)

IV – fazer-se assistir, facultativamente, por advogado, salvo quando obrigatória a representação, por força de lei.

Duplo grau de jurisdição: possibilita a reanálise dos atos praticados pela Administração Pública após manifestação do particular, como forma de afastar irregularidades e injustiças decorrentes da decisão proferida. Não é à toa que a legislação, conforme vimos em capítulo anterior, determina a motivação de atos decisórios, pois, assim, poderá o particular se levantar contra tal decisão tendo argumentos para sua manifestação. Desse princípio extraímos os recursos estudados nessa obra.

---

[1]   Art. 133 da CF/1988.

[2]   Súmula nº 343 do STJ.

556 Direito Administrativo Decifrado

16.2.6 Verdade real

Ao contrário do que se costuma observar no processo judicial cível, no qual prevalece a verdade formal (aquela que se possa aferir por documentos e informações apresentadas nos autos), o processo administrativo sempre buscará a verdade material.

Importante ressaltar que essa comparação entre civil e administrativo tem sido muito criticada pelos civilistas modernos, que defendem também ser a busca pela verdade material o seu objetivo. Essa observação foi feita apenas para melhor apresentar o princípio.

Essa característica faz com que sejam aceitas no processo administrativo provas extemporâneas apresentadas em qualquer fase do processo, permite produção de provas por iniciativa da própria Administração Pública e outros detalhes que veremos. Não à toa, visto que se busca sempre a verdade real, o recurso administrativo permite a incidência da *reformatio in pejus*. Apesar de ser um procedimento pautado na busca pela verdade material, isso não significa que a celeridade e a razoável duração exigida nos processos[3] estará afastada. Pelo contrário, a legislação impõe limites temporais ao processo.

> **Lei nº 9.784/1999**
>
> **Art. 3º** O administrado tem os seguintes direitos perante a Administração, sem prejuízo de outros que lhe sejam assegurados: (...)
>
> III – formular alegações e apresentar documentos antes da decisão, os quais serão objeto de consideração pelo órgão competente.
>
> **Art. 4º** São deveres do administrado perante a Administração, sem prejuízo de outros previstos em ato normativo:
>
> I – expor os fatos conforme a verdade.
>
> (...)
>
> **Art. 27.** O desatendimento da intimação não importa o reconhecimento da verdade dos fatos, nem a renúncia a direito pelo administrado.
>
> (...)
>
> **Art. 38.** O interessado poderá, na fase instrutória e antes da tomada da decisão, juntar documentos e pareceres, requerer diligências e perícias, bem como aduzir alegações referentes à matéria objeto do processo.
>
> § 1º Os elementos probatórios deverão ser considerados na motivação do relatório e da decisão.
>
> § 2º Somente poderão ser recusadas, mediante decisão fundamentada, as provas propostas pelos interessados quando sejam ilícitas, impertinentes, desnecessárias ou protelatórias.

---

[3]   Art. 5º, LXXVIII, da CF/1988.

Decifrando a prova

(2019 – Ieses – TJ/SC – Notário – Adaptada) No processo administrativo é possível ao administrador a busca de prova e documentos, em regra, para obter a verdade material ou real em conformidade ao interesse público.
( ) Certo ( ) Errado
Gabarito comentado: a busca pela verdade no processo administrativo permite que produção de provas e coleta de informações sejam desencadeadas por ato de ofício, não exigindo necessária provocação pela parte interessada. Portanto, a assertiva está certa.

16.2.7 Gratuidade

Ao contrário do que acontece com os processos judiciais, a realização do processo administrativo não gera cobrança de custas, emolumentos ou ônus sucumbenciais, tornando o processo gratuito. Como o objetivo do processo é o atendimento ao interesse público, e a Administração Pública deve se apresentar como a maior interessada na solução do litígio, sua atuação não poderá produzir ônus para outras partes interessadas.

> **Lei nº 9.784/1999**
>
> **Art. 2º** (...)
>
> Parágrafo único. Nos processos administrativos serão observados, entre outros, os critérios de: (...)
>
> XI – proibição de cobrança de despesas processuais, ressalvadas as previstas em lei; (...)

Jurisprudência destacada

Súmula Vinculante nº 21. É inconstitucional a exigência de depósito ou arrolamento prévios de dinheiro ou bens para admissibilidade de recurso administrativo.

16.2.8 Motivação

Dever imposto ao administrador público de indicar pressupostos de fato e de direito que fundamentam a decisão proferida ou a prática de determinado ato. A apresentação formal dos requisitos apresentados é requisito de validade do ato praticado. Já estudamos essa exigência na nossa análise dos elementos do ato administrativo.

> **Lei nº 9.784/1999**
>
> **Art. 50.** Os atos administrativos deverão ser motivados, com indicação dos fatos e dos fundamentos jurídicos, quando:
>
> I – neguem, limitem ou afetem direitos ou interesses;

II – imponham ou agravem deveres, encargos ou sanções;

III – decidam processos administrativos de concurso ou seleção pública;

IV – dispensem ou declarem a inexigibilidade de processo licitatório;

V – decidam recursos administrativos;

VI – decorram de reexame de ofício;

VII – deixem de aplicar jurisprudência firmada sobre a questão ou discrepem de pareceres, laudos, propostas e relatórios oficiais;

VIII – importem anulação, revogação, suspensão ou convalidação de ato administrativo.

§ 1º A motivação deve ser explícita, clara e congruente, podendo consistir em declaração de concordância com fundamentos de anteriores pareceres, informações, decisões ou propostas, que, neste caso, serão parte integrante do ato.

§ 2º Na solução de vários assuntos da mesma natureza, pode ser utilizado meio mecânico que reproduza os fundamentos das decisões, desde que não prejudique direito ou garantia dos interessados.

§ 3º A motivação das decisões de órgãos colegiados e comissões ou de decisões orais constará da respectiva ata ou de termo escrito.

16.2.9 Segurança jurídica

O administrador público possui o poder de interpretar a norma administrativa de forma a atender melhor ao interesse público, sem que essa nova interpretação possa atingir ou alterar direitos anteriores ou casos prévios que se basearam na antiga interpretação da norma. Trata-se de princípio que impõe a atribuição da maior previsibilidade e estabilidade possível às relações humanas.

CF/1988

Art. 5º (...)

XXXVI – a lei não prejudicará o direito adquirido, o ato jurídico perfeito e a coisa julgada.

Lei nº 9.784/1999

Art. 2º (...)

XIII – interpretação da norma administrativa da forma que melhor garanta o atendimento do fim público a que se dirige, vedada aplicação retroativa de nova interpretação.

🧩 Decifrando a prova

(2019 – MPE/SP – Promotor – Adaptada) Não raramente a Administração Pública altera a interpretação de determinadas normas legais. Todavia, a mudança de orientação, em caráter normativo, considerando os princípios da indisponibilidade e da supremacia do interesse público, podem afetar as situações já reconhecidas e consolidadas na vigência da orientação anterior.

Capítulo 16 ◆ Lei nº 9.784/1999 — Processo administrativo federal **559**

> ( ) Certo ( ) Errado
>
> **Gabarito comentado:** e o exato contexto da segurança jurídica que se encontra em diversos dispositivos, como a Constituição Federal, a Lindb e a Lei nº 9.784/1999. A nova interpretação não poderá afetar situações pretéritas. Portanto, a assertiva está errada.

16.3   Suspeição e impedimento

Configuram hipóteses de afastamento da competência originária com o condão de preservar a imparcialidade essencial para a validação das decisões administrativas. A diferença entre esses dois institutos está no **grau de comprometimento** que a autoridade tem com a causa, sendo que no impedimento ocorre a **presunção absoluta** e na suspeição, a **presunção relativa**. Assim, as condições que determinam o impedimento da autoridade serão aquelas taxativas da lei (condições objetivas), enquanto as condições de suspeição são apontadas como fatores que devem ser avaliados em cada caso concreto (condições subjetivas).

Lei nº 9.784/1999

Art. 18. É impedido de atuar em processo administrativo o servidor ou autoridade que:

I – tenha interesse direto ou indireto na matéria;

II – tenha participado ou venha a participar como perito, testemunha ou representante, ou se tais situações ocorrem quanto ao cônjuge, companheiro ou parente e afins até o terceiro grau;

III – esteja litigando judicial ou administrativamente com o interessado ou respectivo cônjuge ou companheiro.

Art. 19. A autoridade ou servidor que incorrer em impedimento deve comunicar o fato à autoridade competente, abstendo-se de atuar.

Parágrafo único. A omissão do dever de comunicar o impedimento constitui falta grave, para efeitos disciplinares.

O impedimento é uma condição absoluta de restrição de atuação do agente público. A declaração de impedimento deve ser feita pela própria autoridade, gerando sua omissão um procedimento administrativo que decretará a mesma punição prevista na lei específica para infrações administrativas de natureza grave. O impedimento resultará na **nulidade absoluta do processo**, mesmo que esse impedimento não seja informado no momento oportuno.

Lei nº 9.784/1999

Art. 20. Pode ser arguida a suspeição de autoridade ou servidor que tenha amizade íntima ou inimizade notória com algum dos interessados ou com os respectivos cônjuges, companheiros, parentes e afins até o terceiro grau.

Art. 21. O indeferimento de alegação de suspeição poderá ser objeto de recurso, sem efeito suspensivo.

560 Direito Administrativo Decifrado

Trata-se de uma condição referente à restrição, podendo ser apontada tanto pelo próprio agente quanto por qualquer parte interessada. Caso não seja alegada a suspeição em momento oportuno, o vício é considerado sanado e o ato mantido.

> ### 🧩 Decifrando a prova
>
> **(2019 – Cespe/Cebraspe – TJ/BA – Juiz Leigo – Adaptada)** O servidor que tenha amizade íntima notória com algum interessado em processo administrativo deve declarar-se impedido de atuar no processo.
> ( ) Certo ( ) Errado
> **Gabarito comentado:** amizade íntima ou inimizade notória são condições de suspeição, e não de impedimento do servidor em atuar no processo administrativo. Tal condição poderá ser arguida pelo próprio servidor ou pelas partes, não sendo obrigatório seu reconhecimento pelo servidor por se tratar de uma causa de presunção relativa de parcialidade. Portanto, a assertiva está errada.

16.4 Atos processuais

Como vimos, os atos do processo administrativo não dependem de uma formalidade, salvo nos casos excepcionados pela legislação. Essas exceções legais sempre têm como base a garantia e a preservação da segurança e dos direitos dos cidadãos interessados. Por isso, várias regras de formalidade essencial são encontradas na lei.

16.4.1 Forma, tempo e lugar dos atos

A regra é que os processos administrativos ocorram sempre em **dias úteis, no horário normal de funcionamento da repartição e na sede do órgão**. Excepcionalmente, o procedimento poderá ser executado em local distinto da sede do órgão, mediante prévio aviso ao particular interessado e devendo tal mudança ser devidamente justificada. Além disso, caso o ato do processo já tenha sido iniciado e seu adiamento possa representar prejuízos para o particular ou para a própria Administração Pública, poderão ser concluídos mesmo depois do horário normal.

O prazo para a prática dos atos processuais, tanto pela Administração Pública quanto pelo particular, será de 5 (cinco) dias, ressalvados casos de força maior. Esse prazo é considerado um **prazo genérico**, podendo a legislação específica que regulamenta o processo administrativo apontar prazo distinto. Na omissão da lei específica, aplica-se o prazo descrito aqui. O prazo para ação poderá ser prorrogado por igual período, mediante comprovada necessidade.

Capítulo 16 ◆ Lei nº 9.784/1999 — Processo administrativo federal **561**

🧩 Decifrando a prova

(2019 – Instituto Acesso – PC/ES – Delegado – Adaptada) A Lei nº 9.784, de 29 de janeiro de 1999, que trata dos processos administrativos, estabelece regras específicas de procedimento a serem adotadas quando da apuração de eventual infração cometida por servidor público. Em vista das disposições deste Diploma Legal, é correto afirmar que os atos do processo devem realizar-se exclusivamente na sede do órgão responsável pelo seu processamento.

( ) Certo ( ) Errado

Gabarito comentado: a realização dos atos do processo na sede do órgão é apontada como **preferencial**, mas não obrigatória. Assim, desde que ocorra a efetiva comunicação do interessado, poderá ocorrer em outra localidade. Portanto, a assertiva está errada.

16.4.2 Comunicação dos atos

Já comentamos que a forma mais precisa de garantia do contraditório e da ampla defesa é a constante comunicação de todos os atos praticados no bojo do processo administrativo ao particular. Tais comunicações serão acompanhadas de uma intimação para que se adote qualquer providência necessária e apontada no ato.

A legislação aponta que, para se considerar legítima e seus efeitos válidos, a comunicação deverá atender a requisitos específicos, para garantir os interesses do particular.

Lei nº 9.784/1999

Art. 26. O órgão competente perante o qual tramita o processo administrativo determinará a intimação do interessado para ciência de decisão ou a efetivação de diligências.

§ 1º A intimação deverá conter:

I – identificação do intimado e nome do órgão ou entidade administrativa;

II – finalidade da intimação;

III – data, hora e local em que deve comparecer;

IV – se o intimado deve comparecer pessoalmente, ou fazer-se representar;

V – informação da continuidade do processo independentemente do seu comparecimento;

VI – indicação dos fatos e fundamentos legais pertinentes.

A intimação deverá acontecer no mínimo 3 (três) dias úteis antes da data prevista para o comparecimento do intimado, podendo ser efetivada por **ciência no procedimento administrativo, telegrama, via postal com aviso de recebimento ou qualquer outro meio legítimo que assegure a efetivação à comunicação.** Sendo os interessados indeterminados ou não sendo possível sua localização, a comunicação poderá se dar **por edital.**

562 Direito Administrativo Decifrado

Caso o particular não seja devidamente intimado, mas mesmo assim compareça para a prática do ato, considera-se convalidado o vício que a falta de intimação comportaria ao ato. Esse é um dos desdobramentos do **princípio do informalismo**.

O grande destaque com relação a esse assunto é que a **revelia** (desatendimento da intimação) **não produzirá os efeitos que conhecemos em procedimentos judiciais**. Assim, revelia não resultará em reconhecimentos da verdade dos fatos. Devemos lembrar que o processo é regido pela **verdade real ou material**, não podendo a Administração Pública se satisfazer com decisões baseadas em simples presunção legal. Mesmo não comparecendo para produzir o ato para o qual fora intimado, ainda está garantido o contraditório e a ampla defesa do particular nas próximas movimentações processuais.

> **Lei nº 9.784/1999**
>
> **Art. 28.** Devem ser objeto de intimação os atos do processo que resultem para o interessado em imposição de deveres, ônus, sanções ou restrição ao exercício de direitos e atividades e os atos de outra natureza, de seu interesse.

16.5 Características específicas do processo administrativo

No capítulo voltado ao estudo dos agentes públicos, exatamente no tópico de regime disciplinar, fizemos uma avaliação aprofundada das etapas do processo administrativo. Por questões lógicas, não reapresentaremos os mesmos conceitos e regras estudados, mas apontaremos algumas questões especiais sobre a lei que merecem nossa atenção.

Inquérito. Como sabemos, o inquérito é a etapa em que ocorrerá a instrução, a defesa e se produzirá o relatório. A Lei nº 9.784/1999 prevê situações em que a produção de provas e apresentação de documentos não será feita apenas pelas partes do procedimento, mas também por terceiros. Nesses casos, caberá a autoridade competente expedir intimações com data, prazo, forma e condições de atendimento da intimação pelo terceiro.

> **Lei nº 9.784/1999**
>
> **Art. 39.** Quando for necessária a prestação de informações ou a apresentação de provas pelos interessados ou terceiros, serão expedidas intimações para esse fim, mencionando-se data, prazo, forma e condições de atendimento.
>
> Parágrafo único. Não sendo atendida a intimação, poderá o órgão competente, se entender relevante a matéria, suprir de ofício a omissão, não se eximindo de proferir a decisão.

No caso de informações ou provas que devam ser apresentados pelo interessado, o não atendimento ao prazo fixado poderá resultar no arquivamento do processo, caso se demonstre a essencialidade de tais documentos para a devida apreciação do pedido formulado.

> **Lei nº 9.784/1999**
>
> **Art. 40.** Quando dados, atuações ou documentos solicitados ao interessado forem necessários à apreciação de pedido formulado, o não atendimento no prazo fixado pela Administração para a respectiva apresentação implicará arquivamento do processo.

Capítulo 16 ◆ Lei nº 9.784/1999 — Processo administrativo federal **563**

Art. 41. Os interessados serão intimados de prova ou diligência ordenada, com antecedência mínima de três dias úteis, mencionando-se data, hora e local de realização.

Caso seja identificada no bojo do processo a necessidade de a autoridade adotar medidas acauteladoras, poderá fazê-lo sem a exigência de notificar o interessado, que terá o seu direito de contraditório diferido. Essa situação se sustenta no caso de ações essenciais para evitar prejuízos ao interesse coletivo.

Extinção do processo. Como o objetivo de todo processo administrativo é atender ao interesse coletivo, a lei prevê algumas situações em que o processo poderá ser declarado extinto, inclusive de ofício. A extinção se dará por ato administrativo fundamentado, devendo ser comprovado que a manutenção do processo se aponta **inútil ou a decisão seja impossível** de se atingir. Outra razão de extinção seria a **superveniência de fatos prejudiciais**. Interessante que, caso o responsável pela instauração do processo opte por desistir da demanda, a Administração Pública será obrigada a manter o processamento quando identificado interesse público na ação.

Lei nº 9.784/1999

Art. 51. O interessado poderá, mediante manifestação escrita, desistir total ou parcialmente do pedido formulado ou, ainda, renunciar a direitos disponíveis.

§ 1º Havendo vários interessados, a desistência ou renúncia atinge somente quem a tenha formulado.

§ 2º A desistência ou renúncia do interessado, conforme o caso, não prejudica o prosseguimento do processo, se a Administração considerar que o interesse público assim o exige.

Art. 52. O órgão competente poderá declarar extinto o processo quando exaurida sua finalidade ou o objeto da decisão se tornar impossível, inútil ou prejudicado por fato superveniente.

Anulação e revogação. A Lei nº 9.784/1999 também é conhecida por ser a lei que regulamenta os atos administrativos, não somente os processos administrativos. Por isso, apresenta as situações de anulação e revogação dos atos, incluindo condições de convalidação. Já estudamos esse assunto anteriormente, mas se mostra interessante apresentarmos o texto legal para estudo.

Lei nº 9.784/1999

Art. 54. O direito da Administração de anular os atos administrativos de que decorram efeitos favoráveis para os destinatários decai em cinco anos, contados da data em que foram praticados, salvo comprovada má-fé.

§ 1º No caso de efeitos patrimoniais contínuos, o prazo de decadência contar-se-á da percepção do primeiro pagamento.

§ 2º Considera-se exercício do direito de anular qualquer medida de autoridade administrativa que importe impugnação à validade do ato.

Art. 55. Em decisão na qual se evidencie não acarretarem lesão ao interesse público nem prejuízo a terceiros, os atos que apresentarem defeitos sanáveis poderão ser convalidados pela própria Administração.

Decifrando a prova

(2019 – Instituto Acesso – PC/ES – Delegado – Adaptada) A convalidação de decisão administrativa com defeitos sanáveis é um dever condicionado a não ocorrência de lesão ao interesse público e prejuízo a terceiros.
( ) Certo ( ) Errado
Gabarito comentado: a convalidação de atos administrativos com vícios sanáveis é uma faculdade da autoridade competente e não uma obrigação. Portanto, a assertiva está errada.

Não recebimento dos recursos administrativos. Além de apontar as regras para propositura e julgamento dos recursos, a legislação também aponta situações em que a Administração Pública não admitirá o recurso administrativo.

Lei nº 9.784/1999

Art. 63. O recurso não será conhecido quando interposto:

I – fora do prazo;

II – perante órgão incompetente;

III – por quem não seja legitimado;

IV – após exaurida a esfera administrativa.

§ 1º Na hipótese do inciso II, será indicada ao recorrente a autoridade competente, sendo-lhe devolvido o prazo para recurso.

§ 2º O não conhecimento do recurso não impede a Administração de rever de ofício o ato ilegal, desde que não ocorrida preclusão administrativa.

Art. 64. O órgão competente para decidir o recurso poderá confirmar, modificar, anular ou revogar, total ou parcialmente, a decisão recorrida, se a matéria for de sua competência.

Parágrafo único. Se da aplicação do disposto neste artigo puder decorrer gravame à situação do recorrente, este deverá ser cientificado para que formule suas alegações antes da decisão.

Decifrando a prova

(2019 – Cespe/Cebraspe – TJ/DFT – Notário – Adaptada) Conforme dispõe a lei que rege o processo administrativo no âmbito da administração pública federal, na hipótese de interposição de recurso administrativo junto a órgão incompetente, deverá ser indicada ao recorrente a autoridade competente, sendo-lhe concedido prazo de cinco dias úteis para retificação do endereçamento.
( ) Certo ( ) Errado
Gabarito comentado: na forma da Lei nº 9.784/1999, caso o recurso seja apresentado perante órgão incompetente, caberá ao agente público indicar ao recorrente a autoridade competente, devolvendo o prazo inicial recursal. Portanto, a assertiva está errada.

Capítulo 16 ◆ Lei nº 9.784/1999 — Processo administrativo federal **565**

Sindicância investigativa ou preparatória. Em certos casos, antes da instauração do procedimento administrativo disciplinar, é essencial que se faça uma investigação que apure e confirme a ocorrência de infração. Esse procedimento garante ao Poder Público amplo poder de investigação, sendo a sindicância investigativa um **procedimento inquisitorial**, não sendo exigida a garantia do contraditório ao acusado. Como é um procedimento que tem por objetivo apenas formar conhecimento sobre a ocorrência ou não de uma infração administrativa, dele não poderá resultar aplicação de penalidade, mas somente a determinação de instauração de processo administrativo disciplinar quando descoberta conduta lesiva ou infração disciplinar cometida pelo agente público.

A sindicância investigativa serve apenas para apuração dos fatos, sendo extinta com a conclusão proferida. Além da instauração do processo administrativo disciplinar, a sindicância também poderá resultar na determinação da rescisão de um contrato, abertura de procedimento de tomada de contas, e outros processos relacionados ao poder de resolução do Estado sobre atividades ilícitas.

Essa modalidade de sindicância não tem previsão legal, sendo tratada como uma possibilidade advinda da leitura sistemática da lei, sendo esse argumento adotado pela doutrina majoritária. Assim, prevalece a interpretação de que os servidores responsáveis por conduzir a sindicância investigativa não poderão atuar no processo dela decorrente, visto que já formularam suas opiniões sobre os fatos investigados.

A sindicância que estudamos anteriormente, prevista na lei, e que poderá resultar em aplicação de penalidade é chamada pela doutrina de **sindicância contraditória ou acusatória.**

⚡ Decifrando a prova

(2017 – Cespe/Cebraspe – PC/GO – Delegado – Adaptada) O Supremo Tribunal Federal entende ser ilegal a instauração de sindicância para apurar a ocorrência de irregularidade no serviço público a partir de delação anônima.
( ) Certo ( ) Errado
Gabarito comentado: Súmula nº 611 do STJ: desde que devidamente motivada e com amparo em investigação ou sindicância, é permitida a instauração de processo administrativo disciplinar com base em denúncia anônima, em face do poder-dever de autotutela imposto à Administração. Portanto, a assertiva está errada.

Decisão Coordenada. Inovação introduzida na Lei nº 9.784/1999 por meio da Lei nº 14.210/2021, apresenta-se como um procedimento de simplificação decisória, facultando a concentração dos envolvidos em determinado julgamento complexo em busca de maior segurança ao administrado e maior celeridade por parte da Administração Pública. A decisão coordenada é instituto aplicável em assuntos de competência administrativa que envolvam decisões proferidas por diversos representantes de distintos órgãos públicos.

Um exemplo comum em nosso país é a necessidade de importação de medicamentos para tratamentos específicos. Normalmente, tal procedimento exige que uma solicitação

566 Direito Administrativo Decifrado

seja autorizada por diversos órgãos, como a Anvisa, a Receita Federal, órgãos locais atuantes na área de saúde e até o Ministério da Saúde.

Fica claro que a insegurança para o administrado é enorme. Mesmo conseguindo autorização da Anvisa, por exemplo, pode ocorrer o impedimento por parte da Receita Federal. Assim, o administrado, que a princípio caminhava para a possibilidade de importação, agora se depara com o confronto com o órgão que determinou a impossibilidade do pedido. Decisões contraditórias, de agentes diferentes, que resulta em confusão e demora na prestação da função administrativa.

Como meio de solucionar essa situação que foi instituída a **decisão coordenada**. Aproveitando o exemplo que estamos trabalhando, em vez do pedido transitar separadamente por cada órgão e entidade da Administração, todos os envolvidos seriam reunidos para uma discussão imediata, cada qual em sua área de atuação, sendo possível, assim, resolver qualquer conflito interpretativo ou receber os devidos esclarecimentos por cada técnico participante da decisão, e chegando a um momento decisório unificado.

> **Lei nº 9.784/1999**
>
> **Art. 49-A.** No âmbito da Administração Pública federal, as decisões administrativas que exijam a participação de 3 (três) ou mais setores, órgãos ou entidades poderão ser tomadas mediante decisão coordenada, sempre que:
>
> I – for justificável pela relevância da matéria; e
>
> II – houver discordância que prejudique a celeridade do processo administrativo decisório.
>
> § 1º Para os fins desta Lei, considera-se decisão coordenada a instância de natureza interinstitucional ou intersetorial que atua de forma compartilhada com a finalidade de simplificar o processo administrativo mediante participação concomitante de todas as autoridades e agentes decisórios e dos responsáveis pela instrução técnico-jurídica, observada a natureza do objeto e a compatibilidade do procedimento e de sua formalização com a legislação pertinente.

Do texto legal podemos extrair 4 (quatro) requisitos para a instauração do procedimento de decisão coordenada, sendo: **participação de 3 (três) ou mais setores, órgãos ou entidades, relevância da matéria, existência de discordância prejudicial ao procedimento e compatibilidade da decisão coordenada com a natureza do objeto e com a legislação pertinente.**

Devemos sempre lembrar que o dever de decidir da Administração Pública é inafastável, sendo necessário que sempre se emitam explicitamente as decisões em um prazo de 30 dias, prorrogável por igual período por decisão devidamente motivada.

> **Lei nº 9.784/1999**
>
> **Art. 48.** A Administração tem o dever de explicitamente emitir decisão nos processos administrativos e sobre solicitações ou reclamações, em matéria de sua competência.
>
> **Art. 49.** Concluída a instrução de processo administrativo, a Administração tem o prazo de até trinta dias para decidir, salvo prorrogação por igual período expressamente motivada.

Capítulo 16 ◆ Lei nº 9.784/1999 — Processo administrativo federal **567**

Fica claro que a decisão coordenada busca respeitar os prazos legais e permitir a não acumulação desses cargos, o que ensejaria grave prejuízo ao solicitante por força da demora no exercício do dever de decidir. Ocorre que parte da doutrina tem apontado que um dos requisitos para introdução da decisão coordenada (especificamente a **existência de divergência**) se apresenta como um requisito de morosidade e não de celeridade, visto que primeiro deve-se identificar a possibilidade de prejuízo na tramitação normal do pedido e, após identificados e atendidos os outros requisitos, a decisão coordenada seria iniciada, marcando assim mais uma etapa processual a ser concluída. Logicamente, tal discussão doutrinária não se demonstra relevante para nós nesse momento, visto que no âmbito administrativo a decisão coordenada tem sido aplicada e aceita com muita naturalidade.

Mas não será possível introduzir a decisão coordenada em todo e qualquer procedimento administrativo decisória. A própria legislação destaca as situações em que a decisão coordenada não se compatibiliza com procedimento administrativo. Observe:

> **Lei nº 9.784/1999**
>
> **Art. 49-A.** (...)
>
> § 6º Não se aplica a decisão coordenada aos processos administrativos:
>
> I – de licitação;
>
> II – relacionados ao poder sancionador; ou
>
> III – em que estejam envolvidas autoridades de Poderes distintos.

Assim, em uma decisão que dependesse, por exemplo, da participação de um Ministro de Estado e do Congresso Nacional, a decisão coordenada não poderia ser aplicada. Ou em um procedimento que visa punir uma infração administrativa.

Quanto ao procedimento legal da decisão coordenada, vários dispositivos que tratavam do assunto da Lei nº 14.210/2021 foram vetados. Assim, apesar de algumas previsões terem sido mantidas, fica difícil identificar exatamente como a decisão coordenada se procederá em todas as etapas. Esses "buracos" serão resolvidos futuramente mediante regulamentações, mas, mesmo com os vetos, alguns detalhes sobre o processamento da decisão coordenada podem ser identificados.

Ficou claro até aqui que o grande propósito da decisão coordenada é garantir celeridade e afastar eventuais possibilidade de travamento na tramitação dos pedidos administrativos. Uma das formas encontradas pela lei para que a decisão coordenada seja eficiente foi a permissão de **participação dos interessados na reunião de decisão na condição de ouvintes, podendo incluir direito a voz,** para identificação de pontos de divergência ou desconhecimento a serem sanados. Assim, a discussão colegiada não ficará restrita apenas aos agentes de decisão, visto que a decisão final precisa ser fundamentada na maior quantidade de conhecimento técnico e jurídico e no interesse social. O indeferimento de pedido de participação de interessado se configura decisão irrecorrível, sendo competente para decidir sobre a participação a autoridade responsável pela convocação da decisão coordenada.

568 Direito Administrativo Decifrado

Lei n° 9.784/1999

Art. 49-A. (...)

§ 5° A decisão coordenada obedecerá aos princípios da legalidade, da eficiência e da transparência, com utilização, sempre que necessário, da simplificação do procedimento e da concentração das instâncias decisórias.

Art. 49-B. Poderão habilitar-se a participar da decisão coordenada, na qualidade de ouvintes, os interessados de que trata o art. 9° desta Lei.

Parágrafo único. A participação na reunião, que poderá incluir direito a voz, será deferida por decisão irrecorrível da autoridade responsável pela convocação da decisão coordenada.

(...)

Art. 49-D. Os participantes da decisão coordenada deverão ser intimados na forma do art. 26 desta Lei.

Cada órgão ou participante deverá elaborar documentos referentes a sua área de competência e sua atuação dentro do processo decisório específico, com o intuito de servir de subsídio à discussão, abordando diretamente a questão em discussão e apresentando eventuais precedentes. No caso de falta de consenso entre as partes na solução do objeto submetido à decisão coordenada, tal condição deverá ser manifestada durante a reunião, de forma fundamentada e apresentando possível ou possíveis soluções ou alterações necessárias para solução da questão.

Lei n° 9.784/1999

Art. 49-E. Cada órgão ou entidade participante é responsável pela elaboração de documento específico sobre o tema atinente à respectiva competência, a fim de subsidiar os trabalhos e integrar o processo da decisão coordenada.

Parágrafo único. O documento previsto no *caput* deste artigo abordará a questão objeto da decisão coordenada e eventuais precedentes.

Art. 49-F. Eventual dissenso na solução do objeto da decisão coordenada deverá ser manifestado durante as reuniões, de forma fundamentada, acompanhado das propostas de solução e de alteração necessárias para a resolução da questão.

Parágrafo único. Não poderá ser arguida matéria estranha ao objeto da convocação.

Decidida a questão em decisão coordenada, a conclusão dos trabalhos deverá ser consolidada em ata, que será posteriormente publicada, podendo a fundamentação de cada agente participante ser complementada até a assinatura do documento.

Lei n° 9.784/1999

Art. 49-G. A conclusão dos trabalhos da decisão coordenada será consolidada em ata, que conterá as seguintes informações:

I – relato sobre os itens da pauta;

II – síntese dos fundamentos aduzidos;

III – síntese das teses pertinentes ao objeto da convocação;

Capítulo 16 ◆ Lei nº 9.784/1999 — Processo administrativo federal **569**

IV – registro das orientações, das diretrizes, das soluções ou das propostas de atos governamentais relativos ao objeto da convocação;

V – posicionamento dos participantes para subsidiar futura atuação governamental em matéria idêntica ou similar; e

VI – decisão de cada órgão ou entidade relativa à matéria sujeita à sua competência.

§ 1º Até a assinatura da ata, poderá ser complementada a fundamentação da decisão da autoridade ou do agente a respeito de matéria de competência do órgão ou da entidade representada. (...)

§ 3º A ata será publicada por extrato no *Diário Oficial da União*, do qual deverão constar, além do registro referido no inciso IV do *caput* deste artigo, os dados identificadores da decisão coordenada e o órgão e o local em que se encontra a ata em seu inteiro teor, para conhecimento dos interessados.

Prioridades. A Lei nº 9.784/1999 estabelece algumas prioridades na tramitação do processo administrativo, seja por critérios de idade, existência de deficiência ou doença grave. Para que seja deferida a prioridade, o interessado ou a parte do processo administrativo que detenha o direito deverá solicitar o seu reconhecimento. No caso de prioridade por doença explicitamente prevista na lei, o direito será deferido mesmo que a doença seja contraída **após o início do processo.**

Lei nº 9.784/1999

Art. 69. Os processos administrativos específicos continuarão a reger-se por lei própria, aplicando-se-lhes apenas subsidiariamente os preceitos desta Lei.

Art. 69-A. Terão prioridade na tramitação, em qualquer órgão ou instância, os procedimentos administrativos em que figure como parte ou interessado:

I – pessoa com idade igual ou superior a 60 (sessenta) anos;

II – pessoa portadora de deficiência, física ou mental; (...)

IV – pessoa portadora de tuberculose ativa, esclerose múltipla, neoplasia maligna, hanseníase, paralisia irreversível e incapacitante, cardiopatia grave, doença de Parkinson, espondiloartrose anquilosante, nefropatia grave, hepatopatia grave, estados avançados da doença de Paget (osteíte deformante), contaminação por radiação, síndrome de imunodeficiência adquirida, ou outra doença grave, com base em conclusão da medicina especializada, mesmo que a doença tenha sido contraída após o início do processo.

§ 1º A pessoa interessada na obtenção do benefício, juntando prova de sua condição, deverá requerê-lo à autoridade administrativa competente, que determinará as providências a serem cumpridas.

§ 2º Deferida a prioridade, os autos receberão identificação própria que evidencie o regime de tramitação prioritária.

REFERÊNCIAS

BANDEIRA DE MELLO, Celso Antônio. *Curso de direito administrativo*. 26. ed. São Paulo: Malheiros, 2009.

BANDEIRA DE MELLO, Celso Antônio. *Curso de direito administrativo*. 27. ed. São Paulo: Malheiros. 2010.

BANDEIRA DE MELLO, Celso Antônio. *Curso de direito administrativo*. 32. ed. São Paulo: Malheiros, 2014.

BANDEIRA DE MELLO, Celso Antônio. *Curso de direito administrativo*. 34. ed. São Paulo: Malheiros, 2019.

CARVALHO FILHO, José dos Santos. *Manual de direito administrativo*. 33. ed. São Paulo: Atlas, 2019.

CARVALHO, Matheus. *Manual de direito administrativo*. Salvador: JusPodivm. 2017.

DI PIETRO, Maria Sylvia Zanella. *Direito administrativo*. 21. ed. São Paulo: Atlas, 2008.

GRAU, Eros Roberto. Inexigibilidade de licitação – serviços técnicos – profissionais especializados – notória especialização. *Revista de Direito Público*, São Paulo, v. 25, n. 99, p. 70-7, 1991.

JUSTEN FILHO, Marçal. *Curso de direito administrativo*. 4. ed. São Paulo: Saraiva, 2009.

JUSTEN FILHO, Marçal. *Curso de direito administrativo*. 5. ed. São Paulo. Saraiva. 2010.

JUSTEN FILHO, Marçal. *Curso de direito administrativo*. 7. ed. Belo Horizonte: Fórum, 2011.

MARINELA, Fernanda. *Direito administrativo*. 6. ed. Niterói: Impetus, 2012.

MEIRELES, Hely Lopes. *Direito administrativo brasileiro*. 42. ed. São Paulo: Malheiros, 2015.